HANDBUCH
RADSPORT

HANDBUCH RADSPORT

*Geschichte und Entwicklung
Freizeitradsport und Radrennsport
Technik und Training · Ernährung und Medizin
Ausrüstung und Material*

Mitarbeiter:

Prof. Dr. Dirk Clasing
Prof. Dr. Manfred Donike†
Dr. Martin Engelhardt
Thomas Frischknecht
Urs Gerig
Steffen Große
Wolfram Lindner
Dr. Siegward Lychatz
Wolfgang Oehme
Dr. Arndt Pfützner
Herman Seidl
Dr. Wolfgang Stockhausen
Klaus Peter Thaler
Fritz Zintl

Fachredaktion: Christof Weiß
Bildredaktion: Herman Seidl

Bildnachweis:

Archiv BLV: 10 o., 19, 42
Dirk Belling: 2/3, 30 u., 32, 34, 49, 50, 70, 75 Mitte, 75 o., 85, 308/309, 310/311, 314, 316, 317, 321, 329, 342, 343, 348, 349, 359 o.
Prof. Dr. Dirk Clasing: 502/503
Wende Cragg: 15 o., 17, 28, 306 o., 306 u., 307, 322
FES: 302/303
Urs Gerig: 336, 337 o., 337 u., 358, 359, 361, 362
Ketchum PR: 478
Wolfram Lindner: 154, 162
Fotocronache Olympia: 9, 11 o., 12 o., 12 u., 13, 14, 15 u., 26, 504
Jacquie Phelan: 351
Martin Platter: 320, 340
Presse Sports: 124
Schmidt-Arndt: 238, 245 o.
SRM: 287, 422 u.
Carlson Reinhard: 386
Red Air: 363
Hennes Roth: 74 u., 79, 83 li., 83 re., 95, 107, 113, 114, 123 u., 125, 171, 195, 214, 221, 224, 225, 226/227, 228, 229 o., 229 u., 230 o., 230 u., 239, 241, 243, 245 u., 249, 251, 252, 253, 254, 256, 275, 291, 299 o., 299 li., 299 u. re., 353, 378, 379, 380, 387, 389, 395, 442
Herman Seidl: 11 u., 22, 23, 24/25, 27, 29, 73, 74 o., 76, 87, 97, 98, 105, 115, 116, 117, 120/121, 127, 128/129, 131 u., 132, 135, 136, 138, 142, 145, 151, 181, 187, 189, 191, 193, 213, 216 li., 216 re., 217, 232, 273 li., 282, 300, 305, 312, 313 o., 315 o., 315 u., 327, 330, 331 o., 331 u., 333, 334, 335, 338/339 (3), 338 o., 339 li., 339 re., 345 o., 345 u. li., 345 u. re., 346, 347 li., 347 re., 356, 371, 377, 382, 383 li., 383 re., 384 u., 388, 390, 391 o., 391 Mitte, 391 u., 392, 393, 394, 419, 422 u., 428, 448, 452, 501
Specialized: 10 u.
Dr. Wolfgang Stockhausen: 421, 423 o., 423 u., 425, 426, 480
Yuzuru Sunada: 166
Tango Editore/Velò: 37, 41
Eddie Wagner: 376
Graham Watson: 16, 21, 118/119, 122, 123 o., 126, 130, 131 o., 141, 231, 273 re., 301, 426/427
Peter Witek: 30 o., 31, 35, 47, 51, 55, 57, 60, 63, 65, 66, 69, 75, 96, 197, 202, 204, 222/223, 313 u., 325, 384 o., 397, 398, 399 o., 399 u., 400, 402, 404, 405 li., 405 re., 406, 417, 420

Einbandfoto: Bahnrad-Prototyp, konstruiert für die Olympischen Sommerspiele 1996

Umschlagfotos: Peter Witek (Vorderseite)
Dirk Belling, Martin Platter, Herman Seidl, Graham Watson, Peter Witek (Rückseite)
Umschlaggestaltung: Werbeagentur Sander & Krause

Layout: Manfred Sinicki

BLV Verlagsgesellschaft mbH
München Wien Zürich
80797 München

© 1996 BLV Verlagsgesellschaft mbH, München

Das Werk einschließlich aller seiner Teile ist urheberrechtlich geschützt. Jede Verwertung außerhalb der engen Grenzen des Urheberrechtsgesetzes ist ohne Zustimmung des Verlages unzulässig und strafbar. Das gilt insbesondere für Vervielfältigungen, Übersetzungen, Mikroverfilmungen und die Einspeicherung und Verarbeitung in elektronischen Systemen.

Gesamtherstellung: Passavia Passau

Gedruckt auf chlorfrei gebleichtem Papier

Printed in Germany · ISBN 3-405-14653-4

Die Deutsche Bibliothek – CIP-Einheitsaufnahme
Handbuch Radsport
Geschichte und Entwicklung, Freizeitradsport und Radrennsport, Technik und Training, Ernährung und Medizin, Ausrüstung und Material / [Fachred.: Christof Weiss]. – München ; Wien ; Zürich : BLV, 1996
ISBN 3-405-14653-4
NE: Weiss, Christof [Red.]

Autorenteam:

Herman Seidl, international anerkannter Radsportfotograf und Journalist
Fritz Zintl, Dozent am Lehrstuhl für Trainings- und Bewegungslehre der TU München
Wolfram Lindner, Bundestrainer der Schweizer Straßenrad-Nationalmannschaft, Ex-Bundestrainer der ehemaligen DDR
Wolfgang Oehme, Chef-Bundestrainer der deutschen Bahnrad-Nationalmannschaft
Dr. Siegward Lychatz, Bundestrainer der deutschen Bahnrad-Nationalmannschaft und wissenschaftlicher Koordinator
Urs Gerig, Trainer und Physiotherapeut des Schweizer Radquerfeldein- und MTB-Spitzenfahrers Thomas Frischknecht
Thomas Frischknecht, zweifacher Weltmeister der Amateure im Radquerfeldein, zweifacher Europameister MTB (CC), Worldcup-Gesamtsieger 1993 MTB (CC) und zweifacher Gesamtsieger der Tour de Suisse MTB
Klaus Peter Thaler, dreifacher Weltmeister im Radquerfeldein, ehemaliger Profi-Straßenradfahrer
Dr. Martin Engelhardt, Orthopäde und Sportmediziner, Präsident der Deutschen Triathlon Union
Dr. Arndt Pfützner, Leistungssportwart der Deutschen Triathlon Union und Leiter der Fachabteilung Ausdauertraining am Institut für angewandte Trainingslehre Leipzig
Steffen Große, Bundestrainer der Deutschen Triathlon Union
Dr. Wolfgang Stockhausen, Mannschaftsarzt der deutschen Bahnrad-Nationalmannschaft
Prof. Dr. Manfred Donike†, ehemaliger Doping-Beauftragter in internationalen Verbänden und im Olympischen Komitee
Prof. Dr. Dirk Clasing, Doping-Beauftragter des Bundes Deutscher Radfahrer

Fachredaktion: Christof Weiß,
Diplom-Sportlehrer, aktiver Radamateur und Sportbuchautor

Bildredaktion: Herman Seidl

INHALT

Vorwort 8

Das Fahrrad
im Wandel der Zeit 17

Geschichte
Herman Seidl

9

Die Wiederentdeckung des Fahrrades 33
Das richtige Fahrrad 34
Die richtige Ausrüstung 47
Training für Freizeitfahrer 52
Radmarathons 56
Radtouren 64
Das Fahrrad als Alltagsverkehrsmittel 67

Freizeit
Herman Seidl

29

Begriffsbestimmungen und Aufgabenbereiche 77
Trainingsprinzipien 78
Grundbegriffe der Trainingslehre (Terminologie) 85
Ausdauer und Ausdauertraining 93
Kraft und Krafttraining 105
Kraftausdauertraining 110
Schnelligkeit und Schnelligkeitstraining 112
Beweglichkeit und Beweglichkeitstraining 114

Trainings-
lehre
Fritz Zintl

73

Straßenradsport

Wolfram Lindner

117

- Leistungsstruktur im Straßenradsport 133
- Belastungsprofile und Trainingsbereiche 145
- Langfristiger Leistungsaufbau 167
- Belastungsgestaltung für Hobbyfahrer und Senioren 196
- Trainingsdokumentation 205
- Technik und Taktik 210

Bahnradsport

Wolfgang Oehme
Dr. Siegward Lychatz

221

- Einführung 233
- Disziplinen und deren Leistungsstrukturen 235
- Trainingsstrukturen 257
- Trainingsdatendokumentation 282
- Technik 298

Mountainbiking

Urs Gerig
Thomas Frischknecht

305

- Einführung 321 • Prolog 323
- Gesundheits- oder Leistungssport? 329
- Trainingsarten 332 • Trainingsmethoden 341
- Regenerative Maßnahmen 344
- Downhill 348 • Mountainbiking für Frauen 351
- Jugendtraining 352 • Material 354 • Energiebedarf 357
- Besondere Trainingsmöglichkeiten 360
- Mountainbiketraining mit Köpfchen 364
- 10 Gebote für Mountainbiker 375
- Ausblick: Wie geht es weiter? 376

Querfeldein

Klaus Peter Thaler

377

- Disziplin und ihre Entwicklung 381
- Material und Ausrüstung 382
- Einteilung der Altersstufen 385
- Belastungsprofil 385
- Training 387
- Techniktraining 390
- Taktik 393
- Ausblick 395

Allgemeine Entwicklungstendenzen
(Leistung und Prognose) 401
Training 407
Trainingsprogramme 412
Radfahren im Triathlon 419

Triathlon

Dr. Martin Engelhardt
Dr. Arndt Pfützner
Steffen Große

Einführung 429
Muskulatur 434
Versorgungssystem 443
Stoffwechsel 454
Trainingsphysiologie 466
Ernährung 475
Leistungsdiagnostik 479

Medizin

Dr. Wolfgang Stockhausen

Einführung 505
Listen verbotener Substanzen 507
Hinweise zur Dopingkontrolle 515

Doping

Prof. Dr. Dirk Clasing
Prof. Dr. Manfred Donike†

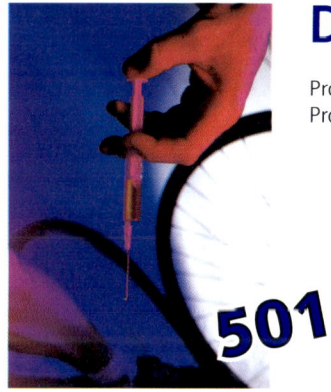

Abkürzungen 521

Literatur 522

Register 525

Vorwort

Der Radsport erhielt in den letzten Jahren durch viele innovative Neuheiten eine interessante und progressive Struktur. Die Faszination des Radsports wurde vielschichtiger. Sowohl im Freizeit- als auch im Profiradsport zeichnet sich dieser Trend seit längerem ab. Mit den Entwicklungen im Mountainbiking und Triathlon wurden dem Radsport neue Impulse verliehen. Auch die klassischen Disziplinen konnten von dieser Entwicklung profitieren.

Eine Ausweitung hin zu den neuen Disziplinen zeichnet sich außerdem deutlich in den nationalen und internationalen Verbänden ab. Mit der Aufnahme von Mountainbiking (CC) in das olympische Programm ab 1996 geht der Radsport einen neuen Weg.

Die geänderten Reglementierungen im Bahn- und Straßenradsport unterstreichen diese Entwicklung ebenfalls.

Der progressive Trend des Radsports wird mit diesem außergewöhnlichen Werk fortgesetzt. Erstmals präsentiert sich der Mountainbikesport in einem Buch neben den klassischen Disziplinen Straßen- und Bahnradsport auf gleicher Ebene. Diese Neuheit liegt ganz im Interesse der UCI, die das Mountainbiking voll in ihr Konzept integriert hat.

In der Literatur gibt es kaum ein vergleichbares Werk, das dem Leser einen ähnlich umfassenden Überblick zu den einzelnen Disziplinen verschafft. Erstmalig wird der Radsport in dieser Ausführlichkeit in einem Handbuch dokumentiert. Der Leser erhält neben detaillierten Informationen über modernes Training und Ausrüstung in den verschiedenen Disziplinen einen Einblick in geschichtliche Entwicklungen, in die allgemeine Trainingslehre und die Medizin. Zahlreiche Querverweise machen die Zusammenhänge zwischen den einzelnen Kapiteln deutlich. Damit wird der Radsport als beeindruckendes Ganzes dargestellt.

Das Fachwissen zu den einzelnen Themenbereichen liefert ein kompetentes und international anerkanntes Expertenteam.

Die einzigartigen Bilder aus der Radsportwelt haben einen engen Bezug zu den einzelnen Kapiteln sowie erläuternden Charakter.

Die UCI begrüßt es daher außerordentlich, daß mit diesem Standardwerk der aktuelle Radsport einem großen Interessentenkreis zugänglich wird. Für den Einsteiger bis hin zum Hochleistungssportler ist das Buch eine wertvolle Informations- und Weiterbildungshilfe.

Hein Verbruggen

Präsident der
Union Cycliste Internationale

Geschichte

Herman Seidl

Inhaltsübersicht

Das Fahrrad im Wandel der Zeit

Zwischen dem Entwurf eines Fahrrades von Leonardo da Vinci um 1500 (links) u[nd] der Zukunftsstudi[e] des amerikanisch[en] Bikeherstellers Specialized (unte[n]) liegt zwar fast ein[ ]halbes Jahrtause[nd,] doch rein formal manifestiert sich dieser Unterschie[d] kaum.

Viel deutlicher ist jedoch der Unterschied zwischen einem Rennfahrer der 20er Jahre (Ottavio Bottecchia während einer Tour-de-France-Etappe 1927, oben) und einem Downhill-Biker der 90er Jahre (Peter Stiefl während des Downhill-Worldcups in Kaprun 1993, rechts).

Rennfahrer, die Radsportgeschichte geschrieben haben: der Italiener Fausto Coppi (oben), der Franzose Jacques Anquetil (rechts). Coppi, der den Spitznamen »Campionissimo« trug, gewann fünfmal den Giro d`Italia und zweimal die Tour de France. Anquetil gelang es als erstem Rennfahrer der Geschichte, fünfmal die Tour de France als Gesamtsieger zu beenden.

Links: Als es noch keine Gangschaltungen gab, standen einem Rennfahrer nur zwei Übersetzungen zur Verfügung: ein Ritzel für die Steigungen, eines für die Abfahrten. Dazu wurde das Hinterrad einfach umgedreht.

Links: Von 1968 bis 1972 waren Radrennen eine langweilige Sache, denn der Sieger war meist derselbe: Eddy Merckx. Er wird nicht zu Unrecht als der größte Straßenfahrer aller Zeiten genannt. Der Belgier gewann als Junior 25 Rennen, als Amateur 58 Rennen und als Profi 278 Rennen, darunter je fünfmal die Tour de France und den Giro d´Italia.

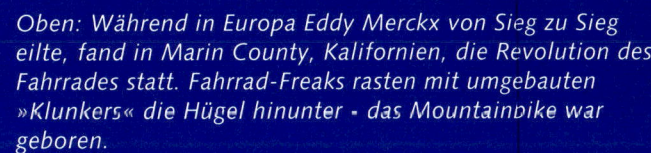

Oben: Während in Europa Eddy Merckx von Sieg zu Sieg eilte, fand in Marin County, Kalifornien, die Revolution des Fahrrades statt. Fahrrad-Freaks rasten mit umgebauten »Klunkers« die Hügel hinunter - das Mountainbike war geboren.
Dies war auch der Startschuß zu einer weltweiten Popularität des Fahrrades und zu vielfältigen technischen Verbesserungen.

Links: Von neuen technischen Entwicklungen profitierte auch der Italiener Francesco Moser, der als erster Mensch in einer Stunde die 50-km/h-Schallmauer durchbrach (51,151 km/h, Mexiko City, 1984).

15

Zwei Champions, die den Profiradrennsport veränderten: Greg Lemond, der als erster Amerikaner eine Tour de France gewann und sein Lehrmeister und fünffacher Tour-Sieger Bernard Hinault.

Das Fahrrad im Wandel der Zeit

Als Ende der siebziger Jahre Mike Sinyard aus San Jose in Kalifornien die ersten Mountainbike-Pioniere um den Rahmenhersteller Tom Ritchey kennenlernte, waren sich beide noch nicht bewußt, daß sie ein Stück Radfahr- und Radsportgeschichte schreiben würden. Sinyard, ein begeisterter Radfahrer, hatte soeben eine kleine Vertriebsfirma mit dem Namen »Specialized« gegründet, spezialisiert auf Fahrradprodukte aller Art. Sein Lagerraum war eine Garage, und die Produkte lieferte Sinyard selbst pedalierend an die einzelnen Fahrradgeschäfte in San Francisco. Inzwischen war aus der »Fat Tire«-Bewegung bereits ein kleiner Boom in Kalifornien geworden; Tom Ritchey hatte soeben die ersten vier Mountainbikes zusammengeschweißt; Mike Sinyard spürte die Idee und Philosophie, die im Herzen dieses neuen Fahrrades steckte und flog mit einem Exemplar nach Japan, um es dort in Massenfertigung günstiger herstellen zu lassen. Nur ein Jahrzehnt später hat das Mountainbike-Fieber die ganze Welt erobert, Sinyard und Ritchey sind heute reiche und einflußreiche Männer in der weltweiten Fahrradindustrie. Es hört sich wie ein Wirtschaftswunder-Märchen an, doch es ist keines. Der Mensch hat nach der Erfindung des Fahrrades wahrscheinlich gar nicht kapiert, welch großartiges technisches und dennoch menschliches Instrumentarium er plötzlich zur Verfügung hatte. Er hat sich ungeschickterweise vom Drang nach Geschwindigkeit, der unser Leben beherrscht, und somit von anderen technischen Entwicklungen blenden lassen, die sich immer mehr verselbständigen und denen er heute hilflos ausgeliefert ist. Im Gegensatz dazu inkorporiert Radfahren menschliche Träume von Bewegung, Abenteuer in einer kleinen, menschlichen Welt, in der die Wirklichkeit neu ausgemessen werden kann. Mike Sinyard hat den Zauber des Fahrrades und seiner anhaftenden menschengerechten Technologie verstanden.

Aus dem Freizeitspaß einiger Kalifornier wurde ein weltweiter Fahrrad-Boom.

Das erste Bike-Design

Es ist kein Zufall, daß sich ein von Specialized 1993 präsentiertes Zukunftsbike gar nicht so sehr von der Zeichnung eines Fahrrades des italienischen Universalgenies der Hochrenaissance, Leonardo da Vinci (1452–1519), unterscheidet, die 1966 bei Restaurationsarbeiten in Madrid auf der Rückseite des 133. Blattes des »Codice Atlantico« gefunden wurde. Heute würde man sagen, Leonardo da Vinci war der erste Bike-Designer der Geschichte. Ein größeres Genie als Urvater einer technischen Entwicklung hätte sich die Fahrradindustrie gar nicht wünschen können.

Doch die Geschichte der »petite reine«, der kleinen Königin, wie Franzosen und Italiener das Fahrrad liebevoll nennen, beginnt schon lange vorher. Auch andere einflußreiche Völker unserer Kulturgeschichte mußten bereits etwas ähnliches vorhergesehen haben. 23 Jahrhunderte vor Christi Geburt sprach man

»Fat Tire«-Bewegung

Vom »vélocipède« zum »Stumpjumper«

in China von einem »glücklichen Drachen«, der sich auf einem Vehikel mit Bambusrädern fortbewegte. Und auf den Relikten des alten Ägypten, eingemeißelt in einer antiken Tempelruine in Luxor, ist – wenn auch mit etwas Vorstellungskraft – ein Mensch zu sehen, der auf einem von zwei Rädern gestützten Balken sitzt. Eine ähnliche Zeichnung ist auch am Obelisken ausmachbar, der, von Napoleon bei seinem mißglückten ägyptischen Feldzug geraubt, heute im Herzen von Paris auf der Place de la Concorde steht und unter dessen Schatten alljährlich bei der Schlußetappe der Tour de France die übriggebliebenen Rennfahrer eines noch lebenden, legendären Ereignisses der Radsportgeschichte ihre letzten Schweißtropfen verlieren.

Fast ein Jahrhundert nach seiner Evolution steht das Fahrrad mit seiner Geschichte an einem historischen Wendepunkt. Ökonomische und ökologische Bedingungen schaffen neue Räume für ein Fortbewegungsmittel, mit dem man einen auf den Menschen zugeschnittenen Lebensrhythmus finden kann. Das Fahrrad unserer Tage ist das Symbol für eine Gegenwelt zur Automobilkultur geworden.

Bis heute existiert keine andere vergleichbare Maschine, mit der man sich am Boden mit eigener Kraft schneller bewegen kann als zu Fuß. Interessant ist, daß das Fahrrad immer in Kulturen eine wichtige Rolle spielte, die die Avantgarde für eine Zeitepoche waren. Das begann mit den Ägyptern, galt für den Einfluß Italiens zur Zeit Leonardo da Vincis und setzte sich fort in Frankreich zur Zeit der Französischen Revolution; schließlich bekam das Fahrrad neue Impulse durch die Industrialisierung, die vor allem in England blühte, und danach in Frankreich, Deutschland und Italien. Zwischen den beiden Kriegen kam es trotz des Beginns des Automobilbooms dennoch zu einem kurzen Aufflackern; doch der nächste innovative Schub ließ einige Jahrzehnte auf sich warten und bedurfte zunächst einiger weniger kalifornischer Freaks, die in Zeiten einer allgemeinen Automobilmüdigkeit die Kultur des Fahrrades neu entdeckten und zusammen mit der expandierenden japanischen Industrie neu definierten.

Die Laufmaschine

Aber blicken wir um 200 Jahre zurück nach Frankreich. 1779 wurde im »Journal de Paris« ein von Blanchard und Masurier gebautes »vélocipède« beschrieben. Doch erst elf Jahre später, als der exzentrische Graf Mede de Sivrac 1790 sein neues »vélocipède« vorstellte (eine Laufmaschine, die sich dadurch auszeichnete, daß ein massiver Holzbalken durch zwei Gabeln mit zwei sechsspeichigen Laufrädern verbunden war, unlenkbar natürlich und jede Menge Schuhsohlen konsumierend), bekam diese neue Art der Fortbewegung einen Schub. Graf de Sivrac nannte seine Laufmaschine in »célérifère« um. Ein toller Marketinggag, den sich zwei Jahrhunderte später auch Mike Sinyard zunutze machte, als er sein erstes Mountainbike den »Stumpjumper« nannte und es so zu einem Symbol der kalifornischen Bike-Revolution machte.

Die feine Pariser Gesellschaft, der auch Graf de Sivrac angehörte, hatte damit ihr neues Freizeitvergnügen. De Sivrac verkaufte nicht wenige seiner Laufmaschinen, die er später in »vélocifère« umbenannte. So war auch der Name »vélo« – heute noch die französische Bezeichnung für Fahrrad – geboren. Eine solche Laufmaschine wurde auch im Nachlaß des französischen Erfinders der Photographie, Niecephore Niepce, gefunden und ist heute noch im Museum für Photographie in Chalon-sur-Saône zu sehen; deshalb wurde Niepce auch –

Graf Mede de Sivrac und seine Laufmaschine.

fälschlicherweise – mit der Entwicklung des Laufrades in Verbindung gebracht. Doch Niepce hatte sich als avantgardistischer Mensch und Forscher einfach eine revolutionäre Erfindung seiner Zeit zunutze gemacht.

Der lange Weg technischer Erfindungen

Nach einem Grafen war es ein deutscher Baron, nämlich Karl Friedrich Christian Ludwig Drais von Sauerbronn, der für die nächste technische Weiterentwicklung sorgte. Er präsentierte 1818 in den luxemburgischen Gärten in Paris seine »Draisine«, eine Laufmaschine, die jedoch durch einen drehbaren Mechanismus lenkbar wurde und so von großer Bedeutung für die Weiterentwicklung des Fahrrades wurde. In London wurden nur ein Jahr später ähnliche Draisinen unter dem Namen »hobbyhorse« verkauft. Die Nachfrage war unerwartet groß. Einem weiteren deutschen Erfinder, dem Schweinfurter Philipp Moritz Fischer, wird die logische nächste Weiterentwicklung zugeschrieben, nämlich die der Kurbel und der Pedale. Allerdings gelang es ihm nicht, seine Erfindung zu popularisieren. So ähnlich ging es dem Schotten Kirkpatrick Macmillan, der mit einem Satz Hebelarme sein Fahrrad antrieb. Erst als der Schmied Pierre Michaux aus Bar-le-Duc bei Paris auf Drängen seines Sohnes »Fußhebeln mit Fußrasten« (also Kurbeln und Pedale) erfand und am Laufrad anbrachte, war ein neuer Typ von Fahrrad geboren. 1861 produzierte er ganze zwei Stück, ein Jahr später waren seine »Michaulinen« der Modegag schlechthin, und Michaux verkaufte schon 162 Stück, 1865 sogar 400 Stück. Paris war zu dieser Zeit erste Hauptstadt der Fahrradindustrie und Michaux' Entwicklungen wurden zum Spielzeug der Oberschicht und bald von vielen kopiert. Die »Michauline« zeichnete sich durch ein Vorderrad aus, dessen Durchmesser zwischen 90 und 150 cm lag und auch das Antriebsrad war. Der gevifte Michaux erkannte, daß eine Art Wettbewerb die Nachfrage nach seinen Maschinen weiter ankurbeln konnte, und so entschied er, am 30. Mai 1868 im Parc de Saint Cloud ein Rennen zu organisieren.

Die ersten Radrennen

An diesem Tag fand also das erste Radrennen der Geschichte statt, und es kürte gleich einen ausländischen Sieger; James Moore, ein in Paris lebender Engländer, entschied den 1200-Meter-Wettbewerb vor den einheimischen Douet und Castera für sich, gewann 600 Franc und ging somit als erster Sieger eines Wettbewerbs mit dem Fahrrad in die Geschichte ein. Die Folge waren eine Vielzahl von Fahrradrennen, immer 1200-Meter-Sprints.

»Le Vélocipède Illustre«, die erste Fahrradzeitschrift der Welt, war es überdrüssig, immer nur 1200-Meter-Rennen zu sehen, und kündigte in Zusammenarbeit mit Michaux die erste Fernfahrt an. Paris–Rouen war geboren. Start unter dem Triumphbogen in Paris, 135 Rennkilometer, 1000 Franc Preisgeld für den Sieger. James Moore siegte auch bei diesem Rennen mit einem Schnitt von 13 km/h. Nicht schlecht, wenn man bedenkt, daß die Fahrräder noch sehr schwer, die Laufräder nur mit Eisenbändern umhüllt und die Straßen holprig und in schlechtem Zustand waren.

Die Blüte der Hochräder

1869 fand in Paris die erste Fahrradmesse statt, und der Deutsche Meyer präsentierte damals als Neuigkeit bereits ein Fahrrad, bestehend aus einem Rahmen aus Rohren und Laufrädern, die eine Vollgummibereifung erlaubten. Danach verlegte sich jedoch die Evolution des Fahrrades nach England. 1871 kam ein gewisser James Starley auf die Idee, ein Laufrad mit Nabe und Speichen zu konstruieren. Und um die Übersetzung noch mehr zu erhöhen, kombinierte Starley ein riesiges Vorderrad mit einem kleinen Hinterrad. Das erste Hochrad war geboren, und dieser Fahrradtyp sollte die nächsten fünfzehn Jahre den Fahrradbau und die Fahrradrennen dominieren. Doch das Hochrad war nicht einfach zu bedienen, um nicht zu sagen gefährlich. 1874 erfand der Brite H.J. Lawson ein Fahrrad mit zwei gleich großen Rädern, mit Kettenantrieb und Freilaufkranz, im Verhältnis zum schwindelerregenden und schwer balancierbaren Hochrad ein »Sicherheitsrad«. Doch es stieß vorerst aus ästhetischen Gründen auf Ablehnung, und erst als 1885 ein neues Modell, der »Rover«, herauskam, war der Bann gebrochen. Der Rover war mehr oder minder das Fahrrad von heute – stabiler Diamantrahmen, zwei gleich große Laufräder, ein leichtlaufender Kettenantrieb. Jetzt fehlte noch eine wichtige Erfindung: die mit Luft gefüllten Reifen.

Der Triathlonlenker – eine durchschlagende Innovation für den Radsport

Reifen und Konservativismus

Man verwendete zwar zu dieser Zeit bereits Gummireifen mit einem Hohlraum, doch als es 1888 dem irischen Tierarzt John Boyd Dunlop gelang, mit Luft gefüllte Schläuche zu konstruieren, war auch diese Entwicklung geschafft. Paradoxerweise lehnten die Rennfahrer Dunlops Reifen vorerst ab. Erst als immer mehr Radwanderer – eine unabhängige Gruppe also – auf diese Entwicklung schwörten, begann ein wachsendes Interesse an dem neuen Abrollsystem. Die Tatsache, daß bald auch die ersten Rennen mit Reifen von Dunlop und seinem französischen Konkurrenten Edmond Michelin gewonnen wurden, stimmte viele Rennfahrer um. Um einen ähnlichen Vorfall von Konservativismus zu erleben, muß man nicht so weit in der Geschichte zurückblättern. Findige amerikanische Triathleten hatten Mitte der achtziger Jahre herausgefunden, daß ein neuartiger Lenkeraufsatz eine viel aerodynamischere Körperhaltung und somit viel Zeitersparnis mit sich brachte. Doch Profirennfahrer in Europa maßen dieser Entwicklung kaum Bedeutung zu. Es bedurfte erst des innovationsfreudigen amerikanischen Radrennprofis Greg Lemond und dessen spektakulären Sieges bei der Tour de France 1989, um seine konservativen Kollegen zu überzeugen. Lemond besiegte damals auf der letzten Etappe der Tour, einem nur 24,5 Kilometer langen Zeitfahren, den bis dahin führenden Franzosen Laurent Fignon um 8 Sekunden (der geringste Vorsprung, mit dem je eine Tour de France gewonnen wurde) und schnappte ihm den Gesamtsieg noch weg. Der Amerikaner hatte als einziger einen Triathlonlenker verwendet. Seit dieser sensationellen »technischen« Überrumpelung gibt es kaum noch Zeitfahrmaschinen, die nicht mit solchen Lenkern ausgestattet sind.

Spektakulärer Tour-de-France-Sieg mit Folgen: Greg Lemond 1989.

Diese Praxis hat sich auch in der Gegenwart erhalten: So wie innerhalb der ersten Fahrradwettkämpfe eine technologische Weiterentwicklung stattfand, so gewinnt auch heute wieder das technologisch am weitesten fortgeschrittene Fahrrad. Natürlich zählen die Beine, aber ein Downhill-Fahrer ohne ein Full-Suspension-Bike ist auf gewissen Downhill-Strecken chancenlos.

Eintagesklassiker

In diesen Zeitraum fällt auch der Beginn der Eintagesklassiker, die vorzugsweise als Städteverbindungen ausgetragen wurden. Das älteste Radrennen, das noch heute gefahren wird, ist das erstmals 1876 ausgetragene Mailand–Turin. Die zweite Ausgabe fand jedoch erst wieder 1894 statt. Besonders in Italien und Frankreich boomten die Wettkämpfe; doch bald wurden überall in Europa Rennen gefahren: Belgien, England, Deutschland, Schweiz, Österreich-Ungarn, Rußland. Frankreich war auch das erste Land, das einen richtigen Kalender mit Hunderten mehr oder weniger wichtiger Rennen hatte.

Um 1889 wurden in England die ersten Sechstagerennen auf Holzovalen gefahren; diese Idee wurde in die USA exportiert, und in New York, Boston und Chicago erlebten die Sechstagerennen einen richtiggehenden Boom.

Die Geschichte der Eintagesklassiker begann 1891 mit der – damals wahnwitzigen – Idee der französischen Radsportzeitschrift »Véloce Sport«, zwischen den 560 Kilometer entfernten Städten Bordeaux und Paris ein Rennen zu veranstalten. Das Rennen hatte durchschlagenden Erfolg, vor allem für die Verkaufszahlen der Zeitung, und sollte bald Nachahmer finden. Nahezu alle heute ausgetragenen Profiklassiker entstanden um die Jahrhundertwende:

1892 Bordeaux–Paris
1892 Lüttich–Bastogne–Lüttich
1893 Paris–Brüssel
1896 Paris–Roubaix
1901 Paris–Tours
1905 Lombardei-Rundfahrt
1907 Mailand–San Remo
1913 Flandern-Rundfahrt

Mit Ausnahme von Bordeaux–Paris (es wurde 1988 zum letztenmal gefahren) zählen auch heute noch alle genannten Rennen zum festen Bestandteil des Profirennkalenders.

Noch eine Form des Wettkampfs entstand in dieser Zeit: der Stunden-Weltrekord. Am 11. Mai 1893 fuhr ein gewisser Henri Desgrange auf der Buffalo-Radrennbahn in Paris in einer Stunde 35,325 Kilometer. Aber dieser Henri Desgrange sollte erst für etwas weltberühmt werden, das er zehn Jahre später ins Leben rief.

Geburt eines Mythos: die Tour de France

Wie die Radrennen boomten um die Jahrhundertwende auch Sportzeitungen, die damals schon mit Berichten über Siege, Rekorde, Dramen, Niederlagen – und dieser Stoff ergab sich vor allem bei den Radrennen – ein gutes Geschäft machten. Die Rechnung ist einfach: Man besitzt eine Zeitung. Was tut man, um mehr Leser und somit mehr Käufer zu gewinnen? Man veranstaltet Rennen, die wiederum spannenden Stoff für die Zeitung hergeben und somit Leser anziehen. Der Pariser Journalist Pierre Giffard erkannte dies, veranstaltete Paris–Brest–Paris und andere Rennen, und seine Zeitung »Le Vélo« florierte. 1899 beschloß der Fahrradhersteller Adolphe Clément, eine konkurrierende Sporttageszeitung zu gründen. Man engagierte für die Zeitung, die »L'Auto-Vélo« genannt wurde und am 16. Oktober 1900 das erstemal zur internationalen Ausstellung von Paris erschien, einen gewissen Henri Desgrange, genau den, der 1893 den ersten Stunden-Weltrekord gefahren hatte, danach aber die Radrennen aufgab und sich bei der kleinen Zeitschrift »La Bicyclette« als Journalist profiliert hatte. Doch »L'Auto-Vélo« gelang es nicht, sich gegenüber den marktbeherrschenden Konkurrenten durchzusetzen. Desgrange wußte, seine Zeitung mußte etwas Neues, Revolutionäres ins Leben rufen, um die Leser zu faszinieren. Und so wurde in der Rue du Faubourg-Montmartre 10, dem Redaktionssitz der »L'Auto-Vélo«, am 20. November 1902 entschieden, »das verrückteste Radrennen der Welt« zu veranstalten. Geo Lefèvre, Redakteur und Freund von Desgrange, soll die Idee gehabt haben, ein Etappenrennen durch Frankreich zu veranstalten: Die Tour de France war geboren. Am 1. Juli 1903 starteten im kleinen Pariser Vorort Villeneuve-St. Georges, vor dem Café Reveil Matin, 60 wagemutige Rennfahrer zu diesem Abenteuer. Fünf Etappen, jede davon über 400 Kilometer lang, 20 000 Franc Preisgeld, 3000 für den Sieger, der dann Maurice Garin hieß. Obwohl er ständig Zigaretten rauchte und immer eine Flasche Rotwein in der Trikottasche hatte, war Garin ein hervorragender Rennfahrer und gewann auch den Klassiker Paris–Roubaix. Die Tour wurde sofort berühmt und Gesprächsthema Nummer eins in Frankreich; niemand hatte geglaubt, daß ein Mensch solche Anstrengungen im Sattel eines Fahrrades ertragen könn-

Der Streckenplan der ersten Tour de France 1903.

te. Der gewünschte Effekt trat ein: Die »L'Auto-Vélo« von Desgrange florierte und wurde zur auflagenstärksten Sportzeitung Frankreichs. In den nächsten Jahren wurden immer neue Maßnahmen ergriffen, um die »Tour der Leiden«, wie sie heute noch genannt wird, noch spannender zu machen. 1905 wurden hierzu erstmals Bergetappen eingeführt; 1908 mußten von den Fahrern auf Holzfällerwegen die Pyrenäenpässe Aspin, Aubisque, Peyresourde und Tourmalet bezwungen werden; ein Jahr später führte man die Tour in den französischen Alpen über den Galibier.

Das gelbe Trikot

Die erste Tour de France nach dem Ersten Weltkrieg verlief unter vielen Schwierigkeiten; Desgrange wußte, daß die Tour wieder etwas benötigte, um für das Publikum interessanter zu werden. Er bekam während des Rennens die Idee, den Führenden mit einem speziellen Trikot hervorzuheben, und bestellte in Paris Trikots in möglichst grellen Farben. Doch es war Nachkriegszeit und wenig auf Vorrat. Desgrange konnten nur gelbe Jerseys geliefert werden; doch dieser »Zufall« ist heute noch die heißbegehrteste Trophäe im Profiradsport. Das »maillot jaune« wurde das erstemal am 20. Juli 1919 von Eugène Christophe beim Start in Grenoble getragen.

Durch all diese Charakteristiken, Skandale, Dramen, großartigen Leistungen und Siege wurde die Tour sofort zu einem mythischen Radsportereignis. Für L'Auto-Vélo wurde es Jahr für Jahr zu einer profitreichen Angelegenheit. Desgrange starb 1940; nach dem Krieg wurde die Tour de France von Jacques Goddet zu neuem Leben erweckt. »L'Auto-Vélo« wurde nun in »L'Equipe« umbenannt und ist heute noch maßgeblich an der Organisation und dem Profit der Tour beteiligt.

Die Tour de France heute

Heute wird die Tour, ein millionenschweres Unternehmen, von 46 permanenten Mitarbeitern einer eigenen Organisationsgruppe geplant und organisiert; während der Tour arbeiten sogar 240 Personen in der Organisation. Heute ist die Tour de France nach den Olympischen Spielen und der Fußball-Weltmeisterschaft immerhin das drittgrößte Sportereignis der Welt und für den Veranstalter, die Société du Tour de France (hervorgegangen aus der heute größten Sporttageszeitung Frankreichs, »L'Equipe«), ein Millionengeschäft. 35 Millio-

Maurice Garin, der erste Tour-de-France-Sieger.

Abb. 1 *Entwicklung der Durchschnittsgeschwindigkeit bei der Tour de France*

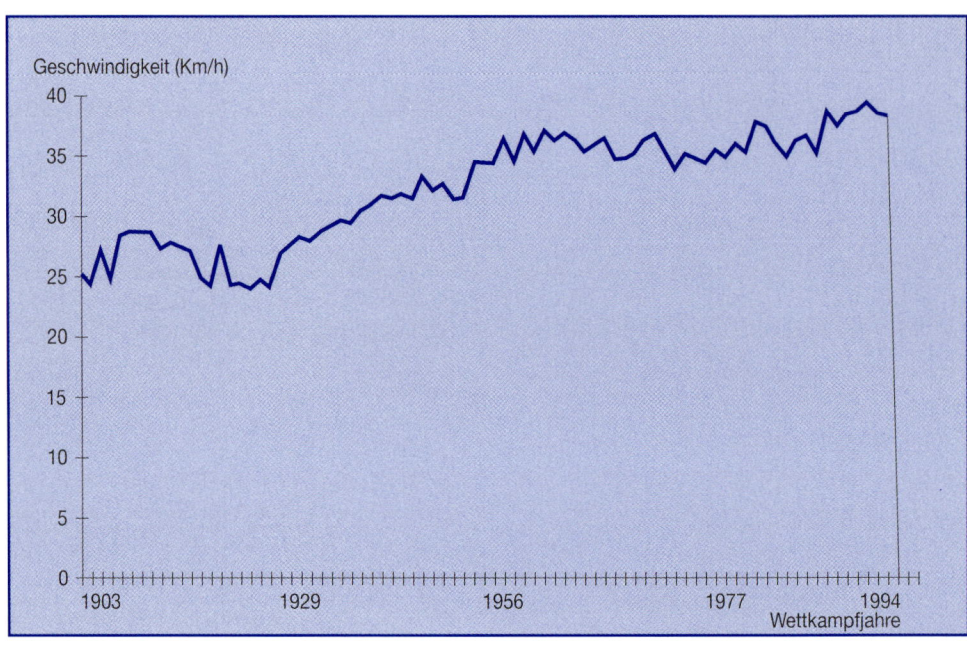

Tour de France – das Sport-Medienereignis

Die Tour de France ist heute das drittgrößte Sportereignis der Welt.

nen Mark an Ausgaben stehen 30 Millionen Mark an Einnahmen (Hauptsponsoren, TV-Rechte, Etappenorte, Werbekarawane) gegenüber (1991). 1,2 Millionen Mark sind für den Sieger vorgesehen, insgesamt werden Preisgelder in Höhe von 3 Millionen Mark ausgeschüttet – was auch vom kommerziellen Standpunkt her die Tour zum größten Radrennen der Welt macht. Jahr für Jahr sichern 100 000 Polizisten den Ablauf dieser französischen Institution. 1500 Fahrzeuge mit 4000 Personen (davon 900 Journalisten, Photographen und Kameraleute) begleiten im Juli 200 Rennfahrer durch Frankreich. Auf der Straße sehen sie 18 Millionen Zuschauer; weltweit übertragen 26 TV-Kanäle und 45 Radiostationen die Tour, berichten 18 internationale Nachrichtenagenturen, 190 Tageszeitungen und Zeitschriften über sie. So wird sie von ca. 1 Milliarde 500 Millionen Menschen gesehen, gehört und gelesen. Die Tour de France ist damit noch immer das, wofür sie 1902 gegründet wurde: spannender Stoff für Zeitungen und profitträchtig für deren Verleger.

Abb. 2 *Entwicklung der Gesamtkilometer bei der Tour de France*

Der Giro d'Italia

Die glorreiche Idee Henri Desgranges wurde bald überall kopiert, vor allem in Italien, wo 1907 der Giro di Sicilia, die Sizilien-Rundfahrt, ins Leben gerufen wurde. In diesem Jahr hatte der Mailänder Journalist Armando Cougnet die Tour de France begleitet und kam beeindruckt zurück, fest entschlossen, so etwas auch in Italien zu starten, wo bereits eine Rundfahrt für Automobile stattfand. Sein Arbeitgeber, die Sporttageszeitung »La Gazzetta dello Sport«, hatte jedoch große finanzielle Schwierigkeiten und konnte kaum die tägliche Rechnung der Druckerei bezahlen. Doch sein wagemutiger Kollege Tullio Morgagni kündigte am 7. August 1908 den ersten Giro d'Italia in der »Gazzetta dello Sport« an. Mit viel geliehenem Geld, vor allem dem der Tageszeitung »Corriere della Sera«, wurde am 13. Mai 1909 um 2.53 morgens der erste Giro d'Italia gestartet. Er ist heute das Pendant zur Tour de France, hat ähnliche Skandale und Champions hervorgebracht, hat für die auf rosa Papier ge-

Bei diesen Landesrundfahrten und klassischen Eintagesrennen wurden Radrennfahrer zu Kultobjekten des Abenteuers gemacht und mystifiziert: Louison Petit-Breton, Ottavio Bottecchia, Gino Bartali, Fausto Coppi, Louison Bobet, Jacques Anquétil, Raymond Poulidor, Felice Gimondi, Eddy Merckx, Laurent Fignon, Bernard Hinault, Greg Lemond, Miguel Indurain im Straßenrennsport und John Tomac oder Ned Overend am Mountainbike.

Fahrradrevolution: das Mountainbike

Wer hätte sich das 1974 gedacht, als eine Gruppe cooler, kalifornischer Jungs begann, mit ihren schweren selbstgebastelten Bikes den Mount Tamalpais bei San Francisco hinunterzurasen, daß sie eine gigantische Entwicklung des Fahrrades in Gang bringen würden? Gary Fisher, Joe Breeze, Tom Wolfe, Charles Kelly und viele andere wußten es damals auch nicht; denn sie wollten ja mit ihrem Downhill-Rennen und mit ihren Basteleien an ihren »Clunkers« oder »Ballon Bombers« nur Spaß in ihrer Freizeit haben. Basis ihres Spaßes war meist ein ausrangiertes Schwinn-Excelsior, gebaut vom deutschen Einwanderer Arnold Schwinn und das populärste Fahrrad im Amerika der Nachkriegszeit, aber viel zu schwer, um damit bergauf fahren zu können; doch das war kein Problem: Es war ohnehin bequemer, mit Lastautos zum Start auf den Mount Tamalpais zu fahren. Gary Fisher begann jedoch, Schaltungen zu montieren, und Charles Kelly sorgte mit seinem Fachblatt, dem »Fat Tire Flyer«, für die zunehmende Popularität der Szene. Dann ließ 1979 Joe Breeze bei Tom Ritchey die ersten Mountainbike-Rahmen nach der Rahmengeometrie des Schwinn-Excelsiors bauen. Einen

Die ersten Sieger des Giro d'Italia 1909.

druckte (daher kommt auch das rosa Trikot) Mailänder Tageszeitung »La Gazzetta dello Sport« eine ähnliche ökonomische Wirkung gehabt wie für »L'Equipe«. Die »Gazzetta dello Sport« und der Giro d'Italia sind heute ebenfalls florierende Unternehmen.

Auch in anderen Ländern entstanden Landesrundfahrten; 1933 die Tour de Suisse, 1935 die Vuelta d'Espagna – beide Rennen zählen heute auch zu den Etappenrennen, bei denen ein Sieg heiß begehrt ist. Alle Formen des Radsports sind auch immer ein Phänomen des Nationalstolzes gewesen: Man denke nur an die Euphorie, die 1977 Dietrich Thurau auslöste, als er 15 Tage lang im gelben Trikot der Tour de France fuhr.

Radsport lebt von Mythen – Mountainbike-Star John Tomac trug zu einer enormen Popularisierung dieses Sports bei.

Die Vorfahren der ersten Mountainbikes waren noch zu schwer, um damit Berge zu erklettern – man behalf sich mit Pick-up-Trucks.

dieser Rahmen bekam Mike Sinyard zu sehen, den das Konzept des Mountainbikes völlig begeisterte. Der Rest ist Gegenwartsgeschichte; eine Kombination aus wirtschaftlichen, technologischen, politischen und kulturellen Veränderungen führte zu einer völlig neuen Bewertung des Fahrrades. Und das Konzept des Mountainbikes, eines Fahrrades, mit dem man jederzeit und in jedem Gelände losfahren und seinen Spaß haben konnte, begeisterte die Menschen. Nie zuvor wurden so viele Fahrräder auf der Welt verkauft wie durch den Mountainbike-Boom; 1987 überstieg die Zahl der weltweit produzierten Fahrräder erstmals die 100-Millionen-Grenze. Das Fahrrad ist wieder zu einem wichtigen Wirtschaftsfaktor geworden. Der Grund ist einfach: Die unerreichten Vorteile des Radfahrens wurden von der breiten Masse wiederentdeckt, als Mittel zum Spaß an der Bewegung, als Gesundheitssport, als rasches Fortbewegungsmittel im Alltag.

Ob Mountainbike, Straßenrennrad, Triathlonrad, Tourenfahrrad, zweckdienliches Fahrzeug – das Fahrrad unserer Zeit ist auch wieder zu einem Symbol des technischen Fortschritts geworden: Federungssysteme am Vorder- und Hinterrad, Rahmenmaterialien aus Stoffen der Luftfahrtindustrie, aerodynamische Laufräder, ausgeklügelte Schalt- und Bremssysteme... Radfahren ist heutzutage einfacher und effektiver als je zuvor – und damit zu einer echten Fortbewegungsalternative geworden.

Die vollständige Geschichte des Fahrrades und des Radsports wird wohl nie geschrieben werden, denn die Entwicklung beider setzt sich permanent fort und ist ständigen Veränderungen unterworfen. Wenn jemand wieder etwas Neues erfindet, dann um den Menschen wieder an dieses Neue zu gewöhnen – mit einem Schlag würde die Geschichte des Fahrrades um ein neues Kapitel bereichert werden, und es wäre sicher wieder ein spannendes Kapitel.

Freizeit

Herman Seidl

Inhaltsübersicht

Die Wiederentdeckung des Fahrrades ·
Das richtige Fahrrad · Die richtige Ausrüstung ·
Training für Freizeitfahrer · Radmarathons · Radtouren ·
Das Fahrrad als Alltagsverkehrsmittel

Ob Radmarathons mit dem Straßenrad, ob Mountainbiketouren oder Alltagsfahrten mit dem Citybike. Radfahren in all seinen Formen begeistert Millionen von Menschen in aller Welt und steht auch an oberster Stelle der in der Freizeit ausgeübten Sportarten.

Grenzenlose Bewegung – durch eigene Kraft, zur eigenen Gesundheit, mit fortschrittlicher Technik.

Die Wiederentdeckung des Fahrrades

Das Radfahren hat wieder einen erstaunlichen Grad der Beliebtheit erreicht. Das war aber nicht immer so. In der Nachkriegszeit war das Automobil eindeutiger Zielpunkt der menschlichen Wünsche und Projektionen gewesen. Persönlicher Wohlstand wurde unmittelbar mit dem Besitz eines Automobils in Zusammenhang gebracht, Radfahren war schlichtweg »out«. Doch der zunehmende Wandel unserer Gesellschaft, in der sportliche Freizeitaktivitäten eine immer größere Rolle spielen, mag unter anderem eine wichtige Ursache zu einem deutlichen Wandel gewesen sein. Ende der sechziger Jahre begann es mit dem Klapprad-Boom, Ende der siebziger Jahre folgte der Rennrad-Boom, und schließlich verhalf der enorme Mountainbike-Boom Ende der achtziger Jahre dem Fahrrad wieder zu einem modischen Status innerhalb der Industriegesellschaften. Radfahren war plötzlich vor allem als Freizeitsport wieder »in« und rangiert an der Spitze der am meisten praktizierten Sportarten in Europa. Eine solche Entwicklung läßt sich am besten mit Umsatzzahlen der Industrie dokumentieren: 1949 wurden in Deutschland knapp 2 Millionen Fahrräder produziert und ausgeliefert, 1987 wurden jedoch bereits 3,5 Millionen Fahrräder abgesetzt, vier Jahre später (1991) wurde die Spitze des Booms mit 6,7 Millionen Stück erreicht; 1992 wurden 6,1 Millionen Fahrräder angeboten und laut Angaben des Verbandes der Fahrrad- und Motorradindustrie (VFM) 5,7 Millionen auch verkauft. Auch 1993 ist laut VFM dasselbe Ergebnis erreicht worden. Die Gründe, warum Millionen vom neuen Fahrradgefühl in den Bann gezogen werden, liegen klar auf der Hand: Radfahren in all seinen Formen fördert die Fitneß, bringt Naturerlebnis mit sich, spart Energie, vermittelt Spaß und ein Freiheitsgefühl zugleich. Ausdauersportarten wie Radfahren bringen den Menschen dazu, völlig vom Alltag abzuschalten, und das praktisch von der Haustüre weg. Ob Rennrad, Tourenrad oder Trekkingbike, ob Mountainbike, BMX-Rad oder Kinderfahrrad, ob Fahrradrennen, Touristikfahrten, Biketouren oder die tägliche Fahrt zur Arbeit – das Radfahren ist in allen Bereichen der Gesellschaft fest verankert.

Ein weiterer Grund für die Popularität des Fahrrades ist in dem weltweiten Gesundheitskult zu finden, ein postindustrieller Trend, der heute alle Industrienationen erfaßt hat. Einer unaufhaltsamen Materialisierung des Körperkults liegt die Ideologie der »Selbstverbesserung« zugrunde, und das Fahrrad wurde als ideales Hilfsmittel dazu sprichwörtlich wiederentdeckt.

Zu guter Letzt hat das Fahrrad auch als Nahverkehrsmittel wieder an großer Bedeutung gewonnen; einst Hauptverkehrsmittel der Massen, wurde das Fahrrad mit der zunehmenden Motorisierung stark in den Hintergrund gedrängt. Nun, im Zeitalter der staugeplagten, mit Autos verstopften Städte und eines zunehmenden Umweltbewußtseins, gewinnt das Fahrrad als Transport- und Nutzfahrzeug wieder stark an Bedeutung. Als Gegensymbol zur Autokultur kam da die Wiederentdeckung des Fahrrades gerade recht. Es wurde in einem vorher unbekannten Maße wahrgenommen, ein richtiges Bikefieber war ausgebrochen, und mittlerweile gehört ein schickes Mountainbike oder Rennrad wie selbstverständlich zur Grundausstattung eines Yuppies. Mit dem Boom vollzog sich auch ein Sprachwandel – nicht mehr »Fahrradfahren«, sondern »Biken« ist »in«.

Das Fahrrad und seine Facetten

Das richtige Fahrrad

Mit dem enormen Fahrrad-Boom ist parallel eine große technische Entwicklung vollzogen worden. Einst Stiefkind der Forschung und Entwicklung, konzentriert sich heute eine potente Branche auf die Weiterentwicklung jedes Fahrradtypus. Durch den wirtschaftlichen Aufschwung und das große Interesse der Konsumenten ist in wenigen Jahren eine völlig neue Industriebranche entstanden. Über Jahrzehnte steckte hinter dem Fahrrad eine nicht sehr innovationsfreudige Industrie, die nicht gerade viel Gedankenpotential an ihre Produkte verschwendete – während sich die Forschung, dem Zeittrend folgend, vollkommen auf motorisierte Fortbewegungsmittel konzentrierte. Dies änderte sich schlagartig, als der Trend zum Fahrradfahren offensichtlich wurde. Treibende Kraft hinter vielen Innovationen waren Amerikaner, die einmal mehr einen Trend initiierten. Interessanterweise kommen heute viele Neuerungen und vor allem Materialien aus dem Bereich der militärischen US-Industrie, die nach dem Zusammenbruch des ewigen Gegners »Kommunismus« motivationslos geworden war und eine Reihe an hochqualifizierten Mitarbeitern entließ. Viele dieser Techniker forschen und arbeiten heute in der Bike-Branche, bringen technisches Know-how und Materialien ein, was den technischen Fortschritt enorm beflügelte. Auch der unermüdlich forschenden japanischen Fahrradindustrie kommt das Verdienst zu, Produkte entwickelt zu haben, so daß das Radfahren heute einfacher, bequemer und funktioneller denn je ist.

Unter diesem Druck begann auch die europäische Industrie innovationsfreudiger zu denken – mit dem Ergebnis, daß die Qualität der Fahrräder sprunghaft anstieg. Und damit auch der Preis: 1987 lag der Durchschnittspreis pro Fahrrad in Deutschland bei 450 Mark, 1992 bereits bei 620 Mark, und das bei steigenden Absatzzahlen. Konsumenten sind also bereit, mehr Geld für bessere Qualität auszugeben.

Das Einheitsfahrrad ist längst passé; heute bietet der Fahrradmarkt eine Vielzahl an Modellen und Typen an, je nach

Das Mountainbike wurde durch seine vielseitigen Einsatzmöglichkeiten zum beliebtesten Fahrrad der letzten Jahre.

Eine enorme technische Entwicklung machte das Fahrrad zu einem High-Tech-Sportgerät.

Altersstufe und Bedürfnis kann man sich sein persönliches Fahrrad aussuchen. Die Palette reicht vom Kinderfahrrad, BMX-Rad, Mountainbike, Citybike über Trekkingbike, Rennrad, Hollandrad bis zum Tandem.

Damit es Liebe auf den ersten Tritt wird, sollte man sich bei der Frage nach dem richtigen Fahrrad zuerst überlegen, was man mit dem Fahrrad machen will. Der Trend zum Zweitrad ist mittlerweile unumstritten; viele wollen zum einen ein hochwertiges sportliches Fahrrad für die Freizeit, aber auch ein Fahrrad für den Alltag.

6 Tips zum Fahrradkauf

1. Verwendungszweck

Bevor man ein Fahrradgeschäft betritt, sollte man sich bereits im klaren sein, wo, wie und zu welchem Zweck man radfahren will. Abgestimmt auf die persönlichen Bedürfnisse, sollte der Fahrradtyp gewählt werden. Eine Probefahrt mit verschiedenen Typen hilft oft besonders gut bei der Auswahl.

2. Größe

Wie die Bekleidung, so soll auch das Fahrrad – um eine optimale Leistung zu erreichen – auf Ihre Körpermaße abgestimmt sein. Die Bein- und Oberkörperlänge bestimmen die Rahmenhöhe, die Schulterbreite die Breite des Lenkers, der Einsatzzweck den Typ des Fahrrades, den Laufraddurchmesser (Kinder 16–20 Zoll, Mountain- und Citybikes 26 Zoll, Trekkingbikes und Rennräder 27 Zoll), die Reifenwahl und die Komponenten.

3. Funktion

Der Rahmen ist das Herzstück ihres Fahrrades; je leichter der Rahmen, desto besser ist das Fahrgefühl. Achten Sie vor allem auf eine gute Funktion der Komponententeile, das sind die Bremsen und die Schaltung. Die Bremsen müssen selbst bei Nässe gut verzögern, die Schaltung sollte eine Index- oder Rasterschaltung sein. Die Kette muß sich hierbei problemlos mit Umwerfer und Schaltwerk von Ritzel zu Ritzel schalten lassen können.

Rechte Seite: Fahrradtypen heute.

4. Bekleidung

Je länger man fährt, desto spezieller sollte die Bekleidung sein. Funktionelle Radfahrhosen haben einen weichen Lederfleck im Sitzbereich eingenäht – er macht die Fahrt komfortabler. Besonders wichtig sind gute Schuhe. Je steifer die Sohle, desto besser wird die Kraft übertragen. Am besten ist ein spezieller Schuh, der in ein Sicherheitspedal (ähnlich einer Skibindung) einrastet, mit dem man aber auch ganz gewöhnlich gehen kann.

5. Sicherheit und Versicherung

Schützen Sie sich selbst: Ein Fahrradhelm und Handschuhe sollten auf jeden Fall bei jeder Fahrt verwendet werden. Die Statistik zeigt, daß bei Fahrradunfällen besonders der Kopf und die Hände gefährdet sind. Schützen Sie Ihr neues Fahrrad gegen Diebstahl durch ein gutes, langes Schloß. Der Rahmen wird mit einem Laufrad an ein festes Objekt (Laterne, Zaun) angebunden. Eine spezielle Fahrradversicherung, die bereits beim Kauf eines Fahrrades im Fachhandel abgeschlossen werden kann, ist zu empfehlen.

6. Werkzeug und Wartung

Standpumpe, Tourenpumpe, Reifenheber, Flickwerkzeug, Ersatzschlauch, Schmiermittel (ein synthetisches bewährt sich am besten), einige Inbus- und Gabelschlüssel gehören zu jedem Fahrrad wie die Butter aufs Brot. Ein Fahrrad ist ein Fahrzeug und muß wie ein solches regelmäßig gewartet werden. Mit den erwähnten Werkzeugen können einfache Reparatur- und Wartungsarbeiten selbst ausgeführt werden. Nur ein funktionierendes Fahrrad, das einer regelmäßigen Wartung unterliegt, ist ein Fahrrad, das Spaß macht!

Fahrradtypologie: Welches Rad für wen?

Kinder- und Jugendfahrrad

Leider noch sehr vernachlässigt und technisch von einer mittelmäßigen Qualität sind die Kinderfahrräder. Der Grund ist einfach: Da Kinder sowohl dem Fahrrad als auch der Bekleidung schnell entwachsen, steht dafür in der Familienkasse meist ein nur kleines Budget zur Verfügung. Doch die Forderung nach einem billigen Kinderfahrrad schlägt sich natürlich auch bei der Produktion nieder. Billiges und schweres Rahmenmaterial wird mit entsprechend billigen Komponenten bestückt. Insgesamt aber zählt hier die Robustheit mehr als gute Fahreigenschaften. Und Kinder haben gegenüber den verwöhnten Erwachsenen einen entscheidenden Vorteil: Ihnen geht es hauptsächlich um den Spaß.

Etwas besser ist die Situation bei den Jugendfahrrädern. Unübersehbar steht das Mountainbike Pate für die meisten Jugendmodelle, die zur Zeit am Markt sind. Aber auch Jugendbikes sind alles andere als Leichtgewichte, sie bringen trotz ihrer geringen Größe meist um die 13 bis 15 kg auf die Waage. An schwere Rahmen aus billigem Stahl werden 24-Zoll-Laufräder und preisgünstige Komponenten (entworfen für Erwachsene) montiert. Das hat zur Folge, daß Kinderhände und -beine oft genug damit ihre Not haben. Von perfekter Ergonomie sind Kinderbikes aufgrund der langen Kurbeln, Brems- und Schalthebel oft weit entfernt. Immerhin profitieren Kinder von der enormen Entwicklung am Komponentensektor: 21-Gang-Schaltungen sind mittlerweile auch an Kinderbikes der Standard. Zwar gibt es auch einige semiprofessionelle Kinderbikes, deren Preis jedoch viele Eltern abschrecken dürfte. Da sich Eltern in diesem Fall selten für ein teures Modell ent-

scheiden, sollte man wenigstens auf folgende Tips achten:
Wichtig ist, daß eine nicht zu große Rahmenhöhe gewählt wird. Das Kind sollte bequem über dem Rahmen stehen können, das Oberrohr sollte möglichst abfallend, eine Mitwachsreserve in der Auszugslänge der Sattelstütze und des Vorbaus enthalten sein. Das Oberrohr sollte auch nicht zu lang sein, damit das Kind eine bequeme Sitzposition vorfindet; zur Not kann man eine solche Position auch mit einem steileren Vorbau verbessern. Auch wenn das Kinderfahrrad nur ein Spielgerät ist – es sollte unbedingt verkehrssicher ausgestattet sein. Lichtanlage, Speichen und Pedalreflektoren sollten auch an jedem Kinderbike vorhanden sein.

BMX-Bike

Das BMX-Bike ist der Rennflitzer unter den Jugendfahrrädern. Mit ihnen werden akrobatische Kunststücke vollbracht und Rennen gefahren, deshalb wird auch in der Produktion mehr Augenmerk auf gute und zuverlässige Technik gelegt. Für BMX-Bikes werden spezielle Rahmen (meist aus gutem Chrom-Molybdänstahl) und Komponenten in kleinen Serien gefertigt, die an die körperlichen Gegebenheiten von Jugendlichen sehr gut angepaßt sind. Da die Robustheit bei BMX-Bikes eine große Rolle spielt, sind diese Bikes auch dementsprechend konzipiert und verarbeitet. Nicht umsonst sind BMX-Bikes deshalb bei vielen Entwicklungen am Mountainbike Pate gestanden.

Rennrad

Der Klassiker unter den Fahrrädern erfreut sich unter Freizeitsportlern nach wie vor großer Beliebtheit, obwohl die Konkurrenz durch das universell einsetzbare Mountainbike sehr groß geworden ist. Noch dazu ist es in den letzten Jahren durch den fortschreitenden Zuwachs an Automobilverkehr immer schwieriger geworden, die spezifischen Vorteile des Rennrades ungestört auszukosten. Vor allem das Rennrad mit seinen dünnen Reifen, dem leichten Gewicht und der Kompaktheit der Fahrposition vermittelt das einzigartige Roll- und Gleitgefühl, das süchtig machen kann. Distanzen von 200 Kilometern und mehr an einem Tag sind mit etwas Training spielend zu bewältigen, was sich beim Fahrer auch durch ein enormes Freiheitsgefühl niederschlägt. Mit eigener Kraft über die Landschaft zu schweben, Geschwindigkeiten bis zu 90 km/h auszukosten – das fasziniert. Faszinierend sind auch die technischen Fortschritte des Rennrades innerhalb der letzten zehn Jahre. Anfang 1980 mußte Rennradfahren noch »gelernt« werden. Der Ein- und Ausstieg bei Pedalhaken mit Riemen sowie das Schalten waren für Anfänger ein ziemliches Problem. Inzwischen sind Rennräder wesentlich konsumentenfreundlicher geworden. Technische Innovationen in der Fahrradbranche haben sowohl die Entwicklung des Rennrades als auch die des Mountainbikes wechselseitig beeinflußt. Begonnen hat es 1984 mit den cliplosen Pedalen, die mittlerweile nicht mehr wegzudenken sind. Als nächstes vereinfachte die Indexfunktion der Schalthebel den gesamten Schaltprozeß. Parallel dazu wurde durch neue Rahmenmaterialien (bessere Stahllegierungen, Aluminium, Karbonfaser, Titan) das Gewicht der Rahmen reduziert, die Fahreigenschaften verbesserten sich. Aus der Triathlonszene wurde der neuartige Lenker übernommen, der heute beim Zeitfahren unersetzlich ist. Danach holten die Komponentenhersteller zum größten Schlag seit 40 Jahren aus: Achtfache Zahnkränze wurden der Standard, die Schalthebel wurden in die Bremsgriffe integriert. Hochwertige Draht-

Weitere Innovationen am Fahrrad

reifen ersetzen mehr und mehr den teuren und für Laien kompliziert zu montierenden Schlauchreifen. Als letzte Innovation sind die neuen Felgen und Drei-, Vier- oder Fünfspeichen-Laufräder zu nennen. Der große Fahrrad-Boom ist ein Garant dafür, daß Innovationen auch in Zukunft gesichert sein werden; vor allem im Rahmensektor wird es noch zu einigen Entwicklungen kommen. Zwar bleibt der Mensch immer noch der Motor, der das Rennrad antreibt und von dessen Fitneß die Leistung abhängt, aber faszinierende, funktionelle Technik ist ebenfalls zum Erfolg notwendig.

Mountainbike

Senkrechtstarter und König unter den Fahrrädern ist aber zweifellos das für den enormen Fahrrad-Boom der achtziger Jahre verantwortliche Mountainbike. Von den Pionieren Gary Fisher und Tom Ritchey und der Insiderszene in Kalifornien wurde der Begriff »Klunker« verwendet, bis man den Begriff »Mountainbike« erfand. Mit zunehmender Verbreitung des Mountainbikes verloren aber viele auch ihren ursprünglich zugedachten Zweck und Einsatzbereich; US-Studien aus dem Jahr 1987 zeigten, daß etwa 70% nie im Gelände gefahren werden – ein deutlicher Hinweis auf das Mountainbike als Imagesymbol, aber auch darauf, daß Bikes sich wegen ihrer praktischen Größe und Wendigkeit hervorragend für den Stadtverkehr eignen. Es entstanden bald dem Zweck gemäß verschiedene Unterformen, die sich natürlich überschneiden. Heute unterscheidet man zwischen drei Gruppen: Mountainbikes für den Sportbereich (High-Tech-Bikes), den Freizeitbereich (Trail- und All-Terrain-Bikes) und den Nutzbereich (Citybikes). Das Konzept – kleiner Rahmen, muffenlose Rohrverbindung durch Punktschweißung, sehr stabile Gabel oder Federgabel, grobstollige, breite Reifen auf 26-Zoll-Felgen, Dreifachkettenblatt, weit abgestuftes Ritzelpaket, in Griffnähe montierte Schalthebel, stabiler, wenig gebogener Lenker, motorradähnliche Bremsgriffe, Schnellspanner an der Sattelstütze und Cantilever-Bremsen – war völlig neuartig und unterschied sich grundsätzlich vom allgemeinen Fahrradtrend. Die radikalen Veränderungen erzeugten bei den Konservativen Skepsis; solche Konstruktionen waren doch genau das Gegensätzliche der leichten, feinen, aerodynamischen Rennmaschinen. Doch umgekehrt löste das neue Konstruktions- und Bestückungsprinzip bei vielen dynamischen Menschen, die vorher wenig oder gar nichts mit Fahrrädern zu tun hatten, enorme Begeisterung aus. Das heute hochwertige Bike hat sich insofern verändert, als es immer mehr dem Rennradtrend (leichter, durchdachter, technisch anspruchsvoller) angeglichen wird: eine gestylte Präzisionsmaschine aus bestem Rahmenmaterial, mit perfekt funktionierenden Komponenten und wenig Gewicht. Ein High-Tech-Bike von heute zeichnet sich aus durch einen CroMo-Stahl-, Aluminium-, Karbon- oder Titanrahmen, Federgabel, Achtfachzahnkranz, eine im Griffbereich positionierte Schaltzentrale (natürlich mit Indexsystem), einen »oversized« (mit größerem Durchmesser dimensionierten) Steuersatz, leichte Reifen, cliplose Pedale und leichte, stabile Restkomponenten. Immer funktioneller werden vollgefederte Mountainbikes, die aus der Downhill-Szene nicht mehr wegzudenken sind und bei weiterer Professionalisierung auch für Freizeitfahrer attraktiv sein werden. Durch den weltweiten Boom wurde das Mountainbike zur Spielwiese kreativer Techniker; dank ihrer Entwicklungen ist das Fahrrad von einem wenig beachteten Alltagsgegenstand zu einem faszinierenden High-Tech-Produkt geworden; ein Endsta-

Mountainbiking – eine junge Disziplin stellt neue Anforderungen an das Material

dium in der technologischen Entwicklung ist jedenfalls noch lange nicht in Sicht.

Citybike
Selbst am Citybike, das ausschließlich für Stadtfahrten gedacht ist, sind heute viele Charakteristika eines Mountainbikes bemerkbar, wenn auch in stark reduzierter Form. Die Sportlichkeit ist zugunsten von Funktionalität im Stadtverkehr zurückgedrängt, Reifen und Schaltung sind nur mehr bedingt geländetauglich, das Gewicht ist aufgrund von Lichtanlage, Gepäckträger, Schutzblechen und massiveren Komponenten um etwa $1/4$ höher als bei »richtigen« Mountainbikes. Dennoch finden heute viele Erkenntnisse der High-Tech-Mountainbikes auch am Citybike Anwendung. Der technologische Unterschied ist nicht mehr zweck-, sondern vielmehr modellgebunden.

Für jeden Zweck das richtige Fahrrad

Trekkingbike
Trekkingbikes sind einfach die Weiterentwicklung des klassischen Sportrades, profilieren sich durch ausgereifte Mountainbike-Technik, unterscheiden sich jedoch von diesen durch den 27 Zoll großen Laufraddurchmesser und den längeren Radstand. Das macht Trekkingbikes zwar nicht so wendig, dafür aber bei längeren Fahrten gemütlicher, es ergibt sich ein besseres Rollgefühl als mit grobstolligen 26-Zoll-Laufrädern. Dazu kommt die universelle Einsatzmöglichkeit, der den Hybriden zwischen dem Rennrad und dem Mountainbike zu einem großen Käuferinteresse verholfen hat und enorme Zuwachsraten verzeichnen kann. Es ist der vernünftige, ausgeklügelte Kompromiß, der dem Trekkingbike zu soviel Erfolg verholfen hat. Je nach Ausstattung ist das Trekkingbike für Langstrecken, Ausflüge, im Gelände oder im Stadtverkehr verwendbar – Einsatzbereiche, für die ein Großteil der radelnden Bevölkerung eine ideale Lösung benötigen. Während bei der sportiven Version, die an das Mountainbike angelehnt ist, Licht, Schutzbleche und Gepäckträger fehlen, ist dies wesentliches Merkmal der allgemein üblichen Trekkingversion. Die Vielzahl an Zubehör (Gepäckträger, Packtaschen, Kartenhalter) macht das Trekkingbike natürlich auch zu einem idealen Tourenrad.

Tandem
Ein neuer Trend sind Tandems, auf denen man den Fahrspaß zu zweit genießen kann. Straßen- und Mountainbike-Tandems finden immer mehr Anhänger im Freizeitbereich. Tandemfahren will natürlich gelernt sein, es bedarf schon einiger Erfahrung, so ein Fahrrad zu lenken. Doch der Vorteil liegt darin, auch mit einem schwächeren Radpartner gemeinsam große Strecken zurücklegen zu können.

Wissenswertes über Fahrradrahmen

Der Rahmen mit der Gabel ist der wichtigste Teil jedes Fahrrades. In ihm sind mehrere bedeutende Funktionen vereint, die gemeinsam die Eigenschaften und Möglichkeiten eines Fahrrades bestimmen. Von einem guten Rahmen wird verlangt, daß er leicht, verwindungssteif, über lange Zeit und intensiv belastbar ist sowie Stöße bzw. Vibrationen gut absorbiert. Deshalb sollte man vor dem Kauf jedes Fahrrades dem Rahmen größte Aufmerksamkeit schenken: Ein richtig (in bezug auf die Eigenschaften und Möglichkeiten des Käufers) gewählter Rahmen wird zu einer Leistungssteigerung führen, ein falsch gewählter hat eine Leistungsminderung zur Folge. Das Prinzip des heutigen Straßenrahmens existiert seit 1890, als in England die Form des Trapez- oder Dreieckrahmens sich als technisch optimal für die Fahrradkonstruktion herausstellte. Der sogenannte Diamantrahmen war die beste Lösung für die am Fahrrad auftretenden Druck-, Zug- und Schwingungsbelastungen; er wurde und ist deshalb heute noch immer das Maß der Fahrradfertigung. In den 100 Jahren seiner Geschichte hat der Diamantrahmen langsam, aber stetig einen Fortschritt (eher eine Verfeinerung) erlebt: Der flache Sitzwinkel wurde immer steiler, der Durchschnitt liegt mittlerweile bei 73°, dasselbe gilt für den Steuerwinkel und die Gabel; der Nachlauf hat sich zwischen 4,5 und 6 cm eingependelt, der Hinterbau wurde wie der gesamte Radstand immer kürzer. Generell gesehen werden die Straßenrahmen immer kleiner und kompakter, um die seitliche Steifigkeit und Aerodynamik zu erhöhen. Der Mountainbike-Rahmen hingegen machte eine viel stürmischere Entwicklung durch. Innerhalb eines Jahrzehnts hat sich sein Design radikal verändert. Dafür sind drei Gründe verantwortlich: erstens, weil anfangs Geometrie und Design eines »Steinzeitrades«, des Schwinn-Cruisers, übernommen wurden; zweitens, weil die Ansprüche einer Geländefahrt andere Konstruktionen verlangen; und drittens, weil innovatives Rahmendesign die Dynamik der Szene widerspiegelt. Auch wenn heute die Form des Diamantrahmens immer noch dominant ist, werden sich in Zukunft auch andere, abgewandelte Rahmenformen durchsetzen.

Der Stoff, aus dem die Rahmen sind

Mehr als 90% aller Fahrräder werden aus Stahlrahmen hergestellt, dennoch sind neue Rahmenmaterialien unweigerlich im Vormarsch. So ist etwa die Verwendung von Aluminiumrohren sprunghaft angestiegen, Edelbikes werden aus Karbonfaser und Titan oder aus einer Mischung daraus gefertigt.

Der letzte Trend geht jedoch wieder zurück zum Stahl – namhafte Rohrproduzenten haben noch bessere, sehr leichte und dünnwandige Stahlrohre konstruiert, die nun ohne weiteres den Wettstreit mit Alu, Karbon und Titan aufnehmen können.

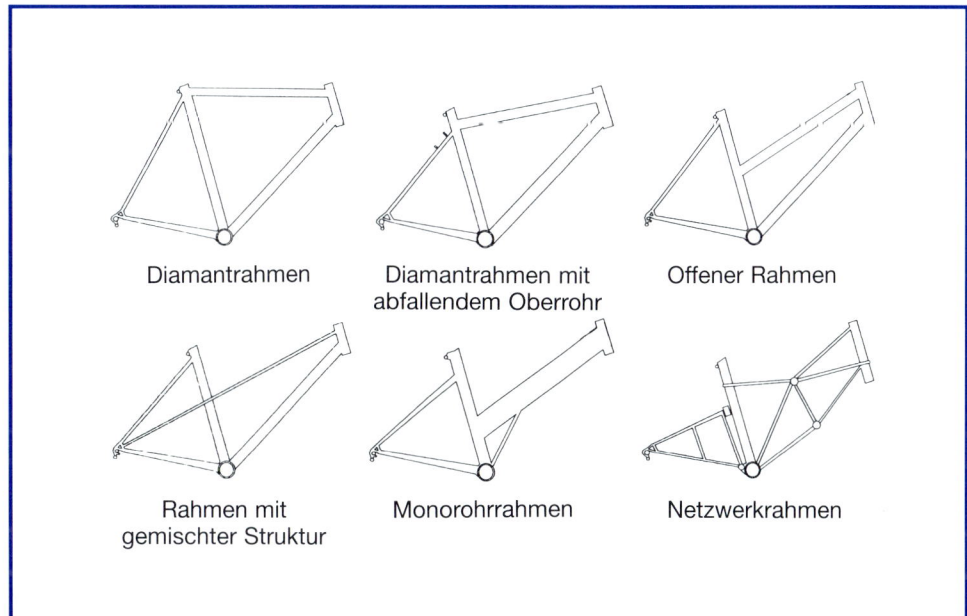

Rahmentypologie.

UNTERSCHIEDLICHE MATERIALIEN

Stahl

Für den Fahrradrahmenbau wird meist Chrom-Molybdän-Stahlrohr, das nahtlos gezogen ist und in verschiedenen Wandstärken verarbeitet wird (zweifach-, dreifach konifiziert), verwendet. Die Herstellung dieser Rohre ist mittlerweile ein hochtechnisierter Bereich. Vorteile von Stahl sind die leichte Verarbeitung, die hohe Festigkeit, die Steifigkeit. Von Nachteil sind das Gewicht und die Korrosionsanfälligkeit. Ein weiteres Plus: Die Verarbeitung von Stahl ist die älteste und somit auch die zuverlässigste Methode des Rahmenbaus.

Aluminium

Was für die Luftfahrtindustrie gut ist, soll auch für das Fahrrad gelten. Alurahmen wurden seit Anfang der Achtziger immer beliebter. Alu ist leicht, korrosionsbeständig, hat jedoch eine geringe Biegesteifigkeit – deshalb zeichnet Alurahmen ein großer Rohrdurchmesser aus, ein Trick, um die Steifigkeit zu erhöhen. Aluminiumrahmen vermitteln außerdem ein angenehmes Fahrgefühl.

Karbon/Kevlar

Karbonrohre sind bei richtiger Verarbeitung dreimal so fest und um ein Drittel steifer als Stahl, und all das bei geringem Gewicht. Außerdem hat Karbon die besten Dämpfungseigenschaften aller Rahmenmaterialien; Stöße verlieren sich in ihrem Kraftfluß von Faser zu Faser. Der Nachteil von Karbon ist der hohe Preis und die komplizierte Verarbeitung. Die hervorragenden Dämpfungseigenschaften bei gleichzeitig hoher Steifigkeit machen Karbon jedenfalls zu einem idealen Rahmenmaterial.

Titan

Dieses bis vor kurzem noch exotische Metall wird nun immer mehr zum Rahmenbau eingesetzt. Titan hat etwa dieselbe Festigkeit wie Stahl, ist jedoch weniger steif, weshalb der Rohrdurchmesser oft angehoben wird. Titan zeichnet eine hohe Zugfestigkeit aus, was eine geringe Wandstärke und somit wenig Gewicht bedeutet. Ein Schweißvorgang, der Stahl und Alu schwächt, beeinträchtigt die Verbindung von Titanrohren kaum. Außerdem ist Titan höchst korrosionsbeständig. Die besten Rennfahrer lassen nur mehr Titan zwischen ihre Beine – doch sie müssen es ja nicht bezahlen. Das ist nämlich der Nachteil von Titan, es ist fünf- bis zehnmal so teuer wie Stahl.

Einfluß der Rahmengeometrie auf das Verhalten des Fahrrades

Da die Rahmengeometrie bereits wesentliche Rückschlüsse auf jedes Fahrrad zuläßt, ist es notwendig, die wichtigsten geometrischen Maße und deren Meßmethode zu kennen beziehungsweise selbst ermitteln zu können. Von der Mischung der Winkel und der Rohrlängen hängen nicht nur die Fahreigenschaften

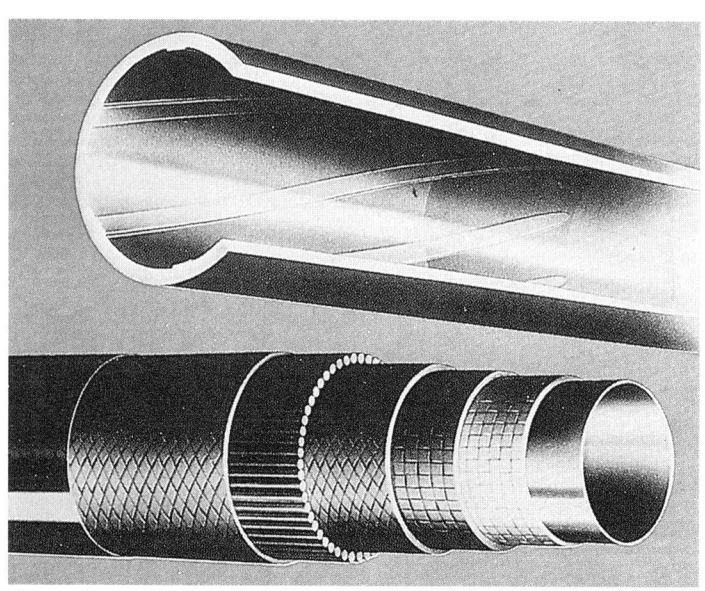

Konifiziertes Stahlrohr (oben), Schichtaufbau eines Kohlefaserrohrs (unten).

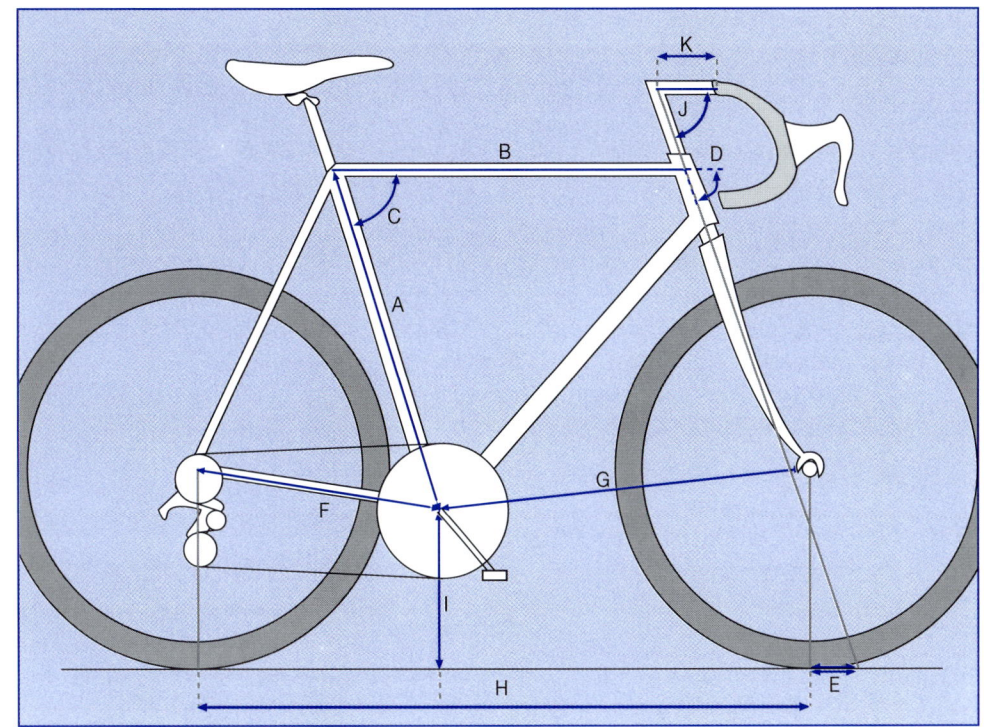

Abb. 1 *Rahmenmaße, die die Geometrie beeinflussen: Sitzrohrlänge (A), Oberrohrlänge (B), Sitzwinkel (C), Steuerwinkel (D), Nachlauf (E), Achsabstand hinten (F), Achsabstand vorne (G), Radstand (H), Tretlagerhöhe (I), Vorbauwinkel (J), Vorbaulänge (K)*

jedes Fahrrades ab, sondern vor allem die wichtigen Faktoren Sitzposition und Kraftübertragung. Die wichtigsten Grundwerte der Fahrradgeometrie sind:
1. Sitzrohrlänge (A) und Oberrohrlänge (B)
2. Sitzwinkel (C) und Steuerwinkel (D), Nachlauf (E)
3. Achsabstand (hinten) (F), Achsabstand (vorne) (G)
4. Radstand (H)
5. Tretlagerhöhe (I)
6. Vorbauwinkel (J) und Vorbaulänge (K)

1. Sitzrohr- und Oberrohrlänge sind wichtige Maße bei der Rahmenkonstruktion, sie bestimmen die Größe des Fahrradrahmens. Um die optimalen Maße (je nach Fahrradtyp) in bezug auf die Sitzrohrlänge zu bekommen, gibt es eine Berechnungsformel.
2. Sitz- und Steuerrohrwinkel bestimmen das Fahrverhalten des Fahrrades. Bei Rennrädern sind Sitzrohrwinkel zwischen 72 und 75 Grad möglich, bei Mountain- und Trekkingbikes zwischen 71 und 74 Grad. Als generelle Regel gilt, daß Menschen mit kurzen Oberschenkeln einen steilen Sitzrohrwinkel benötigen, Fahrer mit langen Oberschenkeln einen flachen Sitzrohrwinkel. Ein steiler Sitzrohrwinkel (74°) macht das Fahrrad spritziger, ein flacher (72°) macht es gemütlicher. Dasselbe gilt für den Steuerwinkel, der mit der Gabel den Nachlauf des Fahrrades und somit das Steuerverhalten beeinflußt.
3. Der Nachlauf wird von der Gabelbiegung und dem Steuerwinkel bestimmt. Bei einem großen Nachlauf ist das Fahrrad gemächlich zu lenken, bei einem geringen Nachlauf reagiert das Fahrrad sofort auf jede Lenkbewegung.
4. Der Achsabstand (hinten, vorne) wirkt sich ebenfalls auf das Fahrverhalten aus. Ein großer Radstand erzeugt ein gemütliches Fahrrad (z. B. Hollandrad), ein kurzer Radstand ein sehr wendiges, spritziges Fahrrad.
5. Die Tretlagerhöhe ist der Abstand zwischen der Mittelachse und dem Boden und bestimmt somit die Bodenfrei-

heit. Mehr Tiefgang bewirkt mehr Stabilität, ruhigen Geradeauslauf, weniger Tiefgang macht das Fahrrad nervöser.

6. Vorbaulänge und Vorbauwinkel entscheiden primär die Charakteristik der Sitzposition und das Fahrverhalten. Ein kurzer Vorbau mit steilem Winkel sorgt für eine gemütliche Sitzposition, lange, flache Vorbauten sorgen für eine sportliche Sitzposition.

Rahmen- und Komponentenanpassung an den Körper

Wichtige Parameter zur Größenbestimmung am Fahrrad

Was Profirennfahrer bis ins letzte Detail beachten, weshalb sie sich Fahrradrahmen sprichwörtlich »maßschneidern« lassen, sollte in einer reduzierten Form auch von jedem anderen Fahrer bedacht werden; der richtigen Anpassung an den Körper muß größtes Augenmerk zugewandt werden. Fehler machen sich hier bald unangenehm bemerkbar: Falsch gewählte Fahrräder sind leistungsmindernd, man ermüdet rascher, Rücken- und Muskelschmerzen sind die Folge, und spätestens dann verliert sich der Spaß an der Sache. Man merke sich: Nicht der Mensch darf an die Maschine, sondern die Maschine muß an den Menschen angepaßt werden!

Bei der Anpassung eines Mountainbikes an den Körper sollten folgende Maße spezifisch berücksichtigt werden:
- Rahmengröße
- Distanz zwischen Sattelebene und Tretlagermitte
- Distanz zwischen Sattelspitze und Lenkermitte
- Distanz zwischen Sattelebene und Lenkerebene
- Kurbellänge

Um diese Maße für jeden individuell feststellen zu können, ist es notwendig, daß die Schrittlänge des Fahrers bzw. der Fahrerin gemessen wird. Dies ist einfach und unkompliziert. Die Schrittlänge ist die Distanz zwischen dem Sattelauflagepunkt zwischen den Beinen und dem Boden (siehe Abb. 16, S. 211). Man mißt sie, indem man sich barfuß gerade an eine Wand stellt, eine Wasserwaage zwischen die Beine nimmt und leicht andrückt; der Abstand zwischen dem Boden und der Oberkante der waagrechten Wasserwaage ergibt die Schrittlänge (SL). Mit diesem Wert kann sich jeder genauso einfach die richtige Rahmengröße bzw. alle anderen Werte für eine gute Sitzposition errechnen.

Errechnen der richtigen Rahmengröße bei Mountainbikes

Fahrradrahmen und Schuhe haben etwas gemeinsam – man kauft sich nicht irgendeine Größe, sondern genau diejenige, die man benötigt. Je nach Fahrradtyp sind zwei verschiedene Formeln anzuwenden. Für die Ermittlung eines optimalen Mountainbike-Rahmens wird die Schrittlänge mit dem Faktor 0,61 multipliziert, und man erhält die erforderliche Rahmengröße in Zentimetern. Dieses Maß bezieht sich, wie in Abb. 1 dargestellt, auf die Distanz zwischen Tretlagermitte und dem Schnittpunkt zwischen der Waagrechten des Oberrohrs und dem Sattelrohr (bzw. dessen Verlängerung).

Beispiel: Nehmen wir an, die gemessene Distanz der Schrittlänge (SL) unserer Versuchsperson beträgt 82 cm. Die Multiplikation 82 x 0,61 ergibt 50,02. Der erforderliche Rahmen sollte also von der Mitte des Tretlagers bis zum erwähnten Schnittpunkt 50 cm betragen. Nun ist aber die Mehrzahl der Freizeitradler auf die vorgegebenen Maße der diversen Hersteller angewiesen. Von den meisten Mountainbike-Produzenten werden Rahmenhöhen in drei bis fünf Abstufungen angeboten. Die Angaben beziehen sich fast immer auf die Distanz zwischen Tretlagermitte und dem Schnittpunkt zwischen der Waagrechten des Oberrohrs und dem Sitzrohr. Diese Größe wird meistens in Inch (Zoll)-Maßen angegeben. Die nachstehende Inch/Zentimeter-Tabelle für die gängigsten Größen erleichtert das Umrechnen. Man kann auch selbst den Rechenstift zur Hand nehmen: Wenn das Inch-Maß mit 2,54 multipliziert wird, erhält man die Länge in Zentimetern.

Umrechnungstabelle Inch (Zoll)/Zentimeter:
13″ = 33,0 cm
14″ = 35,6 cm (36)
15″ = 38,1 cm (38)
16″ = 40,6 cm (41)
17″ = 43,2 cm (43)
18″ = 45,7 cm (46)
19″ = 48,6 cm (49)
20″ = 50,8 cm (51)
21″ = 53,3 cm (53)
22″ = 55,9 cm (56)

Errechnen der richtigen Rahmengröße bei Rennrädern

Steht man vor dem Kauf eines Rennrades oder Trekkingbikes, kann man folgende Rechenformel verwenden, um sein passendes Rahmenmaß zu errechnen: Die Schrittlänge (SL) wird mit dem Faktor 0,65 multipliziert, und man erhält die erforderliche Rahmengröße in Zentimetern. Dieses Maß bezieht sich wieder auf die Distanz zwischen Tretlagermitte und dem Schnittpunkt des Oberrohrs mit dem Sattelrohr.

Beispiel: Nehmen wir an, die gemessene Distanz der Schrittlänge (SL) unserer Versuchsperson beträgt wieder 82 cm. Die Multiplikation 82 x 0,65 ergibt 53,3. Der erforderliche Rahmen sollte also von der Mitte des Tretlagers bis zum erwähnten Schnittpunkt 54 cm betragen.

Von der Oberkörperlänge bzw. von der Schuhgröße hängt nun ab, ob man das Rahmenmaß nach oben oder unten abrundet. Schließlich ist es oft schwer, das perfekt errechnete Maß bei einem Fahrrad von der Stange zu finden. Mit einem langen Oberkörper wird man den größeren Rahmen wählen, mit einem kurzen Oberkörper den kleineren. Auch wer eine große Schuhnummer hat, wird den ermittelten Wert nach oben aufrunden.

In der Regel sollte man sich aber eher für einen kleineren als für einen größeren Rahmen entscheiden: Ein kleinerer Rahmen ist steifer, besser zu kontrollieren und lenkbarer als ein zu großer. Nun ist man einem idealen Rahmen schon sehr nahe; mittels der Sattelstütze und des Vorbaus kann man nun die Feineinstellung der Sitzposition vornehmen.

Errechnen der richtigen Sitzposition

Die richtige Harmonie zwischen Körper und Bike zu erreichen ist eine Grundvoraussetzung für den Spaß am Radfahren. Von einer guten Sitzposition hängt die bestmögliche und direkte Übertragung der Muskelkraft auf den jeweiligen Fahrradtypen ab, und außerdem wird die Ermüdung hinausgezögert.

Die optimale Sitzposition zu finden ist nicht schwer, denn auch diese ist aus der Schrittlänge errechenbar. Die richtige Sitzhöhe berechnet man folgendermaßen: Die Schrittlänge (SL) wird mit dem Faktor 0,893 multipliziert. Das Ergebnis ist die Distanz zwischen der Tretlagermitte und der Sattelebene.

Für unsere Versuchsperson mit der Schrittlänge 82 cm ergibt sich also folgendes Maß für die Sattelhöhe: 82 cm x 0,893 = 73,2 cm.

Die richtige Distanz von der Sattelspitze zum Lenker ist ebenfalls wichtig. Multi-

Von der richtigen Rahmengröße bis zur Feineinstellung

Abb. 2 *Gemütliche Sitzposition am Mountainbike und Trekkingbike (a), sportliche Sitzposition am Mountainbike (b), sportliche Sitzposition am Rennrad (c)*

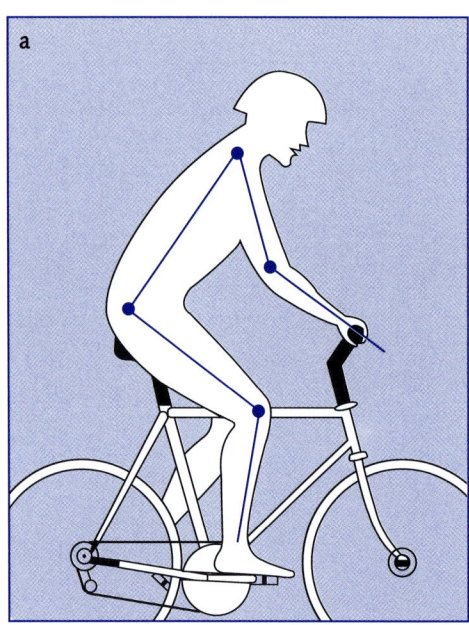
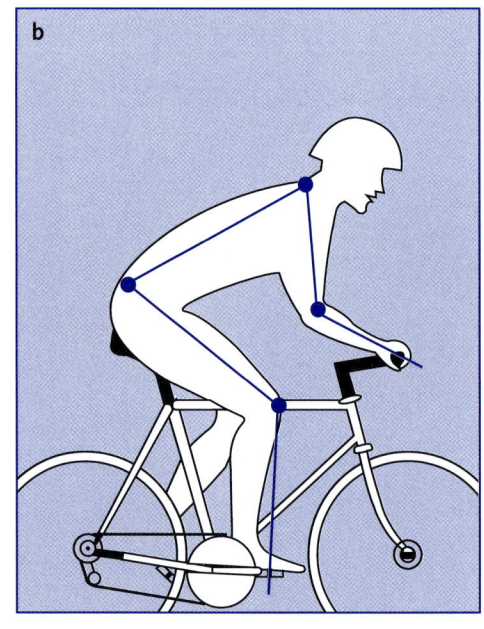
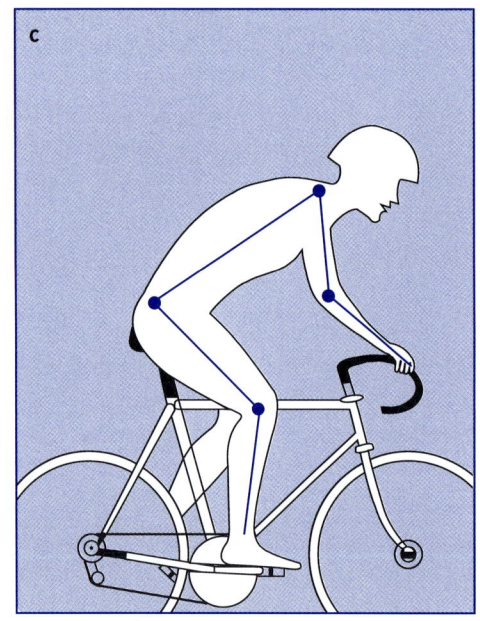

pliziert man die Schrittlänge mit 0,66, so erhält man einen Basiswert. Je nach Oberkörperlänge kann nun per Vorbaulänge dieser Wert nach oben oder unten korrigiert werden.
Beispiel: 82 x 0,66 = 54,12 cm.
Das dritte wichtige Maß bestimmt ebenfalls entscheidend den Kraftfluß vom Körper auf das Fahrrad. Ist der Lenker zu hoch, kann der Oberkörper den Beinmuskeln nicht den perfekten Rückhalt geben; liegt der Lenker tiefer, so findet die Beinmuskulatur einen guten Rückhalt, der Kraftfluß geht fast ausschließlich in Richtung der Pedale. Mit diesem Maß kann wesentlich der Charakter des Fahrrades verändert werden: Je nach Einsatzwunsch wird die Distanz zwischen Sattel- und Lenkerebene groß (sportlich, guter Kraftfluß) oder klein (gemütlich, weniger guter Kraftfluß) sein. Die gewünschten Distanzen können durch zwei verschiedene Maßnahmen erreicht werden: erstens durch die Regulierung des Vorbaus im Gabelschaft oder zweitens durch die Winkelstellung des Vorbauarms.

Kurbellänge

Je nach den sportlichen Ambitionen wird die Kurbellänge gewählt. Standard sind 170-mm-Kurbeln sowohl am Rennrad als auch am Mountain- und Trekkingbike. Sehr sportlich orientierte Fahrer montieren gerne längere Kurbelmaße (172,5 mm, 175 mm). Die Gründe für lange Kurbeln liegen in der Hebelwirkung.

Die richtige Ausrüstung

Komponenten

Schaltung, Bremsen und Kraftübertragung werden bei den meisten Fahrrädern von einem Hersteller geliefert und weisen einen hohen technischen Standard auf, der Freizeitfahrern bessere und zuverlässigere Technik denn je bietet. Die Wahl der Komponenten hat jedoch nur geringen Einfluß auf das Fahrverhalten eines Fahrrades. Rennräder zeichnen sich durch ein zweifaches Kettenblatt und einen Sieben- oder Achtfachkranz aus, bei Mountain- und Trekkingbikes wird ein dreifaches Kettenblatt mit einem Sieben- oder Achtfachkranz kombiniert. Ausgeklügelte Indexschaltsysteme ermöglichen den Kettenwechsel von Ritzel zu Ritzel in präzisen Rasterschritten. Rennräder sind mit einer Hebelbremse ausgestattet, Mountain- und Trekkingbikes mit zuverlässigen Cantilever-Bremsen.

Schaltung, Bremsen, der Antrieb, die Naben – an den Komponententeilen scheiden sich die Geister. Achtung, gute Komponenten werden oft als Lockmittel verschiedener Bike-Hersteller verwendet, um einen nicht der Komponentenqualität entsprechenden Rahmen zu verkaufen! Denn die Qualität der Komponenten, der Bedienungskomfort, die Technik und ihre Leistung haben sich sprunghaft verbessert.

Es gibt kaum noch Fahrräder im Handel ohne Index-Schaltung, Dreifach-Kettenblatt und Sieben- oder Achtfachkranz (21–24 Übersetzungen), schaltfreudige Ritzel und Kette, ergonomischen Schalthebel, gut einstellbare und verzögernde Bremsen, leicht laufende und abgedichtete Naben – und all das bei geringem Gewicht. Branchenführer ist unbestritten Shimano; der japanische Hersteller hat seine Vorrangstellung für technisch präzise Funktion und Bedienungskomfort zu Recht erhalten. Aber auch die anderen Hersteller schlafen nicht: So geht zum Beispiel der Trend bei Mountainbikes eindeutig zu einer Mischung aus verschiedenen Komponententeilen unterschiedlicher Hersteller (Beispiel: Grip-Shift für die Schaltungskontrolle). Komponenten von Campagnolo sind am Straßenrennrad nach wie vor das Nonplusultra. Aber man kann sich auch auf die Produkte anderer Komponentenhersteller wie Sachs, Suntour oder Mavic verlassen.

Eine ausgeklügelte moderne Schalttechnik erleichtert das Radfahren in allen Bereichen.

Sattel, Lenker, Pedale

Wichtig für eine gute Harmonie zwischen dem Fahrer/der Fahrerin und dem jeweiligen Fahrrad sind jene Punkte, an denen der Körper Kontakt mit dem Fahrrad hat: also Sattel, Lenker, Pedale. Der Sattel sollte der Beckenbreite entsprechen, am besten aus Leder und nicht zu hart und nicht zu weich sein.

Der Lenker sollte der Schulterbreite entsprechen, die Griffe bzw. das Lenkerband griffig, aber auch nicht schwammig sein. Lederhandschuhe erhöhen nicht nur den Komfort, sondern sie haben auch eine besondere Schutzfunktion. Besonders den Pedalen und Schuhen kommt beim Radfahren eine große Bedeutung zu, schließlich sind sie ein wesentliches Element in der Kraftübertragung. Cliplose Pedale haben sich für alle sportlichen Fahrradtypen durchgesetzt, denn ein fest mit dem Pedal verbundener Schuh bringt eine höhere Kraftübertragung mit sich. Pate für die ersten Modelle der cliplosen oder Auslösepedale waren Skibindungen. Die Funktion ist ähnlich. Eine unterhalb der Schuhsohle befestigte (Radrennschuhe) oder in die Schuhsohle integrierte (Mountain-, Trekkingbike-Schuhe) Platte rastet bei Druck auf das Pedal ein und kann durch Drehen wieder entrastet werden. Cliplose Pedale werden auch zunehmend von Freizeitfahrern gern verwendet.

Laufräder und Reifen

Die Laufräder zählen zu den wichtigsten Teilen und prägen den speziellen Charakter eines Fahrrades. Die in den USA üblichen Inch- bzw. Zoll-Maße bestimmen auch die gebräuchlichsten Werte der Reifendimension. Diese besteht aus zwei Werten, die fast immer (mit dem notwendigen Luftdruckwert) an der Außenwand der Karkasse deutlich lesbar angebracht sind. Dort sieht man den Wert für den Laufraddurchmesser und den Wert für den Reifendurchmesser, z.B. bei einem Mountainbike: Die Bezeichnung 26 x 1,95 bedeutet, daß der Laufraddurchmesser 26 Zoll (66 cm) und die Reifenbreite 1,95 Zoll (4,95 cm) betragen. Mountainbike-Reifen werden in verschiedenen Dimensionen von 1,5 Zoll bis 2,5 Zoll produziert, die häufigste Reifendimension hat eine Breite von 1,95 Zoll. Die Dimension der Rennradreifen wird meist in Millimetern angegeben: 19, 21, 23, 26 mm.

Reifenprofil und Bodenbeschaffenheit

Die Wahl des Profils und des Volumens hängt vom Einsatzzweck ab: Je gröber das Gelände, desto grobstolliger wird das Profil, desto größer wird das Volumen sein. Für gute Rolleigenschaften sorgen eine elastische Karkasse und bodengerechtes Profil. Karkassen wird durch unterschiedlich geflochtenes Gewebe eine bessere Elastizität verliehen, und somit ist eine bessere Anpassung an die Bodenverhältnisse möglich. Die Profilart wiederum sollte auf die Beschaffenheit des Bodens abgestimmt werden, auf der man hauptsächlich fährt. Slicks haften durch ihre weiche Gummimischung gut auf Asphalt und Steinen, sogar wenn diese naß sind; Gras oder Laub allerdings sollten damit gemieden werden. Profile mit einer Laufrille oder einer simulierten Laufrille eignen sich sowohl für Asphalt als auch für das Gelände. Diese sind zwar Allroundreifen und nirgends optimal, bilden aber einen guten Kompromiß. Geländeprofile gibt es mit unterschiedlichen Mustern. Auf Asphalt gefahren, erzeugen solche Reifenprofile mitunter ein unruhiges Rollverhalten und laute Rollgeräusche; auf sandigem, erdigem und weichem Gelände glänzen diese Profile jedoch durch eine gute Traktionswirkung.

Beim Rennrad stellt sich oft die Frage: Drahtreifen oder Schlauchreifen? Der Trend geht eindeutig zum Drahtreifen – seine Rolleigenschaften sind unwesentlich schlechter, er ist billiger und einfacher zu reparieren.

Schläuche und Ventile

Ein besonders wichtiges Thema! Hier kann viel Gewicht und Ärger gespart werden. Herkömmliche Standardschläuche sind preiswert, haben etwas mehr Gewicht, sind jedoch jederzeit klebbar. Neuartige Latexschläuche sind extrem elastisch, teurer, sehr leicht, jedoch nur mit speziellem Flickzeug wieder klebbar. Gegenwärtig existieren zwei Ventilgrößen bei Schläuchen: das dünnere Sclaverand- oder Presta-Ventil und das dickere Schrader- oder Auto-Ventil. Die Ventildimension zu kennen ist wichtig für den Kauf von neuen und Ersatzschläuchen, das Felgenloch ist nämlich darauf abgestimmt.

Spezielles Zubehör

Lenkerzusätze, Leichtbauteile (wie Schnellspanner), Titanschrauben, ausgetüftelte Pumpen, Gepäckträger – intelligentes Zubehör wird immer häufiger und professioneller. Ein Marktsegment, das von kleineren, aber hochspezialisierten Firmen abgedeckt wird und mittlerweile für jeden Wunsch die Lösung anbietet. Besonders die federleichten Teile zeichnen sich jedoch durch einen ordentlichen Preis aus, hier muß jeder selbst entscheiden, was er braucht und was seine Brieftasche verträgt.

Wertvolle Informationen – auch für Freizeitfahrer – liefern Fahrradcomputer. Sie sind einfach zu montieren und einzustellen, resistent gegen jede Witterung, können an jedes Fahrradmodell angepaßt werden, sind leicht und multifunktionell. Im Gegensatz zur Straße ist es im Gelände ohne genaues Kartenmaterial schwer, die zurückgelegten Distanzen zu errechnen. Tages- bzw. Gesamtkilometer, Fahrzeit, Geschwindigkeit, Durchschnittsgeschwindigkeit und Höchstgeschwindigkeit sind gängige Features, die fast alle Fahrradcomputer aufweisen. Doch die intelligenten Chips können noch mehr: Spitzenmodelle messen sogar Tageshöhenmeter, Gesamthöhenmeter, Kurbelumdrehungen und Pulsfrequenz. Die damit ermittelten Daten können nicht nur eine Dokumentation für Freizeitfahrer sein, sondern auch ein Leistungsanreiz. Richtig verwendet, kann der Computer dem Freizeitfahrer sogar eine wertvolle Trainingshilfe sein. Selbst wer an seinem Stadtrad einen Computer anbringt, wird am Jahresende überrascht sein, wie viele Kilometer sich im Laufe eines Jahres ansammeln.

Federgabeln

Der Trend der 90er Jahre ist ohne Zweifel die Anwendung der Stoßdämpfungstechnik auf das Fahrrad – nicht weil es ein optischer Aufputz ist, sondern weil es den Wirkungsgrad des Mountainbikes enorm erhöht und nicht zuletzt mehr Sicherheit bietet. Mittlerweile gibt es eine Vielzahl von technischen Lösungen, sei es bei der Federgabel, sei es bei der Federung des Hinterrades. Der Be-

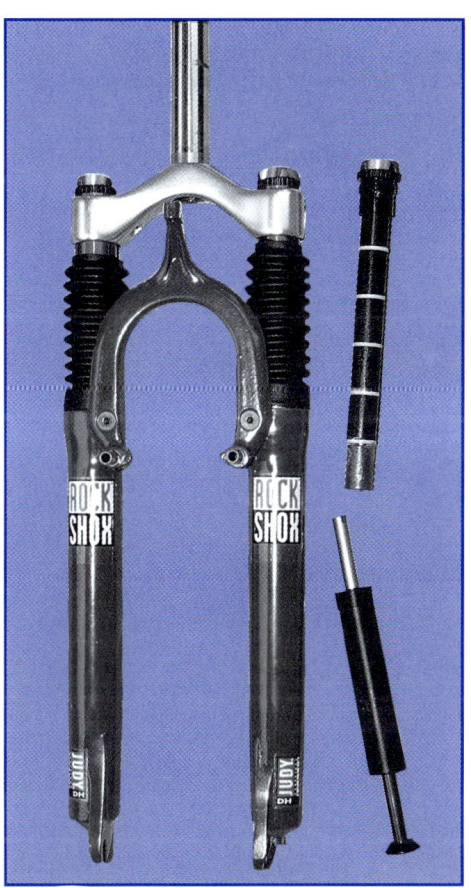

High-Tech-Federgabeln dämpfen durch Elastomere und Ölkartuschen.

darf ist jedenfalls gegeben. Triebfeder der Entwicklungen ist einmal mehr der Rennsport, wo ein Mountainbike naturgemäß den höchsten Belastungen ausgesetzt ist, denn mit einem gefederten bzw. vollgefederten Bike kann man noch schneller fahren, weil sich das Bike auch bei hohen Geschwindigkeiten selbst dem widrigsten Terrain anpaßt. Die Vorteile einer aktiven Federung sind aber noch andere. Die Gelenke, vor allem die von Händen, Armen und Schultern, werden durch die Minderung der Fahrbahnstöße geschont. Die federnde Wirkung schützt auch vor dem Durchschlagen des Reifens auf die Felge und somit vor Reifendefekten; man kann mit mehr Luftdruck fahren, Felgen deformieren sich nicht so leicht, und die Speichen brechen nicht so schnell. Der Fahrer ermüdet langsamer; außerdem kann man den Bremspunkt in Kurven viel später ansetzen, denn ein Bike mit Federung verliert den Kontakt zum Boden nicht, die Bremskräfte werden optimal auf den Boden übertragen. Mit einem vollgefederten Bike kann man eine noch direktere Linie fahren, ohne von Hindernissen (Steinen etc.) aus der Bahn geworfen zu werden.

Federgabeln und vollgefederte Mountainbikes erhöhen den Wirkungsgrad enorm.

Stoßdämpfende Vorderradgabeln

Stoßdämpfende Gabeln gibt es in verschiedenen Dämpfungselementen. Neben Konstruktionen nach dem Öl/Luft-System etablierten sich vor allem die elastomergedämpften Gabeln und als preisgünstigere Modelle Stahlspiralfedergabeln. Die neueste Entwicklung ist eine Kombination von Elastomeren und einer Ölkartusche. Bei der Öl/Luft-Federgabel übernimmt ein ausgeklügeltes System zwischen Luft und Ölfluß Federung und Dämpfung. Solche Federgabeln sind technisch sehr aufwendig gemacht und daher teuer. Sie glänzen jedoch durch sehr gute Leistung, sind fein einstellbar, erfordern aber eine aufwendige Wartung. Bei Elastomergabeln sind Elastomere (hochwertige Kunststoffe), die vor allem von ihrer Verwendung bei Skateboards bekannt sind, für die Leistung verantwortlich. Federgabeln, die damit verarbeitet sind, nutzen die spezifischen Eigenschaften dieser Kunststoffelemente, die durch aufwendige Verformung sowohl die Dämpfung als auch die Federung übernehmen. Sie sind einfach auszutauschen, erfordern keine Wartung und sind nicht schmutzanfällig. Nachteil: Elastomere sind kälteempfindlich und haben insgesamt nur sehr wenig Dämpfung. Der Härtegrad ist nicht sofort, sondern nur durch das Auswechseln der Elastomere gegen solche mit weicheren oder härteren Eigenschaften regulierbar. Stahlspiralfedergabeln funktionieren nach dem Prinzip der hinteren Motorradstoßdämpfer. Man kann die Stahlspiralfeder mit Öl/Luft oder mit Elastomeren kombinieren: eine einfache Konstruktion, die sich jedoch durch das hohe Spiralfedergewicht limitiert. Die Kombination von Elastomeren als Dämpfungselement und einer Ölkartusche als Federelement hat zu einer neuen Dimension der Federgabel geführt: einfach in Tuning und Service, gut in der

Leistung. Solche Federgabeln sind die perfekte Kombination zwischen dem einfachen Aufbau einer Elastomergabel mit der Dämpfung einer Öl/Luft-Gabel. Diese Federgabeltechnik wird deshalb die reine Elastomergabel ablösen und ist – weil wartungsfrei und dennoch beschränkt tunebar – für Freizeitfahrer die beste Lösung.

Richtige Bekleidung

Eine gute Leistung hängt auch erheblich von einer hochwertigen Kleidung ab. Gemäß dem Motto »Es gibt kein schlechtes Wetter, sondern nur schlechte Bekleidung« sollte sich jeder Radfahrer auf die jeweilige Wettersituation einstellen können.

Besondere Wichtigkeit sollte der Radfahrer jenen Bekleidungsstücken zumessen, die zwischen Körper und Fahrrad liegen: Handschuhe, Hose und Schuhe. Die Hose sollte eng anliegen, einen Einsatz aus Leder, Polsterung auf der Seite und Träger aufweisen. Für kältere Zeiten können Beinlinge, knielange Hosen oder lange Hosen besorgt werden. Das Trikot sollte wie beim üblichen Renntrikot aus atmungsaktiven Fasern bestehen und mit drei Rückentaschen ausgerüstet sein. Am besten hat sich noch immer Wolle bewährt; leider ist dieses natürliche Material heute immer seltener zu finden. Auch hier schützen Ärmlinge oder Langarmtrikots bei kalten Temperaturen. Bei extrem schlechtem Wetter: Regenjacke, Regenhandschuhe, Schuhüberzüge oder komplette Anzüge aus atmungsaktivem Material (wie Goretex). Handschuhe übernehmen wichtige Funktionen. Sie sind schweißsaugend und sorgen für einen festen Griff am Lenker, sie schützen vor Kälte und die empfindlichen Handflächen bei Stürzen.

Fahrradhelm

Der Helm ist der Sicherheitsgurt des Radfahrers. Laut Unfallstatistik entstehen bei mehr als 80% aller Fahrradunfälle Kopfverletzungen. Ein Helm sollte deshalb nicht nur bei Freizeitaktivitäten, sondern auch im Stadtverkehr zum ständigen Wegbegleiter werden. Da der Helm bei einem Aufprall die Funktion der Knautschzone übernimmt, wird dafür ein besonders geeignetes Material verwendet: Polystyrol oder Styropor, das mit einer millimeterdünnen Hartschale aus Polycarbonat überzogen

Wichtig: richtige Bekleidung, damit man allen Wetterbedingungen gewachsen ist.

wird. Beim Kauf sollte man unbedingt auf eine gute Paßform achten, die durch Pads (kleine Schaumstoffpolster) noch perfektioniert werden kann. Der Helm sollte in jedem Fall auch den Normanforderungen TÜV-DIN, ANSI oder SNELL entsprechen.

Fahrradschuhe

Radfahren war eine der ersten Sportarten, für die spezielle Schuhe gemacht worden sind. Für eine optimale Kraftübertragung sollte die Sohle im Ballenbereich sehr steif sein, die Bodenauflage sollte rutschfest sein. Es gibt einige Schuh- und Pedalsysteme auf dem Markt; einige davon sind untereinander kompatibel, andere wieder nicht. Besonders beliebt bei Freizeitfahrern sind die MTB-Schuhe mit der in der Sohle integrierten Pedalplatte. Mit diesen multifunktionellen Schuhen kann man ein cliploses oder normales Pedal verwenden, ist fest mit dem Pedal verbunden, kann aber mit demselben Schuh auch sehr gut gehen oder laufen.

Ziele bestimmen den Trainingsumfang

Grundausrüstung

(für Schönwetterfahrer)
- Helm
- kurze Radhose
- Kurzarmtrikot
- Radschuhe
- Radhandschuhe

Komplette Ausrüstung

(für Allwetterfahrer)
- Helm
- Stirnband
- kurze Radhose
- Beinlinge
- lange Radhose
- Kurzarmtrikot
- Ärmlinge
- Langarmtrikot
- Trikotjacke
- Regenjacke
- Kurzfingerhandschuhe
- Langfingerhandschuhe
- kurze weiße Baumwollsocken
- Radschuhe
- Überschuhe für Radschuhe

Training für Freizeitfahrer

Im Gegensatz zu vielen anderen Sportarten (Skifahren z. B.) ist Radfahren eine Sportart, die erst Spaß macht, wenn einige Kilometer zurückgelegt sind und der Trainingszustand ein gewisses Maß erreicht hat. Untrainiert eine lange oder mehrtägige Radtour zu unternehmen, ist ein blanker Unsinn. Wenn man den Zielort mit letzter Kraft erreicht, wird auch die Freude am Radfahren verschwunden sein. Aus Spaß sollte keine Quälerei werden. Anfänger und wenig Trainierte müssen in Betracht ziehen, daß als erstes die Gesäßmuskeln rebellieren. Erst wenn man diese durch regelmäßiges Fahren an eine längere Belastung gewöhnt hat, kann man eine mehrtägige Tour in Angriff nehmen. Auch Freizeitfahrer sollten deshalb mindestens zweimal die Woche 50 Kilometer zurücklegen und jede Gelegenheit nutzen, für kleinere Fahrten das Fahrrad zu benutzen. Selbst kurze Wegstrecken, wie die Fahrt zum Arbeitsplatz, machen sich in der Summe bezahlt. Für größere Vorhaben ist eine gezielte Vorbereitung mit einem individuell angelegten Trainingsprogramm von Vorteil.

Der Umfang eines Trainingsprogramms hängt davon ab, welche Ziele man sich für seine radfahrerischen Aktivitäten setzt. Ein Aufbauprogramm eines Extrem-Mountainbikers oder Touristikers, der auf eine Jahresleistung von 10 000 Kilometern kommt, wird sich wesentlich von dem desjenigen unterscheiden, der einmal im Jahr eine mehrtägige Radtour mit 500 Kilometern plant. Eines ist in jedem Fall wichtig: Ein Trainingsprogramm beginnt nicht erst mit der ersten Fahrt auf dem Fahrrad, sondern schon im Winter. Eine gute körperliche Allgemeinfitneß ist in jedem Fall angebracht, um danach mit dem Fahrrad schnelle Trainingsfortschritte zu machen.

Eine optimale Ausgleichssportart im Winter ist der Skilanglauf. In der Loipe sind ähnliche Anforderungen wie auf der Straße zu finden; leichte Steigungen, Flachstücke, Abfahrten, man lernt das Kurvenfahren, bekommt ein Geschwindigkeitsgefühl, trainiert die Langzeitausdauer und vor allem im Oberkörper viele Muskelgruppen, die beim Radfahren allein zu kurz kommen. Aber auch Snowboarding, Ski- und Tourenskifahren, Hallensport, Schwimmen, Laufen und Mountainbiking verhelfen in der kalten Jahreszeit zu Kondition und Bewegung und sorgen für eine optimale Ausgangsbasis. Wichtig ist, daß man Spaß an der Bewegung hat und der Körper über die Wintermonate in Schuß gehalten wird.

Terminplanung

Auch Freizeitfahrer sollten sich je nach Ziel mit einem Ganzjahresplan auf die individuellen Ziele vorbereiten. Für einen ambitionierten Freizeit- und Marathonbiker teilt sich das Jahr in drei große Perioden:

- Allgemeine Vorbereitungsphase
- Spezielle Vorbereitungsphase
- Leistungs- und Formerhaltungsphase

Die allgemeine Vorbereitungsphase erstreckt sich von Anfang November bis Ende Februar. In diesen Monaten sollte der Straßenfahrer und Mountainbiker viele allgemeine Übungen und Sportarten ausüben – dabei wird man überschüssiges Körpergewicht los oder hält dieses in Grenzen. Das gilt vor allem für ältere Sportler; denn mit zunehmendem Alter verlangsamt sich der Stoffwechsel, Kalorien werden nicht mehr so schnell verbrannt, und die Folge ist eine Gewichtszunahme. Ein beständiges Training im Winter ist deshalb die beste Methode, den Gewichtszuwachs einzuschränken.

Gemischte Sportarten sind optimal, um zu einer guten Allgemeinkondition zu kommen. Wichtig ist dabei aber die Ausübung in gewisser Regelmäßigkeit. Hat man den Winter über die Gesamtmuskulatur und Ausdauer gestärkt, kann man beruhigt mit einer speziellen Vorbereitungsphase beginnen.

Läßt es die Witterung zu, können in der kalten Jahreszeit auch Ausfahrten auf dem Mountainbike vorgenommen werden. Die Geschwindigkeit ist beim Biken nicht so hoch und deshalb der Fahrtwind weniger kalt als auf dem Straßenrad. Wer aber nicht auf ein spezielles

Die Trainingsvorbereitung beginnt nicht erst auf dem Fahrrad

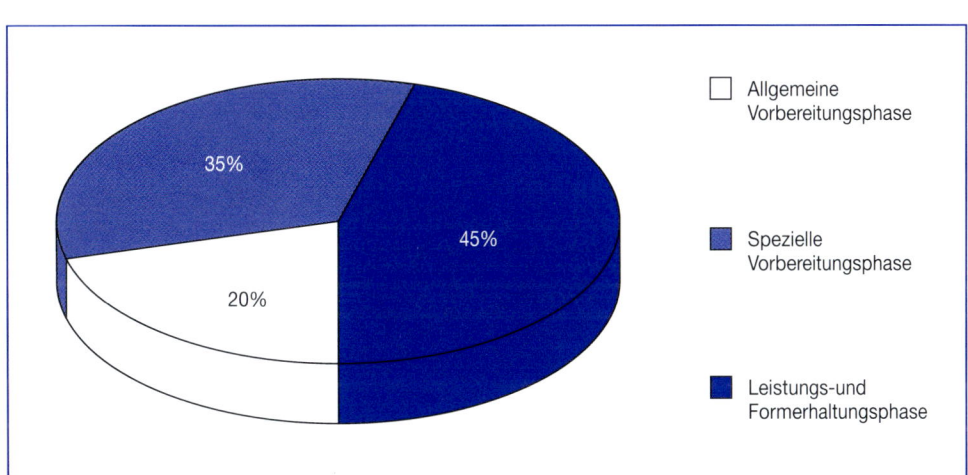

Abb. 3 Vorbereitungs- und Leistungsphasenaufteilung eines Freizeitfahrers

Pedaliertraining auf dem Straßenrad oder Mountainbike verzichten möchte, der hat zudem die Möglichkeit, dies auf einem Ergometer, einer Rolle oder einem Hometrainer zu tun, wobei man jeweils das eigene Fahrrad verwenden kann. Aber ein bißchen Abstinenz vom Fahrrad ist kein Nachteil – im Gegenteil, die Motivation, sich im Frühjahr wieder in den Sattel zu setzen, wird um so stärker sein.

Richtige Saisonvorbereitung für Rennradfahrer und Mountainbiker

Der »runde Tritt«

In der speziellen Vorbereitungsphase ist sowohl für den Straßenfahrer als auch für den Mountainbiker ein Training auf der Straße die beste Art der Vorbereitung. Mountainbiker, die sich kein eigenes Straßenrad zulegen möchten, können mit dünnen profillosen Reifen hervorragend auf Asphalt trainieren. In dieser Phase ist es wichtig, drei Faktoren zu trainieren: die allgemeine Ausdauer, die Stärkung der Muskulatur und die Gelenkigkeit der Beine. Die allgemeine Ausdauer auf dem Straßenrad oder Mountainbike kann man nun gut auf der bereits im Winter erarbeiteten Ausdauer aufbauen. Die Ausfahrten haben dabei folgende Charakteristik: Man wählt Übersetzungen, mit denen man 4,70–5,60 Meter pro Kurbelumdrehung erreicht (auf dem Straßenrad etwa 39/18 bis 39/15, auf dem Mountainbike 46/20 bis 46/17); die Trainingsstrecke sollte hauptsächlich flach sein, der Tretrhythmus gleichmäßig bei ca. 90 Kurbelumdrehungen pro Minute. Das Training hoher Kurbelumdrehungen ist besonders wichtig für den Radfahrer und kann nicht oft genug betont werden. Dieses Training bestimmt die Drehzahl ihres Motors; nur wer imstande ist, über lange Zeiträume mit hohen Tretfrequenzen zu fahren, wird auch imstande sein, schnell zu fahren. Und um das zu erreichen, muß von Anfang an begonnen werden, mit hohen Frequenzen zu treten. Bei Sprints muß man sogar in der Lage sein, mit bis zu 120 Kurbelumdrehungen pro Minute zu fahren. Um das zu erreichen, beginnt man mit einer niedrigen Übersetzung, die hohe Umdrehungszahlen ermöglicht. Mit einer niedrigen Übersetzung wird man zuerst keine hohen Geschwindigkeiten erreichen, aber steigert man nach und nach die Ritzelanzahl und behält die Umdrehungszahl bei, so wird man nach einigen Monaten in der Lage sein, auch große Übersetzungen flüssig zu treten, und so hohe Geschwindigkeiten erreichen. Das nennt man dann »einen runden Tritt haben«. Natürlich wird am Berg mit einer geringeren Frequenz gefahren (75 bis 80 Umdrehungen). Die Umdrehungen pro Minute kann man einfach feststellen: Wenn man in zehn Sekunden 15 Kurbelumdrehungen mißt, so sind das 90 Umdrehungen pro Minute. Noch genauer ist die Tretfrequenz über einen Fahrradcomputer feststellbar, der ein optimales Trainingsgerät darstellt. In dieser Vorbereitungsphase sollte größtes Augenmerk auf die Pedalierarbeit und den Pedalierstil gelegt werden; sie sind die Basis für eine weitere Leistungssteigerung.

Nach mehreren Wochen solcher Trainingstechnik kommt auch der Freizeitfahrer in eine Phase höherer Leistungsfähigkeit. In dieser Leistungs- und Formerhaltungsphase intensiviert man schrittweise die Anzahl der Ausfahrten, die Streckenlänge, das Streckenprofil und somit die Dauer und die Trainingsintensität. Während es in der speziellen Vorbereitungsphase gut ist, allein oder nur mit gleichwertigen Trainingspartnern zu trainieren, ist es nun förderlich, auch mit stärkeren Trainingspartnern

Tabelle 1 *Spezielle Vorbereitungsphase für Touristikfahrer*

Jahreszeit	Anzahl der Trainingstage	Strecken-länge	Fahrtrhythmus	Streckentyp	Übersetzung
März–Mai	Mindestens zweimal, besser dreimal pro Woche	Beginn mit 30–40 km Nach jedem Monat Steigerung um 10 km	Konstant in den ersten zwei Monaten, danach variabel bei kurzen Strecken, konstant bei langen	Flach im ersten Monat Flach und leicht hügelig im zweiten Monat Hügelig und ab und zu lange Steigungen im dritten Monat	Man beginnt mit einer Übersetzung von 4,70–5,60 Meter pro Kurbelumdrehung und steigert langsam um einen Ritzelzahn

Tabelle 2 *Durchschnittlicher Wochentrainingsplan in der Leistungs- und Formerhaltungsphase*

	Di	Mi	Do	Sa	So
Tourenfahrer		40 km RR 20 km MTB			50–80 km RR 30–50 km MTB
Ambitionierter Freizeitfahrer		50 km RR 40 km MTB		40–60 km RR 20–30 km MTB	90–120 km RR 40–60 km MTB
Ambitionierter Marathonfahrer	60–90 km RR 30–50 km MTB		80–100 km RR 40–60 km MTB	50–60 km RR 30–40 km MTB	100–160 km RR 50–80 km MTB

Ausfahrten zu unternehmen. Hügelige Trainingsstrecken sind ideal für das Training im anaeroben Bereich; fährt man solche schnell hinauf, dann liegt die Herzfrequenz bei 160 bis 180 Schlägen pro Minute. Eine Trainingswoche in diesem Bereich sieht dabei so aus: Dienstags wird ein Training im Bereich der anaeroben Schwelle angesetzt, man simuliert Sprints oder fährt in stark hügeligem Gelände. Für Donnerstag ist dann ein langes Ausdauertraining vorgesehen, bei dem man mit einer Intensität von ca. 70% fährt. Samstag ist wieder ein belastungsintensiver Tag, und am Sonntag »erholt« man sich bei einem ausdauerintensiven Training.

Wer sich auf einen Radmarathon vorbereitet, bei dem oft Distanzen über 200 Kilometer zurückgelegt werden müssen, der sollte über eine sehr gute Allgemeinausdauer verfügen. Nach einer allgemeinen Vorbereitungsphase wird ein Radmarathonfahrer immer häufiger sein Training auf Strecken durchführen, die der Marathonstrecke ähnlich sind, und auch langsam die Anzahl der Kilometer anheben. Ähnlich wie Rennfahrer an Rennen zu Trainingszwecken teilnehmen, sollte auch die Teilnahme an Radmarathons in die Trainingsplanung aufgenommen werden.

Positive Wirkung: Trainingsfahrten mit gleichwertigen Partnern.

Radmarathons

Die Sucht nach Kilometern und Höhenmetern

Langstreckenfahrten oder Marathons haben im Radsport eine lange Tradition, erfreuen sich enormer Beliebtheit und erleben seit Mitte der achtziger Jahre einen wahren Boom. Vor allem in Deutschland, Österreich, der Schweiz, Italien und Frankreich finden gut organisierte Radmarathons regen Zuspruch; von einigen melden die Veranstalter enorme Teilnehmerzahlen: Oft liegen diese zwischen 3000 und 5000 Teilnehmern, etwa 3% davon sind Frauen. Das Handbuch »Radmarathons in Europa« beschreibt nicht weniger als 350 dieser Veranstaltungen aus sechzehn europäischen Ländern. Solche Riesenveranstaltungen sind meist hervorragend organisiert: Auto und Motorradstafetten fahren vor dem Rennen, Wegweiser beschildern die Strecke, Verpflegungsstellen sorgen für die Aufstockung der Energiereserven Tausender von Teilnehmern, Sanitätsdienste und Begleitwagen sind ebenfalls mit dabei. Attraktive Geschenke für die oft mit enormen Höhenmetern gespickten Strecken sind ein zusätzlicher Anreiz für die Radmarathonfahrer, die sich bei dieser Gelegenheit mit von den Veranstaltern eingeladenen Radprofis messen können. Manchmal ist auch die zu bewältigende Strecke der Anreiz zur Teilnahme, zumal wenn sie sich mit dem exakten Parcours eines Profiklassikers deckt, wie z.B. Mailand–San Remo in Italien, Het Volk, Flèche Wallone, Flandern-Rundfahrt und Lüttich–Bastogne–Lüttich in Belgien oder La Tappe du Tour in Frankreich, ein Marathon, der wenige Tage vor der entsprechenden Tour-de-France-Etappe in den Pyrenäen oder Alpen stattfindet. Der berühmteste Radmarathon in den skandinavischen Ländern ist der Store Styrkeprøven, besser bekannt als Trondheim–Oslo; bei diesem Marathon sind 540 Kilometer mit 1000 Höhenmetern zu bewältigen. Er wurde erstmals 1967 ausgetragen, damals mit nur 16 Teilnehmern; 1994 nahmen 4403 Fahrer an diesem Radmarathon-Klassiker teil. Oft sind es auch berühmte Alpenpässe, die Tausende von Marathonfans anziehen, wie beim 243 km langen La Fausto Coppi, gewidmet dem größten aller italienischen Radrennfahrer; er führt von Cuneo im Piemont über den 2746 hohen Colle del Agnello nach Frankreich, dann über den Col de Vars und den Colle della Maddalena zurück nach Italien in den Startort Cuneo. Es gibt noch zwei Klassiker in Italien: den »9 Colli« (neun Hügel), 200 km von Cesenatico nach Cesenatico über neun Apenninenpässe und 3200 Höhenmeter, und den Dolomitenmarathon von Pedraces nach Pedraces, der über alle klassischen Dolomitenpässe wie Sella, Fedaia, Giau, Falzarego, Campolongo und 4800 Höhenmeter geht. Härtetests in Deutschland sind der Nordpfalz-Marathon Extrem über 303 Kilometer und 4100 Höhenmeter mit Start und Ziel in Rockenhausen und der Alb-Extrem-Radmarathon über 300 Kilometer und 4800 Höhenmeter mit Start und Ziel in Ottenbach. Nur für wirklich Hartgesottene wurde im österreichischen Wagrain der »Tauern-Total« ins Leben gerufen, bei dem auf 265 Kilometer 6050 Höhenmeter zu bewältigen sind. Sieben Pässe müssen dabei in nicht weniger als 13 Stunden bewältigt werden. Solche Radmarathons sind nicht nur bei Straßenfahrern beliebt, sondern vermehrt auch bei Mountainbikern, welche mit einem modifizierten Bike (profillose, dünne Reifen statt Stollenreifen) solche Strecken in Angriff nehmen.

Seit 1987 gibt es auch einen »Radmarathon-Europacup«, der aus sechs bis acht

Radmarathons in Europa

Radmarathons besteht (Ansprechpartner ist der VCR Regensburg). In Deutschland hat sich 1990 der »Super-Cup« etabliert, der aus sieben bis acht Radmarathons besteht und vom Bund Deutscher Radfahrer (BDR) veranstaltet wird.

Richtige Vorbereitung auf einen Radmarathon

Radmarathons führen in der kleinen Strecke mindestens über 160 Kilometer und sind oft über 200 Kilometer lang, d.h., die Bewältigung solcher Streckenlängen (meist noch gespickt mit Pässen) erfordert von den Teilnehmern einen sehr hohen Grad an Langzeitausdauer. Um für eine solche enorme Belastung gerüstet zu sein, sollte mindestens sechs Wochen vor dem angepeilten Marathon mit einem Vorbereitungsprogramm begonnen werden.

Das Training für einen Marathon mit über 200 Kilometer Streckenlänge ist natürlich speziell auf die Erhöhung der Langzeitausdauer ausgerichtet. Einfachstes Prinzip dafür sind regelmäßige Ausfahrten (drei- bis viermal die Woche), bei denen kontinuierlich die zu fahrende Distanz erhöht wird, bis man in einen Bereich kommt, der der Marathondistanz entspricht (siehe Abb. 6, S. 58).

Die Graphik zeigt ein Vorbereitungsprogramm auf einen Radmarathon über die Dauer von sechs Wochen. Von Woche zu Woche wird die Kilometerleistung gesteigert, bis man eine Woche vor dem Marathontermin etwa dieselbe Distanz erreicht. In den Tagen vor dem Marathon wird die Kilometerleistung spürbar zurückgenommen. Die Ausfahrten sind im extensiven Bereich zu gestalten.

Radmarathons werden immer beliebter, erfordern jedoch eine gute Vorbereitung.

Abb. 6 *Kilometerleistung in einer sechswöchigen Vorbereitungsphase auf einen Radmarathon*

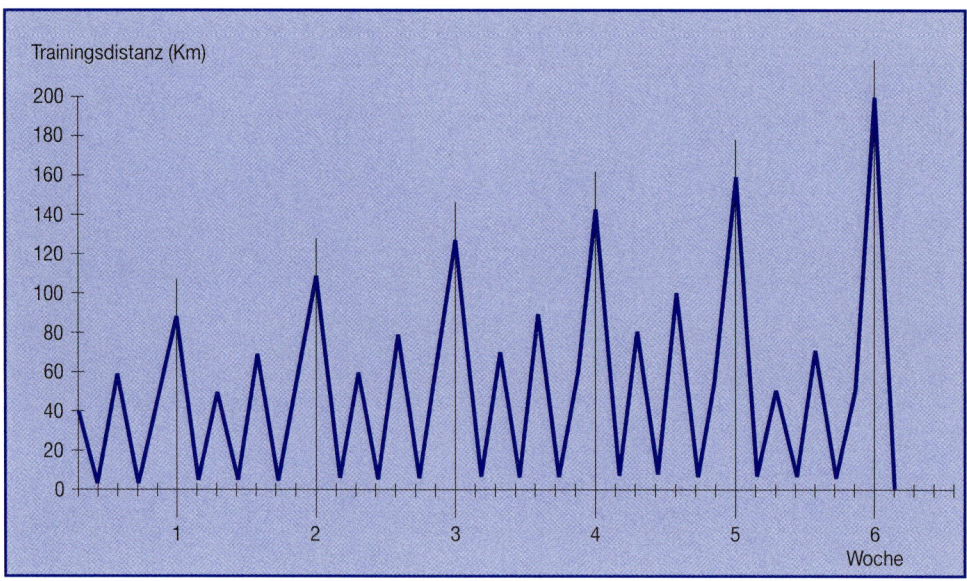

Basis für das Langzeitausdauertraining ist all das, was in einer speziellen Vorbereitungsphase getan werden muß (Training mit kleinen Übersetzungen, aber großen Umdrehungszahlen, gleichbleibender Fahrrhythmus). Man steigert die Anzahl der Kilometerleistung von Woche zu Woche, bis man nach der vierten Woche bei einer Kilometerleistung von mindestens 75% des Marathons angelangt ist. Solch eine Distanz sollte man bis zum Marathon zwei- bis dreimal gefahren haben, auch um sich psychisch gegenüber gewissen Krisenmomenten zu stärken, die bei einem Marathon auftreten können. Die gefahrene Strecke sollte bei diesem Test etwa dasselbe Streckenprofil wie beim Marathon selbst aufweisen. Wichtig: In der Woche vor dem Marathon wird die Kilometerleistung spürbar zurückgenommen, so kann sich der Körper etwas erholen, und man kann sich am Marathontermin mit frischen Kräften am Start präsentieren.

Wertvolle Stütze:
Trainingsaufzeichnungen
Eine ausgezeichnete Unterstützung und auf jeden Fall zu empfehlen ist das Führen von Trainingsaufzeichnungen. Mein erster Rennradtrainer hat mir die-

Tabelle 3 *Sechswöchige Vorbereitungsphase auf einen Radmarathon mit 200 Kilometer Länge*

	Mo	Di	Mi	Do	Fr	Sa	So
1. Woche		40 km		60 km		40 km	90 km
2. Woche		50 km		70 km		50 km	110 km
3. Woche		60 km		80 km		60 km	130 km
4. Woche		70 km		90 km		60 km	150 km
5 Woche		80 km		100 km		60 km	160 km
6. Woche		50 km		70 km		50 km	200 km

sen Tip gegeben, der mir in der Folge meiner Rennjahre und dann auch als Freizeitfahrer wertvolle Informationen geliefert hat. Ein Beispiel für das Führen eines Trainingsprotokolls über einen Monat ist am Ende des Kapitels zu finden. Anhand dieser Vorlage kann man sich mit einem einfachen Textverarbeitungsprogramm oder mit einer Tabellenkalkulation für ein gesamtes Jahr ein solches Aufzeichnungsschema vorbereiten. Oder noch einfacher: Man kopiert sich das abgedruckte Schema zwölfmal und hat so auch sein eigenes Trainingsbuch. Nach jeder Trainingsfahrt trägt man folgende Informationen ein: Trainingszeit, Wetter, Temperatur, gefahrene Strecke, Übersetzung, mit der trainiert wurde, Kilometeranzahl, die dafür benötigte Zeit, Durchschnittsgeschwindigkeit, Puls (gemessen morgens nach dem Aufstehen und abends vor dem Schlafengehen), Körpergewicht nach der Trainingsfahrt und Bemerkungen über den physischen und psychischen Zustand bei der Trainingsfahrt. Solche Aufzeichnungen sind in zweierlei Hinsicht wertvoll: Erstens sind sie eine psychologische Stütze – man sieht den Trainingsfortschritt und die Trainingsleistung in Zahlen dokumentiert; zweitens ist so ein Trainingsbuch, über Jahre geführt, ein wertvoller persönlicher Ratgeber, der verrät, mit welcher Art von Vorbereitung und Training man den schnellsten Fortschritt macht und welche Art von Training sich als Fehler herausgestellt hat.

Richtige Ernährung vor einem Radmarathon

In den Tagen vor dem Radmarathon sollte man auch seine Ernährung auf möglichst kohlenhydratreiche Nährstoffe konzentrieren, um den Kohlenhydratspeicher in den Muskeln auf ein Maximum zu bringen. Je stärker diese mit Kohlenhydraten angereichert sind, desto größer ist die Energiesubstanz am Tag des Marathons. Eine solche Ernährung bedeutet, folgende Nahrungsmittel verstärkt in seinen Speiseplan zu integrieren: alle Arten von Brot, Müsli, Reis, Pastagerichte (Nudeln), Marmelade, Honig, kohlenhydratreiche frische und getrocknete Früchte (Bananen, Datteln, Feigen, Weinbeeren, Kirschen, Birnen), Fruchtsäfte, Süßspeisen, Kartoffeln, Karotten. In dieser Zeit sollte man proteinreiche Nahrungsmittel (Fleisch, Käse, Milchprodukte, Nüsse) auf ein Minimum reduzieren und auch fettreiche Nahrungsmittel (Butter, Olivenöl, Maiskeimöl, Sojaöl, Erdnüsse, Schlagsahne) einschränken.

Wichtig: der Check-up des Sportgerätes

Was bei Profiteams Mechaniker erledigen, muß man als Freizeitfahrer selbst machen: den perfekten technischen Zustand seines Rennrades oder Mountainbikes überprüfen. So wie man seinem Körper und Trainingszustand Aufmerksamkeit widmet, muß auch das Fahrrad vor jeder größeren Radtour oder vor jedem Marathon auf seine technische Funktion hin überprüft werden. Der technische Check-up beginnt mit einer Komplettreinigung. Das geht am schnellsten mit einem Sprühstrahler an der Tankstelle. Nach der Trocknung geht man gleich wieder daran, alle sich bewegenden Teile nachzuschmieren bzw. zu ölen: Kette, Schaltwerk, Kettenwerfer, Schaltzüge, Mechanik in den Brems-/Schaltgriffen.

Als erstes überprüft man die Laufräder. Haben die Konen bei der Achse ein Spiel? Ist die Speichenspannung gleichmäßig? Ist eine Speiche gebrochen? Läuft die Felge ohne Hoch-, Tief- oder Seitenschlag? Ist der Zustand der Reifen in Ordnung? Mountainbikern ist angeraten, die breiten, grobstolligen Reifen gegen dünne, profillose Slicks zu tau-

Check-up – Sicherheit geht vor!

Rasende Abfahrten erfordern ein technisch perfektes Rennrad oder Mountainbike.

schen – letztere bieten viel weniger Rollwiderstand und sind deshalb einfach besser für Radmarathons geeignet. Den Reifen sollte man ein besonderes Augenmerk zukommen lassen, sind doch Reifenschäden die häufigsten Defekte, mit denen man als Freizeitradfahrer beschäftigt ist. Wer für Radmarathons ein eigenes Paar Laufräder zur Verfügung hat, das immer in bestem Zustand ist, und für das Training ein zweites Paar, ist bestens ausgestattet. Bei dieser Gelegenheit tut man auch gut daran zu überprüfen, ob das Ritzelpaket am hinteren Laufrad für das Streckenprofil und die zu fahrenden Höhenmeter des Marathons ausreicht. Die zu fahrenden Höhenmeter bestimmen nämlich mit die Übersetzung: bis zu 2000 Höhenmeter 39/24, bis zu 4000 Höhenmeter 39/26, über 4000 Höhenmeter 39/28. Das sind jedoch nur ungefähre Richtwerte; die jeweilige minimale Übersetzung richtet sich auch nach dem Trainingszustand.

Mountainbikes haben durch das Dreifachkettenblatt und weit abgestufte Zahnkränze genügend Übersetzungsreserven. Wichtig ist ein exaktes Funktionieren der Schaltung vor allem bei extremen Ritzelabstufungen. Als nächstes überprüft man den festen Sitz des Tretlagers, der Kurbeln, des Lenkers, des Vorbaus, der Sattelstütze und aller anderen Schrauben mit den dafür entsprechenden Werkzeugschlüsseln.

Zu guter Letzt wird einem der wichtigsten Teile am Fahrrad noch große Aufmerksamkeit geschenkt: den Bremsen. Zeigen die Bremskabel Abnützungen? Packen die Bremsarme sofort zu oder gibt es zuviel Spiel zwischen Bremsbacken und Felge? Wie weit sind die Bremsbacken abgenützt? Letztere sollten vor allem vor Marathons mit langen Abfahrten von Pässen gut gewartet und in einem Topzustand sein.

Findet ein solcher Check nicht erst am letzten Tag statt und entdeckt man grobe Mängel, die man selbst nicht beheben kann, wird man das Rennrad oder Mountainbike noch schnell von einem Fachmechaniker reparieren lassen können. Eine letzte, kurze Ausfahrt am Tag vor dem Marathon dient nicht nur dazu, die Muskeln zu lockern, sondern auch sein Fahrrad nochmals auf eine einwandfreie Funktion hin zu überprüfen.

Erfolgreich ins Ziel

Radmarathons werden sehr früh gestartet, d. h. meist um sechs Uhr morgens, doch sollte man dennoch eine ungemein wichtige Ernährungsregel nicht außer acht lassen: zwei bis zweieinhalb Stunden vor dem Start ein reichhaltiges, ebenfalls wieder kohlenhydratreiches Frühstück einzunehmen und auf proteinhaltige und fettreiche Nahrung weitgehend zu verzichten. Als Getränke sind Tee, Mineralwasser und Fruchtsäfte am besten. Auch die Leistungskraft des Körpers kann man gleich um sechs Uhr morgens trainieren, indem man unter der Woche seine Trainingsfahrten teilt: frühmorgens einen Teil und nachmittags den zweiten Teil. Die Trainingsfahrten am Sonntag startet man am besten auch um sechs Uhr morgens.

Noch ein Tip zur Bekleidung: Je nach Witterung sollte man für einen Radmarathon so bekleidet sein, daß Körper und Muskulatur bei jeder Temperatur möglichst warm gehalten werden; die Art der Bekleidung hängt natürlich von der Witterung ab. Aber auch bei trockenem Wetter und abzusehendem guten Wetter mit freundlichen Temperaturen startet man gut ausgerüstet mit folgender Bekleidung: kurze Radhose, Beinlinge, Socken, Unterleibchen, Kurzarmtrikot, darüber ein Langarmtrikot; dazu eine Regenjacke in der Trikottasche für Paßabfahrten, Helm und Kurzfingerhandschuhe. Vor allem bei Fahrten über Pässe sollte man sich folgenden Grundsatz merken: Pro 100 Höhenmeter nimmt die Temperatur unter gleichen Bedingungen um ca. 0,6 Grad Celsius ab. Bei kaltem Wetter und abzusehendem Schlechtwetter ist folgende Bekleidung zu empfehlen: kurze Radhose, Beinlinge, lange Radhose, Socken, Überschuhe, Unterleibchen, Kurzarmtrikot, Ärmlinge, Langarmtrikot, Regenjacke, Stirnband, Helm, Langfingerhandschuhe. Die kühlenden Auswirkungen des Fahrtwindes sollte man nicht unterschätzen; eine Unterkühlung des Körpers und der Muskeln hat eine beträchtliche Leistungsminderung zur Folge.

Einen Radmarathon zu fahren bedeutet, mit Tausenden von Gleichgesinnten, die alle unterschiedlich trainiert sind, dieselbe Strecke in Angriff zu nehmen. Solch ein Massenstart wirkt zweifellos stimulierend; doch sollte man nicht den Fehler begehen, aus falschem Ehrgeiz gleich von Beginn an für seine physischen Verhältnisse und seinen persönlichen Trainingszustand ein zu hohes Tempo zu fahren und zu versuchen, mit besser Trainierten mitzuhalten. Dafür ist es wichtig, seinen eigenen Körper, dessen Möglichkeiten und Grenzen zu kennen. Es ist sicherlich von Vorteil, in den ersten Stunden lockere Übersetzungen zu wählen, um den Körper nicht gleich zu ermüden. Erst mit Fortdauer des Marathons ist es angeraten, die Übersetzung zu erhöhen, ohne sich dabei zu übernehmen. Die Wahl der Übersetzung geschieht natürlich nach der jeweiligen Situation, in der man sich befindet (ob man in einer großen Gruppe oder allein fährt), nach dem Streckenprofil und nach der Witterung (bei Regen wird man leichtere Gänge fahren als bei Sonnenschein).

Beim Radmarathon heißt es früh aufstehen

Der richtige Rhythmus

Ein Tip: Machen Sie es in den ersten zwei Dritteln eines Marathons wie die Profirennfahrer: Man wird bei einem 260-km-Radrennen selten erleben, daß Profistars sofort an der Spitze des Feldes fahren und gegen den kräftezehrenden Wind ankämpfen. So sparen sie enorme Kräfte, die dann gegen Ende des Rennens zur Verfügung stehen. Die Favoriten bei Profiradrennen fahren über lange Strecken versteckt im Windschatten anderer Fahrer oder Teamkollegen und werden selbst erst im letzten Teil des Rennens aktiv. Auch Radmarathonfahrer können diesen Trick für sich nützen. Hat man also nach einer gewissen Zeit »seine« Gruppe gefunden (d. h. Kollegen und Kolleginnen mit dem annähernd gleichen Trainingszustand), wird man auf keinen Fall immer an der Spitze fahren und Tempo machen. Noch ein Tip, was die Übersetzung im Falle einer Übermüdung betrifft: Es ist nicht von Vorteil, mit der Schaltung einen großen Sprung auf eine kleinere Übersetzung zu machen. Auch das Nervensystem ist in diesem Fall übermüdet und schafft es nicht, die neuen Nervenreize auf die Muskulatur zu übertragen. Die Folge ist ein Tretrhythmusverlust, den es aber zu vermeiden gilt.

Richtige Ernährung während eines Radmarathons

Auch wenn es bei Marathons meist mehrere Verpflegungsstellen gibt, sollte man sich nicht zu sehr auf dieses Angebot verlassen, sondern möglichst die im Training erprobten und gewohnten Nahrungsmethoden beibehalten. Am besten, man nimmt selbst eine reichhaltige Verpflegung für unterwegs mit; dazu eignen sich vor allem frische und getrocknete Früchte, Müsli- und Energieriegel, Brötchen mit Honig und Marmelade, Stücke eines Apfel- oder Reiskuchens und Getränke, die viel Zucker enthalten, am besten mit Honig gesüßter Tee. Bei den Verpflegungsstellen sollte man diese Linie beibehalten. Brötchen mit Wurst und Schinken sind nicht gerade zu empfehlen.

Vor allem auch die reichhaltige Zufuhr von Getränken ist angebracht, um einer Austrocknung des Körpers vorzubeugen. Flüssigkeit oder Wasser ist auch noch aus anderen Gründen für den Körper sehr wichtig. Erst durch Flüssigkeit funktionieren Stoffwechselprozesse im Körper richtig. Am besten, man startet mit zwei eigenen Trinkflaschen. Vor allem an sehr heißen Tagen verliert der Körper durch vermehrte Schweißabsonderung viel Flüssigkeit – und damit diverse wertvolle Mineralstoffe, die für eine ordentliche Funktion des Körpers mitverantwortlich sind. Wird dieser Verlust an Mineralien nicht wettgemacht, sind Muskelkrämpfe die Folge. Das geschieht mit Produkten, die in der Apotheke erhältlich sind (z. B. Supradyn), oder noch einfacher mit einer Prise Kochsalz, die man dem vorbereiteten Getränk beifügt. Selbst wenn es brütend heiß ist – Getränke sollten nie in kalter Form und nie in großen Mengen konsumiert werden. Je langsamer und je kleiner die Schlucke sind, desto besser ist es. Die früher vertretene Meinung, erst spät mit dem Trinken zu beginnen, ist ein Märchen. Man sollte immer reichlich Flüssigkeit bei sich haben und nicht nur trinken, wenn man durstig ist. Nach dem Marathon sollte der Flüssigkeitsverlust in kleinen Schritten und vorzugsweise mit Tee oder Mineralwasser ausgeglichen werden.

Regeneration nach Training und Radmarathon

Nach einer großen Belastung muß man dem Körper eine Phase der Erholung gönnen. Eine gute Erholung setzt sich aus mehreren Faktoren zusammen. Schon eine Dusche oder ein Vollbad wirkt regenerativ. Die Beinmassage ist

Richtige Ernährung hilft bei der Bewältigung von Marathondistanzen.

eine weitere Maßnahme. Nach einer langen Trainingsfahrt oder einem schweren Marathon sind die Beinmuskeln voller Milchsäure (Laktat); eine Massage bringt den Blutkreislauf der Beinmuskulatur wieder in Schuß, entspannt und beschleunigt die Erholung. Profirennfahrer lassen sich deshalb täglich massieren und rasieren sich aus diesem Grund auch ihre Beinbehaarung. Als Freizeitfahrer sollte man zum Mittel der Selbstmassage greifen: Man setzt sich entspannt hin, nimmt etwas Baby- oder Massageöl und beginnt die Massage mit dem Unterschenkel. Danach massiert man sich die Achillessehne, den Bereich der Fußreflexzonen und zuletzt die Muskelgruppen des Oberschenkels. Ein möglichst frühes, ausgewogenes Abendessen und viel Schlaf sind eben- falls wichtig für eine schnelle Erholung des Körpers. Das Schlafbedürfnis ist von Mensch zu Mensch unterschiedlich; ein sporttreibender Athlet benötigt jedoch zu einer raschen Regeneration acht bis neun Stunden Schlaf.

Beine richtig rasieren

Apropos Beinbehaarung: Immer mehr Freizeitfahrer rasieren sich wie Profi- oder Amateurradrennfahrer ihre Beinbehaarung ab.
Warum? Das hat mehrere Ursachen, jedoch sicherlich nicht die des aerodynamischen Vorteils. Bei Radrennfahrern und Bikern hat dies seine guten Gründe: erstens, weil eine starke Beinbehaarung bei der täglichen Massage hinderlich ist und schmerzt; zweitens, weil nach Stürzen mit großflächigen Hautab-

schürfungen, die bei Rad- und Bikerennfahrern oft vorkommen, der Heilungsprozeß ohne Behaarung schneller voranschreitet.

Drittens ist da auch noch der ästhetische Aspekt – ein rasiertes Bein deutet auch eine gewisse ernsthafte Einstellung zum Radsport an.

Am einfachsten und schnellsten erfolgt die Rasur der Beinbehaarung mit einem Naßrasierer (man benötigt je eine Klinge oder einen Rasierer pro Bein) in der Badewanne. Man schäumt die zu rasierende Fläche mit Rasierschaum oder Haarshampoo (damit gleitet die Rasierklinge am besten) ein und beginnt mit dem Unterschenkel. Vorsicht ist im Knie- und im Kniekehlenbereich angebracht – ein ausgestrecktes Bein erleichtert in dieser Zone die Rasur. Zuletzt erfolgt das Rasieren der Oberschenkel, wobei man an der Schenkelinnenseite die Behaarung im oberen Bereich belassen sollte. Damit vermeidet man Hautreizungen durch das Scheuern der Schenkelinnenseite am Sattel.

Sportärztliche Untersuchungen

Sportmedizinische Institute sind nicht nur für Spitzensportler da, sondern auch für Freizeitsportler. Eine regelmäßige sportärztliche Kontrolle zu Saisonende ist auch für Freizeitradfahrer angebracht. Bei einer sportärztlichen Untersuchung werden folgende Untersuchungen durchgeführt: Elektrokardiogramm im Ruhezustand und bei Belastung; eine spiroergometrische Untersuchung, eine Untersuchung der Muskelmasse sowie der Fettmasse am Körper. Eine Untersuchung des Urins und des Blutes geben dem Sportarzt zusätzliche Informationen über den körperlichen Zustand des Sportlers. Durch solch eine jährliche Untersuchung kann man erkennen, ob man Fortschritte gemacht hat oder ob sich das sportliche Jahr sogar negativ auf den Körper ausgewirkt hat.

Sportmedizinische Untersuchungen sind empfehlenswert

Radtouren

Rennrad-, Mountainbike- und Trekkingtouren

Die angeführten Trainings- und Vorbereitungstips gelten im Prinzip (in reduzierter Weise) auch für Tourenfahrer, die nicht auf Marathons trainieren, sondern nur ab und zu in ihrer Freizeit Rennrad oder Mountainbiketouren unternehmen.

Bei Eintagestouren oder Radwanderfahrten unterliegt man zwar keiner Leistungsanforderung wie bei einem Marathon oder einer Touristikfahrt; doch um Spaß und Freude an der Sache zu haben, sollte sich auch der Freizeitradfahrer mit einem gewissen Trainingsniveau an seine Abenteuer wagen. Dabei hilft schon, daß man das Fahrrad als mehr oder weniger täglich gebrauchtes Transportmittel benützt.

Ob für die Fahrt zu seinem Arbeitsplatz oder zum Einkaufen – auch so summieren sich Kilometer und Vertrautheit mit dem Fahrrad. Ein Beispiel: Wer an 200 Tagen im Jahr mit dem Fahrrad eine Strecke von sechs Kilometern (z. B. von seiner Wohnung zum Arbeitsplatz und retour) fährt, der legt dadurch bereits 1200 Kilometer zurück! Man hat damit einem im wahrsten Sinne des Wortes »Unerfahrenen« bereits eine Menge an Grundtraining voraus.

Doch diese kleine Fahrt allein wird noch nicht ausreichen, wenn man mit Freunden eine einwöchige Fahrradtour über 500 Kilometer Länge oder eine ausgiebige Mountainbiketour am Wochenende plant. Grundsatz in beiden Fällen: sich einen Monat vor der Tour durch regelmäßige Trainingsfahrten (Minimum einmal die Woche) vorbereiten.

Bei den Vorbereitungsfahrten sollte man, sowohl auf ebenen Strecken wie bergauf, auf einen gleichmäßigen Fahrrhythmus achten und eine leichte Übersetzung wählen.

Tourismus auf zwei Rädern
Radtourenfahrten erleben eine wahre Renaissance. Per Rad Landes-, Landschafts- und Kulturgrenzen überschreiten, seine eigenen körperlichen Grenzen ausdehnen – wer es einmal probiert hat, der wird es nie wieder vergessen. Es ist wie eine Sucht, eine der gesunden Art aber, der immer mehr Menschen – und nicht nur junge – verfallen. Sich mit eigener Kraft bewegen. Strecken zurücklegen, die man vorher nur per Automobil oder Zug bewältigt hätte. Land und Leute kennenlernen. Die Natur fühlen. Doch wer sich auf eine lange Reise begibt, der sollte zumindest in Fahrradreparatur, Kartographie und Wetterkunde eine gewisse Erfahrung haben.

Schließlich sollte man auch bedenken, daß ein voll beladenes Fahrrad, das ganz eigene Fahreigenschaften aufweist, gewöhnungsbedürftig ist. Durch das größere Gewicht des beladenen Tourenrades reduzieren sich auch Geschwindigkeit und Tageskilometerleistung. Diese liegt je nach Gelände und Trainingszustand im Durchschnitt zwischen 15 und 100 Kilometern. Einwöchige Touren sollte man nicht zu schnell und nicht mit zu vielen Tageskilometern beginnen, sondern die Anforderungen erst dann erhöhen, wenn sich der Körper an die Belastung gewöhnt hat.

Beginnt man mit der Planung einer Radtour, wird man sich vorher beim Fremdenverkehrsamt des jeweiligen Landes informieren und sich Landkarten im Maßstab von 1:200000 besorgen. Für Mountainbiketouren sollte man Landkarten im Maßstab von 1:50000 verwenden. Aus topographischen Informationen kann man schon im vorhinein sehen, was für eine Art von Straße einen erwartet. Die meisten populären Radwanderwege führen entlang von Flüssen; damit hat man die Gewähr, daß keine großen Steigungen zu überwinden sind.

Spaß durch eigene Fortbewegung: Radwandern.

Radtouren in der Gruppe
Radtouren mit mehreren Teilnehmern bedürfen allerdings einer genauen Planung und Vorbereitung. Einer der Teilnehmer sollte die gesamte Organisation übernehmen, d.h. die Routen planen, die Streckenlängen festlegen und Unterkünfte vorbestellen. Bei Gruppenfahrten ist es von Vorteil, wenn sich die Teilnehmer schon kennen und annähernd denselben Trainingszustand haben. Bereits vor der Tour sollte in gemeinsamen Treffen die Radtour besprochen werden. Bei der Planung der Route sollte man sich immer am schwächsten Teilnehmer orientieren, damit dieser nicht überfordert wird.

Unterwegs will eine Radtour auch organisiert sein: Ein Vordermann führt die Gruppe an, ein Schlußmann hält sie zusammen. Außer dem Gesamtorganisator und Reiseführer sollte die Reiseroute auch allen anderen Tourenmitgliedern bekannt sein. Das kann durch eine kopierte Landkarte erfolgen, auf der der Startpunkt, die Fahrtroute und das Ta-

Radwanderfahrten eignen sich auch ideal für die Familie.

gesziel eingezeichnet sind. Auf so einem Blatt kann auch die Treffpunktadresse des Hotels (mit Telefonnummer) oder Campingplatzes vermerkt werden.

Das ideale Fahrrad für Radtouren ist sicherlich ein Trekkingbike. Dieser Fahrradtyp vereint die Vorteile der Schaltungs- und Antriebstechnologie des Mountainbikes mit dem optimalen 28-Zoll-Laufradmaß eines flitzenden Rennrades. Wichtig für Radtouren ist das restliche Zubehör: Auf gewichtssparende Schutzbleche und Gepäckträger sollte man genauso achten wie auf leichte Felgen, gute Bremsen, funktionelle Packtaschen und eine gut leuchtende Lichtanlage. Viel Bedeutung sollte man dem Sattel zumessen: Am besten ist noch immer ein »eingefahrener« Ledersattel, dessen Dimensionen der Beckenbreite angepaßt sind; ein Gelsattel ist optimal für Trekkingfahrer, die nur wenige Kilometer fahren. Viel Ärger ersparen auch ein kleines Reparatur- und Werkzeugset, Ersatzschläuche sowie eine gut funktionierende Handpumpe. Im Falle eines Defektes sollte man gerüstet sein. Auch ein Erste-Hilfe-Set und ausreichende Regenbekleidung gehören in die Ausrüstung jedes Tourenfahrers.

Die häufigsten Probleme beim Freizeitradfahren

Sitzbeschwerden sind spezielle Begleiterscheinungen des Radfahrens, von der jeder zu Beginn einer Saison betroffen ist. Diese verschwinden nach einer gewissen Anzahl und Regelmäßigkeit von Trainingsfahrten von selbst, wenn sich die Gesäßmuskulatur an die Belastung gewöhnt hat. Entgegen einer unter Laien weit verbreiteten Meinung bringen weich gepolsterte Sättel keine Abhilfe – im Gegenteil. Wichtig ist jedoch, daß die Sattelbreite auf die Beckenbreite abgestimmt ist. Zur Vermeidung von Sitzbeschwerden helfen auch die mit Sitzleder gepolsterten Radfahrhosen, die man übrigens ohne Unterhosen trägt, damit das Leder direkt auf der Haut aufliegt. Etwas Hautcreme, Vaseline oder Glyzerincreme am Sitzleder der Radhose und auf den Innenseiten der Schenkel verhindert Hautreizungen, die durch das Scheuern am Sattel entstehen können.

Nackenbeschwerden sind das zweithäufigste Problem bei wenig trainierten Radfahrern. Diese resultieren aus der für die Nackenmuskeln ungewöhnlichen Oberkörper- und Kopfposition. Zum einen ist das Gewicht des Kopfes durch das Tragen eines Fahrradhelmes höher, zum anderen ist der Kopf beim sportlichen Radfahren ungewohnterweise nach vorne geneigt und beansprucht deshalb die Nackenmuskulatur viel stärker, was sich nach einiger Zeit durch eine Verspannung bemerkbar macht. Solche Nackenmuskelbeschwerden verschwinden ebenfalls nach einigen Trainingsfahrten von selbst. Rückenbeschwerden treten seltener und meist erst nach einer langen Belastung auf; ihnen kann man durch entspannende Gymnastik während der Fahrt entgegenwirken. Man geht aus dem Sattel, winkelt ein Bein ab, läßt das andere gestreckt, schiebt das eine Knie des abgewinkelten Beines nach vorne unter den Lenker und streckt die Wirbelsäule nach vorne durch. Dann wiederholt man dasselbe mit dem anderen Bein. Diese Übung kann ganz einfach durchgeführt werden und wirkt entspannend auf Wirbelsäule und Rückenmuskulatur.

Verkrampfungen in den Händen sind meist Zeichen einer falschen Sitzposition. Ist die Sattelebene zu weit nach vorne geneigt, muß von den Armen und Händen zuviel Gewicht abgestützt werden; das macht sich nach einiger Zeit bemerkbar. Eine Korrektur der Sattelposition schafft bei diesem Problem meist Abhilfe.

Das Fahrrad als Alltagsverkehrsmittel

In den sechziger Jahren, als die Automobilindustrie boomte und man sich über unsere Umwelt noch keine großen Gedanken machte, genossen Radfahrer wenig Ansehen und wurden häufig belächelt. Man zählte als Fahrradfahrer zur sogenannten »A-Kategorie«: Arme, Alte und Auszubildende können sich eben kein Auto leisten und sind daher gezwungenermaßen Radfahrer, so hieß es damals. Doch die Zeiten haben sich geändert; seit Luftverschmutzung, Ozonloch und globale ökologische Krise unsere Lebensräume bedrohen, hat sich das Fahrrad wieder als ideales, maßgeschneidertes Fortbewegungsmittel erwiesen. Es verursacht weder Lärm noch Abgase, verbraucht keinen Sauerstoff und schlägt alle anderen Transportmittel im Energieaufwand, was Herstellung und Transport betrifft, mühelos.

Die Rechnung mit dem Energieaufwand ist nur eines der vielen Argumente, die für das Radfahren sprechen und es in unseren Zeiten wieder gesellschaftsfähig gemacht haben. Radfahren macht fit und hält gesund. Radfahren trainiert schonend den gesamten Organismus, wirkt positiv gegen Zivilisationskrankheiten wie Herzinfarkt, hohen Blutdruck, Muskelschwäche, Übergewicht, Nervosität und Schlafstörungen. Eine

Ideales Fortbewegungsmittel in der Stadt

Tabelle 4 *Energieaufwand für den Transport einer Person*

Transport	cal/km
Auto	1153
Bus	570
Zug	549
Gehen	62
Radfahren	22

Tips zum Straßenverkehr

Untersuchung des Münchner Socialdata-Instituts hat ergeben, daß sich die Tür-zu-Tür-Geschwindigkeit mit dem Fahrrad bis zu einer Distanz von 3,6 Kilometern von der mit dem Auto nicht unterscheidet. Eine weitere Untersuchung bescheinigt, daß man mit dem Fahrrad im städtischen Bereich auf einer Strecke bis zu fünf Kilometern dem Auto sogar überlegen ist. Das beweisen unter anderem die Fahrradbotendienste, die seit den sechziger Jahren in allen größeren Städten der Welt florieren. Mit dem Rad ist man wendig, kann oft Abkürzungen fahren und somit Verkehrsstaus und Engpässe umfahren und benötigt am Zielort nur eine kleine Fläche als Abstellplatz. Untersuchungen von Verkehrsforschern haben ergeben, daß rund 60% aller zu erledigenden Wege nicht länger als drei Kilometer sind und 39% aller Autofahrten ebenfalls innerhalb dieser Distanz liegen – eine Distanz, die man mit dem Fahrrad mühelos überwinden kann.

Diese Ergebnisse und Vorteile des Fahrrades haben Verkehrspolitiker unserer Zeiten zwar schon erkannt; sie werden aber noch viel zu selten durch eine konsequente Politik für das Fahrrad umgesetzt. Anders in den Niederlanden. Groningen, Delft oder Tilburg sind besonders fahrradfreundliche Städte, wo Radfahrer gegenüber Autofahrern wesentlich begünstigt werden; dort liegt der Anteil des Fahrrades an den täglichen Wegstrecken bereits bei 50%. Noch ist man aber von fahrradfreundlichen Einrichtungen und geschlossenen Radwegnetzen in vielen europäischen Städten weit entfernt. Die Integration des Fahrradfahrers als Verkehrsteilnehmer läßt in vielen Bereichen noch Fragen offen. Doch angesichts der vielen großen Vorteile, die das Fahrrad im städtischen Bereich mit sich bringt, wird sich dieser Trend zweifellos durchsetzen.

Tips für Citybiker

Radfahren im städtischen Bereich ist nicht ungefährlich – nicht immer stehen Fahrradwege zur Verfügung, oft muß man sich auch als Radfahrer im normalen Straßenverkehr bewegen. Eine der häufigsten Unfallursachen ist, daß Autos Radfahrer von hinten anfahren; vor allem bei schlechtem Wetter oder in der Dämmerung ist es deshalb besonders wichtig, rechtzeitig das Licht einzuschalten. Auch das Tragen von auffälliger Kleidung, möglichst mit reflektierenden Streifen, trägt dazu bei, nicht übersehen zu werden. Entschlossenheit ist beim Abbiegen wichtig. Beabsichtigte Fahrtrichtungsänderungen sollte man frühzeitig und leicht erkennbar anzeigen. Gegenüber Fußgängern kann man sich mit der Klingel bemerkbar machen. Ein Spezialproblem in der Stadt sind zweifellos unverhofft geöffnete Autotüren. Nur selten blicken Autofahrer in den Spiegel, bevor sie aussteigen, und übersehen so vorbeifahrende Radfahrer. Dieses Problem kann vermieden werden, wenn ein Mindestabstand von einem Meter zu geparkten Autos eingehalten wird. Auch beim Vorbeifahren an Kolonnen bzw. an Autos, die an der Ampel stehen, können solche Situationen auftreten.

Besonders wichtig im Kreuzungsbereich: sehen und gesehen werden. Frühzeitiger Blickkontakt mit anderen Verkehrsteilnehmern hilft fast immer, Unfälle zu vermeiden. Besonders kritisch ist das Abbiegen an Kreuzungen. Riskante Situationen minimiert man durch folgende Verhaltensweise: Geschwindigkeit reduzieren, auf die Vorfahrt achten, deutliche Handzeichen geben, sich frühzeitig einreihen (besonders beim Linksabbiegen) und so schnell wie möglich abbiegen.

Noch etwas zum Thema Sicherheit: 70% aller schweren Fahrradunfälle ziehen Kopfverletzungen nach sich, die sich je-

Mit dem Rad in der City ist man König: schnell, entspannt und ohne Parkplatzsorgen.

doch durch das Tragen eines Fahrradhelmes vermeiden ließen. Das Tragen eines Helmes im Stadtverkehr sollte deshalb selbstverständlich sein.

Das ideale Stadtrad

Citybiken kann zu einem sinnlichen Erlebnis werden.

Radfahren soll ein Vergnügen sein, auch im Stadtverkehr. Das ideale Fahrrad für die Stadt ermöglicht eine relativ aufrechte Sitzposition; so hat man einen idealen Überblick über das Verkehrsgeschehen und wird selbst gut gesehen. Hollandräder, Trekking- und Citybikes fallen in die Kategorie dieser Fahrräder. Hollandräder sind sehr bequem, aber dadurch nicht so wendig; Citybikes mit ihren 26-Zoll-Laufrädern hingegen sind sehr gut manövrierfähig. Trekkingbikes haben einen größeren Laufraddurchmesser als Citybikes und auch einen größeren Radstand; sie sind daher der ideale Kompromiß.

Da mit dem Stadtrad selten große Steigungen überwunden werden müssen, reicht eine Fünf- oder Sieben-Gang-Na-

benschaltung völlig aus. Der Vorteil einer Nabenschaltung im Stadtverkehr ist groß. Noch im Stehen kann ein kleinerer Gang eingelegt und ohne Verzögerung weggefahren werden. Ideal ist auch ein Vollkettenschutz; damit vermeidet man die lästigen Schmierflecken am Hosenbein. Gute Dienste leistet ein Plastik-Speichenschutz am Hinterrad.

Mit dem Mountainbike durch die Stadt zu flitzen mag zwar gut aussehen und »in« sein, doch sind die grobstolligen Reifen wegen des größeren Reibungswiderstands nicht eben die ideale Wahl für asphaltierte Strecken. Zudem fehlen an Mountainbikes zumeist Schutzblech, Gepäckträger, Rückstrahler und vor allem die Lichtanlage. Gerade diese aber ist für die Verkehrssicherheit – im eigenen Interesse – von enormer Bedeutung. Gute Dienste leistet eine Lichtanlage mit Halogenlampen und einem Rücklicht, das mit einem Bügel geschützt ist.

Ein Tip zur Sitzposition beim Stadtrad sei noch genannt. Im Prinzip kann man sich an die bewährte Methode halten: Sitzt man im Sattel und setzt die Ferse auf das Pedal, sollte das Bein durchgestreckt sein. Um jedoch bei den häufigen Ampelstopps besser auf den Boden zu gelangen, kann man den Sattel um ein bis zwei Zentimeter tiefer einstellen. Das verleiht mehr Sicherheit.

Für Gepäcktaschen und Einkaufskörbe gibt es ein reichhaltiges Angebot im Fachhandel. Am besten haben sich in der Praxis jedoch Packtaschen bewährt, die seitlich am Gepäckträger angebracht werden, durch ein »Klick-Fix-System« in Sekundenschnelle abgenommen und eingehängt werden können. Leider ist der Fahrraddiebstahl ein leidiges Problem im Stadtbereich. Gute Schlösser sind jedoch der Garant, daß das eigene Fahrrad auch das eigene Fahrrad bleibt, vor allem wenn man zwei Schlösser pro Fahrrad verwendet. Am besten sind Bügel- und Seilschlösser.

Einige Tips zur Sicherung:
- Fahrrad an gut einsehbaren Stellen abstellen und abschließen
- Rahmen mit einem Bügelschloß an einem festen Geländer oder Abstellbügel anhängen
- Einfach demontierbare Teile, wie Laufräder oder Sattel, mit einem Seilschloß sichern

Radfahren in der Stadt kann ein sinnliches, streßfreies Erlebnis sein; denn im Vergleich zum Automobil steht beim Fahrrad Aufwand und Geschwindigkeit in einem natürlichen Verhältnis. Der Spielraum für Beweglichkeit und Mobilität ist spürbar größer, denn mit dem Fahrrad kommt man immer durch. Im Gegensatz zu schnellen, geschlossenen Verkehrsmitteln kann man mit dem Fahrrad Menschen, Orte, Landschaften und das Wetter intensiv wahrnehmen. Radfahren hat ein dem Menschen angepaßtes, »sinnliches« Tempo. Deshalb fahren kluge Köpfe mit dem Fahrrad.

Transportmöglichkeiten am Fahrrad

»Ich habe immer eine sitzende Lebensweise geführt: erst auf der Schulbank, dann auf der Trinkbank, später im Sattel, heute am Schreibtisch. Darum ist mir körperliche Anstrengung lieb, die das Radfahren gewährt, nicht die Anstrengung der Nerven und der Konzentrationskraft, die das Steuern des Autos fordert. Denn es ist ja meine Muskelkraft, die, fast unmittelbar, das Rad in Bewegung hält. Es schaltet sich nichts Fremdes ein, keine angebliche Naturkraft, keine brennbare Chemikalie, keine explosiven Vorfälle. Ich bin fast unabhängig vom Zustand der Straßen, abhängig nur von der Steigung und dem Wind; dies sind natürliche Dinge, von denen ich gerne abhänge.«

(Werner Bergengruen)

Tabelle 5 *Trainingsprotokoll*

Monat											
Tag	Datum	Uhrzeit	Wetter/°C	Strecke	Übers.	km	Zeit	km/h	Puls m/a	Gewicht	Bemerkungen
1											
2											
3											
4											
5											
6											
7											
8											
9											
10											
11											
12											
13											
14											
15											
16											
17											
18											
19											
20											
21											
22											
23											
24											
25											
26											
27											
28											
29											
30											
31											

Trainingslehre

Fritz Zintl

Inhaltsübersicht

Begriffsbestimmungen und Aufgabenbereiche · Trainingsprinzipien · Grundbegriffe der Trainingslehre (Terminologie) · Ausdauer und Ausdauertraining · Kraft und Krafttraining · Kraftausdauertraining · Schnelligkeit und Schnelligkeitstraining · Beweglichkeit und Beweglichkeitstraining

Oben: Lange Bergetappen großer Rundfahrten fordern den Fahrern (hier Udo Bölts) eine hohe Kraftausdauer ab.

Oben: Wichtige Voraussetzungen für gute Leistungen am Mountainbike – Koordination und Beweglichkeit, gezeigt von Hans-Jörg Ray.

Rechts: Schnell- und Sprintkraft, perfekt demonstriert von Hübner und Raasch.

Rechts: Bei Mountainbike-Cross-Country-Rennen finden enorme Belastungswechsel statt. Selbst für ältere Biker wie Ned Overend ist das bei gutem Trainingszustand kein Problem.

Links: Psychische Stärke steht auch beim Triathlon an erster Stelle.

Schwere Bergetappen, wie z. B. die Pyrenäenetappe bei der Tour de France, erfordern höchste psychische und physische Belastbarkeit.

Begriffsbestimmungen und Aufgabenbereiche

Die Trainingslehre ist der Bereich der Sporttheorie, der sich mit dem/der trainierenden und im Wettkampf stehenden Sportler/in befaßt. Ihre Aussagen stützen sich teils auf wissenschaftliche Erkenntnisse (aus Basiswissenschaften wie z.B. Medizin und Biomechanik), teils auf verallgemeinerte subjektive Erfahrungen (von Trainern und Sportlern). Die abgeleiteten Grundregeln für das Trainingshandeln sind als Leitlinien für die Trainingspraxis zu betrachten. Sie dürfen nicht als stets genau zutreffende direkte Handlungsanweisungen verstanden werden, sondern sind mit den individuellen Erfahrungen (der Trainer/innen) und den situativen Bedingungen (für den/die Athleten/Athletin) in Einklang zu bringen.

Sportliches Training wird dabei als pädagogischer und biologischer Ablauf (Hergang) gesehen und deshalb definiert als planmäßig gesteuerter Prozeß zur Zustandsänderung der komplexen sportlichen Leistungsfähigkeit. Die Zustandsänderung erstreckt sich gewöhnlich auf eine Optimierung (Leistungssteigerung), sie kann jedoch auch eine Stabilisierung (Leistungserhalt) und in bestimmten Fällen eine Minimierung (systematisches Abtrainieren) betreffen. Die komplexe sportliche Leistungsfähigkeit unterliegt 5 Einflußfaktoren (Abb. 1) und wird als Ergebnis von Leistungsvermögen plus Leistungsbereitschaft betrachtet.

Im Rahmen des Trainingsprozesses ist Trainingssteuerung (= Leistungssteuerung) notwendig. Sie ist eigentlich die gezielte kurz-, mittel- und langfristige Abstimmung aller Trainingsmaßnahmen (Diagnose des Leistungszustands, Planung, Durchführung, Kontrolle und Korrektur) in Ausrichtung auf das Trainingsziel. In der Praxis wird die »Steuerung« meist in engerer Auffassung verstanden. Sie bezieht sich auf das genaue Einhalten und Kontrollieren der Belastungskomponenten (besonders der Intensität), auf die Kontrolle des absolvierten Trainings und die eventuellen Korrekturen des laufenden Trainings.

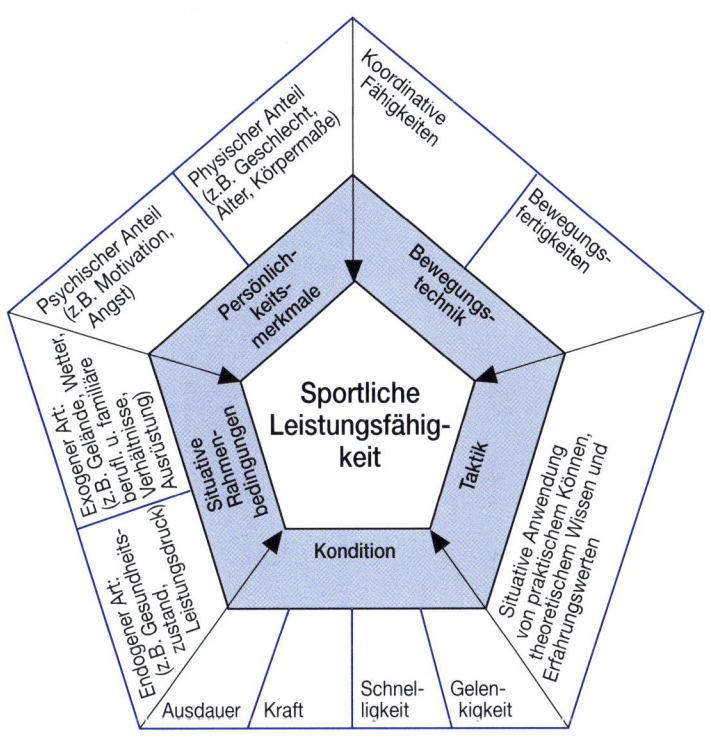

Aus der Sicht der Kybernetik (Wissenschaft von Regelsystemen) enthält der Trainingsprozeß sowohl Steuerungs- als auch Regelungsvorgänge. Aufgaben der Trainingslehre sind auch das Herausarbeiten von Trainingsprinzipien und die eindeutige Beschreibung (Präzisierung) und Vereinheitlichung der Fachbegriffe (Terminologie). Auf beide Bereiche wird im folgenden nur insoweit eingegangen, als die Einzelheiten für spätere Kapitel von Bedeutung sind.

Abb. 1 *Einflußfaktoren auf die sportliche Leistungsfähigkeit. Die 5 Einflußbereiche sind nicht nur isoliert voneinander zu sehen, sie beeinflussen sich auch untereinander.*

Trainingsprinzipien

Trainingsprinzipien (-grundsätze) sind übergeordnete Handlungsanweisungen für den Trainingsprozeß, Orientierungsgrundlagen mit hoher Allgemeingültigkeit. Es sind keine Gesetzesaussagen im strengen Sinne.

In der Trainingslehre existiert bislang noch kein allgemein akzeptiertes Gliederungssystem, weshalb in der Literatur zahlenmäßig und auch namentlich noch die unterschiedlichsten Ausführungen dazu anzutreffen sind. Da Training als pädagogischer und biologischer Prozeß zu organisieren ist, wurden Trainingsprinzipien von verschiedenen Standpunkten aus formuliert. Die Vielzahl von Grundsätzen wird deshalb auch gruppiert in pädagogische, organisatorische und inhaltlich-methodische Prinzipien (MARTIN et al. 1991). Hier wird im weiteren ein Konzept verfolgt, das nur eine reduzierte Anzahl von Grundsätzen anspricht und lediglich zwischen pädagogisch orientierten und biologisch orientierten Trainingsprinzipien unterscheidet.

Die wesentlichen pädagogischen Prinzipien, die in jedem Sportunterricht Bedeutung haben, seien im folgenden kurz erläutert:

- *Prinzip der Bewußtheit*
  Der/die trainierende Sportler/in hat sich stets seiner/ihrer Trainingstätigkeit bewußt zu sein, d. h., er/sie muß erfassen, was getan wird, und sich im klaren sein, welchem momentanen Ziel seine/ihre Tätigkeit dient. Damit wird Eigenverantwortung und Selbständigkeit erreicht, was als unerläßliche Voraussetzung für eine optimale Gestaltung des Trainings betrachtet wird.
- *Prinzip der Anschaulichkeit*
  Hier handelt es sich um die anschauliche (durchsichtige) Darbietung von Handlungsentscheidungen (seitens des/der Trainers/Trainerin) für die klare Erfassung und Nachvollziehbarkeit (seitens des/der Athleten/Athletin) der getroffenen Maßnahmen. Die Anschaulichkeit hat in allen Altersbereichen gleich große Bedeutung. Zu berücksichtigen ist dabei, daß es unterschiedliche Rezeptivitätstypen (Typen der vorherrschenden Aufnahmefähigkeit von Sinneseindrücken: visuell, verbal, motorisch) gibt und der Charakter der sinnlichen Wahrnehmung sich mit dem Alter ändert (vom Visuellen mehr zum Verbalen). Anschaulichkeit trägt zur schnelleren Entwicklung der Leistungsbereitschaft und damit zur Leistungsfähigkeit bei.
- *Prinzip der Angemessenheit*
  Dieser Grundsatz stützt sich auf die Tatsache, daß der/die Sportler/in sich in der Leistungsfähigkeit weiterentwickelt, indem Leistungsanforderungen gestellt werden. Angemessenheit bedeutet dabei das richtige Verhältnis zwischen aktuellem Leistungsvermögen und den Belastungsanforderungen, die an der Obergrenze der Leistungsfähigkeit liegen sollten, sie jedoch nicht überschreiten dürfen. Die Belastungsanforderungen beziehen sich dabei auf die Gesamtbelastung der Sportlerpersönlichkeit, d. h., es sind auch Belastungsfaktoren wie schulische, berufliche, familiäre Verpflichtungen mit zu berücksichtigen. Nur wenn den gesamten Belastungsanforderungen erfolgreich begegnet werden kann, stellt sich ein Erfolgserlebnis ein. Ob Erfolg oder Mißerfolg empfunden wird, hängt darüber hinaus auch von den gesteckten Zielen – vom Anspruchsniveau – ab. Anspruchsniveau und Leistungsfähigkeit müssen somit auch in angemessenem Verhältnis stehen.

> **Training ist als pädagogischer und biologischer Prozeß zu organisieren**

Die biologisch orientierten Prinzipien haben ihre primäre Bedeutung in der lang-, mittel- und kurzfristigen Belastungsgestaltung des Trainings. Maßnahmen der praktischen Trainingssteuerung sind gewöhnlich nichts anderes als die Umsetzung einzelner Prinzipien. Sie stehen nicht isoliert nebeneinander. Vielmehr überschneiden sie sich inhaltlich, ergänzen sich und schließen sich zeitweise auch gegenseitig aus.

- *Prinzip des wirksamen Belastungsreizes*

  Der Belastungsreiz (Trainingsreiz) hat eine bestimmte Intensitätsschwelle zu überschreiten, um überhaupt Anpassungsreaktionen auszulösen, d. h., um trainingswirksam zu sein. Nach der biologischen Reizstufenregel gibt es unterschwellige, überschwellig schwache, überschwellig starke und zu starke Reize. Erstere bleiben wirkungslos, überschwellig schwache erhalten das Funktionsniveau, überschwellig starke (= optimale) lösen entsprechende physiologische und anatomische Veränderungen aus, zu starke Reize schädigen die Funktion. Im aeroben Ausdauertraining wird die trainingswirksame Schwelle bei einer 50–60%igen Inanspruchnahme der maximalen Herz-Kreislauf-Leistung gesehen. Die optimale Belastungsintensität liegt bei ca. 80%.

- *Prinzip der progressiven Belastungssteigerung*

  Wenn Trainingsbelastungen über eine längere Zeitspanne gleichbleiben, hat sich der Organismus so angepaßt, daß die Belastungsreize nicht mehr überschwellig wirken. Sie rufen keine weiteren Leistungssteigerungen mehr hervor. Die notwendige Konsequenz ist eine fortschreitende Belastungssteigerung in gewissen Zeitabständen. Die Steigerung kann entweder in kleinen Schritten oder sprunghaft geschehen. Das allmähliche Steigern ist immer sinnvoll, solange über diese Art noch eine Leistungssteigerung erreicht wird. Dies ist meist im Jugendalter, bei niedrigem Trainingsalter und einem noch niedrigen Entwicklungsniveau der zu trainierenden Fähigkeit der Fall. Die möglichen unangenehmen Begleitumstände von Belastungssprüngen (z. B. erhöhte Schädigungsmöglichkeit, Leistungsinstabilität) können damit zurückgedrängt werden. Ein sprunghafter Belastungsanstieg wird jedoch bei hohem Leistungsstand notwendig, wenn die Erhöhungen der äußeren Belastung keine Änderung der inneren Belastung nach sich ziehen. Für die Stabilität des gesteigerten Adaptationszustands sind dann längere Trainingszeitspannen erforderlich.

Die progressive Belastungssteigerung wird gewöhnlich über Änderung der Belastungskomponenten erreicht. Langfristig ist sie in folgender Reihen-

Das Prinzip der Angemessenheit ist gerade bei Neu-Profis, wie hier Jan Ullrich beim Gewinn des Amateur-Weltmeistertitels 1993 in Oslo, von besonderer Bedeutung.

folge sinnvoll: Erhöhung der Trainingshäufigkeit (Anzahl der Trainingseinheiten), Erhöhung des Trainingsumfangs in der Trainingseinheit, Verkürzung der Pausen, Erhöhung der Trainingsintensität. Belastungssteigerung kann aber auch über höhere koordinative Ansprüche und durch eine erhöhte Zahl von Wettkämpfen entstehen.

Biologisch ist das Prinzip mit der Tatsache zu begründen, daß die Adaptation nicht linearen, sondern parabelförmigen Kurvenverlauf zeigt, weil der Organismus bei hohem Anpassungszustand geringere Antwortreaktionen von sich gibt als vorher.

- *Prinzip der Variation der Trainingsbelastung*

Vermeidung von Belastungsmonotonie

Im Rahmen wirksamer Trainingsbelastungen darf die Rolle des *sympathischen vegetativen Nervensystems (Sympathikus)* nicht übersehen werden. Der Sympathikus versetzt den Körper in den Zustand hoher Leistungsbereitschaft, was notwendige Voraussetzung für wirksame Trainingsbelastungen ist. Ständig gleichbleibende Trainingsbelastungen bewirken wegen der Belastungsmonotonie eine Abnahme des leistungssteigernden Effekts und führen damit zu einer Stagnation in der Trainingswirkung. Durch Änderung der Belastungscharakteristik (= Unterbrechung der Belastungsmonotonie) kann wieder eine wirkungsvolle vegetative Stimulationslage erreicht werden. Im praktischen Trainingsgeschehen hat sich die Variation nicht nur auf Intensität und Umfang, sondern auch auf die Bewegungsdynamik, die Übungsauswahl und Pausengestaltung zu beziehen.

- *Prinzip der optimalen Gestaltung von Belastung und Erholung*

Dieser Grundsatz berücksichtigt die Tatsache, daß nach einer wirkungsvollen Trainingsbelastung (Trainingseinheit) eine gewisse Zeit der Wiederherstellung notwendig ist, um eine erneute gleichgeartete Belastung (nächste Trainingseinheit) bei günstigen Voraussetzungen durchführen zu können. Belastung und Erholung sind gewissermaßen als eine Einheit zu betrachten. Als biologische Grundlage wird das von JAKOWLEW (1977) beschriebene *Phänomen der Superkompensation* angeführt, das in erster Linie das Zeitverhalten der Wiederherstellungsprozesse nach entsprechender Belastung wiedergibt: Im phasenhaften Ablauf des Belastungs-Erholungs-Verhaltens kommt es zu einer überschießenden Wiederherstellung und danach zum Absinken in Form einer gedämpften Schwingung bis zum Ausgangsniveau (siehe Abb. 2). Dabei kann sich neben einem ersten Superkompensationsgipfel noch ein zweiter, allerdings niedrigerer zeigen. Dem Superkompensationsmodell entsprechend ist für die optimale Gestaltung von Belastung und Erholung die nächste Belastung in der Superkompensationsphase anzusetzen. Dies bedeutet (nach JAKOWLEW) jedoch nicht, daß in der praktischen Umsetzung innerhalb einer Trainingseinheit und auch in der zeitlichen Anordnung der Trainingseinheiten immer danach zu verfahren ist. Im Rahmen der grundsätzlichen Gültigkeit dieses Superkompensationsphänomens sind zwischenzeitlich auch Lösungen mit stabilisierender Wirkung und nach dem Schema der »summierten Wirksamkeit« kein Widerspruch, zumal sich die Trainingswirkungen erst nach mehrfacher Wiederholung der Belastungen einstellen. Größe und Dauer der Superkompensation sind außerdem abhängig von Intensität und Umfang der vorausgegangenen Belastung. Mit Zunahme des Leistungsniveaus (Anpassungsniveaus) wird der Superkompensationseffekt auch immer geringer. Die logische Folge ist, daß sich die Überkompensation trotz progressiver Belastungssteigerung einmal nicht mehr einstellt.

Da die Wiederherstellung der verschiedenen Energiespeicher bzw. biologischen Beanspruchungsbereiche einen unterschiedlichen Zeitverlauf zeigt, ist dieser Heterochronismus (= Verschiedenzeitigkeit) der Regeneration nach Belastung im angesprochenen Trainingsprinzip neben der Superkompensation mit zu beachten. Tabelle 1 gibt einige orientierende Hinweise. Dabei ist nicht zu übersehen, daß die Regenerationszeiten außer von der typischen Belastung auch noch von der individuellen Anpassungsfähigkeit, Ernährung, sonstigen trainingsbegleitenden Maßnahmen und der Aufsummierung des Belastungsumfangs (im Mikro- und Makrozyklus) abhängig sind.

- *Prinzip der Wiederholung und Dauerhaftigkeit (Kontinuität)*

Zum Erreichen einer optimalen Anpassung ist es notwendig, mehrfach die Belastung zu wiederholen, da für eine stabile Anpassung der Organismus zunächst eine Reihe von akuten Umstellungen einzelner Funktionssysteme durchlaufen muß. Die endgültige *Adaptation* ist erst erreicht, wenn über die Anreicherung von Substraten (= energiereiche Stoffe) hinaus auch in anderen Funktionssystemen (z. B. Enzymsystem, Hormonsystem) Umstellungen erfolgten und vor allem auch das Zentralnervensystem als die Führungsinstanz von Bewegungsleistungen sich angepaßt hat. Es ist bekannt, daß sich die metabolischen und auch enzymatischen Umstellungsvorgänge relativ schnell vollziehen (2–3 Wochen) und für strukturelle (morphologische) Änderungen längere Zeitspannen (mindestens 4–6 Wochen) anzusetzen sind. Die steuernden und regelnden Strukturen des Zentralnervensystems benötigen die längste Anpassungszeit (Monate). Bis zu einer relativ stabilen Veränderung werden folgende Stufen durchlaufen: Stabilisierung des momentanen Funktionszustands, Optimierung dieses Zustands über gewisse Vorhalteregulationen, Veränderung der Struktur des Funktionssystems, Stabilisierung dieser veränderten Struktur. Dies erfordert einen biologisch vorgegebenen Zeitrahmen von 4–6 Wochen. Für eine langfristige Anpassung auf hohem Niveau bedarf es eines mehrfachen Durchlaufs solcher 4–6-Wochenphasen.

- *Prinzip der Periodisierung und Zyklisierung*

Ein Sportler kann nicht ganzjährig im Hochleistungszustand sein, da er sich damit im Grenzbereich seiner individuellen Belastbarkeit befindet. Sehr leicht ist damit die Gefahr verbunden, daß die *anabole* (= aufbauende Stoffwechsellage) Gesamtsituation in eine *katabole* (= abbauende) übergeht. Aus biologischen Gründen ist also ein

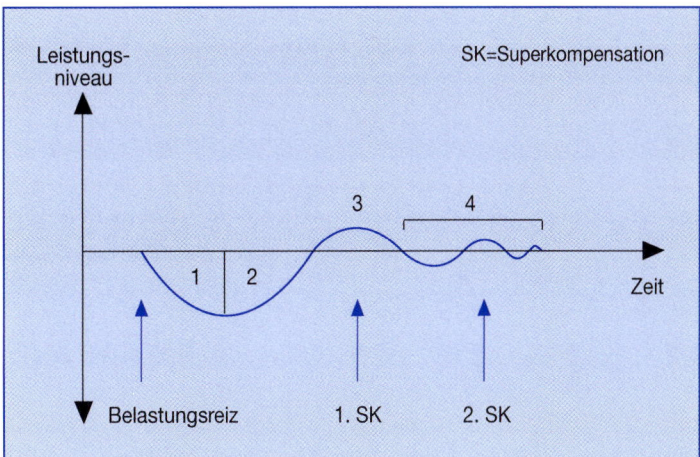

Abb. 2 *Superkompensation (SK); Phasen der Veränderung der Leistungsfähigkeit. 1 = Phase der Abnahme, 2 = Phase der Wiederherstellung (Kompensation), 3 = Phase der Superkompensation (Überkompensation), 4 = Phase des Auspendelns (Reversion)*

Tabelle 1 Durchschnittliche Zeitspannen für einzelne Regenerationsabläufe nach entsprechender Belastung (zusammengestellt nach Angaben von KEUL et al. 1986, KINDERMANN 1978, BADTKE et al. 1987)

Pauschale Phaseneinteilung	Regenerationsvorgänge	Zeitdauer	Notwendige Belastung
Frühphase	Wiederauffüllung des KrP (Superkompensation)	3–5 min (20–30 min)	Maximalbelastung (alaktazid) 10–12 s
	Abbau des Blutlaktats (Halbwertzeit)	1–3 h (ca. 15 min)	intensive anaerobe Belastung (Lac >10–12 mmol/l)
	Beginn der Glykogenauffüllung, v. a. in FT-Fasern	bis 30 min	anaerob-laktazid mit FT-Fasern-Beanspruchung
Spätphase	Kompensation von Glykogen, v. a. in ST-Fasern	24–36 h	intensive aerobe Belastung (45–60 min)
	Elektrolytausgleich (Na, K)	6 h	lange Belastung mit Wasserverlusten (>1 h)
	Aufbau kontraktiler Eiweiße (Aktin, Myosin)	12–48 h	maximale Muskelbelastungen
Superkompensationsphase	Ausgleich verlorener Muskelenzyme	48–60 h	hochintensive oder überlange Belastung (LZA III u. IV)
	Wiederaufbau von Struktureiweiß (z. B. Mitochondrien)	48–72 h	häufige Lac-Bildung im Muskel (Übersäuerung)
	Superkompensation der Glykogenspeicher	2–3 Tage (KH-Diät)	intensive aerobe Belastung (60–90 min)
	Elektrolytausgleich (Mg, Fe)	2–3 Tage (Substitution)	lange Belastung mit Wasserverlust
	Ausgleich im Hormonhaushalt: Katecholamin-Resynthese	2–3 (5) Tage	anaerob-laktazide Belastung, häufige Intensitätsänderungen, psychischer Streß
	Cortisol-Resynthese	3–5 (7) Tage	Marathon- u. Ultra-LZA-Belastungen
	Neuaufbau von Struktureiweiß (Enzyme, Mitochondrien, Binde- u. Stützgewebe)	Tage–Wochen	lange, relativ intensive Belastungen

Belastungswechsel notwendig. Der Phasencharakter des Adaptationsverlaufs mit Steigungs-, Stabilisierungs-, und Reduktionsphasen verlangt sowohl langfristig nach Einteilung des Trainingsjahres in aufbauende, stabilisierende und reduzierende Belastungsperioden (Vorbereitungs-, Wettkampf-, Übergangsperiode) als auch mittelfristig im Rahmen der Makrozyklen einen Wechsel von belastungssteigernden, belastungserhaltenden und belastungsreduzierenden Mikrozyklen. Dadurch können einerseits Belastungsüberforderungen vermieden und andererseits höhere Leistungsspitzen zu bestimmten Zeiten erreicht werden.

- *Prinzip der Individualität und Altersgemäßheit (Entwicklungsgemäßheit)*
Da sportliche Leistung immer von mehreren Einflußfaktoren bestimmt wird, können identische Leistungsresultate aus unterschiedlich gewichteten Einzelfähigkeiten erwachsen. Deshalb ist es wesentlich, für eine optimale Leistungsentwicklung die persönlichen Gegebenheiten des Sportlers zu berücksichtigen. Es

Entwicklungsstufen eines Radrennfahrers: Olaf Ludwig als Amateur (links) und als Profi (rechts).

handelt sich in erster Linie um die stark anlagebedingten körperlichen Fähigkeiten (sportmotorische Begabung, Konstitutionstyp, Trainierbarkeit) und die mehr umweltbeeinflußten geistig-seelischen Eigenschaften (u. a. Temperament, Motivation, Intellekt). Letztlich unterliegen diese Persönlichkeitsmerkmale der biologischen Entwicklung, d. h. dem biologischen Alter. Die sogenannten *sensitiven Phasen* für konditionelle und koordinative Fähigkeiten als Zeitabschnitte erhöhter Anpassungsfähigkeit (= Trainierbarkeit) sind dafür ein gutes Beispiel. Somit ist es naheliegend, Individualität und Altersgemäßheit in einem Trainingsgrundsatz zusammenzufassen. Biologisch ist das Prinzip zu begründen mit der individuellen Anpassungsfähigkeit (= Adaptabilität), derzufolge bei quantitativ und qualitativ gleichwertigen Belastungsreizen die Individuen eine unterschiedliche Reizverarbeitung zeigen.

In der Wechselwirkung von Organismus und Umwelt zeigen die entsprechenden Erbanlagen eben eine eigene Entfaltung (= Gen-Expression).

- *Prinzip der zunehmenden Spezialisierung*

In Abhängigkeit von der Spezifität der Belastungsreize unterscheidet man *unspezifische* und *spezifische* Anpassungen des Organismus. Die spezifische Adaptation erstreckt sich in starkem Maße auf die unmittelbar beanspruchten Organsysteme und äußert sich mehr eingeschränkt (lokal), wie z. B. in der Skelettmuskulatur und im zugehörigen Versorgungs- und Steuersystem. Die unterschiedliche spezielle Ausdauer (= spezifische Adaptation) von Langstreckenläufern, Skilangläufern, Straßenradfahrern und Langstreckenschwimmern liegt deshalb primär in der vom Bewegungsablauf geprägten Funktionsmuskulatur begründet, in zweiter Linie erst in

Unspezifische und spezifische Adaptation des Organismus an unterschiedliche Belastungsreize

der Sauerstoffaufnahme und Herzfunktion. Die nahezu übereinstimmenden Ausprägungen in den letztgenannten Bereichen ergeben die gemeinsame Grundlagenausdauer (= unspezifische Adaptation). Die Entwicklung zu einem hohen Leistungsniveau in bestimmten Fähigkeitsbereichen erfordert nun – auf der Basis unspezifischer Anpassungen – spezifische Adaptationen und damit tätigkeitsspezifische Belastungsreize.

Im Trainingsgeschehen bedeutet dies insgesamt

a) innerhalb der Trainingsstufen (Grundlagentraining, Aufbautraining, Leistungstraining) einen zunehmenden Anteil des speziellen Trainings gegenüber dem allgemeinen Training,

b) im Verhältnis von Konditions-, Technik-, Taktik- und intellektuellem Training eine zunehmend sportartbezogene Ausrichtung,

c) eine Vorrangigkeit des Trainings der leistungsbestimmenden konditionellen Fähigkeit und technomotorischen Fertigkeit im Rahmen der übrigen optimierenden Trainingsmaßnahmen.

- *Prinzip der regulierenden Wechselwirkung von einzelnen Trainingselementen*

Angesprochen ist hier die dosierte Abstimmung des Trainings der verschiedenen konditionellen Fähigkeiten und des Verhältnisses von Konditions- und Techniktraining. Für die Entwicklung zur individuellen sportartspezifischen Höchstleistung ist dies ein wesentlicher Grundsatz, da die verschiedenen Elemente des Trainings sich positiv und negativ beeinflussen können.

Hintergrund ist wiederum die unspezifische und spezifische Reaktion des Organismus auf unterschiedliche Belastungsreize und ihre Wechselwirkungen. Die unspezifischen Anpassungen erstrecken sich nicht wie die spezifischen Anpassungen primär auf den durch die Bewegungstätigkeit geforderten Nerv-Muskel-Bereich, sondern in erster Linie auf die »Zuträgersysteme«. Damit finden sie vorwiegend in den vegetativ-nerval und hormonell gesteuerten Organen und deren Regulationszentren (Herzkreislauf, Atmung, Stoffwechsel) ihren Niederschlag. Diese unspezifische, mehr übergreifende Anpassung gewährleistet – nach vorheriger spezifischer Anpassung – erst den richtigen Funktionsablauf der zusammenarbeitenden Systeme auf höherem Leistungsniveau. Man darf nicht übersehen, daß bei spezifischer Anpassung die hochgradige Ausbildung eines Systems in der Regel auf Kosten anderer Bereiche abläuft.

Aus der dargelegten Wechselwirkung von spezifischer und allgemeiner Adaptation wird deutlich, daß zum Erreichen und zum Erhalt eines hohen sportlichen Leistungsniveaus *spezielle und allgemeine Trainingsbelastungen im Wechsel* notwendig sind. Im Ausdauerbereich ist diese regulierende Wechselwirkung vor allem in den Disziplinen der Kurzzeit-, Mittelzeit-, Kraft- und Schnelligkeitsausdauer von Bedeutung.

Das in der Umgangssprache als *Abhärtung* bezeichnete Phänomen (medizinisch: positive Kreuzadaptation), das sich als eine allgemeine Steigerung der organischen Widerstandskraft infolge eines dosierten Ausdauertrainings zeigt, ist ein gutes Beispiel für unspezifische Anpassung. Die genannten Trainingsprinzipien stehen nicht so isoliert nebeneinander, wie sie in obiger Übersicht dargestellt worden sind. Sie überschneiden und ergänzen sich inhaltlich.

Grundbegriffe der Trainingslehre (Terminologie)

Wie in anderen Fachbereichen ist auch in der Trainingslehre eine klare Fassung von Fachbegriffen eine unerläßliche Voraussetzung für das Verständnis von Anweisungen, Beschreibungen und Erklärungen. Da gerade auf diesem Gebiet noch Unstimmigkeiten vorliegen, werden zu relevanten Begriffen die notwendigen Aussagen getroffen.
Die Auflistung der Fachwörter erfolgt nach thematischen Schwerpunkten.

Sportliche Leistungsfähigkeit

In Abbildung 1 wurde bereits darauf hingewiesen, daß die sportliche Leistungsfähigkeit als Komplex 5 Einflußbereichen (mit einzelnen Einflußfaktoren) unterliegt und sich aus Leistungsvermögen und Leistungsbereitschaft ergibt.
In Zusammenhang damit werden häufig folgende Begriffe gebraucht:
- *Sportmotorische Fähigkeiten* = Sammelbezeichnung für die körperlichen Voraussetzungen, die die sportliche Leistungsfähigkeit beeinflussen. Gewöhnlich werden sie in die konditionellen Fähigkeiten (Kondition) und koordinativen Fähigkeiten (Gewandtheit bzw. Geschicklichkeit), mitunter auch noch in die gemischt koordinativ-konditionellen Fähigkeiten gruppiert. Gleichbedeutende Bezeichnungen (teilweise veraltet) sind auch: motorische oder körperliche Eigenschaften, psychophysische Merkmale und motorische Hauptbeanspruchungsformen.
- *Konditionelle Fähigkeiten* = Bezeichnung für die vorrangig von der Energiebereitstellung und dem Bau (Struktur) bestimmten Fähigkeiten. Traditionell werden hier Ausdauer, Kraft, Schnelligkeit und Beweglichkeit genannt.
- *Kondition* = die gewichtete Summe aller leistungsbestimmenden konditionellen Fähigkeiten und ihre Realisierung durch Persönlichkeitseigenschaften (z. B. Motivation, Wille).
- *Koordinative Fähigkeiten* = Bezeichnung für die primär durch Prozesse der Bewegungssteuerung und -regelung bestimmten Fähigkeiten. Dazu liegen verschiedene Konzepte der Einteilung und Namensgebung vor. Meistens werden folgende Einzelfähigkeiten unterschieden: Reaktionsfähigkeit, Gleichgewichtsfähigkeit, Koppelungsfähigkeit, (räumliche) Orientierungsfähigkeit,

Sportmotorische Fähigkeiten spielen besonders beim Mountainbiking eine große Rolle.

(kinästhetische) Differenzierungsfähigkeit, Rhythmusfähigkeit und Antizipationsfähigkeit. In einer Ausrichtung auf den motorischen Lernvorgang werden verschiedene davon zusammengefaßt als motorische Lernfähigkeit, motorische Steuerungsfähigkeit und motorische Anpassungs- und Umstellungsfähigkeit.

Übergeordnete Sammelbezeichnungen sind Gewandtheit (bei grobmotorischen Bewegungen) und Geschicklichkeit (bei feinmotorischen Bewegungen).

Ausrichtung auf den motorischen Lernvorgang

- *Gemischt koordinativ-konditionelle Fähigkeiten* = Bezeichnung für die Fähigkeiten, die nicht eindeutig den vorherigen Gruppen zuzuordnen sind. Schon früher wurde hier die Beweglichkeit (= Flexibilität) eingestuft. In jüngerer Zeit werden hier auch Kraft- und Schnelligkeitsfähigkeiten genannt, die stark über den koordinativen Bereich verbessert werden können. Der Einfachheit halber hält man heute noch an der traditionellen Zuordnung fest.
- *Sportmotorische Fähigkeiten* gibt es als allgemeine und spezielle.
- *Bewegungsfertigkeiten* (sportmotorische Fertigkeiten) = automatisierte (unbewußt ablaufende) Bewegungen, die Teile einer ganzen Bewegungshandlung oder ganze Bewegungstechniken sein können. Beispiele aus dem Radsport wären: Trettechnik, Kurvenfahren, Bremsen, Schalten. Während Fähigkeiten mehr als anlagebedingt gelten, werden Fertigkeiten einmal bewußt erlernt und durch Üben automatisiert.
- *Sportliche Technik* (Bewegungstechnik) = eine zweckmäßige Bewegungsfolge zur Lösung einer Bewegungsaufgabe; sie setzt sich aus Bewegungsfertigkeiten und koordinativen Fähigkeiten zusammen.
- *Psychische Fähigkeiten* = Eigenschaften, die sich aus den Bereichen des menschlichen Fühlens (affektive Fähigkeiten), Denkens (kognitive oder intellektuelle Fähigkeiten), Erlebens, Handelns usw. ableiten lassen. Hinsichtlich der sportlichen Leistungsbereitschaft sind u. a. von Bedeutung: Motivation, Konzentrationsfähigkeit, Freude, Angst.
- *Sportliche Taktik* = Anwendung von praktischem Können, theoretischem Wissen und Erfahrungen in bestimmten Situationen, um den optimalen sportlichen Erfolg zu erzielen.
- *Leistungsfaktoren* = synonymer Begriff für die Einflußfaktoren auf die sportliche Leistungsfähigkeit (siehe Abb. 1). Genannt werden meistens physische (konditionelle), psychische, technisch-koordinative (Fertigkeiten plus koordinative Fähigkeiten), taktische, äußere (z. B. Wetter, Streckenverhältnisse) und Geräte-/Ausrüstungsfaktoren.
- *Leistungsstruktur* = das Gefüge (der Zusammenhang) der einzelnen Leistungsfaktoren innerhalb der komplexen disziplinspezifischen Leistung. Es ist selbstverständlich, daß der Stellenwert der jeweiligen Einflußfaktoren in der Leistungsstruktur verschiedener Ausdauersportarten (z. B. 800-m-Lauf, Rudern, Skilanglauf) sehr unterschiedlich ist. Aber auch innerhalb der Radsportdisziplinen ist das Wertigkeitsverhältnis von Grundlagenausdauer, Kraftausdauer, Schnellkraft, Schnelligkeit, Bewegungstechnik, Taktik, psychischen Fähigkeiten und Ausrüstung nicht dasselbe.
- *Leistungsdiagnose* = das Feststellen des individuellen Niveaus der einzelnen Leistungsfaktoren im Rahmen einer disziplinspezifischen Leistungsstruktur. Durchgeführt wird sie v. a. mittels sportmotorischer Tests, sport-

Psychische Fähigkeiten sind auch im Radsport ein leistungsbestimmender Faktor.

medizinischer und biomechanischer Labor- und Feldtests sowie Wettkampfbeobachtungen.
- *Leistungsprofil* = die Beschreibung (Aufzeichnung) der Leistungsfaktoren, des Lernfortschritts und der Wettkampfergebnisse eines/einer Sportlers/Sportlerin über einen bestimmten Zeitraum.
Anhand der gewonnenen Leistungskurve können Stärken und Schwächen bezüglich der Leistungsstruktur, Entwicklungsschübe und Leistungsplateaus erkannt werden (Hinweise zur Leistungsentwicklung).

Trainingsplanung, Periodisierung, Zyklisierung

Definitionsgemäß sind Planung, Periodisierung und Zyklisierung Bestandteile (Einzelschritte) der Trainingssteuerung. Wegen der inhaltlichen Zusammengehörigkeit werden die einschlägigen Begriffe hier zusammen behandelt.

- *Trainingsplanung* = das vorausschauende Festlegen von Trainingszielen, der inhaltlich-methodischen Gestaltung, von Trainingskontrollen und Wettkämpfen.
Eingeschlossen ist die Anpassung des Plans bei Änderung der Voraussetzungen, nach denen geplant wurde.
- *Trainingsplantypen* = Modelle von Trainingsplänen in Abhängigkeit von der zugrundeliegenden Konzeption. Es werden langfristige Mehrjahrespläne, mittelfristige Jahres- und Mesozyklenpläne und kurzfristige Mikrozyklen- und Trainingseinheitenpläne unterschieden.
Rahmenpläne orientieren global über Trainingsziele und Trainingsinhalte, über die Eckdaten der Belastungsanforderungen und die zeitliche Verteilung; sie beziehen sich meist auf bestimmte Leistungs-/Niveaugruppen (z. B. A-, B-Kader, Junioren).
Operativpläne geben den genauen Trainingsvollzug an. Sie sind gewissermaßen das Rezept, nach dem

Individuelle Trainingspläne und Gruppenpläne

trainiert wird (operativ = unmittelbar wirkend, umsetzbar). Individuelle Trainingspläne beziehen sich auf Einzelsportler/innen, meist im hohen Leistungsniveau. Gruppenpläne sind sinnvoll, wenn Trainingsziel und Leistungszustand einer Gruppe (Mannschaft) einheitlich sind und meist gemeinsam trainiert wird.

- *Trainingsziele* = Zielsetzungen des Trainings. Nach dem Grad der Verallgemeinerung werden unterschieden: übergeordnete Ziele (Grobziele) auf oberster Entscheidungsebene (z. B. Gesundheit, Hochleistung, Plazierung unter den ersten dreien bei den Meisterschaften), Teilziele (Feinziele) auf mittlerer Ebene mit meist konkreten Angaben zu den Leistungskomponenten (z. B. Grundlagenausdauertraining, Technikverbesserung beim Treten), Zielfaktoren (Feinstziele) auf unterster Entscheidungsebene mit direkter Übertragbarkeit ins praktische Training (z. B. Technik des Wiegetritts, kurze Bergsprints mit maximaler Intensität, Hinterradfahren).
- *Periodisierung* = die phasenförmige (zeitliche) Veränderung des Trainings (in Teilzielen, Inhalten, Methoden usw.) im Hinblick auf das Erreichen der sog. sportlichen Form (optimale Leistungsfähigkeit für den Wettkampf). Demnach wird unterschieden: Vorbereitungsperiode (häufig noch gegliedert in allgemeine VP und spezielle VP), Wettkampfperiode (von einfacher oder komplizierter Art) und Übergangsperiode (zur aktiven Erholung). Alle drei zusammen bilden einen Periodenzyklus. Bei eingipfeliger Jahresperiodisierung gibt es nur einen Periodenzyklus. Bei zwei- und mehrgipfeliger Periodisierung fallen entsprechend mehr Periodenzyklen an, wobei die Übergangs- und Vorbereitungsperioden meist zusammenfallen.
- *Zyklisierung* = die zeitliche Gliederung des Trainings in Abschnitte ähnlicher Grundstruktur und Aufgabenstellung. Bezüglich der Zeitspanne werden unterschieden:
  – Mikrozyklen (MIZ) = Zeiträume von ca. 5 bis 12 Trainingseinheiten, meist 1 Woche
  – Mesozyklen (MEZ) = Zeiträume von etwa 4 bis 6 Wochen
  – Makrozyklen (MAZ) = Zeiträume eines Periodenzyklus, gelegentlich auch mit Mesozyklen gleichgestellt
  – Trainingseinheiten (TE) = kleinste, in sich abgeschlossene Bausteine des Trainings mit der klassischen Gliederung in Einleitungs-, Haupt- und Schlußteil oder Gliederungen nach sportartspezifischen Bedürfnissen (meist mit Koppelung von 2 Hauptteilen)
- *Trainingsetappe* = eine (heute eigentlich veraltete) Bezeichnung, die sich hauptsächlich an Stelle von MEZ findet.
- *Unmittelbare Wettkampfvorbereitung (UWV)* = MEZ von 4–6 Wochen vor dem Hauptwettkampf zur Ausprägung der Wettkampfform. Der Ablauf ist disziplinspezifisch unterschiedlich. Häufig ist es der verkürzte Durchlauf eines Periodenzyklus mit individueller Prägung. In den Ausdauersportarten wird dazu auch das Höhentraining eingesetzt.
- *Trainingsstufen* (Entwicklungsstufen) = Zeitabschnitte im mehrjährigen Trainingsaufbau. Nach allgemeiner Zielsetzung werden Grundlagen- (Anfänger-), Aufbau- (Fortgeschrittenen-) und Hochleistungs-(Könner-)training unterschieden. Erfahrungsgemäß erstreckt sich bis zum Erreichen eines Spitzenleistungsniveaus jede Stufe auf 3–4 Jahre. Wegen der Bedeutung des Übergangs vom Aufbau- zum Hochleistungstraining werden auch 4 Stufen unterschieden:

Grundlagen-, Aufbau-, Anschluß- und Hochleistungstraining. Allgemein kennzeichnend ist, daß von Stufe zu Stufe das spezielle Training gegenüber dem allgemeinen zunimmt, vom umfangsbetonten zum intensitätsbetonten übergegangen wird und die Zahl der Wettkämpfe sich steigert.

Die Trainingsstufen berücksichtigen somit die Verbindung von Belastungssteigerung und Leistungsentwicklung.

- *Trainingsklassen* = alters- bzw. entwicklungsstufenangepaßter Trainingsabschnitt, der den biologisch-motorischen und geistig-seelischen Entwicklungsstand berücksichtigt. Demnach werden Kinder-, Jugend- und Erwachsenentraining unterschieden. Die direkte Gleichsetzung von Trainingsklassen mit Trainingsstufen ist in manchen Sportarten (v.a. den konditionell orientierten wie dem Radsport) möglich, sie ist jedoch grundsätzlich nicht korrekt.
- *Trainingskontrollen* = das Erfassen des Trainingszustands bzw. einzelner Komponenten der Leistungsfähigkeit mittels sportmotorischer Tests, sportmedizinischer und biomechanischer Kontrollverfahren und Beobachtungsverfahren (z.B. standardisierter Wettkampfbeobachtungen). Im Radsport sind verbreitet der Stufentest auf dem Fahrradergometer mit Erstellung der Laktat-Leistungs-Kurve, der Conconi-Test auf dem Fahrrad mit ungebremster Rolle sowie unspezifische und spezifische Krafttests (mit Meßpedal).
- *Trainingsdokumentation (-protokollierung)* = Registrierung der Trainings- und Wettkampfleistungen. Neben persönlichen Daten (z.B. Körpergewicht, Ruheherzfrequenz, subjektivem Befinden) müssen v.a. die Intensitätskategorien, der Trainingsumfang und die Trainingsinhalte übersichtlich aufgezeichnet werden. Damit wird sichergestellt, welche Einflußgrößen für die Leistungsveränderungen in bestimmten Zeitspannen maßgebend sind. Welche Einzelheiten aufgezeichnet werden, ist stark von der Sportdisziplin abhängig. Unabhängig davon, ob die Dokumentation per Hand oder per Computer geschieht, ist zum Zweck einer unkomplizierten Auswertung der Daten bereits ihre Aufzeichnung systematisch und kategorisiert.

Trainingsmethodik

Trainingsmethodik ist der Wissensbereich über die planmäßigen Verfahrensweisen des sportlichen Trainings. Eine Trainingsmethode legt gemäß dem Trainingsziel die Trainingsinhalte, Trainingsmittel und Belastungsweise fest. Trainingsmethodische Entscheidungen beziehen sich meist auf die kurz- und mittelfristige Trainingssteuerung.

Folgende Begriffe sind in diesem Zusammenhang von Bedeutung:

- *Dauer-, Intervall-, Wiederholungs-* und *Kontrollmethode* sind Grundmethoden des Konditionstrainings. Intervall- und Wiederholungsmethode unterscheiden sich durch den Pausencharakter. Während bei der Intervallmethode eine unvollständige, »lohnende« Pause (siehe Abb. 3) vorliegt, ist die Erholung bei der Wiederho-

Abb. 3 *Schematische Darstellung der vollständigen und »lohnenden« Pause anhand der exponentiellen Erholungskurve und der Drittelung der Erholungszeit (in Anlehnung an* SCHMOLINSKY *1973)*

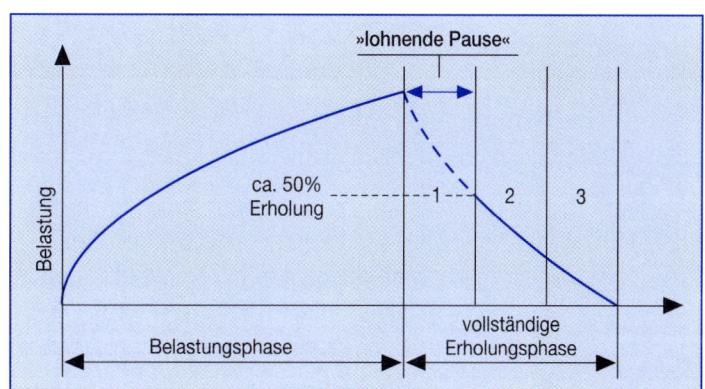

lungsmethode in der »vollen« Pause nahezu vollständig.
Innerhalb der Grundmethoden gibt es zahlreiche Varianten. Die wesentlichen davon sind in Abbildung 4 (S. 103) dargestellt.

Das Trainingsziel bestimmt die Trainingsmethodik

- *Ganzheits-, Teil-* und *Ganz-Teil-Ganz-Methode* können als grundsätzliche Vorgehensweisen im Techniktraining herausgestellt werden. Klar abgrenzbare Methoden wie für das Konditionstraining gibt es hier und auch im Taktiktraining nicht. Es kann eher von methodischen Grundsätzen (Leitlinien) gesprochen werden. Für das Technikerwerbstraining kann das Schlagwort »Überlernen« (= Einschleifen von Bewegungen durch bewußtes Üben mit Wiederholungszahlen, die die zentralnervöse Ermüdung berücksichtigen) ein orientierender Hinweis sein für das Technikanwendungstraining »Variation von Übungsausführung und Übungsbedingungen« sowie »Training unter Wettkampfbedingungen und Erschwerungen«.
- *Trainingsart* = eine Bezeichnung für das Training, das auf einzelne Einflußfaktoren der sportlichen Leistungsfähigkeit und ihre Teilfaktoren ausgerichtet ist. Demnach sind z. B. Konditions-, Technik-, Taktiktraining, mentales Training, Ausdauer-, Kraft- und Schnelligkeitstraining Trainingsarten.
- *Trainingsinhalt (-übung)* = Tätigkeit, die im Training ausgeübt wird. Eine sinnvolle Unterteilung wird nach der bewegungsstrukturellen und belastungsbedingten Verwandtschaft mit der Disziplinbewegung getroffen:
  - Allgemein entwickelnde Übungen haben keinerlei Ähnlichkeit in Dynamik und Bewegungsumfang (Beispiel: Tiefkniebeugen mit Hantel oder Waldlauf im Vergleich zur Tretbewegung am Rad).
  - Spezialübungen enthalten einzelne Elemente der Disziplinbewegung und stimmen annähernd in der Dynamik überein (Beispiel: Treten am Stufenergometer oder »Hackertritt« auf dem Radergometer bei sehr hohem Bremswiderstand).
  - Wettkampfübungen haben im Gesamtablauf und in der Dynamik hohe Verwandtschaft zur Zieltechnik (Beispiel: Treten am Radergometer, Fahren mit Mountainbike).
- *Trainingsform* = die Verbindung eines Trainingsinhalts mit einer bestimmten Belastungsmethode. Beispiele: Intervallsprungschritte als Sprunglauf bergauf nach der intensiven Kurzzeitintervallmethode oder wiederholte Bergfahrsprints als kurze Radfahrsprints am Berg nach der Wiederholungsmethode (längere Pausen).
- *Trainingsmittel* = Gerät oder Maßnahme, die den Trainingsablauf unterstützen. Die Vielzahl der zum Einsatz kommenden Mittel werden meist gegliedert in solche organisatorischer Art (z. B. Aufstellungsformen, Spuranlagen beim Skilanglauf, Staffel und Doppelreihe im Straßenradsport), informativer Art (z. B. Bewegungserklärungen, audiovisuelle Medien) und Geräte (z. B. Hanteln, Gewichtswesten, Hometrainer, Ergometerrad). Hinweis: Mitunter werden auch Trainingsübungen unter Trainingsmitteln aufgeführt. Terminologisch richtig sind dies Trainingsinhalte.

Trainingsbelastung

Darunter versteht man die Gesamtheit der im Training auf den Organismus des Sportlers einwirkenden Belastungsreize. Gewöhnlich wird zwischen äußerer und innerer Belastung unterschieden. Die äußere Belastung wird über die Belastungskomponenten durch Angabe von

Geschwindigkeiten, Wegstrecken, Wiederholungszahlen, Zeiten etc. quantitativ und durch die Beschreibung der Schwierigkeitsgrade von Bewegungstechniken qualitativ erfaßt. Die innere Belastung (= Beanspruchung) stellt die biologische Reaktion des Organismus auf die äußere Belastung dar. Sie wird v. a. mit physiologischen und biochemischen Parametern (z.B. Herzfrequenz, Blutlaktatkonzentration, Serumharnstoffwerten, Bluthormonkonzentration) deutlich erfaßt.

In Zusammenhang mit der Trainingsbelastung sind folgende Begriffe häufig anzutreffen:

- *Belastungskomponenten* (Belastungsnormative, -merkmale, -kriterien) = maßgebende Größen für die Festlegung (Dosierung) der Trainingsbelastung. Es sind dies Belastungsintensität, -dauer, -dichte, -umfang und -häufigkeit. Sie beeinflussen sich gegenseitig, was bei Änderung einer Komponente zu berücksichtigen ist.
- *Belastungsintensität* (Trainingsintensität) = die Stärke des Belastungsreizes bzw. die Leistung als Arbeit pro Zeiteinheit oder der Anstrengungsgrad, mit dem eine Übung ausgeführt wird. Sie wird in Zeiten, Geschwindigkeit, Tretfrequenz und Übersetzung, In Lasten oder physiologischen Meßgrößen (Herzfrequenz, Laktatkonzentrationen) angegeben. Aussagefähig sind auch Rangskalen (siehe Tabelle 2).
- *Intensitätsbereiche des Trainings* (Trainingsbereiche) = Stufen für den Beanspruchungsgrad der Trainingsbelastung in erweiterter Form. Sinnvoller ist die Bezeichnung Trainingsbereiche, da neben den vorrangigen Intensitätsangaben (über Prozente zur Bestleistung, prozentuale Herz-Kreislauf-Beanspruchung, über Herzfrequenzen und Laktatwerte) auch die Belastungsdauer, die Trainingsmethoden, die verschiedenen Organisationsformen und mitunter Hinweise zum subjektiven Beanspruchungsgefühl erwähnt werden.

Die dazu vorliegenden Einteilungen leiten sich von der grundsätzlichen biologischen Gliederung der Belastungsanforderungen in Grundbereich, Entwicklungsbereich und Grenzbereich ab.

Die drei Bereiche sind bei sportartbezogener Ausgestaltung meist auf mehr Stufen erweitert. Maßgebend sind dabei die sportartspezifischen Bedürfnisse und der Genauigkeitsgrad, nach dem die Differenzierung vorgenommen wird. Im Radsport werden deshalb auch verschiedene Konzepte verwendet.

Äußere und innere Belastung

Tabelle 2 *Rangskala für die Belastungsintensitäten*

	Kraft	Schnellkraft	Schnelligkeit	Ausdauer
	Prozent der Maximalkraft	Prozent des maximalen Impulses	Prozent der maximalen Bewegungsschnelligkeit	Prozent der maximalen Sauerstoffaufnahme
maximal	100–90	100–90	100–95	100–85
submaximal	90–80	unter 90	95–85	85–75
mittel	80–70	–	–	75–60
leicht	70–50	–	–	60–50
gering	50–30	–	–	50–30

Anmerkung: Supramaximale Intensität liegt vor, wenn 100% überschritten sind. Dies ist möglich im Krafttraining bei exzentrischer Arbeitsweise, im Schnelligkeitstraining unter erleichterten Bedingungen (Gewichts-, Widerstandsreduktion), im Ausdauertraining bei anaerober Belastung.

Adaptation und ihre biologischen Erscheinungsformen

- *Belastungsdauer* (Reizdauer) = Zeitdauer eines Einzelreizes oder einer Übungsserie. Sie wird durch Zeitangaben oder Wiederholungszahlen erfaßt.
- *Belastungsdichte* (Reizdichte) = Zeitspanne zwischen den Belastungsreizen, mit der der Wechsel zwischen Belastung und Erholung reguliert wird. Damit wird eine Aussage über die Pausenlänge getroffen.
Grundsätzlich gibt es zwei Funktionen der Belastungspausen: Zum einen ermöglichen sie einen Abbau der Ermüdung bei vollständiger Pause, zum anderen gestatten sie den Ablauf von weiteren Anpassungsvorgängen während der Pause bei unvollständiger (= lohnender) Pause (siehe Abb. 3, S. 89).
- *Belastungsumfang* (Reizumfang, Trainingsumfang) = Gesamtmenge an Belastungsreizen in einer Trainingseinheit oder auch über längere Trainingsabschnitte (Mikro-, Mesozyklen). Meßgrößen sind im Ausdauer- und Schnelligkeitsbereich die zurückgelegten Trainingsstrecken (Kilometer, Meter) oder die effektive Gesamtbelastungszeit (Stunden, Minuten, Sekunden), im Krafttraining auch die bewältigte Gesamtlast (Kilogramm).
- *Trainingshäufigkeit* = Anzahl der Trainingseinheiten, meist auf den Mikrozyklus bezogen.
- *Belastungsstruktur* = Zusammenhang der einzelnen Belastungskomponenten im Rahmen einer Trainingsmethode oder unter Einbezug der Trainingshäufigkeit die abgestimmte Gesamtbelastung über einen bestimmten Zeitraum.
- *Belastungsprofil* = Aufzeichnung der sich ändernden Belastungsstruktur zur Darstellung der Belastungsdynamik. Im langfristigen Leistungsaufbau geschieht dies vereinfacht, beispielsweise anhand des Jahresumfangs an Trainingsbelastungs- und Wettkampfbelastungsstunden bzw. anhand des jährlich zurückgelegten Pensums an Trainings- und Wettkampfstrecken.
- *Belastungsplan* = Trainingsplan unter Hervorhebung der Belastungsstruktur.
- *Belastungsanpassung* (Trainingsanpassung, Adaptation) = die funktionelle und morphologische Veränderung der Organsysteme auf wirksame Belastungsreize. Sie vollzieht sich stufenweise.
Bis zu einer relativ stabilen Veränderung werden folgende Stufen durchlaufen: Stabilisierung des momentanen Funktionszustands, Erweiterung über gewisse Vorhalteregulationen der Organsysteme, Veränderung der Struktur der Funktionssysteme, Stabilisierung der veränderten Struktur. Dazu ist ein biologisch vorgegebener Zeitrahmen von 4–6 Wochen erforderlich.
Langfristig äußert sich die Adaptation in einer Vergrößerung der Leistungsreserven (damit der Leistungskapazität) und in der Fähigkeit zu einer stärkeren willentlichen Ausschöpfung (Mobilisationsschwelle für Untrainierte bei ca. 70% der Leistungskapazität, für Hochtrainierte bei 90–95%).
- *Belastbarkeit* (Belastungsverträglichkeit) = Grad der Widerstandsfähigkeit des Organismus gegenüber der Trainingsbelastung. Sie ist individuell verschieden und muß in Zusammenhang mit einer Belastungssteigerung berücksichtigt werden.
Überlastungen zeigen sich vor allem im vegetativ-hormonellen Bereich, am passiven Bewegungsapparat (Binde- und Stützgewebe) und in einer Glykogenverarmung (bei Ausdauertrainingsreizen).

Ausdauer und Ausdauertraining

Definition und Gliederung

Ausdauer ist eine konditionelle Fähigkeit, die in nahezu allen Sportarten eine bestimmte Bedeutung haben kann: Sie ist entweder unerläßliche Voraussetzung bzw. bestimmende Komponente für eine disziplinspezifische Leistung oder notwendige Ergänzung für andere leistungsbestimmende Fähigkeiten.

Im einzelnen kann Ausdauer folgende Aufgaben erfüllen:

- langes **Aufrechterhalten einer optimalen Belastungsintensität** bzw. **Geringhalten unumgänglicher Intensitätsverluste** bei länger dauernden Belastungen (z. B. in den Ausdauerdisziplinen Mittel- und Langstreckenlauf, Rudern, Radfahren)
- **Erhöhung der Belastungsverträglichkeit** bei umfangreichem Belastungspensum in Training und Wettkampf (z. B. im Krafttraining, in Mehrkämpfen und bei Spielturnieren)
- **Stabilisierung von sportlicher Technik** und zugehöriger **Konzentrationsfähigkeit** in bewegungstechnisch anspruchsvollen Sportarten (z. B. Eiskunstlauf, Sportgymnastik)
- **Beschleunigung der Wiederherstellung** nach Trainings- und Wettkampfleistungen

Als Begriffsbestimmung läßt sich für den Komplex Ausdauer formulieren:

> Ausdauer ist die Fähigkeit,
> - physisch und psychisch lange einer letztlich ermüdenden Belastung zu widerstehen und/oder
> - sich nach physischen und psychischen Belastungen rasch zu erholen.
>
> Kurz ausgedrückt:
> **Ausdauer = Ermüdungswiderstandsfähigkeit plus rasche Erholungsfähigkeit.**

Definitionen der Ausdauer

Da in der Sportpraxis eine Vielzahl von Erscheinungsformen der Ausdauer zu

Tabelle 3   *Übersicht zu den Arten und Typen der Ausdauer*

Arten	Grundlagenausdauer (GA)	spezielle Ausdauer (spA)
Merkmal	Basischarakter für Gesundheit, Fitneß und für die Entwicklung anderer sportmotorischer Fähigkeiten	disziplinspezifische Belastungsstruktur in den Ausdauersportarten; optimales Verhältnis von Belastungsintensität und Belastungsdauer
Typen	• **allgemeine Grundlagenausdauer** = übungsneutrale Grundausdauer des Gesundheits- und Fitneßbereichs • **spezifische Grundlagenausdauer** = übungsgebundene Basisausdauer der Ausdauerdisziplinen • **azyklische Grundlagenausdauer** = Basisausdauer für die unregelmäßig wechselnde (= azykl.) Beanspruchung in den Spiel- und Kampfsportarten	• **Kurzzeitausdauer**[1] (35 s–2 min) • **Mittelzeitausdauer**[1] (2–10 min) • **Langzeitausdauer I**[2] (10–35 min) • **Langzeitausdauer II**[2] (35–90 min) • **Langzeitausdauer III**[2] (90 min–6 h) • **Langzeitausdauer IV** (>6 h)

[1] Der Kurz- und Mittelzeitausdauer sind inhaltlich die Begriffe Schnelligkeitsausdauer (mit submaximalen Geschwindigkeiten), Schnellkraftausdauer und submaximale Kraftausdauer zuzuordnen.
[2] In den Langzeitausdauertypen tritt aerobe Kraftausdauer in Erscheinung.

Einteilung der Ausdauer

verzeichnen ist und auch auf sportwissenschaftlicher Seite recht unterschiedlich gegliedert wird, finden sich heute zahlreiche Begriffe für Ausdauerfähigkeiten. Im weiteren wird die Gliederung verfolgt, die Tabelle 3 (S. 93) zeigt.

In der Praxis des Leistungs- und Hochleistungssports müssen letztlich Ausdauerfähigkeiten disziplinspezifisch trainiert werden, was neben typischen Energiebereitstellungsformen noch die Bewegungsstruktur mit berücksichtigt. Solche Einzelfähigkeiten wären z. B. die läuferische Kurzzeitausdauerfähigkeit (z. B. für den 400-m-Lauf), die radsportliche KZA/MZA für das 1000-m- bzw. 4000-m-Bahnradfahren oder die radsportliche LZA III für das Straßenradfahren.

Zur genaueren Kennzeichnung der einzelnen Ausdauertypen folgen Kurzbeschreibungen im Hinblick auf die unterschiedlichen Leistungsparameter.

Allgemeine Grundlagenausdauer

- allgemeine aerobe Ausdauer mit mittlerer aerober Kapazität
- ökonomische Nutzung dieser Kapazität (65–75 % VO_2max)
- relativ stabile aerobe Stoffwechsellage (Bereich aerobe Schwelle)
- sportartunabhängig

Aufgaben der allgemeinen GA sind vor allem:
- Gesundheit bzw. körperliche Fitneß erhalten oder wiedergewinnen,
- in Nichtausdauersportarten eine gute Basis für das Training anderer konditioneller und koordinativer Fähigkeiten schaffen,
- die Verträglichkeit für psychische Belastungen (v. a. im Wettkampf) erhöhen,
- die Regeneration nach kurzen intensiven Belastungen sowie nach umfangreichen Gesamtbelastungen (nach verschiedenen Trainingseinheiten) beschleunigen.

Spezifische Grundlagenausdauer

- allgemeine aerobe Ausdauer mit hoher aerober Kapazität
- optimale Nutzung dieser Kapazität (75–85 % VO_2max)
- gemischt aerob-anaerobe Stoffwechsellage (Bereich anaerobe Schwelle)
- gebunden an die Disziplinbewegung

Aufgaben der spezifischen GA sind vor allem:
- eine optimale Ausgangsbasis für das spezielle Training der einzelnen Ausdauerdisziplinen schaffen,
- neue Reserven für weitere Leistungssteigerungen im speziellen Bereich erschließen,
- neben der Verbesserung der vegetativ gesteuerten Systeme muskuläre Anpassungen (Energiebereitstellung, Koordination, Muskeldynamik) erzeugen,
- Bewegungstechniken in den Ausdauerdisziplinen ökonomisieren und stabilisieren.

Azyklische Grundlagenausdauer

- allgemeine aerobe Ausdauer mit überdurchschnittlicher aerober Kapazität
- durchschnittliche Nutzung dieser Kapazität (70–75 % VO_2max)
- durchschnittlich gemischt aerob-anaerobe Stoffwechsellage mit Wechsel zwischen alaktaziden, laktaziden und aeroben Phasen
- gebunden an den disziplinspezifischen Bewegungswechsel und Intervallcharakter der Belastungsintensität

Aufgaben der azyklischen GA sind:
- Grundlage für umfangreiches Konditions-, Technik- und Taktiktraining in den Spiel- und Kampfsportarten sowie in den Mehrkämpfen schaffen,
- die Erholungsfähigkeit in den Phasen geringerer Belastung während der Wettkampfdauer erhöhen,
- die psychische Belastungstoleranz steigern.

Kurzzeitausdauer (KZA, 35 Sek.–2 Min.)
Leistungsbestimmende Faktoren
- im anaeroben Bereich
  - Laktatbildungsfähigkeit (anaerobe Glykolyse)
  - Pufferkapazität
  - Säuretoleranz
- im aeroben Bereich
  - maximale Sauerstoffaufnahme
- Schnelligkeits- bzw. Kraftniveau
- Bewegungstechnik (intermuskuläre Koordination)
- psychisches Aktivierungsniveau (Katecholaminausschüttung)

Mittelzeitausdauer (MZA, 2–10 Min.)
Leistungsbestimmende Faktoren
- im aeroben Bereich
  - maximale Sauerstoffaufnahme (v. a. hämodynamische Faktoren)
  - aerobe Glykogenverwertung
- im anaeroben Bereich
  - Säuretoleranz und Pufferkapazität
- Glykogenspeicher
- Bewegungstechnik mit erforderlichem Schnelligkeits- bzw. Kraftniveau

Langzeitausdauer (LZA, >10 Min.)
Die Einteilung der LZA in die Untergruppen I, II, III, IV hat sich für den Leistungssport als sehr nützlich erwiesen, da Trainierte die entsprechenden Belastungsintensitäten über die angeführten Zeitbereiche tatsächlich ausführen können und daraus sich unterschiedliche trainingsmethodische Schwerpunkte ergeben.

Im Gesundheits- und Fitneßsport (Schulsport) ist jedoch diese Trennung nicht aufrechtzuerhalten, da Untrainierte oder wenig Trainierte nach einer gewissen Belastungsdauer (15–20 Minuten) nur noch mittlere Intensitäten (wie bei LZA III und LZA IV) durchhalten können. Dies führt zum Grundlagenausdauertraining. Insgesamt sind für LZA die Größe des Sauerstoffaufnahmevermögens (VO_2max) und die möglichst ökonomische Verwertung der Energiespeicher Kohlenhydrate und Fett die biologische Basis. Je nach charakteristischer Intensität des einzelnen LZA-Typs gibt es darin natürlich Akzentverschie-

Ein typisches Beispiel für Kurzzeitausdauer: 1000-m-Zeitfahren auf der Bahn.

Triathlons (li.) und Profistraßenrennen (re.) liegen im Bereich von Langzeitausdauer III und IV.

bungen. Die Bewegungsökonomie als Fähigkeit, Arbeit mit einem hohen Wirkungsgrad zu vollbringen, ist bei zyklischen Bewegungen außerdem ein wesentlicher Faktor der Ausdauerleistungsfähigkeit.

Langzeitausdauer I (LZA I, 10–35 Min.)
Leistungsbestimmende Faktoren
- im aeroben Bereich
  - maximale Sauerstoffaufnahme (90–95% Inanspruchnahme)
  - Höhe der individuellen anaeroben Schwelle (IANS)
  - aerobe Glykogenverwertung
- im anaeroben Bereich
  - Säuretoleranz (bei mittleren Konzentrationen)
  - Laktatelimination während der Belastung
- Glykogenspeicher (wegen aeroben und anaeroben Abbaus)

Langzeitausdauer II (LZA II, 35–90 Min.)
Leistungsbestimmende Faktoren
- im aeroben Bereich
  - Höhe der individuellen anaeroben Schwelle (IANS)
  - maximale Sauerstoffaufnahme
  - aerobe Glykogenverwertung
  - Fettutilisation
- Größe der Glykogenspeicher
- Thermoregulation (bei hohen Außentemperaturen) und Flüssigkeits-/Elektrolytverlust

Langzeitausdauer III (LZA III, 90 Min.–6 Std.)
Leistungsbestimmende Faktoren
- im aeroben Bereich
  - Höhe der individuellen anaeroben Schwelle (IANS)
  - Fettutilisation
  - maximale Sauerstoffaufnahme
- Glykogenspeicher und Glukoneogenese

- Elektrolyt-/Wasserhaushalt und Thermoregulation

Langzeitausdauer IV (LZA IV, >6 Std.)
- Fettutilisation
- Wasser-/Elektrolythaushalt
- Kohlenhydratzufuhr
- Belastbarkeit des Binde- und Stützgewebes

Schnelligkeitsausdauer, Kraftausdauer
Im Rahmen der hier dargestellten Gliederung werden die beiden Begriffe Schnelligkeits- und Kraftausdauer zwar nominell geführt, jedoch nicht als eigenständige spezielle Ausdauertypen beschrieben.
Aufgrund der relativ hohen Bewegungsschnelligkeit bzw. des relativ hohen Krafteinsatzes liegen muskuläre Belastungsintensitäten vor, die in Abhängigkeit von den laufenden Stoffwechselprozessen gewöhnlich nur im Zeitbereich der KZA und MZA aufrechtzuerhalten sind.

Schnelligkeitsausdauer und Kraftausdauer äußern sich somit als KZA- oder MZA-Leistungen.

> **Schnelligkeitsausdauer** =
> Ermüdungswiderstandsfähigkeit bei Belastungen mit **submaximalen Bewegungsgeschwindigkeiten**, wobei energetisch die **anaerob-laktazide** Komponente eine bestimmende (KZA) bzw. nicht unerhebliche (MZA) Rolle spielt.

Die Ermüdungswiderstandsfähigkeit bei maximalen Bewegungsgeschwindigkeiten mit vorrangig anaerob-alaktazider Energiebereitstellung im Zeitbereich von ca. 8–30 Sek. wird hier als Sprintausdauer bezeichnet. Sie ist trainingsmethodisch mehr dem Schnelligkeitsbereich zuzuordnen. Der undifferenzierte Begriff Kraftausdauer umfaßt eine ganze Bandbreite von z. T. sich erheblich unterscheidenden Fähigkeiten.

Aus der Sicht der Trainingsmethodik ist für die dynamische Kraftausdauer eine Gliederung in Maximalkraftausdauer (Krafteinsätze über 75–80% der Maximalkraft; anaerober Stoffwechsel), submaximale Kraftausdauer (ca. 75–50%, anaerob-laktazider Stoffwechsel) und Ausdauerkraft (ca. 50–30%, gemischt aerob-anaerober Stoffwechsel) sinnvoll.

Die Maximalkraftausdauer ist dem Krafttraining, die submaximale Kraftausdauer dem KZA/MZA-Training und die Ausdauerkraft dem LZA-Training belastungsmethodisch zuzuordnen.

Für die im Radsport hauptsächlich vorkommende dynamische Kraftausdauer kann gemeinsam definiert werden:

> **Kraftausdauer** =
> Ermüdungswiderstandsfähigkeit bei Ausführung fortlaufender Kraftstöße innerhalb eines bestimmten Zeitraums.

Im Radsport ist deutlich zwischen den kürzeren Bahnwettbewerben (1000 m, 4000 m, 1–5 Min.) als KZA- und MZA-Disziplinen und dem Straßenradfahren (30–180 km) als LZA-II- und -III-Disziplinen zu unterscheiden. In den Bahnwettbewerben hat die anaerobe Leistungsfähigkeit einen noch hohen Stellenrang. Hinweise darauf sind die Laktatwerte nach Sprintwettbewerben von 18–22 mmol/l, die Laktatkonzentrationen von Bahnradfahrern bei Labortests (10–14 mmol/l), die hohen Energieflußraten von 33–38 kcal/min und der relativ hohe FT-Fasertypanteil mit einem hohen anaeroben Enzymbesatz bei Radsprintern. Die aerobe Leistungsfähigkeit ist auf der 1000-m-Sprintstrecke immerhin noch mit ca. 50% beteiligt. Die typischen Werte der VO_2max für Radsprinter liegen entsprechend um 65 ml/kg x min. Bei den längeren Bahnstrecken (4000 m) hat die aerobe Energiebereitstellung bereits einen 70%igen Anteil. Die VO_2max-Werte liegen hier um ca. 10 ml/kg x min höher.

Mountainbiking verlangt eine hohe Kraftausdauer, bei der energetisch die anaerob-laktazide Komponente eine wesentliche Rolle spielt.

Im Straßenradsport ist natürlicherweise die aerobe Kapazität von relevanter Bedeutung, was durch die dafür typischen VO_2max-Werte (75–80 ml/kg x min), die ST-Faseranteile (80–95%) und die niedrigen Laktatwerte bei Labortests (6–10 mmol/l) unterstrichen wird. Da wegen der langen Wettkampfbelastungszeiten bestenfalls 70–75% der VO_2max eingesetzt werden können, ist die Höhe der anaeroben Schwelle (IANS) für die Leistungsfähigkeit aussagekräftiger als die VO_2max selbst.

Methoden des Ausdauertrainings

Die Entwicklung der Ausdauer ist in Anbetracht der verschiedenen Ausdauerarten und Ausdauertypen mit ihren jeweils komplexen organismischen Beanspruchungen nur in Ausnahmefällen Angelegenheit einer einzigen Trainingsmethode (evtl. im Gesundheitstraining). Normalerweise können die Zielsetzungen eines Ausdauertrainings (besonders im Leistungssport) nur unter Einsatz verschiedener Trainingsmethoden erreicht werden. Jede Ausdauerbelastungsmethode hat über die grundsätzlichen Wirkungen hinaus ihre spezifischen physiologischen Wirkungen, die es eben zu gegebener Zeit zu nutzen gilt. Je differenzierter trainingsmethodisch vorzugehen ist, desto mehr spielen die Varianten der Grundmethoden und Trainingsformen eine Rolle.

Die Intensitätsangaben können sich auf verschiedene Parameter beziehen:
- auf die prozentuale Beanspruchung der aeroben Kapazität (%VO_2max),
- auf die verschiedenen Laktatschwellen wie aerobe Schwelle (AS, 2 mmol), individuelle anaerobe

Schwelle (IANS) und anaerobe Schwelle (ANS, 3 oder 4 mmol),
- auf die Herzfrequenz (als Direktangabe oder Prozentsatz der maximalen Herzfrequenz, %HFmax),
- auf die Fortbewegungsgeschwindigkeit (Direktangabe oder Prozentsatz der Bestleistungsgeschwindigkeit bzw. Schwellengeschwindigkeit an der IANS).

Allgemeingültigkeit (für verschiedene Disziplinen, Leistungsniveau, Alter) haben lediglich die Angaben zu den Laktatschwellen, zur Beanspruchung der VO_2max und zur IANS-Geschwindigkeit.

Allgemeine Angaben (Durchschnittswerte) zur Herzfrequenz und Fortbewegungsgeschwindigkeit sind kein verläßliches Kriterium, da die individuellen Schwankungen je nach Sportart sehr groß sein können. Im leistungssportlichen Bereich sollten für eine ausreichend hohe Genauigkeit in Tests die den Laktatschwellen entsprechenden Herzfrequenzen bzw. Geschwindigkeiten festgestellt werden. Im Gesundheits-/Fitneßbereich ist aus pragmatischen Gründen die Festlegung nach allgemeinen Formeln noch akzeptabel. In den folgenden Beschreibungen der speziellen Methoden wird bei den Dauer- und extensiven Intervallmethoden auf die Laktatschwellen, VO_2max-Werte und IANS-Geschwindigkeiten (= 100%), bei den intensiven Intervall- und Wiederholungsmethoden auf die Wettkampfgeschwindigkeiten Bezug genommen.

Im Radsport ist vor allem die Intensitätssteuerung über die Herzfrequenz gebräuchlich. Zusätzlich wird auch mitunter auf die Tretfrequenz in Verbindung mit der Übersetzung zurückgegriffen. Auch hier gilt, daß für leistungsorientierte Athleten individuelle Vorgaben (HF an AS, IANS; HFmax) aus Tests notwendig sind. Für Freizeitradler können HF-Angaben nach Formeln (siehe Tabelle 4)

oder empirisch gewonnenen Zielbereichen ausreichend sein.

Allgemein ist dabei zu beachten, daß die HF-Werte beim Radfahren im Vergleich zum leichtathletischen Lauf niedriger liegen (mindestens 10%) und während der Belastung breiteren Schwankungen unterworfen sind. Die Trainingsempfehlungen müssen deshalb stets mit einer größeren Bandbreite (ca. 20 P/min) angegeben werden. Trainingswirkungen entstehen nicht alleine durch die Intensität der Belastung, sondern nur in Verbindung mit der Belastungsdauer bzw. Trainingsstrecke. Durch die Wegstrecke wird die Größe des Energieverbrauchs bestimmt, da dieser mit der über die Strecke geleisteten Muskelarbeit identisch ist. Bei rollender Vorwärtsbewegung auf dem Rad ist der Energiebedarf allerdings geringer als beim Laufen (Anheben des Körpergewichts pro Schritt, mehr tätige Muskelmasse). Somit ist für eine gleich große Trainingswirkung beim Radfahren etwa die dreifache Wegstrecke oder etwa die zweifache Belastungszeit (bei vergleichbarer Belastungsintensität) anzusetzen.

In den folgenden Trainingsmethoden wird hinsichtlich der Belastungsdauer außer auf das Laufen auch auf andere Trainingsinhalte Rücksicht genommen. Für das Radfahren ist jedoch immer von der doppelten Belastungsdauer (im Vergleich zum Lauf) auszugehen – dies besonders bei den Intervall- und Wiederholungsmethoden.

Intensitätssteuerung im Radsport

Tabelle 4 *Formeln zur Berechnung der Trainingsherzfrequenz (THF) unter Berücksichtigung von Lebensalter (LA) und Herz-Kreislauf-Auslastung*

Herz-Kreislauf-Auslastung	Trainingsfrequenz
100%	220 P/min – LA
80%	200 P/min – LA
70%	180 P/min – LA
50–60%	160 P/min – LA
optimale Auslastung	170 P/min – $\frac{1}{2}$ LA (gültig bis 60. Lebensjahr)

Extensive (kontinuierliche) Dauermethode (ext. DM)

Belastungsintensität	leicht–mittel; unter und an der AS, identisch mit 0,75–2,0 mmol/l Lac; 45–70% VO_2max; 75–80% IANS-Geschwindigkeit
Belastungsdauer	30 Min.–6 Std. (je nach Sportart, Zielsetzung)
Zielsetzungen	• Gesundheits-/Fitneßtraining (Dauer minimal 10–12 Min., optimal 30–45 Min.) • Regenerationsbeschleunigung (Dauer 20–40 Min.) • Fettstoffwechseltraining (>90 Min.) • Ökonomisierung der Bewegungstechnik (für lange Belastungen) • Stabilisierung eines zuvor erhöhten Leistungsniveaus

Intensive (kontinuierliche) Dauermethode (int. DM)

Belastungsintensität	mittel–submaximal; an der IANS bzw. ANS, identisch mit 4–6 mmol/l Lac (nach Belastung); 75–85% VO_2max; 90–95% IANS-Geschwindigkeit
Belastungsdauer	20 Min.–3 Std. (je nach Sportart, Zielsetzung)
Zielsetzungen	• Erweiterung der aeroben Kapazität (VO_2max über zentralen und peripheren Faktor) • Glykogenstoffwechseltraining (Speichervergrößerung, Dauer >45 Min.) • Laktatkompensationstraining • Anheben von IANS/ANS • Schnelles Anheben des aeroben Leistungsniveaus (geringe Stabilität) • Stabilisierung wettkampfgemäßer Bewegungstechnik in LZA-Disziplinen

Variable Dauermethode (var. DM)

Belastungsintensität	zwischen leicht und submaximal systematisch wechselnd; zwischen AS und ANS, identisch mit 1,5–4,0 mmol/l Lac; 60–85% VO_2max; 80–95% IANS-Geschwindigkeit
Belastungsdauer	30–60 Min.–3 Std. (je nach Sportart, Zielsetzung)
Zielsetzungen	• Erweiterung der aeroben Kapazität (Dauer >45 Min.) • erhöhte Belastungsverträglichkeit bei langen Belastungen mit wechselnder Energiebereitstellung • Beschleunigung der Wiederherstellung zwischen den Belastungsphasen bei intermittierenden Belastungen • Verhinderung der Stabilisierung unerwünschter Bewegungsstereotypen (z. B. disziplinunspezifische Bewegungsfrequenzen)

Extensive Intervallmethode mit Langzeitintervallen (ext. IM + LZI)
(für LZA-Athleten)

Belastungsintensität	submaximal; an der IANS bzw. ANS, identisch mit 3–4 mmol/l Lac; 75–85% VO$_2$max; 100% IANS-Geschwindigkeit
Belastungsdauer	3–8 Min., auch bis 15 Min.
Pause	mit reduzierter Aktivität bis HF-Abfall unter 120 P/min; Richtzeit 3 Min. (nicht länger)
Belastungsumfang	50–60 Min. (inkl. Pausen); 6–10 Belastungen

Extensive Intervallmethode mit Mittelzeitintervallen (ext. IM + MZI)
(für MZA/KZA-Athleten)

Belastungsintensität	submaximal–maximal; über der IANS bzw. ANS, identisch mit 5–6 mmol/l Lac; 80–90% VO$_2$max; 100–105% IANS-Geschwindigkeit
Belastungsdauer	1–3 Min.
Pause	mit reduzierter Aktivität bis HF-Abfall unter 120 P/min; Richtzeit 2(–3) Min.
Belastungsumfang	40–45 Min. (inkl. Pausen); 9–15 Belastungen
Zielsetzungen	• Ausbildung der aeroben Kapazität im oberen Entwicklungsbereich unter Einbezug anaerober Prozesse • Erweiterung der VO$_2$max (vorrangig zentraler Faktor) • Anheben der IANS, ANS • Entwicklung der anaeroben Kapazität • Laktatkompensationstraining • Kraftausdauertraining (Zusatzlasten, erschwerte Bedingungen)

Intensive Intervallmethode mit Kurzzeitintervallen (int. IM + KZI)

Belastungsintensität	95–100% Wettkampfgeschwindigkeit aus KZA/MZA-Distanz)
Belastungsdauer	20–40 Sek. (KZI)
Pausen	30–90 Sek. Intervallpausen, 3–5 Min. Serienpausen oder 3 Min. Intervallpausen, 3fache Belastungsdauer
Belastungsumfang	20–30 Min.; 6–10 Belastungen insgesamt

Intensive Intervallmethode mit Mittelzeitintervallen (int. IM + MZI)

Belastungsintensität	90–95% Wettkampfgeschwindigkeit (aus KZA/MZA-Distanz)
Belastungsdauer	60–90 Sek. (MZI)
Pausen	3 Min. (evtl. länger) Intervallpausen
Belastungsumfang	20–25 Min.; 3–6 Belastungen insgesamt
Zielsetzungen	• Entwicklung und Erweiterung der anaeroben Kapazität über verbesserte Laktatproduktion (KZI), über verbesserte Pufferkapazität und Säuretoleranz (MZI) • Verbesserung der kurzfristigen Erholungsfähigkeit

- Säuretoleranztraining
- Schnelligkeits-, Kraftausdauertraining
- Ausprägung der Bewegungstechnik unter Wettkampfgeschwindigkeiten

Intensive Intervallmethode mit extremen Kurzzeitintervallen (int. IM + extr. KZI)

Belastungsintensität	fast maximale bis maximale Schnelligkeit (über der Wettkampfgeschwindigkeit)
Belastungsdauer	6–9 Sek.
Pausen	2(–3) Min. aktive Intervallpausen, 5 Min. Serienpausen (nach 3–4 Belastungsintervallen)
Belastungsumfang	25–30 Min. (inkl. Pausen); 9–15 Belastungen insgesamt (bei besonderer Zielsetzung auch länger)
Zielsetzungen	• Erweiterung der anaeroben-alaktaziden Kapazität • Verbesserung in der Umstellung zwischen anaerober und aerober Energiebereitstellung • Verbesserung der Laktateliminierung • Schnelligkeits-/Schnellkrafttraining • Förderung der aeroben Ausdauer (Aufsummierung von Pausen)

Wiederholungsmethode mit Langzeitintervallen (WM + LZI)
(für LZA-Athleten)

Belastungsintensität	100% Wettkampfgeschwindigkeit (über LZA-Distanz von ca. 15 Min.)
Belastungsdauer	3–8 Min.
Pause	>5 Min.; Richtzeit ist auch die Belastungsdauer
Belastungsumfang	3–5 Belastungen

Wiederholungsmethode mit Mittelzeitintervallen (WM + MZI)
(für LZA I/MZA-Athleten)

Belastungsintensität	100% Wettkampfgeschwindigkeit (über MZA-Distanz von 5–6 Min.)
Belastungsdauer	1–2 Min.
Pause	>3 Min., –5 Min.
Belastungsumfang	4–6 Belastungen

Wiederholungsmethode mit Kurzzeitintervallen (WM + KZI)
(für KZA-Athleten)

Belastungsintensität	100% Wettkampfgeschwindigkeit (über KZA-Distanz von 1–2 Min.)
Belastungsdauer	20–30 Sek.
Pause	>5 Min.; –7 Min.
Belastungsumfang	4–8 Belastungen

Insgesamt geht es um die wiederholte Ausführung wettkampfspezifischer Belastungen in verkürzter Dauer (meist Unterdistanzen).
Die vorrangige Zielsetzung ist deshalb stets:
- Anpassung erworbener Grundlagenfähigkeiten an die wettkampfspezifische Belastung
- Erweiterung der komplexen Funktionsamplitude
- Training der wettkampfspezifischen Ausdauer

Wettkampfmethode (Methode der wettkampfspezifischen Einzelbelastung – wspM)

Belastungsintensität	Maximalbereich der Wettkampfgeschwindigkeit
Belastungsdauer	Wettkampfdistanz oder Unterdistanz (–10–25%) oder Überdistanz (+10–25%) oder »gebrochene Strecke«
Zielsetzungen	• Entwicklung der wettkampfspezifischen Ausdauer • Erweiterung der spezifischen Leistung auf höchstem Funktionsniveau • Erfahrungserwerb unter Wettkampfbedingungen und Anwendung taktischer Verhaltensweisen (Einteilung des Rennens, Verhalten gegenüber Konkurrenten)

Die Trainingsmethoden lassen sich aufgrund der Zielsetzungen, die bei ihrer Anwendung vorliegen können, recht gut den einzelnen Trainingsbereichen zuordnen

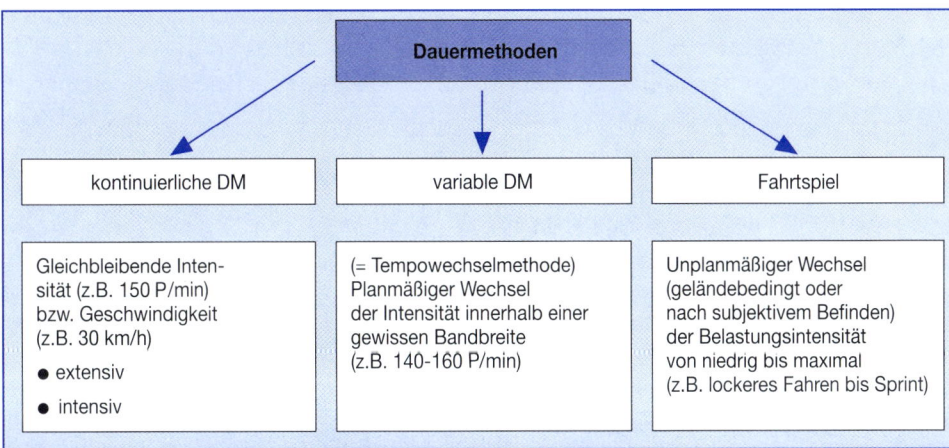

Abb. 4 Varianten der Dauer- und Intervallmethode

Bedeutung der Grundlagen- und Kraftausdauer

GA1 und GA2

Wie in allen Ausdauersportarten, für die ein ganz bestimmter Ausdauertyp zu entwickeln ist, überwiegt in den Radsportdisziplinen im Laufe des Trainingsjahres – je nach Disziplin und Trainingsstufe – das spezifische Grundlagenausdauertraining mit einem durchschnittlichen Anteil von 60–85% des gesamten Trainingsumfangs. Davon entfällt wiederum der Großteil auf den Grundlagenbereich (GA1-Training), ein weit geringerer Anteil auf den Entwicklungsbereich (GA2-Training).

Die Entwicklung und Stabilisierung der spez. GA geschieht mit dem Grundlagenausdauer-1-Training, das als die extensivere Form in den Grundbereich des Trainings fällt. Die energetische Absicherung bei den gewählten Trainingsformen soll rein aerob geschehen. Die geeignetste Trainingsmethode ist die extensive Dauermethode; auch die variable Dauermethode kommt zum Einsatz.

Die Erweiterung der spez. GA geschieht mit dem Grundlagenausdauer-2-Training, das als die intensivere Form in den Entwicklungsbereich (= Grundlagenbereich II) fällt. Metabolisch bedeutet dies eine gemischt aerob-anaerobe Energiebereitstellung während der Belastung (3–7 mmol/l Lac). Wegen dieser Übersäuerungsgrade ist GA2-Training wohlüberlegt zu dosieren. Es kann nicht in dem Umfang durchgeführt werden wie das GA1-Training. Als Methoden kommen hier hauptsächlich die intensive und variable Dauermethode sowie die extensive Intervallmethode (+ LZI/MZI) zum Einsatz.

Im Hochleistungstraining des Straßenradsports kann bei einem Jahrestrainingsumfang von ca. 40 000 km in etwa von folgender Verteilung ausgegangen werden: Auf den Kompensationsbereich entfallen 3%, auf den GA1-Bereich 55%, auf den GA2-Bereich 7% und auf den wettkampfspezifischen Bereich 35% (nach NEUMANN et al. 1993).

Der hohe Prozentsatz für letzteren Bereich ist auf die relativ hohe Anzahl von Wettkämpfen mit langen Distanzen zurückzuführen, nicht etwa auf Trainingskilometer. Der Kompensationsbereich ist so schwach vertreten, weil die Belastung im umfangreichen GA1-Training kein kompensierendes Regenerationstraining erfordert und teilweise beide Belastungsbereiche identisch sind. (Zum Vergleich: Im Langstreckenlauf liegen die Verhältnisse bei 9000 Laufkilometer Jahresumfang etwa bei 30% : 50% : 15% : 5%.)

In den einzelnen Trainingsstufen ist die Verteilung zwischen GA1- und GA2-Training gemäß den übergeordneten Zielstellungen natürlich nicht gleich. Im Grundlagentraining entfallen etwa 85% auf GA1-Training und 2–3% auf GA2-Training, in den Stufen des Aufbau- und Anschlußtrainings ist die Verteilung 75% zu 5–6% und im Hochleistungstraining 50–55% zu 3–7%. Der Rest auf 100% (12–13% bzw. 19–20% bzw. 42–43%) entfällt zusammen auf das Kompensationstraining, das wettkampfspezifische Training und auf Wettkämpfe selbst.

Neben dem Grundlagenausdauertraining ist in allen Radsportdisziplinen dem Schnellkraft- und Kraftausdauertraining entsprechende Aufmerksamkeit zu schenken. Zum Erreichen hoher Geschwindigkeiten ist neben der Tretfrequenz die entsprechende Übersetzung entscheidend.

Optimale Übersetzungen erfordern jedoch überdurchschnittlichen Krafteinsatz. Für die Bahnradfahrer ist deshalb das Training von Schnellkraft (und Kraftausdauer), für die übrigen Radsportdisziplinen von Kraftausdauer (und Schnellkraft) sehr wesentlich. Beides muß disziplinspezifisch erfolgen, da die Trainingswirkungen sich in der tätigen Muskulatur niederschlagen.

Für das Kraftausdauertraining kommen als Belastungsmethoden in Frage die entsprechenden Varianten der intensiven Intervall- und Wiederholungsmethode (für submaximale KA) und die Varianten der extensiven Intervallmethode (mit MZI/LZI), die variable und intensive Dauermethode.

In allen Fällen ist entscheidend die angemessene Erhöhung der Kraftkomponente im Tretzyklus durch die Übersetzung oder durch den Bremswiderstand (Ergometerrad) oder durch die Steigung (beim Bergfahren).

Hinweise zum Schnellkrafttraining sind ab Seite 109 zu finden.

Kraft und Krafttraining

Definition und Gliederung

Sportliche Leistungen sind ohne Kraft nicht zu verwirklichen. Unabhängig davon, ob Bewegungen lange oder gegen hohe Widerstände ausgeführt werden oder mit hoher Geschwindigkeit ablaufen, ein gewisser Kraftanteil ist innerhalb der komplexen Leistung immer erforderlich. Durch die unterschiedlichen Ausführungsformen von Kraftbewegungen existieren wiederum mehrere Bezeichnungen für Kraftfähigkeiten (z. B. Tretkraft, Zugkraft als radsportspezifische Kraftfähigkeit).

Im Rahmen des Trainings ist vor allem der biologische Kraftbegriff von Interesse. Als Sammelbezeichnung läßt sich Kraft wie folgt definieren:

Definition der Kraft

> **Kraft** = die Fähigkeit des Nerven-Muskel-Systems, durch Innervations- und Stoffwechselprozesse mit Muskelkontraktionen (mit mehr als 30% des individuellen Kraftmaximums) Widerstände zu überwinden, ihnen nachzugeben oder sie zu halten.

In dieser Definition sind die 3 grundsätzlichen Arbeitsweisen der Skelettmuskulatur berücksichtigt:
- überwindend = dynamisch-positiv = konzentrisch
- nachgebend = dynamisch-negativ = exzentrisch
- haltend = statisch (isometrisch)

Aufgrund trainingspraktischer Erfahrungen und wissenschaftlicher Untersuchungen läßt sich die Kraft in verschiedene Kraftarten gliedern. Die einzelnen Kraftarten sind nicht unabhängig von-

Auch das Bergzeitfahren erfordert eine optimale Übersetzung und einen überdurchschnittlichen Krafteinsatz.

einander. Schnellkraft, Reaktivkraft und Kraftausdauer sind als Subkategorien der Maximalkraft zu verstehen. Sie sind in ihrer Ausprägung stark von der Maximalkraft abhängig. Dies hat Konsequenzen für die Trainingsmethodik.

> **Maximalkraft** = die höchstmögliche Kraft, die **willkürlich** gegen einen **unüberwindlichen Widerstand** erzeugt werden kann.

In der Trainingspraxis wird zur Bestimmung der aktuellen Maximalkraft nach wie vor (der Einfachheit halber) von der Grenzlast für die Einerwiederholung ausgegangen.

Konzentrische und exzentrische Maximalkraft

Diese konzentrische Maximalkraft nähert sich in ihrer Größe der statischen Maximalkraft, wenn sie gegen die Last entfaltet wird, die gerade noch bewegt werden kann.

Die exzentrische Maximalkraft, die bei Dehnung eines maximal kontrahierten Muskels vorliegt, zeigt höhere Werte als die statische Maximalkraft (5–40 % je nach Muskelgruppe und Trainingszustand). Der Unterschied wird in erster Linie auf die zusätzliche reflektorische Kraftentfaltung aus dem Dehnungsreflex (= Muskelspindelreflex) zurückgeführt.

Der Unterschiedsbetrag (in Prozent) zwischen exzentrischer Maximalkraft und statischer Maximalkraft wird als Kraftdefizit bezeichnet. Einschlägige Werte liegen bei untrainierten Personen für die Beinstreckmuskulatur bei 10–25 %, für die Armstrecker bei 25–40 %.

Bei Trainierten kann das Kraftdefizit bis auf 5 % und weniger abgesunken sein. In der Trainingssteuerung wird das Kraftdefizit als ein Maß für die willkürliche Aktivierungsfähigkeit (intramuskuläre Koordination) bei Maximalkraftentfaltung gesehen.

Schnellkraft kann zunächst übergreifend als Kraftanstieg pro Zeiteinheit (Kraftgradient) angesprochen werden. Dieses Kraftanstiegsverhalten liegt sowohl in statischer wie dynamischer Arbeitsweise vor. In statischer Arbeitsweise wird jedoch keine mechanische Arbeit verrichtet. Deshalb sind trotz der Gemeinsamkeit zwei Definitionen für Schnellkraft zu unterscheiden.

> **Statische Schnellkraft** = der mittlere Kraftanstieg bis zur Maximalkraft (= Maximalkraftgradient).
> **Konzentrische Schnellkraft** = Kraft mal Geschwindigkeit, d. h. die Muskelarbeit (= Kraft x Weg), die in der zur Verfügung stehenden Zeit gegenüber der beweglichen Last verrichtet wird.

Start- und Explosivkraft sind die wesentlichen Komponenten der Schnellkraft, wenn für schnellkräftige Bewegungen nur Zeiten von weniger als 180–200 ms zur Verfügung stehen.

Startkraft = der Kraftwert, der 50 ms nach Kontraktionsbeginn erreicht wird, d. h. die Fähigkeit zu einem hohen Kraftanstieg von Beginn an.

Explosivkraft = der maximale Kraftanstieg (= maximaler Kraftgradient) innerhalb der Kraft-Zeit-Kurve, d. h. der höchstmögliche Kraftanstieg im Laufe einer schnellen Kraftentwicklung.

> **Reaktivkraft** = die exzentrisch-konzentrische Schnellkraft bei kürzestmöglicher Koppelung (<200 ms) beider Arbeitsphasen, also in einem Dehnungs-Verkürzungs-Zyklus.
> Wegen neuraler und mechanischer Besonderheiten gegenüber der konzentrischen Schnellkraft wird sie als eigenständige Kraftart betrachtet.

Wie schon im Abschnitt Ausdauertraining erwähnt, wird Kraftausdauer mehrheitlich als Ermüdungswiderstandsfähigkeit bei statischen und dynamischen Krafteinsätzen (mit mehr als 30% der Maximalkraft) definiert. Damit ist zwar die ganze Bandbreite von sportartspezifischen Kraftausdauerfähigkeiten erfaßt, jedoch keine Festlegung auf Höhe und Dauer des Krafteinsatzes getroffen.

Aus trainingsmethodischen Gründen kann man nach dem Kriterium »Größe des Krafteinsatzes« unterteilen in:

- **Maximalkraftausdauer:** über 75% der Maximalkraft bei statischer und dynamischer Arbeitsweise,
- **(submaximale) Kraftausdauer:** 75% bis 50% der Maximalkraft bei dynamischer Arbeit, bis 30% bei statischer Arbeit,
- **(aerobe) Kraftausdauer = Ausdauerkraft:** 50% bis 30% der Maximalkraft bei dynamischer Arbeitsweise.

Bei Krafteinsätzen von weniger als 30% Maximalkraft kann konsequenterweise nicht mehr von »Kraft«-Ausdauer gesprochen werden.

Methoden des Krafttrainings

In der Fachliteratur ist eine Vielzahl von Trainingsmethoden zum Krafttraining mit den unterschiedlichsten Bezeichnungen zu finden.

Für eine systematische Übersicht wird im folgenden in einer ersten Gliederungsebene von der »Kraftart als Trainingsziel«, in einer zweiten Ebene von der »Belastungsgestaltung« ausgegangen. Trainingswirkungen, die auch Zielsetzung für die Anwendung der Methoden sein können, leiten sich von der Belastungsgestaltung ab. Tabelle 5 gibt eine Übersicht zu den Krafttrainingsmethoden.

Im weiteren werden nur die näher charakterisiert, die im Rahmen eines Krafttrainings für Radsportler von Bedeutung sein können.

Bahnsprinter sind wahre Schnellkraftspezialisten.

Die verwendeten Abkürzungen für die Belastungskomponenten bedeuten:

Aw = **Arbeitsweise** der Muskulatur

I = **Intensität** der Belastung: sie wird bestimmt durch die Last (L) und die Bewegungsgeschwindigkeit (Bg). Bezüglich der Last wird abgestuft in Ausrichtung auf die Maximallast (ML): maximal (100 bis 90%), submaximal (90–80%), mittel (80–70%), leicht (70 bis 50%), gering (50–30%)

Da = **Dauer** einer Übung (Serie); in Zeit oder Wiederholungszahl (Wh)

P = **Pause** mit Zeitangabe; SP = Pause zwischen den Serien, WP = Pause zwischen den Einzelübungen

U = **Gesamtumfang,** ausgedrückt in der Serienzahl

Die üblichen Organisationsformen beim Krafttraining sind:

Stationstraining: Sämtliche Serien einer Übung werden nacheinander an ein und derselben Station durchgeführt.

Tabelle 5 *Methoden des allgemeinen Krafttrainings*

Methoden (M.) der komplexen Kraftentwicklung		– M. der leichten[1] Krafteinsätze mit mittlerer Wiederholungszahl (= Anfängermethode) – M. der mittleren[1] Krafteinsätze mit ermüdender Wiederholungszahl (= Fitneßmethode)
Methoden der differenzierten Entwicklung einzelner Kraftarten	Maximalkraft	– M. der erschöpfenden submaximalen[1] Krafteinsätze (= Hypertrophiemethode) – M. der erschöpfenden kontinuierlich-schnellen Krafteinsätze (= schnelligkeitsorientierte MK-Methode) – M. der explosiven maximalen[1] Krafteinsätze (= IK-Methode, M. der intramuskulären Koordination) – Kombinationsmethode (= Pyramidenmethode)
	Schnellkraft	– M. der explosiv-ballistischen Krafteinsätze (= Schnellkraftmethode) – M. der maximalen Kraftleistung (= Muskelleistungsmethode) Kontrastmethode, Negativmethode
	Reaktivkraft	– Reaktive Methode (= polymetrische Methode)
	Kraftausdauer max.	– Hypertrophiemethode mit Varianten + extr. Strategien
	subm.	– Intensive Intervallmethode mit KZI (30–45 s) – Wiederholungsmethode mit erschöpfenden MZI
	»aerob«	– Extensive Intervallmethode mit MZI (60–90 s) – Wiederholungsmethode mit LZI (2–3 min)

[1] Die Bezeichnung charakterisiert den vorherrschenden Intensitätscharakter der Krafteinsätze: leicht 50–70% der Maximalkraft (MK), mittel 70–80%; submaximal 80–90%; maximal 90–100%.

Methodik im Krafttraining

Satztraining: 1 Satz besteht aus 2–4 Übungen; diese werden nacheinander absolviert, bevor die nächste Serie (= Satz) durchgeführt wird.

Zirkeltraining: 1 Zirkel besteht aus mehr als 5 Übungsstationen, die nacheinander absolviert werden.

+ **Methode der mittleren Krafteinsätze mit ermüdender Wiederholungszahl (= Fitneßmethode)**
Aw: konzentrisch
I: mittel; L: 70–80% ML; Bg: zügig-langsam
Da: bis zu starker lokaler Ermüdung; ca. 8–10 Wh (je nach Last)
P: Satzpausen 2–3 Min.; innerhalb des Satzes 30–60 Sek.
U: hoch; 6–8 Sätze zu je 3 Übungen

Weitere Belastungsmerkmale:
- Übungen in bewegungstechnisch guter Ausführung (u. a. Übungen mit freier Hantel)
- Ausschöpfen der vollen Bewegungsamplitude in den Gelenken, ansonsten ergänzende Dehnübungen
- Krafteinsatz und Bewegungsausführung zu Beginn jeder Serie so schnell wie möglich
- Pausenverkürzung innerhalb der Sätze im Laufe von mehreren Trainingseinheiten anstreben

Zielsetzung:
- Komplexe Entwicklung der Kraft, d. h. Verbesserung von Maximalkraft, Schnellkraft und Kraftausdauer für allgemeine Fitneß
- Vorbereitung eines folgenden Krafttrainings mit differenzierter Kraftentwicklung (im Rahmen des Grundlagenaufbaus bei periodisiertem Leistungstraining)

+ **Methode der erschöpfenden submaximalen Krafteinsätze (= Hypertrophiemethode)**
Aw: konzentrisch-gleichmäßig
I: submaximal; L: 80–90% (Varianten 70% und 95%); Bg: langsam bis zügig
Da: bis zur zeitweiligen lokalen Muskelerschöpfung; ca. 5–10 Wh (Varianten 3–18); ca. 20–30 Sek.
P: 3–5 Min. Serienpause; im Satztraining 2–3 Min. zwischen den Stationen
U: hoch; 5–10 Serien pro Übung (ca. 80–120 Einzelbelastungen pro Muskelgruppe bei 2–3 Übungen)

Trainingswirkung:
- Muskelquerschnittsvergrößerung (ST- und FT-Fasern)
- Phosphatspeicher- (auch Glykogenspeicher-)vergrößerung
- Verbesserung des alaktaziden und laktaziden Stoffwechsels

+ **Methode der explosiven maximalen Krafteinsätze (= IK-Methode; Methode der intramuskulären Koordination)**
Aw: konzentrisch
I: maximal; L: 90–100%; Bg: zügig bei explosivem Krafteinsatz
Da: 1–5 Wh
P: 3–5 Min.
U: 5–12 Serien pro Übung (ca. 30–50 Einzelbelastungen pro Muskelgruppe bei 2 Übungen)

Trainingswirkung:
- Verarbeitung hoher Frequenzierung und gesteigerte Rekrutierung motorischer Einheiten (= verbesserte intramuskuläre Koordination)
- Verringerung des Kraftdefizits
- Verbesserung der relativen Kraft
- Verbesserung des Kraftanstiegs und damit der statischen und konzentrischen Schnellkraft

+ **Kombinationsmethode (= Pyramidenmethode)**
Die Pyramidenmethode stellt die Vereinigung der beiden grundsätzlichen Belastungsgestaltungen für Maximalkraftentwicklung dar: Es werden Serien mit vorrangiger Hypertrophiewirkung (an der Pyramidenbasis) und Serien mit vorrangiger IK-Wirkung (an der Pyramidenspitze) absolviert. Der Gesamtumfang ist relativ groß (9–12 Serien), die Serienzahl ist auf die beiden Intensitätsbereiche so zu verteilen, daß hinsichtlich der Wirkung ein ausgewogenes Verhältnis von submaximalen und maximalen Krafteinsätzen zustande kommt.

Die Reihenfolge der Serien kann unterschiedlich angelegt werden. Ein Beginn an der Basis und Abschluß im Spitzenbereich ist nur sinnvoll, wenn der Trainierende nach Ausführung der submaximalen Serien noch maximale Kraft entwickeln kann.

Schnellkrafttraining

In der Praxis des Schnellkrafttrainings geht es in vielen Schnellkraftsportarten um die Verbesserung der konzentrischen Schnellkraft. (Die statische Schnellkraft als Maximalkraftanstieg wird im Maximalkrafttraining mit der IK-Methode verbessert. Sie steht hier nicht weiter zur Diskussion.) Dazu dient in erster Linie die Methode der explosiv-ballistischen Krafteinsätze (ballistisch =

Bewegung, bei der die beförderte Last in freien Flug übergeht), da auch die Wettkampfübungen den gleichen Ablauf haben.

Im Radsport (Tretbewegung) handelt es sich jedoch um einen zyklischen Bewegungsablauf, bei dem innerhalb eines Tretzyklus (eine volle Kurbelumdrehung) zwar die Druckphase (betrifft Streckerschlinge) den Hauptvortrieb bringt, die Zugphase (betrifft Beugerschlinge) aber keinesfalls vernachlässigt werden darf. Das Schnellkrafttraining bezieht sich also auf beide Muskelschlingen, die in ständigem Wechsel tätig sind. Abgesehen davon, daß das Schnellkrafttraining deshalb nur als spezielles Training (unter Einsatz der Wettkampfübung bzw. von Spezialübungen) sinnvoll ist, eignet sich belastungsmethodisch ausschließlich die Muskelleistungsmethode, deren Wirkung sich auf das Prinzip des optimalen Kraft-Schnelligkeits-Zusammenhangs stützt.

Schnellkrafttraining im Radsport

+ **Methode der maximalen Kraftleistung (= Muskelleistungsmethode)**
Aw: konzentrisch
I: maximal; L bzw. Widerstand zwischen 30 und 60%
Da: 6–8 Sek.; Abbruch bei Nachlassen der höchstmöglichen Bewegungsgeschwindigkeit
P: Serienpausen 3–5 Min.
U: gering; 6–10 Serien

Trainingswirkung:
- Hohe Anfangsrekrutierung von FT-Einheiten (neben ST-Einheiten)
- Verbesserung der Kontraktionsgeschwindigkeit (FT- und ST-Fasern)
- Insgesamt selektive FT-Faserbeanspruchung
- Steigerung der Maximalkraft
- Verbesserung der intermuskulären Koordination

Kraftausdauertraining

Hinweise dazu wurden bereits im Abschnitt Ausdauertraining gegeben. Der Übersicht halber wird hier nochmals kurz auf die einzelnen Methoden eingegangen.

Die Gliederung der Kraftausdauer in Maximalkraft-, submaximale Kraftausdauer sowie Ausdauerkraft ist nicht zuletzt aus trainingsmethodischen Gründen geschehen.

Maximalkraftausdauer läßt sich am günstigsten mit der Hypertrophiemethode und ihren Varianten zur starken Muskelausbeutung trainieren. Dieses Training spielt im Radsporttraining kaum eine Rolle.

Für die submaximale Kraftausdauer ist neben der Maximalkraft bereits die laktazide Energiebereitstellung der leistungsbestimmende Faktor. Die zeitweilige Blutsperre durch den Muskelinnendruck und der erforderliche relativ hohe Energiefluß pro Zeit tragen wesentlich dazu bei.

Diese Art der Kraftausdauer kann mit der Intervall- und mit der Wiederholungsmethode trainiert und verbessert werden.

+ **Intensive Intervallmethode mit Kurzzeitintervallen**
Aw: konzentrisch-kontinuierlich
I: fast maximal; L: 75–50%; Bg: optimal-schnell
Da: 30–45 Sek.
P: 10–30 Sek. bei Satz- und Zirkeltraining, 60–90 Sek. bei Stationstraining; Pausen zwischen Sätzen bzw. Zirkeln 1–3 Min.
U: hoch; 6 Sätze zu je 3 Übungen oder 3–4 Zirkel mit 6–8 Stationen

> + **Wiederholungsmethode mit erschöpfenden Mittelzeitintervallen**
> Aw: konzentrisch
> I: submaximal; L: 60–50%; Bg: zügig-schnell
> Da: 1–2 Min; bis zur lokalen Erschöpfung
> P: 8–10 Min. bei Stationstraining; 5–6 Min. bei Satztraining (2 Übungen)
> U: mittel; 3–5 Serien

Trainingswirkung (beider Methoden):
- Erhöhung der Säuretoleranz
- Verbesserung der Erholungsfähigkeit nach solchen Belastungen
- Verbesserung des laktaziden und aeroben Stoffwechsels
- Vergrößerung der Muskelglykogenspeicher

Ausdauerkraftleistungen laufen energetisch bereits mit starkem aeroben Anteil ab, so daß das Training hinsichtlich der Belastungsmethoden und Inhalte (meist disziplinspezifische Übungen der Sportarten) mehr dem Ausdauertraining zuzuordnen ist.

Für das allgemeine Training ist den Varianten der Intervallmethode der Vorzug zu geben, im speziellen Ausdauerkrafttraining kommen auch Varianten der Wiederholungs- und Dauermethode zum Einsatz (siehe S. 93).

Krafttraining im Radsport

Endziel im Krafttraining von Ausdauersportarten muß immer die Entwicklung und Ausprägung der disziplinspezifischen Kraftfähigkeit sein. Im Radsport ist dies entweder die Schnellkraft oder die Kraftausdauer. Beide werden letztlich mit der Wettkampfübung, also mit Radfahren, trainiert.

Die Basis dazu wird in der Stufe des Aufbautrainings (Beginn eines gezielten Krafttrainings) und während des Anschluß- und Hochleistungstrainings in der allgemeinen Vorbereitungsperiode eines Periodenzyklus über das allgemeine Krafttraining erarbeitet. Dabei stehen Maximalkrafttraining und Training der allgemeinen Kraftausdauer im Vordergrund.

Das allgemeine Kraftausdauertraining wird organisatorisch meist als Zirkeltraining oder im Satzsystem absolviert. In der Belastungsgestaltung stützt man sich auf die Fitneßmethode oder die intensive Intervallmethode mit Kurzzeitintervallen. Die Übungsauswahl ist auf die Funktionsmuskulatur beim Radsport gerichtet, d.h., es werden vorrangig die Beinstrecker und -beuger, aber auch die Arm-Schultergürtel-Muskulatur trainiert. Zusätzlich werden Bauch- und Rückenmuskelübungen durchgeführt.

Maximalkrafttraining findet gewöhnlich im Stations- oder Satzsystem statt. Für die Belastungsgestaltung sind vorrangig die Pyramiden- und IK-Methode heranzuziehen, ebenso die Hypertrophiemethode (lediglich für die Beinmuskulatur), wenn anlagebedingte Muskelkraftmängel bestehen (z. B. im Jugendalter). Ansonsten ist darauf zu achten, daß mit dem Maximalkrafttraining keine zu große Gewichtszunahme verbunden ist. Im Jugendalter sollte an Stelle einer gezielten Maximalkraftentwicklung mehr Wert auf die Entwicklung der allgemeinen Schnellkraft gelegt werden. Während der Phase des Maximalkrafttrainings ist das begleitend laufende Training der Rumpfstabilisatoren belastungsmäßig nach funktionsgymnastischen Gesichtspunkten auszurichten.

Schnellkraft- und Kraftausdauer sind im Anschluß- und Hochleistungstraining – wie schon an anderer Stelle betont – mit dem Rad oder mit dem Radergometer zu trainieren.

Die Funktionsmuskulatur bestimmt die Übungsauswahl

Schnelligkeit und Schnelligkeitstraining

Definition und Gliederung

Unter dem in der Sportpraxis gewachsenen Begriff Schnelligkeit wird eine Fähigkeit verstanden, in der primär neuromuskuläre Steuer- und Regelprozesse bestimmend sind, jedoch auch Einflüsse seitens der Kraft und der Ausdauer vorliegen.
Die Definition lautet deshalb:

Definition der Schnelligkeit

> **Schnelligkeit** = Fähigkeit zu schnellstmöglicher Reaktion (auf ein Signal hin) und zur Ausführung von Bewegungen mit höchstmöglicher Geschwindigkeit. Dies trifft für Einzelbewegungen (azyklisch), fortlaufende Bewegungen (zyklisch) und Bewegungskombinationen zu.

Hinsichtlich der Gliederung in Teilfähigkeiten wird zwischen elementaren und komplexen Schnelligkeitsfähigkeiten unterschieden. Für das Schnelligkeitstraining im Radsport sind davon nur die Frequenzschnelligkeit, Sprintkraft und Sprintausdauer von Interesse.
Frequenzschnelligkeit = elementare Fähigkeit, zyklische Bewegungen gegen geringe Widerstände mit höchster Geschwindigkeit auszuführen.
Beispiele sind die Schrittfrequenz bei leichtathletischen »fliegenden Sprints«, die Tretfrequenz auf dem ungebremsten Ergometerrad oder auf der ungebremsten Rolle.
Sprintkraft = komplexe Schnelligkeitsleistung gegenüber höheren Widerständen bei zyklischen Bewegungen. Das trifft immer auf die Beschleunigungsphase bis zum Erreichen der Höchstgeschwindigkeit zu, z.B. beim Sprintlauf, beim Radsprint oder auch beim Rudern. Grundbedingung ist, daß mit vollem Krafteinsatz gearbeitet wird.
Sprintausdauer = Widerstandsfähigkeit gegen ermüdungsbedingten Geschwindigkeitsabfall bei maximal schnellen zyklischen Bewegungen. Zeitlich erstreckt sich diese Sprintausdauer etwa auf die Belastungsphase von 10–35 Sekunden, wenn die Bewegung mit maximaler Geschwindigkeit begonnen wurde. Danach ist erfahrungsgemäß und energetisch bedingt (Abbau des Kreatinphosphatspeichers) der Geschwindigkeitsabfall bereits so stark, daß man sich im Bereich submaximaler Schnelligkeit befindet (= Schnelligkeitsausdauer). In der Trainingspraxis wird der Unterschied zwischen Sprint- und Schnelligkeitsausdauer meist nicht berücksichtigt, was disziplinspezifisch auch nicht immer notwendig ist.

Trainingsmethodik im Schnelligkeitstraining

Anstelle einer direkten Belastungsmethode wird im Schnelligkeitstraining meist auf methodische Grundsätze verwiesen, die besonders hinsichtlich der drei herausgestellten Schnelligkeitsfähigkeiten auch zu beachten sind:

- Es wird vorwiegend die Wiederholungsmethode (volle Pause!) zum Einsatz kommen.
- Die Inhalte sind immer disziplinspezifisch auszuwählen (also Tretbewegung auf dem Rad/Ergometer).
- Die Intensität ist maximal bis supramaximal, d.h. die Tretfrequenz gewöhnlich schneller als durchschnittlich im Wettkampf bzw. unter Zwangsbedingungen (motorgesteuert) höher als willentlich erreichbar.

- Die Belastungsdauer ist so auszurichten, daß der Zielsetzung entsprochen wird: Frequenzschnelligkeit und Sprintkraft 6–8 Sekunden, Sprintausdauer 20–35 Sekunden bei vollen Pausen (3–5 Minuten bzw. 7–10 Minuten).
- Der Gesamtumfang ist relativ gering, da vor allem nervale Ermüdung eintritt (6–9 Einzelbelastungen, maximal 12). Nach dem Serienprinzip werden 3–4 Einzelbelastungen zu einer Serie (mit o. g. Pausendauern) gebündelt und längere Serienpausen (15–20 Minuten) eingehalten. Damit wird noch stärker einer vorzeitigen Ermüdung vorgebeugt.

Hinsichtlich der Zyklisierung und Periodisierung des Schnelligkeitstrainings sind folgende Punkte für eine mittel- bis langfristige Trainingsplanung festzuhalten:
- Im Mikrozyklus werden 1 bis maximal 3 Trainingseinheiten als Teil einer größeren Trainingseinheit mit mehr als einer Zielstellung durchgeführt.
- Mittelfristig wird Schnelligkeitstraining auf einzelne »Blöcke« verteilt, d. h., es wird auf Mesozyklen von 4–6 Wochen konzentriert, mit etwa gleich langen Pausen dazwischen.
- In der Stufe des Aufbautrainings ist das Training insgesamt schnelligkeitsorientiert, d. h., es wird ganzjährig auch in anderen Belastungsbereichen eine hohe Tretfrequenz bevorzugt (Tretfrequenzrichtwert um 100 bis 110/min).

Das Fahren auf der Bahn gewährleistet ein effizientes Schnelligkeitstraining.

Querfeldeintraining fördert Beweglichkeit und koordinative Fähigkeiten.

Flexibilität = Fähigkeit, willkürliche Bewegungen mit einer großen Schwingungsweite in bestimmten Gelenken auszuführen. Sie setzt sich aus den Komponenten Gelenkigkeit (= den passiven Bewegungsapparat betreffend) und Dehnfähigkeit (= den aktiven Bewegungsapparat betreffend) zusammen.

Beweglichkeit und Beweglichkeitstraining

Definition und Gliederung

Beweglichkeit (Flexibilität) ist eine Grundvoraussetzung für die voll wirksame Umsetzung erworbener konditioneller und bewegungstechnischer Fähigkeiten und Fertigkeiten. Eine beeinträchtigte Beweglichkeit kann vor allem die Bewegungsökonomie stören und das Verletzungsrisiko erhöhen.

Hinsichtlich einer Gliederung der Beweglichkeit unterscheidet man einerseits allgemeine und spezielle und andererseits aktive und passive Beweglichkeit.

Allgemeine Beweglichkeit bezieht sich auf die wesentlichen Gelenke (Hüft-, Schultergelenk, Wirbelsäule) und ein durchschnittliches Niveau. Spezielle Beweglichkeit bezieht sich auf einzelne Gelenke, die in bestimmten Sportarten von Bedeutung sind, und ein überdurchschnittliches Niveau.

Von aktiver Beweglichkeit spricht man, wenn der Bewegungsausschlag durch eigene Muskelkräfte (genauer: durch die Antagonisten der dabei zu dehnenden Muskeln) erreicht wird.

Passive Beweglichkeit liegt vor, wenn unter Einflußnahme von außen (Partnerhilfe, Gerätehilfe) die Bewegungsamplitude erweitert wird.

Im Radsport ist der Erhalt der allgemeinen Beweglichkeit von Bedeutung. Durch die einseitige Körperhaltung beim umfangreichen Ausdauer- und Kraftausdauertraining kommt es notgezwungen zu Verkürzungen der Funktionsmuskulatur und zu Verspannungen bzw. Abschwächungen der Rumpfstabilisierungsmuskeln.

Auf die Kräftigung der Bauch- und Rückenmuskeln, die in Verbindung mit Dehnungsübungen stattfinden muß, wurde bereits im Rahmen des Krafttrainings hingewiesen.

Methoden des Dehnungstrainings

Da dynamisches Dehnen für radsportliche Bewegungen nicht erforderlich ist und bei unsachgemäßer Ausführung (zu ruckartig, zu intensiv) weniger wirkungsvoll, aber verletzungsträchtiger ist, wird hier auf die Verfahrensweise nicht weiter eingegangen.

Dem Stretching ist allgemein der Vorzug zu geben, wenn es um den Ausgleich von Verkürzungen der Muskulatur oder ganz allgemein um eine regenerationsfördernde Maßnahme geht.

- Einfaches Stretching: Langsame und gefühlvolle Einnahme der Dehnposition für die betreffende Muskelgruppe; Haltedauer, bis sich fühlbare Entspannung (meist 15–30 Sek.) einstellt (= easy stretch). Danach erfolgt eine Verstärkung der Dehnposition und wiederum etwa die gleiche Haltedauer (= prolonged oder development stretch).

Dieser Vorgang wird pro Muskelgruppe (im Wechsel mit Stretching-Übungen für andere Muskeln) drei- bis fünfmal mit exakter Ausführung wiederholt.

Stretching ist zu einem wichtigen Faktor im Profi-radrennsport geworden.

Wirkungsvoll: Anspannungs- und Entspannungsdehnen.

- Anspannungs-/Entspannungsdehnen: Sie ist von den beiden PNF-Methoden die wirkungsvollere und am häufigsten ausgeführte. Zunächst starke isometrische Kontraktion des nachher zu dehnenden Muskels (ca. 6 Sek.). Es kommt zur sog. Eigenhemmung der Kontraktion mit einem Nachwirken in die Entspannungsphase, die durch plötzliches Abbrechen der starken Kontraktion folgt. Mit der Entspannung beginnt das Dehnen wie beim einfachen Stretching. Auch hier erfolgen üblicherweise 3–5 Wiederholungen pro Muskelgruppe.
- Aktiv-statisches Dehnen: Diese Methode ist nicht bei allen Dehnübungen wirkungsvoll anwendbar, da manche Gelenke wegen des knöchernen Baus dies nicht zulassen. Zunächst wird für einen zu dehnenden Muskel eine einfache Dehnstellung eingenommen. Während des Dehnens erfolgt eine starke Kontraktion des dazugehörigen Antagonisten, was sich auf die Gelenkstellung auswirkt. Es kommt zur Wirkung der sog. reziproken Antagonistenhemmung, d.h., es wird durch die Kontraktion auf den zu dehnenden Muskel (wegen der Reflexschaltung) eine Hemmung erzeugt. Diese erleichtert das weitere Dehnen. Dehn- und Anspannungszeiten sind, wie bei den vorherigen Methoden, ebenfalls die Wiederholungszahlen.
- Zur Periodisierung des Dehnungstrainings:
Eine spezielle Periodisierung entfällt. Beweglichkeit muß ganzjährig und möglichst täglich trainiert werden. Zur Kompensation von Verkürzungsrückständen aus vorherigen Kraft- oder Ausdauertrainingseinheiten genügen zwei bis drei Dehnungsphasen pro Muskelgruppe. Für die Therapie chronisch verkürzter Muskulatur sind allerdings umfangreichere Dehnungsprogramme erforderlich. Diese müssen dann neben den übrigen Trainingseinheiten gesondert durchgeführt werden. Sie wirken auch als eigenständige Regenerationseinheiten. Die ausgewählten Dehnübungen dürfen sich – längerfristig gesehen – nicht nur auf die Funktionsmuskulatur allein beziehen (Beinstrecker, Beinbeuger), sondern müssen auch zur Verkürzung und Verspannung neigende Muskeln (Rückenstrecker im Lendenwirbelsäulenbereich, Hals- und Schulterblattmuskulatur, Brustmuskel, Hüftlendenmuskel) mit einbeziehen. Bauch- und Gesäßmuskulatur erleiden durch die Sitzhaltung am Rad eine Schwächung und müssen deshalb in Verbindung mit dem Dehnungstraining gestärkt werden.

Individuelle Programme lassen sich aus der reichlichen Literatur zum Beweglichkeitstraining und zur Funktionsgymnastik zusammenstellen (SÖLVEBORN, ANDERSON).

Straßenradsport

Wolfram Lindner

Inhaltsübersicht

Leistungsstruktur im Straßenradsport · Belastungsprofile und Trainingsbereiche · Langfristiger Leistungsaufbau · Belastungsgestaltung für Hobbyfahrer und Senioren · Trainingsdokumentation · Technik

Bei harten Bergetappen kommt es zum direkten Vergleich der Favoriten: Alvaro Meija, Miguel Indurain und Toni Rominger, Tour de France 1993.

Anstieg zum Col d'Àubisque in den Pyrenäen. Noch ist das Feld geschlossen, aber schon bald wird die Steigung zu einer »natürlichen Selektion« führen.

Ob Einzel-, Paar- oder Mannschaftszeitfahren:
In der Prüfung gegen die Uhr werden die
Fundamente für Rundfahrtsiege gelegt.

Links: Miguel Indurain.

Rechts: das spanische Team ONCE mit Alex Zülle.

Unten: Toni Rominger mit Olaf Ludwig.

Oben: Oft entscheiden Millimeter über Sieg oder Niederlage, wie hier bei der Flandernrundfahrt zwischen Gianni Bugno und Johan Museeuw.

Links: Geschwindigkeiten bis zu 70 km/h sind bei Zielsprints keine Seltenheit. Massenstürze sind hierbei nicht auszuschließen, vor allem wenn Polizisten im Weg stehen, wie bei der Tour-de-France-Etappe in Armentiers 1994.

Links: Begeisterung und Geschichte Das Peleton fährt durch einen römischen Aquadukt bei der Vuelta d'Espana

Der Motor eines Straßenradprofis. Die Oberschenkel des spanischen Berufsfahrers Federico Echave.

*Auf der Jagd nach dem Gelben Trikot bleibt wenig Zeit für die landschaftlichen Reize.
Tour de France 1992.*

Schlamm, Hitze, Regen, Schnee und Kälte. Straßenprofis müssen auch gegen alle äußeren Extreme ankämpfen. Olaf Ludwig bei Paris-Roubaix (links), das Peleton bei der Vuelta (oben), Indurain und Berzin im Schnee beim Giro d'Italia (unten).

Die Fahrt in den Frühling. Mit dem Klassiker Mailand–San Remo beginnt alljährlich die Serie der großen Straßenrennen.

Leistungsstruktur im Straßenradsport

Disziplinen des Straßenradsports

In der 177jährigen Geschichte des Fahrrades hat sich der Straßenradsport schon sehr frühzeitig entwickelt. Es bildete sich mit der Zeit ein stabiles Wettkampfsystem heraus, das bis in die Gegenwart die folgenden acht Disziplinen hervorbrachte:
- Straßeneinzelrennen
- Einzelzeitfahren
- Paarzeitfahren
- Mannschaftszeitfahren
- Bergzeitfahren
- Kriterium
- Rundstreckenrennen
- Etappenrennen

Diese Disziplinen sind weltweit verbreitet und werden in allen Alters- und Leistungsklassen ausgetragen.

Faktoren der Leistungsstruktur

Jede sportliche Leistung setzt sich aus unterschiedlichen Faktoren zusammen, die sowohl die Struktur als auch die Höhe der Leistung bestimmen. Die Analyse der Wettkämpfe ermöglicht uns, ihre Leistungsstrukturen zu erfahren, in sie einzudringen und aus ihnen wichtige Ableitungen für das Training zu gewinnen. In den letzten Jahrzehnten sind in diesem Bereich große Fortschritte erzielt worden. Ein Meilenstein in der Erforschung der Leistungsstrukturen war vor allem der Einsatz der Herzfrequenzmessung im Radsport. Die gewonnenen Ergebnisse führten zu einer neuen trainingsmethodischen Grundkonzeption und zu einer daraus resultierenden beschleunigten Leistungsentwicklung.

Die Erkenntnisse der Analysen der Wettkämpfe werden unter dem Begriff »Faktoren der Leistungsstruktur« zusammengefaßt oder auch als »leistungsbestimmende Faktoren« bezeichnet. Untersuchungen der Leistungsstrukturen aller acht Disziplinen des Straßenradsports ergeben folgende Gruppierung der Leistungsfaktoren:

Physische Leistungsfaktoren

Die Gruppe der physischen Leistungsfaktoren bilden Ausdauer, Kraft, Schnelligkeit sowie deren Kombinationsmöglichkeiten: Kraftausdauer, Schnelligkeitsausdauer. Bei der Ausdauer wird noch zwischen der Grundlagenausdauer und der wettkampfspezifischen Ausdauer untergliedert. Die physischen Leistungsfaktoren haben eine dominante Stellung. Ursache dafür ist, daß der Mensch die Leistung erbringen muß. Er kann sie nur mit einem hohen Grad an physischer Leistungsfähigkeit erreichen. Diese wiederum ist trainierbar, und Umfang und Inhalt des Trainings bestimmen ihre Höhe. Aus den Anforderungen der Wettkämpfe, also aus ihrer Leistungsstruktur, können die Belastungsprofile abgeleitet und das Maß des Trainings festgelegt werden. Die wichtigsten Parameter für eine Aussage über die Höhe und Qualität der physischen Leistungsfaktoren ist in Tabelle 1 ausgewiesen.

Bei den Untersuchungen der Leistungsstruktur liegen mir seit über zwanzig Jahren einige tausend Analysen vor. Sie gestatten tendenziöse Aussagen und ermöglichen es, sich besonders auf einige wichtige Parameter zu konzentrieren:
- Herzfrequenz:
  Sie spiegelt nahezu alle physischen Anforderungen der äußeren und inneren Belastung wider.

Die Leistungsstruktur bestimmt die Belastungsprofile

Tabelle 1 Meßbare Parameter der physischen Leistungsfaktoren

Spezifische Wettkämpfe/Training	Ausdauer	Kraft	Schnelligkeit
Streckenlänge	km	km/Anzahl der Wiederholungen	m/Anzahl der Wiederholungen
Umfang/Dauer	km/h	km/h	min/s
Profil/Höhenangaben	m	m/Watt bei Ergometern	–
Tretfrequenz	U/min	U/min	U/min
Übersetzung	Zoll m/U	Zoll m/U Watt bei Ergometern	Zoll m/U
Herzfrequenz	P/min	P/min	P/min
Energiegewinnung aerob; Laktat	mmol/l	mmol/l	–
Energiegewinnung aerob/anaerober Übergangsbereich; Laktat	mmol/l	mmol/l	–
Energiegewinnung anaerob; Laktat	–	mmol/l	mmol/l
Geschwindigkeit	km/h	km/h	km/h
Allgemeine Wettkämpfe/Training	**Ausdauer**	**Kraft**	**Schnelligkeit**
Umfang/Dauer	h	h	min/s
Belastung durch Gewichte	–	kp/Anzahl der Wiederholungen	kp/Anzahl der Wiederholungen

- Tretfrequenz:
  Sie gibt klare Aussagen zum Krafteinsatz und zur Motorik unter den konkreten Bedingungen des Streckenprofils und der äußeren Leistungsfaktoren.
- Streckenprofil und Geschwindigkeitsverlauf:
  Sie verdeutlichen die Gesamtheit des Rennverlaufs und seiner Dynamik.

Psychische Leistungsfaktoren

Alle Arten der für eine sportliche Leistung wichtigen Willenseigenschaften, charakterlich-moralischen Qualitäten sowie das Fairplay werden in dieser Gruppe zusammengefaßt.
Von ganz entscheidender Bedeutung ist die Motivation. Sie wirkt in allen Alters- und Leistungsbereichen. Höchstleistungen des Spitzensports setzen eine außergewöhnlich hohe Motivation voraus.

Technisch-koordinative Leistungsfaktoren

Zu ihnen gehört die Gesamtheit der Technik, von der Trettechnik beim Pedalieren bis zur Fahrtechnik auf dem Straßenrennrad.

Taktische Leistungsfaktoren

Unter den taktischen Leistungsfaktoren wird das Wissen und seine Anwendung für alle taktischen und taktisch-technischen Fähigkeiten und Fertigkeiten verstanden.

Äußere Leistungsfaktoren

Streckenführung, Streckenprofil, Straßenbelag, Wetter (wie etwa Wind, Temperatur oder Luftfeuchtigkeit), Luftwiderstand und Wettkampfreglements beinhalten die äußeren Leistungsfaktoren. Sie treten jeweils in kombinierter Form und mit unterschiedlicher Gewichtung auf.

Motivation als bestimmender Leistungsfaktor

Tabelle 2 *Die Bedeutung der Leistungsfaktoren in den Disziplinen des Straßenradrennsports (1–5 = wachsende Bedeutung der einzelnen Faktoren)*

Disziplin	Physische Faktoren			Psychische Faktoren	Technisch-koordinative Faktoren	Taktische Faktoren	Geräte/Ausrüstung		Äußere Faktoren
	Ausdauer	Kraft	Schnelligkeit				Rad	Ausrüstung	
Straßeneinzelrennen	4	3	2	4	4	4	3	3	5
Einzelzeit-, Paarzeit-, Bergzeitfahren	3	3	1	4	3	1	5	5	3
Mannschaftszeitfahren	4	4	–	5	5	1	5	5	3
Kriterium, Rundstreckenrennen	3	2	3	2	3	3	3	3	2
Etappenrennen	5	5	2	5	5	5	5	4	5

Geräte- und Ausrüstungsfaktoren

Der technische Entwicklungsstand des Sportgeräts Straßenrennrad sowie aller Ausrüstungsgegenstände des Sportlers und des Rennrads gehören zu dieser Gruppe.

Die in den Gruppen 2 bis 6 aufgenommenen Faktoren sind mit Parametern schwer zu erfassen. Deshalb werden sie in der Regel verbal erfaßt. Die Bedeutung der Leistungsfaktoren in den Disziplinen des Straßenradrennsports ist in Tabelle 2 dargestellt.

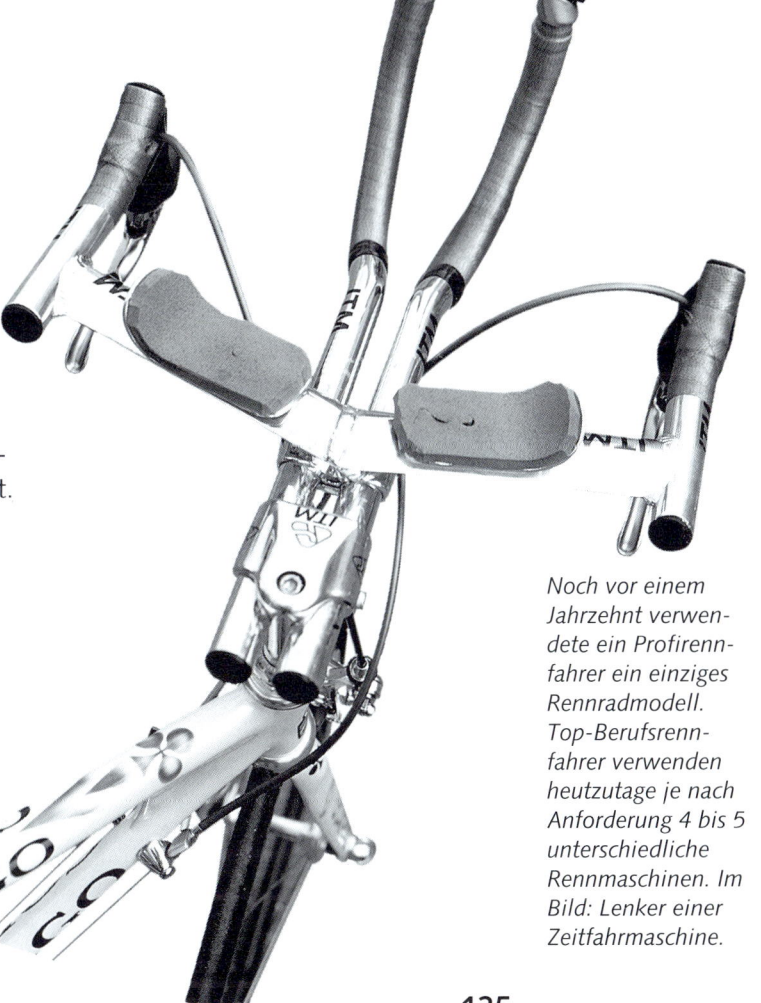

Noch vor einem Jahrzehnt verwendete ein Profirennfahrer ein einziges Rennradmodell. Top-Berufsrennfahrer verwenden heutzutage je nach Anforderung 4 bis 5 unterschiedliche Rennmaschinen. Im Bild: Lenker einer Zeitfahrmaschine.

Leistungsstruktur im Straßeneinzelrennen

Das Straßeneinzelrennen ist die am häufigsten ausgetragene Disziplin. Eine Form, in der auch die Wettbewerbe der Olympischen Spiele und der Straßenrad-Weltmeisterschaften ausgetragen werden, ist das Straßeneinzelrennen auf einem Rundkurs. Die zweite Variante sind Straßeneinzelrennen von Ort zu Ort, wie z. B. die Klassiker Mailand–San Remo oder Paris–Roubaix.

Paris–Roubaix zählt wegen seiner gefürchteten Pflastersteinstücke zu den härtesten Eintagesklassikern der Saison.

Die Streckenprofile haben einen großen Einfluß auf die Parameter der Leistungsstruktur. Die Straßeneinzelrennen können trotz der großen Varianz der Strecken und Profile in vier Kategorien unterteilt werden:
- flach
- wellig
- bergig
- schwieriges Bergprofil

Infolge der Varianz der Strecken und Profile unterliegen alle leistungsbestimmenden Faktoren einer großen Streuung. Die Parameter weisen eine große »Bandbreite« auf. In Abbildung 1 ist der Verlauf der Herzfrequenz beim Klassiker Mailand–San Remo aufgezeichnet. Mit dem Herzfrequenzverlauf wird die hohe Dynamik der Leistungsstruktur in den Profi-Straßenrennen sehr gut dokumentiert.

Die Stoffwechselprozesse eines Straßeneinzelrennens verlaufen zu einem Großteil (zu ca. 60%) im oberen aeroben Bereich, zu 30–35% im aerob-anaeroben Übergangsbereich, und die anaerobe Energiebereitstellung liegt unter 5%. Die Anforderungen aus den äußeren Leistungsfaktoren sowie Einflüsse aus der Wettkampfgestaltung durch die Teilnehmer können diese Tendenzen allerdings noch geringfügig korrigieren.

Ein Sportler wird ein mehrstündiges Straßeneinzelrennen nur dann erfolgreich mitgestalten können, wenn er relativ konstante Stoffwechselverhältnisse unter der anaeroben Schwelle aufrechterhalten kann. Kommt er nun durch den Rennverlauf und die äußeren Leistungsfaktoren auch nur kurzzeitig über diese anaerobe Schwelle, wird es kritisch.

Ist sein Trainingszustand ausgezeichnet, kann er das entstandene Laktat sofort und immer wieder abbauen. Er wird keinen Abbruch seiner Leistungsfähigkeit erfahren. Gelingt dies jedoch nicht,

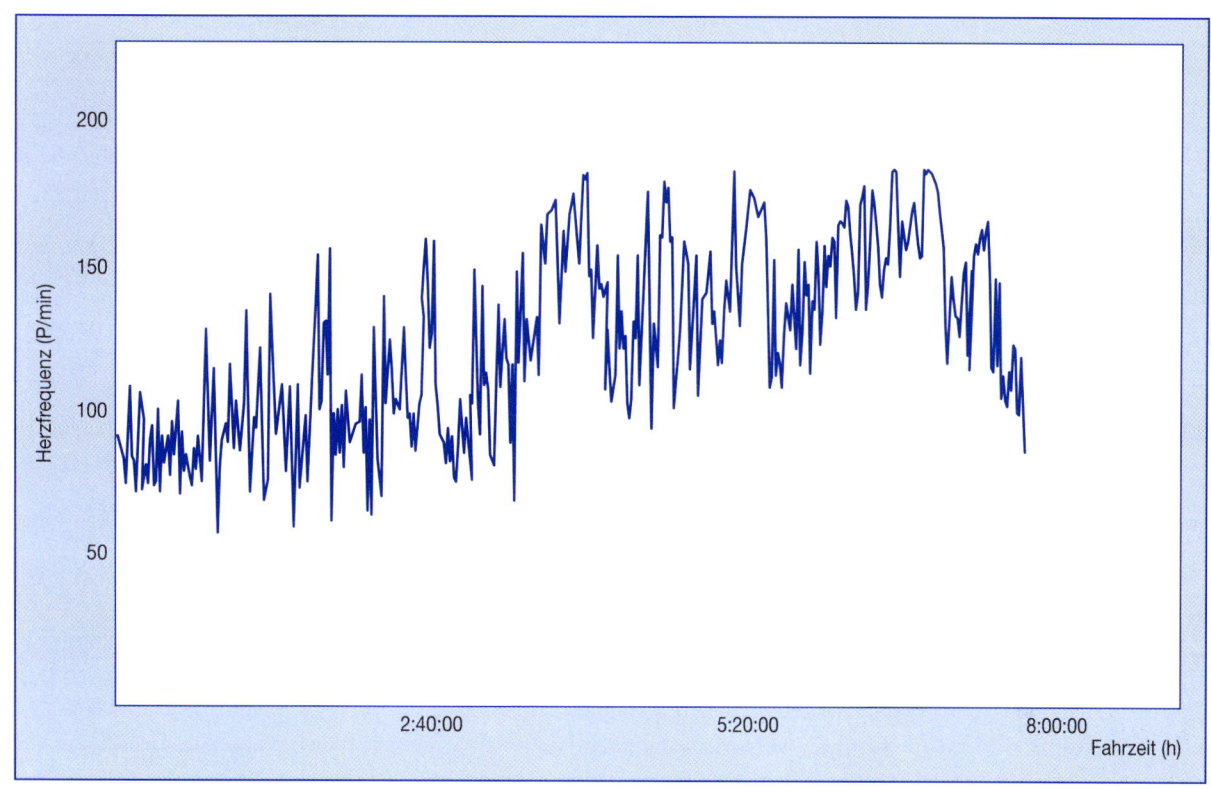

Abb. 1 *Das klassische Straßenrennen Mailand–San Remo im Spiegelbild der Herzfrequenz (1993)*

kommt es zu einer Aufstockung des Laktats. Die Muskulatur wird »sauer«. Er kann in der Folge das vorgegebene Tempo nicht mehr realisieren und fällt zurück.

Diese biologischen Tatbestände sind eindeutig und für das Training wichtig. Es kann daraus abgeleitet werden, daß die Leistungsfähigkeit unter aeroben und aerob-anaeroben Stoffwechselbedingungen Dominanz hat. Sie bestimmen letztendlich auch, wann die anaerobe Schwelle überschritten wird bzw. wie lange der Fahrer unter ständigem Laktatabbau über der anaeroben Schwelle fahren kann.

Der Ausbildungsstand eines Sportlers vor allem im aeroben und aerobanaeroben Bereich ist eine grundlegende Voraussetzung für den Erfolg. Weiterhin hat die Fähigkeit einer kurzzeitigen sehr hohen anaeroben Mobilisation, wie sie bei Jagden, Spurts oder im Finale des Rennens verlangt wird, eine große Bedeutung für den erfolgreichen Abschluß eines Straßeneinzelrennens.

Die äußeren Leistungsfaktoren spielen für die Leistungsstruktur des Straßeneinzelrennens eine nicht zu unterschätzende Rolle, da durch Vorder- oder Kantenwind und die bergigen Profile der physische Anstrengungsgrad deutlich erhöht wird. Sie führen deshalb zu großen leistungsstrukturellen Unterschieden zwischen den einzelnen Straßeneinzelrennen.

Damit werden auch wesentlich höhere Anforderungen im psychischen Bereich gestellt. Die richtige Einstellung zum Schwierigkeitsgrad wird zu einem tragenden Element. Dies erklärt beispielsweise den Umstand, daß Rennfahrer einige Rennen nicht gern fahren, andere Einzelrennen ihnen aber sehr entgegenkommen. Sie werden von vornherein auch mit einer anderen Einstellung angegangen.

Leistungsstruktur im Einzelzeitfahren

Das Einzelzeitfahren auf der Straße ist eine der großen Faszinationen des Straßenradsports. Diesem konnte sich auch die Internationale Radsportfederation (UCI) nicht länger verschließen und nahm diese Disziplin in das Programm der Weltmeisterschaften und Olympischen Spiele auf.

Die Leistungsstruktur wird hauptsächlich von einer hohen Tretfrequenz und einer relativ hohen Übersetzung bestimmt. Beide sind besonders vom Leistungspotential des Fahrers, aber auch von den äußeren Leistungsfaktoren abhängig. Die Überwindung des Luftwiderstands ist bedeutungsvoller als z.B. beim Straßeneinzelrennen. Im Einzelzeitfahren erhält der Fahrer keinerlei Windschatten von seinen Mitbewerbern. Im Gegenteil, jegliches Windschattenfahren ist reglementswidrig und wird geahndet. Je kleiner der Luftwiderstand ist, den der Fahrer einschließlich seiner Rennmaschine erzeugt, um so größer kann die erzielte Geschwindigkeit sein.

Grundvoraussetzung bleibt aber selbst unter dem aerodynamischen Blickwinkel die physische Leistungsfähigkeit. Die optimale Ausnutzung der Physis verlangt aber auch, daß die aerodynamische Sitzposition auf dem Zeitfahrrad die optimale Kraftentfaltung unterstützt und nicht einschränkt.

Bei den psychischen Leistungsfaktoren sei besonders die Konzentrationsfähigkeit erwähnt. Eine sehr gute Zeitfahrleistung zeichnet sich auch durch eine spezifische Konzentration aus. Das Einzelzeitfahren ist besonders eine Leistung auf einem hohen, gleichbleibenden Geschwindigkeitsniveau. Das Streckenprofil des Einzelzeitfahrens ist mehrheitlich flach bis wellig, mitunter aber sehr kurvenreich.

Das Zeitfahren während einer Rundfahrt wird zu einem immer wichtigeren Faktor; hier Eugeni Berzin.

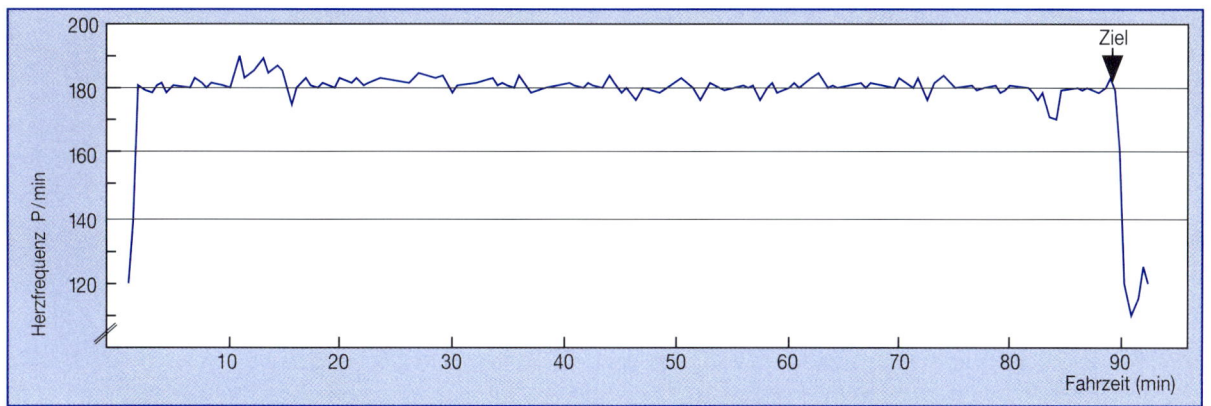

Oft fehlt aber selbst ausgezeichneten Tempofahrern die Leistung in dieser Disziplin. Sie werden oft zu schlechten Einzelzeitfahrern abgestempelt. Ein Vorurteil, das nicht praktiziert werden sollte. Durch gezieltes Training, auch mental, ist die Fähigkeit »Einzelzeitfahren« erlernbar. Voraussetzung ist auch hier das Wissen um die Ursachen der Schwächen oder Stärken und die richtige Reaktion auf ein zu veränderndes Training.

In Abbildung 2 ist ein typischer Verlauf eines Einzelzeitfahrens dargestellt. Im Gegensatz zum Straßeneinzelrennen, wo die Parameter der Leistungsstruktur eine große Schwankungsbreite aufweisen, gibt es beim Einzelzeitfahren eher ein Gleichmaß, wenn auch auf einem sehr hohen Niveau. Typisch dafür ist das Verhalten der Herzfrequenz. Das Gleichmaß trifft auch auf andere Parameter der Leistungsstruktur zu und ist so von tiefgründiger Aussage für das Einzelzeitfahren.

Die Stoffwechselprozesse verlaufen fast parallel zur Herzfrequenz zu 90–97 % im aerob-anaeroben Übergangsbereich. Nur ein ganz geringer Anteil (unter 3 %) kann im anaeroben Bereich verlaufen. Reine aerobe Stoffwechselverhältnisse bestehen bei höchsten Geschwindigkeiten nicht. Sie sind maximal in der Startphase oder bei Abfahrten im Streckenverlauf anzutreffen.

Leistungsstruktur im Paarzeitfahren

Das Paarzeitfahren ähnelt in der leistungsstrukturellen Analyse dem Einzelzeitfahren.

Hinzu kommt der Aspekt, daß zur Gesamtleistung zwei Fahrer gehören, die sich gegenseitig im Rahmen des Reglements unterstützen dürfen.

Diese Unterstützung beschränkt sich auf drei wesentliche Merkmale, deren optimale Anwendung zu einem echten Leistungs- und damit Geschwindigkeitsgewinn führen kann:

- Die Ausnutzung der Vorteile des Windschattenfahrens mit dem Mannschaftspartner sowie die Wahl einer gemeinsamen optimalen Fahrlinie.
- Die Abstimmung der Leistungsfähigkeit der beiden Partner. Das Leistungsvermögen des Paares wird im Normalfall nicht immer gleich sein. Die Dauer der Führungslänge wird daher im Rennen operativ entschieden. Ein Optimum bei Leistungsgleichheit liegt bei 30–50 Sekunden. Der stärkere Fahrer führt bei unausgeglichenen Leistungsbilanzen länger, der schwächere dementsprechend kürzer.
- Das Rennen sollte bezüglich der Technik des Kurvenfahrens, des

Abb. 2 *Typischer Verlauf der Herzfrequenz beim Einzelzeitfahren, 65 km, flaches Profil, Siegerzeit 1:28:25, durchschnittliche Geschwindigkeit 44,1 km/h*

Bergauf- und des Bergabfahrens optimal gestaltet werden. Das Paar muß eine »Einheit« verkörpern. Durch gleiches gemeinsames Handeln, z. B. auch in der Übersetzungsgestaltung oder in der Wahl des Radmaterials, sollten alle Reserven bis zum Äußersten ausschöpfbar gemacht werden.

In Abbildung 3 ist der Herzfrequenzverlauf beim Paarzeitfahren dargestellt. Das darin analysierte Duo erzielte einen 2. Rang in einem international gut besetzten Paarzeitfahren, dem »Duo Normand«.

Die Stoffwechselprozesse weisen eindeutig Verhältnisse im aerob-anaeroben Bereich (97%) auf. Nur etwa 3% sind über der anaeroben Schwelle angesiedelt. Reine aerobe Energiebilanzen sind mit Ausnahme der Startphase oder bei streckenprofilbedingten Abfahrten nicht anzutreffen.

Leistungsstruktur im Mannschaftszeitfahren

Das Vierer-Mannschaftszeitfahren auf der Straße hat nicht nur eine lange Tradition, sondern ist eigentlich die einzige Disziplin des Straßenradrennsports, wo das Denken und Handeln eines als Einheit wirkenden Teams zur vollen Entfaltung kommt. In dieser Disziplin wird diesbezüglich noch wesentlich mehr Mannschaftsdienlichkeit verlangt als in einer Mannschaft in einem Etappenrennen. Gegenwärtig ist diese Disziplin aus vornehmlich kommerziellen Gründen aus dem Programm der Weltmeisterschaften und Olympischen Spiele »verbannt«.

Als Wettkampfform und ganz besonders als Trainingsmittel zur technischen Ausbildung und zur Ausprägung hoher Geschwindigkeiten ist es hervorragend geeignet und durch nichts anderes zu

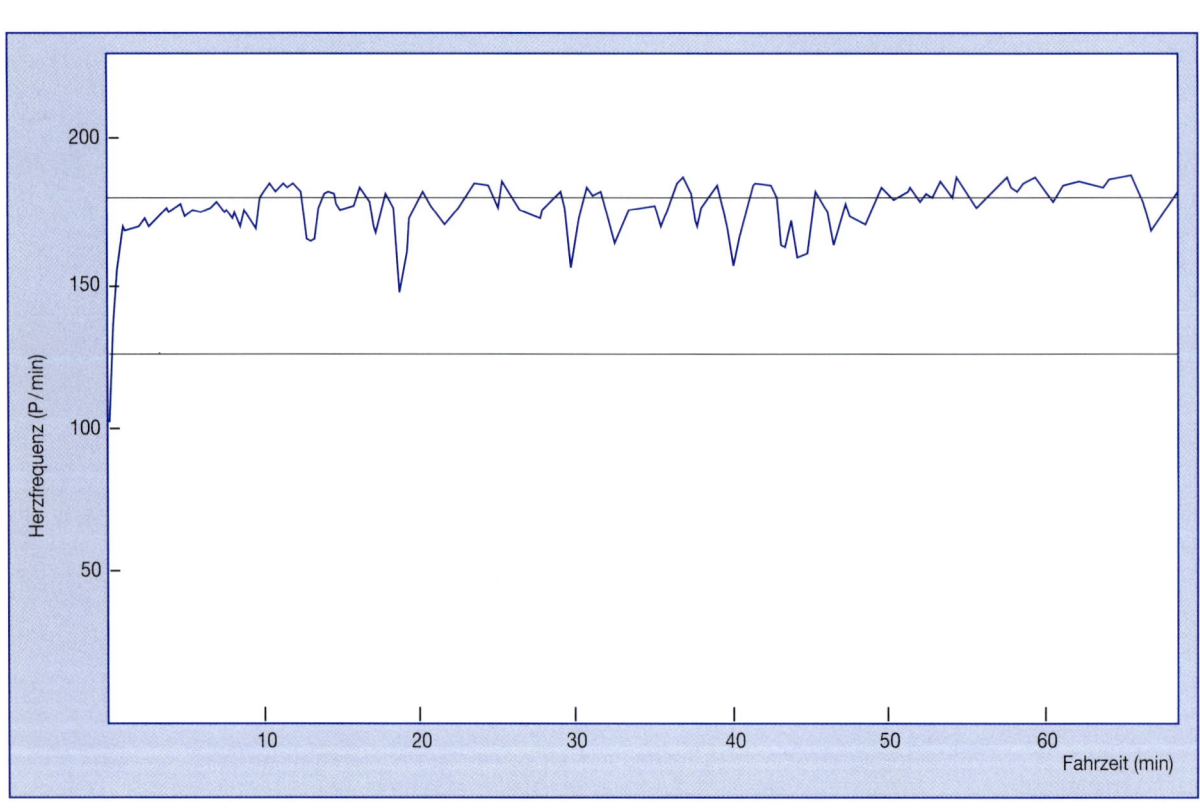

Abb. 3 *Herzfrequenz beim Paarzeitfahren*

ersetzen. Die Mehrheit der erfolgreichsten Rennfahrer bezeichnen diese Disziplin als eine der schwersten Prüfungen des Straßenradrennsports.

Das Mannschaftszeitfahren wird auf flachen bis welligen, seltener auf bergigen Strecken ausgetragen. Die häufigste Form ist das Vierer-Mannschaftszeitfahren, bei Etappenrennen wird es jedoch in voller Mannschaftsstärke von bis zu zehn Fahrern bestritten. Da die Geschwindigkeiten prinzipiell über 50 km/h liegen, erfordert es eine sehr hohe Tretfrequenz (100–110 U/min) bei gleichzeitigem Einsatz relativ hoher Übersetzungen.

Parallel zum Einzel- bzw. Paarzeitfahren weist der Geschwindigkeitsverlauf eine hohe Kontinuität auf. Je größer diese ist, desto »runder« fährt das Team. Die Harmonie innerhalb der Mannschaft ist somit ein wesentlicher leistungsbestimmender Faktor.

Diese kontinuierlichen Verläufe finden wir nicht nur in der Herzfrequenz, sondern auch in den Stoffwechselprozessen wieder. Die Laktatmessungen belegen eindeutig, daß in dieser Disziplin zu 96% aerob-anaerobe Leistungen erbracht werden. Kurzzeitig kommt es – besonders am Ende der Führungszeit und beim Anschlußfinden auf Position 4 – nach erfolgter Führungsarbeit zu geringfügig anaeroben Mobilisationen.

Nur Sportler, die einen ausgezeichneten Trainingszustand für diese spezifische Leistungsstruktur besitzen, können das Renntempo mitbestimmen. In Abbildung 4 ist das Herzfrequenzverhalten bei einem Weltmeisterschaftsrennen dargestellt. Der Sportler erkämpfte mit seinem Team eine Bronzemedaille. Seine anaerobe Schwelle lag zum Zeitpunkt des Wettkampfs bei einer Herzfrequenz von 176. Auffällig sind die »Erholungsphasen«.

Beim Mannschaftszeitfahren der Tour de France werden Durchschnittsgeschwindigkeiten von über 50 km/h erzielt.

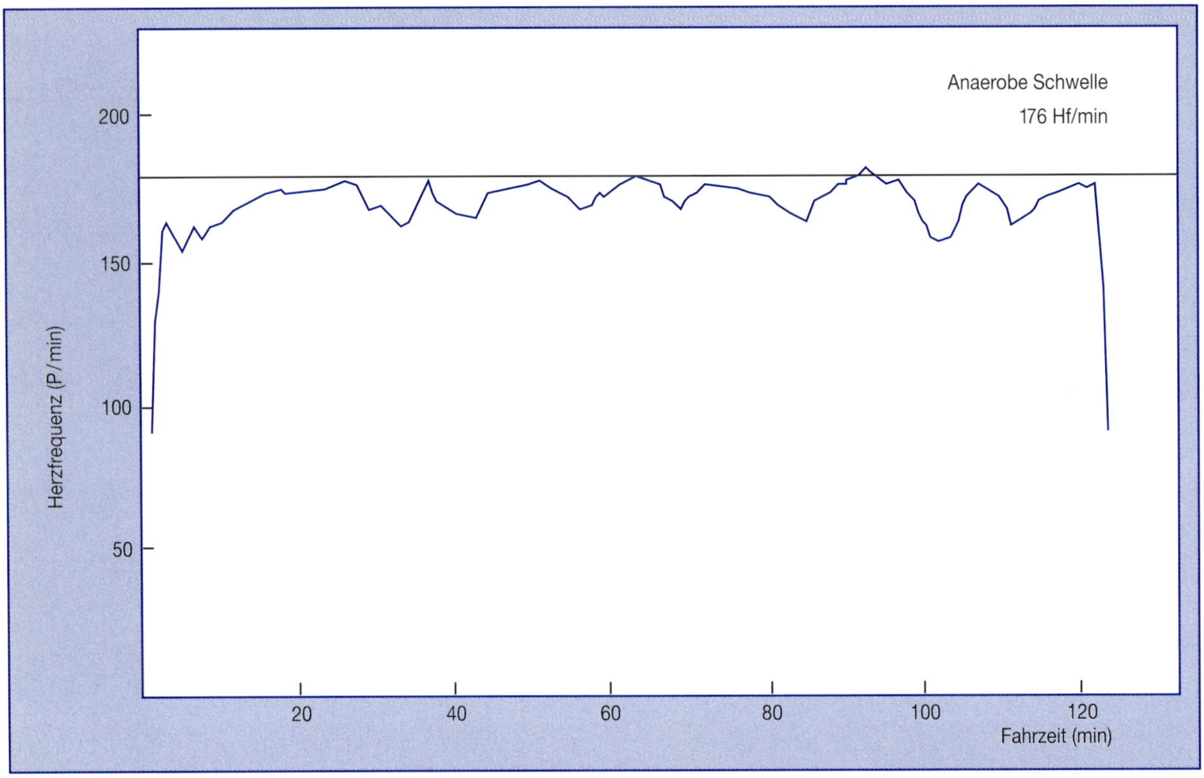

Abb. 4 *Herzfrequenzverhalten beim Mannschaftszeitfahren*

Ein weiteres Spezifikum ist, daß die Ablösungen innerhalb der Mannschaft (Position 1–4) alle 20–25 Sekunden erfolgen. So kann sich der aus der führenden Position kommende Fahrer auf den Positionen 4, 3 und 2 etwas »erholen«. Voraussetzung dafür ist aber eine perfekte Technik in der Viererformation und ein ausgezeichneter physischer Zustand des Fahrers.

Leistungsstruktur im Bergzeitfahren

Das Einzelzeitfahren, das Paar- und Mannschaftszeitfahren beinhalten viele leistungsstrukturelle Gemeinsamkeiten. Im Bergzeitfahren bringt das Streckenprofil aber eine stark veränderte Leistungsstruktur mit sich.
Die Überwindung des Luftwiderstandes bleibt, die Hangabtriebskraft kommt als neue Größe hinzu. Die aerodynami-

Toni Rominger verwendete beim Bergzeitfahren des Giro d'Italia 1995 eine Maschine mit 26-Zoll-Laufrädern.

schen Aspekte verlieren stark an Bedeutung. Dadurch erhöht sich das physische Anforderungsprofil, besonders im Bereich der Kraft. Das Bergauffahren verlangt andere, kleinere Übersetzungen und demzufolge auch niedrigere Tretfrequenzen. Der physische Beanspruchungsgrad wird unter diesen Aspekten verständlicherweise deutlich größer.

Das zeigt sich auch im Herzfrequenzverhalten und in den Stoffwechselprozessen. Wenn es beim Bergzeitfahren keine eingelagerten Abfahrten gibt, sind keine Erholungsphasen möglich.

Der Fahrer befindet sich deshalb immer an der anaeroben Schwelle. Kann er unter diesen Anforderungen seine Kreislauf- und Stoffwechselverhältnisse nicht stabilisieren, kommt es zwangsläufig zum Leistungsabfall. Beim Bergzeitfahren – beim Bergfahren generell – spielt, physiologisch betrachtet, die Sauerstoffaufnahme eine ganz entscheidende Rolle.

Die optimale Atemtechnik und die Höhe des Atemvolumens begrenzen so das Leistungsvolumen des Bergzeitfahrers. In Abbildung 5 ist ein typischer Verlauf der Herzfrequenz aufgezeichnet. Auffällig ist vor allem die hohe anaerobe Mobilisation in der Anfangsphase des Rennens. Danach schwankt die Herzfrequenz relativ gering. Sie pendelt sich an der anaeroben Schwelle bei 181 Schlägen ein.

Leistungsstruktur in Kriterium und Rundstreckenrennen

Die Wettbewerbe dieser Disziplin werden ausschließlich auf Rundkursen ausgetragen. Die Länge des Kurses und das Wettkampfreglement teilen die Rennen

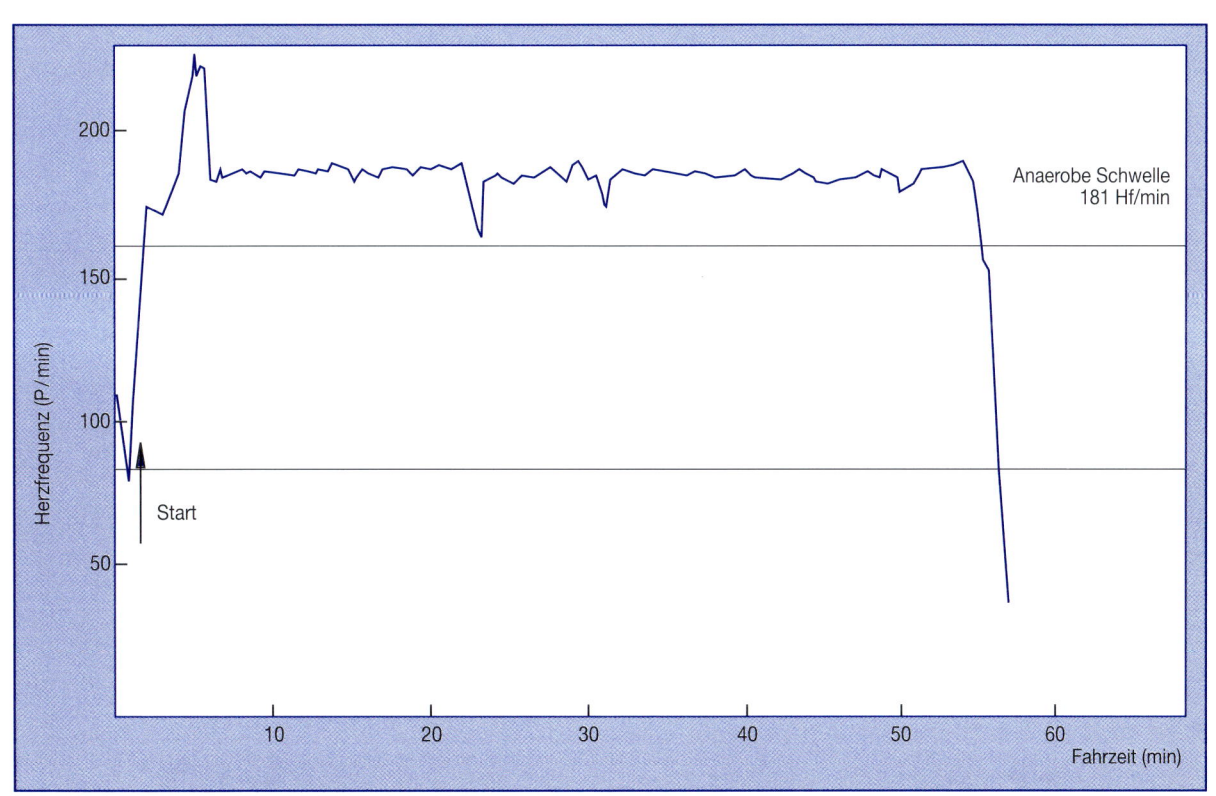

Abb. 5 *Darstellung der Herzfrequenz bei einer Siegleistung im Bergzeitfahren*

in die Kategorien »Kriterium« und »Rundstreckenrennen« ein.

Das Kriterium findet auf einem 800 bis 1600 m langen Rundkurs statt. Es gibt eine Vielzahl von Wertungssprints, in denen Punkte vergeben werden. Rennsieger ist dann der Fahrer, der fleißig Punkte gesammelt hat. Rundengewinn geht über alle Punkte.

Das Rundstreckenrennen bevorzugt Rundkurse von 800 bis 5000 m Länge. Sieger ist der Fahrer, der als erster über die Ziellinie fährt. Beide Disziplinen sind wesentlich kürzer als ein Straßeneinzelrennen. Die Geschwindigkeiten liegen, sofern der Fahrer das Rennen aktiv mitgestaltet, höher. Die Wertungssprints stellen an die Schnelligkeit und die Schnelligkeitsausdauer hohe Anforderungen und sind zudem noch ein gutes Trainingsmittel für den Straßenfahrer. In den Wertungssprints ist eine relativ hohe anaerobe Mobilisation notwendig, um die begehrten Wertungspunkte zu erzielen. Danach muß sich der Fahrer umgehend regenerieren, das entstandene Laktat abbauen, um in den weiteren Rennverlauf eingreifen zu können.

Die Anzahl der Kriterien und Rundstreckenrennen sollte sich jedoch nach der Gesamtzahl der Wettkämpfe richten und begrenzt bleiben. Die Kürze der Rennen und die hohen Intensitäten führen über längere Perioden zu einem deutlichen Rückgang der Ausdauer.

Kriterien und Rundstreckenrennen sind wesentlich kürzer als Straßeneinzelrennen

Leistungsstruktur im Etappenrennen

Die Etappenrennen vereinen die Leistungsstrukturen der Disziplinen des Straßenradsports. Sie sind eine Aneinanderreihung verschiedener Wettbewerbe an aufeinanderfolgenden Tagen. Die Dominanz der Etappen liegt beim Straßenrennen von Ort zu Ort. Zeitfahrwettbewerbe werden eingebaut. Unterschiedliche geographische Verhältnisse führen innerhalb eines Etappenrennens zu extremen Differenzen in den Streckenprofilen. Die zeitliche Ausdehnung der Rundfahrten, zum Teil über mehrere Wochen, stellt an alle Leistungsfaktoren extreme Anforderungen. Um die daraus resultierenden Belastungen überhaupt zu überstehen, bedarf es einer ausgezeichneten physischen und psychischen Verfassung. Sie muß im Training vorbereitet werden. Wettkämpfe sind so zu integrieren, daß der Sportler systematisch auf diese extremen Anforderungen vorbereitet wird. Er muß zu einem Etappenrennen auch die notwendige Motivation und Einstellung haben. In der Vorbereitung eines Etappenrennens muß leistungsstrukturell alles auf die Langzeitbelastung ausgerichtet sein. Die Regenerationsfähigkeit über die Zeitdauer des Etappenrennens wird zu einem entscheidenden Merkmal. Ist diese nicht genügend vorhanden, kommt es im Verlauf des Wettkampfes zu einem deutlichen Leistungsabfall. Der Organismus kann die notwendigen Energiebilanzen, vor allem im aeroben und aerob-anaeroben Übergang, nicht mehr bereitstellen.

Verschleißerscheinungen, insbesondere im Bereich der Kraft, entstehen. Etappenrennen mit einer Dauer bis zu 10 Tagen können aber auch als Trainingsmittel zur Ausprägung wettkampfspezifischer Fähigkeiten und Eigenschaften genutzt werden. Sie sind ein Mittel zum Formaufbau im Jahresverlauf, stellen Gipfelbelastungen dar, die mit anderen Trainingsmitteln nicht zu erreichen sind. Der einzige »Trick«, um diesen Effekt auch voll auszunutzen: Höchster Einsatz mit extremen Intensitäten wird stark eingeschränkt. Submaximale Belastungen stehen im Mittelpunkt und verlangen vom Athleten eine hohe Disziplin und Erfahrung bei der konsequenten Realisierung.

Belastungsprofile und Trainingsbereiche

Durch die umfassende Aufhellung der Leistungsstrukturen der Disziplinen des Straßenradrennsports konnten vielschichtige Erkenntnisse über die Unterschiedlichkeit der Belastungsprofile gewonnen werden. In Kenntnis der Belastungsprofile der Wettkämpfe benötigen wir für das Training klare und überschaubare Ableitungen – die Trainingsbereiche. Vorangestellt sei noch ein Grundsatz der menschlichen Leistungsfähigkeit: Sie muß erlernt und erarbeitet oder trainiert werden. Dabei ist das Training durch keine anderen Maßnahmen zu ersetzen. Im Training geht es nun konkret um die Beantwortung der Frage: Wie können die Erkenntnisse aus der Leistungsstruktur in trainingsmethodische Aufgaben und Ziele umgesetzt werden? Dabei muß das physiologische Spektrum aller Disziplinen erfaßt und durch die Trainingsbereiche lückenlos abgedeckt werden (siehe auch Kap. »Medizin«). Die sportliche Leistung in den Disziplinen des Radrennsports beruht im wesentlichen auf drei Faktoren.

- Aerobe Leistungsfähigkeit:
  Sie schließt das Training der Grundlagenausdauer und das Regenerationstraining ein.
- Aerob-anaerober Übergangsbereich:
  Er umfaßt die wettkampfspezifische Ausdauer, die Schnelligkeitsausdauer und den Komplex der Kraftausdauerleistung.
- Anaerober Bereich:
  Er umfaßt die Fähigkeiten zur anaeroben Mobilisation, der Spurtfähigkeit (Schnelligkeit) sowie der Maximal- und Schnellkraft.

Im Bereich der physischen Leistungsfaktoren sind in Abbildung 6 diese Ebenen

Etappenrennen vereinen die Leistungsstrukturen aller Disziplinen des Straßenradsports.

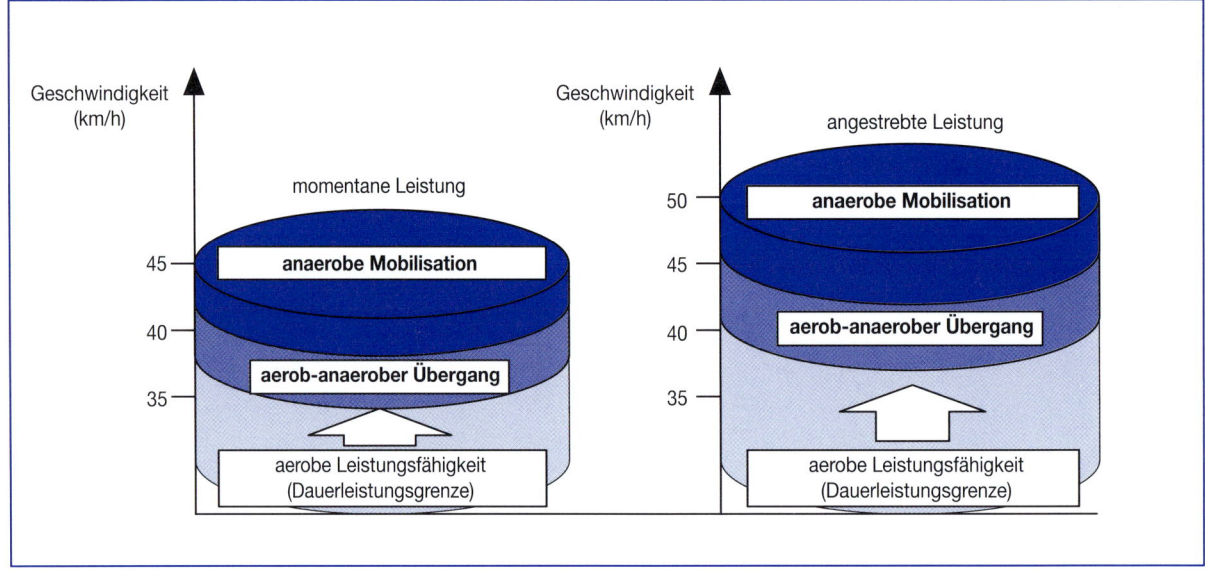

Abb. 6 *Ebenen der Energiegewinnung zur Leistungssteigerung im Straßenradsport*

ausgewiesen. Bei der notwendigen Leistungssteigerung, die mit einem Gewinn an Wettkampfgeschwindigkeit verknüpft ist, liegt die aus der Praxis gewonnene Erfahrung zugrunde, daß die aeroben und aerob-anaeroben Elemente gut trainierbar sind, die anaerobe Bandbreite aber begrenzt bleibt. Das schließt aber die Verbesserung der anaeroben Mobilisation nicht aus.

Ableitungen aus der Leistungsstruktur

Für die drei Ebenen aerob, aerob-anaerob und anaerob benötigen wir nun Trainingsbereiche (siehe auch Kap. »Trainingslehre«). Sie bilden die Grundlage der gesamten Trainingsarbeit. Sie sollen vor allem die Anforderungen der physischen Leistungsfaktoren Ausdauer, Kraft und Schnelligkeit sowie ihrer Kombinationen in optimaler Qualität entwickeln.

Der aeroben Ebene werden zwei Trainingsbereiche zugeordnet, die insbesondere auf die Stabilisierung und Entwicklung der Ausdauer sowie auf die aktive Regeneration gerichtet sind.

Dies sind:
- der Kompensationsbereich (KB),
- der Grundlagenausdauerbereich (GA).

Die aerob-anaerobe Ebene ist auf die wettkampfspezifische Kraft und Ausdauer ausgelegt. Ihr werden
- der Entwicklungsbereich (EB),
- der Kraftausdauerbereich (KA)
  mit den Standardprogrammen K3 und K4 zugewiesen.

Der anaeroben Mobilisation wird
- der Spitzenbereich (SB) sowie
- der Schnell- und Maximalkraftbereich (SK/MK) mit den Standardprogrammen K1 und K2 zugeteilt.

In Abbildung 7 sind die verschiedenen Trainingsbereiche im Vergleich zu wichtigen Leistungsstrukturen der Wettkämpfe dargestellt.

Allgemeines und spezifisches Training

Auch im Straßenradsport unterscheiden wir zwischen allgemeinem und spezifischem Training. Die Differenzierung kommt von der Anwendung der Trainingsmittel. So werden alle Trainingsmittel, bei denen das Straßenrennrad eingesetzt ist, als spezifisch kategorisiert. Alle Trainingsmittel und -formen anderer Sportarten gehören zum allgemeinen Training. Das allgemeine Training hat im langfristigen Aufbau und zu Beginn eines neuen Trainings- und Wettkampfjahres eine große Bedeutung.

Das spezifische Training, also das Radtraining, bildet aber den Mittelpunkt der gesamten Trainingsarbeit. Steht nun ein Ausbildungsziel im Training auf dem Plan, z. B. das Grundlagenausdauertraining, so entscheidet der Zeitpunkt im Jahresverlauf über den Einsatz spezifischer oder allgemeiner Trainingsmittel. Dazu folgendes Beispiel: In der Vorbereitungsperiode im Monat Dezember steht Grundlagenausdauertraining auf dem Plan. Da Schnee und Eis die Straßen bedecken, ist ein Radtraining wenig effektiv. Wir können deshalb z. B. auf Skilanglauf umsteigen. Einige Besonderheit aber bleibt: Der Skilanglauf muß in seiner Intensität so gestaltet werden, daß Grundlagenausdauer auch in der Praxis trainiert wird.

Trainingsbereiche

Auf den folgenden Seiten werden die Trainingsbereiche mit ihren Trainingszielen, der angestrebten Intensität sowie den Steuerparametern, Anwendungsbereichen, Organisationsformen und Methoden der Ausführung dargestellt.

Kompensationsbereich (KB)

Der Kompensationsbereich hat die niedrigste Trainingsintensität. Er wird nur zur Regeneration nach hochintensiven Belastungen (Wettkämpfen und Training, z. B. im Kraft-, Entwicklungs- oder Spitzenbereich) eingesetzt.

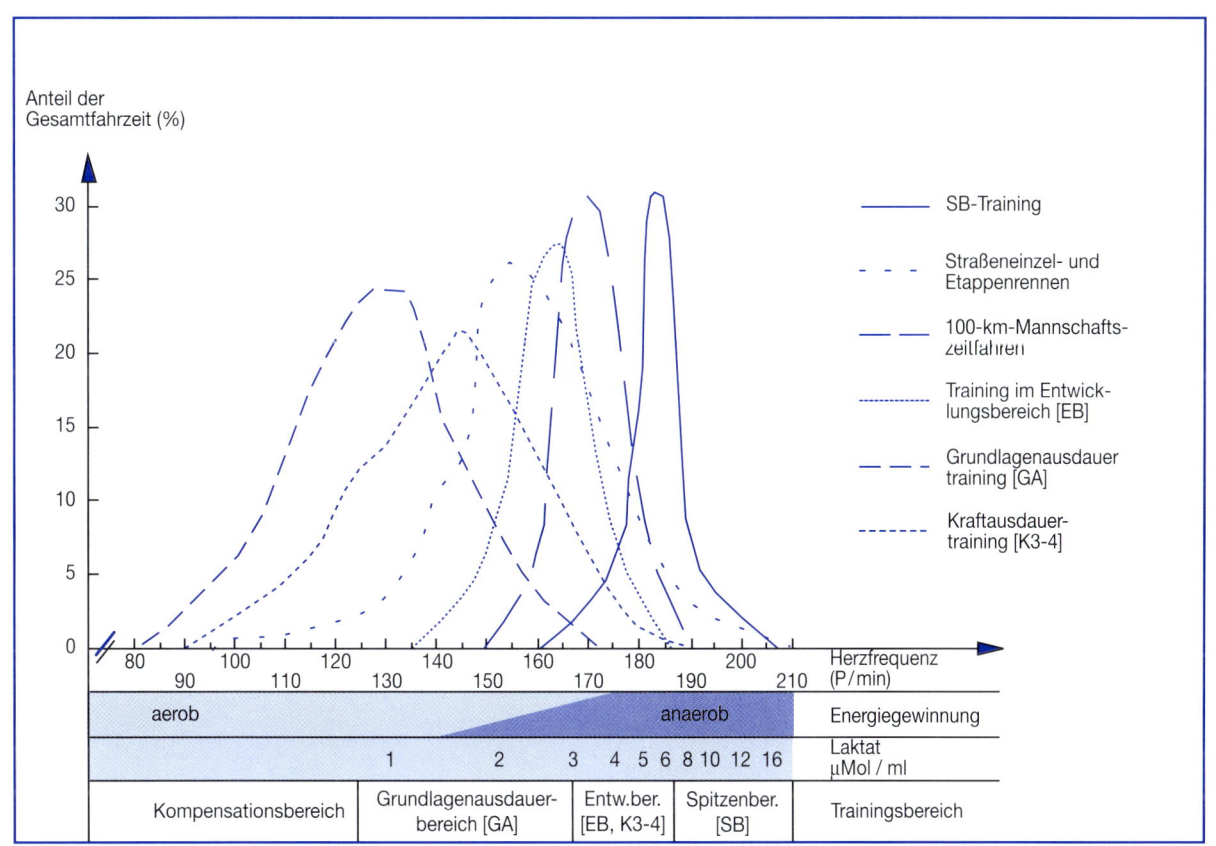

Abb. 7 Trainingsbereiche GA/K3-4/EB/SB im Vergleich zum 100-km-Mannschaftszeitfahren, Straßeneinzel- und Etappenrennen (PROF. DR. D. JUNKER)

Grundlagenausdauerbereich (GA)

Der Grundlagenausdauerbereich ist der Hauptbereich, der auf die Entwicklung und Ausprägung der Grundlagenausdauer und die Erweiterung der Leistung unter aeroben Stoffwechselbedingungen ausgerichtet ist. Durch das Training in diesem Bereich soll das Basisleistungsvermögen stabil entwickelt werden.

Entwicklungsbereich (EB)

Der Entwicklungsbereich zielt auf die Entwicklung der wettkampfspezifischen Ausdauer, der Schnelligkeits- und Kraftausdauer. Das Training im aerob-anaeroben Übergang soll die Leistungsfähigkeit in dieser komplizierten Stoffwechsellage erhöhen.

Für ein spezifisches Zeitfahrtraining, das in der Regel im aerob-anaeroben Bereich stattfindet, sind in Tabelle 6 weitere Details ausgewiesen.

Spitzenbereich (SB)

Der Spitzenbereich zielt auf die Ausprägung und Entwicklung der Schnelligkeit, der Schnelligkeitsdauer sowie der Schnellkraft bzw. der Maximalkraft. Der Sportler soll durch das Training in diesem Bereich in die Lage versetzt werden, sehr hohe anaerobe Mobilisationen zu vollziehen und sich davon innerhalb kürzester Zeiträume auch wieder vollständig zu erholen.

Krafttrainingsbereiche

Die dynamische Entwicklung der Leistung, die durch die ständig steigenden Geschwindigkeitsverläufe in allen Disziplinen des Straßenradsports repräsentiert wird, verändert die Struktur der Leistung permanent. Höhere Geschwindigkeiten basieren entweder auf einer Erhöhung der Tretfrequenz, auf einer Vergrößerung der Übersetzung oder auf einer höheren Tretfrequenz mit einer höheren Übersetzung. Bei allen drei Möglichkeiten wird besonders die Erweiterung des Kraftpotentials angesprochen.

Dadurch hat das Krafttraining in den letzten Jahrzehnten einen völlig neuen

> **Die Wahl des Trainingsbereiches ist maßgeblich vom Trainingsziel abhängig**

Tabelle 3 *Kompensationsbereich (KB)*

Trainingsziel	Training mit Regenerationscharakter zur optimalen Verarbeitung vorangegangener Trainings- und Wettkampfbelastungen sowie zur Erhöhung der Belastbarkeit für nachfolgende intensivere Trainingsbelastungen und Wettkämpfe
Energiegewinnung	aerob, Laktat 0–2 mmol/l
Intensität	gering, niedrigste Intensitätsstufe des Radtrainings
Steuerparameter	Herzfrequenz 90–110 P/min Tretfrequenz 60–100 U/min Übersetzung 60–78 Zoll oder 4,80–6,00 m
Streckenlängen und -profil	30–60 km pro Trainingseinheit; flaches Profil
Methoden	Dauerleistungsmethode. Kompensationstraining ist eine einfache Radausfahrt zum Vergnügen, allein oder mit Radlerfreunden.
Anwendung	vor, zwischen oder nach hochintensiven Trainingseinheiten oder Wettkämpfen
	vorwiegender Einsatz in der Wettkampfperiode (WP) oder in der unmittelbaren Wettkampfvorbereitung (UWV)
Organisationsform	als Einzelausfahrt
	als Gruppenausfahrt

Tabelle 4 *Grundlagenausdauerbereich (GA)*

Trainingsziel	Training zur Entwicklung und Stabilisierung der Grundlagenausdauer
	Erhöhung der aeroben Kapazität, d. h. es kommt bei richtiger Anwendung unter Beibehaltung aerober Stoffwechselbedingungen zu einer Erhöhung der Leistungsfähigkeit im aeroben Bereich
Energiebereitstellung	ausschließlich aerob, Laktat 0–3 mmol/l
Intensität	leicht
Steuerparameter	Hauptparameter der Trainingssteuerung ist die Herzfrequenz in einer Bandbreite von 20 P/min. Sie sollte in regelmäßigen Abständen durch Test individuell ermittelt werden. Tretfrequenz: 80–105 U/min Als Durchschnittswert sollten 100 U/min angestrebt werden. Übersetzung: 60–80 Zoll oder 4,80–6,40 m
Hinweise zur Trainingssteuerung	Mit der Steuerung über die Herzfrequenz, Tretfrequenz und die Übersetzung besteht ein Dreieck. Die Herzfrequenz (individuelle Bandbreite) und die Tretfrequenz (100 U/min) sind die entscheidenden Steuerparameter. Die Übersetzung wird so ausgerichtet, daß die Vorgaben der Herz- und Tretfrequenz realisiert sind. Die Geschwindigkeit wird registriert, ist aber kein Steuerparameter, maximal das Ergebnis des Trainings.
Streckenlängen und -profil	In Abhängigkeit vom Alter, Geschlecht und der Leistungskategorie 50–300 km/Trainingseinheit (TE). Flache bis leicht wellige Profile sind am besten geeignet.
Methoden	Dauerleistungsmethode
Anwendung	ganzjährige Anwendung
	Ratsam: GA-Training im »Block« trainieren, d. h. 2–5 Trainingseinheiten in Folge aneinanderreihen. Beispiel: 1. Tag 100 km 2. Tag 120 km 3. Tag 140 km 4. Tag 160 km 5. Tag 180 km
Organisationsformen	Als Einzeltraining; sehr effektive Trainingsform. So kann das Training mit der Herzfrequenz individuell sehr gut gesteuert werden.
	In der Zweier-, Dreier-, Vierer- bzw. der »holländischen Staffel«. Im Staffeltraining sollte die Führungszeit auf 1 Minute eingeschränkt werden. Nur so kann die Herzfrequenzvorgabe im Training in der erforderlichen individuellen Bandbreite eingehalten werden.
Besonderheiten	Training im Grundlagenausdauerbereich kann auch mit Motorführung (Motorrad, Mofa) erfolgen. Wichtig ist, daß die Stoffwechselverhältnisse aerob verlaufen. Um dies zu garantieren, bedarf es einer exakten Herzfrequenzsteuerung. Der inhaltliche Schwerpunkt dieser Methode liegt in der Schulung der Motorik (Tretfrequenz).

Der GA-Bereich verbessert primär die aeroben Stoffwechselbedingungen

Stellenwert erhalten. Das betrifft das allgemeine, wie auch das spezifische Krafttraining.

Für die spezifischen Krafttrainingsbereiche wurden Standardprogramme entwickelt, um die gewünschten Ziele, Aufgaben und Inhalte eindeutig zu fixieren. Das Schnellkrafttraining wird durch die Standardprogramme K1 und K2 abgedeckt; für den Kraftausdauerbereich wurden die Standardprogramme K3 und K4 erstellt.

Tabelle 5 *Entwicklungsbereich (EB)*

> Das EB-Training konzentriert sich auf den aerob-anaeroben Übergang

Trainingsziel	Entwicklung der wettkampfspezifischen Ausdauer
	Training im aerob-anaeroben Übergangsbereich
	Der Organismus soll auf die Wettkampfsituationen vorbereitet werden, wo aerob-anaerobe Stoffwechselprozesse erforderlich sind, und er soll den Laktatabbau erlernen.
	Zwei inhaltliche Schwerpunkte differenzieren das Training im Entwicklungsbereich: **1. Tretfrequenzorientiertes EB-Training** **2. Kraftorientiertes EB-Training**
Energiebereitstellung	aerob-anaerob; Laktat 3–6 mmol/l
Intensität	mittel
Steuerparameter	**1. Tretfrequenzorientiertes EB-Training** Das Training wird mit der Herzfrequenz gesteuert. Individuelle Ableitung aus Tests ergibt die Bandbreite, in der der aerobe-anaerobe Übergang mit Sicherheit erreicht wird. Die Bandbreite beträgt 10 Schläge. Tretfrequenz: 100–120 U/min Übersetzung: 70–100 Zoll oder 5,60–8,00 m Pausengestaltung bei der Wiederholungsmethode
	2. Kraftorientiertes EB-Training Das Training wird nach gleichen Herzfrequenzorientierungen gesteuert. Tretfrequenz: 70–90 U/min Übersetzung: 80–110 Zoll oder 6,40–8,90 m Pausengestaltung bei der Wiederholungsmethode
Hinweise zur Trainingssteuerung	Im EB-Bereich wird das gleiche System wie im GA-Bereich praktiziert, also Steuerung mit der Herz- und Tretfrequenz; die Übersetzung gestaltet sich variabel. Die Geschwindigkeit ist das Ergebnis, keine Steuergröße.
Streckenlängen und -profil	Das EB-Training wird nach einer Aufwärmphase im GA-Bereich als Teilstreckentraining durchgeführt. Die Teststreckenlängen betragen in Abhängigkeit von Alter, Geschlecht und Leistungskategorie: 3 km – 5 km – 10 km – 20 km – 30 km. Im tretfrequenzorientierten EB-Training werden flache Strecken (auch bei Rückenwind), im kraftorientierten EB-Training wellige bis bergige Streckenprofile (oder flachere Strecken bei Gegenwind) empfohlen.
Methoden	Wiederholungsmethode Beispiel einer Trainingseinheit (4 × 10 km EB): • 30 Min. Erwärmung im Bereich GA • 10 km EB • 10 km EB • 20 Min. aktive Pause • 20 Min. aktive Pause • 10 km EB • 10 km EB • 20 Min. aktive Pause • 40 Min. ausfahren im Bereich KB Am Ende der aktiven Pause ist darauf zu achten, daß die Herzfrequenz einen Wert von 100 P/min erreicht hat.
Anwendung	In der letzten Phase der Vorbereitungsperioden (VP)
	in den Wettkampfperioden (WP)
	in der unmittelbaren Wettkampfvorbereitung (UWV)
	In den Wettkampfperioden ist der Anteil des EB-Trainings vom Umfang der Wettkämpfe abhängig; je größer der Wettkampfumfang, desto kleiner der Umfang im EB-Training.
	Warmfahrprogramme, besonders vor Zeitfahrwettbewerben, werden mit EB-Training gestaltet.
Organisationsformen	als Einzeltraining (kraftorientiert)
	als Staffeltraining (tretfrequenzorientiert)
	als Motortraining (tretfrequenzorientiert)

Tabelle 6 *Spitzenbereich (SB)*

Trainingsziel	Training zur Entwicklung der wettkampfspezifischen Schnelligkeitsausdauer und der Schnelligkeit
	Training der anaeroben Mobilisationsfähigkeit
	Der Organismus soll befähigt werden, eine hohe Sauerstoffschuld einzugehen und sich in kürzester Zeit davon zu erholen.
Energiebereitstellung	anaerob, Laktat 6–20 mmol/l
Intensität	hoch, maximal
Steuerparameter	Herzfrequenz: oberhalb der anaeroben Schwelle Tretfrequenz: bis maximal Übersetzung: 80–110 Zoll oder 6,40–8,80 m Pausen/Serienpausen bei der Intervallmethode
Streckenlängen und -profil	Für die Entwicklung der Schnelligkeit (Spurtvermögen) werden kurze, flache Strecken bevorzugt (200, 300, 400, 500 m).
	Für die Entwicklung der Schnelligkeitsausdauer (Stehvermögen im Spurt) sind mittlere Distanzen (1000, 2000, 3000, 4000 m) mit flachem Profil ratsam.
Methoden	Intervallmethode
Anwendung	am Ende der Vorbereitungsperioden (VP)
	in den Wettkampfperioden (WP)
	in der unmittelbaren Wettkampfvorbereitung (UWV)
	Der Anteil des Spitzenbereiches (SB) ist in diesen Abschnitten vom Umfang des Wettkampfanteils abhängig. Ist der Wettkampfumfang groß, ist der Anteil an SB-Training sehr gering. Ein weiteres Kriterium ist der aktuelle Ausbildungsstand im Bereich der Schnelligkeit bzw. Schnelligkeitsausdauer.
Organisationsformen	Einzeltraining
	Mannschaftstraining

Mit einer gezielten und langfristigen Trainingsplanung zeigen selbst ältere Fahrer, wie hier Gilbert Duclos-Lassalle, beste Leistungen im Spitzenbereich.

Tabelle 7 *Schnellkraftbereich (Programme K1 und K2)*

Trainingsziel	Verbesserung der Maximal- und Schnellkraft
Energiebereitstellung	aerob
Intensität	hoch, maximal
Anwendung	ab Ende der ersten Vorbereitungsperiode
Programm K1: Schnellkraftprogramm mit dem Rad	
Bestimmende methodische Faktoren	Belastungsdauer: 6 Sek., nahezu aus dem Stand Wiederholungszahl: 10–12 Belastungshöhe: maximal Übersetzung: 80–90 Zoll oder 6,40–7,20 m Tretfrequenz: maximal, aus dem Stand antreten Pausenlängen: 5 Min., aktiv gestalten (GA-Bereich)
Standardablauf	Das Training wird in die erste Stunde eines Grundlagenausdauertrainings eingelagert: Warmfahren: 15 Min. im GA-Bereich Programm K1: z.B. 10 × 6 Sek. mit den aktiven Pausen Fortsetzung mit dem GA-Training
Anwendung	am Ende der ersten Vorbereitungsperiode (VP 1), also vor den ersten Wettkämpfen
	in den anderen Vorbereitungs- und Wettkampfperioden in Abhängigkeit vom Wettkampfumfang und dem Ausbildungsstand der Schnellkraft
Organisationsform	als Einzeltraining
	im Gruppentraining
Programm K2: Schnellkraftprogramm auf dem Fahrradergometer	
Bestimmende methodische Faktoren	Belastungsdauer: 20 Sek. Wiederholungszahl: 1–3 Serien mit je 6–10 Wiederholungen in Abhängigkeit von Alter, Geschlecht und Leistungskategorie Belastungshöhe: maximal (entsprechend dem Ausstattungsgrad des Ergometers) Tretfrequenz: Beginn mit 70 U/min (dann steigern) Pausen: 1 Min. (aktiv gestalten) Serienpausen: 15 Min. (aktiv gestalten)
Standardablauf	Warmfahren: 20 Min. mit 150–200 Watt, 80–90 U/min, HF im GA-Bereich Ausfahren: 10 Min. ohne Vorgaben
Anwendung	in den Vorbereitungsperioden, speziell VP 1 und in Analyse des Ausbildungsstandes
Organisationsformen	Einzeltraining

K1 und K2 wurden für das Schnellkrafttraining erstellt

Tabelle 8 *Kraftausdauerbereich (Programme K3 und K4)*

Trainingsziel	Entwicklung der Kraftausdauer
Energiebereitstellung	aerob-anaerober Übergangsbereich: Laktat 3–6 mmol/l
Intensität	submaximal
Anwendung	Die Kraftausdauerprogramme werden ausschließlich mit dem Rad am Berg absolviert. Der Kraftreiz wird durch relativ hohe Übersetzungen, die mit einer niedrigen Tretfrequenz – im Sattel sitzend – bewältigt werden, noch erhöht.
Programm K3: Kraftausdauerprogramm mit dem Rad	
Bestimmende methodische Faktoren	Belastungsdauer: 20–120 Min. (reine Fahrzeit am Berg) Wiederholungszahl: 1–2 in Abhängigkeit von der Länge des Berges Belastungshöhe: submaximal Geschwindigkeitsverlauf: kontinuierlich Herzfrequenz: oberer GA-Bereich bis Beginn EB-Bereich Übersetzung: 65–90 Zoll oder 5,20–7,30 m Tretfrequenz: 40–60 U/min Pausenlängen: 20 Min. (aktive Pause im KB-Bereich)
Standardablauf	Warmfahren: ab 30 Min. im GA-Bereich Ausfahren: 30 Min. im KB-Bereich mit sehr kleinen Übersetzungen[1])
Anwendung	ab März bis September in Abhängigkeit vom Ausbildungsstand
Organisationsform	Einzeltraining
Programm K4: Kraftausdauerprogramm mit dem Rad	
	Der Unterschied zu K3 besteht darin, daß eine Wettkampfsituation an einem längeren Berg simuliert werden soll, d.h. es werden in der Bergauffahrt Tempoverschärfungen und kurz vor der Bergwertung ein Bergspurt in den ansonsten kontinuierlichen Geschwindigkeitsverlauf eingelagert.
Bestimmende methodische Faktoren	Belastungsdauer: 20–120 Min. (reine Fahrzeit am Berg) Wiederholungszahl: 2–5 Belastungshöhe: submaximal Geschwindigkeitsverlauf: kontinuierlich mit Tempowechseleinlagen Herzfrequenz: zwischen oberem GA- und unterem EB-Bereich Übersetzung: Wettkampfübersetzungen Tretfrequenz: 40–80 U/min Pausenlängen: 20–30 Min.
Standardablauf	Warmfahren: ab 30 Min. im GA-Bereich Ausfahren: ab 30 Min. im KB-Bereich mit sehr kleinen Übersetzungen[1])
Anwendung	ab April bis September in Abhängigkeit vom Ausbildungsstand
Organisationsformen	als Einzel- oder Gruppentraining

Die Standardprogramme K3 und K4 wurden für den Kraftausdauerbereich entwickelt

[1]) Zur optimalen Entwicklung der Kraft und der Motorik sollte abends nach dem K3- und K4-Training eine 15–20minütige Trainingseinheit auf der Rolle mit hohen Tretfrequenzen absolviert werden.

Tabelle 9 *Zeitfahrtraining*

Trainingsziel	Verbesserung der Leistungsfähigkeit in den Zeitfahrdisziplinen des Straßenradsports
Energiebereitstellung	aerob-anaerob; Laktat 3–6 mmol/l
Intensität	submaximal
Steuerparameter	Herzfrequenz/Tretfrequenz/Übersetzung analog zum EB-Training
Hinweise zur Trainingssteuerung	siehe EB-Training
Streckenlängen und -profil	Für das Einzelfahren, Paarzeitfahren, Mannschaftszeitfahren werden flache Strecken mit einer Länge von 3, 5, 10, 20, 30 und 50 km bevorzugt.
	Für das Bergzeitfahren wird ein Berg ausgesucht, Streckenlänge 5–15 km.
Methoden	Wiederholungsmethode
Anwendung	ab April bis September in Abhängigkeit vom Wettkampfziel (Zeitfahren) und dem Ausbildungsstand im Zeitfahren
Organisationsformen	als Einzeltraining für das Einzel- und Bergzeitfahren
	als Paar für das Paarzeitfahren
	In der Viererformation (mit und ohne Ersatzfahrer) für das Mannschaftszeitfahren sollte ein Mannschaftszeitfahren in einem Etappenrennen integriert sein, dann in voller Mannschaftsstärke.

Zeitfahrtraining hat in den letzten Jahren einen wichtigen Stellenwert erhalten

Ergometertraining

Das Training auf Fahrradergometern ist, bedingt durch den immer höher werdenden technischen Entwicklungsstand, zu einem weitverbreiteten Trainingsmittel geworden. Es gibt praktisch drei verschiedene Kategorien an Radergometern:
- Rolle
- Heimtrainer
- Hochleistungsergometer

Die Rolle ist das älteste und demzufolge auch das am weitesten verbreitete Trainingsgerät. Sie besteht aus drei in einem Rahmen montierten Walzen. Das Rennrad wird auf diese gestellt, und mittels Riemen erfolgt die Kraftübertragung.

Ergometertraining hilft bei der Schulung der Motorik und dient zur Erwärmung der Muskulatur von Zeitfahrern.

Mit dem Rollentraining können drei wichtige Aufgaben der Ausbildung erfüllt werden:
- Schulung der Technik (Steuerkunst) und Konzentration. Perfektion auf der Rolle bezieht freihändiges Fahren ein.
- Ausgezeichnetes Trainingsmittel zur Erwärmung der Muskulatur bzw. zur Auflockerung. Es wird deshalb vor Wettkampfbeginn (besonders vor Zeitfahrwettbewerben) oder nach hochintensiven Belastungen zur Kompensation eingesetzt.
- Ausgezeichnetes Trainingsmittel zur Schulung der Motorik und Erhöhung der Tretfrequenz.

Heimtrainer sind Standgeräte, in die das Fahrrad integriert ist. Die originale Sitzposition vom Rennrad kann hierbei oft nicht exakt eingestellt werden. Die Art der technischen Lösung der Widerstandsregulierung bietet im Tretzyklus in der Regel keinen optimalen Einfluß auf den effektiven Krafteinsatz. Der Rennfahrer braucht aber einen guten, »runden« Tritt, der einen hohen Wirkungsgrad bezüglich des Vortriebs erreicht. Diesen Anspruch können die Heimtrainer nur selten erfüllen. Demzufolge ist der Einsatz im Nachwuchs- und Hochleistungstraining auf Fahrradergometern nicht zu empfehlen.

Trainingsmethoden

Es gibt fünf wichtige Trainingsmethoden in den Ausdauersportarten. Sie finden auch im Straßenradsport Anwendung (siehe auch Kap. »Trainingslehre«).

Dauerleistungsmethode

Bei kontinuierlichen Geschwindigkeiten wird diese Methode vor allem beim Grundlagenausdauertraining, also in den Bereichen KB und GA, mit geringer bis leichter Intensität angewandt. Die Dauer einer Trainingseinheit mit der Dauerleistungsmethode beträgt in Abhängigkeit vom Alter und der Leistungsklasse mehrere Stunden.

Fahrtspielmethode

Das sogenannte Fahrtspiel ist ein Spiel mit der Geschwindigkeit, die ständig wechseln kann. Es ist gewissermaßen die Wettkampfimitation eines Straßeneinzelrennens auf niedrigerem Niveau. Da die Intensitäten von leicht bis hoch schwanken, ist das Fahrtspiel in der unteren Etage des aerob-anaeroben Trainings angesiedelt.

Wiederholungsmethode

Die Wiederholungsmethode wird im Entwicklungsbereich und im Kraftausdauerbereich eingesetzt. Nach einer Warmfahrphase wechseln sich intensive Belastungsabschnitte mit weniger intensiven Teilstücken ab. Die »Pausengestaltung« richtet sich nach dem Trainingsziel, sollte aber aktiv durch Bewegung auf dem Rad mit geringen Intensitäten gestaltet werden.

Intervallmethode

Sie wird vornehmlich im Spitzenbereich und beim Schnellkrafttraining, also im anaeroben Training, eingesetzt. Intervall bedeutet Pause. Wird die Pause so gestaltet, daß der Organismus noch nicht völlig erholt ist, wenn die neue Belastung folgt, entsteht ein Schnelligkeitsausdauereffekt. Wird das Intervall aber so gewählt, daß die Erholung nahezu abgeschlossen ist, kommt es inhaltlich zu einem Schnelligkeitsreiz.

Wettkampfmethode

Die Wettkampf- oder auch Kontrollmethode hat zwei Kategorien. Die eine ist der Wettkampf selbst; er verkörpert die komplexeste Form der Ausbildung. Weiterhin sind Leistungskontrollen oder Tests in eine zweite Kategorie einzustufen.

Unterschiedliche Trainingsmethoden sorgen für eine abwechslungsreiche Trainingsgestaltung

Abb. 8 *Dauerleistungsmethode (HF-Intensität in einer bestimmten biologischen Bandbreite)*

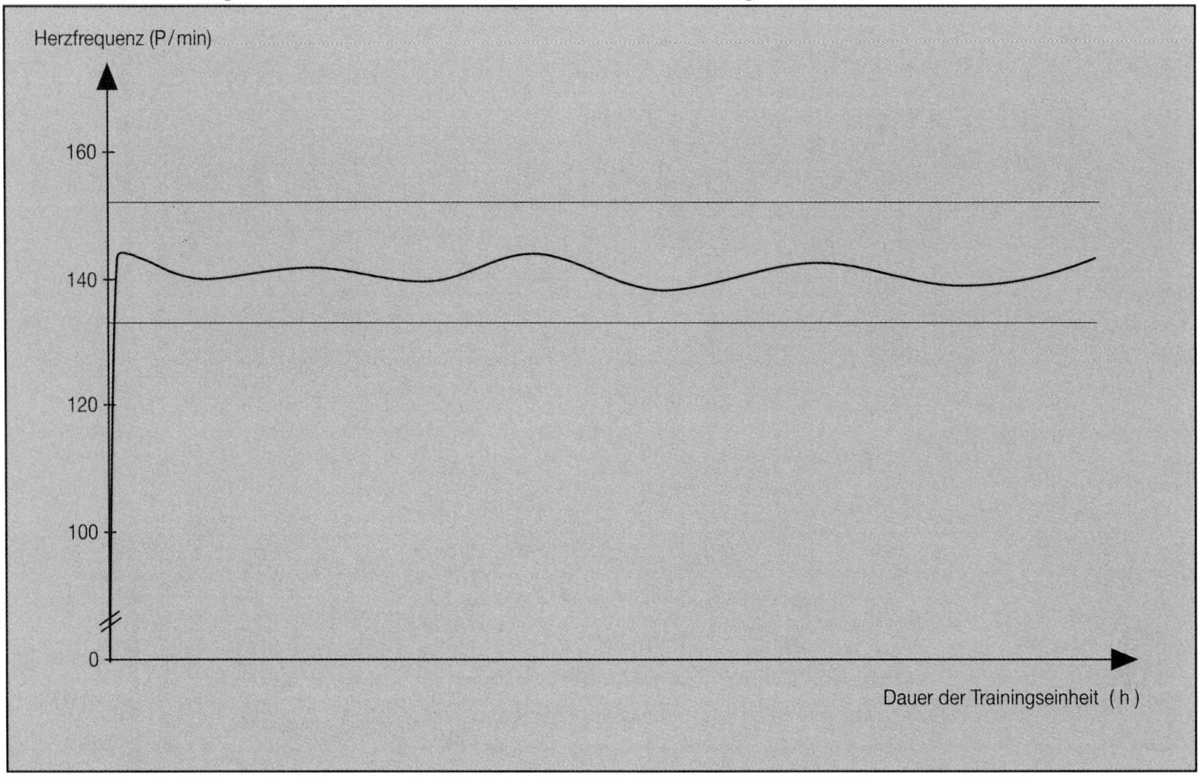

Abb. 9 *Fahrtspiel*

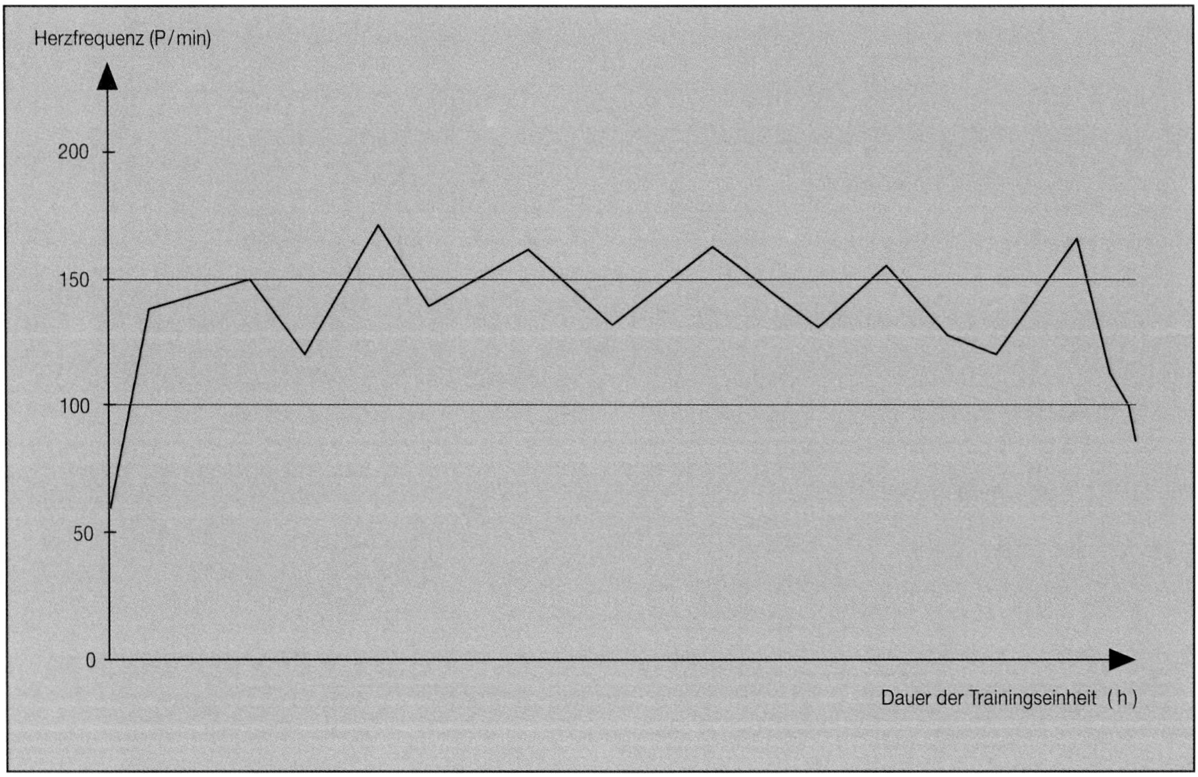

Abb. 10 *Wiederholungsmethode (EB-Training 5 x 10 km)*

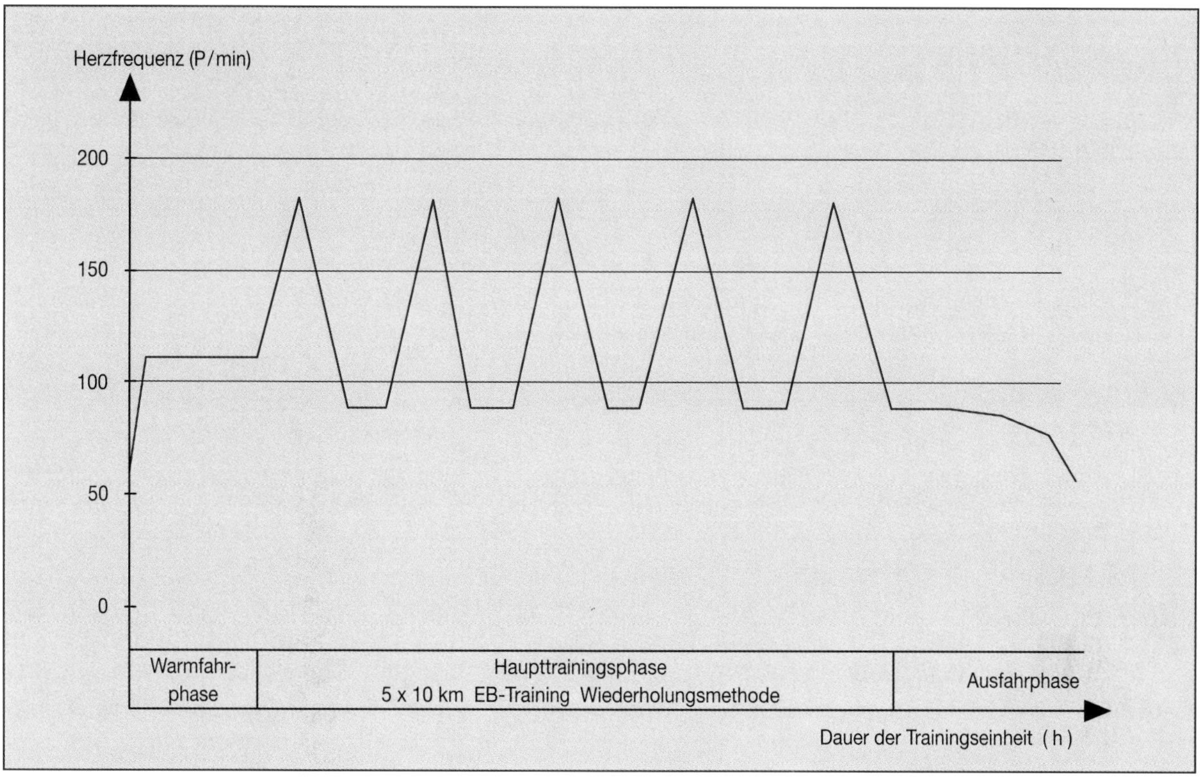

Abb. 11 *Intervallmethode (Schnelligkeitsausdauer 2 Serien à 5 x 200 m)*

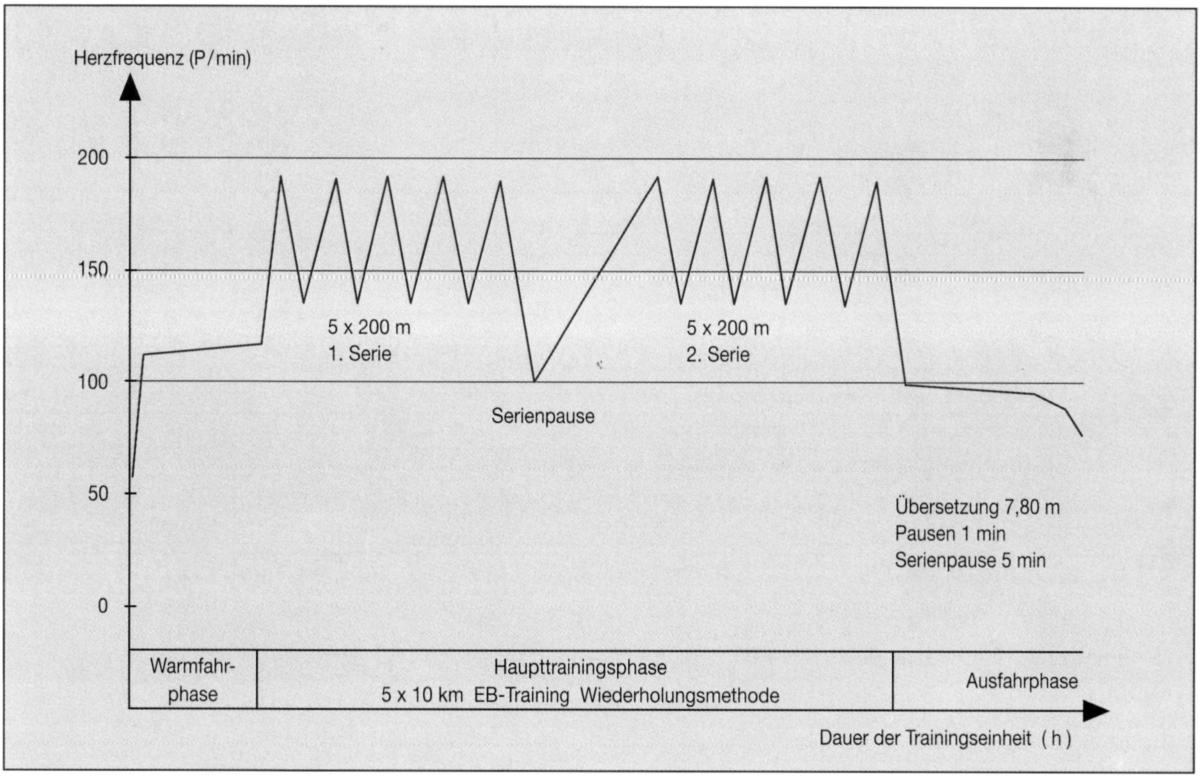

Allgemeine athletische Ausbildung

Mit der allgemeinen athletischen Ausbildung wird das Ziel verfolgt, grundlegende Leistungsvoraussetzungen für den Straßenradsport zu schaffen. Sie ist vor allem auf die Vielseitigkeit ausgelegt. Von Beginn an sollten richtige Technik und fehlerfreie Bewegungsabläufe der anderen Sportarten und Disziplinen erlernt werden. Darauf aufbauend folgen dann Belastungen, die in den Bereichen von Kondition, Ausdauer, Kraft und Schnelligkeit Voraussetzungen für hohe spezifische Trainingsreize im Straßenradsport legen.

Durch die sitzende Position auf dem Rennrad werden einzelne Muskelgruppen überbeansprucht, andere dagegen vernachlässigt. Mit der Vielseitigkeit, die die allgemeine athletische Ausbildung bietet, kann das notwendige Gleichgewicht wiederhergestellt und gesundheitliche Beeinträchtigung verhindert werden. Auf Sportarten oder Spiele, die schnell zu Verletzungen führen können, sollte allerdings verzichtet werden. In Tabelle 10 sind einige Beispiele von Sportarten, die für den Rennfahrer besonders wertvoll sind, dargestellt.

Vielseitigkeit wird durch die allgemeine athletische Ausbildung erreicht

Krafttraining mit allgemeinen Trainingsmitteln

Unter Krafttraining mit allgemeinen Trainingsmitteln ist zu verstehen, daß es ohne Rennrad, mit Krafttrainingsgeräten im Kraftraum oder Fitneß-Center gestaltet wird. Das Krafttraining wird dort nach der Methode des Zirkeltrainings durchgeführt. Jeder Sportler kann sich – in Abhängigkeit der Geräteausrüstung seines Kraftraums – die Stationen seines »Kraftzirkels« selbst zusammenstellen. Für den Straßenfahrer ist, wie für viele andere Ausdauersportarten auch, Krafttraining in dieser Form und Qualität ein neues Element im Trainingsprozeß.

Für die Bewältigung der höheren Geschwindigkeiten wird neben anderen Bewegungseigenschaften auch – und ganz speziell – die Kraft benötigt. Der Fahrer muß dazu über eine gut ausgeprägte Muskulatur verfügen. Diese schafft die Voraussetzung, hohe Übersetzungen mit hohen Tretfrequenzen zu beherrschen. Ein hoher individueller Wirkungsgrad in der Erzeugung optimaler Vortriebsleistung im Tretzyklus ist dazu notwendig. Das bedeutet, daß die Muskulatur vor allem so beschaffen ist,

Tabelle 10   *Athletik für den Straßenfahrer*

Trainingsziel	Verbesserung der allgemeinen körperlichen Fitneß und der Ausdauerleistungsfähigkeit
Energiebereitstellung	aerob; vereinzelt aerob-anaerob
Intensität	leicht bis mittel
Steuerparameter	Herzfrequenz; es ist zu berücksichtigen, daß durch die Ganzkörperbewegung in anderen Ausdauersportarten die Herzfrequenz zwischen 10 und 20 P/min höher ist.
Methoden	Dauerleistungsmethode
Anwendung	in der wettkampffreien Zeit, also von Oktober bis März
Trainingsmittel	Waldläufe / Skilanglauf / Schwimmen / Rollschuhlaufen / Eisschnellauf
	Spiele: Volleyball / Basketball / Tennis / Wasserball / Eishockey
	Gymnastik / Stretching

daß ihre Kapillarisierung diese ausreichend mit Sauerstoff versorgen kann (siehe auch Kap. »Medizin«). Die Anzahl der Kapillare pro Muskelfaser entscheidet über die Menge des an die Muskelzelle zu transportierenden Sauerstoffs und damit über die Größe der Leistung.

Das Zirkeltraining – vorausgesetzt, es ist richtig aufgebaut und dosiert – schafft diesbezüglich gute Möglichkeiten. Beim Pedalieren werden hauptsächlich acht Muskelgruppen benötigt, die in Abbildung 12 dargestellt sind.

Auf diese acht Muskelgruppen wird das Krafttraining mit allgemeinen Trainingsmitteln ausgerichtet. Die anderen Muskelgruppen, wie z. B. die des Schultergürtels oder die der Armmuskulatur, haben beim Radfahren eine »statische« Funktion. Sie müssen ein gesundes Wachstum aufweisen. Ihr Umfang sollte aber begrenzt bleiben. Der Fahrer benötigt ein optimales Körpergewicht und sollte deshalb auch in dieser Frage auf ein Optimum orientiert werden. Beim Bergauffahren würde es ohnehin nachteilig sein.

Da ein gesunder, gut kapillarisierter Muskel mit einer außerordentlich hohen Kraftausdauerleistungsfähigkeit entstehen soll, wählen wir die Methode des Zirkeltrainings. Sie ermöglicht diese Förderung am effektivsten. Es kommt zwar im Gegensatz zu anderen Methoden zu einem langsamen Muskelzuwachs – dafür aber in der für den Straßenradsport erforderlichen Qualität bezüglich der Stoffwechselprozesse, des Muskelquerschnitts und der Konzentrationsfähigkeit. Die Höhe der Kraftausdauerleistung wird wesentlich von der Maximalkraftleistung der betreffenden Muskelgruppen mitbestimmt. Aus diesem Grund wird das Maximalkrafttraining mit in das Gesamtkrafttrainingsprogramm eingebaut (siehe auch Tabelle 12).

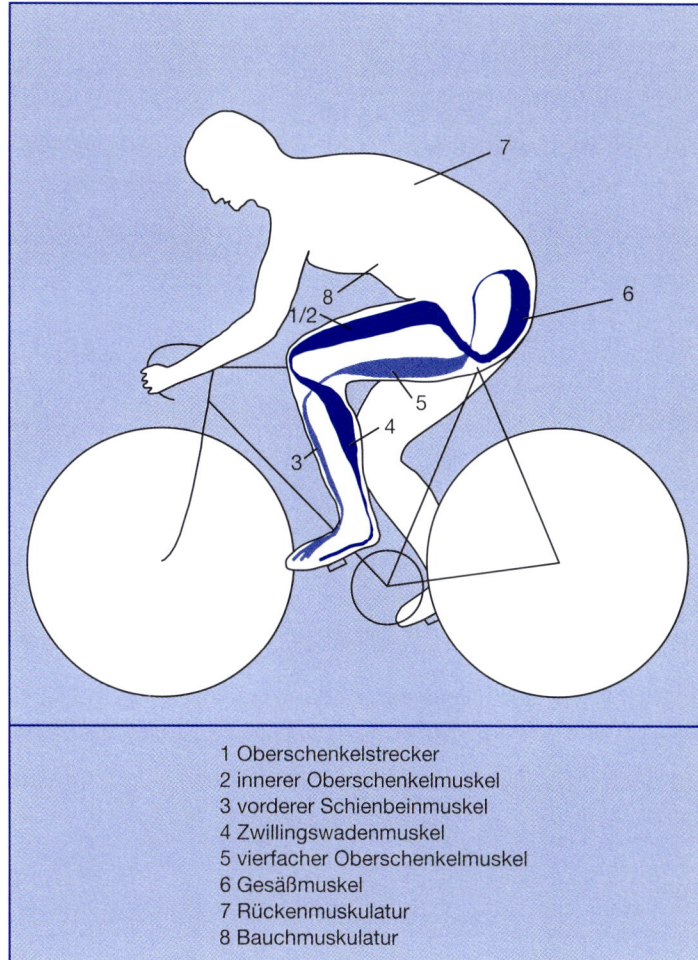

1 Oberschenkelstrecker
2 innerer Oberschenkelmuskel
3 vorderer Schienbeinmuskel
4 Zwillingswadenmuskel
5 vierfacher Oberschenkelmuskel
6 Gesäßmuskel
7 Rückenmuskulatur
8 Bauchmuskulatur

Abb. 12
Klassische Muskelschlinge im Straßenrennsport

»Freie Übungen« sind gymnastische Übungen oder Stretching, also ohne Zusatzgewicht. Sie haben einen entspannenden und lockernden Charakter. Sie bilden auf den Stationen 1, 3, 5, 7, 9 und 11 die »aktiven« Pausen mit einer Dauer von ca. 2 Min. pro Station. Zur Festlegung der Höhe der Zusatzgewichte auf den Stationen 2, 4, 6, 8, 10 und 12 ist zur Bestimmung der aktuellen Ausgangsleistung ein Maximalkrafttest notwendig. Im Abstand von vier Wochen sollte er wiederholt werden. So wird der durch das Training entstandene Leistungszuwachs berücksichtigt. Tabelle 11 zeigt einen Vorschlag für das Testprotokoll.

Inhaltlich hat das Krafttraining für den Straßenfahrer zwei Zielstellungen.

Abb. 13 *Beispiel eines Kraftzirkels*

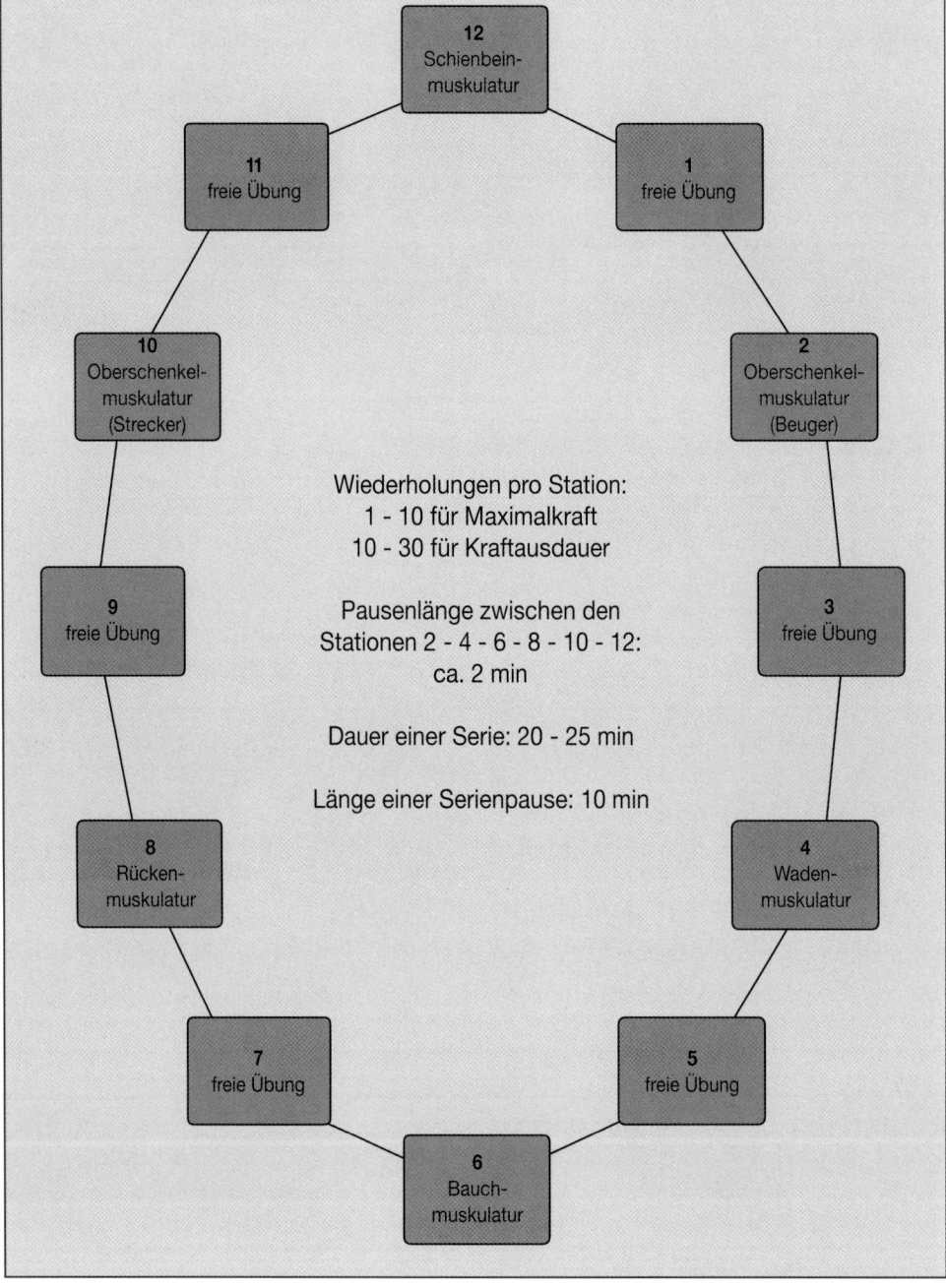

Maximalkraft und Kraftausdauer sind die zwei Hauptinhalte des Krafttrainings beim Straßenfahrer

- Maximalkrafttraining (MK):
  Hier wird in Abhängigkeit von der Anzahl der Wiederholungen das Zusatzgewicht auf den Stationen 2, 4, 6, 8, 10 und 12 75–90% der Maximalkrafttestleistung betragen.
- Kraftausdauertraining (KA):
  Da die Anzahl der Wiederholungen wesentlich größer ist, reduzieren sich die Zusatzgewichte auf 40-70% der Maximalkrafttestleistung.

Die prozentuale Ableitung von der Maximalkrafttestleistung und die Zuordnung der Wiederholungszahlen pro Station lassen sich aus Tabelle 12 entnehmen.

Tabelle 11 Testprotokoll für den Maximalkrafttest (MT)

Station: Datum:		1. MT	2. MT	3. MT	4. MT
2	Oberschenkel-muskulatur (Strecker)	Test: Kp	Kp	Kp	Kp
		Vorgabe: Kp	Kp	Kp	Kp
4	Waden-muskulatur	Test: Kp	Kp	Kp	Kp
		Vorgabe: Kp	Kp	Kp	Kp
6	Bauch-muskulatur	Test: Kp	Kp	Kp	Kp
		Vorgabe: Kp	Kp	Kp	Kp
8	Rücken-muskulatur	Test: Kp	Kp	Kp	Kp
		Vorgabe: Kp	Kp	Kp	Kp
10	Oberschenkel-muskulatur (Beuger)	Test: Kp	Kp	Kp	Kp
		Vorgabe: Kp	Kp	Kp	Kp
12	Schienbein-muskulatur	Test: Kp	Kp	Kp	Kp
		Vorgabe: Kp	Kp	Kp	Kp

Krafttraining sollte nur im erholten Zustand erfolgen

Im Makrozyklus ist es ratsam, zuerst Maximalkraft zu trainieren, dann auf Kraftausdauer umzusteigen und immer wieder eine Trainingseinheit Maximalkrafttraining einzubauen (siehe Tabelle 13). Ein Krafttraining sollte nur im erholten Trainingszustand erfolgen, z.B. als erste Trainingseinheit am Tag und nach Möglichkeit nach einem trainingsfreien Tag, also wenn der Organismus ausgeruht ist und die Muskulatur über einen optimalen Tonus verfügt. Für eine Trainingseinheit Krafttraining wird folgender inhaltlicher Aufbau empfohlen:

- Aufwärmprogramm, bestehend aus Einlaufen, Gymnastik und Laufsprints, ca. 20 Min.
- Kraftzirkel, 1. Serie, ca. 25 Min.
- aktive Pause, die mit Gymnastik und Stretching gestaltet wird, ca. 10 Min.

Tabelle 12 Beispiel eines Makrozyklus Krafttraining mit allgemeinen Trainingsmitteln – Anzahl der Trainingseinheiten und ihre inhaltliche Zielstellung (MK = Maximalkrafttraining, KA = Kraftausdauertraining, MT = Maximalkrafttest)

Zyklus	Inhalt	1. Woche	2. Woche	3. Woche	4. Woche
1	TE Ziel Serien/TE	1× MT-MK 1	1× MK 2	1× MK/KA 2	1× MK 2
2	TE Ziel Serien/TE	2× MT-MK/KA 2	2× KA 3	2× KA 3	2× KA 2
3	TE Ziel Serien/TE	2× MT-MK/KA 3	2× KA 3	3× KA 3	1× KA 3
4	TE Ziel Serien/TE	2× MT-MK/KA 3	3× KA 3	3× KA 3	3× KA 2

Die technisch korrekte Ausführung hat beim Krafttraining mit Geräten absolute Priorität.

- Kraftzirkel, 2. Serie, ca. 25 Min.
- aktive Pause, die mit Gymnastik und Stretching die Trainingseinheit beendet, sofern keine 3. Serie im Kraftzirkel folgt, ca. 10 Min.

Nach dem Krafttraining ist die Regeneration durch einen Aufenthalt im Entspannungsbecken bzw. im Whirlpool aktiv zu gestalten. Dadurch kann der Wirkungsgrad dieses Trainingsmittels noch verbessert werden. Das Krafttraining mit allgemeinen Trainingsmitteln bedingt die Einhaltung einiger Prinzipien, um Verletzungen zu vermeiden. Hier die wichtigsten Regeln:

- Vor jedem Training sollte der Sportler sich vom ordnungsgemäßen Zustand aller Trainingsgeräte überzeugen. Die Sicherheitsbestimmungen sind immer einzuhalten.
- Durch eine ausreichende Erwärmung ist die Muskulatur auf die hohe Beanspruchung vorzubereiten. Achtung bei ungenügend beheizten Räumen. Beim Krafttraining immer so kleiden, daß die Muskulatur warmgehalten wird.
- Die Durchführung der Kraftübungen erfordert von jedem Sportler höchste Konzentration.
- Der technisch einwandfreie Bewegungsablauf einer Übung muß perfekt erlernt werden, bevor mit größeren Zusatzgewichten trainiert werden kann. Hilfsmittel wie der Gewichthebergürtel, Kreide, Handschuhe oder Keile und andere Unterlagen sollten dort eingesetzt werden, wo sie den technischen Bewegungsablauf unterstützen und Verletzungen dadurch vermieden werden können.
- Eine Grundvoraussetzung beim Krafttraining ist die richtige Atemtechnik. Preßatmungen sind zu vermeiden.
- Die Übungen sollten mit gerader Wirbelsäule ausgeführt werden, um Verletzungen vorzubeugen.
- Belastungssteigerungen, insbesondere im Anfangsstadium des Krafttrainings, erfordern eine durchdachte Dosierung, um alle Gelenke, Sehnen und Muskeln ohne Verletzung gut zu trainieren.
- Treten beim Krafttraining Schmerzen auf, sollten die Übungen sofort abgebrochen werden. Die Schmerzursache ist eindeutig abzuklären, bevor das Krafttraining wieder aufgenommen werden kann.
- Die Grundsätze der persönlichen und sportgerechten Hygiene sind einzuhalten, um z.B. Hautschäden an Handflächen vorzubeugen.
- Nach dem Training den Ordnungs- und Sicherheitszustand aller Geräte wiederherstellen.

Tabelle 13 *Belastungsorientierung von MK und KA in Abhängigkeit vom Maximalkrafttest (kann auch als Grundmodell der Pyramidenmethode betrachtet werden)*

Maximalkrafttraining Wiederholungen pro Station	%-Intensität vom Maximalkrafttest	Kraftausdauertraining Wiederholungen pro Station
1×	95%	
2×	90%	
3×	85%	
4×	80%	
5×	75%	
	70%	8×
	65%	10×
	60%	12×
	55%	14×
	50%	16×
	45%	18×
	40%	20×

Mischformen von Trainingsmitteln und -methoden

Im spezifischen Training stellt sich immer wieder die Frage: »Warum erfolgt eine klare Trennung nach Trainingsmitteln und -methoden? Sind Mischformen nicht effektiver, da der Wettkampf auch eine Mischform darstellt?« Mit verschiedenen Testgruppen konnte über längere Zeiträume nachgewiesen werden, daß Mischformen an der Entwicklung der leistungsbestimmenden Faktoren, vor allem in den Bereichen Ausdauer und Kraft, nachteilige Entwicklungen aufweisen. Im Training sollte für jede Trainingseinheit nur eine Hauptzielstellung gelten. Für das Trainingsziel muß der Trainingsbereich bestimmt werden. Daraus leiten sich sein Inhalt und die Methode ab. Jeder Trainierende hat die Aufgabe, mit Hilfe der Trainingssteuerung diese inhaltlichen Ziele einzuhalten. Der günstige Effekt dieser Methodik konnte auch durch Wettkampfergebnisse in der Praxis nachgewiesen werden. Die fortschreitende Dynamik der Leistungsentwicklung verlangt Effektivität in allen Bereichen. Das Zeitbudget in allen Alters- und Leistungsklassen ist begrenzt und muß optimal genutzt werden.

Einsatz der Trainingsmethoden im Jahresverlauf

Die Radsportdisziplinen erfreuen sich seit Jahrzehnten einer außerordentlich hohen Dynamik in der Leistungsentwicklung. Als Beispiel sei hier nur die Entwicklung des Stunden-Weltrekords aufgeführt. Er wurde vor allem von den besten Straßenfahrern in neue Leistungshöhen getrieben. Ein Ende dieser Entwicklung ist nicht absehbar. Die Entwicklung des Rekordes der Rekorde geht weiter. Er ist nur ein Spiegelbild der generellen Entwicklung im Straßenradsport. Die große Resonanz, die das Rad zur regelmäßigen sportlichen Betätigung findet, ist ein Grund. Ein zweiter

Für jede Trainingseinheit gilt jeweils nur eine Hauptzielstellung (z. B. nur Ausdauer oder nur Kraft)

ist die zunehmende Bedeutung der Trainingsmethodik. Perfektion in allen trainingsmethodischen Fragen ist nicht mehr wegzudenken, soll die Leistungsentwicklung der Weltspitze mitvollzogen werden. Die physischen Leistungsfaktoren Ausdauer, Kraft, Schnelligkeit und ihre Kombinationen müssen zum richtigen Zeitpunkt und in dem erforderlichen Umfang erarbeitet werden. Dem Zufall bleibt wenig Spielraum. Der richtige Belastungsaufbau im Jahresverlauf hat aus trainingsmethodischer Sicht eine Schlüsselposition.

Ganzjährig trainieren

Ganzjährig trainieren ist eine Grundforderung. Die Zeit, in der nach der von März bis Oktober verlaufenden Wettkampfperiode die große Winterpause einsetzte, ist überholt. Ein Trainingsprozeß verläuft ganzjährig. Gut aufgegliedert in Perioden und Zyklen, bietet er die Grundlage für eine ständig ansteigende Kurve der Leistungsbereitschaft. Dabei ist wichtig, daß neben der ansteigenden Belastung im Jahresverlauf die zur Erholung und Regeneration notwendigen Freiräume mit eingeplant werden. Nur in dieser Kombination von Belastung und Erholung können die physischen und psychischen Leistungsfaktoren immer auf das erforderliche hohe Niveau aufgebaut werden. Im Ergebnis sind die für die Wettkampfleistung notwendige Frische und Lockerheit, verbunden mit der Motivation, auch vorhanden.

Allgemeines und spezifisches Training

Im Jahresverlauf tendiert der Einsatz der Trainingsmittel grundsätzlich und in allen Alters- und Leistungskategorien vom Allgemeinen zum Spezifischen

Im Jahresverlauf tendiert der Einsatz der Trainingsmittel grundsätzlich und in allen Alters- und Leistungskategorien vom Allgemeinen zum Spezifischen. Vor allem in der wettkampffreien Zeit, von Oktober bis März, haben allgemeine Trainingsmittel einen hohen Stellenwert. Sie werden aber in den einzelnen Alters- und Leistungsklassen einen unterschiedlichen Umfang und Inhalt einnehmen. Umgekehrt dazu verhält es sich mit dem Radtraining. Alle Trainingsmittel mit dem Rad nehmen nach Umfang und Häufigkeit während der Monate November bis März zu und dominieren von April bis Oktober.

Allen Trainingsmitteln, allgemein und speziell, werden Trainingsbereiche und -methoden zugeordnet, um die inhaltlichen Zielstellungen des Trainings zu erfüllen.

Konditionelle Basis

Die konditionelle Basis hat ganzjährig Dominanz. Besonderes Augenmerk muß auf das Niveau der Grundlagenausdauer und der Kraft gerichtet werden. Beide Faktoren gehen schnell zurück, wenn nicht ständig entsprechende Trainingsreize gesetzt werden. Für das Training in den Bereichen Grundlagenausdauer und Kraft besteht ein ganzjähriger Bedarf. Das Krafttraining hat eine gesteigerte Bedeutung, wenn der Sportler im Flachland wohnt bzw. längere Zeiträume im flachen Land trainiert oder Wettkämpfe bestreitet. Er sollte sich dann gezielter dem Krafttraining mit dem Rad zuwenden. Stehen bergige Trainingsstrecken zur Verfügung oder werden Wettkämpfe im stark profilierten Gelände bestritten, ergeben sich dadurch noch zusätzliche Kraftreize. Sie verlangen, wenn sie über längere Zeitdauer anhalten, als Gegengewicht eine Schwerpunktlegung auf die motorischen Fähigkeiten: die Erhöhung der Tretfrequenz. Training mit Motorführung – mit entsprechender Trainingssteuerung, z. B. mittels der Herzfrequenz – ist ein weiteres bewährtes Trainingsmittel in solchen Situationen.

Einseitigkeit und Ausrichtung auf einzelne Komponenten bedeuten in der Regel auf Dauer Leistungsrückgang.

Auch das Grundlagenausdauertraining ist nach Wettkampfphasen, wie z.B. nach Etappenrennen, ernst zu nehmen, da durch die Intensität (Belastungen im aerob-anaeroben Übergangsbereich) das Grundlagenausdauerniveau schnell abstürzen kann. Nach hochintensiven Phasen sollte das Grundlagenausdauertraining zunächst kompensierenden Charakter besitzen. Flache Strecken werden bevorzugt. Die Streckenlängen werden zunächst kurz angesetzt. Die Übersetzungen werden klein, die Tretfrequenzen hoch gehalten. Die Herzfrequenz bewegt sich an der unteren Grenze der GA-Vorgabewerte. Nachdem 3–5 Tage in diesen Dimensionen trainiert wird, schließen sich Trainingseinheiten mit langen und überlangen Distanzen an. So wird die Grundlagenausdauer wieder auf das erforderliche Niveau zurückgeführt bzw. stabilisiert.

Erst Ausdauer und Kraft ...

Das neue Trainings- und Wettkampfjahr beginnt in der Regel nicht nach dem Kalenderjahr, sondern nach dem Urlaub. Dieser schließt sich der vorangegangenen Wettkampfsaison an. In der neuen Vorbereitungsperiode werden lange Zeiträume für eine umfassende Erarbeitung der Ausdauer (Grundlagenausdauer) und der Kraft verwandt. In diesen Zyklen dominieren die Dauerleistungsmethode sowie das Zirkeltraining.

... dann Wettkampfspezifik

Ist dieses Ziel erreicht, werden wenige Wochen oder auch Tage vor dem ersten Wettkampf die wettkampfspezifische Ausdauer und die Schnelligkeit zugeschaltet. Die Wiederholungs- und Intervallmethoden werden erstmalig eingesetzt. Die Dauerleistungsmethode bleibt vor allem im Ausdauertraining ganzjährig erhalten. Das Krafttraining wird jetzt mit spezifischem Training abgedeckt. Das Zirkeltraining (Kraft mit anderen Mitteln) kommt nicht mehr zum Einsatz.

Neuaufbau nach Erkrankung und Verletzung

Entsteht durch Erkrankung oder Verletzung ein Trainingsausfall von mehr als zehn Tagen, sollte ein Neuaufbau geplant und realisiert werden. Grundsätzlich muß die Art der Erkrankung/Verletzung beachtet werden. Alle Erkältungskrankheiten sind richtig auszukurieren, bevor wieder mit dem Training begonnen wird. Ein Neuaufbau ist durch Systematik und langsame Umfangs- und Intensitätssteigerung gekennzeichnet. Der Organismus ist am Anfang des Neuaufbaus immer noch geschwächt und benötigt erst niedrigere Intensitäten und langsam gesteigerte Trainingsumfänge. Erst wenn die Stabilität durch ein gut dosiertes GA-Training erreicht wird, kann intensiver trainiert, Krafttraining oder wettkampfspezifisches Training angesetzt werden. Schließlich folgen erst nach Abschluß dieser Phase wieder die ersten Wettkämpfe. Zu empfehlen ist, daß in solchen Phasen eventuell der Arzt mit in die Planung einbezogen und das gesamte Training gut gesteuert wird. Je länger der Ausfall war bzw. je komplizierter der Krankheitsverlauf sich zeigte, desto größer muß die Sorgfalt beim Neuaufbau sein. Geduld und Systematik in der Anfangsphase schließen Rückfälle nahezu aus und begünstigen den anschließenden Leistungsverlauf.

Übertraining

Unter dem Begriff des Übertrainings verstehen Sportwissenschaftler den körperlichen Zustand, bei dem rein sportlich betrachtet »nichts mehr geht«. Die Ursachen werden dann vielschichtig gesucht und – zum Glück für die Sportler – auch oft gefunden. In der Regel durch-

> **Ein Neuaufbau ist durch Systematik und langsame Umfangs- und Intensitätssteigerung gekennzeichnet**

Mario Cipollini (Bild) und Laurent Jalabert sind gute Beispiele für Fahrer, die nach schweren Stürzen bald wieder Spitzenleistungen erbringen konnten.

leben viele Sportler derartige Phasen mehrfach. Meine Philosophie zum Phänomen des Übertrainings: Die Ausbildung, d.h. das gesamte Training einschließlich der Wettkämpfe, und das Umfeld des Sportlers so planen, daß der oft zitierte Zustand gar nicht erst eintreten kann. Vorbeugen ist auch hier besser als Heilen. Die Grundlagen, um ein Übertraining nahezu ausschließen zu können, sind auf den vorhergehenden Seiten des Straßenradsports umfassend beschrieben. Da es aber ein sehr häufiges Thema in der Praxis darstellt, möchte ich zusammengefaßt die wichtigsten Punkte nochmals aufzeigen:

- Der Sportler sollte unter geordneten Umfeldbedingungen leben. Familie, Wohnung, Beruf, Schule, Sport sollten so organisiert sein, daß er sich auf seine Aufgaben in Ruhe konzentrieren kann. Streß ist in der Regel durchaus vermeidbar. Die Unterstützung durch die Familie und ein gutes Beraterverhältnis (auch durch den Trainer) scheinen dabei besonders wichtig zu sein.
- Eine langfristige Planung aller Maßnahmen der sportlichen Ausbildung, Wettkämpfe, Trainingslager, Tests usw. schafft Ruhe und Geradlinigkeit. Ein konzentriertes Trainieren wird dadurch gefördert. Klarheit in allen Bereichen schafft Motivation und verhindert Streß.
- Es ist von vorrangiger Bedeutung, nicht nur die Belastung, sondern auch die Erholung und die regenerativen Maßnahmen genauestens zu planen. Eine klare Gliederung der Ausbildung mittels einer Periodisierung sollte bestehen. Die Aufteilung in Makro- und Mikrozyklen bildet dazu die Basis. Die zyklische Gestaltung des Trainings ermöglicht die Integration sowohl von echten Belastungsreizen als auch von notwendigen Räumen zu deren Kompensation. So können reizwirksame Belastungen unter Ausnutzung des Superkompensationseffekts in eine Leistungssteigerung transformiert werden.
- Die Trainingssteuerung mittels der Herzfrequenz eröffnet völlig neue Möglichkeiten der individuellen Belastungsdosierung. Von leistungsdiagnostischen Untersuchungen ausgehend, können alle aktuellen Daten für die Vorgaben in den einzelnen Trainingsbereichen fixiert werden. Damit kann dann mit sehr hoher Wahrscheinlichkeit jede Belastung in Training und Wettkampf genau beurteilt und eingeordnet werden.

Mit diesen Kriterien können erfahrene Trainer und Athleten einen Zustand, wie er beim Übertraining beschrieben wird, von vornherein ausschließen.

Langfristiger Leistungsaufbau

Der langfristige Leistungsaufbau beinhaltet einen mehrjährigen, im Kindesalter beginnenden und systematisch geplanten Trainingsprozeß. Er ist zielorientiert auf die Gesunderhaltung durch richtiges, sinnvolles Training und auf die Entwicklung von Leistungsbereitschaft und Leistungsfähigkeit ausgerichtet.

In diesem Prozeß geht es um eine Sichtungs- und Eignungsprüfung für die Leistungsgruppen. Wer den Sprung zum Leistungssport nicht schafft, muß nicht traurig sein. Für den Hobbyradler bietet der Radsport Freude und Entspannung; er hält gesund wie nur wenig andere Sportarten.

Entwicklungsstufen

Der Prozeß der Entwicklung vom Kind zum Profi wird aus trainingsmethodischen Gründen in folgende Entwicklungsstufen untergliedert:
- Grundlagentraining (10–14 Jahre)
- Aufbautraining (15–16 Jahre)
- Anschlußtraining (17–18 Jahre)
- Hochleistungstraining (der Damen, Amateure und Berufsfahrer)
- Training der Hobbyradler und Senioren (also aller radfahrenden Freizeitsportler ohne Einschränkungen)

Leistungs- und Kaderpyramide

Dieser Entwicklungsverlauf hat bei genauer Betrachtungsweise einen pyramidalen Aufbau. Er wird deshalb auch als Leistungs- und Kaderpyramide bezeichnet.

Wir unterscheiden auf der einen Seite den geradlinigen Weg. Er beginnt im Kindesalter und endet im Berufssport (Grundlagen-, Aufbau-, Anschluß- und Hochleistungstraining). Die zweite Variante sind die sogenannten »Quereinsteiger«. Das sind Aktive, die im Kindes-, Jugend- oder Erwachsenenalter andere Sportarten betrieben haben und erst relativ spät zum Straßenradsport gestoßen sind.

Wie die Praxis zeigt, sind nicht wenige und zum Teil auch recht erfolgreiche Radrennfahrer solche Quereinsteiger. Dieser »zweite« Weg ist für eine Ausdauersportart, bei der ein Hochleistungsalter vom 18. bis nahezu zum 40. Lebensjahr möglich ist, viel typischer als z. B. für das Turnen oder den Eiskunstlauf.

Einsatz der Trainingsmittel und -methoden

Im langfristigen Leistungsaufbau, also vom Grundlagentraining bis zum Training der Senioren, erfolgt der Einsatz der Trainingsmittel und -methoden sehr differenziert. Dies basiert auf dem unterschiedlichen biologischen Entwicklungsstand und dem damit verbundenen Stand der Leistungsvoraussetzungen.

An den altersbedingten physiologischen Stand sind bestimmte Gesetzmäßigkeiten geknüpft, z. B. die des Wachstums (siehe auch Kap. »Trainingslehre«). Sie sind in der sportlichen Belastungsgestaltung zu beachten und zu berücksichtigen.

Aus diesen allgemeinen Lebenssituationen können für das sportliche Training Tendenzen abgeleitet werden. Sie bestimmen u. a. Ausbildungsziele sowie den Einsatz von Trainingsmitteln und -methoden. Pauschal ausgedrückt verlieren bis zum Ende des Hochleistungstrainings die allgemeinen athletischen Bestandteile der Ausbildung an Bedeutung. Sie überwiegen im Grundlagen-

Der Entwicklungsverlauf hat bei genauer Betrachtungsweise einen pyramidalen Aufbau

training und reduzieren sich allmählich. Der Inhalt verschiebt sich von der allgemeinen Kondition zur Entwicklung der Kraftvoraussetzungen. Nach dem Abschnitt der höchsten Spezifik – dem Hochleistungstraining – gewinnen die Bestandteile der allgemeinen athletischen Ausbildung dagegen wieder an Bedeutung. Auch der Einsatz der Trainingsumfänge, der Trainingsintensität und der Trainingsmethoden unterliegt den Grundsätzen der biologischen Entwicklung und seiner unterschiedlichen Leistungsvoraussetzungen.

Grundlagentraining

In der pyramidalen Entwicklung ist das Grundlagentraining die unterste Entwicklungsetappe. In dieser Phase, in der die Kinder im Alter von 10 bis 14 Jahren trainieren, sollen wichtige, alters- und entwicklungsspezifische Belastungen und Bewegungsabläufe trainiert werden. Sind sie zielgerichtet und stabil aufgebaut, werden die folgenden Etappen eine gute Basis haben.

Wann mit dem Radsport beginnen?

Diese Frage wird immer wieder gestellt und unterschiedlich beantwortet. In der Statistik gibt es eine eindeutige Aussage: Die Mehrzahl der leistungsstarken Rennfahrer hatte im Alter zwischen 10 und 16 Jahren die ersten Kontakte zum Radsport. Radrennsport wurde von ihnen aber mit unterschiedlichem Umfang und ungleicher Intensität betrieben. Eine kleinere Gruppe vollzog diese Kontakte erst nach dem 16. Lebensjahr und erzielte dennoch erfolgreich den Einstieg in den leistungsorientierten Spitzensport. Trotz Statistik und einer Einzelbeispielanalyse gibt es keine eindeutige Antwort oder daraus abzuleitende Empfehlungen.

Eine Hauptursache sind die biologisch unterschiedlich ablaufenden Entwicklungen in diesen Altersbereichen. Die Pubertät verläuft bekanntlich individuell und zeitlich versetzt uneinheitlich. An sie gekoppelt sind das Wachstum, die Körpergewichtsentwicklung und die Geschlechtsreife. Wir können deshalb die Kinder und Jugendlichen in drei verschiedene Gruppen einteilen: Früh-, Spät- und Normalentwickler (Jungen und Mädchen). Dieser biologisch unterschiedliche Entwicklungsstand und die aktuell mögliche Leistungsfähigkeit in einer Altersklasse (Jahrgang) sind zum Teil erheblich.

Der »Frühentwickler« ist im physischen Bereich allen überlegen. Besonders deutlich zeigt sich dies im Bereich der Kraft. Diese biologische Überlegenheit schlägt sich nicht nur in der Realisierung der Trainingsaufgaben, sondern vor allem auch in Wettkampfresultaten nieder. Frühentwickler erringen oft »leichte« Siege. Dadurch gibt es im psychischen Bereich später oft Probleme, wenn andere Sportler ihre körperlichen Rückstände aufgeholt haben. Dem Frühentwickler fällt es dann häufig schwer, sich bei schwierigen Rennen zu »überwinden«.

Im Verlauf der weiteren biologischen Entwicklung gewinnen zuerst die Normalentwickler und dann die Spätentwickler an biologischer Reife. Dieser Prozeß geht weit über das Grundlagentraining hinaus. Im Einzelfall findet er erst im Bereich des Hochleistungstrainings seinen Abschluß.

Im Kindesalter spielt aber noch ein weiterer Gesichtspunkt eine ganz entscheidende Rolle: die Begeisterung für alles Neue. Dabei wechselt die Interessenlage der Kinder und Jugendlichen mitunter recht häufig – oft zur Verblüffung der Eltern. Diesem Einfluß unterliegen mehr oder weniger alle. Grundsätzlich ist es auch für Rennfahrer von Vorteil, wenn die Interessengebiete vielseitig bleiben. Hobbys außerhalb des Sports oder auch

> Im Kindesalter spielt ein Gesichtspunkt eine ganz entscheidende Rolle: die Begeisterung für alles Neue

andere Sportarten können vorteilhaften Einfluß ausüben. Wenn sie richtig eingeordnet werden, können sie sogar die geistige und körperliche Entwicklung vervollkommnen. Wichtig erscheint in diesem Zusammenhang, daß es im Verlauf der Zeit zu festen Interessenlagen kommen sollte.

Aufgaben des Grundlagentrainings

Unter Beachtung der biologischen Entwicklung im Alter von 10 bis 14 Jahren ergeben sich für die Etappe des Grundlagentrainings folgende Aufgabenstellungen:

- Im Mittelpunkt steht die Erzeugung von Freude und Spaß an unserer Sportart. Heute »in« – morgen »out«, das ist die Devise, wenn Langeweile aufkommt. Eintönigkeit und Härte des Radsports gewinnen in dieser Phase die Oberhand. Erlebnisse hinterlassen tiefe Eindrücke; sie bestimmen die Grundhaltung und die Entscheidungen der Kinder. Dabei bietet gerade der Straßenradsport mit seiner Vielfalt an Varianten – im Vergleich zu anderen Sportarten – außerordentlich gute Möglichkeiten zur Begeisterung. Das beginnt bei der Auswahl der Fahrstrecken und der Trainingsgestaltung. Ein altersgerechtes, freudebetontes Training, erste Wettkämpfe oder der Besuch radsportlicher Veranstaltungen sind sehr gut geeignet, Interessen zu wecken und zu stabilisieren. Die Kinder sollten sich Vorbilder suchen, denen sie nacheifern möchten, freiwillig, ohne Einfluß und Druck von außen. Die Erziehung zur Selbständigkeit kann so am effektivsten unterstützt werden.
- Der Straßenradsport wird im Prinzip im öffentlichen Straßenverkehr bestritten. Das Sportgerät Rennrad oder auch jedes andere Fahrrad ist ein Verkehrsmittel und unterliegt mit seinem »Fahrer« der Straßenverkehrsordnung. Das Rad sollte daher immer verkehrssicher sein. Der junge Rennfahrer muß die Straßenverkehrsordnung kennen und diese in der Praxis einhalten und anwenden. Ein Nichtbeachten kann verheerende Folgen haben. Verkehrsunterricht, Materialpflege und -instandsetzung haben deshalb vor allem in diesem Altersbereich eine oft noch unterschätzte Bedeutung. Der Schutz der eigenen Gesundheit beginnt bereits beim Tragen der Sicherheitshelme. Auch beim Training sind sie zu empfehlen.
- Die Beherrschung des Rades ist das wichtigste an dieser Sportart. Nachdem das Radfahren erlernt wurde, ist dieser Prozeß noch lange nicht abgeschlossen. Querfeldeinradfahren (Cross), Mountainbikefahren, Fahren auf Radrennbahnen, auf Ergometern und vor allem auf der ungebremsten Rolle fördern die Radbeherrschung in allen Situationen. Die Anschaffung einer ungebremsten Rolle ist bereits in diesem Trainingsstadium zu empfehlen. Sie ist ein Trainingsmittel, das auch in den folgenden Jahren einen besonderen Stellenwert besitzt. In diesem Altersbereich kann zum Thema Radbeherrschung eigentlich nie zuviel getan werden.

Die Ausbildung ist aber unterhaltsam zu gestalten. Geschicklichkeitsfahren und Testwettkämpfe auf einem ausgesteckten Parcours sollten in regelmäßigen Abständen zur Ausbildung gehören. Fahrfehler, falsche Bewegungsabläufe und Techniken sind von Eltern oder Übungsleitern von Anfang an zu korrigieren. Bei ihrer Eliminierung können Fotos oder Videoaufnahmen als Hilfsmittel zur Überzeugung und Demonstration empfohlen werden.

Erlebnisse hinterlassen tiefe Eindrücke; sie bestimmen die Grundhaltung und die Entscheidungen der Kinder

- In der Spezialsportart, also mit dem Rad, geht es von Anfang an um eine gute, gesunde und der körperlichen Konstitution entsprechende Sitzposition. In dieser Aufgabenstellung ist die Konzentration auf einen »runden« Tritt eingeschlossen. Individuell optimale Bewegungsabläufe, Techniken und Haltungen auszuprägen ist in diesem Altersbereich eine der entscheidenden Hauptaufgaben. Können hier die richtigen Grundlagen gelegt werden, sind Fehlentwicklungen und -belastungen schnell einzugrenzen bzw. zu vermeiden. So werden gleichzeitig günstige Voraussetzungen für die biologischen Leistungsreserven der Zukunft geschaffen.

Das erste zum Radfahren benutzte Fahrrad sollte in allen Belangen altersgerecht sein

Das erste zum Radfahren benutzte Fahrrad sollte deshalb in allen Belangen altersgerecht sein. Seine Maße und alle Baugruppen müssen dieser Grundforderung gerecht werden. Die Wachstumsphase erfordert im Lauf der Zeit immer wieder Korrekturen der Sitzposition. Es wird empfohlen, bis zum Abschluß des Wachstums vierteljährlich den Körperbau auszumessen, die Maße aufzuzeichnen und die Sitzposition zu überprüfen und gegebenenfalls zu verändern. Ein höherer Sattel, ein längerer Vorbau und wenn notwendig ein anderer Rahmen sind zwangsläufig die Folge. In diese Überlegungen ist eine optimale Fußhaltung im Pedal einzubeziehen. Die Mädchen und Jungen müssen frühzeitig an eine gesunde, ökonomische Tret- und Fahrtechnik gewöhnt werden. Dies ist entscheidend und erfordert laufende finanzielle Investitionen. Der finanzielle Aspekt der ersten Rennräder in diesem Altersbereich liegt deshalb auf den biologisch bedingten Erfordernissen. Auf teure und aufwendige Ausstattungen sollte zugunsten der aufgezeigten Schwerpunkte verzichtet werden.

Der Altersbereich des Grundlagentrainings ist für die sogenannte »motorische Lernphase« besonders gut geeignet. Im Alter von 10 bis 14 Jahren werden Techniken und Bewegungsabläufe schneller erlernt als in anderen Entwicklungsetappen. Der »runde Tritt« beim Pedalieren hat dabei zentralen Stellenwert. Die vorhandene Kraft soll im Tretzyklus in Vortriebsleistung umgesetzt werden. Ein Optimum ist nur zu erreichen, wenn Druck-, Gleit-, Schub- und Zugphase sich harmonisch ergänzen. »Hackertritte« sind nicht nur unrund, sondern auch unökonomisch. Es gibt Kraft-, Geschwindigkeits- und damit Leistungsverluste. Deshalb sollten im Grundlagentraining keine falschen Trettechniken zugelassen werden, zumal sie im späteren Verlauf nur schwer zu korrigieren sind.

In diese Betrachtungsweise ist auch eine andere, eng damit zusammenhängende Aufgabe einzubeziehen: mit beiden Beinen annähernd gleich stark zu treten. In der Regel besteht ein unterschiedlich starker Beineinsatz, den es durch Konzentration einzuschränken gilt. Gut passende Rennschuhe und individuell eingestellte Sohlenplatten sind Grundvoraussetzungen für eine gute Fußstellung im Pedal und eine vortriebswirksame Leistung. Die neu entwickelten Pedalsysteme sind vor allem auch im Grundlagentraining eine Erleichterung für dieses Ziel.

- Eine weitere bedeutungsvolle Aufgabe ist die Entwicklung der motorischen Fähigkeiten und damit die Orientierung auf eine hohe Tretfrequenz. Tretfrequenzen zwischen 100 und 140 U/min mit eingeschränkten Übersetzungen begünstigen die Phase des motorischen

Freude und Spaß an der Sportart sollten bei Jugendlichen zu Beginn an erster Stelle stehen.

Lernens. In diesem Altersbereich sind die Kraftfähigkeiten ohnehin eingeschränkt. Hohe Übersetzungen richten sich gegen die motorischen Fähigkeiten und sind deshalb in allen Etappen (Grundlagen-, Aufbau- und Anschlußtraining) limitiert. Die in den Reglements festgelegten Begrenzungen sind in Tabelle 14 aufgeführt. Fahren auf der ungebremsten Rolle unterstützt neben der bereits beschriebenen technischen Wirkung auch die motorische Ausbildung sehr positiv.

- Die sportliche Ausbildung besteht im Grundlagentraining aus einer vielseitigen, auf die Sportart Radsport ausgerichteten Grundausbildung. Unter Vielseitigkeit ist die breite Palette der radsportlichen Disziplinen kombiniert mit Übungen aus anderen Sportarten zu verstehen. Im Radtraining stehen Technik und Motorik vor den physischen Leistungsfaktoren Ausdauer, Kraft und Schnelligkeit. Die allgemeine athletische Ausbildung umfaßt einen sehr hohen Anteil am Gesamttrainingsumfang, dessen

Tabelle 14 *Begrenzungen von Übersetzungen und Streckenlängen im Grundlagen-, Aufbau- und Anschlußtraining*

Altersklasse	Übersetzungs-begrenzung	Streckenlängen-Limits								
		Wettkämpfe				Trainingsbereiche				
		Str.-R	K/R	Ezf.	Mzf.	KB	GA	EB	SB	KA
AK 10 m/w	5,66 m	20	10	–	–	10	20	–	–	–
AK 11/12 m/w	5,66 m	25	15	–	–	15	50	–	–	–
AK 13/14 m/w	5,66 m	40	25	10	20	30	70	3	300 m	–
AK 15/16 m	6,99 m	80	50	20	50	50	150	5	500 m	8 (K3)
w	6,99 m	50	30	20	30	30	100	5	300 m	5 (K3)
AK 17/18 m	7,93 m	120	60	30	70	50	200	10	1000 m	10 (K3)
w	7,63 m	80	50	30	30	50	130	10	500 m	8 (K3)

Inhalt und Methodik. Auch hier geht es zunächst vorrangig um die Erlernung der richtigen Techniken. Erst dann kann zukünftig höher belastet werden, z. B. im Krafttraining mit allgemeinen Mitteln. Dies wiederum führt später zu erhöhter Belastungsfähigkeit, die sich relativ leicht in höhere Leistung umwandeln läßt.

So gesehen sind die Aufgaben des Grundlagentrainings auch gleichzeitig eine gute Investition für die Zukunft. Richtige Techniken und Bewegungsabläufe sind in diesem Entwicklungsstadium viel wichtiger als die momentane Leistung und Siege, für die in der weiteren Entwicklung noch genügend Zeit verbleibt.

- In der methodischen Gestaltung des Trainings sind von Anfang an Mittel und Methoden sowie Prinzipien einzusetzen, die zum einen den biologischen Entwicklungsstand berücksichtigen und zum anderen im späteren Entwicklungsverlauf eine entscheidende Rolle spielen:
  – eine von Jahr zu Jahr ansteigende Belastung,
  – die Durchsetzung einer kontinuierlichen Belastung im Jahresverlauf, d. h. Heranführung an regelmäßige sportliche Belastungen mit zunehmendem Umfang und Häufigkeit,
  – die Einführung der zyklischen Belastungsgestaltung und die Sicherung ausreichender Erholungsphasen,
  – die individuell altersbedingte Belastungsdosierung.
- Erlernen der Trainingssteuerung mittels Herzfrequenz, Tretfrequenz und Übersetzungseinsatz. Bevor z. B. für die Herzfrequenzmessung die Pulsuhr eingesetzt wird, sollte die Messung mit der Hand geübt werden. Auch die regelmäßige Erfassung des morgendlichen Ruhepulses ist eine Aufgabe, die bereits im Jugendalter beginnen sollte. Die Wissensvermittlung zu diesem Komplex ist ganz entscheidend.

Der Sportler sollte bereits in diesem Stadium begreifen, daß diese Instrumente für ihn und seine eigene Entwicklung äußerst wichtig sind. Im Grundlagentraining, das noch keine leistungsdiagnostischen Untersuchungen beinhaltet, sollten jedoch regelmäßige ärztliche Kontrollen erfolgen, um Schädigungen z. B. im Bereich des Binde- und Stützgewebes oder des Herz-Kreislauf-Systems von vornherein auszuschließen.

- Für Trainingsstrecken und die Wettkampfdistanzen gibt es im Grundlagentraining analog zur Übersetzungsbegrenzung Limits. Sie sind zur Respektierung des biologischen Entwicklungsstandes notwendig. Sie sollen verhindern, daß später notwendige Belastungen nicht vorzeitig eingesetzt werden. Eine Mißachtung dieser Prinzipien führt langfristig betrachtet zu Fehlentwicklungen und körperlichen Schädigungen.
- Die Gesamtheit der aufgezeigten Ziele und Aufgaben des Grundlagentrainings erfordert gleichzeitig die Vermittlung eines guten Wissensstandes über alle die sportliche Ausbildung betreffenden Fragen. Geeignete Literatur, Theoriestunden und erklärende Worte während des Trainings haben deshalb besonders auch in dieser Entwicklungsetappe eine zentrale Funktion mit Langzeitwirkung.

Jahrestrainingsprogramme
Für die einzelnen Altersklassen im Grundlagentraining sind natürlich auch gewisse Vorgaben in Gestalt von Jahresbelastungskennziffern notwendig. Die Kennziffern sind in erster Linie Grund-

> Die regelmäßige Erfassung des morgendlichen Ruhepulses ist eine Aufgabe, die bereits im Jugendalter beginnen sollte

Tabelle 15 *Trainingskennziffernübersicht im Grundlagentraining (männlich und weiblich)*

Kennziffernbezeichnung	männlich					weiblich				
	AK 10	AK 11	AK 12	AK 13	AK 14	AK 10	AK 11	AK 12	AK 13	AK 14
Gesamtbelastung pro Jahr										
Trainingseinheiten	115	140	180	235	250	90	120	160	185	210
Stunden	200	270	300	400	500	120	210	280	330	400
Allgemeine athletische Ausbildung (Std. pro Jahr)										
Gesamtumfang	80	100	120	130	150	80	100	120	130	150
Ausdauertraining	55	65	60	50	50	55	65	60	50	50
Schnelligkeitstraining	–	10	20	20	20	–	10	20	20	20
Krafttraining	–	–	–	20	40	–	–	–	20	40
Spiele	20	20	30	30	30	20	20	30	30	30
Wettkämpfe	5	5	10	10	10	5	5	10	10	10
Spezifische Ausbildung (Radtraining in km)										
Gesamtumfang	1000	1500	2500	5000	8000	500	1000	2000	4000	6000
Grundlagenausdauerbereich	950	1400	2170	4340	6670	450	900	1800	3350	5180
Entwicklungsbereich	–	–	30	60	100	–	–	30	50	100
Spitzenbereich	–	–	–	–	30	–	–	–	–	20
Wettkämpfe	50	100	300	600	1200	50	100	200	400	700
Theorie (in Stunden)	12	18	24	24	24	12	18	24	24	24

orientierungen, die auf der Basis der individuellen Gegebenheiten angepaßt werden müssen. In Tabelle 15 sind sie ausgewiesen.

Sie beinhalten, auf die einzelnen Jahrgänge aufgeschlüsselt, die wichtigsten Kennziffern, die den Trainingsumfang repräsentativ darstellen. Das Training muß darauf aufbauend unter Beachtung der Prinzipien der Planung (siehe Kap. »Trainingslehre«) auf die einzelnen Perioden, Zyklen und Wochen verteilt werden.

Beim Training mit allgemeinen Mitteln dominiert die Ausdauer. Als Trainingsmittel kommen Laufen, Skilanglauf, Rollschuh- bzw. Eisschnellauf sowie Wandern zum Einsatz. Die Entwicklung der Schnelligkeit ist in dieser Altersstufe besonders gut möglich. Intervallmethoden in den benannten Sportarten beeinflussen die Entwicklung positiv. Im Kraftraum wird lediglich die Technik ohne Zusatzgewichte trainiert. Erst ab der Altersklasse 13 können kleine Zusatzgewichte eingesetzt werden, vorausgesetzt, die Bewegungsabläufe sind fehlerfrei. Den Wettkämpfen in anderen Sportarten sind prinzipiell wenig Grenzen gesetzt. Das betrifft auch die Spielsportarten mit geringer Verletzungsgefahr. Beim Radtraining haben die Trainingsbereiche aus Tabelle 3–9 Gültigkeit. Die Inhalte sind jedoch auf die Spezifik dieser Altersklasse zu erweitern. Das trifft vor allem auf Eingrenzungen der Umfänge und Häufigkeiten zu. Die Radwettkämpfe sind dosiert einzusetzen. Voraussetzung für spezifische Wettkämpfe ist ein bestimmter Ausbildungsstand, insbesondere in Fragen der Radbeherrschung und im physischen Bereich. Ist das Niveau noch sehr niedrig oder gehört der Sportler der Kategorie der Spätentwickler an, sollte der erste Wettkampfeinsatz noch etwas hinaus-

Beim Training mit allgemeinen Mitteln dominiert die Ausdauer

geschoben werden. Mit Training wird dabei mehr erreicht. Die Leistungsvoraussetzungen haben Priorität.

Einheit von Schule, Beruf und Radsport
Die sportliche Tätigkeit nimmt im Grundlagentraining bereits einen breiten zeitlichen Raum ein, der im nachfolgenden Aufbau- und Anschlußtraining noch erheblich größer wird. Eine abgeschlossene Schul- und Berufsausbildung stellt für alle Mädchen und Jungen die Basis für das spätere Leben dar. Sport, insbesondere Nachwuchsleistungssport, wirkt sich auf das Leben der jungen Menschen außerordentlich positiv aus:
- Er stärkt den Gesundheitszustand und fördert eine gesunde körperliche Entwicklung in der schwierigen Phase der Pubertät.
- Der Sport trägt wesentlich zur Persönlichkeitsentwicklung bei, da er die Selbständigkeit ausprägt und eigene Entscheidungen abverlangt. Durch den Sport werden Willenseigenschaften wie Durchsetzungsvermögen und Zielstrebigkeit viel deutlicher und stärker ausgeprägt als bei gleichaltrigen Kindern ohne sportliche Betätigung.
- Der Sport ist, wie auch andere Hobbys, außerordentlich gut geeignet, Kinder und Jugendliche von den negativen gesellschaftlichen Entwicklungen unserer Gegenwart fernzuhalten.

Für alle Mädchen und Jungen ist es deshalb ein lohnenswertes Ziel, Beruf, Schule und Sport so zu koordinieren, daß alle Säulen der Bildung auf einem festen und guten Fundament stehen. Gute schulische und berufliche Leistungen fördern die sportlichen Ambitionen; es ergibt sich von selbst mehr »Spielraum«, der zur Förderung leistungssportlicher Interessen genutzt werden kann. Einem verletzungsgefährdeten Schüler oder Azubi bleibt dies nicht nur versagt, sondern er muß in Schule und Beruf noch mehr Zeit investieren, um dort die Ziele zu erreichen. Diese Zeit geht dann der sportlichen Ausbildung zusätzlich noch verloren. So haben Sport, Beruf und Schule eine Kreislauffunktion, der sich junge Sportlerinnen und Sportler immer bewußt sein sollten, wenn sie vor Entscheidungen für Beruf, Schule und Sport stehen.

Vereine und Lizenz
Bereits in der Phase des Grundlagentrainings sind der Anschluß an einen Radsportverein und die Lösung einer Lizenz zu empfehlen. Die sportliche Ausbildung ist im Verein unter Anleitung und Kontrolle erfahrener Übungsleiter oder Trainer auf relativ hohem Niveau gesichert. In einer Trainingsgruppe inmitten Gleichaltriger macht es oft mehr Spaß und Freude. Vieles fällt leichter und ist in einer Trainingsgruppe schöner als allein. Die Mitgliedschaft im Verein und der Besitz einer Lizenz als Radsportler vereinfachen weiterhin einiges: vom Verein organisierte Wettkampfteilnahme, Transportkoordinationen und Versicherungsfragen. Die Vereine sind wiederum gut beraten, die infrastrukturellen Bedingungen bereits im Grundlagentraining so zu schaffen, daß die Kinder und Jugendlichen sich wohl fühlen. Der Verein kann so durch eigenen Nachwuchs seine Generationsprobleme leichter lösen.

Aufbautraining

Die zweite Etappe im langfristigen Leistungsaufbau ist das Aufbautraining. Es umfaßt die Mädchen und Jungen im Alter von 15 bis 16 Jahren und schließt lückenlos an das Grundlagentraining an, vorausgesetzt, die Aufgaben dieser vorangegangenen Etappe konnten umfangreich und in guter Qualität absolviert werden. Auch dieser Ausbil-

Sport, Beruf und Schule haben eine Kreislauffunktion

dungsabschnitt hat wieder bezüglich der Aufgabenstellung eine gewisse Eigenständigkeit. Er ist gleichzeitig dem langfristigen Leistungsaufbau zugeordnet. Die im Grundlagentraining gestellten Aufgaben werden in der Ausbildung fortgesetzt:

- Die weitere Herausbildung von Motivationen für die radsportliche Tätigkeit.
- Die kontinuierliche Orientierung auf die Sicherheit im Straßenverkehr bei Training und Wettkampf.
- Die Fortsetzung der technischen Ausbildung auf dem Sportgerät Rennrad.
- Die Beibehaltung hoher motorischer Fähigkeiten in Training und Wettkampf sowie die Erarbeitung von Schnelligkeitsvoraussetzungen.
- Die vielseitige Ausbildung wird nicht nur fortgesetzt, sondern zu einem Hauptschwerpunkt dieser Etappe erklärt.
- Der Einsatz der Trainingsmittel und -methoden unterliegt weiterhin den biologischen Entwicklungsgesetzen. Es erfolgt der Beginn eines gezielten Krafttrainings.
- Die Trainingssteuerung gewinnt mit zunehmender Erhöhung der Trainingsumfänge an Bedeutung.
- Die theoretische Aus- und Weiterbildung nimmt einen zentralen Punkt der Ausbildung im Aufbautraining ein.
- Die Wettkämpfe erhalten einen gesteigerten Stellenwert. Die Anzahl der Wettkämpfe und vor allem die Streckenlängen nehmen zu.

Das Aufbautraining hat bezüglich der Aufgabenstellung eine gewisse Eigenständigkeit

Tabelle 16 *Trainingskennziffernübersicht im Aufbautraining (männlich und weiblich)*

Kennziffernbezeichnung	männlich		weiblich	
	AK 15	AK 16	AK 15	AK 16
Gesamtbelastung pro Jahr				
Trainingseinheiten	265	285	190	220
Stunden	630	700	600	750
Allgemeine athletische Ausbildung (Std. pro Jahr)				
Ausdauer	70	60	40	30
Schnelligkeit	–	–	–	–
Kraft	40	60	20	30
Spiele	40	30	40	40
Wettkämpfe	–	–	–	–
Spezifische Ausbildung (Radtraining in km)				
Gesamtumfang	11 500	13 500	8 000	10 000
Kompensationsbereich	1 000	1 000	800	1 000
Grundlagenausdauerbereich	8 510	10 050	5 850	7 150
Entwicklungsbereich	300	400	150	200
Spitzenbereich	30	50	20	30
Krafttraining (K1, K2)	30	50	20	30
Krafttraining (K3, K4)	50	70	–	30
Wettkämpfe	1 500	1 800	1 100	1 500
Tests/Leistungsdiagnostik	80	80	60	60
Theorie (in Stunden)	24	14	24	24

Wichtig und deshalb vorangestellt ist die Fortsetzung der stufenförmigen Belastungserhöhung in Einheit von Inhalt und Umfang bei Beachtung der altersbedingten Spezifik. In Tabelle 16 sind die Jahresbelastungsprogramme für Mädchen und Jungen aufgegliedert. Auch hier handelt es sich um Grundorientierungen an der oberen Grenze der Belastbarkeit. Sie müssen unter Beachtung des bisherigen Ausbildungs- und Leistungsstandes sowie der Rahmenbedingungen (Schule, Beruf usw.) individualisiert werden.

Für die einzelnen Trainingsbereiche (Tabellen 3–9) sowie für die Übersetzungen gibt es Limits, um Fehlbelastungen und -entwicklungen zu verhindern. Die Begrenzung der Trainingsstrecken sollte in diesen Altersklassen eingehalten werden (siehe Tabelle 14, S. 171). Sie wurden gesetzt, um spätere Zuwachsraten sinnvoll zu erhalten. In diesem Altersbereich ist ein Vorgriff auf Dimensionen des Anschlußtrainings selbst für die leistungsstärksten Frühentwickler nicht von Vorteil.

In diesem Altersbereich ist ein Vorgriff auf Dimensionen des Anschlußtrainings selbst für die leistungsstärksten Frühentwickler nicht von Vorteil

Vielseitigkeit ist Trumpf

Im Aufbautraining wird das Ausbildungsziel der Vielseitigkeit beibehalten. Es gewinnt in diesen zwei Jahren noch an Bedeutung und wird zu einem der Schwerpunkte dieser Etappe erklärt. Dazu wird das Training in der allgemeinen athletischen Ausbildung mit einer breiten Fächerung der Trainingsmittel fortgesetzt. Das Krafttraining im Fitneßcenter oder Kraftraum wird, nachdem im Grundlagentraining die Bewegungsabläufe erlernt wurden, mit ersten bescheidenen Zusatzgewichten in das Programm aufgenommen. Das Ziel dabei lautet, die Belastungsverträglichkeit systematisch zu erhöhen. Das Binde- und Stützgewebe soll gekräftigt, ein gesunder, für eine Ausdauersportart notwendiger Muskelzuwachs eingeleitet werden.

Im spezifischen Bereich hat das Training bei deutlich gesteigerten Trainingsumfängen die gleiche Zielstellung: Vielseitigkeit. Es erfolgt noch keine Spezialisierung auf einzelne Disziplinen.

Querfeldeinfahren (Cross), Mountainbiken, Bahn- und Straßenradsport haben im Training und Wettkampf einen fast gleichen Stellenwert. Differenzen in der Priorität ergeben sich höchstens aus den unterschiedlichen Umfängen der Angebote im Wettkampfbereich. Dabei wird sich bereits zeigen, daß es nicht in allen Disziplinen gleiche Leistungen gibt. Entscheidend in dieser Frage ist u. a. die Motivation. Eine frühzeitige »Abstempelung« aufgrund unterschiedlicher Leistungen sollte bei den jungen Rennfahrern unbedingt vermieden werden. »Er ist kein Zeitfahrer, Sprinter oder Bergfahrer« ist oft zu hören. Eine gründliche Analyse der Ursachen für die Unterschiedlichkeit der Entwicklung unterbleibt häufig. Der Organismus kann aber nur die Leistungen vollbringen, auf die er vorbereitet und trainiert ist. Die Übungsleiter und Trainer müssen also analysieren, Ursachen erforschen und darauf aufbauend das Training individualisieren. Dabei gilt: die Schwachpunkte konsequent angehen und die Stärken ausbauen.

Dazu ein Beispiel: Ein Fahrer kann in einem Einzelzeitfahren die Leistungen der Straßenrennen nicht bestätigen. Als erstes ist im Einzelzeitfahren die Motorik des Fahrers zu analysieren. Das bedeutet Tretfrequenzmessung. In der Regel liegen die Reserven in diesem Bereich. Bestätigt sich diese Vermutung, gibt es eine Tretfrequenzorientierung in den Trainingsbereichen. Auch das Fahren mit einem »starren« Gang, wie wir ihn nur noch beim Bahnrad vorfinden, wirkt oft Wunder. Zusätzlich kann die Ausbildung auf der ungebremsten Rolle in das Programm aufgenommen werden. Dazu ist Geduld und Überzeugungskraft angesagt. Eindeutige Verbesserungen brauchen Zeit, bis sie Stabilität besitzen. Ergibt die Analyse aber die Aussage, daß der Sportler ein Spätentwickler ist, noch nicht über eine gut entwickelte Muskulatur verfügt und deshalb die Zeitfahrleistung noch nicht bringen kann, sollten die Ursachen dem Sportler erläutert werden. Für das Training gibt es dann auch einen anderen Schwerpunkt: weiter an den Grundlagen arbeiten und den Prozeß der biologischen Reife durch wohldosierte Trainingsmittel, -umfänge und -intensitäten unterstützen. Die »Kunst« im Training besteht nicht darin, mit den Talentiertesten zum Erfolg zu kommen, sondern zu analysieren und zu individualisieren.

Die Vielseitigkeit der Ausbildung und die Analyse der Leistungsvoraussetzungen unterstützen gleichzeitig auch die Sichtung bzw. die Erfassung der »Talente«. Mit dem Begriff des Talents sollte aber recht vorsichtig und behutsam umgegangen werden. Die Mädchen und Jungen befinden sich noch in der Pubertät. Der beschriebene unterschiedliche biologische Entwicklungsstand verdeckt dann häufig den Blick fürs Talent. Talente im Radsport zeigen sich zeitlich gesehen am ehesten, wenn sie von ihrer Muskelfaserstruktur zu Sprintleistungen begünstigt sind. Die Fahrer, die sich in allen Disziplinen im Sprint oder Spurt erfolgreich durchsetzen und neben der Schnelligkeit und dem Durchsetzungsvermögen auch noch den »Blick für die Situation« besitzen, haben die Qual der Wahl bei der späteren Spezialisierung.

Trainingssteuerung erlernen

Im Grundlagentraining wurde mit der Wissensvermittlung und dem Erlernen der Trainingssteuerung bereits begonnen. Im Ausbautraining soll der Lernprozeß dazu so vervollständigt werden, daß er perfekt beherrscht wird.

Deshalb werden in das Ausbildungsprogramm auch erstmalig leistungsdiagnostische Untersuchungen aufgenommen. Hauptziele der Leistungsdiagnostik sind die Feststellung des physischen Zustandes, der wichtigsten Leistungsvoraussetzungen, und davon abgeleitet Vorgaben zur Trainingssteuerung. Die leistungsdiagnostischen Untersuchungen (Conconi- oder Stufentest, siehe auch Kap. »Medizin«) geben Auskunft über die Stoffwechselbedingungen und fixieren zwei wichtige Eckpunkte: die aerobe und die anaerobe Schwelle. Von ihrer Höhe werden die Vorgaben der Herzfrequenz für die einzelnen Trainingsbereiche individuell abgeleitet.

Der Sportler kennt nach der Leistungsdiagnostik seine Herzfrequenzvorgaben für die Trainingsbereiche (KB/GA/EB/SB und KA). Nun muß er versuchen, in den Trainingseinheiten, die diese Bereiche zum Ziel haben, seine Herzfrequenz zu messen und in den festgelegten Vorgabebereichen zu halten. Zur Steuerung des Trainings eignet sich besonders gut die Benutzung einer Herzfrequenzuhr. Sie wird am Lenker montiert, und der Sportler hat die aktuellen Minutenwerte immer unter Kontrolle. Je nach der Höhe der Herzfrequenz kann er die Trainingsintensität steigern oder zurücknehmen, um in der vorgegebenen Bandbreite zu bleiben. Verfügt das Herzfrequenzmeßgerät über einen Speicher, können alle Werte gespeichert und nach dem Training abgerufen bzw. mittels Interface und PC ausgedruckt werden.

Die zweite Steuergröße ist die Tretfrequenz. Auch sie sollte streng kontrolliert werden. Unter methodischem Aspekt wurde die Begründung dafür bereits aufgeführt. Im Grundlagenausdauertraining orientiert man sich z. B. an einem Durchschnittswert von 100 U/min. Auch hier wird die Benutzung eines Meßgeräts empfohlen. Weicht die

> Die »Kunst« im Training besteht nicht darin, mit den Talentiertesten zum Erfolg zu kommen, sondern zu analysieren und zu individualisieren

Tretfrequenz z. B. von der Vorgabe 100 U/min nach unten ab, muß die Übersetzung verkleinert werden. Dies erfolgt aber nur dann, wenn die beabsichtigte Herzfrequenz dabei eingehalten, bzw. wenn auch diese zu hoch angezeigt wird. Tritt aber der umgekehrte Fall ein, bedingt dies eine Erhöhung der Tretfrequenz. Diese erfolgt in Relation zur Herzfrequenz mit und ohne Übersetzungserhöhung. Damit ist das Steuerdreieck: Herzfrequenz, Tretfrequenz und Übersetzung geschlossen. Im Laufe der Zeit geht dieser Steuermechanismus in die Gewohnheit über, so daß die anfänglich hohe Konzentration nicht mehr erforderlich ist. Der Sportler hat sich so daran gewöhnt, daß er »es« im Gefühl hat. Die Meßgeräte begleiten ihn zwar noch im Training und registrieren bzw. speichern alle erforderlichen Daten, sie dienen aber mit fortgeschrittenem Lernprozeß nur noch zur Kontrolle.

Orientierung auf Motorik und Schnelligkeit

Im Aufbautraining befindet sich der Jugendliche biologisch betrachtet noch in der Phase des erhöhten motorischen Lernens. Das bedeutet, er lernt die Bewegungsabläufe schneller. Die »Lernschablonen« sind tiefgründiger und exakter, als das später im Leben möglich ist. Diese Zeit sollte deshalb auch im Training ausgenutzt werden, um die motorischen Fähigkeiten und die Entwicklung der Schnelligkeit positiv auszuprägen.

Beginn des Krafttrainings

Im Aufbautraining beginnt auch das erste ernsthafte Krafttraining. Der genaue Zeitpunkt, wann damit begonnen wird, richtet sich nach dem körperlichen Entwicklungsstand. Das bedeutet, daß ein Frühentwickler durchaus mit dem 14. Lebensjahr, ein Spätentwickler aber erst eineinhalb oder zwei Jahre später damit startet. Dies trifft sowohl auf das Krafttraining mit allgemeinen wie auch auf das mit spezifischen Mitteln zu. Im Kraftraum oder Fitneßcenter ist neben einer vernünftig dosierten Zusatzlast vor allem darauf zu achten, daß die Wirbelsäule entlastet bleibt, um Schäden generell auszuschließen. Beim spezifischen Krafttraining – mit dem Rad – liegt der Schwerpunkt der Ausbildung auf dem Schnellkraftbereich. Zum Einsatz kommen die ersten Standardprogramme wie K1 oder auch K2, die jedoch auf den Leistungs- und Entwicklungsstand auszurichten sind.

Interessante Wettkampfgestaltung

In dieser Altersstufe ist die emotionale Komponente von entscheidender Bedeutung für die weitere Motivation zum Radsport. Wettkämpfe und das Erleben von Gemeinschaft und Erfolg sind ganz besonders wichtig. Auch Mißerfolgserlebnisse wird es geben. All das sollte richtig eingeordnet werden, wozu das Mädchen oder der Junge Hilfe benötigt. Diese kann in erster Linie von den Eltern, Geschwistern, dem Übungsleiter und Trainer oder den Freunden gegeben werden. Auf alle Fälle ist es gut, wenn alles ohne Druck, aber mit einem gesunden eigenen Antrieb erfolgt.

Im Gegensatz zu den Wettkämpfen in den Ausgleichssportarten oder in den einfachen Spielen hat der Wettkampf im Radsport eine ganz andere Bedeutung. Die Auswahl der zu bestreitenden Rennen sollte deshalb überlegt sein. Sie sollte vom aktuellen Ausbildungs- und Leistungsstand abgeleitet werden. Hat ein Sportler bereits die erste Etappe, das Grundlagentraining, erfolgreich absolviert und dort mit Erfolg an Wettkämpfen teilgenommen, so ist sein Wettkampfeinsatz relativ einfach. Für ihn stehen 25 bis 35 Wettkämpfe im Jahr auf dem Programm. Bevorzugt dabei stehen Straßenrennen zur Auswahl. Sie

> **Wettkämpfe und das Erleben von Gemeinschaft und Erfolg sind ganz besonders wichtig**

sollten zahlenmäßig den Hauptanteil bilden. Kriterien, Zeitfahren, Querfeldeinfahren (Cross), Mountainbike- oder Bahnrennen ergänzen dann das Programm unter dem Blickwinkel der Vielseitigkeit.

Bei den Überlegungen zur Wettkampfwahl sind der Schwierigkeitsgrad der Rennen ebenso wie die dadurch entstehenden Reisewege mit zu beachten. Erfolgserlebnisse, aber auch die Zweckmäßigkeit rangieren vor Überlastungen und psychischem Druck bzw. Streß. Der Spätentwickler, der in diesem Altersbereich noch echte Leistungsnachteile aufweist, sollte in den Wettkämpfen einerseits hoch belastet, andererseits aber auch systematisch aufgebaut werden. So wird sich sein Wettkampfprogramm von dem des Frühentwicklers noch klar unterscheiden.

Im Aufbautraining wird begonnen, den Wettkämpfen eine klare und realistische Zielstellung zu geben. Man sollte dabei nicht nur gute Resultate anstreben. Es geht vielmehr um die Beendigung des Rennens und um das Erlernen der taktischen Elemente. Die Orientierung, ein Rennen nicht grundlos aufzugeben, ist ein hoher Anspruch und fordert vor allem die Willensqualitäten. Gelingt bereits in dieser Altersstufe diesbezüglich ein positiver Trend mit stabiler Basis, so sind die entscheidenden Eckpfeiler für ein erfolgversprechendes Anschlußtraining gesetzt.

Anschlußtraining

Den Etappen des Grundlagen- und Aufbautrainings schließt sich letztendlich das Anschlußtraining lückenlos an. Diese Phase im langfristigen Leistungsaufbau leitet die erste Stufe der Leistungsorientierung ein. Sie beendet gleichzeitig die wichtige Phase des Nachwuchstrainings mit allgemeinbildendem und auf Vielseitigkeit orientiertem Training.

Das Anschlußtraining baut aber auf diesen vorangegangenen Etappen auf. Wurden die Aufgaben im Grundlagen- und Aufbautraining inhaltlich und in guter Qualität erfüllt, wird sich dies in der neuen Etappe positiv bemerkbar machen.

Der lückenlose Anschluß an das vorangegangene Training schlägt sich auch in den Rahmenbelastungskennziffern nieder, die in Tabelle 17 zusammengefaßt sind.

Die Trainingsumfänge nehmen weiter kontinuierlich zu. Dadurch ist eine gezielte Planung des Trainings- und Wettkampfjahres mit Periodisierung, Makrozyklen und zyklischer Gestaltung unumgänglich.

Seit dem Grundlagentraining ziehen sich die untenstehenden Schwerpunkte durch den Ausbildungsprozeß, die auch im Anschlußtraining ihre Gültigkeit behalten. Neu ist lediglich, daß sich ihr Ausprägungsgrad deutlich erhöht haben muß.

Das sind:

- Die Motivation zum Radsport. Die höheren Anforderungen in Training und Wettkampf müssen – werden sie richtig eingesetzt – die Einstellung und Motivation verbessern.
- Im Punkt Verkehrssicherheit und Radbeherrschung wird in dieser Phase Perfektion angestrebt.
- Die Sitzposition auf dem Rad bedarf einer ständigen Kontrolle, da die Wachstumsphase noch nicht abgeschlossen ist.
- Der »runde« Tritt ist weiterhin eine Hauptorientierung, zumal sich die Übersetzungen erhöht haben. Geeignete Hilfsmittel zur Aufrechterhaltung einer ausgeprägten Motorik (Tretfrequenz) sind weiterhin Bestandteil des Trainings.
- Die erhöhten Trainingsumfänge verlangen eine perfekte Trainings-

Den Etappen des Grundlagen- und Aufbautrainings schließt sich letztendlich das Anschlußtraining lückenlos an

Tabelle 17 *Trainingskennziffernübersicht im Anschlußtraining (männlich und weiblich)*

Kennziffernbezeichnung	männlich		weiblich	
	AK 17	AK 18	AK 17	AK 18
Gesamtbelastung pro Jahr				
Trainingseinheiten	280	310	250	270
Stunden	800	1000	800	900
Allgemeine athletische Ausbildung (Std. pro Jahr)				
Ausdauer	20	20	40	30
Kraft	60	60	40	50
Spiele	20	20	20	20
Spezifische Ausbildung (Radtraining in km)				
Gesamtumfang	17 000	20 000	13 000	16 000
Kompensationsbereich	1 000	1 000	1 000	1 000
Grundlagenausdauerbereich	12 710	15 070	9 670	12 340
Entwicklungsbereich	500	600	300	400
Spitzenbereich	60	80	30	30
Krafttraining (K1, K2)	60	70	40	50
Krafttraining (K3, K4)	90	100	80	100
Wettkämpfe	2500	3000	1800	2000
Tests/Leistungsdiagnostik	80	80	80	80
Theorie (in Stunden)	12	12	12	12

In den Altersklassen 17 und 18 beginnt die Spezialisierung

steuerung. In der Ausbildung ist jetzt Effektivität ein weiterer Schwerpunkt.
- Die Trainingsmittel und -methoden werden der neuen, veränderten Zielstellung angepaßt. Die Trainingsplanung wird zu einer Grundbedingung für die erfolgreiche Gestaltung dieser Trainingsetappe. Außerdem wird das Spezialtraining neu ins Programm aufgenommen.
- Theorieunterricht wird bei Verlagerung des Inhalts (Taktik) beibehalten und durch fortlaufende Wettkampfanalysen und vorbereitende Gespräche zu den Wettkämpfen und ihrer taktischen Gestaltung ergänzt.
- Die vielseitige Ausbildung wird in ihrem Stellenwert eingeschränkt. Sie konzentriert sich zeitlich vor allem auf die wettkampffreien Monate (Oktober bis März).

Beginn der Spezialisierung
In den Altersklassen 17 und 18 beginnt die Spezialisierung, die im Hochleistungstraining ihren Abschluß findet. Unter der Spezialisierung ist die Konzentration auf eine Disziplin oder Disziplingruppe im Radsport zu verstehen. In der Regel stehen folgende Disziplingruppen, für die sich Mädchen wie Jungen entscheiden können, zur Auswahl: die Disziplinen des Straßenradsports oder die Disziplinen des Bahnradsports mit den Untergruppen Kurzzeit (Sprint/1000-m-Zeitfahren) und Verfolgung (Zeitfahrdisziplinen/Punkte- und Zweiermannschaftsfahren) oder Querfeldeinfahren oder Mountainbiking (siehe dazu die jeweiligen Kapitel).
Bei allen vier Disziplingruppen ist »oder« doppelt zu unterstreichen. Ein ständiger Wechsel zwischen den Disziplingruppen behindert in der Regel die kontinuierliche Leistungsentwicklung,

ganz besonders auf dem Weg zur Weltspitze. Ausnahmen bestätigen allerdings auch hier die Regel. Bei der Entscheidung zur Spezialisierung sollte sich der Jugendliche über sein sportliches Endziel im klaren sein. Wird eine sportliche Laufbahn auf der Straße mit einer Tour de France angestrebt, sollte bereits im Anschlußtraining eine Spezialisierung als Straßenfahrer erfolgen. Damit sind Wettkämpfe auf der Bahn, im Querfeldeinfahren oder Mountainbiking nicht gänzlich unmöglich, sondern sie dienen der vielseitigen Ausbildung – ohne sich darauf umfassend vorzubereiten. Die Ausbildung hat auch im Anschlußtraining Priorität. Sie erfordert ein bestimmtes Zeitvolumen und effektive Methoden bei der Trainingsgestaltung. Nur so sind in allen Bereichen Spitzenleistungen möglich. Wer dies ignoriert, wird auf Dauer nicht zum gewünschten Erfolg kommen. Will dagegen ein Mädchen oder ein Junge keine Spezialisierung betreiben und in fast allen Bereichen umfassend Wettkämpfe bestreiten, um zu sehen, wie weit es dann reicht – auch gut. Die Entscheidung liegt letztendlich immer beim Sportler selbst.

Ein Zeitfahrspezialist wie Alex Zülle erreicht in dieser Disziplin regelmäßig Spitzenplazierungen.

Jahresplanung und Periodisierung

Durch die Spezialisierung entsteht eine neue Aufgabenstellung. Es treten Wettkämpfe in die Planung, die besondere Bedeutung erhalten. Der Sportler soll zu ihren Terminen in einer besonders guten Form sein. Er soll in seiner Spezialdisziplin erste Spitzenleistungen erreichen. Solche Wettkämpfe werden auch als Hauptwettkämpfe bezeichnet. Es sind in der Regel Wettkämpfe mit selektivem Charakter, wie z. B. regionale, nationale oder internationale Meisterschaften. Die Termine der Hauptwettkämpfe bestimmen das Jahresperiodisierungsmodell. Die Jahresplanung wird auf diese Hauptwettkämpfe ausgerichtet. Die Periodisierung, die Aufteilung in Makrozyklen und die zyklische Trainingsgestaltung sollen einen Belastungsanstieg im Jahresverlauf sichern. Durch diesen Rahmen wird eine Koordination aller Trainingsmittel vorgenommen. Trainingsumfang, Intensität und die planmäßige aktive Erholung werden so integriert, daß ein Leistungszuwachs entsteht, der bis zum Tag X den Sportler zu einer sehr guten Leistung befähigen soll. Die Spezialisierung und der veränderte Jahresaufbau sind jedoch nicht nur trainingsmethodisch gut zu lösen. Neben der Motivation für die neuen Aufgaben sind vor allem die Einstellung und die Konsequenz in der Umsetzung der Planung die entscheidende Größe für ein erfolgreiches Gelingen.

Das Bergfahren ist ein Spezialbereich im Straßenradsport

Wettkämpfe prägen das Jahr

Mit zunehmender Spezialisierung gewinnen die Wettkämpfe an Bedeutung. Die Anzahl der Wettkämpfe erhöht sich, die Wettkampfdistanzen verlängern sich. Reisezeiten zu vielen neuen Wettkämpfen verdoppeln sich. Erste Etappenrennen stehen auf dem Programm, wo an zwei bis vier aufeinanderfolgenden Tagen Wettkämpfe zu bestreiten sind. Es kommen viele neue Fahrer zu den Wettkämpfen, die aus den bisherigen Rennen nicht bekannt sind. Oftmals lernen Mädchen oder Jungen erst in dieser Alterskategorie richtige Berge kennen, die den Rennverlauf stark verändern. Das Bergfahren ist ein Spezialbereich im Straßenradsport. Es muß erlernt werden wie alles andere auch. Alle Mädchen und Jungen müssen sich auf diese neuen Umfeldbedingungen einstellen und sich an sie gewöhnen.

Um dies zu erleichtern, sollten die Eltern, vor allem aber die Übungsleiter und Trainer sie an diese neuen Anforderungen heranführen. Die psychische Vorbereitung der jungen Sportler hat in diesen Phasen eine große Bedeutung, die oft unterschätzt wird. Gelingt sie aber, so ist die Basis für die Zukunft gelegt. Im Hochleistungstraining, in dem zunächst bei den Amateuren und später bei den Berufsfahrern noch größere Hürden zu überwinden sein werden, stehen die gleichen Fragen an. Der Unterschied zum Anschlußtraining besteht nur im Niveau.

Ein weiterer und neuer Aspekt ist der Inhalt der Wettkämpfe, der sich gegenüber dem Aufbautraining deutlich verändert. Die beschriebenen Umfeldbedingungen bewirken auch einen Qualitätsschub. Die Rennen werden schneller und härter. Das Durchsetzungsvermögen in größeren Fahrerfeldern sollte beherrscht werden, um erste Erfolge zu erreichen. Viele neue Situationen entstehen dadurch in den Wettkämpfen. Der Sportler muß mit ihnen fertig werden, sollte sie meistern und darf sich davon nur wenig beeindrucken lassen. In dieser Phase zahlt sich der im Grundlagen- und Aufbautraining investierte Aufwand in die technisch-taktische und psychische Ausbildung aus. Je sicherer der Sportler mit seinen Mitteln ist und sie in den Wettkämpfen anwenden kann, desto größer sind seine Chancen.

Spezialtraining

Spezialisierung erfordert gleichzeitig auch Spezialtraining. Es leitet sich aus den Disziplinen und ihrer Leistungsstruktur ab. Im Grundlagen- und Aufbautraining wurde darauf bisher keine oder wenig Rücksicht genommen, da dies die allgemeine und vielseitige Ausbildung eingeschränkt hätte. Nun ist aber die Zeit für spezielle Trainingsformen gekommen. Der Sportler kann dabei auf die in den vorangegangenen Jahren erarbeiteten Grundlagen zurückgreifen. Dazu folgendes Beispiel: Wenn die Basis stimmt, d. h. die Tretfrequenz optimal ausgeprägt ist, wird z. B. ein Spezialtraining für die Disziplinen des Zeitfahrens einen deutlichen Leistungsschub bringen. Gibt es dagegen Rückstände im motorischen Bereich aus den vergangenen Jahren, so wird die Tretfrequenz den Leistungsfortschritt in Grenzen halten. Es stehen, was das Spezialtraining anbetrifft, folgende drei Trainingsaufgaben auf dem Ausbildungsprogramm:

- Einzelzeitfahrtraining
- Mannschaftszeitfahrtraining
- Bergtraining

Zu den beiden Zeitfahrdisziplinen soll der aerodynamische Aspekt noch vorangestellt werden. Im Grundlagen- und Aufbautraining wurde auch, bedingt durch die Wachstumsphase, darauf bisher wenig Bezug genommen. Da die Überwindung des Luftwiderstandes den Hauptteil der Energie des Fahrers verbraucht, ist die aerodynamisch gute Sitzposition auf dem Zeitfahrrad eine Grundvoraussetzung für eine hohe spezifische Leistung. Im Anschlußtraining stellt sich aber auch die Aufgabe, den Fahrer unter diesen Gesichtspunkten an die erste Zeitfahrposition in seiner Laufbahn anzupassen.

Einzelzeitfahrtraining
Das Einzelzeitfahren, auch die Prüfung der Wahrheit genannt, ist eine Fähigkeit, die in der Regel sehr unterschiedlich ausgeprägt ist. Dementsprechend differenziert sind auch die Wettkampfleistungen. Die Leistungsstruktur dieser Disziplin wurde bereits umfassend dargestellt. Das Training zur Ausprägung der Zeitfahrleistung wird nach der Wiederholungsmethode im Entwicklungsbereich stattfinden. Abgeleitet von der Leistungsstruktur soll der aerob-anaerobe Stoffwechselbereich trainiert werden. Neben den Grundsätzen, die den Entwicklungsbereich kennzeichnen, noch einige Hinweise, die zur Steigerung der Zeitfahrleistung führen:

- Vor jedem Training und vor jedem Zeitfahrwettbewerb unbedingt warmfahren.
- Die Leistung in Training und Wettkampf steuern. Also keinen »Blitzstart«; die Herzfrequenz immer gering unter oder an der anaeroben Schwelle einpendeln. Nur bei ganz kurzen Distanzen bis 2 km kann dies vernachlässigt werden.
- Die Tretfrequenzen in Abhängigkeit vom Streckenprofil immer hoch halten (Durchschnitt immer gering über 100 U/min).
- Viele Fahrer scheitern auch an der für das Zeitfahren notwendigen Konzentration. Dies wird aus einem unruhigen Geschwindigkeitsverlauf deutlich. Es gibt also, ohne daß äußere Leistungsfaktoren dazu beitragen, Teilstrecken mit sehr hohen und Teilstrecken mit deutlich tieferen Geschwindigkeiten, ohne daß die biologischen Parameter dazu einen Anhaltspunkt liefern. Im Training kann zur Verbesserung folgende Aufgabe gestellt werden: Es wird z. B. eine 10 km lange Strecke gewählt. Diese wird nun nach der Geschwindigkeit gesteuert, z. B. 43 km/h.
Die Herzfrequenz wird bei dieser Zielstellung außer acht gelassen.
Der Schwerpunkt liegt auf der Konzentration, um diese Aufgabe exakt zu meistern.

Mannschaftszeitfahrtraining
Obwohl das Vierer-Mannschaftszeitfahren zur Zeit aus dem Programm der Olympischen Spiele und Weltmeisterschaften verbannt ist, bildet es eine ausgezeichnete Möglichkeit zur perfekten Ausbildung der jungen Rennfahrer. Das Mannschaftszeitfahrtraining stärkt im Sportler das mannschaftsdienliche Denken und Handeln. Es treten auch in Straßenrennen Situationen auf, wo eine Fahrergruppe aus dem Peleton wegfährt oder zur Spitze aufschließen möchte. Solche Rennsituationen sind von Erfolg gekrönt, wenn die Harmonie und die Ablösetechnik stimmen. Abgeleitet von der Leistungsstruktur, wird das Mannschaftszeitfahrtraining im Entwicklungsbereich, also unter aerob-anaeroben Stoffwechselbedingungen, gefahren. Bereitet sich eine Mannschaft auf einen Wettkampf z. B. im Vierer-Mannschaftsrennen vor, so wird dazu ein Vierwochenzyklus empfohlen.
Folgende Besonderheiten, die für das Mannschaftszeitfahren charakteristisch sind, sollten realisiert werden:
- Die Mannschaft sollte so zusammengestellt werden, daß bereits von der Sitzposition eine Harmonie gegeben ist. Die niedrigere Sitzposition auf dem Zeitfahrrad fährt dabei hinter der höheren Sitzposition. In der

Das Training zur Ausprägung der Zeitfahrleistung wird nach der Wiederholungsmethode im Entwicklungsbereich stattfinden

Mannschaftsformation sollten gute aerodynamische Voraussetzungen herrschen, was ein sehr gutes Hinterradfahren aller Rennfahrer einschließt. Das muß im Training geübt werden. Nach Möglichkeit sollte immer in der gleichen Reihenfolge gefahren werden. Kommt ein neuer Fahrer in die Mannschaft, sollten nicht alle Positionen geändert werden. Der Neue wird unter den gegebenen Bedingungen eingegliedert.

- Die Mannschaft wird als Staffel gefahren. Diese formiert sich unter Beachtung des Windes so, daß der in Führung befindliche Fahrer im Wind fährt und den anderen Fahrern Windschatten bieten kann.
- Die Ablösung des führenden Fahrers ist optimal zwischen 20 und 25 Sekunden vorzunehmen. Jeder Fahrer führt also 20 bis 25 Sekunden. Danach löst er aus der führenden Position ab und begibt sich auf Position 4, 3 und 2. Auch auf diesen Positionen verweilt er 20 bis 25 Sekunden, bis er nach 1:00 bis 1:15 Minuten wieder in der führenden Position fährt. Die Ablösung erfolgt durch Zurückfallenlassen, eng an der Mannschaft und unter Beachtung der Windrichtung.

Eine Mannschaft fährt dann besonders gut, wenn Harmonie im technischen Ablauf (Ablösung, optimale Fahrlinie) herrscht und die Geschwindigkeit gleichmäßig hoch gehalten wird. Gibt es einen Tempoabfall in der Mannschaft, muß die Geschwindigkeit wieder kontinuierlich (mit Gefühl für die vorzunehmende Beschleunigung) gesteigert werden. Eine überzogene Tempoerhöhung führt dazu, daß der aus der Führung kommende Fahrer Mühe hat, Position 4 einzunehmen. Auf den Positionen 3 und 2 kann er sich nicht, wie erforderlich, erholen. Als Folge davon reduziert sich seine Leistung in der führenden Position. Mit der Zeit läuft dann die Mannschaft immer »unrunder«. Die Tempounterschiede zwischen den einzelnen Fahrern werden immer größer, und der schwächste Fahrer fällt letztendlich ab. Zu dritt kann dann nicht mehr die volle Leistung erbracht werden.

Bergtraining

Mit der Aufnahme von Bergen in das Wettkampfprogramm beginnt die Forderung, für diesen Bereich im Training etwas zu tun. Die Krafttrainingsprogramme K3 und K4 (siehe Tabelle 8, S. 153) sind dazu ein gutes Trainingsmittel. Sie sind entsprechend dem Ausbildungsstand und den Voraussetzungen (Beschaffenheit der möglichen Berge – also Länge des Berges, Steigungsgrad usw.) zu individualisieren. Auch die Grundtechniken der Abfahrten – unter Beachtung der Straßenverkehrsordnung – gehören in die Ausbildung im Anschlußtraining.

Hochleistungstraining

Das Hochleistungstraining beginnt in der Praxis mit dem Eintritt in die Leistungsklassen der Damen und Amateure und endet schließlich mit dem Berufsradsport, den es allerdings nur bei den Männern als eigenständige Kategorie gibt. Bei den Damen gibt es von Anbeginn die »Einheitslizenz«. Sie soll bei den Männern in Kürze folgen. Die Zielstellung des Hochleistungstrainings ist eindeutig. Es geht um Höchstleistungen, um Weltspitzenleistungen. Damit wird diese Etappe auch zur Selektionsetappe, denn nicht jede Fahrerin oder jeder Fahrer wird dieses Leistungsniveau erreichen können. So unterscheiden wir letztendlich zwischen den Sportlerinnen und Sportlern der verschiedenen Leistungsklassen und den Hobbyradsportlern. Das Hochleistungstraining ist im

Mit der Aufnahme von Bergen in das Wettkampfprogramm beginnt die Forderung, für diesen Bereich im Training etwas zu tun

wesentlichen durch folgende Aufgabenstellungen gekennzeichnet:
- Nachdem im Anschlußtraining die Aufgaben erfüllt und ein relativ guter bis sehr guter Leistungsstand erreicht wurde, geht es im ersten Jahr des Hochleistungstrainings um die Standortbestimmung, um den Aufstieg in die höchste Leistungsklasse der Frauen bzw. Männer.
- Die Leistungsvoraussetzungen müssen durch das Trainings- und Wettkampfsystem von Jahr zu Jahr auf ein ständig höheres Niveau entwickelt werden. Dabei ist die Weltspitzenleistung der Maßstab. Zu beachten ist, daß die Leistung der Weltspitze sich ständig weiterentwickelt und nicht auf dem heutigen Niveau stehenbleibt. Das bedeutet, daß im Training heute so trainiert werden muß, wie es die Leistungsstruktur der Leistung von morgen erfordert.
- Davon ausgehend bedarf es einer ständigen Weiterentwicklung der Trainingssysteme und einer von Jahr zu Jahr wachsenden Belastungssteigerung in Einheit von Trainingsumfang und Intensität. Da die Trainingszeitbudgets Grenzen haben, gewinnt die Effektivität des Trainings und damit die Trainingssteuerung immer mehr an Bedeutung.
- Die Wettkämpfe spielen eine immer dominierendere Rolle. Die Etappenrennen bewirken eine erhebliche Umfangssteigerung in diesem Bereich. Der Schwierigkeitsgrad der Streckenprofile nimmt zu, die Wettkampfstrecken werden länger. Die Gegner – mit denen sich der Fahrer im Wettkampf auseinandersetzen muß – werden durch den zunehmend internationalen Charakter neu und stellen eine größere Leistungsstärke dar. Die daraus resultierende größere Leistungsdichte führt zu schnelleren Rennen, und das bei noch schwierigeren Streckenprofilen.
- Belastungsverträglichkeit und Wettkampfhärte gestalten sich zunehmend zu einem leistungsbegrenzenden Faktor. Gezielte Erholung und Regeneration gewinnen mit fortschreitendem Hochleistungsalter an Bedeutung. Die psychische Frische – die Freude am Radsport – soll auch unter diesen komplizierten Bedingungen erhalten bleiben. Sie gestaltet sich immer mehr zu einem wesentlichen Leistungsfaktor. Die Spitzenathleten bestätigen es immer wieder: Die Motivation muß stimmen.
- In der Anfangsphase des Hochleistungstrainings verschwinden auch die biologischen Vor- bzw. Nachteile, die vorübergehend durch den zeitlich unterschiedlichen biologischen Entwicklungsstand vorhanden waren. Dadurch kommt es auch zu unerwarteten Leistungssprüngen positiver und negativer Art.

Nur höchste Belastungen führen zur Weltspitze

Nur Belastungssteigerungen in notwendigen Dimensionen und Proportionen – bei höchster Wirksamkeit und Effektivität durch eine perfekte Trainingssteuerung – bewirken Leistungssteigerungen und Leistungssprünge. Sie sind immer in Einheit von Trainingsumfang und -intensität (Inhalt) anzugehen, soll der beabsichtigte Erfolg auch wirklich eintreten. In Tabelle 18 sind für die ersten fünf Jahre Hochleistungstraining der Männer die Rahmenkennziffern ausgewiesen. Es handelt sich dabei um Kennziffern an der oberen Orientierungsgrenze.
Wie in den bisherigen Etappen bedarf es im Hochleistungstraining ebenfalls einer Individualisierung – auch der Trainings-

Da die Trainingszeitbudgets Grenzen haben, gewinnt die Effektivität des Trainings und damit die Trainingssteuerung immer mehr an Bedeutung

Tabelle 18 *Trainingskennziffernübersicht der Amateure in den ersten fünf Trainingsjahren*

Kennziffernbezeichnung	1. Jahr	2. Jahr	3. Jahr	4. Jahr	5. Jahr
Gesamtbelastung pro Jahr					
Trainingseinheiten	340	340	350	350	365
Stunden	1100	1200	1300	1400	1500
Allgemeine athletische Ausbildung (Std. pro Jahr)					
Ausdauer	70	50	40	30	20
Kraft	60	60	60	60	60
Spiele	20	20	20	20	20
Spezifische Ausbildung (Radtraining in km)					
Gesamtumfang	23000	26000	29000	32000	35000
Kompensationsbereich	1500	1500	2000	2000	2000
Grundlagenausdauerbereich	15180	16080	15600	16610	17520
Entwicklungsbereich	800	800	700	700	700
Spitzenbereich	100	100	80	70	60
Krafttraining (K1, K2)	70	70	70	70	70
Krafttraining (K3, K4)	200	300	300	400	500
Wettkämpfe	5000	7000	10000	12000	14000
Tests/Leistungsdiagnostik	150	150	150	150	150
Theorie (in Stunden)	10	10	10	10	10

> In seiner Leistungsentwicklung zeigt der Straßenradsport der Frauen eine ausgesprochen positive Entwicklung

kennziffern. Ist dies erfolgt, schließt sich die jährliche Planung mit der Festlegung der Hauptwettkämpfe, der Periodisierung, der zyklischen Trainingsgestaltung usw. an.

Spätestens nach dem fünften Jahr Hochleistungstraining ist – zumindest im männlichen Bereich – wieder eine Entscheidung fällig. Die Frage lautet: entweder Berufsradsport oder weiter als Amateur oder Hobbyradsportler aktiv sein. Die Entscheidung beantwortet dann die Aufgabenstellung für den nächsten sportlichen Lebensabschnitt. Die Damen haben es in dieser Beziehung etwas einfacher.

Frauenradsport mit positivem Trend

Das Hochleistungstraining der Frauen hat prinzipiell keine anderen Aufgaben als bei den Männern. In seiner Leistungsentwicklung zeigt der Straßenradsport der Frauen eine ausgesprochen positive Entwicklung. Er steht damit den Männern in keiner Weise nach. Immer mehr Frauen finden zum Straßenradsport.

Die breite Entwicklung fördert die Leistungsentwicklung und vergrößert erfreulicherweise auch die Leistungsdichte. Bei wesentlich kürzeren Wettkampfstrecken ist der Geschwindigkeitsverlauf der Rennen nur noch 2 bis 3 km/h langsamer als bei den Männern. Im Wettkampfwesen hat sich weltweit ein eigenständiges Wettkampfsystem, das auch Etappenrennen beinhaltet, etabliert. Wenn die angebotenen Wettbewerbe nicht ausreichen, ermöglicht die Sportordnung Starts im männlichen Bereich. Die Trainingsumfänge sind, bedingt durch die kürzeren Distanzen im Wettkampf, gegenüber den Männern reduziert. Die Rahmenbelastungskennziffern der ersten fünf Jahre sind in Tabelle 19 ausgewiesen.

In der Aufschlüsselung der Trainingskennziffern und in deren Umsetzung in Gestalt der Jahrestrainingsplanung gibt es zwischen Männern und Frauen kaum Unterschiede.

Eine große Bedeutung hat nach wie vor das Grundlagenausdauertraining. Sein Umfang sollte bei den Frauen jedoch begrenzt bleiben, vor allem auf eine Trainingseinheit bezogen. Grund dafür ist die Wettkampfdistanz. In Verbindung mit einer zielgerichteten Ernährung bewirkt gerade bei Frauen das Ausdauertraining eine positive Nebenwirkung. Voraussetzung ist, daß das GA-Training mit der Herzfrequenz so gesteuert wird, daß wirklich unter aeroben Stoffwechselbedingungen der Fettstoffwechsel trainiert und in Anspruch genommen wird. So kommt es zu einer Reduzierung bzw. Stabilisierung des prozentualen Fettgewebeanteils – ein Effekt, der auch zum Sporttreiben motiviert. Im Kraftbereich, wo die Frauen

Tabelle 19 *Trainingskennziffernübersicht der Damen in den ersten fünf Trainingsjahren*

Kennziffernbezeichnung	1. Jahr	2. Jahr	3. Jahr	4. Jahr	5. Jahr
Gesamtbelastung pro Jahr					
Trainingseinheiten	305	320	335	350	370
Stunden	950	1000	1050	1100	1150
Allgemeine athletische Ausbildung (Std. pro Jahr)					
Ausdauer	40	30	30	20	20
Kraft	60	60	60	60	60
Spiele	30	30	20	20	20
Spezifische Ausbildung (Radtraining in km)					
Gesamtumfang	19000	21000	23000	25000	27000
Kompensationsbereich	1500	1500	2000	2000	2000
Grundlagenausdauerbereich	13600	14430	14810	16710	18600
Entwicklungsbereich	500	600	650	700	750
Spitzenbereich	40	50	60	60	70
Krafttraining (K1, K2)	60	70	80	80	80
Krafttraining (K3, K4)	150	200	250	300	350
Wettkämpfe	3000	4000	5000	5000	5000
Tests/Leistungsdiagnostik	150	150	150	150	150
Theorie (in Stunden)	15	15	15	15	15

Die Distanzen sind im Frauenradrennsport zwar geringer, doch im Geschwindigkeitsverlauf erreichen Frauenrennen beachtliche Werte.

aufgrund ihrer körperlichen Konstitution von Natur aus Nachteile gegenüber den Männern haben, ist ein frauenspezifisches Krafttraining ratsam. In der Leistungsentwicklung der Frauen wird der Leistungsfaktor Kraft ohnehin die entscheidende Triebkraft werden. Das Krafttraining mit allgemeinen Trainingsmitteln sollte dazu die Grundlage bilden. Da beim Straßenradsport der muskuläre Einsatz im Tretzyklus nicht geschlechtsspezifisch unterschiedlich ist, werden die gleichen Muskelgruppen trainiert. Die Größe der Zusatzgewichte und die Wiederholungszahl pro Station sind dagegen den individuellen Besonderheiten anzupassen. Auch die spezifischen Kraftprogramme von K1 bis K4 kommen modifiziert im Training zur Anwendung.

Spezialisierung bestimmt das Training

Das Hochleistungstraining aller Kategorien ist immer auf die Erzielung sportlicher Höchstleistungen ausgerichtet. An Weltspitzenleistungen ist ein hoher Spezialisierungsgrad gebunden. Dementsprechend liegt der Schwerpunkt der Trainingsarbeit auch in der speziellen Ausbildung. Von großer Bedeutung bleibt, daß Spezialisierung nur auf einem ausreichenden Grundleistungsvermögen in Gestalt der physischen Leistungsfaktoren (Ausdauer, Kraft, Schnelligkeit) zur Entwicklung gebracht werden kann. So gesehen haben selbst im Hochleistungstraining allgemeine Trainingsmittel und vor allem die Ausprägung der Ausdauer (Grundlagenausdauer) und der Kraft eine nicht zu unterschätzende Bedeutung. Deshalb findet man im gesamten Bereich des Hochleistungstrainings in den Rahmenkennziffern auch relativ große Trainingsumfänge in den Bereichen aaA und GA. Besonders das Grundlagenausdauerniveau ist dafür verantwortlich, daß es im Jahresverlauf zur Stabilität im Wettkampfbereich kommt. Wird das wettkampfspezifische Training oder der Wettkampf selbst auf ein unzureichendes Grundlagenausdauer-Kraft-Basisleistungsvermögen aufgebaut, gibt es zuerst eine positive Überreaktion – die Form ist überraschend gut –, dann folgt unerwartet der Einbruch. Der Umfang des Spezialtrainings richtet sich natürlich nach dem Umfang der Wettkämpfe. Stehen zahlreiche Etappenrennen auf dem Jahresplan, so reduziert sich der Umfang des Spezialtrainings. Bestimmte Wettkämpfe erhalten dann einen aufbauenden Charakter und erfüllen durch eine gezielte Aufgabenstellung die Funktion des Spezialtrainings. Das Spezialtraining wird im wesentlichen auf die folgenden wettkampfspezifischen Fähigkeiten ausgerichtet:

- Einzel-, Bergzeit-, Paarzeit- bzw. Mannschaftszeitfahren
- Bergfahrleistung
- erfolgreiche Endkampfgestaltung

Die Trainingsbereiche EB/SB und die Kraftprogramme K1 bis K4 stehen dabei im Mittelpunkt der Ausbildung.

Bergspezialisten im Vorteil

Im Hochleistungstraining hat das Bergfahren zunehmenden Einfluß auf die Rennverläufe. Zahlreiche Rennen werden in den Bergen entschieden. Im wesentlichen entscheiden vier Faktoren über die Bergfahrqualitäten:

- Stoffwechselprozesse
- Körperbaumerkmale
- Trettechnik
- psychische Faktoren

In der Praxis sind Berge nicht gleich Berge. Obwohl jeder Berg seine eigenen Schwierigkeitsgrade hat, die sich in der Regel kaum wiederholen, können sie in Kategorien zusammengefaßt werden. Demnach wird in kurze, lange und sehr lange (Pässe) Berge unterteilt. Danach werden in der Regel auch die Bergwertungen der klassischen Etappenrennen

Der Umfang des Spezialtrainings richtet sich natürlich nach dem Umfang der Wettkämpfe

eingeteilt. Für die Stoffwechselprozesse, die am Berg kurz unterhalb der anaeroben Schwelle verlaufen, ist die Sauerstoffaufnahmefähigkeit pro Kilogramm Körpergewicht sehr wichtig. Sie ist eng an die Atemtechnik und an die Atemfrequenz gekoppelt. Die Überwindung der Hangabtriebskraft ist größer als die des Luftwiderstands. Deshalb muß die Position auf dem Rad am Berg nicht besonders aerodynamisch sein. Sie sollte vielmehr die Atmung optimal unterstützen. Das bedeutet, möglichst aufrecht, durch eine breite Arm- und Handhaltung am Lenker oder an den Bremsgriffen entspannt auf dem Rad zu sitzen. Relativ langsames, tiefes Atmen begünstigt die Aufnahme des Sauerstoffs. Jeder Fahrer ist gut beraten, am Berg seinen Tritt zu finden, d.h., den Rhythmus auf seine individuellen Stoffwechselbedingungen einzustimmen, bei dem eine hohe Sauerstoffaufnahme und der Laktatabbau optimal gewährleistet sind. Der Laktatabbau setzt eine gute Grundlagenausdauer und einen gut trainierten aerobanaeroben Übergangsbereich voraus. Die Trainingsprogramme K3 und K4 unterstützen die Trainierbarkeit dieser Fähigkeiten beim Bergfahren. Dieses Anforderungsprofil schließt die optimale Wahl der Übersetzungsverhältnisse am Berg mit ein. Beim Bergfahren wirken, physikalisch betrachtet, einmal die Hangabtriebskraft, Steigung und Länge des Berges und zum anderen das Gewicht des Fahrers mit seinem Rennrad. Es zählt demnach jedes Gramm, das zuviel am Rad ist. Der Bergfahrer benötigt deshalb ein sehr leichtes, aber auch stabiles Rad, bei dem nur wenig Vortriebsleistung verlorengehen kann.

Das Körpergewicht ist eine repräsentative Größe für die Körperbaumerkmale. Je schwerer ein Fahrer ist, desto kleiner wird seine Chance auf eine sehr gute Bergfahrleistung. Kurze Berge lassen sich auch noch von schwereren Fahrern mit hohem Krafteinsatz gut bezwingen, selbst wenn der Steigungsgrad relativ hoch ist. Bei Pässen mit kilometerlangen und mitunter steilen Bergauffahrten schwinden ihre Chancen beträchtlich. Der schwerere Fahrer muß nicht nur mehr Masse »über den Berg bringen«, sondern sein Fettgewebe auch stoffwechselmäßig versorgen, wodurch eine schnellere Übersäuerung der Muskulatur entsteht.

Auffällig ist deshalb, daß nahezu alle guten Bergfahrer einen sehr geringen Anteil an Fettgewebe haben. Er beträgt zwischen 3 und 5 %. So erklärt sich, daß relativ große Fahrer mit einem relativ hohen Körpergewicht – aber einem Fettgewebeanteil von unter 4 % – Berge sehr gut fahren können. Für alle Amateure und Frauen ist es wichtig, ein optimales Körpergewicht mit geringem Fettgewebeanteil anzustreben. Dies ist häufig nur mit einem eisernen Willen bei der Durchsetzung einer gesunden Ernährung zu sichern.

Ein typischer Bergspezialist – der Italiener Marco Pantani.

Ein weiterer wichtiger Faktor ist die Trettechnik. Sie entscheidet über den Wirkungsgrad. Die vorhandene physische Leistungsfähigkeit muß transformiert werden. Ist dies in ausreichender Qualität gesichert, d. h., der Fahrer arbeitet auch am Berg »ökonomisch«, ist stoffwechselmäßig der Laktatabbau gesichert. Er wiederum garantiert, daß der Fahrer nicht tief in den »roten« (anaeroben) Bereich hineinfährt. Die richtige Wahl der Übersetzung und die damit gekoppelte Tretfrequenz beeinflussen diesen Prozeß erheblich. Sie müssen auf das individuelle, momentane Leistungsvermögen abgestimmt sein.

»Rezepte« sind daher nicht möglich. Es ist aber zu empfehlen, daß auch am Berg ab und zu auf die Herzfrequenz geachtet wird. Liegt sie deutlich über der anaeroben Schwelle, sollte frühzeitig reagiert werden. Die Übersetzung und die Tretfrequenz sollten so geändert werden, daß der Fahrer sich nur im aerob-anaeroben Bereich befindet. Auf diese Weise kann eine totale Erschöpfung verhindert werden. In der folgenden Abfahrt erholt sich ein gut trainierter Organismus sehr schnell. Der Fahrer verfügt so wieder über eine sehr hohe Leistungsfähigkeit im weiteren Rennverlauf.

Oft weichen die Fahrer auch auf den sogenannten »Wiegetritt« aus, indem sie die Sitzposition verlassen und aus dem Sattel gehen. Biomechanisch gesehen ergeben sich durch den größeren Knie- und Hüftwinkel günstigere Voraussetzungen, mit denen vorhandene Kräfte besser übertragen werden können. Beim Wiegetritt werden einige Muskelgruppen zugeschaltet bzw. anders beansprucht als im Sitzen. Die damit größere Aktivierung führt jedoch zu einer Mehrbelastung von Herz-, Kreislauf- und Atemsystem. Individuell gibt es Vor- und Nachteile. Verallgemeinerungen sind nicht möglich. Jeder sollte am Berg seinen ökonomischen Stil finden. Mitunter können im Wiegetritt größere Übersetzungen mit geringerer Tretfrequenz gefahren werden. Als Ergebnis können die vorgelegten Geschwindigkeiten der Mitstreiter besser mitvollzogen werden. Der Fahrer kann letztendlich seine Bergfahrleistung steigern.

Der psychische Anteil an der Bergfahrleistung besteht in erster Linie im Selbstvertrauen in die eigene Leistung, speziell unter den Bedingungen der Berge. Sie können mit Angst nicht optimal bezwungen werden. Eng daran geknüpft ist die taktische Gestaltung des Bergfahrens. Sie gelingt dann besonders gut, wenn der Berg dem Fahrer bekannt ist. Der eigentliche Berg beginnt bereits ein Stück vor der eigentlichen Steigung. Der Fahrer ist gut beraten, wenn er im Peleton eine günstige Position einnimmt. Sie liegt in der Regel im ersten Drittel des Hauptfeldes oder der Gruppe. Mitunter ist es empfehlenswert, den Berg von der Spitze aus zu fahren. Allerdings darf diese Position nicht dazu führen, daß der Fahrer zuviel Kraft und Energie einsetzt, die ihm später fehlen. Zur taktischen Gestaltung gehört auch, daß nicht alle Tempobeschleunigungen sofort mitgegangen werden. Taktisches Gespür ist notwendig, um die Entscheidung nicht zu verpassen.

Wettkämpfe – Eckpfeiler des Hochleistungstrainings

Die Aufgabenstellung des Hochleistungstrainings liegt eindeutig in der Erzielung individuell möglicher Spitzenleistungen bei ausgewählten Wettkämpfen. Auch im Spitzensport wird dabei weiterhin die Grundlage im Training geschaffen. Der Umfang der Wettkämpfe nimmt jedoch gegenüber den bisherigen Ausbildungsetappen um ein Mehrfaches zu. Das bedeutet auch, daß das Zeitbudget für den Spitzensport erweitert werden muß. Die Vielzahl der

> **Jeder sollte am Berg seinen Stil der ökonomischen Fahrweise finden**

Wettkämpfe verlangt, daß sie eine differenzierte Zielstellung erhalten. Sie übernehmen teilweise Ausbildungsaufgaben und damit Inhalte, die bisher nur im Training realisiert wurden. Die Wettkämpfe können unter diesem Aspekt in folgende drei Gruppen eingeordnet werden:

- Hauptwettkämpfe:
  Das sind die für den einzelnen Sportler bedeutungsvollsten Wettkämpfe, in denen er die höchsten Leistungen des Jahres erbringen soll.
- Test- und Selektionswettkämpfe:
  Sie dienen auf dem Wege zu den Hauptwettkämpfen in erster Linie der Leistungskontrolle bzw. der Selektion für diese.
- Aufbauwettkämpfe:
  In diese Gruppe gehören alle anderen Wettkämpfe. Sie erfüllen hochgradig wettkampfspezifische Ausbildungsaufgaben. Der Aufbauwettkampf stellt die spezifischste und komplexeste Form der Belastung dar. Entsprechend dem aktuellen Ausbildungsstand des Sportlers erhalten die Aufbauwettkämpfe auch unterschiedliche inhaltliche Ziele. Die dabei erreichten Wettkampfresultate sind in diesem Anspruch zu integrieren und dementsprechend differenziert zu bewerten.

Für die Wettkampfgestaltung ist die Motivation der Fahrerinnen und Fahrer eine ganz entscheidende Größe. Die Motivation für jeden Wettkampf – ganz besonders für den Aufbauwettkampf – muß stimmen. So sollte es auch selbstverständlich sein, daß die Rennen regulär beendet werden. Eine vorzeitige, unmotivierte Aufgabe ist ein Abstrich vom gesamten Ausbildungsziel. Sie ist eigentlich nur dann gerechtfertigt, wenn zwingende Gründe während des Wettkampfes eingetreten sind, wie etwa ein Sturz. Diese Einstellung ist für den Fahrer, aber auch für den Veranstalter der Rennen sehr wichtig und wird oft von den Aktiven unterschätzt. Gut organisierte und hochkarätig besetzte Rennen erhöhen zusätzlich die Motivation. Kommt jeder seiner Startverpflichtung nach und fährt hochmotiviert sein Rennen zu Ende, wird er zum guten Gelingen der Veranstaltung beitragen. Veranstalter und deren Sponsoren werden es nicht nur zur Kenntnis nehmen, sondern auch versuchen, das Optimale für die Zukunft weiterhin zu sichern. Die Sportler haben so gesehen auch eine große Verantwortung für den Fortbestand der Veranstaltungen und damit des gesamten

Eine Fluchtgruppe formiert sich, einige Fahrer versuchen noch, sich »anzuhängen«.

Im ersten Jahr Hochleistungstraining steht der Aufstieg in die höchste Leistungsklasse im Mittelpunkt

Wettkampfsystems. Die zunehmende Bedeutung der Wettkämpfe im langfristigen Leistungsaufbau bedingt auch eine gründliche Vorbereitung der Rennen durch Aktive, sportliche Leiter und das Begleitpersonal wie Mechaniker oder Masseure. Die Wettkampfleistung des Sportlers bedarf einer guten, bis ins Detail durchdachten Organisation. Alle Details im Vorfeld, während des Wettkampfes und danach haben ihre nicht zu unterschätzende Bedeutung für das Resultat und die schon angesprochene Motivation. Bei einer ständig steigenden Entwicklung der Leistung, gemessen an den Geschwindigkeitsverläufen der Wettkämpfe, bekommt auch die Organisation der Wettkampfleistung einen gesteigerten Wert. Die Fragen der Organisation der Wettkampfleistung lassen sich logistisch aufarbeiten und sind wie folgt gegliedert:

- langfristige Planung der Rennen, Meldung an den Veranstalter, Organisation der Reise einschließlich der Übernachtung
- umfassende Vorbereitung des Rennmaterials inklusive aller Ersatzmaterialien, Werkzeuge o. ä.
- Bestimmung der inhaltlichen Aufgaben des Wettkampfs und der prinzipiellen taktischen Gestaltung; Studium des Streckenverlaufs, des Streckenprofils, des Reglements und der Starterliste
- Erarbeitung der Wettkampfanalyse. Sie schließt alle Details der ersten drei Punkte ein. Die Analyse ist nur dann effektiv, wenn aus den positiven und negativen Wettkampf- und Organisationsbilanzen Rückschlüsse gezogen werden. Diese sind dann in der folgenden Wettkampfzeit umzusetzen. Durch die Vielseitigkeit der Disziplinen und Rennen erfordert die Analyse eine dementsprechende Differenzierung. Im Straßeneinzelrennen wird z. B. in der Analyse des Rennverlaufs die taktische Renngestaltung den Schwerpunkt bilden. In einem Zeitfahren lohnt es sich dagegen, andere Details in den Mittelpunkt zu stellen. Teilzeitmessungen und Tretfrequenzen sind z.B. sehr aussagefähig.

Etappenrennen – anspruchvollste Wettkampfform

Nachdem bereits im Anschlußtraining ein kleiner, ausgewählter Kreis von Fahrern mit Etappenrennen kontaktiert wurde, bilden im Hochleistungstraining die Etappenrennen das Kernstück des Wettkampfsystems. Sie sind die umfassendste Form einer wettkampfspezifischen Gipfelbelastung. Ihr zum Teil gigantisch wirkender Umfang und das daraus resultierende Anforderungsprofil machen die Etappenrennen zur anspruchsvollsten Disziplin im Straßenrennsport. Zu Beginn des Hochleistungstrainings besteht die Gefahr, daß die Fahrerinnen und Fahrer ihren Wettkampfumfang in falschen und zu hohen Dimensionen steigern. In diesem Punkt ist auch die Verwirklichung des Prinzips der Systematik angesagt. Zur Sicherung einer stabilen und kontinuierlichen Leistungsentwicklung ist bei der Gestaltung des persönlichen Wettkampfeinsatzplanes streng darauf zu achten, daß die Steigerungsraten realistisch gewählt werden. Das betrifft auch insbesondere die Etappenrennen. Aus den Erfahrungen der Praxis kann folgendes für die Kategorien der Männer empfohlen werden:

- Im ersten Jahr Hochleistungstraining steht der Aufstieg in die höchste Leistungsklasse im Mittelpunkt. Dabei können für besonders talentierte und leistungsstarke Fahrer ein bis zwei kleine Etappenrennen mit leichten bis mittelschweren Streckenprofilen bestritten werden.
- Das zweite Hochleistungsjahr bringt dann Starts in der höchsten

Leistungsklasse und demzufolge auch internationalen Kontakt. Drei bis fünf kleinere Etappenrennen mit mittelschweren Profilen scheinen gut geeignet, wenn sie günstig aufs Jahr verteilt sind. Die Gesamtlänge einer Rundfahrt sollte die 1000-km-Grenze nicht überschreiten.

- Im dritten Jahr, wenn der Fahrer sich richtig etabliert hat und über ein gutes internationales Leistungsniveau verfügt, kann eine gezielte Auswahl der Etappenrennen beginnen. Die Rundfahrten werden in der Gesamtdistanz und Zeit länger, die Folge der Etappen höher, die Streckenprofile schwerer. Das erfordert gleichzeitig auch mehr Zeit für die Maßnahmen der Regeneration.

Quereinsteiger

Vom Grundlagen- bis zum Hochleistungstraining wurde der Verlauf der sportlichen Ausbildung als ein in sich geschlossener Weg dargestellt. Für die Mehrheit der Fahrer trifft dies auch zu. Ein nicht unbedeutender Teil der Fahrerinnen und Fahrer vollzieht den Schritt zum aktiven Radrennsport aber auch später. Sie steigen in den pyramidalen langfristigen Leistungsaufbau später, also »quer« ein und werden deshalb auch als »Quereinsteiger« bezeichnet. Damit ist keine Klassifizierung oder Abwertung verbunden. Es soll lediglich gekennzeichnet werden, daß mit ihnen im Leistungsaufbau anders verfahren werden muß. Für alle Detailschritte der Ausbildung steht, langfristig betrachtet, weni-

Krönung einer außerordentlichen Leistung: die Schlußetappe der Tour de France auf den Champs-Élysées in Paris.

ger Zeit zur Verfügung. Wenn sie richtig durchgeführt werden, sind die Grundelemente bald auf einem guten Stand. Das anfängliche Handikap besteht im technischen Ausbildungsstand; die technischen Elemente der Radbeherrschung, des Hinterrad- und Staffelfahrens und das Fahren im Peleton und nicht am Ende sind die augenscheinlichsten Schwierigkeiten in der Startphase. Deshalb gilt diesen Elementen anfangs die Konzentration.

Der Fahrerkreis der Quereinsteiger, weiblich wie männlich, sollte auf der ungebremsten Rolle fahren, optimal auf dem Rad sitzen und ökonomisch treten lernen. Dann folgen die anderen technischen Elemente. Oft kommen die Quereinsteiger aus anderen Sportarten und verfügen deshalb über ein relativ gutes physisches Niveau. Nachdem die technischen Elemente beherrscht werden, geht es an die Erarbeitung der physischen Voraussetzungen. Auch hier bleibt der Grundsatz erhalten: Systematik, Stabilität und Kontinuität.

Die Zuwachsraten der Belastung können höher als bei den Normalentwicklern sein, sollten aber personengebunden und unter Beachtung der Ausgangsleistung gehandhabt werden.

Berufsradsport – Herausforderung des Hochleistungstrainings

Die Krönung im Straßenradrennsport ist zweifelsfrei der Berufsradsport. Bei den großen Etappenrennen wie der Tour de France, dem Giro d'Italia oder der Vuelta werden die wahren Champions hervorgebracht. Auch bei den Klassikern wie Paris–Roubaix oder der Straßenweltmeisterschaft werden Sieger zu Helden. Der daran geknüpfte Ruhm und die zu erbringende Leistung sind es, die den Mythos hervorrufen. Tausende junger Rennfahrer träumen davon. Die Dimensionen der Leistung sind es aber auch, die nur wenigen die Chance eröffnen, das besagte Traumziel zu erreichen. Ursachen für die professionellen Spitzenleistungen sind in folgenden Faktoren zu suchen:

- Die Wettkämpfe weisen überlange Distanzen auf, die im Bereich der menschlichen Leistungsgrenzen liegen. Das trifft auf die Eintagesrennen, aber auch auf die Etappen der Rundfahrten zu. Die hohe Anzahl der Etappen der großen Rundfahrten sorgen zusätzlich für diese oft kaum vorstellbaren Dimensionen der Anforderungen.
- Die Streckenprofile haben einen sehr hohen Schwierigkeitsgrad. Zum einen sind es die Berge, zum anderen der Straßenbelag bzw. die Witterungsbedingungen.
- Die Leistungsdichte ist um ein Mehrfaches größer als in allen anderen Leistungskategorien. Einerseits erreichen den Berufssport nur die Besten der Besten, andererseits liegt das Hochleistungsalter im Bereich von 23 bis fast 40 Jahren. Dadurch fahren bei den Profis eben die besten Fahrer der Welt – und das in 15 Jahrgängen.
- Die Wettkampfhärte steigt aus den drei beschriebenen Ursachen an und über die möglich scheinende Leistungsfähigkeit hinaus.

Auch im Berufsradsport ist der Trend der dynamischen Leistungsentwicklung zu verfolgen. Ein Ende dieser Entwicklung ist nicht absehbar. Ein aussagefähiger Beweis ist die Entwicklung des Stundenweltrekords. Er tendiert zu einer fast unglaublichen Leistung von 60 km/h.

Die wettkampffreie Zeit der Profis konzentriert sich auf die Monate November bis Januar. Da die Wettkampfsaison von Februar bis Oktober dauert, ist das Verhältnis zwischen Trainings- und Wettkampftagen gegenüber den Amateuren stark verändert. In dieser Periode beläuft sich die Zahl der Tage, an denen Rennen zu fahren sind, auf zwischen 100 und 130. Im Vergleich zu Spitzenamateuren mit zahlreichen internationalen Starts verdoppelt sich die Wettkampfhäufigkeit.

Für junge Profis ist deshalb der Einstieg in das neue Berufsleben eine einschneidende Umstellung. Nur mit einer geschickt angelegten Wettkampfplanung, die einerseits hohe Anforderungen stellt, andererseits aber auch Freiräume zur Regeneration und zum trainingsmethodischen Leistungsaufbau garantiert, gelingt der Einstieg. Dies ist aus meiner Sicht auch der Grund, daß nur eine relativ kleine Zahl von Fahrern den Übergang zum Berufssport meistert und sich dort mit stabilen Spitzenleistungen etabliert. In dieser Anfangsphase kommt noch hinzu, daß das sportlich hohe Niveau der Rennen die Erfolgsaussichten zum Teil stark reduziert. Der siegesgewohnte Amateur beginnt praktisch nochmals von vorn. Dies setzt aber auch eine sehr gute Motivation und eine solide Einstellung zum neuen Beruf voraus. An diesem Punkt entscheidet sich vor allem, wohin der Weg der Zukunft führt.

Das Regenbogentrikot zählt neben den Rundfahrtsiegen zu den begehrtesten Trophäen des Berufsradsports. Im Bild Luc Leblanc bei seinem WM-Sieg 1994 in Sizilien.

Belastungsgestaltung für Hobbyfahrer und Senioren

Hobbyfahrer und Senioren bilden die größte Gruppe aller radfahrenden Personen. In den letzten Jahren hat sich ihre Zahl vervielfacht. Die Tendenz ist weiter steigend, wofür es mehrere Gründe gibt.

- Das Bewußtsein der Menschen der Gegenwart für eine gesunde Lebensweise ist deutlich angestiegen. Der Freizeitsport nimmt dabei einen hohen Stellenwert ein. Das Radfahren ist eine der effektivsten Sportarten, um sich gesund und fit zu halten. Gezielte und dosierte Belastungen sind in allen Bereichen möglich. Dabei werden das Binde- und Stützgewebe sowie die Gelenke geschont. Das Herz-Kreislauf-System und die Muskulatur lassen sich sehr gut trainieren.
- Radfahren kann leicht erlernt werden, der materielle Aufwand ist relativ klein. Wird das Fahrrad als Verkehrsmittel benutzt, ist der Weg-Zeit-Gewinn relativ groß. Als Verkehrsmittel ist es obendrein sehr umweltfreundlich.
- Die vom Rennsport gewonnenen Erkenntnisse bezüglich der Technik bildeten die Voraussetzungen zur Weiterentwicklung des Fahrrads. So entstanden im letzten Jahrzehnt zahlreiche neue Modelle und Radvarianten. Die Neuentwicklungen in der Ausstattung, z. B. im Bereich der Schaltungsgruppen, kommen auch in der Praxis allen Hobbyfahrern entgegen. Radfahren wurde damit fast für jedermann eine sportliche Betätigung, bei der die Freude am Fahren den Muskelschmerz schnell vergessen läßt.
- Nun sind die Ambitionen dieser Vielzahl von Radfahrern schwer auf einen Nenner zu bringen. Drei Motive sind dabei dominant:
  – Das Rad wird als Verkehrs- und Sportgerät genutzt. Gesund fahren lautet die Devise des Pedalierens.
  – »Gewichtmachen« und sich durch Radfahren fit halten ist eine zweite Motivation.
  – Die eigene Leistungsfähigkeit durch gezieltes Radeln verbessern oder die eigenen Leistungsgrenzen austesten ist für viele Radler ein weiterer Anreiz.

Regelmäßig im Gesundheitsbereich radfahren

Der Vorsatz einer gesunden Lebensweise mit radsportlichen Ambitionen ist ein sehr guter, in die Praxis leicht umzusetzender Grundsatz. Das Rad kann so als Verkehrsmittel eingesetzt werden. Auch kleinere Radtouren nach Lust und Laune gehören dazu. Je regelmäßiger dies geschieht, desto größer ist der Effekt. An Tagen, an denen das Wetter ein Hinderungsgrund zum Radfahren sein könnte, bietet sich ein Fahrradergometer an. Dieses kann ohnehin in das Gesundheitsprogramm integriert werden.

Die Regelmäßigkeit und eine vernünftig gewählte Intensität erhöhen das Wohlbefinden mit Langzeitwirkung. Wer gesundheitlich etwas belastet ist oder die Intensität nicht richtig einschätzen kann, dem ist zu empfehlen, auch solche Radtouren oder Ergometerfahrten mit geringer Intensität zu überwachen. Zur Kontrolle der Belastung eignet sich die Herzfrequenz ausgezeichnet. Schon mit einem einfachen Herzfrequenzmeßgerät kann die erforderliche Sicherheit erlangt werden. Die Orientierung an der Herzfrequenz geht von der maximalen individuellen Herzfrequenz aus. Sie beträgt 220 Schläge pro Minute minus

Die Regelmäßigkeit und eine vernünftig gewählte Intensität erhöhen das Wohlbefinden mit Langzeitwirkung

Lebensalter. Aus gesundheitlichen Gründen ist es nicht zu empfehlen, sich über diesen Wert zu bewegen. Ausnahmen sind hochtrainierte Sportler, bei denen das Training auch im organischen Bereich im mehrjährigen Leistungsaufbau andere Belastungsdimensionen geschaffen hat. In Tabelle 20 (siehe S. 198) sind für alle drei Leistungsgruppen der Hobbyradler die Vorgabewerte für die obere Belastungsgrenze als Grundorientierung angegeben.

Schlank und fit

In der Praxis des Hobbyfahrens wird oft noch folgende Auffassung vertreten: Mit hartem Training, oft an der Leistungsgrenze, sind die besten Trainingsergebnisse zu erzielen, um schlank und fit zu werden. Diese Ansicht ist langfristig gesehen falsch. Mit dieser Methode sind eher kurzzeitige positive Ergebnisse zu erzielen. Gesünder und besser ist die Radausfahrt im zweiten Zielbereich. Für alle, die schlank und fit bleiben oder werden möchten, ist die Radtour mit leichter Intensität besonders gut geeignet. Unter leichter Intensität ist zu verstehen, daß nur Ausdauertrainingsmittel und -methoden zur Anwendung kommen. Dadurch wird garantiert, daß viele Fette zur Energiegewinnung herangezogen werden. Gleitet die Intensitätsgestaltung in höhere Bereiche, so schaltet der Stoffwechsel mehr und mehr Kohlehydrate als Energielieferanten zu. Das Fett wird dabei geschont, die Pölsterchen bleiben (siehe auch Kap. »Medizin«).

Ein zweiter Faktor beim Radeln mit leichter Intensität im Fettstoffwechsel ist der Flüssigkeitshaushalt des Körpers. Während der körperlichen Belastung sollte auch regelmäßig getrunken werden. Der Flüssigkeitshaushalt wird durch die Belastung reduziert und sollte immer

Radfahren ist eine der gesündesten Sportarten mit einem hohen Erlebniswert.

Tabelle 20 *Herzfrequenz für Hobbyradler*

		Alter	25 Jahre	30 Jahre	35 Jahre	40 Jahre	45 Jahre	50 Jahre	55 Jahre	60 Jahre
		maximale Herzfrequenz	195 P/min	190 P/min	185 P/min	180 P/min	175 P/min	170 P/min	165 P/min	160 P/min
Zielbereich										
»ruhige Radtour im Gesundheitsbereich« 50–70% der max. Herzfrequenz			95–135	95–130	90–130	90–125	85–125	85–120	85–120	80–115
»Radausfahrt mit leichter Intensität« 70–80% der max. Herzfrequenz			135–155	130–150	130–150	130–145	125–140	120–135	120–135	115–130
»Radausfahrt mittlere bis hohe Intensität« 80–90% der max. Herzfrequenz			155–175	150–170	150–165	145–160	140–160	135–155	130–150	130–150

> Übermut oder eine Fehleinschätzung der eigenen Leistungsfähigkeit birgt gesundheitliche Gefahren

gleich ergänzt werden. Kommt es zu großen Flüssigkeitsdefiziten, wird die Leistungsfähigkeit vermindert (siehe auch Kap. »Ernährung«). Sehr intensive Belastungen oberhalb des Fettstoffwechsels führen zu starker Schweißbildung. Nach der Belastung ist der Auffüllbedarf groß, der beabsichtigte Belastungseffekt bleibt jedoch gering. Zur Erreichung des Gegenteils gibt es nur einen Ratschlag: die Intensität in normale Ausdauertrainingsbahnen lenken! Die sicherste Methode im Zielbereich zwei ist auch hier: Steuerung und Belastung mit der Herzfrequenz.

Leistungsfähigkeit verbessern
Der dritte Zielbereich umfaßt die leidenschaftlich Radelnden. Ihnen ist kein Berg zu hoch, keine Tour zu lang. Sie möchten mit den Radtouren gesund, schlank und leistungsfähig bleiben. Ab und an soll auch die eigene Leistungsgrenze ausgetestet werden. Die Vielfalt ist groß, die Möglichkeiten sind verlockend. Übersetzungen wie Merckx oder Indurain zu treten, die Pässe einer Tour-Etappe zu bewältigen oder die »Pave«-Segmente von Paris–Roubaix unter den Pneus und im Sattel spüren – die Beispiele lassen sich beliebig fortsetzen. Aus den Erfahrungen heraus gibt es eigentlich nur einen Rat: Alles sollte im individuellen Rahmen bleiben. Auch der leidenschaftliche Radler sollte seine Belastungen systematisch und regelmäßig absolvieren, um den gesundheitlichen Aspekt voll zu nutzen. Übermut oder eine Fehleinschätzung der eigenen Leistungsfähigkeit birgt gesundheitliche Gefahren. Auch beim Austesten der eigenen Leistungsgrenzen sollte auf eine Trainingssteuerung nicht verzichtet werden. Sie bewahrt vor Überbeanspruchung und körperlichen Schäden.

Trainingstips für Hobbyfahrer
Für die Radtour ist eine entsprechend der Witterung zweckmäßige Fahrradkleidung notwendig. Die Auswahl hierbei ist groß. Die richtige Kleidung garantiert zwei Vorteile:

1. Sie bietet einen umfassenden Schutz der Gesundheit – vor Kälte und Hitze. Vor allem die unangenehmen Erkältungskrankheiten können weitestgehend vermieden werden, indem z.B. Thermokleidung getragen wird. Wind und kühles Wetter, aber auch zuviel Schweiß und Zugluft sind oft deren Ursache.

2. Jede körperliche Bewegung – so auch das Radfahren – erfordert Energie. Bis zu 75% der Energie werden in Wärme umgewandelt, der Rest bleibt für die Muskelarbeit übrig. Eine zweckmäßige Kleidung ist entscheidend, die Energiebilanzen zu optimieren. Bei unbeständiger Witterung ist das Mitführen von ergänzender Kleidung zu empfehlen. Der Schutz der Gelenke, insbesondere des

Kniegelenks, ist bei kühler Witterung ein wichtiger Aspekt. Der Fahrtwind wird im Frühjahr oft unterschätzt.

Der Flüssigkeitshaushalt sollte während des Radfahrens immer wieder ergänzt werden. Bei Radtouren, die länger als eine Stunde dauern, sollte eine Trinkflasche mitgeführt werden. Der Inhalt muß durststillend sein und die durch den Schweiß verbrauchten Mineralstoffe wieder auffüllen (siehe auch Kap. »Ernährung«). Dafür eignen sich sehr gut Früchtetees, Obstsaftschorlen und Mineraldrinks. Auch Kombinationen von diesen sind gut und ratsam. Regelmäßig in kleinen Mengen trinken ist dabei optimal.

Die ersten Minuten der Radtour sollten der Erwärmung der Muskulatur gewidmet werden. Kleine Übersetzungen und eine höhere Tretfrequenz unterstützen dieses Anliegen. Flache Streckenprofile sind dafür zu bevorzugen.

Wenn die Möglichkeit besteht, zwischen mehreren Streckenprofilen auszuwählen, sollten diese dem eigenen Leistungsstand bzw. dem Zielbereich der Radtour angepaßt werden.

Im Jahresverlauf geht die Wahl dabei vom einfachen zum schwierigeren Streckenprofil und nicht umgekehrt. Flache bis leicht wellige Profile fördern mit dem dabei entstehenden Gleichmaß der Belastung die Aktivierung des Fettstoffwechsels. Bergige Strecken oder auch der ständige Profilwechsel erhöhen automatisch die Intensität. Dabei wird der Kohlehydratstoffwechsel zugeschaltet. Soll eine Radtour im bergigen Gelände den gewünschten biologischen Effekt haben und obendrein noch Freude erzeugen, ist ein guter bis sehr guter Trainingszustand des Radlers erforderlich.

Die Dauer der Radtour ist ein entscheidender Faktor der Belastung. Wenn kürzere Strecken fast mühelos bewältigt werden können, kann die Belastungsdauer verlängert werden.

Die Gangschaltung sollte zur Belastungssteuerung mit einbezogen werden. Wenn die Herzfrequenz nicht im gewünschten Zielbereich liegt, kann durch eine Veränderung der Übersetzung bzw. der Tretfrequenz oder beider Faktoren die Intensität so geregelt werden, daß der Zielbereich wieder erreicht ist.

Nach intensiven Belastungen oder Wettkämpfen darf die Belastungsphase nicht einfach abgebrochen werden. Eine angemessene Zeit danach ist »Ausfahren« angesagt. Dadurch wird das Herz- und Kreislaufsystem sinnvoll weiterbeansprucht, und ein Kollaps kann verhindert werden.

Wochenprogramme für Hobbyfahrer
Die radsportliche Freizeitgestaltung soll neben dem gesundheitlichen Aspekt vor allem auch Freude und Entspannung bringen. Nur wenn auch dies gewährleistet ist, kann von einem gelungenen Freizeitprojekt gesprochen werden. Neben einem geeigneten Fahrrad, einer zweckmäßigen Ausrüstung und einem Herzfrequenzmeßgerät wird vor allem auch die Kreativität des Hobbyfahrers angesprochen. Sie wird zur Aufstellung des eigenen Trainingsprogramms benötigt. Das Hobbyfahren stellt zudem auch noch hohe Ansprüche an die Willensqualitäten. Beruf und Familie fordern auch ihre Zeit. Es ist nicht einfach, alles so zu koordinieren, daß Zeit zum regelmäßigen Radeln bleibt. Begünstigt ist zweifellos der Hobbyfahrer, der durch seinen Beruf einen geregelten Tagesablauf hat. Er kann sich gewissermaßen Standardprogramme für die Woche zusammenstellen und diese dann entsprechend der Jahreszeit im Umfang so regulieren, daß eine gesteigerte Belastung im Jahresverlauf entsteht. Zu einer regelmäßigen Belastung gehört eine Häufigkeit von zwei bis vier Tagen in der Woche, an denen sportlich etwas getan

Die ersten Minuten der Radtour sollten der Erwärmung der Muskulatur gewidmet werden

wird. Die Belastungsdauer richtet sich nach dem Zeitbudget. Unter einer Stunde sollte eine Radausfahrt aber nicht dauern, um den beabsichtigten Zweck auch zu erreichen. Wenn das Wetter zu einer Radtour einmal nicht motiviert, kann das Wochenprogramm geändert oder auf andere Belastungen ausgewichen werden. Dazu eignet sich u. a. auch ein Fahrradergometer.

Ist aus beruflichen oder familiären Gründen ein derartiges Wochenprogramm nicht zu realisieren, kann dieses Manko nur durch einen eisernen Willen und Kreativität ausgeglichen werden. Alle beruflichen, familiären und privaten Verpflichtungen müssen letztendlich so koordiniert werden, daß sich zeitliche Möglichkeiten ergeben. Dann ist ein »inneres« Machtwort notwendig. Man muß sich die Zeit zu sportlicher Belastung nehmen, auch wenn es unmöglich erscheint oder sehr schwer fällt.

Ergometertraining

Die Radausfahrt kann – wie bereits vorgeschlagen – auch auf das Fahrradergometer verlagert werden. Es ist ein ausgezeichnetes Trainingsgerät aus der Gruppe der Heimtrainer. Es eignet sich auch ganz besonders für die Gruppe von Menschen, die aus beruflichen Gründen nur Trainingszeit in den frühen Morgen- oder späten Abendstunden finden. Für das Ergometertraining gilt ebenso der Grundsatz der Regelmäßigkeit. Sporadische Belastungen – dazu in falschen Dimensionen im Umfang und vor allem in der Intensität – bringen in keiner Weise die beabsichtigten Wirkungen.

Auf dem Fahrradergometer kann sehr gut und vor allem regelmäßig jeden Morgen oder auch jeden Abend einer sinnvollen sportlichen Betätigung nachgegangen werden. Inhaltlich sollte dabei auch in erster Linie auf die Ausdauermethode – also eine Fettstoffwechselbelastung – zurückgegriffen werden. Die Belastungsdauer richtet sich nach dem eigenen körperlichen Zustand und den zeitlichen Möglichkeiten. Besonders sinnvoll haben sich Belastungen zwischen 15 und 60 Min. erwiesen. Auch längere Belastungen sind möglich, aber nicht immer effektiv, da der psychische Entspannungseffekt für Hobbyfahrer sehr fraglich wird. Ist ein ausreichender körperlicher Zustand vorhanden, d. h., die Ausdauerfähigkeiten sind gut entwickelt, kann das inhaltliche Programm auch verändert werden. Durch Veränderungen der Tretfrequenz oder des Belastungswiderstandes können auch Programme nach der Wiederholungs- oder Intervallmethode gestaltet werden. Da die Ergometer in der Regel über einen umfangreichen Steuermechanismus verfügen, kann die Belastungsvorgabe sehr gut dosiert werden. Einige Ergometer können programmiert und so ganze Trainingsprogramme vorgegeben werden. Da die Mehrzahl der Hersteller die Ergometer auch mit der Herzfrequenzmessung ausgestattet hat, ist die Kontrolle mittels der Herzfrequenz auch auf dem Ergometer möglich.

Tests für Hobbyfahrer

Der Leistungssport hat mit dem Conconi- und dem Stufentest sportmedizinisch bedeutungsvolle Verfahren entwickelt, die die aerobe und die anaerobe Schwelle mit hoher Präzision ermitteln. Davon können die Herzfrequenzvorgaben individuell und gezielt für einzelne Trainingsbereiche abgeleitet werden. Der Stufentest »eicht« die Herzfrequenz noch an der Laktatleistungskurve, wodurch die Aussage noch weitaus genauer als beim Conconi-Test wird. Beide Tests sind natürlich auch für den Hobbyfahrer gut geeignet. Wer sich mit der Formel maximale Herzfrequenz (220 P/min.) minus Lebensalter in Jahren nicht ausreichend gesichert fühlt, kann

Für das Ergometertraining gilt ebenso der Grundsatz der Regelmäßigkeit

sich auch wie ein Leistungssportler durchchecken lassen. Private Institute, sportmedizinische Fakultäten, aber auch Vereine und Sportartikelhändler führen die Tests durch und geben konkrete Hinweise zum Training und seinen inhaltlichen Vorgaben.

Es gibt außerdem einen weiteren sportpraktischen Test, der Sicherheit bei der Dosierung und Steuerung des Trainings vermittelt. Der Hobbyfahrer sucht sich einen flachen Rundkurs. Er sollte für den Fahrer in einer Richtung weder Ampeln noch Kreuzungen aufweisen; freie Fahrt muß immer vorhanden sein. Die Rundstrecke ist bei einer Länge von 3 bis 5 km optimal. Nach einem ca. 30 Minuten dauernden Einfahrprogramm folgt eine Runde mit der maximal möglichen Geschwindigkeit – analog einem Einzelzeitfahren. Mit dem Herzfrequenzmeßgerät kann die Herzfrequenz aufgezeichnet werden, wodurch neben der Fahrzeit für die eine Runde eine weitere inhaltlich bedeutungsvolle Größe vorhanden ist. In Abständen von 6 bis 8 Wochen kann der Test wiederholt und die erzielten Werte können miteinander verglichen werden. Wichtig ist noch, daß während der Testrunde immer die gleiche Übersetzung benutzt wird, d. h., die Gangschaltung bleibt außer Betrieb. Auch Tageszeit und Witterung sollten immer annähernd gleich sein. Je konstanter die äußeren Testbedingungen sind, desto tiefgründiger ist die Aussage zum Trainingszustand. Zur Interpretation der Testleistung können zu Rate gezogen werden:
- Fahrzeit der Testrunde
- durchschnittliche Herzfrequenz der Testrunde
- untere und obere Herzfrequenz sowie die Erholungsherzfrequenzen in der 3., 5. und 10. Minute nach dem Test

Jeder Test kann mit dem Vortest, aber auch im Längsschnitt mit dem zeitlich gleichgelagerten Test des Vorjahres verglichen werden. Die Vergleiche lassen folgende Interpretationen zu:
- Eine Reduzierung (Verbesserung) der Fahrzeit bestätigt prinzipiell ein gestiegenes Leistungsvermögen. Ist die durchschnittliche Herzfrequenz dazu noch leicht gesunken, war die Belastung im Umfang und auch in der Intensität während des Vergleichszeitraums optimal. In der nachfolgenden Etappe kann weiter so verfahren werden, vorausgesetzt, es stehen keine anderen Ziele (z. B. Wettkämpfe) an.
- Die Fahrzeit im Test ist verbessert. Die durchschnittliche Herzfrequenz ist jedoch erhöht. Das bedeutet, daß die Leistungsverbesserung durch einen höheren aerob-anaeroben Stoffwechsel erbracht wurde. Das ist gleichbedeutend mit einem Rückgang der Grundlagenausdauer. Das Training war insgesamt betrachtet zu intensiv. Eine Intensitätsreduzierung erscheint angebracht.
- Die Fahrzeit im Test ist verschlechtert. Die durchschnittliche Herzfrequenz ist tiefer. Die Belastung im Vergleichszeitraum war in diesem Falle nicht effektiv. Die Belastung sollte im Umfang erhöht werden, die Intensitätsbereiche sind zu überprüfen.
- Die Fahrzeit im Test ist schlechter. Die durchschnittliche Herzfrequenz ist erhöht. Ein deutliches Zeichen eines zu intensiven Trainings. Die Intensität sollte folglich reduziert werden.

Radferien

Auch Ferien in Kombination mit dem Radsport werden von immer mehr Menschen als eine schöne Urlaubsform angesehen. Mit den beschriebenen Vorzügen des Fahrrads ergibt es sich fast zwangsläufig, daß der Radtourismus immer neue Höhen erklimmt. Radferien waren ursprünglich einmal der dritten Zielgruppe vorbehalten. Es gab für die

Mit dem Herzfrequenzmeßgerät kann die Herzfrequenz aufgezeichnet werden

Für ambitionierte Hobbyfahrer sind Paßstraßen eine große Herausforderung.

ambitionierten Radfahrer auch mehr Trainingscamps. Mittlerweile hat sich der Kreis der Teilnehmer vergrößert; viele Menschen suchen diese Art Erlebnisurlaub, verbunden mit einer gesunden sportlichen Betätigung. Jahreszeitlich gesehen liegt der Schwerpunkt in den Frühjahrsmonaten. Aus den kälteren Klimazonen Europas zieht es die Radfahrer in wärmere Regionen. Spanien und seine Inseln, Italien, Nordafrika, aber auch der mittelamerikanische Kontinent werden von einer breiten Zahl von Reiseveranstaltern zu diesem Zweck angeboten. Fremde Länder beim Radeln kennenzulernen ist mit Sicherheit ein ganz besonderes Erlebnis. So ist der Hobbyfahrer gegenüber allen anderen Reisearten näher am Gastgeberland, an seinen Naturschönheiten und an den Menschen. Bleibende Eindrücke bietet der Blick vom Rad, die mit keinem anderen Verkehrsmittel je so erlebt werden können. Dabei darf der Muskel auch ruhig etwas schmerzen.

Wer sich für die Radferien entschieden hat, sollte sich aber auch gut darauf vorbereiten. Es gibt unter guten klimatischen Bedingungen die Chance, relativ viele Kilometer zu fahren. Das setzt voraus, daß ein bestimmter »Leistungsstand« vorhanden sein sollte. Es geht dabei nicht darum, vor den Ferien Hunderte von Kilometern zu fahren, sondern man sollte für ein derartiges Unternehmen einfach »fit« sein. In den Wintermonaten kommt man in der Regel wenig zum Radfahren, vor allem wenn Schnee liegt. Der Fitneß dienen auch andere Sportarten oder das Fahrradergometer. Ist man vor Ort, bedarf es einer gesunden Selbsteinschätzung. Da oft in der Gruppe gefahren wird, verleitet dies trotz bester Vorsätze, das Tempo der anderen mitzufahren. Man merkt meistens zu spät, daß es zu hoch ist. Die

Ferien bringen dann auch nicht das mögliche Optimum an Sport und Erholung. Deshalb in den ersten Tagen etwas kürzertreten, und dann geht es gleich viel besser – auch in der Gruppe, wo einige von den »Dernys« auch schon ruhiger fahren ...

Belastung der Senioren

Im Wettkampfsport beginnt das Seniorenalter mit Vollendung des 40. Lebensjahres. Wettkämpfe werden dann in den verschiedenen Kategorien – dem Alter entsprechend abgestuft – ausgetragen. Auch bei den Senioren ist das Wettkampfangebot – bis zu internationalen Meisterschaften – umfangreich. An den Wettkämpfen in diesen Alterskategorien nimmt jedoch nur ein relativ kleiner Personenkreis teil. Für viele Fahrerinnen und Fahrer im Seniorenalter ist das Rad ein ausgezeichnetes Sportgerät – auch ohne Wettkämpfe. Der positive gesundheitliche Aspekt, bestehend aus der Kombination von Stärkung der Muskeln und des Kreislaufs sowie dem »Schongang« für Gelenke, Binde- und Stützgewebe, ist für diesen Altersbereich ideal.

Realistisch belasten

Radsport im Seniorenalter wird vor allem dann eine positive Wirkung zeigen, wenn er inhaltlich dem Alter und der individuellen Möglichkeit der Belastungsverträglichkeit angepaßt wird. Diese Forderung sollte an erster Stelle stehen. Dazu ist aber von jedem Altersfahrer eine realistische Selbsteinschätzung Grundvoraussetzung. Wenn sie dann auch in der Praxis gewissenhaft umgesetzt wird, bereitet der Radsport nicht nur Freude und Entspannung. Radfahren im Seniorenalter in den richtigen Dimensionen bringt eine Stärkung der Muskulatur und erhöht und stabilisiert den Gesundheitszustand auch im Bereich der Gelenke, Sehnen und Muskelansätze. Das Herz-Kreislauf-System ist das Kernstück des Lebens, nicht nur im fortgeschrittenen Alter. Es erfährt eine Stärkung, da es bis ins hohe Alter trainierbar bleibt. Wichtig ist, daß die Belastungsverträglichkeit stabilisiert und in kleinen Schritten erhöht wird. Übertreibungen in der Belastung – im Umfang und vor allem in der Intensität – bewirken das Gegenteil. Fehlbelastungen, die auf Dauer zu organischen Schäden führen, sind die Folge.

Belastungssteuerung erhöht die Lebenserwartung

Das Herz und der Kreislauf sind insbesondere im Seniorenalter anfälliger bzw. empfindlicher und reagieren oft schneller mit negativen Reaktionen auf zu hohe Belastungen und Streß. Dies beruht auf alters- und berufsbedingten Verschleißerscheinungen. Falsche Ernährungsbilanzen, psychische Spannungsfelder, aber auch Bewegungsarmut können weitere Ursachen sein. Sportliche Aktivitäten können für positive Wirkungen sorgen und somit auch Lebensqualität und -erwartung erhöhen. Um mit Sicherheit zu diesem Ziel zu gelangen, sollte die Belastung gezielt kontrolliert werden.

Auch bei den Senioren kann in Ableitung aus dem Hochleistungstraining eine konsequente Belastungsgestaltung und das Training mittels Herzfrequenzüberwachung empfohlen werden. Dabei lohnt es sich, den morgendlichen Ruhepuls zu messen und diese Werte aufzuzeichnen. Mit der Steuerung oder auch der Kontrolle der sportlichen Belastung durch die Herzfrequenz hat der Senior seinen Kreislauf und damit sein Herz »fest im Griff«.

Tips für den Seniorenradsport

Die Tips für Hobbyfahrer können für die Senioren in einigen Passagen noch erweitert und spezifiziert werden.

Sportliche Aktivitäten können für positive Wirkungen sorgen

Seniorenradsportler sollten sich »realistisch« belasten; eine gezielte Belastungssteuerung erhöht die Lebenserwartung.

- Bei der Ausstattung des Rennrads oder Bikes sind realistische Übersetzungen, insbesondere bei den Kettenblättern, angebracht. Da das Kraftpotential bei den Senioren in der Regel leicht eingeschränkt ist, kann also auf eine höhere Tretfrequenz ausgewichen werden. Kleinere Übersetzungen, speziell in den Anstiegen, sind deshalb ratsam.
- Es ist eine regelmäßige radsportliche Belastung zu empfehlen. Das Maß der Regelmäßigkeit und der Belastung ist vom eigenen Fitneßzustand abhängig. Regelmäßig kann z. B. täglich sein. Ein Zwei- oder Dreitagesrhythmus oder ein Training im Block ist auch bei den Senioren möglich.
- Bei ungünstigen Witterungen, vor allem im Herbst und im Frühjahr, ist die »Radtour« auf dem Ergometer vorteilhafter, da so einer Erkältungsgefahr ausgewichen werden kann. In den Wintermonaten sind nasse oder vereiste Straßen ungeeignet, da die bestehende Sturzgefahr das Ziel – nämlich die Verbesserung des Gesundheitszustandes – erheblich gefährden kann. Andere Sportarten sind in dieser Jahreszeit effektiver.
- Die gesundheitliche Kontrolle, insbesondere der Belastbarkeit des Herz-Kreislauf-Systems, in überschaubaren Abständen ist ratsam. Schon ein Belastungs-EKG kann wertvolle Hinweise zur Belastungsgestaltung beim Radeln geben.

Seniorenwettkampfsport

Die regelmäßige Teilnahme an Wettkämpfen bei den Senioren sollte mit einem planmäßigen Trainingsaufbau verbunden werden. Nur dieser sichert die Ausprägung der erforderlichen physischen Leistungsfähigkeit.

Ein planmäßiger Trainingsaufbau verhindert außerdem Fehlbelastungen, die gesundheitsschädigend sein können. Beim Jahresaufbau kann analog dem Anschluß- oder Hochleistungstraining verfahren werden – natürlich auf einem wesentlich geringeren Belastungsniveau. Bei stark reduzierten Trainingsumfängen und -intensitäten beginnt der Jahresaufbau aber auch mit dem Training der Grundlagen- und Kraftausdauer. Ist in diesen Bereichen ein gutes Niveau vorhanden, können wettkampfspezifische Elemente hinzugefügt werden, bevor die ersten Wettkämpfe bestritten werden.

Bei einer größeren Anzahl von Wettkämpfen ist eine mehrfache Periodisierung ratsam. So kann der Formaufbau spezifisch auf einzelne bedeutungsvolle Rennen gut vollzogen werden. Werden nur einige wenige Wettkämpfe im Jahr bestritten, ist ein derartiger umfangreicher Belastungsaufbau natürlich nicht erforderlich. Wettkämpfe sollten aber auf keinen Fall ohne gezielte Vorbereitung bestritten werden.

Spätestens vier Wochen vor einem Wettkampf sollte gezielt trainiert werden. Für alle Senioren, die Wettkampfsport betreiben, sind die Trainingssteuerung mit der Herzfrequenz und die Überwachung der Wettkämpfe mit dem Herzfrequenzmeßgerät obligatorisch, da der Erkenntnisgewinn zur eigenen Belastbarkeit und damit zum persönlichen Gesundheitszustand erheblich ist. In der Wettkampfbelastung selbst sind Realität und Vernunft vor übertriebenen Ehrgeiz und Sucht nach Selbstbestätigung zu setzen.

Trainings-dokumentation

Sportliche Höchstleistungen, ganz gleich auf welcher Leistungsstufe oder in welcher Alterskategorie, müssen sinnvoll und systematisch aufgebaut werden. Alle Details sind wichtig und entscheiden über das Gelingen, da alle leistungsbestimmenden Faktoren ihre Bedeutung im Gesamtgefüge haben. Das Training sollte im Sinne der Effektivität immer zielgerichtet sein. Die Wettkämpfe bedürfen einer richtigen Ein- und Zuordnung. Die Dimensionen zwischen den einzelnen Trainingsbereichen müssen abgestimmt sein. Die progressive Entwicklung der leistungsbestimmenden Faktoren in Relation zur disziplinspezifischen Leistungsstruktur muß nicht nur stimmen, sondern auf die Hauptwettkämpfe und die dort zu erwartende konkrete Leistungshöhe und -struktur ausgerichtet werden. So gibt es einen Rückkopplungsmechanismus vom Hauptwettkampf zum Training.

Dieser Kreislauf funktioniert jedoch nur, wenn die gesamte Entwicklung der Leistung für jede Disziplin unter dem Blickwinkel der Leistungsprognose betrachtet wird. Dies ist besonders auch im langfristigen Leistungsaufbau von Bedeutung. Die Prognoseleistung von morgen entscheidet das Training im Hochleistungsbereich. Sie hat auch ganz konkrete Ableitungen auf die anderen Trainingsetappen, das Grundlagen-, Aufbau- und Anschlußtraining. Dort müssen heute die Leistungen von übermorgen vorbereitet werden. Durch die permanente Weiterentwicklung der Spitzenleistungen verändern sich ständig die Leistungsstrukturen und ihre leistungsbestimmenden Faktoren bzw. ihre Zuordnungen. Ein Ende dieser Entwicklung ist noch lange nicht abzusehen. Es bedarf daher immer wieder einer

> Für alle Senioren, die Wettkampfsport betreiben, sind die Trainingssteuerung mit der Herzfrequenz und die Überwachung der Wettkämpfe mit dem Herzfrequenzmeßgerät obligatorisch

Vervollkommnung aller beteiligten Systeme und des Einflusses neuer Elemente. Insbesondere der Mut zur Erneuerung, verbunden mit Kreativität, ist in der Entwicklung von Spitzenleistungen gefragt. Dadurch ist auch zu erklären, daß Mittel und Methoden schnell überholt sind. Wird ein rechtzeitiges Umdenken oder Umschalten verpaßt, bleibt der Kontakt zu den Spitzenleistungen auf Dauer aus. In den Gesamtprozeß der Ausbildung müssen aber auch in der Praxis erprobte Erfahrungen, sportwissenschaftliche Erkenntnisse und leistungsdiagnostische Ergebnisse einfließen. Dabei spielt natürlich der individuelle Ausbildungsstand, das persönliche leistungsorientierte Ziel inbegriffen, eine entscheidende Rolle. Aus den Darstellungen wird sichtbar, daß alle Elemente wie ein Mosaik zusammengefügt werden müssen. Das ist für alle am Prozeß beteiligten Personen, Sportler, Übungsleiter, Trainer, Ärzte und sportliche Leiter, nicht einfach. Geeignete Instrumente, die eine Garantie für das Gelingen geben, werden benötigt. Die Basis dazu bietet die Trainingsplanung.

Bei der Trainingsplanung müssen alle individuellen Details stimmen

Trainingsplanung

Der Begriff »Plan« ist eine Bezeichnung, hinter der sich nichts Schematisches verbirgt, sondern ganz im Gegenteil: Sportler. Diese sind nun – und das bestätigt die Praxis immer wieder – Menschen, die etwas Besonderes haben oder können. Demzufolge sind ihre besonderen Fähigkeiten und Fertigkeiten, Einstellungen und auch Motivationen nicht immer klar und eindeutig. Sie möchten beraten und »geformt« werden. Der Trainer, Übungsleiter oder auch der sportliche Leiter trägt dafür mit dem Athleten die Verantwortung. Die auf den nachfolgenden Seiten beschriebenen Planmaterialien sind Hilfsmittel auf dem Weg der sportlichen Ausbildung.

Sie sollen die Ziele, Aufgaben, Methoden, Organisationsformen, Hilfsmittel, Geräte usw. so koordinieren, daß am Ende des Prozesses die durch den Sportler zu erbringende Leistung ermöglicht wird. Die Planung hat also eine logistische Funktion. Da ihr Inhalt aber der Sportler ist, können Trainingspläne nicht durch den Computer erstellt werden, wie es in der Logistik in anderen Lebensbereichen der Fall sein kann. Ein PC- und Datenverarbeitungsprogramme sind maximal dazu geeignet, die Trainingspläne schreib- und zeichentechnisch aufzuarbeiten. Dazu sollte die Technik auch ausgenutzt werden. Bei der Planung müssen sämtliche individuellen Details stimmen – und diese sollten Athlet und Trainer minutiös zusammentragen und danach »technisch« bearbeiten lassen. Bei der Trainingsplanung werden vier Hauptformen unterschieden:

- Die Trainingsmethodische Grundkonzeption (TGK). Sie beinhaltet komplex alle Ziele, Strukturen, Prognosen, Trends, Organisationsformen, Mittel und Methoden für einen längeren, mehrjährigen Zeitraum. Neben Sportverbänden können TGKs auch Vereine, Trainingsgruppen, Sportgruppen oder einzelne Sportler erstellen lassen.
- Der Rahmentrainingsplan (RTP). Er ist in der Regel ein Jahrestrainingsplan, abgeleitet von der TGK. Er hat insbesondere für Vereine, Sportgruppen sowie Trainingsgruppen eine große Bedeutung und beinhaltet alle Ziele, Strukturen, Trends, Prognosen, Organisationsformen, Mittel und Methoden, Belastungsumfänge und -inhalte.
- Der individuelle Trainingsplan (ITP). Er ist gezielt auf nur einen Sportler zugeschnitten. Ausgangspunkt ist der aktuelle Leistungsstand des Sportlers. Er beinhaltet das persönliche Jahres-

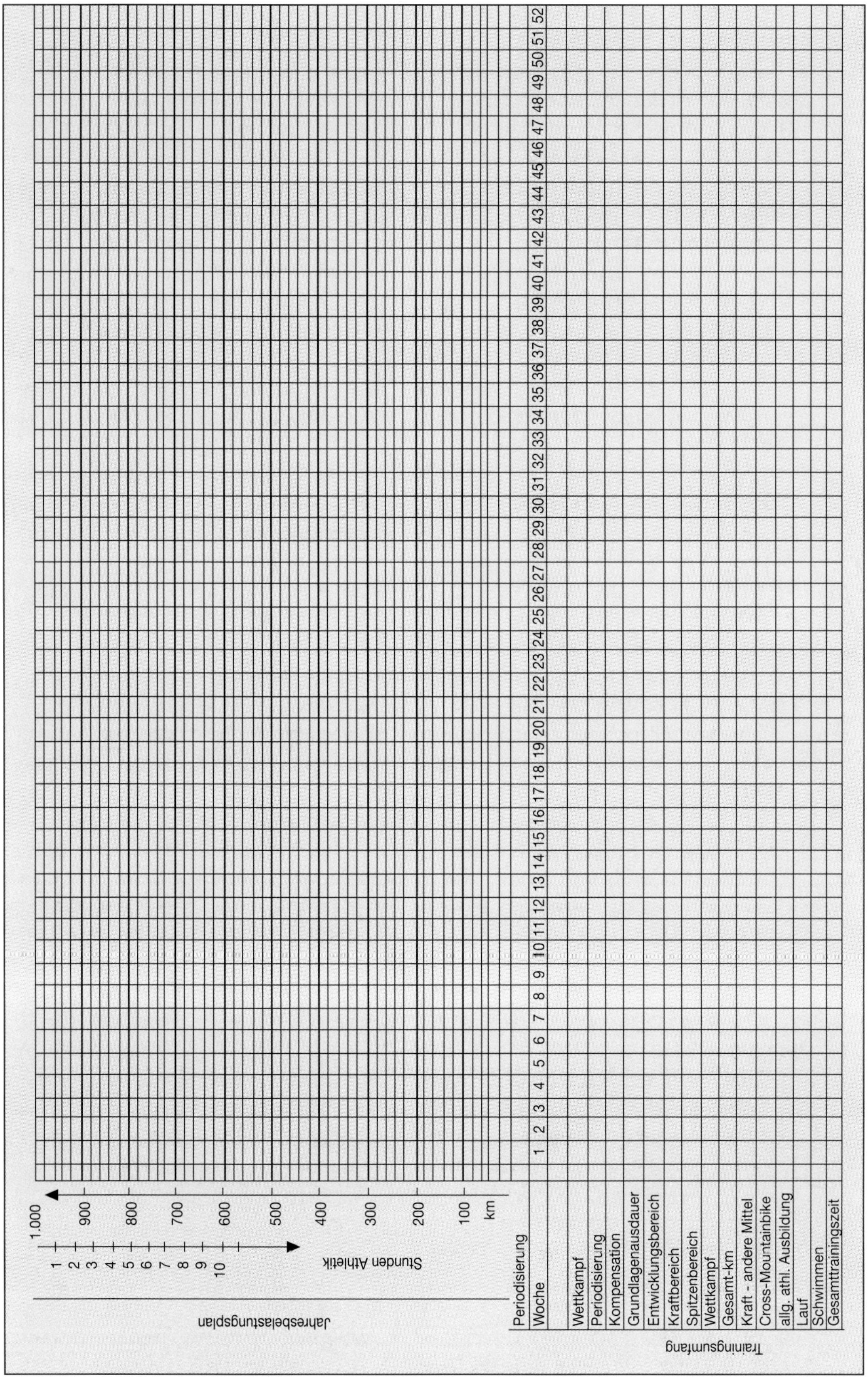

Abb. 14
Vorschlag für einen Jahresbelastungsplan

leistungsziel. Davon ausgehend werden Belastungsumfang und -inhalt geplant. Bei allen Planpositionen geht es um die Beachtung der individuellen Besonderheiten, persönlichen Entwicklungen, Reaktionen und Erfahrungen. Leistungsdiagnostische Ergebnisse, Tests u. a. sollten in den ITP einfließen.

- Der operative Trainingsplan (OP). Er ist ein zeitlich begrenzter Ausschnitt des ITP. Er umfaßt einige Wochen. Diese kürzeren Phasen werden auch als Makro- oder Mesozyklen bezeichnet (Beispiele siehe Abb. 15). Auch ein Wochentrainingsplan oder der Plan für eine einzelne Trainingseinheit kann unter der Rubrik des Operativplans laufen.

In der Praxis wurde bestätigt, daß sportliche Höchstleistungen ohne das Instrument Trainingsplan nicht möglich sind. Dabei ist der Plan kein Dogma – genau das Gegenteil wird angestrebt. Durch die tagtägliche Praxis wird er bestätigt bzw. in sich immer wieder vervollkommnet. Muß aus zwingenden Gründen ein Training ausfallen, so hat dies in der Regel auch Auswirkungen auf die folgenden Trainingseinheiten.

Die Zeiten, wo sporadisch drauflosgeradelt wurde, nach Lust und Laune trainiert, sollten der Vergangenheit angehören.

Belastungsplan

Für die Praxis der Trainingsarbeit ist es wichtig, wie ein Trainingsplan erstellt wird. Dabei spielt der Belastungsplan die entscheidende Rolle. Er ist das Herzstück der gesamten Planung. Der Belastungsplan kann für beliebig lange Zeiträume erstellt werden. Es ist sehr vorteilhaft, einen Jahresbelastungsplan zu erstellen, der dann im Jahresverlauf für die einzelnen Phasen, Perioden, Wochen usw. präzisiert werden kann und

muß. Zur Vereinfachung der Erstellung ist ein praxiserprobter Standardvordruck zu empfehlen. Er ist in Abbildung 14 dargestellt.

Der Vordruck ist zweigeteilt. Der obere Teil besteht aus einer Grafik, mit der in Gestalt von Säulendiagrammen die geplanten Trainingskennziffern dargestellt werden können. Durch diese Art der Darstellung wird der Plan übersichtlicher, trainingsmethodische Grundprinzipien sind leichter zu berücksichtigen und zu kontrollieren. So kann der Sportler und Trainer sich mittels der Belastungsgraphik einen sehr guten Überblick verschaffen und eventuelle Fehler rechtzeitig erkennen. Im unteren Teil ist die Belastungsplanung tabellarisch erfaßt. Für jede der 52 Wochen des Jahres können für alle Trainingsbereiche die vorgesehenen Umfänge eingetragen werden.

Periodisierung

Das Trainingsjahr sollte zur Erreichung einer notwendigen Systematik in mehrere große Abschnitte unterteilt werden: die Trainingsperioden. Die wichtigste Orientierung für die Einteilung des Trainingsjahres, also die Periodisierung des Jahres, ist die zeitliche Lage des Hauptwettkampfes. Handelt es sich dabei um nur einen, so kann das Jahr mit einer einfachen Periodisierung gestaltet werden. Gibt es deren mehrere, so sprechen wir auch von einer zwei- oder dreifachen Periodisierung. Nach ihrem Ziel und Inhalt können vier verschiedene Perioden unterschieden werden:

- Vorbereitungsperiode (VP). Sie umfassen relativ lange Zeiträume im Jahr. In ihnen steht die Ausbildung der physischen Leistungsfaktoren im Mittelpunkt.
- Wettkampfperiode (WP). Sie beinhaltet die Hauptwettkämpfe sowie Training und Wettkampf zur Leistungsausprägung.

Das Trainingsjahr wird in Trainingsperioden unterteilt

- Unmittelbare Wettkampfvorbereitung (UWV). Sie umfaßt die letzten sechs Wochen vor dem Hauptwettkampf. In ihr wird die wettkampfspezifische Leistungsfähigkeit auf höchster Stufe ausgeprägt.
- Übergangsperiode (ÜP). Sie dient der Erholung und Regeneration nach den Jahreshöhepunkten. Der Urlaub ist Hauptbestandteil der ÜP.

Zu den Hauptwettkämpfen soll die höchste Leistungsfähigkeit im Jahr erreicht werden. Dazu werden die Wettkampfperioden so gelegt, daß die Hauptwettkämpfe jeweils am Ende der Wettkampfperiode liegen. Den Wettkampfperioden werden Vorbereitungsperioden vorangestellt. In ihnen sollen die Grundlagen der physischen, psychischen und technischen Leistungsfaktoren geschaffen werden. In den Vorbereitungsperioden soll die sportliche Leistungsfähigkeit langfristig aufgebaut werden. Stabilität durch Systematik lautet dabei die Formel. Die Erhöhung der Belastungsverträglichkeit ist ein weiteres inhaltliches Ziel der Vorbereitungsperioden. Von allergrößter Bedeutung ist das Prinzip der steigenden Belastung im Jahresverlauf. Die Jahresgipfelbelastung sollte in der UWV, also kurz vor dem Jahreshöhepunkt, erreicht werden.

Trainingsprotokollierung und Analyse

In den Entwicklungsetappen vom Grundlagen- zum Hochleistungstraining ist eine umfassende Aufzeichnung des Trainings ein entscheidendes Kriterium. Diese kann auch unter dem Begriff Trainingsprotokollierung zusammengefaßt werden. Sie ist sehr wichtig, da sie für alle zukünftigen Planungen die Basis bildet. Es bedarf einer Protokollierung des Trainings, d.h., der Umfang und die Qualität des durchgeführten Trainings sollten erfaßt werden. Dazu reicht in der Regel das Trainingstagebuch, in dem die gefahrenen Kilometer in den verschie-

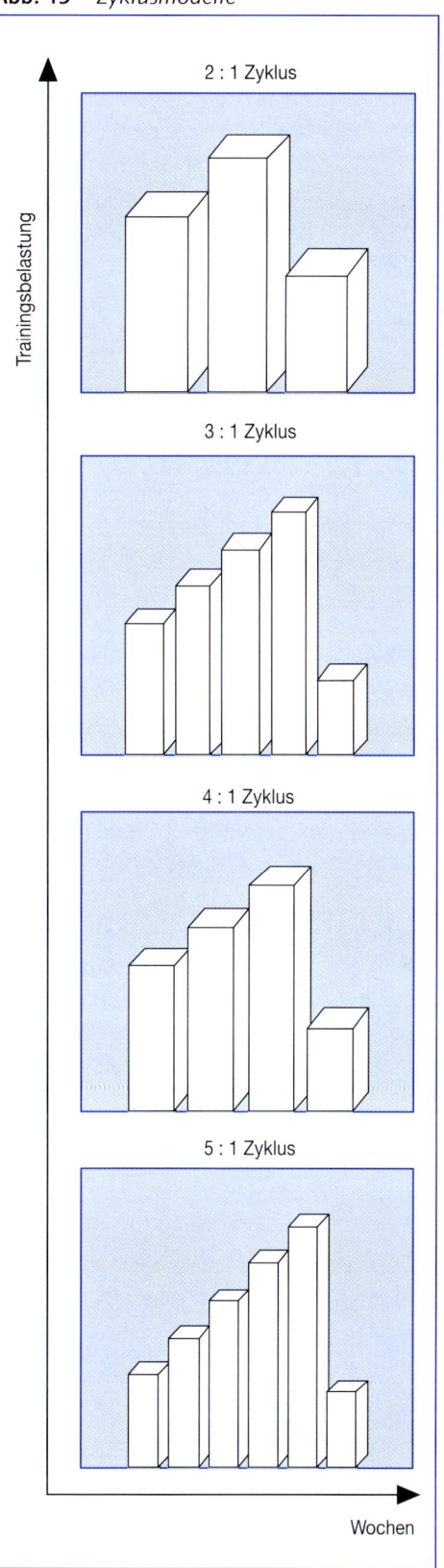

Abb. 15 *Zyklusmodelle*

denen Trainingsbereichen, die Fahrzeiten, die Durchschnittswerte der Herzfrequenz pro Trainingseinheit, aber auch Wettkampfergebnisse festgehalten werden. Auch der morgendliche Ruhepuls, das Körpergewicht und Bemerkungen zum physischen/psychischen Zustand und Einschätzungen zum Wettkampf können darin notiert werden. Die Analyse des Trainings ist letztendlich das Ziel der Trainingsprotokollierung. Sie kann verschiedene Makrozyklen, aber auch Perioden oder das Jahr zusammenfassen. Eine derartige Analyse ist nicht nur eine statistische Aufbereitung des Trainings, der Vergleich mit dem Trainingsplan – nein, sie sollte viel mehr sein.

Eine Trainingsanalyse stellt auf der Grundlage der Zusammenfassung der Trainingskennziffern die Ursachen für die Leistungsentwicklung zusammen. Sie gibt Auskunft über Ursachen der Entwicklung eines Sportlers und unterbreitet Vorschläge für den kommenden Planabschnitt. Die Analyse des Trainings gewinnt an Qualität, wenn die Trainingsprotokollierung lückenlos erfolgte. Die Daten der Leistungsdiagnostik sollten, ebenso wie Wettkampfleistungen, mit einbezogen werden.

Da die statistische Aufbereitung des Trainings, also seine Protokollierung und Analyse, sehr zeitaufwendig ist, sind, sofern Sportler oder Trainer über einen PC verfügen, entsprechende Programme zu nutzen. Sie vereinfachen nicht nur die Arbeit und verkürzen den Aufwand – die technischen Möglichkeiten der Darstellung haben auch einen Bezug zur weiteren Motivation des Sportlers. Ein anderes Beispiel für die inhaltliche Planung ist die Gestaltung einer »Hypoxiekette« durch Höhentraining im Jahresverlauf.

Disziplin, gegenseitige Achtung und Rücksichtnahme im Straßenverkehr sind täglich in der Praxis anzuwendende Vorsätze

Technik und Taktik

Verkehrssicheres Training

Auf der gesetzlichen Grundlage der Straßenverkehrsordnung muß Verkehrssicherheit bei Training und Wettkampf durch Einhaltung der Verordnungen erreicht werden. Diesem Anspruch gerecht zu werden ist nicht immer einfach. Zahlreiche Unfälle könnten vermieden werden, wenn mit höherer Konzentration und vor allem mehr Rücksicht gefahren würde.

Die Kenntnis der Straßenverkehrsordnung und deren Einhaltung ist für alle Rennfahrer und Radfahrer deshalb auch eine Grundbedingung, um sicher und unfallfrei alle Trainingsaufgaben in Angriff nehmen zu können. Vermittlung von Wissen und dessen Anwendung in der Praxis ist der erste Schritt.

Disziplin, gegenseitige Achtung und Rücksichtnahme im Straßenverkehr sind täglich in der Praxis anzuwendende Vorsätze. Häufig kommt es durch rücksichtsloses Verhalten der Verkehrsteilnehmer zu Unfällen. Der richtige »Blick für die Situation«, um möglichen Gefahren auszuweichen, ist dabei besonders wichtig und verlangt immer die notwendige Aufmerksamkeit. Ein Fluchtweg muß bei kritischen Situationen immer vorhanden sein.

Der Radsport wird nun einmal unter den Bedingungen des Straßenverkehrs ausgeübt. Der Radfahrer zieht dabei in der Regel den kürzeren, und die Einsicht kommt dann auch in Radsportkreisen oft zu spät. Ein verkehrssicheres, mit gut funktionierenden Bremsen und ordentlich montierten Reifen ausgestattetes sowie gepflegtes Rad gehört zur eigenen Sicherheit dazu.

Richtige Position auf dem Rad

Vom Schüleralter an ist es wichtig, die richtige Position auf dem Rad einzunehmen. Deshalb ist es schon bei der Anschaffung eines Fahr- bzw. Rennrades oder eines Bikes wichtig, dieses in seinen Maßen positionsgerecht zu erwerben. Die optimalen Positionswerte ergeben sich aus den Körpermaßen.

Besonders in der Wachstumsphase ändern sich die Körpermaße in kurzen Zeiträumen recht häufig. Die Auswirkungen sind im Positionsbau zu berücksichtigen, um immer ein Optimum an Fahr- und Trettechnik zu garantieren. In dieser Phase ist auch das Führen einer »Maßtabelle« zu empfehlen, die vierteljährlich überprüft und ergänzt werden sollte.

Folgende Schwerpunkte gehören zu einer optimalen Position:

- Die Körperhaltung auf dem Rad soll den effektiven Einsatz aller Muskelgruppen, der »Muskelschlinge« (siehe Abb. 12, S. 159), garantieren. Die gesamte Leistungsfähigkeit muß beim Pedalieren vortriebswirksam werden.
- Die Position sollte aerodynamisch günstig sein. Je kleiner die Fläche des Fahrers auf dem Rad zum Fahrtwind ist, desto günstiger ist die Aerodynamik. Je besser diese ist, desto weniger Kraft wird für die Luftwiderstandsüberwindung benötigt. Bei gleichem Krafteinsatz entscheidet also der Luftwiderstand über die Höhe der Geschwindigkeit. Dies ist besonders in den Zeitfahrdisziplinen zu beachten.
- Die Position muß alle biologisch notwendigen Prozesse, insbesondere die Atmung, voll zur Entfaltung kommen lassen.
- Der Sportler sollte sich letztendlich auf dem Rad wohl fühlen. Auch nach stundenlangem Fahren dürfen keine Verspannungen, z. B. im Bereich des Schultergürtels, auftreten. Knieschmerzen, eine relativ häufige Erscheinung, beruhen in der Regel auf einer falschen Position.

In Abbildung 16 sind die wichtigsten Abmessungen des Körpers und des Rennrahmens enthalten, die für den Positionsbau wichtig sind.

Optimale Positionswerte ergeben sich aus den Körpermaßen

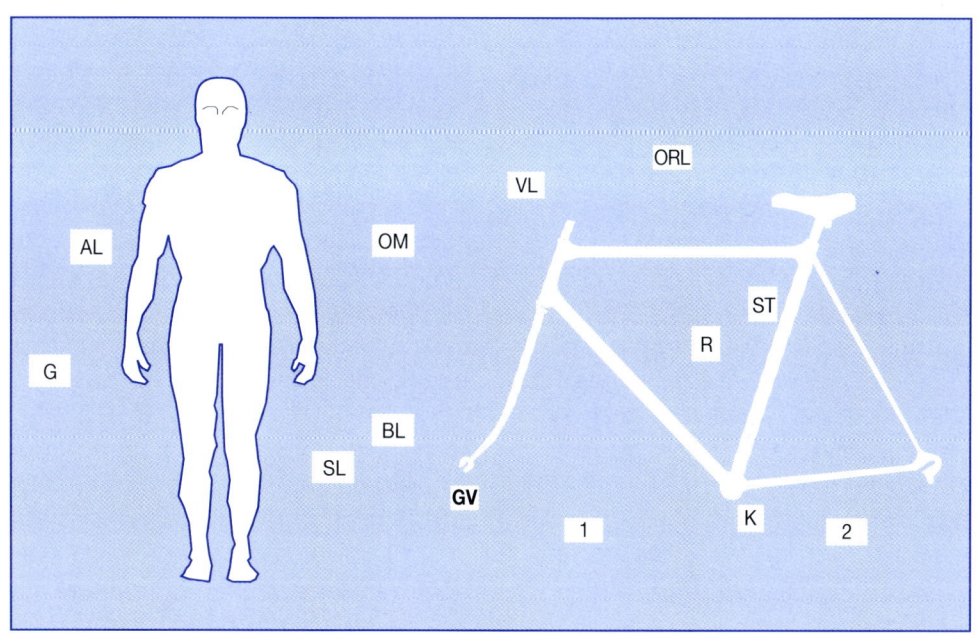

Abb. 16 Darstellung der Abmessungen von Körperbau und Rahmen

Alle Körpermaße sind ohne Schuhe zu messen. Die einzelnen Abkürzungen haben folgende Bedeutung:
- G = Körperhöhe. Der Fahrer steht an der Wand. Gemessen wird vom oberen Punkt des Kopfes bis zum Fußboden.
- SL = Schrittlänge. Gemessen wird vom Schritt bis zum Fußboden an der Innenseite der Beine. Am besten wird ein Buchrücken im Schritt angelegt. Der Buchrücken soll den Sattel imitieren. An der Wand stehend, wird an der oberen Buchrückenkante ein Zeichen gesetzt und dann gemessen.
- FS = Fuß-/Schuhgröße.
- BL = Beinlänge. Sie wird vom oberen Punkt des Oberschenkelknochens bis zum Fußboden gemessen.
- AL = Armlänge. Sie wird vom oberen Punkt des Schulterknochens bis zum Handgelenk gemessen.
- OM = Oberkörpermaß. Es wird vom oberen Punkt des Brustbeines bis zum obersten Punkt des Oberschenkelknochens gemessen.
- R = Rahmenhöhe. Sie wird von der Tretlagermitte bis zur Rohrmitte des Satteloberrohres am Sattelrohr gemessen.
- K = Kurbellänge. Es gibt sechs handelsübliche Kurbellängen: 167,5 mm, 170 mm, 172,5 mm, 175 mm, 177,5 mm und 180 mm sowie Sonderanfertigungen.
- ORL = Länge des oberen Rahmenrohres.
- VL = Vorbaulänge. Es gibt handelsüblich die Längen von 90 mm bis 140 mm, in 5-mm-Längen abgestuft, sowie diverse Sonderanfertigungen.
- ST = das Maß von der Sattelspitze bis zur Tretlagermitte.
- GV = Vorlauf der Gabel.
- 1 = das Maß von der Tretlagermitte bis zur Mitte des vorderen Gabelauges.
- 2 = das Maß des Hinterbaues: Tretlagermitte bis Mitte des hinteren Ausfallendes.

Beim Rahmen haben auch die einzelnen Winkel zwischen den Rahmenrohren eine Bedeutung, besonders im Spitzensport.

Bestimmung der Rahmenhöhe

Beim Kauf eines Rennrahmens, Rennrades, eines Bikes oder eines ganz normalen Fahrrades spielt die Rahmengröße (-höhe) die Hauptrolle. Im Radrennsportbereich hat sich zur Bestimmung der Rahmenhöhe die Hüggi-Methode durchgesetzt. Die Schrittlänge (SL) wird mit 0,65 multipliziert. Der errechnete Wert wird dann den handelsüblichen Größen zugeordnet. Rennrahmen werden handelsüblich in den Rahmengrößen von 50 bis 63 cm angefertigt. Neben der Hüggi-Methode gibt es weitere Verfahrensweisen, die aber letztendlich auf die gleichen Ergebnisse hinauslaufen.

Einstellung der Sattelhöhe

Ist der Rahmen in der richtigen Höhe vorhanden, wird die Sattelhöhe eingestellt. Dazu wird das Maß der Schrittlänge (SL) mit 0,893 multipliziert (Hüggi-Methode). Voraussetzung ist, daß die Schuhsohle mit Sohlenplatte nicht stärker als 12 mm ist. Abweichungen davon müssen bei der Sattelhöheneinstellung korrigiert werden. Bei der Einstellung nach Maß muß das Rad eben stehen (mit der Wasserwaage kontrollieren). Ist die Sitzhöhe errechnet, sollte sie zunächst markiert werden, da noch weitere Einstellungen notwendig sind.

Sattelstellung

Der Sattel muß nun in die richtige Stellung gebracht werden. Dazu wird auf dem Rad sitzend Position bezogen. Die linke Kurbelstellung ist so zu wählen, daß sie der Verlängerung der Achse Sattelstütze–Sattelrohr entspricht. In dieser Haltung sollte das linke Knie leicht gebeugt sein. Mit dieser Position wurde gleichzeitig die richtige Sitzhöhe kontrolliert. Der Sattel ist auf der Sattelstütze verschiebbar. Er sollte immer waagerecht stehen. Seine waagerechte Position kann am besten auch mit der Wasserwaage kontrolliert werden. Voraussetzung ist auch hier der waagerechte Fußboden. Nun werden die Kurbeln – der Fahrer bleibt dabei auf dem Rad sitzen – in die waagerechte Position gedreht. Geht das Lot, am vorderen Punkt des Knies angesetzt, durch die Pedalachse, hat der Sattel die richtige Stellung. Abweichungen müssen am Sattel korrigiert werden. Nun kann der Sattel endgültig festgestellt werden. Zur Kontrolle des Sattelstandes kann noch die Verlängerung der Geraden von Sattelrohr zu Sattelstütze herangezogen werden. Diese muß im Sattelzentrum auslaufen. Bei allen Fahrern, die Wettkämpfe nach internationalem Reglement bestreiten, müssen die Normen der UCI berücksichtigt werden.

Sitz- und Vorbaulänge
Der Sattel ist dann optimal eingestellt, wenn die Sattelspitze sich im Lot ca. 6 cm hinter der Tretlagerachse befindet. Bei Frauen oder körperlich kleineren Fahrern kann es ohne weiteres von dieser Orientierung auch Abweichungen geben. Der nächste Schritt im Positionsbau ist die Sitz- und Vorbaulänge. Zunächst legen wir den Unterarm mit gestreckter Hand zwischen Sattelspitze und Lenker. Der Ellenbogen berührt die Sattelspitze, die Fingerkuppe des Mittelfingers den Lenker am Vorbau. Nach diesem Maß wird die Vorbaulänge bestimmt. Nach der Montage von Lenker und Vorbau wird die Sitzlänge kontrolliert. Auf dem Rad sitzend, wird der Lenker im Lenkerbogen gehalten. Die linke Tretkurbel steht parallel zum unteren

Perfekte Sitzposition am Rennrad: Miguel Indurain.

Rahmenrohr. Die Sitzlänge ist dann optimal, wenn der linke Ellenbogen fast das linke Knie berührt. Dabei sollte die Lenkerhöhe (das Maß, wie weit der Lenker aus dem Steuerrohr herausragt) 6 bis 8 cm betragen. Bei der Lenkerbreite kann zwischen den handelsüblichen Abmessungen von 38 bis 44 cm gewählt werden. Entscheidend ist dafür die Schulterbreite.

Pedal und Radschuh
Mit dem optimalen Sitz des Fußes auf dem Pedal endet der Positionsbau. Die neuen Pedalsysteme erleichtern die Montage und ermöglichen Feineinstel-

lungen. Wichtig ist, daß der Fußballen über der Pedalachse sitzt. Die Fußhaltung sollte parallel zur Tretkurbel verlaufen. Dieses Maß kann kontrolliert werden: Zwischen Kurbel und dem hinteren inneren Schuhteil sollte der Abstand eine Daumenbreite betragen.

Zeitfahrpositionen

In allen Zeitfahrwettbewerben wird in der Regel und in Abhängigkeit von Streckenprofil und -verlauf, Straßenbelag und Wetter Zeitfahrmaterial eingesetzt. Die Zeitfahrausrüstung sollte auf drei Faktoren getrimmt werden:

- An erster Stelle steht die zu erbringende Leistung. Der Fahrer muß deshalb eine optimale Position auf dem Zeitfahrrad haben. Sie muß die volle Entfaltung des Sportlers sichern, d.h., seine Leistungsfähigkeit darf durch nichts eingeschränkt werden. Die vorhandene physische Leistung muß mit einem hohen Wirkungsgrad in Vortrieb und Geschwindigkeit umgesetzt werden können. Rutscht ein Fahrer während des Zeitfahrens zur Sattelspitze vor, ist seine Zeitfahrposition nicht optimal. Die »klassische Triathlonposition« (auch American position) ist für den Straßenradrennsport ungeeignet. Der Triathlet hat eine radsportunspezifische Vorbelastung (Schwimmen). Er ist anfangs bestrebt, seinen Schultergürtel zu entlasten. Die relativ hohen Differenzen in der Geschwindigkeit und in den Streckenlängen, die zwischen den Sportarten bestehen, bewirken die unterschiedlichen Leistungsstrukturen und demzufolge auch die Positionen auf dem Zeitfahrrad.
- An zweiter Stelle rangiert die Aerodynamik. Sie ist im Zeitfahrmaterial und auch in der Position auf dem Zeitfahrrad ein sehr bedeutender Faktor und deshalb zu berücksichtigen. Zeitfahrmaterialien sollten neben der Aerodynamik aber auch die notwendige Steifigkeit und Stabilität aufweisen. Das Gewicht und die Haltbarkeit ist ein weiterer Aspekt.
- Im Zeitfahren auf der Straße sollte in Abhängigkeit von Strecke und Witterung immer nur das optimale Zeitfahrmaterial zusammengestellt und gefahren werden. Nicht alle Neuentwicklungen sind unter allen Bedingungen optimal einsetzbar. Differenzierte Materialeinsätze sind ratsam.

Unter sehr guten Witterungsbedingungen und flachen bis leicht welligen Profilen ist ein Zeitfahrrad mit Scheibe vorn und hinten optimal. Bei starkem, böigem Seitenwind läßt sich ein vorderes Scheibenrad schwer steuern. Der Einsatz eines Speichenrades bringt wieder eine gerade Fahrlinie und erfordert zudem nicht soviel Konzentration aufs Steuern. Bei bergigem Profil bringt ein Zeitfahrrad wenig. Sind abfallende oder auch flache Streckenabschnitte

Optimale Aerodynamik ist bei Zeitfahrwettbewerben erstes Gebot. Im Bild: Thierry Marie.

integriert, kann auf dem Rennrad der Triathlon-Lenkeraufsatz montiert werden. Besonders leichte Laufräder sind aerodynamischen Aspekten vorzuziehen.

Radbeherrschung
Im Straßenverkehr und in allen Disziplinen des Radsports ist die Beherrschung des Rades eine Grundvoraussetzung. Dieser Part des Technikbereiches sollte sich auf die Anfänge, also das Grundlagentraining, konzentrieren. Im weiteren Verlauf der Ausbildung sind dann weitere Präzisierungen der Technik problemlos möglich, vorausgesetzt, die Grundlagen stimmen. Im wesentlichen kann das Beherrschen des Rades in drei Bereiche zusammengefaßt werden:
- Sicheres Fahren. Beim Geradeausfahren werden Konzentrations-, Gleichgewichts- und Orientierungsfähigkeiten beansprucht. Sicheres Fahren ist in allen Situationen sehr bedeutungsvoll. Erst wenn dies beherrscht wird, kann z. B. auch an Wettkämpfen teilgenommen werden. Zum sicheren Fahren können die folgenden Übungen angesetzt werden:
  – Fahren mit allen möglichen Griffpositionen am Lenker
  – einhändiges und später freihändiges Fahren
  – Fahren auf ungebremsten Rollen, auch freihändig
  – Fahren in der Gruppe, Nebeneinanderfahren
  – Fahren im Gelände (Mountainbiking oder Querfeldeinfahren), auf Hindernis- oder Radrennbahnen
  – Passieren von Straßen- und Eisenbahnschienen; Überspringen von Objekten, die quer zur Fahrlinie verlaufen, mit dem Rad
- Kurventechnik. Alle Kurven müssen optimal, d. h. sicher, ohne Zeitverlust und – wenn die StVO nicht außer Kraft gesetzt ist – nur auf der rechten Fahrbahnseite durchfahren werden. Das erfordert die Beachtung der Fliehkräfte und des Kurvenradius. In den Kurven und Serpentinen ist die Gewichtsverlagerung und der optimale Stand der Tretkurbeln wichtig: Eine Rechtskurve erfordert, daß sich die rechte Tretkurbel in der oberen Stellung befindet, bei einer Linkskurve muß die linke Tretkurbel nach oben stehen.

Beim Anfahren der Kurve muß die Geschwindigkeit rechtzeitig reduziert werden, nach der Kurvenpassage muß wieder beschleunigt werden. Für ein Optimum ist die richtige Übersetzung aufzulegen, die eine sehr gute Beschleunigung nach der Kurve ermöglicht – also vor der Kurve herunterschalten.
- Anfahren, bremsen und schalten unter allen möglichen Bedingungen ist für eine perfekte Technik auf dem Rad und somit auch für die volle Ausschöpfung der eigenen Leistungsfähigkeit von großer Bedeutung. Das Anfahren aus dem Stand erfolgt im Sattel sitzend. Mit dem »Anfahrbein« beginnt das Treten. Ein Fuß ist beim Anfahren im Pedal eingeklickt. Rollt das Rad, wird auch der andere Fuß im Pedal eingeklickt. Erst wenn dies beidbeinig vollzogen ist, kann es richtig losgehen. Beim Anfahren nach dem Radwechsel müssen zuerst beide Füße in das Pedal eingeklickt werden – während der Mechaniker anschiebt –, bevor versucht wird, den Anschluß an die Fahrergruppe wiederherzustellen. Diese Standardsituationen sollten im Training geübt werden, um sie im Wettkampf fehlerfrei zu beherrschen.

Das Abbremsen, das Ausklicken aus dem Pedal und das Anhalten sollten im Anfangsstadium geübt werden. Für alle Bremsvorgänge ist Feinfühlig-

Im Straßenverkehr und in allen Disziplinen des Radsports ist die Beherrschung des Rades eine Grundvoraussetzung

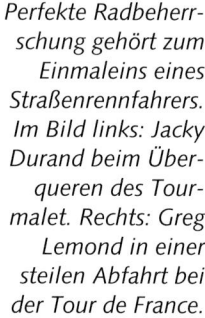
Perfekte Radbeherrschung gehört zum Einmaleins eines Straßenrennfahrers. Im Bild links: Jacky Durand beim Überqueren des Tourmalet. Rechts: Greg Lemond in einer steilen Abfahrt bei der Tour de France.

keit gefragt, um ein Blockieren der Bremsen zu vermeiden. Die Hinterradbremse hat den längeren Bremsweg und kann schneller blockieren. Bei langen Abfahrten sollte nicht im Dauerbetrieb gebremst werden, um ein Erhitzen von Felge und Reifen einzugrenzen. Ein »Antippen« der Bremsen bei Notwendigkeit, während man danach das Rad wieder rollen läßt, genügt bei großer Konzentration, etwas Erfahrung und guter Kurventechnik.

Das Schalten mit den neu entwickelten Schaltsystemen ist relativ einfach und bietet schon dem Anfänger »Schaltkomfort«. Wichtig ist, daß alle Baugruppen der Schaltung – Schaltung, Kettenwerfer, Kette, Zahnkranz und Tretlager – von einem Hersteller sind und damit eine optimale Funktionstüchtigkeit gewährleisten. Erfordert es die Situation, sollte rechtzeitig geschaltet werden. So wird der Tretrhythmus wenig gestört, und die Fahrt geht ohne Geschwindigkeitsverluste weiter. Dies wird jedoch nur dann erreicht, wenn die richtigen Übersetzungen gleich aufgelegt werden. Beim Schalten wird der Druck auf das Pedal leicht reduziert. Der Tretrhythmus wird dabei aber nicht unterbrochen. Die neuentwickelten Bremsschaltgriffe unterstützen den Schaltvorgang erheblich, da beide Hände am Lenker bleiben können. Der Fahrer kann sich auf diese Weise voll auf das Fahren konzentrieren und wird vom Schaltprozeß nicht abgelenkt.

Hinterrad- und Staffelfahren

Im Radrennsport sind Hinterrad- und Staffelfahren zwei entscheidende Elemente. Werden sie richtig angewandt, kann der Fahrer viel Kraft sparen und in wichtige, rennentscheidende Situationen eingreifen. Wenn das Radfahren erlernt wird, sollte sofort auch damit begonnen werden, das Hinterradfahren zu schulen. Zunächst werden die Abstände zum Hinterrad des vorausfahrenden Fahrers relativ groß gehalten. Mit der Zeit sind die Abstände zu verkürzen, und nach einer gewissen Übung kann der Windschatten des Vordermannes ausgenutzt werden. Das Fahren im Peleton erfordert aber auch bei Routiniers eine große Konzentration, um nicht auf den Vordermann aufzufahren. Wichtig beim Fahren in der Gruppe ist das Einhalten der Fahrlinie. Jede plötzliche Änderung der Fahrlinie bringt den Hintermann in Schwierigkeiten. Die Sturzgefahr wird so erheblich vergrößert. Wird das Hinterradfahren beherrscht, ist das Fahren in einer

Staffel auch kein Problem mehr. Das Staffelfahren gestaltet sich nach folgenden Grundregeln:
- Erkennen der Windrichtung. Die Windrichtung bestimmt die Formation und Ablösung.
- Jede Änderung der Windrichtung, die sich aus dem Streckenprofil ergibt, erfordert eine Formationsänderung beim Staffelfahren.
- Die Staffel wird immer so aufgebaut, daß der auf der dem Wind abgewandten Seite fahrende Sportler hinter oder seitlich versetzt neben dem Vordermann den Windschatten sucht.
- Als »Ablösen« wird die Beendigung der Führungsarbeit an der Spitze der Staffel bezeichnet. Der Fahrer fährt dabei seitlich aus der Staffel und läßt sich anschließend im Wind zurückfallen. Große Konzentration erfordert das Anschlußnehmen am Ende der Staffel, insbesondere beim Kantenwind.

Klassische Staffel
Die »klassische« Staffel ist die Formation, wie sie beim Vierer-Mannschaftszeitfahren beschrieben wurde. Sie beginnt bei einer Dreierformation. Die maximal mögliche Anzahl der Fahrer in einer Staffel richtet sich nach der Straßenbreite, dem Wind und dem Willen der Fahrer, die sich in der Staffel durchsetzen können. Auch taktische Überlegungen spielen eine Rolle. In jeder Staffel muß man sich durchsetzen – natürlich im Rahmen des Reglements, oft an dessen Grenze. Sie ist die ökonomischste Form des Fahrens, wobei der Windschatten der Mitstreiter voll ausgenützt wird.

Die Staffel kann im Training und erst recht im Wettkampf sehr wirkungsvoll sein, vorausgesetzt, es wird im Wettkampf voll gefahren. Im Ausdauertraining ist sie dann besonders effektiv, wenn die Führungslängen um eine Minute pendeln. Dadurch ist die Herzfrequenzvorgabe gut und vor allem auch konstant zu erreichen.

Doppelreihe
Die Doppelreihe, wie in Abbildung 17 dargestellt, ist eine sehr weit verbreitete Form des Fahrens. Sie wurde vor allem in den Niederlanden praktiziert und wird deshalb auch als »holländische Reihe« bezeichnet. Im Vergleich zur klassischen Staffel hat sie Vor- und Nachteile. Die Zeitdauer, bis ein Fahrer wieder in der Führung ist, ist relativ lang. Im Training bedeutet dies in der Regel, daß ein Teil des Trainings nicht den optimalen Trainingsreiz setzt. Deshalb ist die Doppelreihe z. B. im Ausdauertraining nicht immer wirkungsvoll. Im Wettkampf dagegen kann sie sehr effektvoll sein, vorausgesetzt, es fahren alle Fahrer in der Staffel auf Angriff mit.

Windkante
Gemeinsam mit den großen Bergen ist die »Windkante« die rennentscheidendste Situation, die es überhaupt gibt. Sie

Wenn es die Mannschaftstaktik erfordert, wird die Spitze des Fahrerfeldes von den Fahrern eines Teams gebildet und der »Kapitän« im Windschatten nach vorne geführt. Im Bild: die Fahrer von Banesto und Miguel Indurain.

Abb. 17 *Prinzip der Doppelreihe*

Abb. 18 *Prinzipielle Darstellung der Windkante*

»Windkante« – eine rennentscheidende Situation

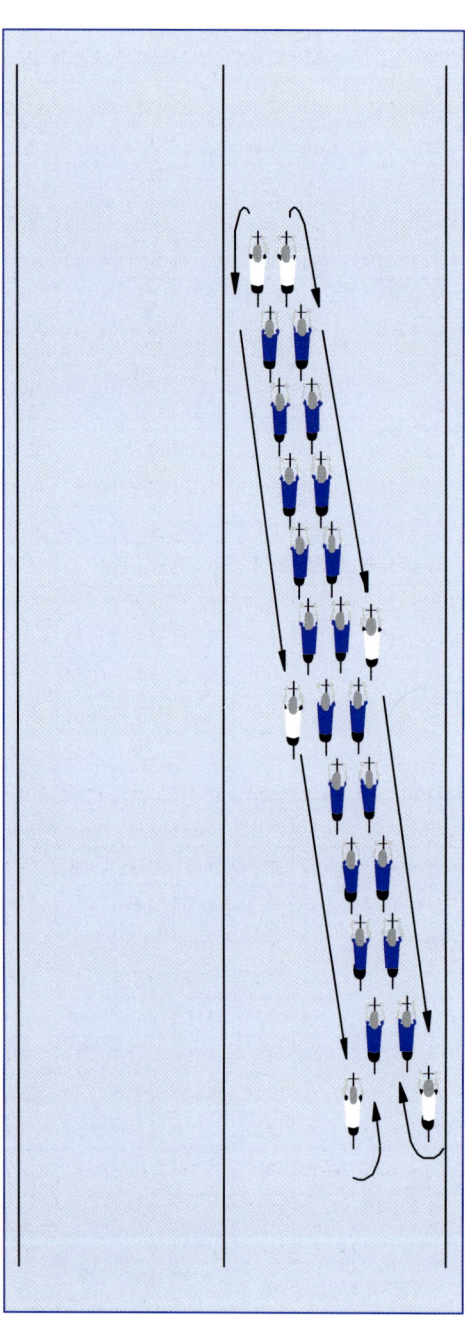

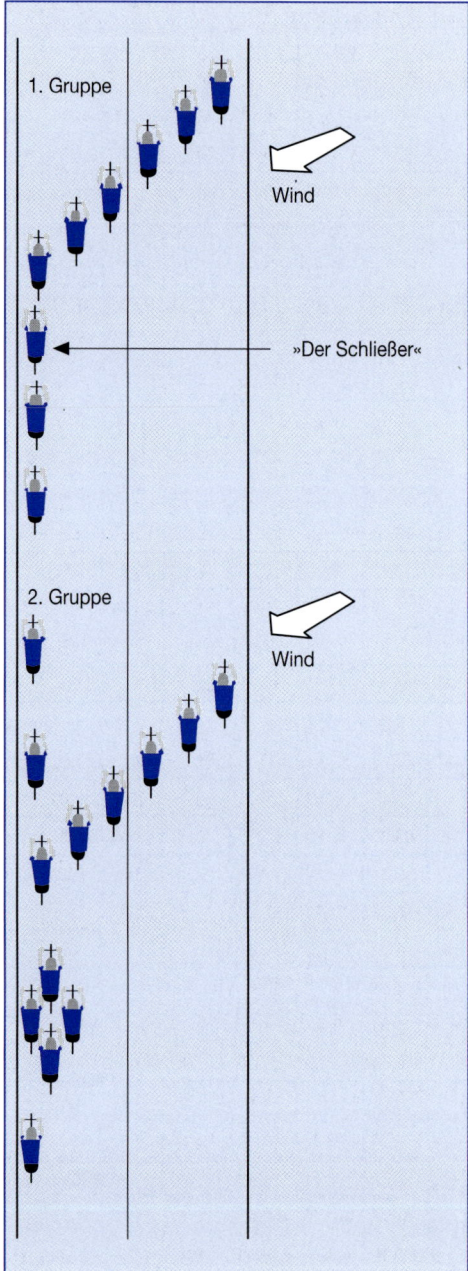

kann vor allem dann gut ausgenützt werden, wenn ausreichende Streckenkenntnisse vorhanden sind. Ein technisch und taktisch versierter Fahrer zeichnet sich durch rechtzeitiges Erkennen der Gefahr aus; er reagiert sofort konsequent und behauptet sich in der rennentscheidenden Staffel. In Abbildung 18 ist eine prinzipielle Darstellung einer Windkante aufgezeichnet.

Trettechnik und Wirkungsgrad beim Vortrieb

Alle, die radfahren, können durch eine ausgereifte Trettechnik ihre Leistungsfähigkeit deutlich steigern. Durch sie wird die physische Leistungsfähigkeit in Vortrieb und letztendlich in Geschwindigkeit umgesetzt. Mit beiden Beinen einen »runden«, kraftvollen Tritt zu erreichen ist eines der großen Radsport-

Tabelle 21 Übersetzungstabelle (Zoll und Meter) für 27''-Laufräder

	12	13	14	15	16	17	18	19	20	21	22	23	24	25	26	27	28	29	30
38	85,50	78,90	73,30	68,40	64,10	60,40	57,00	54,00	51,30	48,80	46,60	44,60	42,70	41,00	39,50	38,00	36,60	35,40	34,20
	6,80	6,28	5,84	5,45	5,11	4,80	4,54	4,30	4,09	3,83	3,71	3,55	3,40	3,27	3,14	3,03	2,92	2,82	2,72
39	87,80	81,00	75,20	70,20	65,80	61,90	58,50	55,40	52,70	50,10	47,90	45,80	43,90	42,10	40,50	39,00	37,60	36,30	35,10
	6,99	6,45	5,98	5,59	5,11	4,93	4,66	4,41	4,19	3,99	3,81	3,65	3,49	3,35	3,23	3,11	2,99	2,89	2,80
40	90,00	83,10	77,10	72,00	67,50	63,50	60,00	56,80	54,00	51,40	49,10	47,00	45,00	43,20	41,50	40,00	38,60	37,20	36,00
	7,17	6,62	6,14	5,73	5,38	5,09	4,78	4,53	4,30	4,10	3,91	3,70	3,58	3,44	3,31	3,18	3,07	2,97	2,87
41	92,20	85,20	79,10	73,80	69,20	65,20	61,50	58,30	55,40	52,70	50,30	48,10	46,10	44,30	42,60	41,00	39,50	38,20	36,90
	7,34	6,78	6,30	5,88	5,51	5,19	4,90	4,64	4,40	4,20	4,01	3,83	3,68	3,53	3,39	3,26	3,15	3,04	2,93
42	94,50	87,20	81,00	75,60	70,80	66,70	63,00	59,60	56,70	54,00	51,50	49,30	47,20	45,30	43,60	42,00	40,50	39,10	37,80
	7,52	6,96	6,46	6,03	5,65	5,32	5,02	4,75	4,52	4,31	4,11	3,93	3,76	3,61	3,48	3,35	3,22	3,11	3,01
43	96,70	89,30	82,90	77,40	72,50	68,20	64,50	61,10	58,00	55,20	52,70	50,50	48,30	46,50	44,60	43,00	41,60	40,00	38,70
	7,70	7,12	6,61	6,17	5,78	5,44	5,14	4,87	4,62	4,40	4,20	4,03	3,58	3,71	3,56	3,43	3,30	3,19	3,08
44	99,00	91,30	84,80	79,20	74,20	69,80	66,00	62,50	59,40	56,40	54,00	51,60	49,50	47,50	45,60	44,00	42,40	41,00	39,60
	7,88	7,28	6,76	6,32	5,92	5,57	5,26	4,98	4,74	4,50	4,31	4,11	3,95	3,79	3,64	3,51	3,38	3,26	3,15
45	101,30	93,40	86,70	81,00	75,90	71,40	67,50	63,90	60,70	57,80	55,20	52,80	50,60	48,20	46,70	45,00	43,30	42,10	40,50
	8,06	7,45	6,91	6,46	6,05	5,69	5,38	5,10	4,84	4,61	4,40	4,21	4,03	3,84	3,72	3,59	3,45	3,34	3,23
46	103,50	95,50	88,70	82,80	77,60	73,00	69,00	65,30	62,10	59,10	56,40	54,00	51,70	49,60	47,70	46,00	44,40	42,80	41,40
	8,24	7,62	7,07	6,60	6,19	5,82	5,50	5,21	4,95	4,71	4,47	4,31	4,12	3,95	3,80	3,67	3,53	3,41	3,30
47	105,70	97,60	90,60	84,60	79,30	74,60	70,50	66,70	63,40	60,40	57,60	55,10	52,60	50,70	48,70	47,00	45,30	43,80	42,30
	8,42	7,78	7,23	6,75	6,32	5,95	5,62	5,32	5,06	4,82	4,59	4,39	4,19	4,04	3,88	3,75	3,61	3,48	3,37
48	108,00	99,60	92,50	86,20	81,00	76,20	72,00	68,20	64,80	61,70	58,90	56,30	54,00	51,40	49,80	48,00	46,30	44,70	43,20
	8,60	7,94	7,38	6,87	6,46	6,08	5,74	5,44	5,17	4,92	4,70	4,49	4,31	4,10	3,97	3,83	3,69	3,56	3,44
49	110,20	101,70	95,90	88,20	82,60	77,80	73,50	69,60	66,10	63,00	60,10	57,10	55,10	52,90	50,80	49,00	47,30	45,60	44,10
	8,78	8,11	7,65	7,03	6,59	6,21	5,86	5,55	5,27	5,02	4,79	4,55	4,39	4,22	4,06	3,91	3,76	3,63	3,51
50	112,50	103,80	96,40	90,00	84,30	79,40	75,00	71,00	67,50	64,20	61,30	58,40	56,20	54,00	51,90	50,00	48,20	46,60	45,00
	8,96	8,28	7,69	7,17	6,72	6,33	5,98	5,66	5,38	5,12	4,89	4,66	4,48	4,31	4,14	3,99	3,84	3,71	3,58
51	114,80	105,90	98,30	91,80	86,00	81,00	76,50	72,40	68,80	65,50	62,50	59,80	57,30	55,00	52,90	51,00	49,20	47,50	45,90
	9,14	8,45	7,84	7,32	6,86	6,46	6,10	5,77	5,49	5,22	4,98	4,77	4,57	4,39	4,22	4,07	3,92	3,78	3,66
52	117,00	108,00	100,20	93,60	87,70	82,50	78,00	73,30	70,20	66,80	63,80	61,00	58,40	56,10	54,10	52,00	50,10	48,40	46,80
	9,32	8,61	7,99	7,47	6,99	6,58	6,22	5,85	5,60	5,33	5,09	4,86	4,66	4,47	4,31	4,15	4,00	3,86	3,73
53	119,20	110,00	102,20	95,40	89,90	84,10	79,50	75,30	71,50	68,10	65,00	62,20	59,60	57,20	55,00	53,00	51,10	49,30	47,70
	9,50	8,77	8,15	7,61	7,13	6,69	6,34	6,01	5,70	5,43	5,18	4,96	4,75	4,57	4,39	4,23	4,07	3,92	3,80
54	121,50	112,10	104,10	97,20	91,10	85,70	81,00	76,70	72,90	69,30	66,20	63,30	60,70	58,30	56,00	54,00	52,10	50,30	48,60
	9,68	9,40	8,30	7,75	7,27	6,84	6,46	6,12	5,81	5,53	5,28	5,05	4,84	4,65	4,47	4,31	4,15	4,00	3,87
55	123,70	114,20	106,00	99,00	92,80	87,30	82,50	78,20	74,20	70,70	67,50	64,50	61,80	59,40	57,10	55,00	53,00	51,20	49,50
	9,85	9,11	8,45	7,90	7,40	6,96	6,58	6,22	5,91	5,64	5,38	5,14	4,92	4,74	4,55	4,39	4,22	4,08	3,94
56	126,00	116,30	108,00	100,80	94,50	88,90	84,00	79,50	75,60	72,00	67,80	65,70	63,00	60,40	58,10	56,00	54,00	52,10	50,40
	10,93	9,20	8,61	8,04	7,54	7,09	6,70	6,34	6,03	5,74	5,41	5,24	5,02	4,82	4,63	4,47	4,30	4,15	4,01
57	128,30	110,30	109,90	102,60	96,10	90,50	85,50	81,00	76,80	73,20	69,90	66,90	64,10	61,50	59,10	57,00	55,00	53,10	51,30
	10,21	9,44	8,77	8,18	7,66	7,22	6,82	6,46	6,13	5,84	5,57	5,33	5,11	4,90	4,71	4,55	4,38	4,23	4,09
58	130,50	120,40	111,80	104,40	97,80	92,10	87,00	82,50	78,30	74,50	71,10	68,00	65,20	62,60	60,20	58,00	56,00	54,00	58,20
	10,39	9,60	8,92	8,33	7,80	7,35	6,94	6,58	6,24	5,94	5,67	5,42	5,20	5,20	4,80	4,63	4,45	4,30	4,16

Das Ziel beim Pedalieren besteht darin, links wie rechts das Optimum an Kraft auf die Pedale zu bringen

geheimnisse. In dieser Frage zeichnet sich das »Talent« wesentlich aus. In Abbildung 19 ist der Tretzyklus im Straßenradsport dargestellt.

Das Ziel beim Pedalieren besteht darin, links wie rechts das Optimum an Kraft auf die Pedale zu bringen. Der Tretzyklus wird in vier Phasen unterteilt: die Schub-, Druck-, Gleit- und Zugphase. Die Druckphase trägt den Hauptanteil für den Vortrieb. Beim Pedalieren werden nur die Kräfte hundertprozentig ausgenutzt, die im Winkel von 90° auf die Tretkurbel wirken. Vergrößert oder verkleinert sich der Winkel, treten Verlustkräfte auf. Die Gleit-, Schub- und Zugphase müssen bewußt mitgestaltet werden, um den erwünschten »runden« Tritt zu erreichen und bei hohen Krafteinsätzen nicht in den »Hackertritt« zu verfallen.

Beim Pedalieren ist der »Wiegetritt« eine zweite Variante, die vorwiegend am Berg und bei Antritten zur Tempoforcierung eingesetzt wird. Der Fahrer geht dabei aus dem Sattel, der Körperschwerpunkt wird nach vorn, zum Lenker, verlagert. Wenn das rechte Bein gestreckt wird, muß gleichzeitig die rechte Hand am Lenker ziehen und die linke Hand am Lenker drücken. Die Armmuskulatur und die des Schultergürtels unterstützen diesen Prozeß. Zur Koordination der gegenläufigen Bewegungen bedarf es der geradlinigen Körperschwerpunkthaltung. Das Rad wird dabei unterstützend gekippt und nicht der Körper nach links und rechts im Wiegetritt geführt.

Übersetzung

Unter der Übersetzung im Radsport ist das Verhältnis zwischen dem Kettenblatt und dem Zahnkranz zu verstehen, mit deren Hilfe die Muskelkraft über den Tretzyklus in Vortrieb umgesetzt wird. Eng daran geknüpft sind die Tretfrequenzen.

Beides muß optimal kombiniert werden, sollen hohe Geschwindigkeiten erzielt und das eigene Leistungsvermögen voll ausgeschöpft werden. Für die Angabe der Übersetzung sind drei Formen möglich:

- Die Angaben erfolgen, indem die Zähnezahl von Kettenblatt und Zahnkranz angegeben werden, z. B. 53:12.
- Die Übersetzung wird in Metern pro Kurbelumdrehung angegeben, z. B. 6,69 m.
- Die Übersetzung wird in Zoll umgerechnet, z. B. 88″ (Zoll). Praktisch ist es, die Übersetzung aus Tabellen abzulesen. In Tabelle 21 ist die Übersetzungstabelle in allen drei Angabemöglichkeiten aufgezeigt.

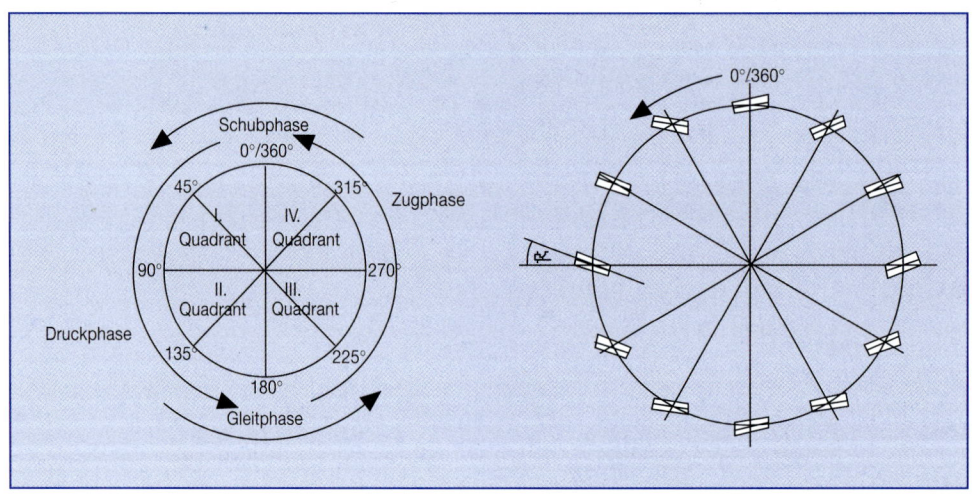

Abb. 19 *Tretzyklus im Straßenrennsport*

Bahnradsport

Wolfgang Oehme/Dr. Siegward Lychatz

Inhaltsübersicht

Einführung · Disziplinen und deren Leistungsstrukturen · Trainingsstrukturen · Trainingsdaten-Dokumentation · Technik

Optimale aerodynamische Position auf der Bahnmaschine. Jens Lehmann bei der Einerverfolgung.

*Die starken Männer: Beim Sprint zählen Muskelpakete und Taktik.
Links: Hübner gegen Colas beim Stehversuch, oben: Nohtstein gegen Hübner beim Zielsprint.*

Geballte Kraft. Für schnelle Sprinterbeine sorgt ein hoher Anteil an weißen Muskelfasern.

Obwohl es wenig internationale Wettkämpfe gibt, sind WM-Titel auf der Bahn auch bei den Frauen heißumkämpft. Dabei wird beste Fahrradtechnologie eingesetzt.

Koordination und Kondition werden in einer der technisch anspruchsvollsten Bahndisziplinen, dem Vierer, vereint.

Oben: Risi und Betschart beim Schleudergriff, der Ablöseform beim 2er-Mannschaftsfahren.

Links: Radsport und Show. Sechstagerennen liegen im Winter in der Publikumsgunst vorne.

Rechts: Stundenweltrekord. Toni Rominger setzte 1994 mit 55,291 km/h neue Maßstäbe.

Der tschechische Bahn-Vierer bei der WM 1986 in Colorado Springs.

Einführung

Mit dem Aufschwung des Fahrradbaus Ende der 60er Jahre des 19. Jahrhunderts entstand der Wunsch des Leistungsvergleichs nicht nur auf der Straße, sondern auch auf der Radrennbahn. Der Zuschauer konnte wie beim Pferderennen alle Phasen des Rennens und die Vorbereitungen beobachten. So wird auch das Datum 10. September 1869 als Beginn des Bahnradrennsports in Deutschland (nach Budzinski) angesehen. Im Rahmen der Altonaer Industrieausstellung organisierte der Altonaer Bicycle Club auf einer einfachen Aschenbahn ein internationales Bahnrennen, das bezeichnenderweise als »Velociped-Wettreiten« ausgeschrieben wurde. Die erste deutsche Radrennbahn erbaute der »Münchner Velociped Club 1869« im Jahre 1882. 1884 wurde der Münchner Julius Huber erster deutscher Meister auf der Bahn des im selben Jahr gegründeten Bundes Deutscher Radfahrer. Die Anzahl der Radrennbahnen wuchs bis zum 1. Weltkrieg ständig, ebenso die Anzahl der Rennen und der Teilnehmer. Schon 1891 mußte eine Trennung der Rennen und der Teilnehmer nach Geldpreisfahrern (Profis) und nach Wertpreisfahrern (Amateure) vollzogen werden. Der Hannoveraner Willy Arendt wurde 1897 als erster Deutscher Weltmeister im Radsprint, einer Bahnradsportdisziplin, die auch heute noch eine Domäne der Deutschen ist.

Über viele Jahrzehnte wurde der Bau der Radrennbahn von den jeweiligen örtlichen Bedingungen bestimmt. In Forst/Niederlausitz wurde aber schon 1909 eine recht moderne Bahn von 400 m Länge gebaut, die auch heute noch dieselbe Bahngeometrie aufweist. 1994 erhielt sie einen neuen Zementbelag (Epovit) und gilt somit zusammen mit der Nürnberger Radrennbahn »Reichelsdorfer Keller« als älteste heute noch originale Wettkampfrennbahn in Deutschland. Im Laufe der Zeit setzten sich im Rennbahnbau Standards durch. So sind die gebräuchlichen Bahnmaße 250 m, 285,71 m, 333,33 m, 400 m. Wesentlich dabei ist, daß bei 1000 m, 2000 m, 3000 m und 4000 m beide flache Bahnmitten Start- und Zielpunkt sind und somit jederzeit ein zeitlicher und optischer Vergleich in den Verfolgungsrennen vorhanden ist.

Nach wie vor existieren aber noch Rennbahnen mit den verschiedensten Maßen. Eine Kuriosität ist die alte Pariser Radrennbahn mit 500 m Länge, vollkommen flachen breiten Geraden und einigen ehrwürdigen Bäumen in der Südkurve, die anscheinend noch älter als die Radrennbahn selbst sind. Die zunehmenden Geschwindigkeiten, besonders nach dem Aufkommen von Rennen hinter Motoren, erforderten eine Überhöhung der Kurven. Die Attraktivität der Bahnradrennen führte schließlich zum Einbau in große Hallen, um auch im Winter das Radsportvergnügen zu erleben. Zwangsläufig entstanden daraus die heute überaus beliebten Sechstagerennen, die eine Vermischung von Leistungssport, Show und Vergnügen darstellen. Benannt nach seinem Ursprungsort, dem Madison Square Garden, setzte sich für das Zweier-Mannschaftsfahren, die Hauptdisziplin der Sechstageveranstaltungen, der Begriff »Madison« durch. Diese Disziplin wurde ab 1995 in das Weltmeisterschafts-(WM-)Programm aufgenommen. Bei WM und Olympischen Spielen (OS) besteht heute witterungsbedingt der Trend zu Radrennbahnen in einer Halle. Bei Freiluftbahnen aus Holz wird besonders witterungshartes Holz – Affzelia Doussie aus Afrika oder das Holz der sibirischen Lärche – verwendet.

In den 80er und 90er Jahren dieses Jahrhunderts wuchs auch die Zahl der Disziplinen im Bahnradsport, besonders

Die erste deutsche Radrennbahn erbaute der »Münchner Velociped Club 1869« im Jahre 1882

durch die Aufnahme der Wettbewerbe für die Frauen in das olympische Programm. 1995/96 wird in zwölf Disziplinen um das Weltmeistertrikot gekämpft, davon sind acht olympische Disziplinen (dreimal Frauen, fünfmal Männer). Mit den vier olympischen Straßendisziplinen (Männer, Frauen) und den zwei Geländewettbewerben stellt der Radsport mit 14 Wettbewerben ein beachtliches Potential und zählt damit zu den bedeutendsten Verbänden einer Olympiamannschaft. Einige Bahnradsportdisziplinen, wie das Tandemfahren oder das Steherrennen, wurden aus dem olympischen und in der Folge aus dem WM-Programm gestrichen. Gerade das Rennen hinter Motoren zieht vornehmlich in Deutschland noch Tausende von Interessenten an, die die Tradition dieser rasanten Sportart in Europa auch zukünftig noch hochhalten werden.

In den folgenden Punkten werden die einzelnen Wettkampfdisziplinen beschrieben, Trainingsbereiche ausführlich erläutert und methodische Hinweise zum Bahnradrennsport im Hochleistungsbereich gegeben. Wir werden versuchen, Erfahrungen, die wir in langjähriger erfolgreicher Trainertätigkeit gesammelt haben, in diesem Buch weiterzugeben.

Auf der Bahn wird auch der wichtigste Rekord aller Rekorde im internationalen Radrennsport von den weltbesten Rennfahrern der Bahn und der Straße angestrebt – der Stunden-Weltrekord, erstmals ausgetragen 1893. Nur die ganz Großen des Radrennsports sind in der Lage, diesen Rekord anzugreifen und zu verbessern, wie aus nachstehender Tabelle der Weltrekordentwicklung über die letzten hundert Jahre zu entnehmen ist.

> **Nur die ganz Großen des Radrennsports sind in der Lage, diesen Rekord anzugreifen**

Tabelle 1 *Chronologie des Stunden-Weltrekords*

35,325 km	DESGRANGE, Henri	FRA	11.05.1893	Paris
38,220 km	DUBOIS, Jules	FRA	31.10.1894	Paris
39,240 km	EYNDE, Oscar van den	BEL	30.07.1897	Paris
40,781 km	HAMILTON, Willie	USA	09.07.1898	Denver/USA
41,110 km	PETIT-BRETON, Louison	FRA	24.08.1905	Paris
41,520 km	BERTHET, Marcel	FRA	20.06.1907	Paris
42,360 km	EGG, Oscar	SUI	22.08.1912	Paris
42,741 km	BERTHET, Marcel	FRA	07.08.1913	Paris
43,525 km	EGG, Oscar	SUI	21.08.1913	Paris
43,775 km	BERTHET, Marcel	FRA	20.09.1913	Paris
44,247 km	EGG, Oscar	SUI	18.06.1914	Paris
44,588 km	HOUT, Jan van	NED	25.08.1933	Roemond/NED
44,777 km	RICHARD, Maurice	FRA	29.08.1933	St. Truiden/BEL
45,067 km	OLMO, Giuseppe	ITL	31.10.1935	Mailand
45,375 km	RICHARD, Maurice	FRA	14.10.1936	Mailand
45,535 km	SLAATS, Frans	NED	29.09.1937	Mailand
45,817 km	ARCHAMBAUD, Maurice	FRA	03.11.1937	Mailand
45,848 km	COPPI, Fausto	ITL	07.11.1942	Mailand
46,159 km	ANQUETIL, Jacques	FRA	29.06.1956	Mailand
46,393 km	BALDINI, Ercole	ITL	19.09.1956	Mailand
46,923 km	RIVIÈRE, Roger	FRA	18.09.1957	Mailand
47,346 km	RIVIÈRE, Roger	FRA	23.09.1958	Mailand
48,093 km	BRACKE, Ferdinand	BEL	30.10.1967	Rom
48,653 km	RITTER, Ole	DAN	10.10.1968	Mexico-Stadt
49,431 km	MERCKX, Eddy	BEL	25.10.1972	Mexico-Stadt
50,808 km	MOSER, Francesco	ITL	19.01.1984	Mexico-Stadt
51,151 km	MOSER, Francesco	ITL	23.01.1984	Mexico-Stadt
51,596 km	OBREE, Graeme	GBR	17.07.1993	Hamar/NOR
52,270 km	BOARDMAN, Chris	GBR	23.07.1993	Bordeaux
52,731 km	OBREE, Graeme	GBR	27.04.1994	Bordeaux
53,040 km	INDURAIN, Miguel	ESP	02.09.1994	Bordeaux
53,832 km	ROMINGER, Tony	SUI	22.10.1994	Bordeaux
55,291 km	ROMINGER, Tony	SUI	05.11.1994	Bordeaux

Disziplinen und deren Leistungsstrukturen

Weltspitzenleistungen entstehen heute nicht mehr aus der Partnerschaft eines Trainers und Sportlers allein, vielmehr sind sie das Resultat der Zusammenarbeit eines Teams aus den unterschiedlichsten Bereichen. Wie erfolgreich dieses Team ist, hängt von vielen Einflußgrößen ab, aber ebenso vom Engagement des einzelnen und der Attraktivität der Beiträge der Spezialisten. Entscheidend ist aber letztendlich die trainingsmethodische Grundkonzeption des Bereiches, in diesem Falle die des Bahnrennsports und dessen sich ständig erneuernder Basis, sowie das Konzept und die Effektivität des Nachwuchsleistungssports. Ein Team von mehreren Spezialisten (Trainer, Trainingswissenschaftler, Mannschaftsarzt, Physiotherapeut, Mechaniker, Meßtechniker, Entwicklungsingenieur und Informatiker) ist für alle Bereiche des Bahnradrennsports bzw. die Trainer für die Führung der Kader verantwortlich. Bei Weltmeisterschaften werden zwölf und bei Olympischen Spielen acht Disziplinen ausgetragen. Im Jahresdurchschnitt wird bei vier Worldcups mit der kompletten Nationalmannschaft gestartet. Weitere vier Wettkämpfe einschließlich der Deutschen Meisterschaft entsprechen im Aufwand den internationalen Vergleichen. Hierbei sind Einsätze bei Rundfahrten, die Bundesliga Bahn sowie die disziplinspezifischen Spezialwettkämpfe wie Große Preise im Sprint, Deutsch-

Bei Weltmeisterschaften werden zwölf und bei Olympischen Spielen acht Disziplinen ausgetragen

Olympische Spiele	Sprint	Männer
	Sprint	Frauen
	1000-m-Zeitfahren	Männer
	4000-m-Einerverfolgung	Männer
	3000-m-Einerverfolgung	Frauen
	4000-m-Mannschaftsverfolgung	Männer
	Punktefahren	Frauen
	Punktefahren	Männer
Weltmeisterschaften	Sprint	Männer
	Sprint	Frauen
	Olympischer Sprint	Männer
	Keirin	Männer
	500-m-Zeitfahren	Frauen
	1000-m-Zeitfahren	Männer
	3000-m-Einerverfolgung	Frauen
	4000-m-Einerverfolgung	Männer
	4000-m-Mannschaftsverfolgung	Männer
	Punktefahren	Frauen
	Punktefahren	Männer
	50-km-Zweier-Mannschaftsfahren	Männer
Deutsche Meisterschaften	Disziplinen wie Weltmeisterschaften	zusätzlich
	Derny-Fahren	Männer
	Steherrennen	Männer

(Stand Februar 1995)

landpokal im Zweier-Mannschaftsfahren, Grand Prix des Nations u. a. noch hinzuzuziehen.

Die Disziplinen Tandem und Steherrennen wurden bis 1994 bei Weltmeisterschaften ausgetragen und ab 1995 ersatzlos aus dem Programm gestrichen. Nachstehend sollen vorwiegend alle ausgetragenen Disziplinen bei Olympischen Spielen und Weltmeisterschaften abgehandelt werden.

Leistungsstrukturen

Der Bahnradsport umfaßt in seinen Wettkampfstrukturen Disziplinen, die von der Kurzzeitausdauer bis hin zur Langzeitausdauer reichen. In diesen Disziplinen werden an die konditionellen Fähigkeiten Ausdauer, Kraft und Schnelligkeit unterschiedliche Anforderungen gestellt. Die Fähigkeiten Kraft und Schnelligkeit sind in den Kurzzeitdisziplinen dominant. Innerhalb der sechs Kurzzeitdisziplinen steigt der Stellenwert der Ausdauerfähigkeiten entsprechend der Zeitdauer der maximalen Belastungen. Im Verfolgungsfahren haben die Ausdauerfähigkeiten Priorität, während Kraft und Schnelligkeit einen hohen Stellenwert aufweisen. In den Disziplinen Punkte- und Zweier-Mannschaftsfahren sind die Ausdauerfähigkeiten leistungsbestimmend, wenn sie mit entsprechendem Spurtvermögen kombiniert werden.

In den Disziplinen mit Motorunterstützung entscheidet die kontinuierliche Ausdauerleistung bei Bewältigung hoher Kraftausdaueranforderungen. Alle Bahnradsportdisziplinen setzen besondere bewegungsmotorische Fertigkeiten voraus, da die Tretfrequenzen je nach Disziplin zwischen 110 und 160 U/min betragen.

Die Disziplinen sind nach der zeitlichen Belastung in drei Bereiche untergliedert (siehe Tab. 2).

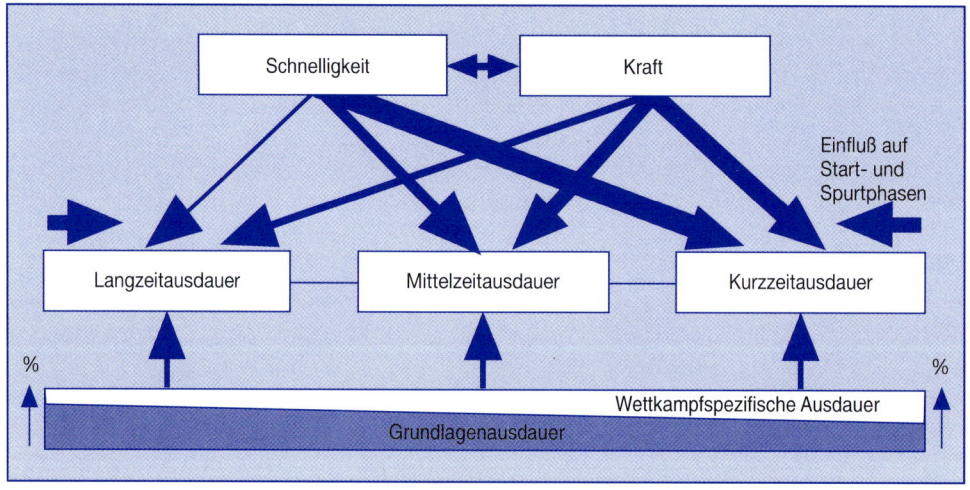

Abb. 1 *Ausdauerleistungsbereiche und der Einfluß von Kraft und Schnelligkeit auf zugeordnete disziplinspezifische Leistungen*

Tabelle 2 *Aufteilung der Disziplinen nach der zeitlichen Belastung*

Langzeitdisziplinen	Mittelzeitdisziplinen	Kurzzeitdisziplinen
Punktefahren Zweier-Mannschaftsfahren Derny-Fahren Steherrennen Ausscheidungsfahren Mehrkampf	Einerverfolgung Mannschaftsverfolgung Vorgabefahren Scratch-Race	Sprint Keirin Tandem Olympischer Sprint 500-m-Zeitfahren 1000-m-Zeitfahren ital. Jagdrennen

Sprint Männer/Frauen

Der Sprint ist ein Kurzstreckenwettbewerb für zwei oder mehrere Starter über eine vorher festgelegte Anzahl von Runden, die der Distanz von 1000 m am nächsten kommt. Die Zeitnahme erfolgt über die letzten 200 m. Die speziellen Fähigkeiten im Sprint sind Kraft und Schnelligkeit. Die Laufzusammensetzung erfolgt durch eine vorausgegangene Zeitfahrqualifikation. Die Startaufstellung wird ausgelost. Der Fahrer, der die Nummer 1 lost, nimmt an der Meßlinie Aufstellung, seine Gegner in der ausgelosten Reihenfolge über ihm. Der an der Meßlinie stehende Fahrer muß bis zur Vollendung der ersten Runde mindestens im Schrittempo die Führung übernehmen.

Danach beginnen die taktischen Manöver, da bei den hohen Geschwindigkeiten um 70 km/h im Windschatten mit weniger Kraftaufwand gefahren werden kann. Der führende Fahrer versucht, durch langsames Fahren durch die Kurve oder durch einen Stehversuch, der auf insgesamt drei Minuten begrenzt ist, seinem Gegner die Führungsarbeit zu übertragen. Aus zweiter Position kann der Gegner dann besser beobachtet und zu höheren Geschwindigkeiten angetrieben werden. Der Fahrer in zweiter Position kann so am Gegner vorbeifahren.

Die speziellen Fähigkeiten im Sprint sind Kraft und Schnelligkeit

Entwicklung der Zeiten 200 m fliegend Männer in Sekunden				
1981	10,920	Raasch	GDR	Zement
1982	10,710	Kopylow	SU	Holz
1983	10,360	Kuschy	GDR	Zement
1984	10,490	Gorski	USA	Holz
1985	10,530	Hübner	GDR	Zement
1986	10,118	Hübner	GDR	Holz
1987	10,232	Heßlich	GDR	Holz
1988	10,355	Heßlich	GDR	Holz
1989	10,521	Huck	GDR	Zement
1990	10,153	Huck	GDR	Holz
1991	10,183	Huck	RFA	Holz
1992	10,252	Fiedler	RFA	Holz
1993	10,258	Neiwand	AUS	Holz
1994	10,321	Hill	AUS	Zement

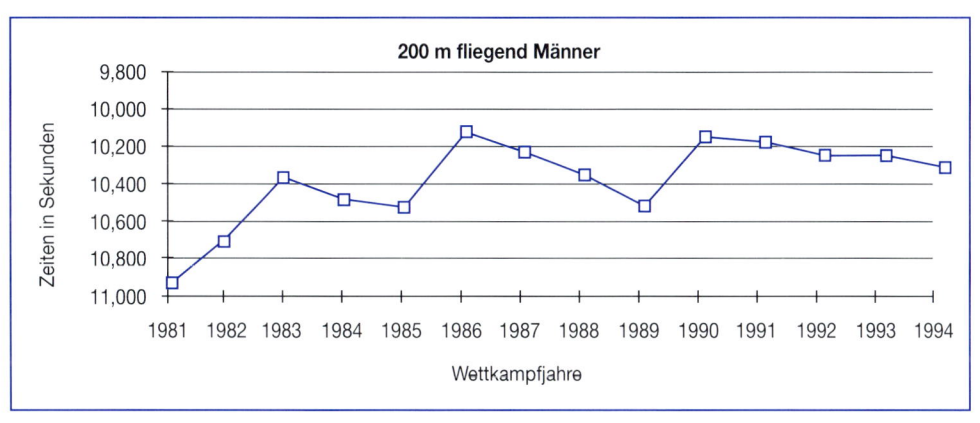

Abb. 2
Entwicklung der Zeiten 200 m fliegend Männer

Bahnsprinter in den dreißiger Jahren: Albert Richter und Jeff Scherens.

Entwicklung der Zeiten 200 m fliegend Frauen in Sekunden			
1981	12,470	Kruschelnitzkaja	SU
1982	12,180	Lommatsch	RFA
1983	11,810	Paraskevin	USA
1984	12,240	Paraskevin	USA
1985	11,620	Nicoloso	FRA
1986	11,245	Paraskevin	USA
1987	11,572	Gautheron	FRA
1988	11,527	Salumiaee	SU
1989	11,985	Salumiaee	SU
1990	11,376	Gautheron	FRA
1991	11,374	Salumiaee	SU
1992	11,419	Haringa	NED
1993	11,520	Haringa	NED
1994	11,540	Ballanger	FRA

Abb. 3
Entwicklung der Zeiten 200 m fliegend Frauen

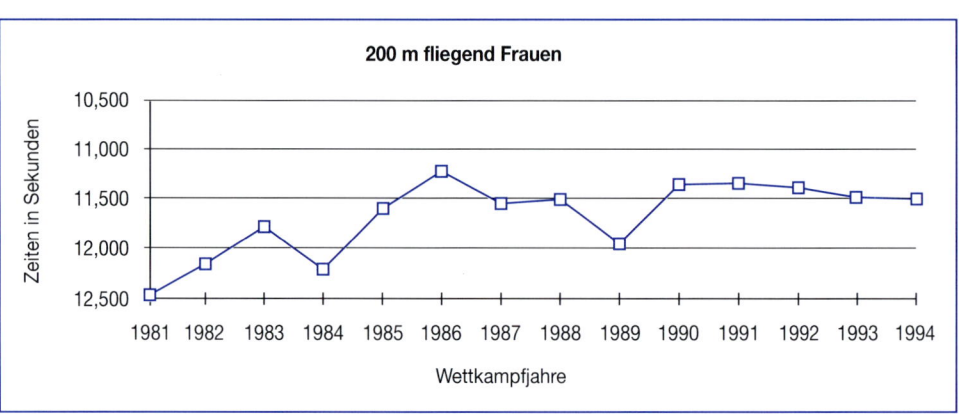

Bahnsprinter in den neunziger Jahren: Jens Fiedler und Michael Hübner.

Grundlage der Erstellung der Leistungsstrukturen im Bahnradsport sind:

> Weg-Zeit-Analysen
> Kraft-Zeit-Analysen
> Taktikanalysen

Im Radsprint gehören zur Wettkampfleistung zwei verschiedene, aber sich ähnelnde Leistungsstrukturen:

> Zeitfahrleistung über 200 m fliegend
> Sprint Gegner gegen Gegner (oder mehrere)

Das 200-m-Zeitfahren mit fliegendem Start dient zur Ermittlung der Laufeinteilung bei den Wettkämpfen. Bei einer Weltmeisterschaft qualifizieren sich bei den Männern 24 Sprinter und bei den Frauen 12 bzw. 18 Sprinterinnen nach einem einheitlichen Schema, das vom internationalen Verband festgelegt wird.
Für die Sprintdisziplinen ist Spezialmaterial eine unbedingte Grundvoraussetzung für Weltspitzenleistungen. Der Radsprint ist durch eine Vielzahl der verschiedenartigsten Sprintläufe gekennzeichnet, die jedoch auf drei Grundstrukturen zurückgehen:
- Kurzsprint
- Langsprint
- klassischer Sprint

Kurzsprint
Ab 250 m vor dem Ziel erfolgt eine zunehmende Geschwindigkeitssteigerung. Geringe Temposchwankungen innerhalb des in der Tendenz geradlinigen Beschleunigungsverlaufs haben Ursachen in technisch-taktischen Details. Der Sieg wird durch die höhere Endgeschwindigkeit errungen. Da die Beschleunigung allmählich erfolgt, sind für die Endkampfgestaltung oft noch genügend Kraftreserven vorhanden. Diese Struktur der Kurzsprints ermöglicht auch Radsportlern mit durchschnittlicher Sprintkraft und Sprintausdauer, gegen Spitzensprinter erfolgreich zu bestehen.

Langsprint
500 bis 350 m vor dem Ziel erfolgt die Eröffnung des Sprints und die Einnahme eines submaximalen Renntempos. Die dominierende Eigenschaft ist eine ausgeprägte Sprintausdauer, wobei der führende Fahrer in der Lage sein muß,

die Geschwindigkeit zu erhöhen, um seine erste Position zu verteidigen. Sprinter mit hervorragender Sprintkraft, deren Hauptstärken der 1. und 2. Antritt sind, werden durch diese Sprintform oft besiegt, da ihre überlegene Antrittshärte durch die hohe Durchschnittsgeschwindigkeit beeinträchtigt bzw. ausgeschaltet wird. Da diese Sprintform sehr kraftaufwendig ist, können nur kraftausdauerstarke Sprinter diese Variante erfolgreich anwenden.

Klassischer Sprint

Der klassische Sprint ist gekennzeichnet durch den Kampf um die zweite Position vor der Eröffnung des Sprints. In der Eröffnungsphase werden extrem hohe Beschleunigungen eingesetzt, die physiologisch eine maximal entwickelte Sprintkraft und eine optimale Ausnutzung der Bahnüberhöhung (Hangabtriebskraft) erfordern. In sehr hoher, aber nicht maximaler Geschwindigkeit wird die Hauptstrecke des Sprints absolviert. Die Entscheidung fällt durch ein bewußtes Setzen eines zweiten Geschwindigkeitsgipfels (2. Antritt). Im klassischen Sprint ist überwiegend die zweite Position erfolgreich, da der hintere Sprinter nicht maximal beschleunigen muß und den Windschatten nutzen kann. Die überragenden Sprinter der 60er bis 80er Jahre, Morelon (Frankreich) und Heßlich (ehemalige DDR), entwickelten diese Variante zur Perfektion. Ihr psychischer Vorteil der Überlegenheit war gekoppelt mit Spitzenleistungsvermögen im 1. und 2. Antritt.

Olympischer Sprint

Der olympische Sprint ist die jüngste Meisterschaftsdisziplin im Radsport. Sie wurde 1995 in das Weltmeisterschaftsprogramm aufgenommen. Drei Fahrer, vornehmlich Sprint- und 1000-m-Spezialisten, bilden eine Mannschaft. Am Start stehen sich zwei Mannschaften an der Bahnmittellinie gegenüber. Der Wettbewerb geht über drei Runden. Der Startfahrer hat die Aufgabe, die Mannschaft schnell auf eine hohe Geschwindigkeit zu bringen. Nach einer Bahnlänge plus maximal 30 m scheidet jeweils der führende Fahrer aus. Der zweite Fahrer führt ebenfalls nur eine Runde und überläßt dem dritten Fahrer die Schlußrunde. Der führende Fahrer darf nicht vor Vollendung der Bahnrunde abgelöst werden und nie länger als eine volle Runde plus maximal 30 m in Führung bleiben, da die Mannschaft sonst aus dem Rennen genommen wird. Die acht zeitschnellsten Mannschaften bestreiten die zweite Runde. Die vier Siegermannschaften – 1 gegen 8, 2 gegen 7 usw. – bestreiten das Finale. Hier kämpfen die beiden Zeitschnellsten in je einem Lauf um die Plätze eins und zwei und die beiden Nächstplazierten um die Plätze drei und vier. Für jeden der drei Fahrer entstehen unterschiedliche Leistungsstrukturmerkmale (Beispiel für eine 333-m-Bahn):

Der erste Fahrer der Wettkampfstrecke 0–333 m, von den Leistungsvoraussetzungen her ein Sprinter, hat die Aufgabe, maximal zu beschleunigen und innerhalb seiner Führung in der ersten Runde die Spitzengeschwindigkeit zu erzielen.

Wegstrecke 333–666 m: Die Aufgabe des zweiten Fahrers ist es, dieses Tempo zu halten, aber oft muß er noch zur höchsten Geschwindigkeit weiter beschleunigen. In dieser Phase ist es wichtig, daß der dritte Fahrer dicht am Hinterrad des zweiten fährt, um voll den Windschatten zu nutzen. Dadurch gelingt es ihm, den Krafteinsatz in gewissem Maße einzugrenzen.

Wegstrecke 666–1000 m: Für den dritten Fahrer, von den Leistungsvoraussetzungen her ein 1000-m-Fahrer, kommt es darauf an, den Geschwindigkeitsabfall zu verhindern. Dies gelingt meistens nur eingeschränkt, da die vorhergehen-

> Der olympische Sprint ist die jüngste Meisterschaftsdisziplin im Radsport

den Runden schon maximalen Leistungseinsatz erforderten. Da der Wettkampfmodus neben dem Laufsieg auch den Kampf um die jeweilige Bestzeit erfordert, ist taktisches Fahren kaum möglich; demnach ist auf allen Positionen maximaler Leistungseinsatz notwendig.

Leistungsfaktoren im olympischen Sprint	
Schnelligkeit 200 m fliegend	10,5–10,7 s
Schnelligkeit 500 m stehend	33,0–33,5 s
1000-m-Leistung für den 3. Fahrer	1,03 min
Maximalkraft (Quotient)[1]	2,4 (max. Hantellast/Körpergewicht)
Maximale Tretfrequenz	160 U/min

[1] Quotient aus maximal gehobener Hantellast bei Kniebeuge und Körpergewicht

Keirin

Keirin ist ein Sprintwettbewerb über eine Distanz von 2000 m, bei dem die Geschwindigkeit des Rennens auf den ersten Runden von einem Derny-Schrittmacher bestimmt wird. Diese Disziplin entspricht einer wettkampfspezifischen Ausdauervariante des Sprints. Hinter einem Derny-Fahrer versammeln sich die Sprinter und können durch Kopf- oder Körpereinsatz Positionskämpfe durchführen, wobei aber der Lenker mit beiden Händen festgehalten werden muß. Das Durchschnittstempo von 30 km/h wird in der letzten Runde der Derny-Führung auf 45 km/h erhöht, bevor von einem Jury-Mitglied über Kopfhörer der Derny-Schrittmacher zum Ausscheiden aufgefordert wird. Rund 600 m vor dem Ziel setzt der lange Sprintkampf ein, der durch die hohe Anzahl von sechs bis acht Laufteilnehmern (je nach Länge der Bahn) äußerst hart, aber auch interessant und dyna-

Beim Keirin-Wettbewerb versammeln sich die Fahrer in der Vorbereitungsphase nach dem Start hinter einem Derny-Fahrer, der die Geschwindigkeit bestimmt.

misch ist. Auch in dieser Phase kann körperbetont gefahren werden, wenn dabei die Fahrlinien im wesentlichen eingehalten werden. Der Keirin-Lauf wird in die folgenden vier Phasen gegliedert:

Vorbereitungsphase

In der Laufauslosung wird der Fahrer ermittelt, der sich unmittelbar hinter dem Derny einordnen muß. Alle anderen Fahrer sind nicht an ihre Nummer der Aufstellung gebunden. Es kann auch die Position hinter dem Derny eingenommen werden. Je nach individueller technisch-taktischer Marschroute verschärfen sich im Laufe der Derny-Führung die Positionskämpfe. Das Überholen der Dernys ist in jedem Fall verboten und bringt eine sofortige Disqualifikation des bzw. der betroffenen Fahrer mit sich.

Sprinteröffnung

Nachdem der Derny die Bahn verlassen hat, wird versucht, die individuell gewünschte Hauptposition durch starkes Beschleunigen einzunehmen. Gelingt dies nicht sofort, was meist bei der Vielzahl der Laufteilnehmer der Fall ist, ziehen sich die Positionskämpfe durch die gesamte Sprint-Hauptphase hindurch.

Sprintphase

Charakteristisch ist eine ständige Forcierung des Tempos. Sie sorgt für eine zusätzliche Einordnung der Fahrer, da nur die tempohärtesten Fahrer sich durchsetzen bzw. diejenigen, die durch andere in der Tempoverschärfung nicht behindert werden. Wichtig in der Wahl der taktischen Ausgangsposition sind neben dem eigenen Können die Einschätzung von Stärken und Schwächen der Gegner, Profil und Länge der Bahnen u. a. Bei Vorläufen reicht zum Weiterkommen in das Finale bzw. in die Zwischenläufe meistens das Belegen von Platz 2 oder 3.

Endkampfphase

Aufgrund der Länge der Keirin-Läufe verändert sich auf der Zielgeraden (je nach Länge) die Reihenfolge des Zieleinlaufs oft noch entscheidend. Bei entsprechendem Sprintausdauerniveau gelingt es den Besten, den Geschwindigkeitsabfall einzugrenzen, und den Spitzenfahrern sogar, die Tretfrequenz und damit die Geschwindigkeit zu steigern. In der Zielannahme entspricht das Keirin-Fahren dem Sprint, jedoch wird bei knappen Entscheidungen um die ersten 5 bis 6 Plätze mehr als die gesamte Bahnhälfte ausgenutzt.

Obwohl diese Disziplin in Japan mit über 3000 Profis seinen Ursprung hat, dominieren seit Ende der 80er Jahre Sportler aus Europa, Australien, Kanada und den USA bei den Weltmeisterschaften. Diese Nationen haben ihre Keirin-Stärken meist über den Sprint entwickelt und sich dort die rennspezifischen Grundlagen erarbeitet. Sicherlich spielen hier auch die Bahnbeschaffenheiten in Japan eine Rolle, die generell wesentlich flacher sind, meistens eine Länge von 400 m haben und nur geringe Kurvenüberhöhungen aufweisen.

Für das Keirin gelten die im Sprint genannten Leistungsparameter mit folgenden Spezifizierungen: Durch die lange Phase der Hauptbelastung von rund 40 Sek. werden sprintspezifische Ausdauer- und Kraftausdauerfähigkeiten gefordert. Während im Sprint die Möglichkeit besteht, im zweiten Lauf oder im Hoffnungslauf einen Lauffehler zu korrigieren, ist im Keirin dies im Halbfinale oder Finale nicht mehr möglich. Hieraus erklärt sich die Aggressivität bei wichtigen Keirin-Entscheidungen, da die Sieger häufig lukrative Verträge für Wettkämpfe und hohe Gewinnsummen in Japan erwarten. Im körperlichen Kampf auf dem Fahrrad haben große und athletische Rennfahrer Vorteile gegenüber kleineren und leichteren.

500-m-Zeitfahren Frauen

Diese Disziplin wurde bei der Weltmeisterschaft 1995 erstmals für Frauen ausgetragen. Auch im Nachwuchsbereich wird das 500-m-Zeitfahren als Meisterschaftsdisziplin bestritten. Den Weltrekord hält bei den Frauen F. Ballanger (FRA) mit 00:34:474 Min. und bei den Juniorinnen M. Kasslin (FIN) mit 00:36:376 Min. Bei Zeiten unter 00:36:0 Min. beginnt die Weltspitze bei den Frauen. Dieses Leistungsvermögen weisen international fünf bis sechs Fahrerinnen auf, die auch alle Spitzensprinterinnen sind. In Tabelle 3 sind die jeweiligen Bestzeiten ab der Altersklasse (AK) 18 im weiblichen Kurzzeitbereich in Deutschland dargestellt (Stand 1995). In den Leistungsstrukturmerkmalen beim 500-m-Zeitfahren gelten die gleichen Parameter wie bei den Sprinterinnen.

Annette Neumann beim Sprint.

Tabelle 3 *Bestenliste 500-m-Zeitfahren (stehend)*

		1991	1992	1993	1994
AK 18:	weibl.	38,38 (Huchatz)	36,8 (Freitag)	38,41 (Panzer)	36,19 (Heinemann)
	männl.	–	32,77 (Schulze)	34,3 (van Eijden)	33,73 (Weber)
Frauen:	1.	36,39 (Neumann)	36,54 (Neumann)	36,04 (Neumann)	35,76 (Neumann)
	2.	37,08 (Wolke)	37,54 (Wolke)	36,93 (Wolke)	36,41 (Freitag)
	3.	37,56 (Dorausch)	37,83 (Huchatz)	37,36 (Raetsch)	36,82 (Wolke)

1000-m-Zeitfahren Männer

Beim Zeitfahren wird der Start paarweise durchgeführt. Der Fahrer muß mit dem Antritt seine maximale Geschwindigkeit finden, darf jedoch hierbei nicht die Muskulatur übersäuern. In Tabelle 4 sind die Zeitentwicklungen für das 1000-m-Zeitfahren der Männer seit 1980 dargestellt. Der Weltrekord im 1000-m-Zeitfahren liegt zur Zeit bei 1:02:091 Min., von Malchow (Deutschland) am 28. 8. 1986 in Colorado Springs aufgestellt.

Das 1000-m-Zeitfahren wird durch drei unterschiedliche Rennphasen gekennzeichnet.

Die erste Phase, also ein Drittel des Laufs, wird für die Beschleunigung benötigt. Hierbei werden Spitzengeschwindigkeiten von 18,5 m/s = 67 km/h erreicht. Das entspricht 200-m-Zeiten von 10,75 Sek. Um im Wettkampf diese Durchgangsgeschwindigkeiten zu bewältigen, ist ein Leistungsvermögen von ungefähr 10,6 Sek. über 200 m Voraussetzung. In den dafür er-

> Das 1000-m-Zeitfahren wird durch drei unterschiedliche Rennphasen gekennzeichnet

Tabelle 4   Entwicklung der Zeiten beim 1000-m-Zeitfahren in Minuten

Jahr	Zeit	Name	Nation
1980	1:02:95	Thoms	GDR
1981	1:05:85	Thoms	GDR
1982	1:05:75	Schmidtke	RFA
1983	1:03:94	Kopylow	SU
1984	1:06:10	Schmidtke	RFA
1985	1:05:06	Glücklich	GDR
1986	1:02:09	Malchow	GDR
1987	1:03:17	Vinnicombe	AUS
1988	1:04:49	Kiritschenko	SU
1989	1:04:03	Glücklich	GDR
1990	1:03:56	Kiritschenko	SU
1991	1:03:82	Moreno	ESP
1992	1:03:34	Moreno	ESP
1993	1:03:39	Rousseau	FRA
1994	1:03:63	Rousseau	FRA

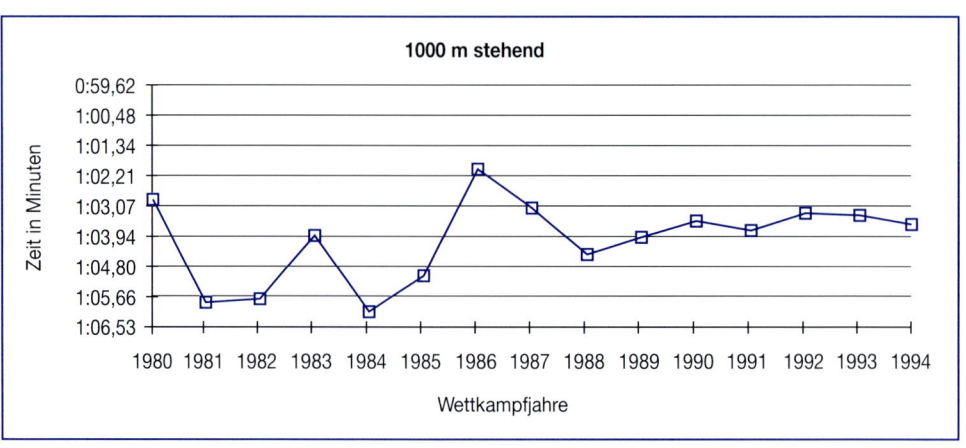

Abb. 4   Entwicklung der Zeiten 1000 m stehend Männer

Unterschiede in Position und Ausrüstung eines 1000-Meter-Zeitfahrens von 1982 (F. Schmidtke) und 1994 (F. Rousseau).

forderlichen Krafteigenschaften ähneln sich Kurzzeitfahrer und Sprinter.
Die zweite Phase im 1000-m-Zeitfahren wird als Geschwindigkeitsplateau bezeichnet. Die Sportler sind bestrebt, dieses zu erreichen. Die Höhe und die Länge dieses möglichst gleichbleibenden Fahrabschnitts prägen primär das Gesamtergebnis.

In der dritten Phase, nach 40–45 Sek. bzw. nach 600–670 m, tritt ein Nachlassen der Geschwindigkeit ein. Es beginnt der Abschnitt des Geschwindigkeitsverlustes bis hin zum Ziel. Vielfach ist die Auffassung verbreitet, daß der dritte Abschnitt der leistungsentscheidende ist. Für die Weltspitzenfahrer trifft dies nicht zu. Nur Spitzenleistungen in allen drei Teilen des 1000-m-Zeitfahrens garantieren auch Weltklasseresultate. Einige wenige Spezialisten weisen eine andere Weg-Zeit-Charakteristik auf. Sie sind im ersten und zweiten Rennabschnitt im Vergleich zum Großteil der 1000-m-Zeitfahrer langsamer. Im dritten Abschnitt weisen sie nur geringe Geschwindigkeitsverluste auf. Keiner dieser Taktikvertreter konnte sich bisher bei der Weltmeisterschaft den Titel erkämpfen, jedoch wurden so Weltspitzenleistungen errungen.

In der nachstehenden Grafik sind die Weg-Zeit-Verläufe von drei Weltspitzenfahrern der Jahre 1993/94 dargestellt. Obwohl die Zeiten nur zwei Zehntelsekunden auseinanderliegen, sind die Geschwindigkeitsverläufe im Detail unterschiedlich. So erreicht nach relativ gleichen Beschleunigungsphasen M. Scheurer nicht so eine hohe Spitzengeschwindigkeit wie F. Rousseau.

Unterschiedlich ist auch die Gestaltung des Geschwindigkeitsplateaus. In der deutschen Trainingsmethodik konzentriert man sich nicht auf maximale Geschwindigkeitsspitzen im 1000-m-Rennen, sondern auf Kraftausdauer/Schnelligkeitsausdauer-Trainingsformen. Im Ergebnis dieser rationelleren Gestaltung wird angenommen, daß dies für den dritten Rennabschnitt vorteilhafter ist. Das ist auch am geringeren Geschwindigkeitsabfall von M. Scheurer zu erkennen. Eine weitere Möglichkeit, die Rennverläufe analytisch zu betrachten, ist der Vergleich vom ersten zum zweiten Rennabschnitt.

Voraussetzung für eine Spitzenzeit ist eine Rennzeit unter 33 Sek. für 500 Meter. In der zweiten Rennhälfte muß die Differenz über 1,5 Sek. liegen. Jede Vergrößerung dieser Zeitdifferenz ist die Garantie für Spitzenergebnisse, sofern in der ersten Rennhälfte das erforderliche Niveau erreicht wurde.

Aus Tabelle 6 gehen die enormen Anforderungen von Weltspitzenleistungen in dieser Disziplin hervor.

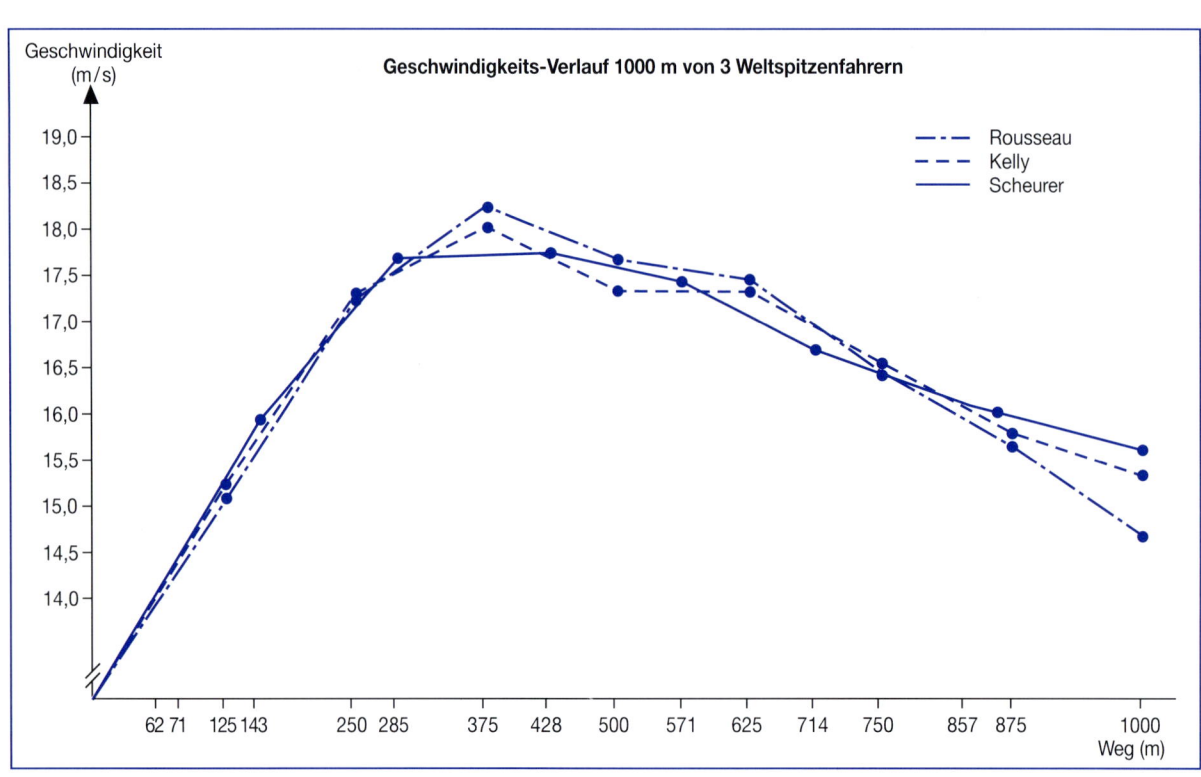

Abb. 5 *Geschwindigkeitsverlauf beim 1000-m-Zeitfahren von drei Weltspitzenfahrern*

Tabelle 5 Weg-Zeit-Verlauf beim 1000-m-Zeitfahren am Beispiel von drei Fahrern

Sportler	Abschnitt 1	Abschnitt 2	Differenz	Endzeit
Rousseau	500 m 32,50 s	500 m 30,89 s	–1,61 s	1:03:39 min
Kelly	32,67 s	30,82 s	–1,85 s	1:03:49 min
Scheurer	32,94 s	30,35 s	–2,59 s	1:03:29 min

Tabelle 6 Durchschnittliche und maximale Leistung, Tretfrequenz und Geschwindigkeit beim 1000-m-Zeitfahren

Durchschnitt			Maximum		
Leistung/Tretfrequenz/Geschwindigkeit			Leistung/Tretfrequenz/Geschwindigkeit		
Watt	U/min	km/h	Watt	U/min	km/h
850	127	56,8	1925	150	66,6

Leistungsfaktoren im 1000-m-Zeitfahren (Männer)	
Schnelligkeit 200 m fliegend	10,6–10,8 s
Maximalkraft (Quotient)	2,4 (max. Hantellast/Körpergewicht)
Tretfrequenzen	bis 160 U/min
Leistung in Beschleunigung	bis 2000 Watt
VO_2 max/kg Körpergewicht (Quotient)	um 70

4000-m-Einerverfolgung (EV) Männer

Im Einerverfolgungsfahren ist der Zweikampf dadurch geprägt, ob es einem Fahrer gelingt, einen Zeitvorteil herauszufahren. Dabei ist in jeder halben Runde dieser direkte Vergleich durch ein Lichtsignal möglich. Um sich an Zeiten von Konkurrenten zu orientieren, werden Zeit-Marschtabellen verwendet. In der Qualifikation werden die acht schnellsten Teilnehmer ermittelt, die im K.-o.-System 1 gegen 8, 2 gegen 7 usw. die Halbfinalstarter ausfahren. Die beiden Sieger der Halbfinales bestreiten den Endkampf. Der zeitschnellere der unterlegenen Halbfinalisten belegt den dritten Platz. Die Finalisten absolvieren bei einer WM, bei OS und bei Landesmeisterschaften einen Zeitfahrlauf und drei Verfolgungsläufe. Dabei darf jeder Fahrer pro Tag nur maximal zwei Läufe bestreiten.
Die Grundstruktur des Einerverfolgungsfahrens gliedert sich in drei Phasen:

Start- und Nachstartphase
Die erste Runde ist durch eine ständige Beschleunigung gekennzeichnet, wobei Leistungen um die 1000 Watt notwendig sind. In diesem ersten Rennabschnitt zeigen sich zwei taktische Varianten.
- Es erfolgt eine überhöhte Tempobeschleunigung mit Geschwindigkeiten, die nicht wieder erreicht werden. Diese Gestaltung ist die verbreitetste Anwendungsform und wird vom Nachwuchs sowie vom Großteil aller Verfolger auch international verwendet. Energetisch werden in dieser Phase die energiereichen Phosphate in den ersten 10 Sek. und die anaerobe Glykolyse bis zu 50 Sek. beansprucht.
- Nach dem Erreichen der beabsichtigten mittleren Renngeschwindigkeit wird die Beschleunigung abgebrochen und zu einer annähernd konstanten Streckengeschwindigkeit übergegangen. Diese Gestaltung der Startphase erfordert ein ausgeprägtes

Geschwindigkeitsgefühl und Gewißheit über das eigene Leistungsvermögen, da der Fahrer in der ersten Rennhälfte zwangsläufig in Rückstand gerät (bei relativ gleichwertigen Verfolgern). Die Start-/Nachstartphase ist ungefähr mit den ersten 1000 m gleichzusetzen.

Phase der
mittleren Renngeschwindigkeit
Sie stellt den längsten Rennabschnitt dar und ist ab 1000 m bis zwei Runden vor Schluß einzuordnen (ca. 3300 m). Bei 98% aller Verfolgungsläufe verringert sich die Geschwindigkeit mit der Länge der absolvierten Strecke. Insbesondere um den dritten Kilometer, nach etwa 3:25 Min., herrscht statistisch gesehen beim Großteil aller Läufe die niedrigste Geschwindigkeit. In einem Verfolgungsfahren zweier gleich starker Fahrer wird durch taktische Mittel versucht, den Widerstand des Gegners zu brechen.

Endkampfphase
Während des Laufs wird der Fahrer durch seinen Betreuer am Fahrbahninnenrand über seine zu erwartende Endzeit informiert. Dementsprechend wird

Tabelle 7 Entwicklung der Zeiten in der 4000-m-Einerverfolgung (Männer) in Minuten

Jahr	Zeit	Name	Nation
1981	4:46:71	Macha	GDR
1982	4:44:50	Dawilowicz	POL
1983	4:37:31	Krupowez	SU
1984	4:35:57	Megg	USA
1985	4:37:05	Ekimov	SU
1986	4:28:95	Ekimov	SU
1987	4:27:02	Umaras	SU
1988	4:32:00	Umaras	SU
1989	4:33:90	Ekimov	SU
1990	4:31:44	McCarthy	USA
1991	4:22:15	Lehmann	RFA
1992	4:24:49	Boardman	GBR
1993	4:20:89	Obree	GBR
1994	4:25:80	Boardman	GBR

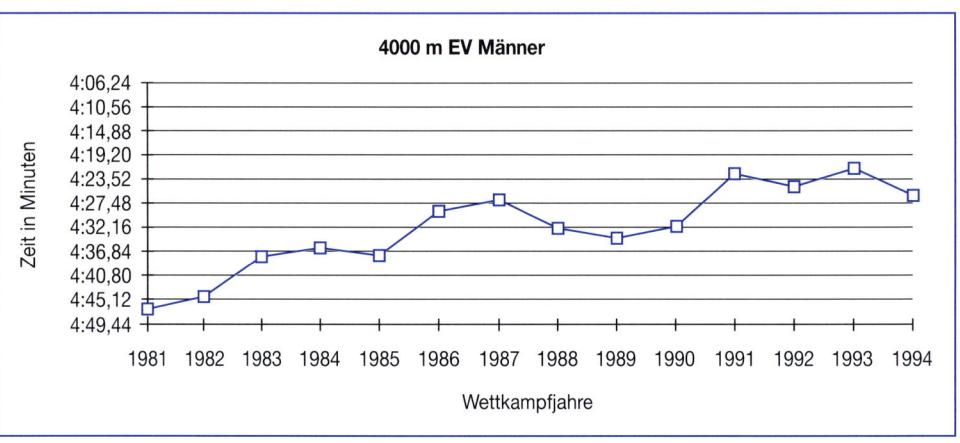

Abb. 6 Entwicklung der Zeiten 4000-m-Einerverfolgung Männer

Eine möglichst aerodynamische Position ist Grundbedingung beim Verfolgungsfahren.

in der Endphase um jede Zehntelsekunde gekämpft, da in der Qualifikation und im Viertelfinale anhand der gefahrenen Zeiten die weiteren Läufe zusammengestellt werden. Im Kampf Fahrer gegen Fahrer entscheiden bei minimalem Vorsprung bzw. Rückstand die Steigerungsfähigkeit und das Mobilisationsvermögen der Fahrer.

Die Ergebnisse in Tabelle 8 wurden auf einer Holzbahn erzielt. Im Gegensatz dazu sind bei Zementbahnen im Verfolgerbereich um rund sieben Sekunden langsamere Zeiten zu erwarten. Die Zwischenzeiten dieser Tabelle sind auch im Jahr 1995 Orientierungspunkte für das Erreichen von Spitzenleistungen.

Tabelle 8 *1000-m-Zwischenzeiten zweier Weltspitzenleistungen in der 4000-m-Einerverfolgung Männer*

Sportler	1000 m	2000 m	3000 m	4000 m	Gesamtzeit
Lehmann	1:08:89 min	1:04:98 min	1:04:98 min	1:03:89 min	4:22:15 min
Ermenault	1:08:04 min	1:04:09 min	1:05:25 min	1:05:59 min	4:23:28 min

Leistungsfaktoren bei der 4000-m-Einerverfolgung	
Schnelligkeit 200 m fliegend	11,6 s
Schnelligkeit 500 m stehend	36,0 s
Maximalkraft (Quotient)	1,6 (max. Hantellast/Körpergewicht)
Übersetzung	92–94˝
VO$_2$ max/kg Körpergewicht (Quotient)	75
Tretfrequenz	125 U/min
Leistung in Beschleunigung	1000 Watt
Durchschnittsleistung	um 600 Watt

3000-m-Einerverfolgung Frauen

Auch in der kürzeren Verfolgung der Frauen erfolgt die Unterteilung in Startgeschwindigkeit, Streckengeschwindigkeit und Endgeschwindigkeit. Der Weltrekord liegt bei 03:37:347 Min. und wurde 1993 bei den WM in Hammar (NOR) auf einer Holzbahn gefahren. In Tabelle 9 ist die Entwicklung der letzten Wettkampfjahre dargestellt.

Startphase

Typisch für den weiblichen Verfolgerbereich ist, daß nur einzelne Verfolgerinnen in der Lage sind, hohe Anfahrleistungen zu realisieren. So sind 1000-m-Anfangszeiten von 1:14 Min. Seltenheit. Der Schnitt liegt bei 1:17 Min., und dies auch bei Spitzenfahrerinnen. Ursache ist die mangelnde Spezialisierung auf das Zeitfahren. Fast alle Spitzenverfolgerinnen kommen aus dem Straßenradrennsport. In den Jahren von 1989 bis 1995 sind es meistens Fahrerinnen im Alter um die 30 Jahre.

Mit der neuen olympischen Disziplin Straßenzeitfahren und den Reserven im weiblichen Verfolgungsfahren wird ab

Tabelle 9 Entwicklung der Zeiten in der 3000-m-Einerverfolgung (Frauen) in Minuten

Jahr	Zeit	Name	Nation
1981	03:53:22	Kibartina	SU
1982	03:51:95	Twigg	USA
1983	03:49:53	Carpenter	USA
1984	03:47:02	Twigg	USA
1985	03:49:64	Longo	FRA
1986	03:39:32	Longo	FRA
1987	03:41:14	Waiteheal	USA
1988	03:43:59	Longo	FRA
1989	03:49:84	Longo	FRA
1990	03:42:17	van Moorsel	NED
1991	03:38:94	Roßner	RFA
1992	03:41:50	Roßner	RFA
1993	03:37:34	Twigg	USA
1994	03:43:39	Clignet	FRA

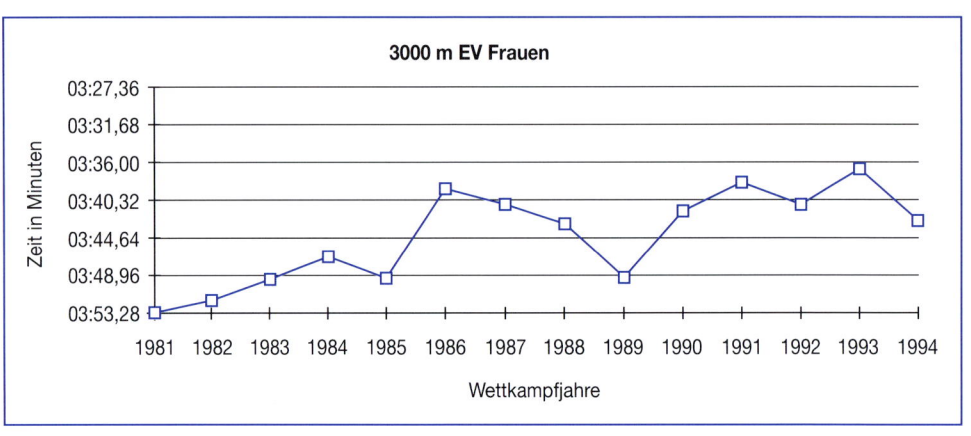

Abb. 7 Entwicklung der Zeiten 3000-m-Einerverfolgung Frauen

1995 ein Wandel im Zeitfahrbereich eintreten. Diese Veränderungen werden sich auch auf die Rennstrukturen in der Einerverfolgung Frauen auswirken. Dementsprechend reflektieren die Weg-Zeit-Verläufe die zu erwartenden Tendenzen, die bisher nur die Ausnahme darstellten.

Phase der mittleren Streckengeschwindigkeit

Spitzenverfolgerinnen sind in der Lage, in diesem Rennabschnitt Geschwindigkeiten um 50 km/h zu realisieren. Auch hier vermögen nur wenige im Verfolgungsfahren für eine halbe oder ganze Runde das Renntempo zu erhöhen. Insgesamt überwiegt der Zeitfahrcharakter und seltener der Verfolgungscharakter.

Endphase

Durch die erheblichen Leistungsunterschiede in der Frauenverfolgung fällt in den Vorkämpfen meist schon nach ein bis zwei Runden eine Vorentscheidung. Aber Einzelbeispiele zeigen, daß Sportlerinnen in Topform in der Lage sind, den Geschwindigkeitsverlust aufzufangen und das Tempo nochmals kurzzeitig (maximal über eine Runde) zu steigern. Tabelle 10 zeigt die Spitzenzeiten der einzelnen 1000-m-Abschnitte.

High-Tech-Bikes tragen zu den Spitzenleistungen im Bahnradsport bei. Im Bild: Jane Eickhoff aus den USA.

Tabelle 10 1000-m-Zwischenzeiten zweier Weltspitzenleistungen in der 3000-m-Einerverfolgung Frauen

Sportlerin	1000 m	2000 m	3000 m	Endzeit
Kupfernagel	1:14:28 min	1:12:23 min	1:13:37 min	3:39:37 min
Twigg	1:14:57 min	1:10:52 min	1:11:94 min	3:37:24 min

Leistungsfaktoren bei der 3000-m-Einerverfolgung	
Schnelligkeit 2000 m fliegend	13,0 s
Schnelligkeit 500 m stehend	38,0 s
Maximalkraft (Quotient)	1,5 (max. Hantellast/Körpergewicht)
VO_2 max/kg Körpergewicht (Quotient)	65
Beschleunigung	1000 Watt
Durchschnittsleistung	400 Watt

Technik und Position einer 4000-m-Mannschaft aus dem Jahre 1972.

Tabelle 11 *Entwicklung der Zeiten in der 4000-m-Mannschaftsverfolgung in Minuten*

Jahr	Zeit	Nation
1981	4:26:74	GDR
1982	4:23:42	SU
1983	4:16:62	FRA
1984	4:23:53	AUS
1985	4:19:70	ITL
1986	4:15:15	ČSSR
1987	4:11:65	SU
1988	4:13:31	SU
1989	4:16:58	GDR
1990	4:09:21	SU
1991	4:06:24	RFA
1992	4:08:79	RFA
1993	4:03:84	AUS
1994	4:12:53	RFA

Abb. 8 *Entwicklung der Zeiten 4000-m-Mannschaftsverfolgung*

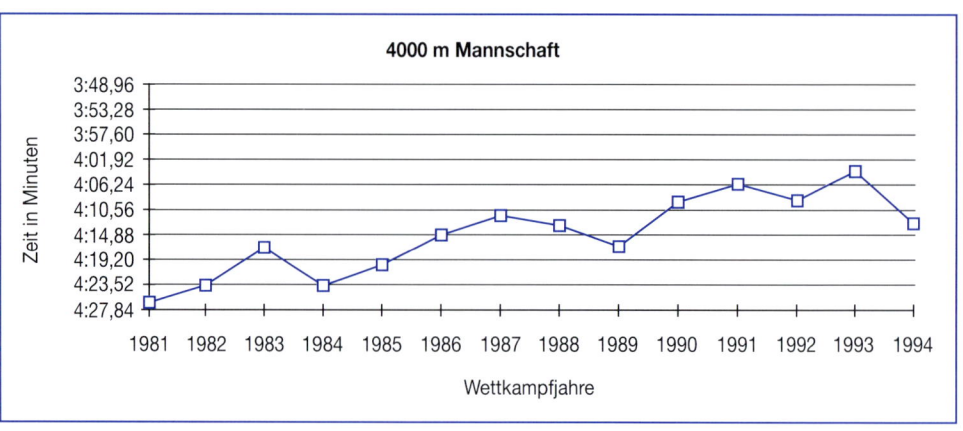

Technik und Position einer 4000-m-Mannschaft heute.

4000-m-Mannschaftsverfolgung (Männer)

Bei den Olympischen Spielen und den Weltmeisterschaften ist der Austragungsmodus analog dem der Einerverfolgung. Es können Fahrer von Lauf zu Lauf ausgewechselt werden. Medaillen erhält, wer im Finale startete.

Der bestehende Weltrekord stammt aus dem Jahr 1993 und wird mit 04:03:840 Min. von Australien gehalten. Diese Zeit entspricht einer Geschwindigkeit von 16,5 m/s = 59,2 km/h. Die Tendenz im Viererfahren geht in Richtung 4:00 Min., d. h. 60 km/h. Für die Mannschaft und die Erzielung einer guten Zeit ist es wichtig, daß der Vierer möglichst schnell beschleunigt und über die gesamte Distanz eine konstant hohe Geschwindigkeit fährt. Dabei ist ausschlaggebend, daß jeder Fahrer die an ihn übergebene Geschwindigkeit hält, an den nächsten Fahrer weitergibt und nach Möglichkeit keinen Geschwindigkeitsverlust zuläßt. Bereits geringe Geschwindigkeitseinbußen eines einzelnen Fahrers zerstören die mannschaftseigene Dynamik und erschweren das Erreichen einer sehr schnellen Zeit. Neben diesen hohen physischen Anforderungen sind im Vierer-Mannschaftsfahren exakte technische Fähigkeiten notwendig. Dies sind Hinterradfahren, Ablösetechnik, Fahren auf einer optimalen Fahrlinie und Ein-

Leistungsfaktoren bei der 4000-m-Mannschaftsverfolgung	
Schnelligkeit 200 m fliegend	11,4 s
Schnelligkeit 500 m stehend	35,5 s
Maximalkraft (Quotient)	1,6 (max. Hantellast/Körpergewicht)
Übersetzung	92–96″
VO₂ max/kg Körpergewicht (Quotient)	75
Spitzentretfrequenz	148 U/min
durchschnittliche Tretfrequenz	135 U/min
Leistung in der Beschleunigung	1400 Watt
durchschnittliche Leistung in der Führung	650 Watt

nehmen aerodynamischer Positionen auf dem Rennrad (die in Windkanaluntersuchungen zwischen den Fahrern abgestimmt werden).

Punktefahren (Männer/Frauen)

Das Punktefahren auf der Bahn ist in etwa mit einem Kriterium auf der Straße vergleichbar. Nach einem fliegenden Massenstart erfolgen je nach Bahnlänge ca. alle 2500 m Zwischensprints, bei denen dem Sieger 5, dem Zweiten 3, dem Dritten 2 und dem Vierten 1 Punkt gutgeschrieben werden. Bei der letzten Wertung des Rennens werden doppelte Punkte vergeben. Schaffen ein oder mehrere Fahrer Überrundungen, zählen Rundengewinne vor Punktgewinnen. Sind zwei oder mehr Fahrer runden- und punktgleich, zählt die Anzahl der gewonnenen Wertungen. Sind auch die gleich, entscheidet die bessere Plazierung in der Schlußwertung. Einen guten Punktefahrer zeichnen Eigenschaften wie Mut, Intelligenz, Rennübersicht, Konzentration, Reaktion, fahrerisches Können und Ausdauer aus. Der Punktefahrer wird in die Kategorie der Ausdauersportler eingestuft. Das Punktefahren zählt international zu den jüngeren Disziplinen. Bei Olympischen Spielen wird das Punktefahren seit 1984 für Männer, bei Weltmeisterschaften seit 1977 für Männer, seit 1988 für Frauen, bei den Junioren seit 1975 und seit 1989 auch bei den Juniorinnen ausgetragen. Bei den Weltmeisterschaften sind folgende Distanzen vorgegeben:

| Frauen | Endlauf | 25 km |
| Männer | Endlauf | 40 km |

Das Punktefahren wird den Ausdauerdisziplinen zugeordnet.

Leistungsfaktoren beim Punktefahren	
Schnelligkeit 200 m fliegend	11,4–11,6 s
4000-m-Zeitfahren	4:40 min
Übersetzung	90–92″
VO₂ max/kg Körpergewicht	Quotient über 70
Spitzentretfrequenz	140 U/min
durchschnittliche Tretfrequenz	120 U/min
durchschnittliche Leistung im Feld	200–300 Watt
Leistung im Spurt	800 Watt
Leistung bei Vorstoß	500 Watt

In der Regel verfügen die Punktefahrer über eine hohe Leistungsfähigkeit im Verfolgungsfahren. Ebenfalls leistungsbestimmend ist ein ausgeprägtes Spurtvermögen. Diese Sprintqualitäten werden über die gesamte Wettkampfzeit in den Wertungen abverlangt. Entscheidend ist die schnelle Erholung nach den Spurts, die Fähigkeit, Tempoerhöhungen mitfahren zu können, und die Härte zu mehrmaligen Wiederholungen der Spurts bei hoher Geschwindigkeit. Die Durchschnittsgeschwindigkeit liegt knapp über 50 km/h. Das bedeutet, daß Vorstöße mit einem Tempo von ungefähr 55 km/h gefahren werden müssen, um sich entscheidend vom Feld zu lösen. Das erfordert Bolzerqualitäten und Stehvermögen. Es ist daher naheliegend, daß die besten Punktefahrer in Straßenrennen sich die entsprechenden Voraussetzungen für das Punktefahren erarbeiten.

Zweier-Mannschaftsfahren

Das Zweier-Mannschaftsfahren wird über eine feste Distanz oder über einen festgelegten Zeitabschnitt ausgetragen. Seit 1995 ist diese Disziplin ins Weltmeisterschaftsprogramm aufgenommen. Die Renndistanz beträgt 50 km und wird mit 10 Zwischensprints gleich dem Punktefahren ausgetragen. Das Zweier-Mannschaftsfahren ist die Standarddisziplin der Sechstagerennen. Zwei Fahrer bilden eine Mannschaft, die sich beliebig durch Abschieben, Abziehen, Schleudergriff oder Handauflegen ablösen können. Die Ablösung ist auch vollzogen, wenn beide Fahrer sich auf gleicher Höhe befinden. Während des gesamten Rennens muß immer ein Fahrer im Rennen sein. Bei Sturz oder Defekt beider Fahrer gibt es eine Vergütung der Bahnrunden, die 2000 m am nächsten kommen. Danach wird jede Verlustrunde auf das Endergebnis angerechnet. Entsprechend dem Wettkampfmodus sind die Renngeschwindigkeiten sehr hoch. Das gilt sowohl für die Durchschnittsgeschwindigkeit um 55 km/h als auch in den Wertungssprints mit maximalen Spurts um 60 km/h. Die Wertungen werden alle 5 km bzw. nach einer entsprechenden Rundenanzahl gefahren. In vielen Strukturmerkmalen gleichen sich die Anforderungen des Zweierfahrens und des Punktefahrens. Es gibt jedoch im internationalen Maßstab auch genügend Beispiele für ausgesprochene Spezialisten in beiden Disziplinen. Das Besondere am Zweierfahren ist der ständige Wechsel von Belastung und relativer Erholung in der abgelösten Phase. Dieser Rhythmus ermöglicht den Einsatz von Fahrern, die von der Physis her nicht das Stehvermögen besitzen, das z. B. im Punktefahren notwendig ist. Diese Fahrer sind dann meist hervorragende Spurter, sie sind sehr wendig und oft mit besonderem Renninstinkt ausgestattet.

Das Zweier-Mannschaftsfahren ist die Standarddisziplin der Sechstagerennen

Die Ablösung des Partners mit dem Schleudergriff ist eine spektakuläre Technik des Zweier-Mannschaftsfahrens.

Durch die Aufnahme in das WM-Programm 1995 werden sich einige Faktoren deutlicher ausprägen als zur Zeit erkennbar. Die Tendenz zu festen Paaren wird jedoch zunehmen. Dabei zeichnet sich folgende Aufgabenverteilung ab: Das Paar besteht aus einem Fahrer mit Bolzer- und Steherqualitäten und einem Fahrer mit Sprinterqualitäten.

Eine Besonderheit weist das Zweierfahren auf: Ein technisch sehr ausgereiftes Paar mit entsprechender taktischer Cleverneß kann physisch stärkeren Paaren durchaus gleichwertig sein. Dementsprechend wird sich in Zukunft zeigen, ob es Idealpaare geben wird, die auf allen Gebieten ein gleichmäßiges Spitzenformat aufweisen.

Leistungsfaktoren beim Zweier-Mannschaftsfahren	
Schnelligkeit 200 m fliegend	11:0–11:2 s
4000-m-Zeitfahren	4:40 min
Übersetzung	90–94˝ je nach Bahnbelag
VO_2 max/kg Körpergewicht	Quotient um 70
maximale Tretfrequenz	150 U/min
durchschnittliche Tretfrequenz	125 U/min in Belastungsphase
	70 U/min in der Ablösung
Erholungsfähigkeit	180 P/min in den Wertungen
	160–170 P/min in den Jagden
	110–120 P/min in der abgelösten Phase

Trainingsstrukturen

Grundlage einer systematischen Trainingsarbeit ist für jede Sportart eine einheitliche disziplinspezifische bzw. sportartspezifische Fachsprache. In ihr sind die eingesetzten Trainingsmittel genau definiert. Es existiert ein trainingsmethodisches und fachliches System, in dem sich Sportler, Trainer, Übungsleiter, Sportmediziner und nach Möglichkeit Sportfunktionäre und Kampfrichter zurechtfinden. Im deutschen Radsport existiert eine einheitliche Terminologie. Dies beugt fachlichen Mißverständnissen vor. Die folgenden sportmethodischen Abhandlungen basieren auf dieser einheitlichen Radsportsprache.

Grundlagen der Trainingsformen

Die energetische Wirkung auf den Organismus bildet die Basis der Einteilung der Trainingsbereiche. Die Trainingsbereiche sind nach den vier Hauptformen der Energiebereitstellung geordnet:
- alaktazide anaerobe Energiebereitstellung
- laktazide anaerobe Energiebereitstellung
- Energiebereitstellung im aerob-anaeroben Übergangsbereich
- aerobe Energiebereitstellung durch aeroben Abbau der Kohlenhydrate
- aerobe Energiebereitstellung durch aeroben Abbau der Fette

Der aerob-anaerobe Übergangsbereich wurde entsprechend seiner wichtigen Bedeutung als gesonderter Trainingsbereich herausgehoben. In den Zeitfahrdisziplinen erhielt er im Laufe der Vervollkommnung der Trainingsmethodik eine Schlüsselfunktion. In Abbildung 9 sind die Grundformen der Energieumwandlung nach HOWALD dargestellt und auf den Bahnradsport bezogen.

Energieträger für die Startphasen im Zeitfahren und in der Sprinteröffnung sind die energiereichen Phosphate (ATP = Adenosintriphosphat, KP = Kreatinphosphat). Da in den Startphasen maximale Leistungen in den ersten 10 Sek. erforderlich sind, ist nach 6 Sek. das Maximum der Energiefreisetzung überschritten, nach 10 Sek. sind die energiereichen Phosphate erschöpft. Die weitere Energiebereitstellung wird 40–45 Sek. durch den anaeroben Glykogenabbau übernommen. Auf diese Kohlenhydrate (Glukose bzw. in Muskeln und Leber gespeichertes Glykogen) kann aber nur maximal zurückgegriffen werden, wenn sie durch entsprechendes Intensitätstraining in der Muskelzelle und in der Leber auch aufgebaut und deponiert wurden. Nach 45 Sek. ist die maximale Kapazität der anaeroben laktaziden Energiekomponente überschritten.

Die aerobe Komponente, d. h. der Kohlenhydratabbau und später der Fettabbau mittels Sauerstoff wird zum Hauptenergieträger. Dies geschieht im Verfolgungsverfahren zwischen 1:30 und 2:00 Min., also gegen Ende der ersten Rennhälfte. Die Versorgung des Stoffwechsels mit Sauerstoff in der Muskelzelle ist leistungsbestimmend. Der aerobe Abbau von Kohlenhydraten ist gegenüber dem anaeroben Abbau hinsichtlich des Energiegewinns ökonomischer. Je Mol Substrat entstehen nach MAHLO beim:

anaeroben Abbau	von Glukose	2 Mol ATP
	von Glykogen	3 Mol ATP
aeroben Abbau	von Glukose	36 Mol ATP
	von Glykogen	37 Mol ATP

Es wird deutlich, wie entscheidend ein frühzeitiger Übergang zu aerober Energiebereitstellung im Zeitfahren ist. Da

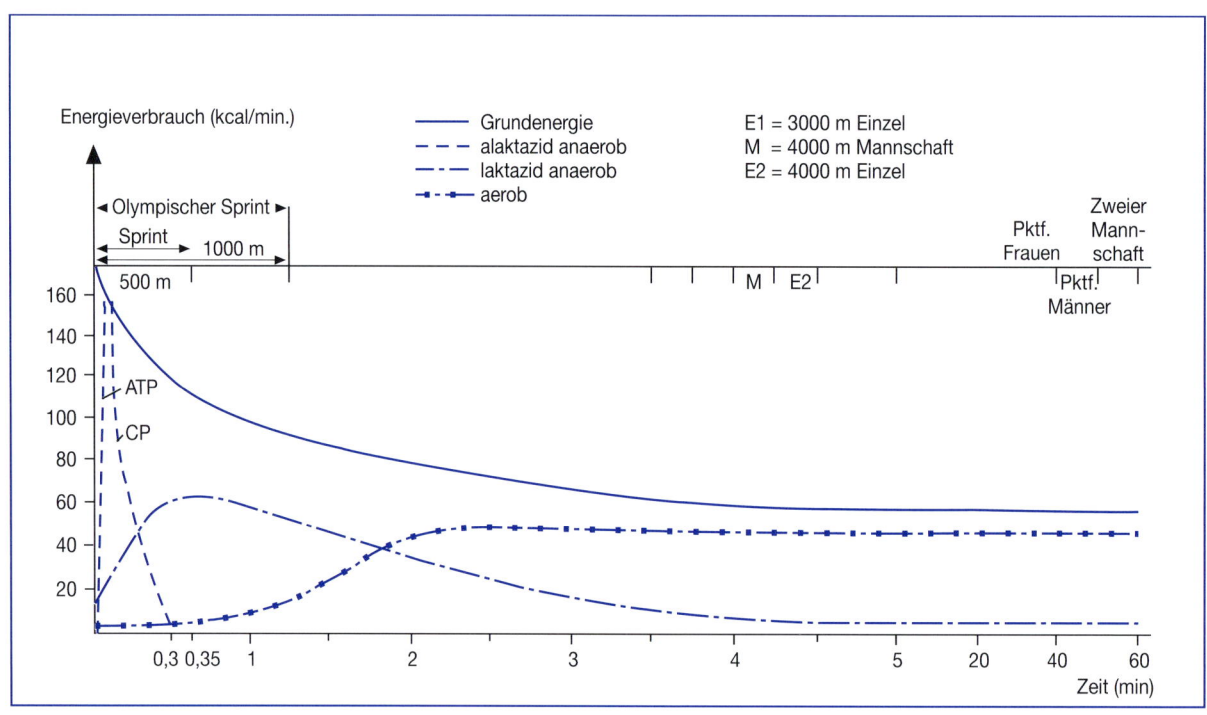

Abb. 9 *Die Beteiligung verschiedener Grundformen der Energieumwandlung im Bahnradsport*

das Training im aerob-anaeroben Übergangsbereich direkt zum Wettkampfzeitfahren hinführt, wird die Sonderstellung dieses Bereiches ersichtlich. In den Endkampfphasen werden alle verfügbaren Reserven mobilisiert, also auch noch vorhandene(s) Glukose/Glykogen mittels anaerober Energiefreisetzung. Diese mögliche Energiereserve ist für das Verfolgungsfahren wettkampftypisch. Sie wird benötigt, um im Rennverlauf auf Tempoverschärfungen zu reagieren bzw. diese selbst zu initiieren. In den Disziplinen Punktefahren/Zweier-Mannschaftsfahren wird besonders in den Wertungen, aber auch in kurzzeitigen rennentscheidenden Situationen auf die muskulären Glykogenvorräte zurückgegriffen. Der Ausstattungsgrad der Arbeitsmuskulatur mit Glykogen ist bei Phasen höchster Intensität somit ein begrenzender Faktor. Durch die Länge der Punkte-/Zweier-Mannschafts-Wettbewerbe ist die aerobe Energieabsicherung bestimmend für die Grundleistungsfähigkeit. Die Wettkampfspezifik erfordert aber auch die Zuschaltung weiterer Energieträger und deren Zugriff bei wiederholten Tempoüberhöhungen. Dies ist nur möglich, wenn die aerobe Kapazität hoch entwickelt ist und Großteile des Wettkampfes mittels aerober Energieabsicherung erfolgen. Da im Bahnradsport die Wettkampfdauer – vom Sprint mit rund 20 Sek. Hauptbelastung bis zum Zweier-Mannschaftsfahren mit rund einer Stunde – sehr unterschiedlich ist, sind natürlich die Anteile der energetischen Absicherung in den Disziplinen ebenfalls sehr verschieden. Um die entsprechenden Trainingsmittel optimal einsetzen zu können, muß von den jeweiligen disziplinspezifischen energetischen Anforderungen ausgegangen werden (siehe Tabelle 12). Im olympischen Sprint sind bisher nur wenige Laktaterhebungen vorgenommen worden. Außerdem sind durch die unterschiedlichen Bahnlängen (250–400 m) auch leistungsstrukturelle Unterschiede vorhanden, die für den dritten Fahrer 500 m betragen können

(750–1200 m). Die angegebenen Werte sind aus dem Teilstreckentraining abgeleitet. Laktaterhebungen in den Disziplinen Punkte-/Zweier-Mannschaftsfahren wurden bei Trainings-/Aufbauwettkämpfen realisiert, wobei der Fahrer nach einzelnen Wertungen den Wettkampf unterbrach. Bei voll gefahrenen Wertungen in der ersten Rennhälfte liegen die Laktatwerte zwischen 6 und 9 mmol/l, in der zweiten zwischen 3 und 6 mmol/l.

Die in Tabelle 12 angegebenen Richtzahlen beziehen sich auf Mittelwerte von Nationalmannschaftsfahrern. Die Streubreite ist teilweise sehr groß und steht meist im Zusammenhang mit einem unterschiedlichen physischen Ausbildungsstand. Bei relativ gleichem trainingsmethodischen Entwicklungsstand ist die Streubreite gering, individuelle Unterschiede sind konstant. So hat ein betreffender Sportler bei hohen Intensitäten ständig um 4 mmol/l höhere Laktatwerte als der Gruppenmittelwert. Dagegen treten Abweichungen vom Durchschnittswert nach unten nur äußerst selten auf und sind Ausdruck mangelnder Mobilisationsbereitschaft und mit schlechter Form verbunden. Zu den Periodenhöhepunkten sind die ermittelten Leistungsstrukturmerkmale ungefähr gleich. Erfolgt aber eine Leistungsüberprüfung ohne die entsprechend aufeinander aufbauende trainingsmethodische Kette, erhält man teilweise weit abweichende Merkmale. Im konkreten Fall einer 400-m-Überprüfung auf der Winterbahn ohne entsprechende Vorbereitung lagen die Laktatwerte teilweise 6–8 mmol/l über den Mittelwerten der Winterbahnperiode.

In der seit 1991 ständig erfolgten Leistungsstrukturermittlung wird ebenso die Herzfrequenz erfaßt und ausgewertet. Während dieser Parameter im Training ein wichtiger Steuer- und Analyseparameter ist, hat er zur Leistungsstandbeurteilung in den Bahnradsportdisziplinen untergeordnete Bedeutung. In den Kurzzeitdisziplinen erfolgt der Leistungsvollzug mit maximalen Herzfrequenzen. In den Verfolgerdisziplinen steigt die Herzfrequenz im Verfolgerlauf ebenfalls auf maximale Werte. In der Mannschaftsverfolgung oszilliert die Herzfrequenz bei hervorragendem Leistungsstand bis etwa um die 2000-m-Marke, d. h., sie verringert sich in der 3. und 2. Position von 180 auf 170 P/min. Ab der Rennhalbzeit bleibt der Puls aber im maximalen Bereich.

Im Punktefahren reagiert die Herzfrequenz auf die jeweilige Rennsituation.

In den Kurzzeitdisziplinen erfolgt der Leistungsvollzug mit maximalen Herzfrequenzen

Tabelle 12 *Anteile der Energiekomponenten in den Bahndisziplinen (in Prozent)*

Disziplin	alaktazid anaerob	laktazid anaerob	aerob	durchschnittl. Laktat mmol/l
Sprint 200 m fliegend	30	70	–	12–14
Sprint Wettkampf	40	60	–	14–18
500 m stehend Frauen	30	60	10	13–15
1000 m stehend	20	50	30	17–20
Olympischer Sprint				
1. Position (333 m)	40	60	–	derzeit noch
2. Position (666 m)	30	60	10	keine aus-
3. Position (1000 m)	20	40	40	reichenden Daten
3000 m EV Frauen	5	20	75	11–14
4000 m EV Männer	5	15	80	13–15
4000 m Mannschaft	5	25	70	15–17
Punktefahren m/w	8	8	84	derzeit noch keine
Zweier-Mannschaft	5	5	90	ausreichenden Daten

Sie schwankt bei Spitzenrennen im Bereich von 150–190 P/min. Der Durchschnitt liegt um 165 P/min. In den rennentscheidenden Situationen Abfahren, Nachsetzen und Wertungen werden maximale Werte erreicht, die in den »relativen Pausen« um 30 P/min zurückgehen sollten.

Bei überlangem Einsatz und Herzfrequenzen im maximalen Bereich von mehr als 3–4 Min. erfolgt meist ein Leistungseinbruch, bei dem der Fahrer Schwierigkeiten hat, sich am Ende des Hauptfeldes zu halten. Der Puls verbleibt im maximalen Bereich, obwohl die Leistung in Watt soweit wie möglich minimiert wird. Durch den Intervallcharakter im Zweier-Mannschaftsfahren erholt sich der abgelöste Fahrer deutlicher. Während in der Vorbereitung der Wertungen und während ihres Verlaufs maximale Werte erreicht werden, sinkt der Puls in den Ablösungen bis auf 140 P/min. Bei zeitweise passiven Fahrern werden sogar noch niedrigere Werte erreicht.

Entsprechend den Leistungsstrukturanforderungen in den Bahndisziplinen sind die Trainingsmittel erstellt worden. Die aufgeführten Leistungsparameter sind in allen Trainingsbereichen trainingswissenschaftlich untersucht und erprobt worden. Auch die Auswirkungen der methodischen Anwendung auf die kurz-, mittel- und langfristige Leistungsentwicklung sind gründlich analysiert worden.

Das methodische Geheimnis der Anwendung ist nicht die Trainingseinheit an sich, sondern die methodische Reihung, Verknüpfung und die Wechselwirkung mit den verschiedensten Wettkampfformen. In der Beschreibung der Trainingsmittel wird von den Anforderungen des Hochleistungssports ausgegangen. Für den Nachwuchsrennsport sind die Trainingsbereiche entsprechend den Altersklassen modifiziert. Über die energetische Wirkung der jeweiligen Trainingsbereiche gibt die untenstehende Tabelle einen Überblick.

In den radspezifischen Trainingsbereichen verändern sich die Anforderungen entsprechend den Organisationsformen. So unterscheidet sich ein Einzeltraining von einem Gruppentraining in einigen Parametern, aber die Hauptwirkrichtung ist unabhängig von der Durchführungsform.

Die Unterscheidung im Grundlagenausdauertraining – ob extensiv oder intensiv – ist von so vielen Einflußgrößen abhängig, daß die Differenzierung in der Durchführung anhand der Steuerparameter erfolgen muß. Das profilierte GA1-Training ist von vornherein eine Kombination von extensivem und intensivem GA-Training, da selbst für Spitzenfahrer lange Anstiege erhöhte Anforderungen stellen.

Tabelle 13 *Einteilung der Trainingsbereiche nach energetischen Gesichtspunkten*

alaktazid anaerob	laktazid anaerob	aerob-anaerober Übergangsbereich	aerob	
			intensiv	extensiv
KaM – Max.-Kraft	SN-100 m	EB-KA		KB 50 km
	SN-200 m	EB-Zeitfahren		GA1 120–240 km
	SN-300 m	EB-MO	GA1 60–120 km	
KaM – Schnellkraft	SN-Motor	EB-Str.-Zeitfahren	GA2 80–100 km	
	SB-500 m		GA1 profiliert	GA1 profiliert
	SB-1000 m			
	SB-2000 m			
KmR		KmR	KmR	
K1		K2	K3	

In den radspezifischen Trainingsbereichen verändern sich die Anforderungen entsprechend den Organisationsformen

Trainingsbereiche

Das Training im Bahnradsport ist stark standardisiert. Je nach Alter, Geschlecht, Leistungsstand und Disziplin sind nachstehende Variablen relevant:
- Wiederholungszahl
- Übersetzungsgröße
- Geschwindigkeit

Das Straßentraining entspricht dem des Straßenradrennsports. Spezielle bahntypische Anwendungen werden erläutert. Folgende Trainingsbereiche werden im Bahnradsport geführt:

- Kompensationsbereichstraining (KB)
- Grundlagenausdauertraining 1 (GA1)
- Grundlagenausdauertraining 2 (GA2)
- Entwicklungsbereichstraining (EB)
- Spitzenbereichstraining (SB)
- Schnelligkeitsbereichstraining (SN)
- Krafttraining mit Rad (KmR)
- Allgemeine athletische Ausbildung (aaA)
- Wettkampfbereichstraining (WK)

Kompensationsbereichstraining (KB)

Im wörtlichen Sinne dient das KB-Training zur Kompensierung hoher Belastungen. Diese können aus vorhergehendem Intensitätstraining, Wettkämpfen, Krafttraining oder Belastungsblöcken bestehen. Die Dauer ist auf 2 Stunden oder ca. 50 km begrenzt.

Trainingsparameter im KB-Training

Herzfrequenz	110–120 P/min
Tretfrequenz	um 100 U/min
Übersetzung	60/64˝ (siehe Übersetzungstabelle)
Organisationsform	Einzel-, Paar- oder Gruppentraining

Grundlagenausdauertraining 1 (GA1)

Zielstellung des Grundlagenausdauertrainings ist, die Geschwindigkeit unter stabilen aeroben Stoffwechselbedingungen zu erhöhen. Die Wirkrichtung des Trainings ist charakterisiert durch eine Ökonomisierung der Organprozesse bei hoher Inanspruchnahme des Fettstoffwechsels. Das GA1-Training ist überwiegend Straßentraining. Als Ersatztraining bei Eis, Schnee und Kälte wird GA1-Training auch auf der Rolle, speziellen Ergometern oder Hallenbahnen realisiert. Das GA1-Training wird in der Praxis unterteilt in:

- ökonomisierendes GA1-Training
- aufbauendes GA1-Training

Das ökonomisierende GA1-Training zeichnet sich durch große Streckenlängen von 120 bis 240 km und niedrige Pulswerte aus. Es wird beabsichtigt, durch das lange extensive Trainieren voll auf den Fettstoffwechsel umzustellen.

Trainingsparameter im GA1-Training (ökonomisierend)

Herzfrequenz	115–130 P/min
Tretfrequenz	90–100 U/min
Übersetzung	70˝
Organisationsform	Gruppentraining

Das aufbauende (»entwickelnde«) GA1-Training ist durch Streckenlängen von 80–140 km gekennzeichnet. An der Energiefreisetzung sind sowohl Kohlenhydrat- als auch Fettstoffwechsel beteiligt. Es wird zeitweise ein hoher Krafteinsatz gefordert, aber auch die Möglichkeit einer »relativen Erholung« gegeben.

Trainingsparameter im GA1-Training (aufbauend)

Herzfrequenz	140–160 P/min
Tretfrequenz	90–110 U/min
Übersetzung	76˝
Organisationsform	Gruppentraining mit kurzen Führungen, z. B.:

Das Straßentraining entspricht dem des Straßenradrennsports

- Belgischer Kreisel: Durch kurze Führungen ist die höhere Belastung eingegrenzt. In den anderen Positionen sind die Anforderungen geringer.
- Leicht profiliertes Streckenprofil: Bei diesem dynamischen Streckenaufbau erfolgt ein gewisser Wechsel von Belastung und Erholung.
- Festlegung von begrenzten Führungszeiten: ca. 1000 m oder ca. 1 Min.

Das profilierte GA1-Training

Diese Trainingsform ist sowohl Grundlagenausdauer- als auch Kraftausdauertraining. Die Trainingslänge sollte nicht unter 150 km betragen. Die Trainingsdauer ist keine Steuergröße, da die Geschwindigkeit sekundär ist. In diese Trainingseinheit (TE) werden schwere Anstiege mit maximalen Längen von 2 Stunden, aber auch alle möglichen sonstigen Schwierigkeiten hineingepackt. Längere Abfahrten, aber auch 15–20minütige Flachstrecken sind zu wählen, um eine Regeneration zu ermöglichen. Das profilierte GA1-Training ist im Sinne von Gipfelbelastungen zu planen. Es ist nur einsetzbar bei gutem GA/KA-Niveau und sollte in der Regel mit einem folgenden extensiven GA1-Training gekoppelt werden; ist dies nicht möglich, mindestens mit einer KB-TE.

> *Das profilierte GA1-Training ist im Sinne von Gipfelbelastungen zu planen*

Falsch und abzulehnen ist passive Ruhe nach solch einer Spitzenbelastung. Erfahrungen über viele Jahre belegen, daß eine Häufung von extensivem und stark profiliertem GA1-Training für den Bahnbereich unerwünschte Wirkungen hat. Diese bestehen in einer Überlagerung des Schnelligkeitsvermögens durch Ausdauereffekte und einer Zerstörung von motorischen Fähigkeiten.

Grundlagenausdauertraining 2 (GA2)

Im Bahnrennsport ist das GA2-Training standardisiert. Es wird mit 5 Zeitfahreinlagen über 80 km oder 6 Zeitfahreinlagen über 100 km gefahren. Die Zeitfahreinlagen haben 1000 m Länge und werden mit der Wettkampfübersetzung oder leicht darüber absolviert. Diese Abschnitte sollen flach oder leicht fallend, mit Rückenwind oder windgeschützt sein. Die erreichten Zeiten liegen je nach Witterung um 1:15 Min. Das GA2-Training ist eine Spezialtrainingsform für 1000-m-Spezialisten. Es ist nur in den Vorbereitungsperioden nach dem Aufbau von guten GA/KA-Fähigkeiten einsetzbar. Zielsetzung ist das Erreichen des oberen Übergangsbereiches der aerob-anaeroben Schwelle. Das im Straßenbereich angewandte GA2-Training mit Spurteinlagen, Tempoveränderungen u.a. wird nur selten, z.B. in der Vorbereitung von Straßenmeisterschaften, eingesetzt.

Trainingsparameter im GA1-Training (profiliert)	
Herzfrequenz	100–170 P/min
	in Anstiegen durchschnittl. 150–160 P/min
Tretfrequenz	60–100 U/min
	In Anstiegen sollte die Spanne 60–70 U/min nicht überschritten werden.
Übersetzung	70/68˝
Organisationsform	mindestens 30 Min. Einfahren vor erster längerer Steigung; Strecke so legen, daß mindestens 30 Min. flache Endstrecke oder leicht fallendes Gelände zum Ausfahren gegeben ist

Trainingsparameter im GA2-Training	
Herzfrequenz	in Zeitfahreinlagen um 170 P/min
Tretfrequenz	in Zeitfahreinlagen 130 U/min
Laktat	5–7 mmol/l
Übersetzung	92–94″
Zeitliche Vorgaben	1000 m fliegend 1:15 Min.
Wiederholungszahl	5–6

Entwicklungsbereichstraining (EB)

Das Entwicklungsbereichstraining besitzt für die Zeitfahrdisziplinen eine Schlüsselfunktion. Für den Sprintbereich ist es ein Trainingsbereich im GA-Training, im Punkte-/Zweier-Mannschaftsfahren ein hinführender Trainingsbereich zur Wettkampfmethode. Diese unterschiedliche Bedeutung für die Bahndisziplinen ergibt sich aus den verschiedenen Leistungsstrukturen der Spezialdisziplinen. Allen gemeinsam ist aber das Wirkungsspektrum des EB-Trainings, egal ob es auf der Bahn oder auf der Straße realisiert wird. Der Übergangsbereich von der aeroben zur anaeroben laktaziden Energiebereitstellung für den Organismus wird im Bahnradsport wie folgt definiert:

Trainingsparameter im EB-Training	
Herzfrequenz	160–180 P/min
Tretfrequenz	110–140 U/min
Laktat	3,0–7,0 mmol/l
Übersetzung	88–94″
Leistung	300–500 Watt
Geschwindigkeit	85–95 % von der maximalen Zeitfahrleistung
Streckenlänge u. Wiederholungszahl	werden durch die jeweilige EB-Form bestimmt

Für die Trainingssteuerung mittels der Herzfrequenz werden individuelle Schwellenwerte durch die Leistungsdiagnostik bestimmt. Sie betragen z.B. 170 +/– 5 P/min für einen Sportler. Bei den Laktatwerten wird verfeinert in einen oberen (5,5–7,0 mmol/l) und einen unteren (3,0–4,0 mmol/l) Entwicklungsbereich unterschieden. In der Tendenz zeigt sich, daß EB-Formen auf der Straße eher Laktatwerte im unteren Bereich und EB-Formen auf der Bahn Laktatwerte im oberen Bereich aufweisen. Ursache sind vor allem die unterschiedlichen Streckenlängen (Straße 10 km, Bahn 5 km), aber auch der Starrlauf der Bahnräder im Gegensatz zum Freilauf der Straßenräder und die höhere psychische Anspannung im Bahntraining. Das Bahn-EB-Training liegt an der Grenze zur laktaziden Energiebereitstellung. Die Durchführung des Trainings ist daher mit langen Pausen verbunden, die zwischen 20 und 30 Min. betragen und damit fast Formen des Wiederholungstrainings annehmen. Dadurch wird eine Laktataufstockung vermieden und physische und psychische Frische gewährleistet. Besonders im Vierertraining ist dies notwendig, da die feinmotorischen und technischen Anforderungen wie Führungswechsel, optimale Fahrlinie, minimale Abstände beim Hinterradfahren und Einnehmen der günstigen aerodynamischen Sitzposition sehr hoch sind.

Entwicklungsbereich/kraftorientiert (EB/KA)

Zielstellung dieser Trainingsform ist es, höhere Krafteinsätze als in den Wettkämpfen notwendig im Einzelzyklus zu schulen. Die Bewegungsfrequenz liegt mit +/– 10 P/min bei durchschnittlich 70 U/min. Das sind 50 U/min weniger

Das Entwicklungsbereichstraining besitzt für die Zeitfahrdisziplinen eine Schlüsselfunktion

als beim Bahnzeitfahren (Einzel) mit durchschnittlichen Frequenzanforderungen von 120 U/min. Dieses Training zielt auf starke Belastungen der Beinstrecker hin und dient somit der Entwicklung der speziellen Arbeitsmuskulatur beim Pedalieren. Die Belastung des Herz-Kreislauf-Systems liegt im unteren Entwicklungsbereich. Sie kann aber durch die Länge der Teilstrecken (10 km) und die erschwerte Streckengestaltung während der Absolvierung der Trainingseinheit in den oberen Entwicklungsbereich steigen. Bei der Streckenauswahl wird leicht welliges Gelände bevorzugt und Gegenwind gewählt. Die Profilierung sollte nicht zu groß sein, so daß die Tretfrequenzvorgabe ohne Schalten eingehalten werden kann. Der methodische Einsatz ist nur sinnvoll, wenn ein gutes GA-Niveau aufgebaut ist und schon über drei Wochen Kraftausdauerprogramme am Berg angewandt wurden. Die methodische Steigerung in den Ausbildungsperioden Frühjahr und unmittelbare Wettkampfvorbereitung (UWV) auf die Weltmeisterschaft ist die Anwendung innerhalb von Straßenwettkämpfen. Hierbei werden bewußt Einlagen über 5–10 km gefahren, die den Parametern des EB/KA-Trainings entsprechen. Die Leistungen in Watt liegen je nach Körpergewicht und -größe zwischen 250 und 500 Watt. Sie schwanken entsprechend der Profilierung.

Für den Kurzzeitbereich gelten dieselben Parameter, allerdings mit einer Streckenlänge von 5 km statt 10 km. Durch die durchschnittlich höhere Masse der Kurzzeitsportler sind die Wattleistungen erheblich höher (bis 550 Watt). Eine gezielte Anwendung im Jahresverlauf ermöglicht dem Sportler das Gefühl für die Belastung, so daß eine dynamische Rhythmisierung entsteht. Auf die Einhaltung der Führungszeit von 30 Sek. ist zu achten, um ein gleichbleibendes Belastungs-Erholungs-Intervall zu prägen.

Entwicklungsbereich/motorikorientert (EB/MO)

Die durchschnittlichen Bewegungsfrequenzen im Mannschaftsverfolgungs-

> Bei der Streckenauswahl wird leicht welliges Gelände bevorzugt und Gegenwind gewählt

Trainingsparameter im EB-/KA-Training	
Herzfrequenz	150–165 P/min
	Abbruch, wenn Puls ständig über 175 P/min bleibt
Tretfrequenz	70+/– 10 U/min
Übersetzung	richtet sich nach der Herz-/Tretfrequenz, aber normal um 100"
Laktat	um 4 mmol/l, in Serie leichte Aufstockung bis 5 mmol/l, darüber Leistungsverringerung oder Abbruch
Leistung	250–400 Watt
Geschwindigkeit	40–46 km/h
Streckenlänge	10 km
Streckengestaltung	Leicht wellig oder ganz leichte Steigung oder Gegenwindstrecke; die gewählte Strecke sollte eine gewisse Arbeitsdynamik ermöglichen.
Wiederholungszahl	2–4×10 km
Pausenlänge	Zeit für das Zurückfahren zum Start in GA1
Organisationsform	als methodische Varianten auch als Paarfahren bzw. Vierer oder Sechser (bei Mannschafts- oder Teamfahren Verlängerung der Einzelstrecke bis 25 km)

Trainingsparameter im EB-/MO-Training	
Herzfrequenz	165–180 P/min
Tretfrequenz	125–140 U/min
Laktat	4,5–7,0 mmol/l
Übersetzung	84–88″
Leistung	200–350 Watt
Streckenlänge	Straße: 10 km Bahn: 5 km
Wiederholungszahl	2–3×10 bzw. 3–6×5
Pause	Zeit für Rückfahrt zum Start im zügigen GA1-Training bzw. 20 Min. mit 50% aktivem Rollen auf der Bahn
Organisationsform	Ausschließlich Vierer, andere Formen nur als Ersatztraining, wenn entsprechende Partner fehlen. Spezialstrecke für Straßentraining (falls möglich, Straßen-Zeitfahrmaschine, Rennkleidung bzw. rennähnliche Kleidung, um den Luftwiderstand so gering wie möglich zu halten) Begleitauto erforderlich
Erwärmung	mindestens 30 Min. GA1-Training
Ausfahren	mindestens 30 Min. GA1-Training

fahren liegen zwischen 130 und 140 U/min. Um zu solchen Frequenzbereichen methodisch hinzuführen, wurde diese Trainingsform entwickelt. Sie wird auf der Straße überwiegend in 10-km-, auf der Bahn in 5-km-Abschnitten realisiert. Im Straßentraining besteht die Möglichkeit, beim Ablösen aus der Führung, aber auch in der Viererreihe zeitweise einige Tritte auszulassen und dadurch eine momentane Entspannung der Beinmuskulatur zu erreichen. Im Bahntraining besteht dieser Effekt nicht. Es haben sich die 5 km als Teilstrecke durchgesetzt. Motorikorientiertes EB-Training ist ein stark belastendes Haupttraining mit Herzfrequenzen im oberen aerob-anaeroben Übergangsbereich. Es wird methodisch ausschließlich zu Beginn eines Belastungsblocks eingesetzt, wenn der Organismus ausgeruht und erholt ist. Sorgfalt ist im Straßentraining bei der Streckenwahl geboten. Der Straßenbelag sollte ein gutes Rollen ermöglichen, die Straße leicht fallend bzw. flach mit Rückenwind sein. Wichtig ist ebenfalls eine gewisse Verkehrsfreiheit und nach Möglichkeit freie Sicht für Sportler und andere Verkehrsteilnehmer. Die hohen Geschwindigkeiten, teilweise über 60 km/h, werden von anderen Verkehrsteilnehmern unterschätzt, und dadurch entstehen leider allzuoft gefährliche Situationen. Es ist unbedingt notwendig, diese Spezial-TE mit einem Trainerauto zu begleiten, um die Sportler vor dem fließenden Straßenverkehr zu schützen.

Entwicklungsbereich/Zeitfahren (EB/ZF)

Im Gegensatz zu den EB-Trainingsformen kraftausdauerorientiert und motorikorientiert wird das Zeitfahr-EB-Training mit der Original-Wettkampfübersetzung durchgeführt. Es hat zwei verschiedene methodische Ziele:
- Leistungsausprägung als selbständige TE
- Teil des Erwärmungsprogramms zum Intensitätstraining bzw. zum Wettkampf

Das EB/ZF-Training zur Leistungsausprägung ist ein Standardtraining für

> **Trainingsparameter im EB/ZF-Training**
>
> | | |
> |---|---|
> | Herzfrequenz | liegt entsprechend der Leistungsdiagnostikvorgaben bei Werten von 160–175 P/min |
> | Tretfrequenz | 120–135 U/min |
> | Laktat | 5–6 mmol/l |
> | Übersetzung | wie zum nächstliegenden Wettkampf beabsichtigt, kann auch auf einen Höhepunkt ausgerichtet sein |
> | Leistung | ab 300 Watt aufwärts |
> | Streckenlänge | 5000 m |
> | Wiederholungszahl | je nach Disziplin minimal 2, maximal 6 |
> | Pausen | 15–25 Min. |
> | Organisationsform | Trainingsprinzip zur Vorbereitung auf die Wettkampfbahn: Bei Austragung von Wettkämpfen auf leichten Bahnen findet das Training auf schweren Bahnen statt (z.B. Wettkampf auf schneller Zementbahn = Training auf offener, schwerer Zementbahn; Wettkampf auf Holzbahn = Training auf Zementbahn). |

alle Disziplinen des Bahnradsports. Dementsprechend variieren die Wiederholungszahlen, Geschwindigkeitsvorhaben und Organisationsformen.

Spitzenbereich (SB)

Das 500-m-Programm wird seit 1973 im Kurzzeitbereich absolviert

Spitzenbereichstraining ist wettkampfspezifisches Ausdauertraining. Die energetische Absicherung erfolgt durch die laktazid-anaerobe Komponente. Für den Kurzzeitbereich wird ausschließlich das 500-m-Programm verwendet, im Ausdauerbereich 1000-m- und 2000-m-Teilstrecken und ein Rundenprogramm. Diese Beschränkung auf nur wenige Streckenlängen hat den Vorteil, daß die Wirkungsweise der damit verbundenen Belastungen sehr genau bekannt ist.

Training im Kurzzeitbereich (SB)

Das 500-m-Programm wird seit 1973 im Kurzzeitbereich absolviert. Die in den Jahren gewonnenen Objektivierungsdaten ermöglichen den Trainern einen planvollen Leistungsaufbau, zumal das 500-m-Programm fast ganzjährig zum Einsatz kommt.

Training im Ausdauerbereich (SB)

Das wettkampfspezifische Training in den Disziplingruppen Verfolgung, Punktefahren und Zweier-Mannschaftsfah-

> **Trainingsparameter im SB-Training (Kurzzeitbereich)**
>
> | | |
> |---|---|
> | Herzfrequenz | maximal bzw. über 180 P/min |
> | Tretfrequenz | 140–150 U/min |
> | Laktat | 8–13 mmol/l; bei höheren Werten Pausen verlängern oder abbrechen |
> | Übersetzung | Wettkampfgang bzw. minus 2–4˝ |
> | Geschwindigkeit | submaximal, 50–60 km/h |
> | Streckenlänge | 500 m fliegend |
> | Wiederholungszahl | 4–6 je nach Ausbildungsstand und Zeitpunkt im Trainingsjahr |
> | Pausen | 25 Min., davon ein Drittel aktiv |

ren besteht aus drei Standards mit folgenden Streckenlängen:
- 2000 m
- 1000 m
- Rundenlänge

Für das Zeitfahrtraining sind 3 x 2000 m im SB-Training das Basisprogramm der wettkampfspezifischen Ausdauerentwicklung. Es ist ein stark belastendes, die anaerob-laktazide Energiebereitstellung provozierendes Training. Im SB-Training in den 80er Jahren waren durch die Ein- bzw. Zweifachperiodisierung zwei bis drei Wochen notwendig, um Zeitfahrspitzenleistungen zu erzielen.

Zum Training und zur Überprüfung der Startfähigkeit werden in einem Intensitätsblock auch Läufe über 1000 m oder 2000 m stehend gefahren. Durch die hohen Beschleunigungsleistungen sind auch die gemessenen Parameter im Vergleich zu den Fliegendfahrten wesentlich erhöht: z.B. beim Vierer bis 1300 Watt bei einem Laktatwert um 13 mmol/l und einem Anstieg der Herzfrequenz ab 500 m bis zu Maximalwerten.

Intervallprogramm für Punkte-/Zweier-Mannschaftsfahrer (SB)

Während das Zeitfahrtraining ein reines Wiederholungstraining darstellt, kommt für die Langzeitausdauerdisziplinen ein spezielles Rundenprogramm zur Anwendung. Es ist dem Wettkampf entsprechend angelegt, d.h. alle 2500 m erfolgt eine Runde Spurt. Da diese Spurts in der Spurtrunde steigend bis maximal gefahren werden, ist die Wiederholungszahl niedrig zu halten. Wird das Programm zeitlich zu lange ausgedehnt, verliert sich der anaerobe laktazide Charakter der Spurts. Zielstellung ist die hohe Leistungsabgabe bei zunehmender Ermüdung und die Schulung des Laktatabbaus unter einer Belastung, die der Durchschnittsgeschwindigkeit

Für das Zeitfahrtraining sind 3 x 2000 m im SB-Training das Basisprogramm der wettkampfspezifischen Ausdauerentwicklung

Trainingsparameter im SB-Training (Ausdauerbereich)	
Herzfrequenz	maximal, nach Möglichkeit im Vierer oszillierend, im 2000-m-Programm und im Einzeltraining steigernd bis maximal, Erfassung, wenn z.B. 180 P/min überschritten
Tretfrequenz	Grundausbildung Holzbahn bis 150 U/min, Ausrichtung auf Leistungsstruktur der WM/OS
Laktat	bei 8 mmol/l beginnend bis 12 mmol/l vor Wettkampf Erholungswerte zwischen 4 und 6 mmol/l
Übersetzung	Grundausbildung mit 92″ zu 150 U/min Ausrichtung auf Anforderungen WM/OS
Leistung	beim Beschleunigen bis auf 1300 Watt in Führung bis 700 Watt
Geschwindigkeit	2000 m Mannschaft submaximal 98% 2000 m Einzel Männer submaximal 96% 1000 m Einzel Frauen submaximal 96% 1000 m Mannschaft maximal
Führungsdauer	Jeder Fahrer muß in der Lage sein, mindestens einmal die volle Länge von 333 m zu führen.
Tempoerhöhung	Innerhalb einer submaximalen 2000-m-Fahrt gehört eine Erhöhung um 0,5 s pro 250 m zu den Grundfähigkeiten des Verfolgungsfahrens.
Pausen	2000-m-Programm 25 Min. 1000-m-Programm 20 Min.

z. B. des Punkteverfahrens entspricht. Mit der Aufnahme des Zweier-Mannschaftsfahrens in das WM-Programm und der Begrenzung auf 50 km mit angenommenen 53 km/h Durchschnittsgeschwindigkeit entsteht Handlungsbedarf in der Erfassung der Leistungsstruktur. Auch in der Entwicklung entsprechender Trainingsprogramme sind neue Erkenntnisse zu erwarten.

Schnelligkeitsbereich (SN)

Das SN-Training ist die intensivste Belastungsform im Bahntraining. In allen Durchführungsformen wird die anaerob-laktazide Komponente angesprochen. Die biologischen Werte der Belastung liegen über dem SB-Training. Grundvoraussetzung des Schnelligkeitstrainings sind ausgeprägte motorische Fähigkeiten. Solche Eignungsuntersuchungen werden auf ungebremsten Ergometern durchgeführt. Dabei sind Werte über 200 U/min ein Gütekriterium, das sprintgeeignete von sprintungeeigneten Sportlern differenziert.

6 x 300 m fliegend

Das 300-m-Programm ist ein Überdistanztraining mit dem Ziel, die Sprintausdauer zu trainieren. Wesentlich ist die Erfassung der Laufcharakteristik, die im einfachsten Verfahren durch die Messung der 100-m-Teilstrecken erfolgt. Im Männersprint ist für die 100 m die Zeit von 6 Sek. = 60 km/h ein Fixpunkt, somit für die 300-m-Strecke 18 Sek. Von diesem Grundwert, von Erfahrungswerten und vom Maximaltest werden die Vorgaben für die Sprintzeiten ermittelt. Ähnlich dem 500-m-Training kann auf den Teilstrecken über 100 m die Geschwindigkeit variiert werden. Aber im Gegensatz zu der langen Strecke, die meist einzeln absolviert wird, erhöht sich die Effektivität über 300 m, wenn dieses Sprinttraining in der Gruppe ausgetragen wird. Es wird wettkampfnäher und abwechslungsreicher. In der Gruppe kann die Geschwindigkeitsbarriere eines Fahrers besser überwunden werden, indem er sich im Sog der anderen zu Tretfrequenzen steigert, die er allein nie erreichen würde. Um in die sprintrelevanten Tretfrequenzbereiche (150–160 U/min) zu gelangen, ist es oft notwendig, in den Übersetzungen bis auf 86″ auszuweichen. Damit aber Bewegungsfrequenz und spezifischer Krafteinsatz nicht zu weit auseinanderliegen und wettkampfspezifische Anforderungen stabil geprägt werden, sind Holzbahnlehrgänge in der Halle ein fester Bestandteil der Kurzzeit-Ausbildungskonzeptionen. Im Winter allein reicht das Holzbahntraining nicht aus. Die Bahn muß auch warm sein. So entspricht der Unterschied in der Luftdichte von 0° zu +20°C bei 60 km/h rund 1,5 km/h, das sind 0,5 Sek. auf 300 m.

> Das SN-Training ist die intensivste Belastungsform im Bahntraining

Trainingsparameter bei 6×300 m fliegend (SN)	
Herzfrequenz	kein Steuerparameter, da maximal
Tretfrequenz	150 bis maximal mögliche U/min
Laktat	bis 16 mmol/l, darüber meist bedenklich, nach 18 Min. Rückgang auf zwischen 4 und 6 mmol/l
Übersetzung	meist 2″ geringer als Wettkampfübersetzung
Leistung	je nachdem, wie die Beschleunigung gestaltet wird, z.B. in steiler Kurve oder beginnend mit Zielstrich und somit flacher und weniger die Hangabtriebskraft nutzend, zwischen 1000–1500 Watt
Wiederholungszahl	4–6×300 m, 10×100 m fliegend

10 x 100 m fliegend

Die Programme über 100 m fliegend und 200 m nach Motorführung sind Unterdistanztraining für die Sprintschnelligkeit. Im 100-m-Programm liegt die Belastungszeit um 6 Sek. und darunter. Es wäre zu vermuten, daß der Organismus im alaktaziden Bereich bleiben würde. Aber die notwendige Beschleunigungsstrecke von etwa 50 m und die Ausrollstrecke nach der maximalen Geschwindigkeit verlängern die Hauptbelastungszeit auf über 10 Sek. Laktaterhebungen erbrachten Werte steigernd bis über 16 mmol/l. Das Programm von 10 x 100 m mit Serienpause nach fünf Wiederholungen ist nur dann sinnvoll, wenn das Leistungsbild in allen Läufen in etwa erhalten bleibt. Das Besondere dieses Programms ist die Ausprägung eines steilen Geschwindigkeitsgipfels direkt in Fortsetzung maximaler Beschleunigungen. Nur wenige Sprinter besitzen die Fähigkeit dieser kontinuierlichen Steigerung. Sie ist aber ein leistungsbestimmendes Element des Zweikampfes, um nach der Sprinteröffnung erfolgreich zu handeln (entweder durch Vorbeifahren oder Abwehr).

200 m fliegend mit Motorführung

Bei dieser Trainingsform besteht die Zielstellung darin, höhere Tretfrequenzen als im Wettkampf bei möglichst gleichen oder gering niedrigeren Krafteinsätzen zu erreichen. GUNDLACH bezeichnet solche Anforderungen als »originalschwere Bewegungsabläufe«.

Um diese Bedingung zu provozieren, zieht beim Sprinttraining mit Motorführung der Motorfahrer ungefähr bei 80 km/h zwischen 200 m und 150 m vor dem Ziel nach vorne weg. Dadurch muß der Sprinter den vollen Luftwiderstand überwinden, der im Windschatten nur 50% ausmacht.

Es werden Spitzengeschwindigkeiten von über 20 m/s = 72 km/h erreicht und entsprechende Tretfrequenzen von über 170 U/min bei originalen Krafteinsätzen. Diese Belastungshöhepunkte haben aber nur dann Sinn, wenn methodisch Spitzenform aufgebaut wird und diese Reize auf einen ausgeruhten und psychisch aufnahmebereiten Organismus treffen.

Die Anzahl der Läufe ist individuell festzulegen. Die obere Grenze liegt bei drei bis vier Wiederholungen.

Das Besondere des 10 x 100-m-fliegend-Programms ist die Ausprägung eines steilen Geschwindigkeitsgipfels direkt in Fortsetzung maximaler Beschleunigungen

Trainingsparameter bei 10×100 m fliegend (SN)	
Herzfrequenz	steigernd bis maximal
Tretfrequenz	Erreichen der maximal möglichen Frequenz entsprechend der aufgelegten Übersetzung, angestrebt über 160 U/min
Laktat	aufstockend bis 16 mmol/l Teilweise wird in Frage gestellt, ob bei Laktat über 12 mmol/l noch im SN-Bereich trainiert wird. Die Beantwortung bleibt offen. Es ist jedoch nicht ungewöhnlich, daß Sprinter 8 und mehr Läufe an einem Tag absolvieren.
Übersetzung	Da diese Form erst in der Wettkampfperiode eingesetzt wird, überwiegt der jeweilige Wettkampfgang. Um auf 160 U/min zu gelangen, ist es oft notwendig, längerfristig die neuromuskulären Ansteuerungen zu prägen. Die Übersetzung hierbei beträgt bei Männern 90˝ und bei Frauen 86˝.
Leistung	1200–1800 Watt
Wiederholungszahl	10×100 m mit Serienpause 25 Min.
Pause	12 Min.

Krafttraining mit Rad (KmR)

Dieser Trainingsbereich ist untergliedert in verschiedene Kraft-/Kraftausdauerprogramme:

KmR-K1	6 Sekunden alaktazides Programm
KmR-K2	75 Sekunden Kraftausdauerprogramm im aerob-anaeroben Übergangsbereich
KmR-K3	intensives Kraftausdauerprogramm mit unterschiedlicher Dauer und verschiedensten Streckenlängen
KmR-K4	wie K3, aber mit eingelagerten Tempoerhöhungen

Für alle Ausdauerrennfahrer wurden schon immer Berganfahrten als spezielles Trainingsmittel eingesetzt

Während das K1-Programm vorwiegend auf der Radrennbahn absolviert wird, kommen die drei anderen KmR-Programme meist am Berg zur Anwendung. Für alle Ausdauerrennfahrer wurden schon immer Berganfahrten als spezielles Trainingsmittel eingesetzt. Aber lange Zeit bestanden bei den Bahnfahrern und deren Trainern Vorurteile gegenüber einem harten und eventuell sogar standardisierten Bergprogramm. Mitte der 80er Jahre verblüffte der Italiener F. Moser in Vorbereitung seines Stunden-Weltrekords die Fachwelt, als ihm führende italienische Sportwissenschaftler zu solchen Programmen rieten und mit hohem wissenschaftlichen Aufwand den gesamten Vorbereitungszyklus begleiteten. Besonderheiten waren Übersetzungen von über 100″ am Berg, das Fahren mit Tretfrequenzen unter 60 U/min und die hohen Auslenkungen der biologischen Parameter in seinen Programmen. Mit dem Erreichen des Stunden-Weltrekords war das »methodische Eis« gebrochen.

Dies bewirkte nicht nur einen enormen Leistungszuwachs für das Bergfahren im Straßenradsport; auch für das Bahnzeitfahren mußte sich selbst bei den relativ kurzen Wettkampfzeiten ein Leistungseffekt einstellen. Die folgenden wissenschaftlichen Untersuchungen in aller Welt brachten die Bestätigung. Nach der Erarbeitung spezieller Kraftausdauerprogramme und deren Einsatz im Jahresverlauf zeichnet sich auch eine besondere Entwicklung im Bahnzeitfahren ab. Heute sind KmR-Programme fester Bestandteil aller Trainingskonzeptionen sowohl im Hochleistungssport als auch im Nachwuchsrennsport.

<u>6 Sekunden alaktazides Programm (KmR-K1)</u>

Bei diesem Programm ist Zielstellung, die im Kraftraum erworbenen Kraftfähigkeiten in spezifische Bewegungen umzusetzen. Energetische Wirkrichtung ist hierbei der Aufbau, die Speicherung und die Optimierung der Umwandlungsprozesse der energiereichen Phosphate. Dies erfolgt durch kurzzeitige Belastungen über 6 Sekunden. Die Programme werden mit 10–15 Wiederholungen absolviert, wobei nach der 5. bzw. 8. Wiederholung eine Serienpause über 15–20 Min. eingelegt wird.

Diese Antritte aus dem Stand mit leicht erhöhten Übersetzungen im Vergleich zum Wettkampfgang (um 2 bis 4″) sollen alaktazid wirken. Im Erwärmungsprogramm des Kurzzeitbereichs ist die Realisierung von Stehendantritten fester Bestandteil. Besondere Aufmerksamkeit ist notwendig, wenn diese Antritte vor einem Wettkampf durchgeführt werden und viele andere Sportler sich auf der Bahn warmfahren.

Vom biomechanischen Gesichtspunkt sind maximale Zug- und Druckkräfte und damit umfassende Vortriebswirksamkeiten anzustreben. Der Körperschwerpunkt ist nicht zu weit nach vorne zu verlagern, da sonst auf dem Antriebsrad zuwenig Gewicht liegt.

Trainingsparameter im K1-Training

Herzfrequenz	unbedeutend, nachschwingend bis 180 P/min, Kontrolle: Zeitpunkt des Abfalls auf 110 P/min
Tretfrequenz	aus dem Stand mit maximaler Beschleunigung
Laktat	alaktazid
Übersetzung	96″
Leistung	1400–2000 Watt, in der Serie entsteht für jeden Sportler ein Mittelwert, der 95–98% der maximalen Leistung betragen sollte
Strecke/Zeit	60 m/6 s
Wiederholungszahl	10–15
Pause	3–5 Min. bei ständiger Bewegung in der Serie
Serienpause	15–20 Min.
Ort	vorwiegend Rennbahn mit Bahnmaschine, spezielle Ergometer

75 Sekunden Kraftausdauerprogramm im aerob-anaeroben Übergangsbereich (KmR-K2)

Zielstellung dieses Programms ist die Verbesserung der Kraftausdauer mittels Belastungen über 75 Sekunden. In den Vorbereitungsperioden wird diese Form fast ausschließlich am Berg durchgeführt. Im Kurzzeitbereich wird zur Leistungsausprägung auf flache Strecken oder auf die Radrennbahn gewechselt. Dabei werden sehr große Übersetzungen aufgelegt (über 100″). Die Vorgabe wechselt von der Zeit (75 s) auf die Strecke (1000 m fliegend). Das K2-Training ist Training im oberen aerob-anaeroben Übergangsbereich. Da K2-Training an der kritischen Schwelle zu laktazider anaerober Energiebereitstellung liegt, können Laktatbefunde hilfreich in der Festlegung der Belastungsparameter sein. Im Zeitfahrbereich werden K2-Trainingsformen vor allem dann eingesetzt, wenn nicht die Möglichkeit besteht, umfangreich im K3-Bereich zu trainieren. Das trifft für Fahrer aus dem Flachland zu, die im Winter Ergometertraining in Kombination mit Maximalkrafttraining und folgendem Kraftausdauertraining durchführen. Nach einem solchen Kraft-Kraftausdauer-Block ist durch die Glykogenverarmung auf eine kohlenhydratreiche Ernährung in den folgenden 36 Stunden zu achten.

Im Kurzzeitbereich wird zur Leistungsausprägung auf flache Strecken oder auf die Radrennbahn gewechselt

Trainingsparameter im K2-Training

Herzfrequenz	steigt bis über 180 P/min; diese Höchstwerte nur am Ende des Teilstückes
Tretfrequenz	zwischen 70 und 80 U/min
Laktat	5–7 mmol/l
Übersetzung	je nach Steigungsgrad und Resultat aus Frequenz und Leistung
Leistung	300–500 Watt
Strecke	6–10% Steigung, nach Möglichkeit ein Rundkurs
Belastung	75 Sek., zum langfristigen Vergleich auch 1000 m
Wiederholungszahl	4–6
Ausklang	nach Möglichkeit 60 Min. flach und extensiv ausfahren

Intensives Kraftausdauerprogramm mit unterschiedlicher Dauer und verschiedensten Streckenlängen (KmR-K3)

Diese KmR-Form ist die gebräuchlichste Trainingsart der Kraftausdauer. Im Spitzen-Straßenradrennsport und im Profiradrennsport dominiert zwar die Wettkampfmethode, aber in den Vorbereitungszeiträumen ist das lange Berganfahren mit speziellen Parametern beherrschend. Gleiches gilt auch für den Ausdauerbereich des Bahnradsports. Die Spitzenländer im Verfolgungsfahren wenden konsequent Kraftausdauerprogramme an. Das K3-Programm ist das Hauptprogramm der Kraftausdauerschulung mit dem Fahrrad. Es wird überwiegend mit dem Rennrad durchgeführt. In den letzten Jahren wird auch das Mountainbike als Trainingsgerät im Hochleistungstraining verwendet. Dies geschieht besonders in den Wintermonaten, wenn die Straßenbedingungen schlecht oder zu gefährlich sind. Außerdem erfolgt eine Abwechslung im Training durch das Geländefahren. Die Positionsbestimmung auf dem Mountainbike muß exakt dem der Rennmaschine entsprechen, um Originalbewegungen zu schulen und nicht andere Bewegungsmuster zu programmieren. Natürlich können im Gelände nicht dieselben Übersetzungen verwendet werden, aber als ein hinführendes und ergänzendes Training soll dieses Geländefahren dargestellt werden. In der Realisierung der K3-Programme bestehen Unterschiede zwischen Spitzenfahrern des Bahn- und des Straßenbereiches vor allem im Umfang, in der Länge der Strecken und im methodischen Einsatz im Jahresverlauf. Die trainingswissenschaftliche Begründung ergibt sich aus den unterschiedlichen Leistungsstrukturen und aus dem jahrelangen Selektionsprozeß, den Spitzenfahrer des Verfolger- und des Einzelstraßenfahrens durchlaufen. Muskelbioptische Untersuchungen von Spitzenfahrern des Sprint-, Verfolger- und des Straßenbereiches in den 70er Jahren ergaben folgendes Bild:

Muskelfaserstrukturen von Spitzensportlern im Radsport in % (LYCHATZ)		
Disziplin	STF[1]	FTF[2]
Sprint	62	38
1000 m	67	33
Verfolgung	65	35
Straßenfahrer	75	25

In die obigen Durchschnittswerte gingen alle untersuchten Sportler ein. Selektiert man diese nach Namen und langfristigen Erfolgen, so verschiebt sich die Tendenz auf folgende Werte:

Disziplin	STF	FTF	
Sprint	55	45	
1000 m	60	40	
Verfolgung	65	35	
Straßenfahrer	70	30	Sprinter
Straßenfahrer	80	20	Tempofahrer und Kletterer

Muskelbioptische Untersuchungen an weiteren Spitzenfahrern in den 80er Jahren in Leipzig bestätigten die Einteilung, insbesondere die Wirkung des Trainings auf die schnellkontrahierenden Muskelfasern und die metabolischen Veränderungen zu FTO[3] oder FTG[4]. Es zeigte sich, daß in den Sprint- und Zeitfahrdisziplinen des Bahnrennsports eine glykolytische Arbeitsweise der beeinflußbaren Muskelfasern (FTF) antrainierbar ist.

Nach diesem Grundsatz erfolgt der Jahresaufbau im Bahnradsport. Effektiv ist ein gezielter Einsatz von intensiven Trai-

---

[1] STF = langsamkontrahierende Muskelfasern
[2] FTF = schnellkontrahierende Muskelfasern
[3] FTO = schnellkontrahierend in Richtung aerob arbeitend
[4] FTG = schnellkontrahierend in Richtung anaerob-glykolytisch arbeitend

Unterschiedlicher Muskelaufbau: Beine eines Bergspezialisten (links) und eines Bahnsprinters (rechts).

ningsformen und motorikschulenden Trainingseinheiten im letzten Drittel des jeweiligen Makrozyklus. Laktazid-anaerobes Training setzt ein hohes, aber methodisch bemessenes Grundlagenniveau voraus. Würden Bahnfahrer ebensolchen GA/KA-Anforderungen unterworfen, wie dies bei Straßenfahrern der Fall ist, um in die Weltspitze zu gelangen, so wären wesentlich höhere Kraftausdaueranforderungen mittels K3- und K4-Programmen notwendig. Das Resultat wären eine Verkümmerung der Einsatzfähigkeit der schnellen Muskelgruppen und ein Wandel der FTF zu aerober Arbeitsweise. Die unterschied-

Trainingsparameter im K3-Training	
Herzfrequenz	150–170 P/min
Tretfrequenz	um 50 U/min
Laktat	unterer aerob-anaerober Übergangsbereich, 3–4 mmol/l
Übersetzung	Resultat aus Herzfrequenz, Tretfrequenz und Leistung, im Durchschnitt um 94˝
Leistung	250–350 Watt bei Anstiegen über 30 Min., bei kürzeren Steigungen über 300 Watt
Streckenlänge	Die Länge der TE durch 5 ergibt die K3-Länge. Beispiel: 150 km mit 30 km K3 ≅ 2 × 15 km K3 Diese K3-Einlagen sollten in der 1. TE-Hälfte liegen, um anschließend die Belastung durch extensives GA1-Training zu kompensieren.
Steigung	falls Auswahlmöglichkeiten bestehen, Strecken um die 7–10%, auf denen eine gewisse Arbeitsrhythmik entsteht

lichen methodischen Wege zwischen Bahnzeitfahrern und Straßenfahrern sind auch die Ursachen der deutlichen spezifischen Leistungsdifferenzen bei Straßenrennen im Sommer.

Im Kurzzeitbereich wird KmR mittels K3-Programmen von 1000-m-Fahrern in Ausdauertrainingslagern eingesetzt, ansonsten überwiegt das K2-Training. Im Sprintbereich erfolgt langes Kraftausdauertraining zum Aufbau der Grundlagen, wie z. B. nach längeren Erkrankungen oder Verletzungen, aber auch zum Abbau von Rückständen.

Intensives Kraftausdauerprogramm mit unterschiedlicher Dauer und verschiedensten Streckenlängen mit eingelagerten Tempoerhöhungen (KmR-K4)

In das gleichmäßige Bewältigen von langen Anstiegen entsprechend des K3-Programms werden Tempobeschleunigungen eingestreut. Dies geschieht nicht nur am Ende der Steigung – ähnlich einer Bergwertung –, sondern je nach Ausbildungsstand nach methodischen Schritten.

Von Bahnfahrern werden diese Trainingseinheiten als Vorbereitung von Straßenmeisterschaften, besonderen Rundfahrten oder Bundesligarennen (in denen Verfolger/Punktefahrer in der Mannschaftswertung gebraucht werden) bestritten. Sie realisieren diese Tempoerhöhungen aufgrund ihres niedrigeren KA-Niveaus meist über laktazide anaerobe Prozesse. Die Bahnfahrer bestreiten Straßenrennen, um ihr aerobes Niveau zu stabilisieren oder zu verbessern, jedoch nicht, um durch unökonomische Fahrweise ihr aerobes Niveau abzubauen.

Natürlich wird auch von Bahnfahrern verlangt, zu bestimmten Zeitpunkten und bei einzelnen Rennen »bis zum Anschlag« zu fahren, aber keinesfalls ist eine Häufung derartiger Belastungen erwünscht.

> Der Kraftquotient ergibt sich aus der gehobenen Hantellast

Training der Kraftfähigkeiten mit anderen Mitteln (KaM)

Im Radsport differenziert sich die Zielstellung des Krafttrainings in zwei grundsätzlich verschiedene Richtungen.

- Im Kurzzeitbereich wird sowohl ein Muskelfaserzuwachs als auch eine Vergrößerung des Muskelquerschnitts angestrebt. Die langjährige Entwicklung drückt sich bei diesen Zielstellungen in einer Erhöhung des Körpergewichts durch vermehrte Muskelmasse aus.

- In den Mittel- und Langzeitausdauerdisziplinen ist keine Zunahme der Muskelmasse beabsichtigt, sondern eine höhere Kraftentfaltung in der Arbeitsmuskulatur. Diese Kraftfähigkeiten werden bis zu einem der jeweiligen Disziplin entsprechenden Niveau gesteigert, um darauf aufbauend eine Anhebung der Kraftausdauer zu ermöglichen. Mit der Vorgabe von Quotienten für das Kraftniveau in den Bahnradsportdisziplinen wird jedem Nationalmannschaftssportler eine Orientierung für das Krafttraining gegeben. Der Kraftquotient ergibt sich aus der gehobenen Hantellast. Die Hantel wird durch die Hände auf der Schulter fixiert und eine Kniebeuge zwischen 80–85 Grad ausgeführt. Das so bewältigte maximale Gewicht wird durch das Körpergewicht des Sportlers geteilt; damit erhält man den Quotienten. Die Kniebeuge ist in allen Disziplinen die zentrale Hauptübung und deshalb u. a. auch die einheitliche Testübung. Das im Bahnradsport seit Jahrzehnten erfolgreiche Konzept basiert in den Kraftfähigkeiten auf wenigen ausgesuchten Übungen. Wie in den anderen Trainingsbereichen liegt auch hier eine grundlegende Standardisierung vor. In diesem Sinne ist der Bahnrennsport streng konservativ. Den wissenschaftlichen Nachweis der Wirksamkeit der Kraftprogramme erbrachten die Arbeiten von JUNKER, MÜLLER, MALITZ, GESCHKE und LYCHATZ. In diesen Arbeiten wurde der eindeutige Zusammenhang von Steigerung der Maximalkraft und Verbesserung der Sprintkraft und Sprintschnelligkeit nachgewiesen. Ausdruck dieser Verbesserungen sind beispielsweise die Steigerungen des Sprinters Hübner, der gleichzeitig die schnellste 200-m-Zeit (fliegend) aller Weltmeisterschaften erzielte (1986). Zu diesem Zeitpunkt lag seine Bestleistung bei einem Arbeitswinkel von 80 Grad in der Tiefbeuge bei 230 kp. 1994, als nunmehr 35jähriger, steigerte er sich auf 270 kp und fuhr immer noch Zeiten um 10,4 Sek. über 200 m fliegend, also Geschwindigkeiten im Bereich der absoluten Weltspitze. Diese Zusammenhänge sind bei allen Sprintern und 1000-m-Kaderfahrern nachzuweisen. Bei den Sprinterinnen besteht dieser direkte, hoch signifikante Zusammenhang jedoch nicht. Ausgangspunkt bei der Festlegung der Kraftprogramme und der Hauptübung Kniebeuge waren neben den praktischen Erfahrungen die Untersuchungen von ZACZIORSKIJ.

Eine Untersuchungsgruppe mit einem Trainingswinkel von 70 Grad im Kniegelenk erreichte einen ausgeglichenen Kraftzuwachs in allen Kniegelenkwinkeln. Bei der Untersuchungsgruppe mit einem Trainingswinkel von 130 Grad wuchs die Kraft nur in den Körperstellungen, die der Trainingsstellung am nächsten kamen (siehe Abb. 10). Da aber beim Pedaltreten ein hoher Krafteinsatz in fast allen Winkelstellungen günstig ist, belegen die Untersuchungen eindeutig die Wertigkeit der 70-Grad-Kniebeuge. In der Praxis wechselte man im Laufe der Zeit von der 70-Grad- zur 80-Grad-Kniebeuge, auch um die Verletzungsgefahr zu senken.

Es wird hier eindeutig darauf verwiesen, daß Kniebeugen mit höherer Last als dem eigenen Körpergewicht erst durchgeführt werden dürfen, wenn die erforderliche Technik sicher beherrscht wird und der Muskelhalteapparat dementsprechend entwickelt ist. Das bedeutet für den Nachwuchsleistungssport, daß erst mit 16 Jahren (bei biologischen

Weltklasse-Sprintleistungen erfordern ein gezieltes Krafttraining.

Abb. 10 *Zusatzlast Δm als Kraftzuwachs durch Training bei verschiedenen Kniegelenkwinkeln*

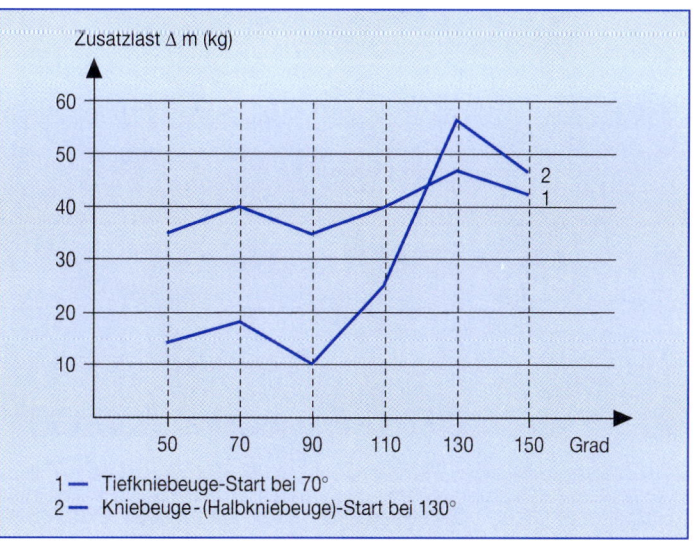

Abb. 11 *Winkelangabe im Kniegelenk ≙ Winkel zwischen Ober- und Unterschenkel*

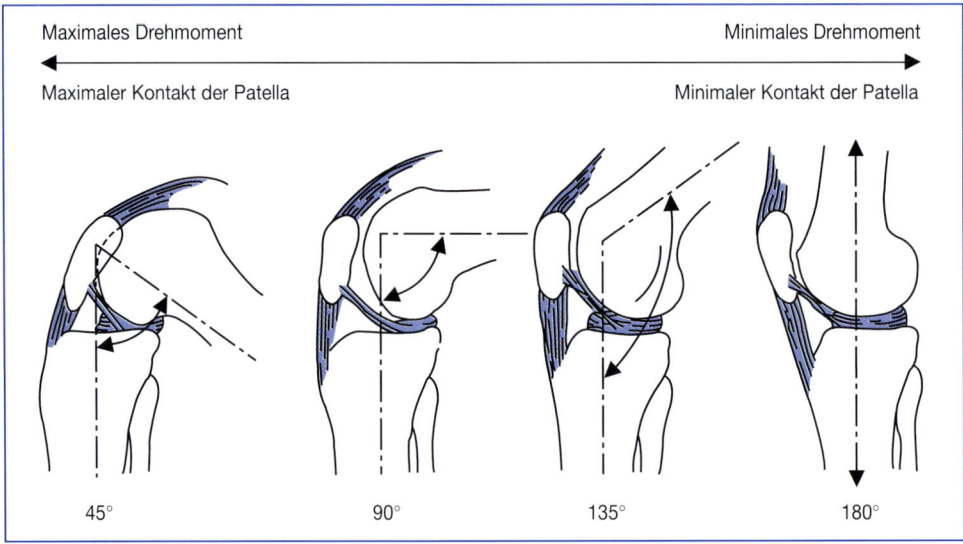

Normalentwicklern) zu Zusatzlasten übergegangen werden kann.

Durch die hohe Belastung im Maximalkrafttraining ist erst nach 48 Stunden eine weitere Trainingseinheit im KaM-Training zu realisieren. Im Heimtraining hat sich der Rhythmus Montag/Donnerstag durchgesetzt. Nur in reinen Maximalkraftphasen zu Beginn eines Maximalkraftblockes ist eine dritte TE Maximalkrafttraining günstig. In Ausdauer- oder Wettkampfphasen des Kurzzeitbereiches wird zur Krafterhaltung nur eine TE durchgeführt, wobei die Höhe der Gewichte oder die Gesamtwiederholungszahl reduziert wird.

Abb. 12 *Zusammenhang zwischen entfalteter Muskelkraft und Kniegelenkwinkel*

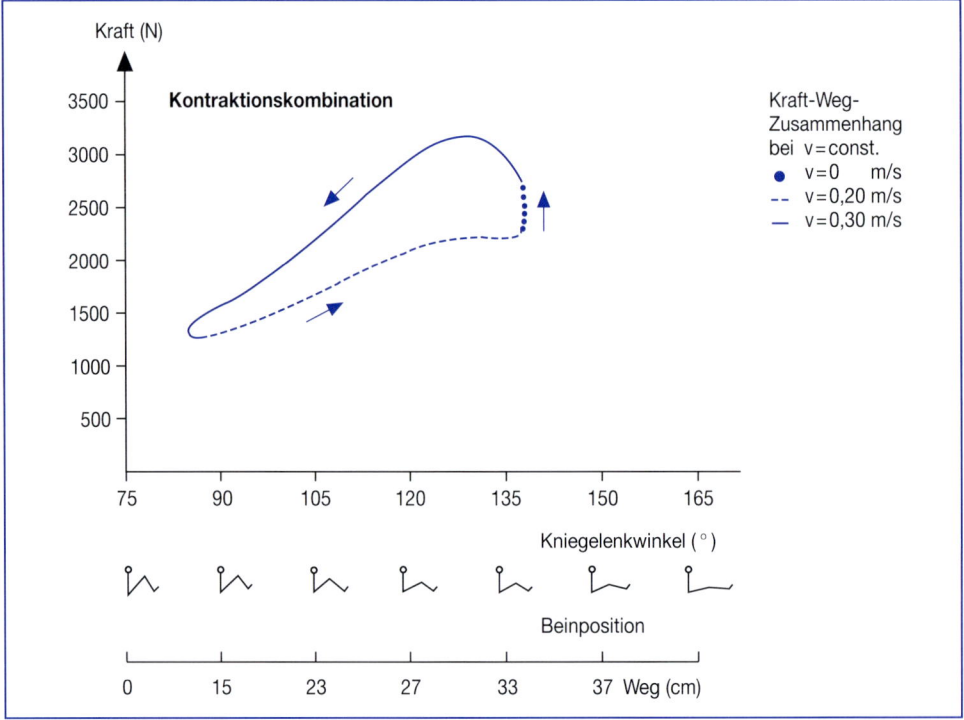

Maximalkraftprogramm

Einleitung: Erwärmung durch Spiel- oder Laufformen
Gymnastik
3 Durchgänge Dreierhopp (Weitenorientierung)

Haupteil:
1. Kniebeuge 80 Grad
   - 2×10 mit 50%   als spezielle Erwärmung
   - 2×10 mit 60%   Gesamtwiederholung 20×
   - 2×5 mit 70%   Gesamtwiederholung 10×
   - 2×5 mit 75%   Gesamtwiederholung 10×
   - 2×5 mit 80%   Gesamtwiederholung 10×
   - 2×2 mit 85–90% Gesamtwiederholung 4×
   - 1×2 über 90%   Gesamtwiederholung 2×
   - gesamt 56×

Wird im Training die Leistungsgrenze nahe 100% angestrebt, dann Steigerung um 10% und Wiederholung bis 80% 5×, dann 2×

2. Armdruck   3×10 bzw. 10er-Serien
3. Armzug   3×10 bzw. 10er-Serien
4. Adlerschwinge   3×10, nach Eingewöhnung mit Zusatzgewicht, in waagerechter Position re-/li-Verwringung

Schlußteil: Dehnungsgymnastik
Schwimmen/Entspannungsbecken (erhöhte Wassertemperatur)

Schnellkraftprogramm

Einleitung: wie bei Maximalkraftprogramm. Wird in einer Trainingsgruppe geübt, ist das Basketballspiel besonders günstig.

Haupteil:
1. Kniebeuge 80 Grad
   - 2×10 mit 50%   Gesamtwiederholung 20×
   - 2×10 mit 60%   Gesamtwiederholung 20×
   - 2×5 mit 65%   Gesamtwiederholung 10×
   - 2×5 mit 65%   Gesamtwiederholung 10×
   Beschleunigung aus der Hocke bis in den Zehenstand
   - 2×5 mit 70%   Gesamtwiederholung 10×
   - 2×5 mit 70%   Gesamtwiederholung 10×
   - gesamt 80×

2. Adlerschwinge   ohne/mit Zusatzlast 3×10 in waagerechter Position re-/li-Verwringung
3. Übung für Brust-/Schulterbereich   3×10
4. Übung für Bauchmuskelbereich   3×10
5. Klimmzüge 30×, Handfassung je nach Leistungsstand, Serienzahl nach Leistung und Kontraktionsschnelligkeit
6. Umspringen mit Umsetzen der Hantelstange   3×10

Schlußteil: wie bei Maximalkraftprogramm oder leichte Spielformen

In neuesten Untersuchungen zur Wirkungsweise der Schnellkraftarbeit bestätigt TIDOW, daß mit 50–70 % zur Maximalleistung die effektivsten Leistungssteigerungen im Schnellkrafttraining zu erwarten sind. Zur Problematik »Ersatzübungen zur Tiefkniebeuge« wurden auf derselben Veranstaltung über neueste Übungsverfahren Ergebnisse vermittelt (SCHMIDTBLEICHER). In Abbildung 12 wird ein Verfahren einer umkehrbaren Beinpresse dargestellt. Die ermittelten Kraftzuwachsraten eröffnen neue Möglichkeiten für das Ersatztraining der Kniebeuge im Radsport. Die Belastung durchläuft von 80 bis 135 Grad die wichtigen Kniegelenkwinkel, die auch beim Pedalieren arbeitswirksam sind. Im Gegensatz dazu ist die Hantelschwingenarbeit wie auch die herkömmliche Beinpresse nur Ersatztraining. Im Kurzzeitbereich ist kein männlicher Sportler mit Hantelschwingenarbeit Medaillenträger bei Weltmeisterschaften geworden. Im Verfolger-/Punktebereich sind ebenfalls echte Kraftverbesserungen in der Leistungsdiagnostik mittels Hantelschwingenarbeit nicht registriert worden.

Allgemeine athletische Ausbildung (aaA)

Unter diesem Sammelbegriff werden alle sportlichen Bewegungs- und Trainingsformen zusammengefaßt, die der Radrennsportler neben Radfahren und Kraftarbeit ausübt. Die aaA erlebte wie andere Trainingsformen zu anderen Zeiten Ende der 80er Jahre einen Boom im Leistungssport.

In vielen Ländern sahen Sportwissenschaftler und schwankende Trainer keinen Ausweg mehr, wie die Gesamtbelastung noch weiter hochgetrieben werden könnte. Man verfiel auf den absurden Gedanken, die Regenerationsphasen mit allgemeiner Sporttätigkeit zu füllen. Da aber Leistungssportler eben keine »normalen« Sportler sind, betreiben sie diesen gedachten Ausgleichssport wieder unter Leistungsaspekt.

Viele lehnten aber auch aus geahnter und erlebter Übersättigung diese organisierte zusätzliche Belastung ab. Mitte der 90er Jahre, bei zunehmenden muskulären und physischen Disbalancen durch zu einseitiges und forciertes spezielles Training, wurde darüber nachgedacht, warum diese Fehlentwicklungen entstehen. Das Ergebnis erschreckte. Das Training der Grundlagenfähigkeiten wie Grundlagenausdauer, allgemeine Athletik und kompensierendes Training nach Belastungen wurde ersatzlos eingeschränkt. Neue gesellschaftliche Verhältnisse im Osten und der dadurch entstandene Konkurrenzdruck für die Sportler aus West waren die äußeren Ursachen.

Die Flucht zu immer mehr Spezialisierung wurde für viele Sportler zum Bumerang. Ein bißchen Stretching wird schon genügen! Auch der Bahnradsport erlebte diese Phase mit. Da sie Mitte 1995 noch nicht überwunden ist und immer wieder auftreten kann, sollten alle am Leistungsradsport Beteiligten über Grundlagenfähigkeiten und allgemein athletische Ausbildung nachdenken. Deshalb kann man langjährig Trainierenden nur empfehlen, Pausen von ihrem Wettkampfgerät zu machen.

In den geplanten Regenerationsphasen sollte das Fahrrad in der Ecke bleiben. Bei geringer bis mittlerer Belastung sind Bewegungen in anderen Sportarten echte Regeneration, und das nicht nur körperlich, sondern auch geistig. Im Bahnradsport ist dies traditionell das Skifahren Ende Januar bis Mitte Februar. Der Wintersport wird zudem in reizwirksamen Höhen ausgeübt.

Ein zweiwöchiger Wintersport hat viele Vorteile, allein schon der Aufenthalt in 1500 m Höhe bewirkt eine günstige Hypoxieanpassung. Gerade nach der

> **In den geplanten Regenerationsphasen sollte das Fahrrad in der Ecke bleiben**

intensiven Winterbahnsaison bringen 14 Tage Höhe im Januar mehr als ein Radtraining auf Mallorca bei allzu hektischem Umfeld.

Für erfahrene Rennfahrer sind einige Gymnastikübungen vor dem Schlafengehen oder in freien Minuten fester Bestandteil ihres Tagesablaufs und somit ein beachtenswerter Ausgleich für die einseitige Körperhaltung auf dem Rad. Die überlieferten Regeln des Radsports wie »Baden ist schädlich, Sauna zehrt an den Kräften, Laufen stört die Tretkoordination, und Krafttraining erhöht das Körpergewicht« behalten dennoch ihre Gültigkeit. Zu Beginn des Trainingsjahres, nach Verletzungen und längeren Erkrankungen, aber auch nach diagnostizierten Mängeln in der allgemeinen athletischen Bereitschaft wird untenstehendes Programm empfohlen. Zunehmend setzen einzelne Sportler einige Trainingseinheiten allgemeine Athletik in Phasen der niedrigen Belastung in den radspezifischen Bereichen ein. Da dieses Training größtenteils individuell erfolgt, verhilft es zu einer Rundum-Erneuerung. Selbst für erwachsene Leistungssportler verleiten die »Kraftmaschinen« der Studios zu zerstreuten Belastungen. Das allgemein athletische Programm ist so konzipiert, daß es direkt zu den Maximal- und Schnellkraftprogrammen führt. Programm oder Standards abzuarbeiten erzieht auch den einzelnen zu kompromißlosem Training, und das nicht nur auf dem Rad!

Das Programm besteht aus 12 verschiedenen Körperübungen. Es wird in 4 Serien mit in der Regel 3 x 10 Wiederholungen durchgeführt.

Für erfahrene Rennfahrer sind einige Gymnastikübungen vor dem Schlafengehen oder in freien Minuten fester Bestandteil ihres Tagesablaufs

Allgemeines athletisches Programm

1. Serie	Klimmzüge	3×7 bzw. 21 Wiederholungen insgesamt
	Bauchlage	wechselseitiges Anheben der gestreckten Arme und Beine (5 Sek. Halten) – auch mit kleinen Handgewichten
	Rückenlage	mit aufgestellten Füßen Anheben des Oberkörpers und 3 Sek. Halten oder re-/li-Verwringung
2. Serie	Hang oder Stütz	Anheben der gestreckten Beine bis Waagerechte
	Adlerschwinge	bis Waagerechte, auch mit Zusatzlast
	Liegestütz	aus erhöhter Position der Beine
3. Serie	Armdruck	ca. 50% zur Bestleistung, es müssen 10 Wiederholungen möglich sein, ohne allerletzten Krafteinsatz
	Armzug	
	Kniebeuge	
4. Serie	Armstütz	Beugestütze, langsames Tempo
	Bauchlage	auf erhöhter Bank, seitliches gestrecktes Anheben der Arme mit Steigerung der Handgewichte und Vorführen der gestreckten Arme bis parallel zur Körperlängsachse
	Rückenlage	auf erhöhter Bank seitliches gestrecktes Anheben der Arme mit Handgewichten und Zusammenführung über Kopf parallel zur Körperlängsachse, frei wechselnde Übungen im Schulter-/Rückenbereich, auch an Maschinen möglich

Wettkampfbereich

Um eine Systematik in der Wettkampfplanung, -realisierung und -protokollierung zu erzielen, werden die Wettkämpfe im Bahnrennsport nach folgenden Kategorien gegliedert:
- W1 = Wettkämpfe in der Spezialdisziplin
- W2 = alle Bahn-Wettkampfformen
- W3 = alle Wettkampfformen auf der Straße, Cross, MTB

Wettkämpfe in der Spezialdisziplin (W1)

Entsprechend der jeweiligen Bahndisziplin zählen unterschiedliche Wettkampfformen als W1-Spezialdisziplin. Für eine Verfolgerin werden im Jahr 16 Verfolgungsläufe geplant. Dementsprechend erfolgt der Jahresaufbau, der zwei große Verfolgerturniere wie DM, WM und vier kleinere Verfolgungsrennen als Zwischenhöhepunkte beinhaltet. In der Analyse läßt sich aufgrund der Trainingsdokumentation die tatsächlich gefahrene Anzahl feststellen. Da von allen Fahrten im Nationalmannschaftsbereich auch Weg-Zeit-Verläufe erstellt werden, ist eine tiefere qualitative Beurteilung möglich. In der Analyse der Leistungsentwicklung vom Nachwuchsfahrer bis zum Mitglied der Nationalmannschaft oder als Fahrer der Nationalmannschaft innerhalb eines Olympiazyklus sind die Beurteilungen der Wettkämpfe nach den W1- bis W3-Kategorien unabdingbare Voraussetzungen einer trainingswissenschaftlichen Arbeit.

Alle Bahn-Wettkampfformen (W2)

Die Wettkämpfe auf der Bahn (W2) sind in den Ausbildungskonzeptionen der jeweiligen Disziplingruppen von unterschiedlicher Wichtigkeit. Im Radsprint haben sie eindeutig nur Ergänzungscharakter, im 1000-m-Bereich stellen sie einen Teil der GA-Arbeit dar. Aber im Verfolger-, Punkte- und Zweierbereich sind sie ein methodisches Hauptglied. Über die Bahnwettkampfmethode werden Fertigkeiten erschlossen, die für die Spezialdisziplin anders kaum ausgebildet werden können. Ganz unabhängig von allen methodischen Erfordernissen ist ein kompletter Rennfahrer nur der, der sich sowohl auf der Bahn als auch auf der Straße zu Hause fühlt. Ein Spitzenbahnfahrer wird nur der, der alle fahrtechnischen Feinheiten auf allen Bahnen der Welt in kurzer Zeit beherrscht. Ziel sollte es sein, jede Bahn, ob 165 m oder 500 m, fahrtechnisch zu erschließen und entsprechend den individuellen Veranlagungen zu nutzen. Viele Fahrer haben sowohl Bahnen, die sie bevorzugen, als auch solche, die ihnen nicht entsprechen. Internationale Asse finden sich auf jeder Bahn zurecht.

> Über die Bahnwettkampfmethode werden Fertigkeiten erschlossen, die für die Spezialdisziplin anders kaum ausgebildet werden können

Sprint	alle Sprintformen, Keirin, 200 m fliegend, Zeitfahrstrecken im olympischen Sprint, 500 m stehend bei Frauen
1000 m	1000-m-Zeitfahren, olympischer Sprint
Verfolger	3000-m-/4000-m-Einerverfolgungsfahren Frauen/Männer, 4000-m-Mannschaftsverfolgungsfahren, australisches Verfolgungsfahren, olympischer Sprint
Punktefahren	nur Punktefahren/Zweier-Mannschaftsfahren, das den WM/OS-Wettbewerben entspricht. Das sind 20–30 km bei Frauen, 30–40 km bei Männern und 30–50 km bzw. bis 1 Stunde im Zweier-Mannschaftsfahren (z.B. zählen alle Sechstagerennen und andere mit vom WM-Modus abweichenden Wertungsmodalitäten nicht zu diesem Bereich).

Im Frühjahr und Sommer läuft die methodische Kette nach folgendem Standard ab:

GA/KA-Umfang	Rundfahrten (W3)
	Wettkämpfe auf der Bahn (W2)
	Spezialwettkämpfe (W1)

Im Winterhalbjahr sind in Mitteleuropa Straßenwettkämpfe/Rundfahrten aus klimatischen Gründen nicht möglich. Deshalb werden vor den ersten Winterbahnwettkämpfen Trainingsfahrten auf Hallenbahnen u.a. hinter Derny-Führung absolviert, um einen entsprechenden Übergang zu schaffen. International nimmt die Tendenz zu, durch Training und Wettkämpfe auf der Südhalbkugel – Australien, Neuseeland, Südamerika, Südafrika – oder in klimatisch günstigen Bereichen – Äquatorialzone – mehr Ganzjährigkeit in radsportspezifischen Bereichen zu erreichen. Für Nationalmannschaften wie Australien und einzelne Sportler aus Argentinien, Chile, Südafrika und anderen Ländern sind diese methodischen Wandlungen schon jahrelange Praxis.

Insbesondere Wettkämpfe auf den engen und dadurch oft sehr steilen Bahnen sind eine hervorragende Schulung für die fahrtechnische Ausbildung. Räumliches Differenzierungsvermögen nach vorne und hinten, unten und oben werden woanders kaum so gut geschult, ebenso die Beherrschung des Rades und die Reaktion auf ständig wechselnde Rennsituationen. Letztendlich schult Fahren auf Rennbahnen psychische Fähigkeiten wie Mut, Risikobereitschaft, Vertrauen in die eigene Fahrtechnik, Achtung des Gegners und Langzeitaufmerksamkeit. Stürze auf Rennbahnen sind nicht nur Sache eines einzelnen, sondern oft das Problem eines ganzes Feldes.

Alle Wettkampfformen auf der Straße, Cross, MTB (W3)

Für alle Bahnfahrer, vom Sprinter bis zum Zweier-Mannschaftsfahrer, sind die Straßenwettkämpfe ein wichtiges Hauptglied des Jahresaufbaus. Natürlich bestehen graduelle Unterschiede für den Kurzzeit-, Verfolger- und Punktefahrerbereich. Härte gegen sich selbst (Wind, Regen, Kälte) oder die Ausprägung von GA/KA-Fähigkeiten kann man sich jedoch nirgends so aneignen, wie es in den verschiedensten Formen der Straßenwettkämpfe möglich ist. Vielfach bestehen noch Vorurteile dahin gehend, daß Bahnrennsportler die Bedeutung der Ausprägungsfunktion des Straßenwettkampfs unterschätzen. Diese Vorurteile sind auch zum Teil berechtigt. Nur langsam begreifen Trainer, Übungsleiter und Sportler vorwiegend des Kurzzeitbereichs, welche Ausbildungsmöglichkeiten sie verpassen, wenn sie die Straßenwettkämpfe, vor allem in den Vorbereitungsperioden, nicht nutzen.

Aber auch im Bahnausdauerbereich bestehen noch Unklarheiten in der methodischen Handhabung dieses Trainingsmittels. Straßenwettkämpfe dienen nicht nur der Stabilisierung der im Training aufgebauten GA/KA-Fähigkeiten. Sie setzen bei kluger Handhabung diese eminent wichtigen Fähigkeiten auf ein neues, höheres Plateau. Weiterhin gibt es für die Bahnausdauerkader Phasen, die zugegebenermaßen oft sehr kurz sind, in denen aber im Sinne von Gipfelbelastungen von ihnen das Maximum und manchmal auch »mehr als das Mögliche« verlangt wird.

An dieser Stelle scheiden sich noch häufig die Geister, da man auch mit etwas weniger erfolgreich ist. Eine der Ursachen dieses Zustands ist der im Alter von ca. 23–25 Jahren stattfindende abrupte Wechsel aus einem erfolgreichen Bahnausdauerkader in den Straßenbe-

Für alle Bahnfahrer, vom Sprinter bis zum Zweier-Mannschaftsfahrer, sind die Straßenwettkämpfe ein wichtiges Hauptglied des Jahresaufbaus

reich. Es gibt kaum einen Verfolger, der über 30 Jahre alt ist, denn dieser müßte schon anders trainieren als ein 20jähriger. Dies wird sich in den kommenden Jahren kaum ändern. Zu den wenigen W3-Wettkämpfen im Jahr ist eine genauso hohe Belastung wie in vielen anderen Situationen des eigentlichen Bahntrainings erforderlich. Von den Hauptformen der W3-Wettkämpfe – Rundfahrten, Zeitfahren, Straßeneinzelrennen, Kriterien, Fernfahrten – haben die beiden ersteren für die Bahnausdauerkader besondere methodische Bedeutung. Beim Zeitfahren ist der Zusammenhang offensichtlich. Weltspitzenverfolger sind auch Weltklasse im Einzelzeitfahren auf der Straße. Somit ist das Straßenzeitfahren auch ein wichtiges Trainingsmittel und Bewährungsfeld der Verfolger und erscheint planmäßig zu bestimmten Zeiträumen im Ausbildungsplan. Dies ist bei Rundfahrten sogar noch ausgeprägter.

Hervorragende Bahnfahrer setzen sich auch auf der Straße durch. Jüngstes Beispiel: Eugeni Berzin.

Trainingsdatendokumentation

Im modernen Leistungssport ist die Einheit von
- Planung
- Dokumentation der Trainings- und Wettkampfprozesse
- Objektivierung der Belastungsparameter komplexer Leistungsdiagnostik (KLD)
- Auswertung und
- Analyse

Grundvoraussetzung der planmäßigen Leistungsentwicklung.

Ziel des Trainings im Hochleistungssport ist das Erreichen der individuellen bzw. mannschaftlichen Höchstleistung zu den jährlichen Höhepunkten, insbesondere den Weltmeisterschaften. Noch höher angelegt in der Zielsetzung sind die Wettkämpfe zu den Olympischen Spielen. Um diese maximal vorzubereiten, ist es im Interesse der langfristigen Vorbereitung auf die Spiele nötig, für das eine oder andere Zwischenziel schon planmäßig bescheidenere Plazierungsziele zu setzen. Das gilt in besonderem Maße für die Formierung einer Vierermannschaft.

Qualitative Parameter

Die Einschätzung der Qualität der sportlichen Leistungen setzt ein technisch hochstehendes wissenschaftliches Objektivierungssystem voraus. Das Schoberer-Rad-Meßsystem (SRM) vom Ingenieurbüro Schoberer wird nachstehend vorgestellt und besprochen. Ab 1990 besteht im Radsport die Möglichkeit, die Belastung in Watt und den Energieverbrauch pro Zeiteinheit zu erfassen. Parallel dazu, d. h. zeitgleich und streckengleich, werden Geschwindigkeit, Tretfrequenz und Herzfrequenz erfaßt.

Damit erfolgte in der Trainingsdiagnostik ein bedeutender Fortschritt. Viele

Tabelle 14 *Trainingsmethodische Analyseanforderungen in den Ausdauersportarten*

Qualität	Quantität	Periodisierung KLD, Test, WK	
• Strecke • Zeit • Geschwindigkeit • Bewegungsfrequenz • Herzfrequenz • Laktat, Harnstoff, CK u.a. • Kraftimpuls • Gewichte • Leistung • % zur Maximal- und Bestleistung • % zur Prognose und Teilprognose • Energieverbrauch - pro Zeiteinheit	• Trainingszeit • Trainingsumfang • Anzahl der TE • Wiederholung • Verhältnis von Belastungs- und Erholungszeit • Anteil der Trainingsbereiche in % zur Gesamtbelastung • Häufigkeitsanalysen aller Art: Ausfall- und Reisezeit, Teiltraining u.a.	• MAZ/MIZ[1])-Betrachtung[2]) • Spitzenbelastung • Reihung TE • Blockbildung • Vor-/Nachbelastung bei Test, WK, KLD • Einhaltung von Standards • Prinzipien der Belastungssteigerung im Jahr • Prinzipien des Einsatzes der Trainingsmittel • Aufbau im Olympiazyklus • Hypoxietraining • Holzbahntraining	• Standardisierung • EDV-Erfassung • Verdichtung • Vergleich zu Vortest, Periode, Jahr, Bestleistung, Prognose • wettkampfspezifischer Parametervergleich wie Beschleunigung, Spitzengeschwindigkeit, Durchschnittsgeschwindigkeit, Tempoüberhöhung • Rang- und Bestenlisten • Leistungsstrukturermittlung • Trainingsstrukturüberprüfung durch Trainingsmitteluntersuchungen

[1]) Makro-/Mikrozyklus
[2]) Diese Einteilung gilt auch für den Kurzzeitbereich des Radsports.

Nationalfahrer verfügen über das SRM-System und können dadurch ihr Training besser steuern. Für die trainingsmethodische Analyse ergeben sich in der Arbeit ständig neue Ansatzpunkte für die Bewertung der geleisteten Trainings- und Wettkampfarbeit.

Das SRM-Trainingssystem wurde in langjähriger Zusammenarbeit mit dem Bund Deutscher Radfahrer und dem Bundesinstitut für Sportwissenschaft vom Ingenieurbüro Schoberer, Jülich, entwickelt. Es ist der einzige Fahrradcomputer, der Leistung, Herzfrequenz, Tretfrequenz und Geschwindigkeit **gleichzeitig** messen und abspeichern kann.

Das System besteht aus einer speziellen Tretlagergarnitur, dem Powermeter, der mit Hilfe von Dehnmeßstreifen, die auf Biegeelementen zwischen Kurbel und Kettenblättern angeordnet sind, das aktuelle Drehmoment (Tretkraft) mißt. Zusätzlich erfaßt er die momentane Winkelgeschwindigkeit (Tretfrequenz). Die dazugehörige Elektronik, die die Meßwerte aufbereitet und digitalisiert, befindet sich wasserdicht eingekapselt unter der Tretlagerabdeckung. Die Information aus dem Powermeter wird induktiv und somit berührungslos auf einen Empfänger am Fahrradrahmen übertragen.

Die gesamte Leistungsmessung erfolgt kontinuierlich und rückwirkungsfrei, es geht also demnach keine Energie durch die Messungen verloren. Am Fahrradlenker befindet sich ein kleiner Computer, der Powercontrol, der zum einen die Signale vom Powermeter aufbereitet und eine Leistungsberechnung (Leistung = Drehmoment × Winkelgeschwindigkeit) durchführt, zum anderen auch noch die Herzfrequenz und die momentane Geschwindigkeit des Radfahrers mißt. Die gemessenen Daten (Leistung, Herzfrequenz, Tretfrequenz, Geschwindigkeit, Fahrzeit, Strecke und Energieverbrauch) werden gleichzeitig am LC-Display angezeigt und in einem beliebig einstellbaren Intervall abgespeichert.

Neben den aktuellen Meßwerten können am LCD noch die Maximalwerte und die Durchschnittswerte angezeigt werden. Die Speicherkapazität des

> **Das SRM-Trainingssystem ist der einzige Fahrradcomputer, der Leistung, Herzfrequenz, Tretfrequenz und Geschwindigkeit gleichzeitig messen und abspeichern kann**

Einsatz des SRM-Trainings-systems

Powercontrol beträgt bei einem Speicherintervall von 15 Sekunden mehr als 100 Trainingsstunden. Nach dem Training können die gespeicherten Daten mittels einer seriellen Schnittstelle auf einen IBM-kompatiblen PC übertragen werden. Dort kann dann mit der Auswertungs-Software Ergo das Training sowohl grafisch als auch statistisch oder auch tabellarisch ausgewertet werden. Der Benutzer hat auch die Möglichkeit, gewisse Trainingsabschnitte zu markieren oder zu vergrößern (zoomen). Er ist immer bestens über seine aktuelle Trainingsform informiert und kann damit seinen Trainingsaufbau optimal steuern. Das System ist so konzipiert, daß es sich sowohl auf der Straße, auf der Bahn und am MTB als auch problemlos in Training und Wettkampf einsetzen läßt.

Im folgenden soll anhand von Auswertungsbeispielen der Einsatz dieses Gerätes in der Praxis erläutert werden. Ein Grundlagentraining auf der Straße mit EB-Einlagen (1 × Einzel, 2 × Mannschaft) sieht grafisch dargestellt wie in Abbildung 15 aus.

Auf der linken Achse ist die Leistungs- und Geschwindigkeitsskala aufgetragen, auf der rechten Achse die Herzfrequenz- und Tretfrequenzskala. An der x-Achse sind die Zeit und die Strecke aufgetragen. Die erste Trainingshälfte ist oben und die zweite in der unteren Bildschirmhälfte dargestellt. Die drei EB-Trainingsabschnitte sind markiert und die Durchschnittswerte zwischen den Markierungen aufgetragen. In einer Trainingsdatei lassen sich beliebig viele Abschnitte markieren und zoomen (vergrößern). So kann die Intensität dieser Einheiten genau ermittelt und im Vergleich mit zurückliegenden Daten der Trainingserfolg gemessen werden.

Tabelle 15 zeigt obiges Training in statistischer Tabellenform: Die Daten sind jeweils nach Leistung, Herzfrequenz und Tretfrequenz sortiert und mit der Zeitdauer, wie lange in den jeweiligen Bereichen gefahren wurde, versehen. Zu diesen Werten sind dann jeweils die Mittelwerte der beiden anderen Größen angegeben. Beispielsweise wurden im Herzfrequenzbereich 140–150 71,5 Minuten mit durchschnittlich 180 Watt und 71 U/min trainiert. Dies entspricht 10% der Gesamttrainingszeit. Aufgrund dieser Vorsortierung der Meßdaten weiß man sofort nach dem Training, wie lange man in welchen Belastungsbereichen (EB, SB, GA1, K3 etc.) trainiert hat und welche Änderungen im Vergleich zu vorhergehenden Trainingseinheiten stattgefunden haben. Ziel eines jeden Trainingsprozesses ist es natürlich, die Wattzahl bezüglich der Herzfrequenz in dem für den Sportler relevanten Belastungsbereich zu erhöhen. Das SRM-Trainingssystem läßt sich hervorragend zur Steuerung, zur Beurteilung und zur optimalen Zusammensetzung eines Bahnvierers einsetzen. Dies soll am Beispiel eines Laufes der deutschen Bahn-Nationalmannschaft erläutert werden.

Abbildung 16 zeigt den Meßwerteverlauf eines Einzelsportlers in der Mannschaft auf: Die einzelnen Positionen sind markiert und mit den Durchschnittsmeßwerten versehen. Der wellenförmige Geschwindigkeitsverlauf entsteht durch das Durchfahren der Kurven auf der ovalen Rennbahn. In der Kurve kann sich die Geschwindigkeit, bei gleicher Leistung wie auf der Geraden, durch die Schräglage und den dadurch veränderten Massenschwerpunkt um 2–4 km/h erhöhen. Für den Einzelsportler ist es sehr wichtig, daß der Wechsel von Position 1 auf Position 4 ohne allzu hohen Leistungsaufwand klappt. Die Leistungskurve (grün) darf also beim Wiedereinscheren auf die 4. Position nicht stärker ausschlagen als in der ersten Position. Funktionieren die Wechsel gut, kann sich der Sportler besser erholen, und sein Leistungsanteil und dadurch

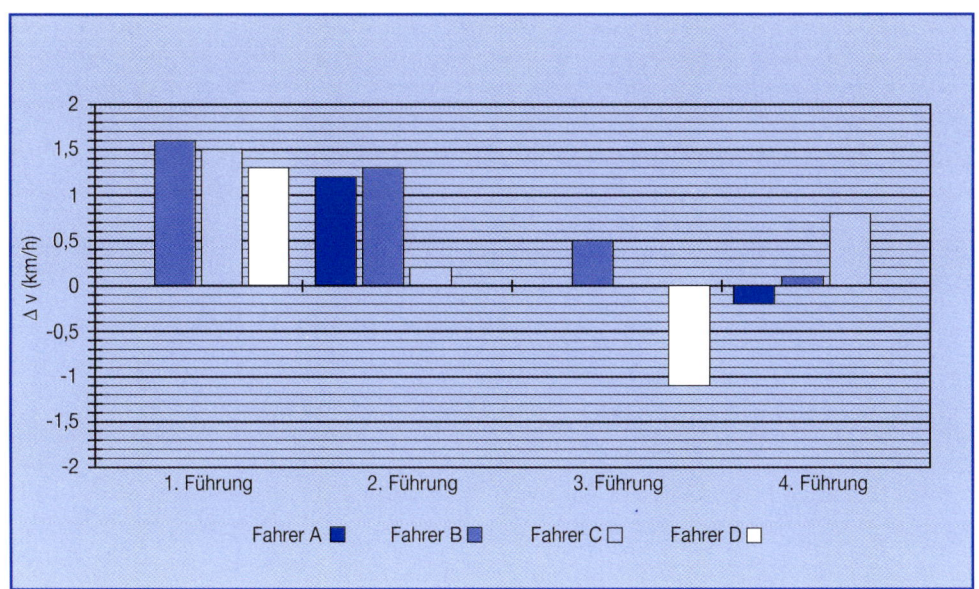

Abb. 13 Geschwindigkeitsanteile in der Führungsposition im Mannschaftsrennen bei einer Zeit von 4:04 Min.

auch sein Geschwindigkeitsanteil in der Führungsposition werden sich hierdurch erhöhen.

Die Geschwindigkeitsveränderung der einzelnen Sportler in der Führungsposition ist in Abbildung 13 dargestellt. Die Änderungen sind sehr gering, und bis zur Hälfte des Rennens findet eine kontinuierliche Beschleunigung statt; bei jedem Fahrer zeigen die Geschwindigkeitsbalken nach oben. Nur in der dritten Führung des gelben Fahrers ist eine Verzögerung zu erkennen. Bei nicht so optimalen Viererläufen liegt die Geschwindigkeitsschwankung im 2–4-km/h-Bereich. Bei schlechten Mannschaften fällt außerdem die Geschwindigkeit kontinuierlich bis zum Rennende ab. Allgemein kann man sagen, daß die Qualität einer Vierermannschaft durch

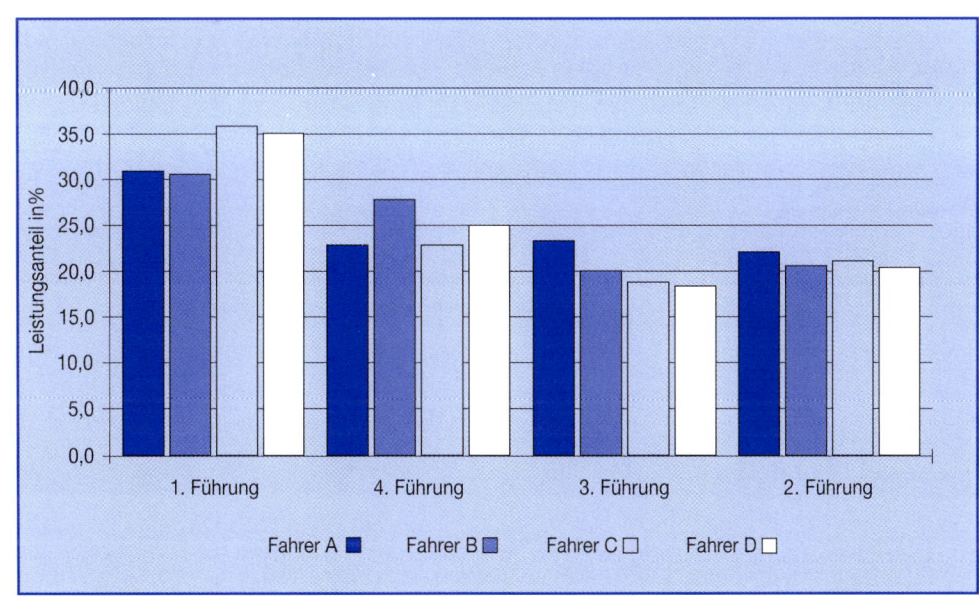

Abb. 14 Prozentuale Leistungsanteile in der Führungsposition im Mannschaftsrennen bei einer Zeit von 4:04 Min.

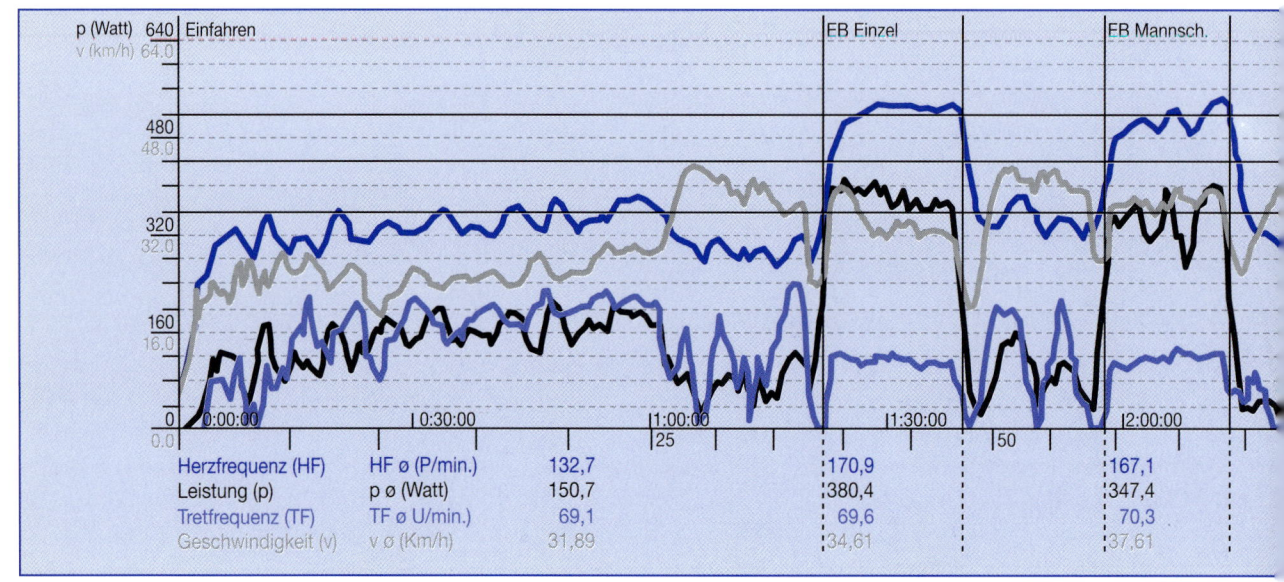

Abb. 15 Meßwertverlauf eines Grundlagentrainings auf der Straße mit EB-Einlagen (1 x Einzel, 2 x Mannschaft)

Optimale Trainings- und Wettkampfsteuerung erhält man durch Verwendung des SRM-Powermeters.

die gleichmäßige Leistungsfähigkeit und damit die gleichmäßige Geschwindigkeit aller vier Fahrer bestimmt wird. Ist auch nur ein Fahrer leistungsschwächer als die anderen und nicht in der Lage, die ihm beim Wechsel übergebene Geschwindigkeit auch an den nächsten Fahrer weiterzugeben, entsteht ein Zeitverlust, der auch von den stärkeren Fahrern in der Mannschaft fast nicht mehr wettzumachen ist.

Abbildung 14 zeigt den prozentualen Leistungsanteil jedes Einzelsportlers an den einzelnen Positionen in der Vierermannschaft an. Bei diesem Diagramm entsprechen 100% der Summe der durchschnittlichen Leistungen an Position 1–4. Ziel eines jeden Fahrers ist es, an der 1. Position möglichst viel Leistung umzusetzen und an den anderen drei Positionen möglichst wenig Durchschnittsleistung zu benötigen, um dadurch möglichst viel Energie zu sparen. Eine geringe prozentuale Leistung an den Positionen 2–4 erreicht man durch gutes Windschattenfahren und durch ökonomische Wechsel. Es ist natürlich notwendig, daß alle Fahrer etwa gleich

Tabelle 15 *Statistische Verteilung der Meßwerte des aktuellen (gezoomten) Bereichs*

Leistungsverteilung					Herzfrequenzverteilung					Tretfrequenzverteilung				
Zeit	P	HF	TF	'/.	Zeit	HF	P	TF	'/.	Zeit	TF	P	HF	'/.
65	– 50	117	31	22	0,75	– 70	9	3	0	8,75	– 40	33	120	3
37,75	–100	123	77	13	0,25	– 80	0	0	0	6,75	– 50	56	122	2
53,00	–150	128	87	18	0,50	– 90	1	4	0	8,50	– 60	100	128	3
61,50	–200	132	85	21	2,75	–100	37	13	1	40,00	– 70	252	151	14
25,75	–250	140	77	9	12,50	–110	36	39	4	54,00	– 80	239	147	19
10,00	–300	150	72	3	47,75	–120	62	59	16	59,00	– 90	154	131	20
12,50	–350	164	71	4	75,50	–130	110	75	26	56,50	–100	134	126	19
14,25	–400	170	69	5	71,50	–140	149	79	25	12,25	–110	116	122	4
7,00	–450	171	69	2	28,50	–150	180	71	10	3,25	–120	123	123	1
3,50	–500	170	69	1	12,50	–160	248	71	4	0,25	–130	137	130	0
0,25	–550	127	53	0	13,50	–170	333	69	5					
					23,75	–180	364	68	8					

EB Mannsch.
200 HF (P/min)
160
120
80
2:30:00
3:00:00
3:30:00
4:00:00
4:30:00
Zeit (h)
100
125
150
Weg (km)
132,7
150,7
69,1
31,89

Dateiname: T220691A
Initialien: TEL
Leistung
Geschwindigkeit
Herzfr.
Tretfr.
(C) SRM
Power
Time
Heartrate
0132 1.04.56 115
20.0 --AVR-D 076
Speed
Distance
Cadence
Mode
SRM
Pro
Set
Powercontrol III
SRM
Powermeter III
patented
SRM Trainingssystem
ERGO 5.03
ERGOAUSE 5.03
SRM
Examples
Software for Evaluation
SRM - Training System
Version 9/93
MFD-2HD
HIGH DENSITY
SONY

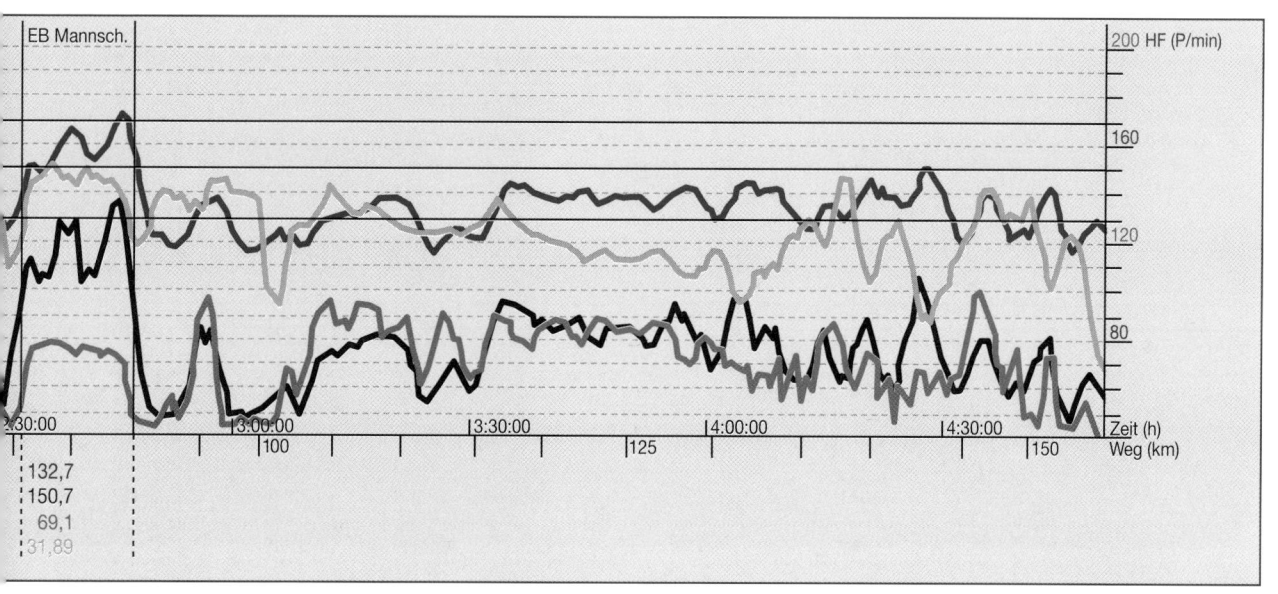

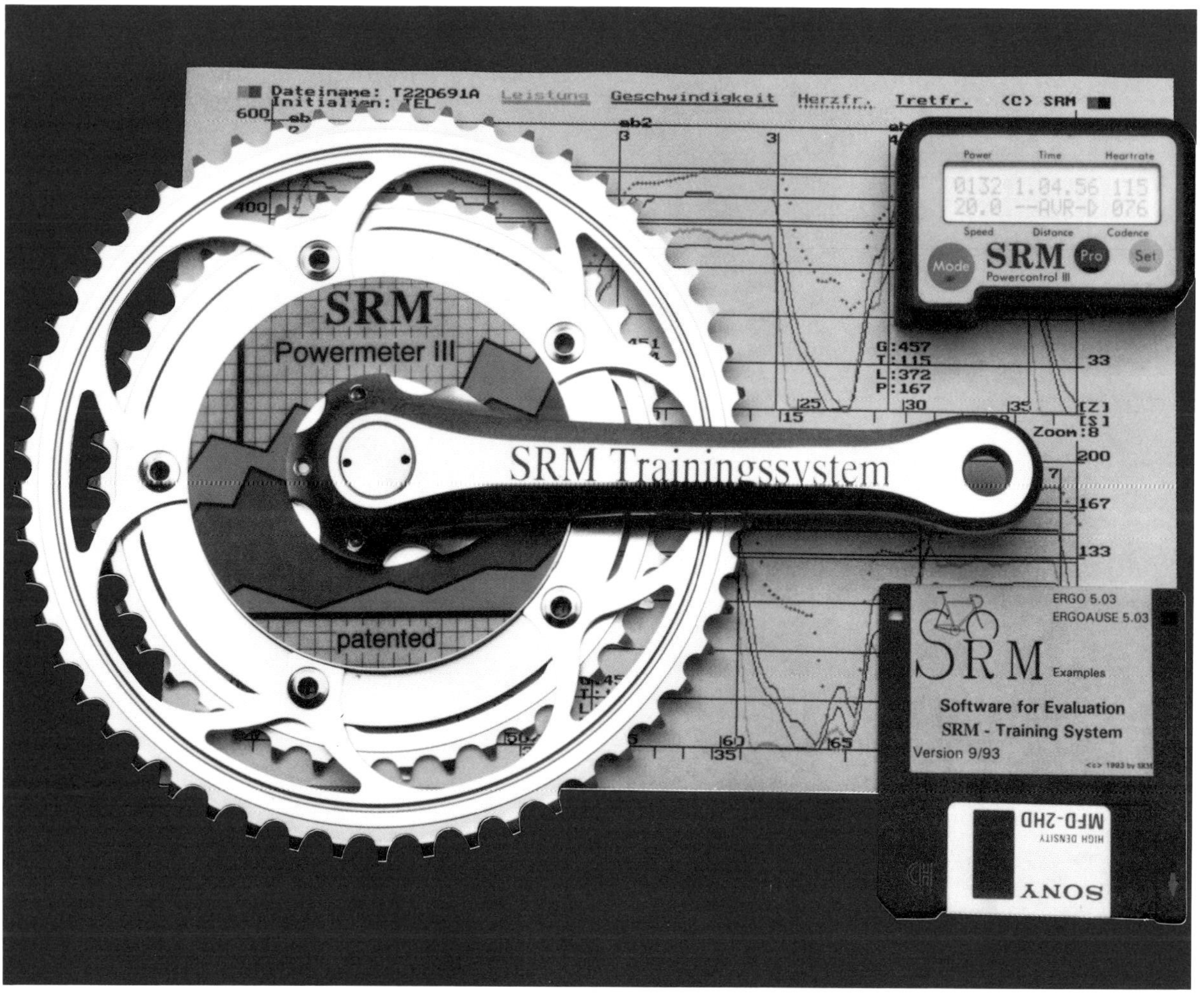

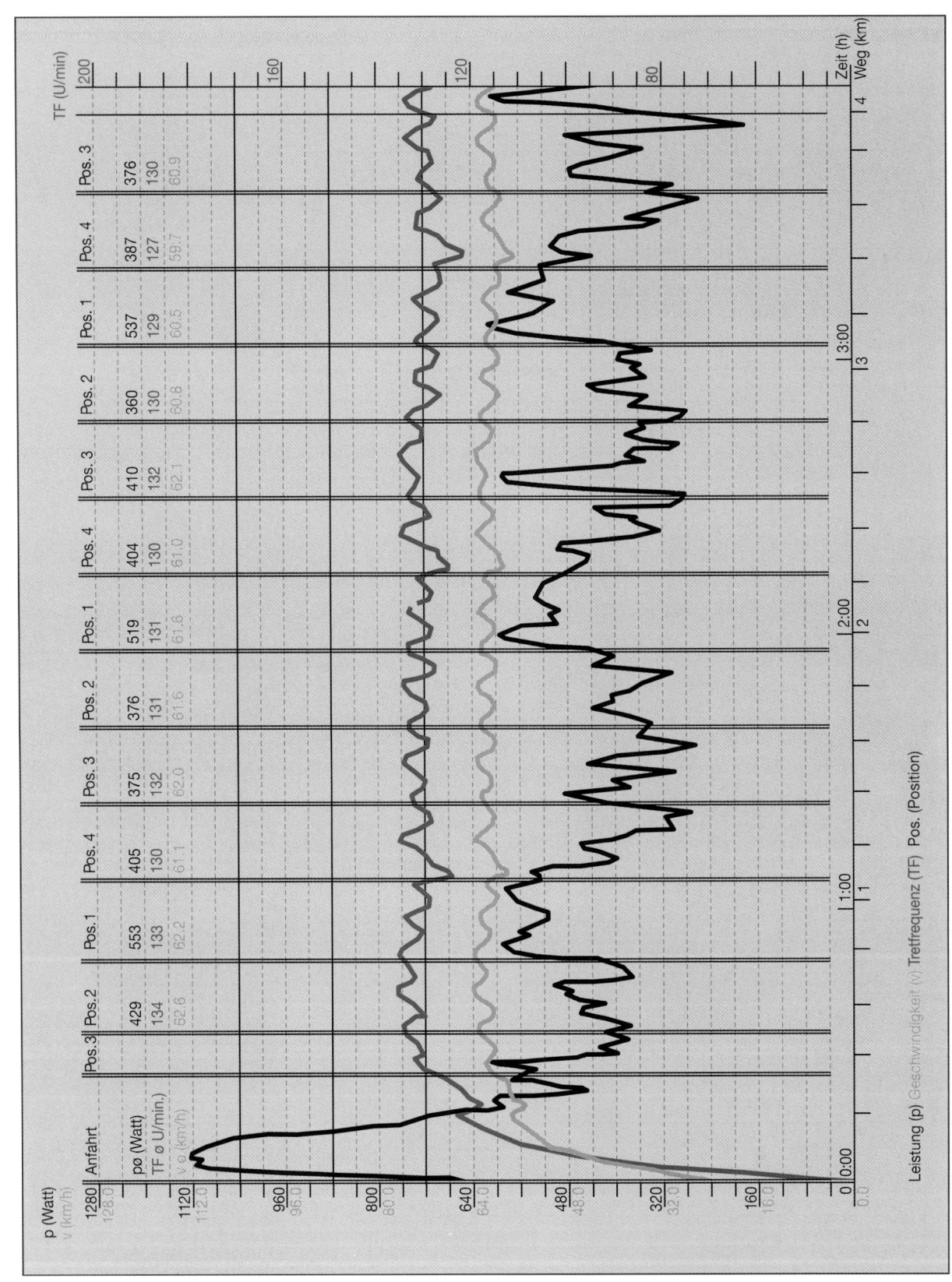

Abb. 16 Meßwertverlauf eines Einzelsportlers in der Mannschaft bei einer Zeit von 4:03:98

Trainingsprotokoll

Name: *Berthold Beispiel*				Woche: *52*			vom: *27.12.92*			bis: *02.01.93*		

Datum	TE	Tr.-Bereich	Strecken-km	Anzahl	Ort	Org.	Strecken-zeit	Tr.-Zeit	Über-setzung	TF	HF	Laktat	Bemerkung (Wett-kampfort/Platz)
Bsp. 1	1	GA1-N	70	1	S	G		4:00 Std.					kalt
	2	EB-M	5	6	S	G			39:16	90	160		5×6 km = 30 km gesamt
Bsp. 2	1	W2	50	1	B	E	01:55:45		52:19				Dortmunder Sechstage/Platz 3

TE: Fortlaufende Trainingseinheit am Tag angeben (nicht etwa die Anzahl der Wiederholungen; diese werden bei Rubrik »Anzahl« eingetragen)

Trainingsbereich: Nur einen der folgenden Trainingsbereiche angeben:
W1, W2, W3, SN, SB, K2, K3, EB-M, EB-K, GA1-N, GA1-P, KB, BIKE, KaM, aaA
Bitte auf keinen Fall irgendwelche Phantasiebereiche angeben!
Hierzu noch einige Anmerkungen:

- Bike ist ein eigener Trainingsbereich (und nicht GA1)
- Bitte unterscheiden zwischen EB-Motorik und EB-Kraft
- Auch die Krafttrainingseinheiten müssen eingetragen werden!
- Bitte getrennte Zeilen für EB und GA1 bzw. K2 und GA1

Strecken-km: km pro einzelne Übung angeben, keine Multiplikation!

Anzahl: Anzahl der Wiederholungen, nicht Anzahl der Athleten, (siehe Beispiel 1: Du fährst 6 EB-Motorik-Einheiten)

Ort: »B« für Bahn und »S« für Straße (Straße und Gelände ist das gleiche)

Organisation: »M«annschaft, »G«ruppe oder »E«inzel

Streckenzeit: Nur bei Wettkämpfen eintragen

Trainingszeit: Keine Tages- oder Uhrzeit, sondern Trainingsdauer in h:min:s

Bei Wettkämpfen: Bitte unter Bemerkung eintragen: Wettkampfort und Plazierung (siehe Beispiel 2)

---

groß sind sowie etwa den gleichen Windschatten geben und erhalten. An diesem Diagramm sieht man auch, daß die dritte Position diejenige mit dem meisten Windschatten ist.
Das vorgestellte SRM-System läßt sich natürlich auch bei allen anderen Bahndisziplinen zur Leistungsanalyse optimal einsetzen. Noch in diesem Jahr wird eine Funküberwachung der Impulse verfügbar sein, die eine Online-Betrachtung der unterschiedlichen Parameter realisierbar macht. Für Trainer bietet sich damit eine weitere Möglichkeit an, während der Fahrt auf optimale Trainingsumsetzung Einfluß zu nehmen.

Tabelle 16 *Beispiel eines Trainingsprogramms im Bahnbereich*

Sportstatistik ist eine Säule jeder Sportart

Quantitative Parameter

Die Trainingsdokumentation erfordert die exakte Erfassung der oben aufgeführten Parameter. Dazu dient ein spezielles Trainingsprotokoll des Bahnbereichs (siehe Tabelle 16).

Erst wenn diese Daten über das gesamte Jahr vorliegen, ist es möglich, Berechnungen wie die %-Anteile der Trainingsbereiche am Gesamttraining anzustellen:
- Vergleich der Umfänge in den Perioden
- Vergleich zum Vorjahr oder zum Olympiajahr

Auch auf den ersten Blick unbedeutende Details lassen sich aus einer sehr genauen Aufzeichnung erkennen. Dies sind z. B. Veränderungen in den Übersetzungen über längere Zeiträume, Anzahl der Wiederholungen in den Standardprogrammen, Strukturen in den TE und vieles mehr. Für die Beurteilung der Leistungsentwicklung der Sportler werden immer auch scheinbar nebensächliche Fakten benötigt, wie die Anzahl der Ausfalltage als Gesamtzahl bzw. zu welchem Zeitpunkt die Ausfälle lagen. Nach zwei Jahren ist es den Trainern und Übungsleitern oft nicht mehr möglich, die genauen Fakten noch zu behalten, zumal die eigenen Aufzeichnungen meist nur leistungsorientierte Daten ausmachen. Selbst die Trainingsbücher der Sportler weisen erhebliche Lücken auf, wenn sie nicht durch die wöchentlichen Trainingsprotokolle gestützt werden.

Parameter in KLD, Tests und Wettkämpfen

Sportstatistik ist eine Säule jeder Sportart. Zwangsläufig verfügt ein Sportjournalist über vielfältigere Möglichkeiten, an Informationen heranzukommen, als ein Trainer. Aber soll oder will der Chronist die jeweilige Sportart auch in der Öffentlichkeit umfassend darstellen, dann muß ein Trainer ihm auch Details vermitteln, die seine Berichterstattung beleben. Dies brauchen nicht unbedingt Interna über Sportler und Gruppen zu sein, aber ein moderner Trainingsprozeß besteht aus so vielen interessanten Fakten, daß auch einige mehr öffentlich genannt werden können. So sind Bestenlisten nach Platz und Punkten, Zeitfahrbestleistungen oder Rangfolgen wichtige Zwischenstationen des Jahres und durchaus geeignet, weitervermittelt zu werden. Hier ist ein besonderes Wirkungsfeld des Fachorgans, denn der regelmäßige Leser der Fachliteratur erwartet manche genauere Information. Wechselseitig ist auch der Bedarf des Trainers, dem es an Informationen aus vermutlicher Konkurrenz oft genug mangelt.

Die gründliche Erfassung der Parameter aus KLD, Tests und Wettkämpfen ist also eine weit umfangreichere Aufgabenstellung, als sie sich bei flüchtigem Überlesen darstellt. Dazu kommt ein weiteres echtes Problem. Der moderne Leistungssport ist zwangsläufig überladen mit Meßdaten, Werten der Leistungsdiagnostik, der Objektivierung in den Trainings- und Wettkampfläufen. So ist der Computer aus dem täglichen Leben des Trainers nicht mehr wegzudenken. In beispielsweise nur zehn Wettkämpfen entsteht demnach ein riesiger Datenanfall, der ständig aufgearbeitet werden muß.

Der Bund Deutscher Radfahrer löst das Problem der Datenverarbeitung durch die Konzentrierung aller Daten auf einem Großrechner, der in Freiburg/Breisgau beim Olympiastützpunkt stationiert ist. Der dem Nationalkader angehörende Informatiker sichert die Arbeitsweise nach dem Schema in Abbildung 17. Die zentrale Datenbank in Freiburg stellt in einer seltenen Modellform alle Parameter für die trainingswissenschaftliche Arbeit zur Verfügung.

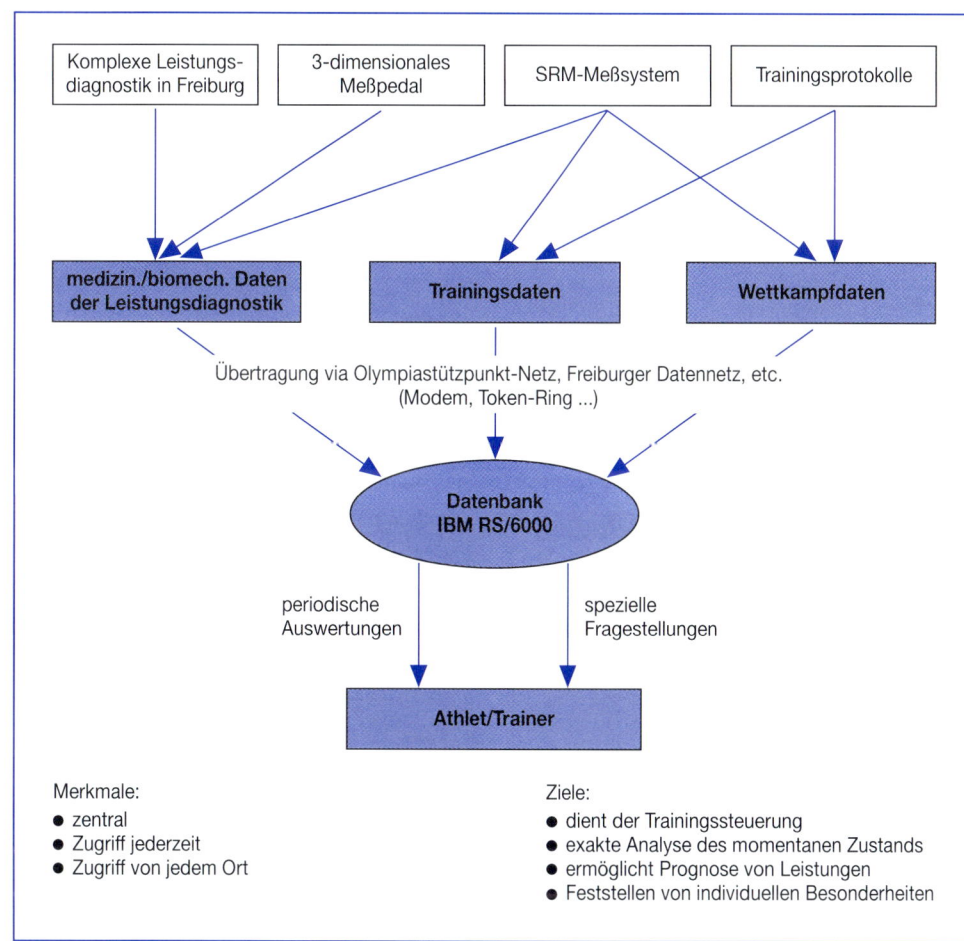

Die optimale Trainingssteuerung wird auch bei der 4000-m-Mannschaftsverfolgung mit modernster Software und Leistungsdiagnostik durchgeführt.

Abb. 17 *Die Arbeitsweise der Freiburger zentralen relationalen Datenbank zur Unterstützung der Trainingssteuerung im Hochleistungssport*

Prinzipien der Spitzenbelastungen

Abgeleitet von den neuen methodischen Anforderungen der Mehrfachperiodisierung, änderten sich in den letzten Jahren einige Schwerpunkte in der Gestaltung der Mikrozyklen. Unter einem Mikrozyklus (MIZ) wird im wesentlichen die Zeiteinheit von 7–10 Tagen verstanden, und er ist in etwa gleichzusetzen mit der Wochenplanung (siehe auch Kap. »Trainingslehre«). Da aber bei einer Wochenplanung der letzte Tag auf einen Sonntag fällt und an diesem meist Wettkämpfe liegen, würde in der Planung die genauso wichtige Erholung bzw. Kompensation nicht als fester Bestandteil des MIZ erscheinen. Nach einer Rundfahrt erstreckt sich z. B. dieser MIZ noch bis zum folgenden Donnerstag, also einschließlich der TE, die die Rundfahrtbelastungen umsetzen sollen. In der Trainingswissenschaft hat sich zum stabilen Aufbau einer Fähigkeit folgender Rhythmus als die optimale Form bestätigt:

- 3 Wochen mit ansteigender Belastung
- 1 Woche mit verringerter Belastung

In den Wettkampfphasen und im Intensitätstraining ist die Abfolge von Be- und Entlastung nicht einheitlich. Das Besondere und Neue der Veränderungen der mikrozyklischen Planung ist das betonte Setzen von Spitzenbelastungen und deren Verstärkung durch Spitzenbelastungsblöcke. Diese Belastungsmikrozyklen haben aber nur dann eine hohe Effektivität, wenn sie konsequent der Entwicklung **einer** Fähigkeit zugeordnet sind. Durch Bündelung und Blockbildung wird die Reizwirkung der einzelnen Trainingseinheiten verstärkt. Die Vermischung des Trainings durch Reize mehrerer Wirkrichtungen ist in den Phasen eines gezielten Fähigkeitsaufbaus zu vermeiden.

Durch Bündelung und Blockbildung wird die Reizwirkung der einzelnen Trainingseinheiten verstärkt

In der Phase von Spitzenbelastungen durch Belastungsblöcke muß das gesamte trainingsmethodische Umfeld den Belastungsanforderungen der Athleten untergeordnet sein. Aus diesem Grunde wird im Nationalmannschaftsrahmen versucht, diese Phasen in Lehrgangsform zu gestalten. Nur wenige Sportler haben dementsprechende Bedingungen für die Bewältigung dieser teilweise extremen Belastungen im Heimtraining.

Am meisten fehlen dem einzelnen bei der Realisierung von Spitzenbelastungen die gleich starken Trainingspartner, ebenso der Trainer, der sich über mehrere Tage ausschließlich dem Sportler oder der Sportlergruppe widmen kann. Außerdem fehlen geeignete Personen, die die umfangreiche Trainingsobjektivierung auswerten und Werte der Sportler untereinander vergleichen. Aus diesen Ausführungen geht hervor, daß Spitzenbelastungsblöcke genauso sorgfältig im Jahresablauf geplant und organisiert werden müssen. Aber dieser Aufwand lohnt sich, da sich die Kombination von Spitzenbelastungen und Leistungsentwicklung auch im Radsport sehr bewährt hat.

Zur Vereinheitlichung und zum Erfassen der jeweiligen Belastungen haben sich Standards als effektiv erwiesen. Die Sportler, Trainer und das gesamte Umfeld können dadurch den Aufwand, die Organisation und die Rahmenbedingungen besser erfassen und absichern. Zum anderen bieten Trainingsstandards auch den Vorteil des Vergleichs mit vorhergegangenen Spitzenbelastungen, so daß die Belastungshärte und das Ergebnis eindeutiger qualifizierbar sind. Jeder Beteiligte weiß, wie alles abläuft. Die Einordnung privater Belange gelingt besser.

Auch im Radsport setzen sich zur Regeneration nach schweren Belastungen zunehmend semispezifische Bewegungsformen durch. Dies können nach einem Maximalkraftblock 1–2 TE Schwimmen sein, nach extremen Radbelastungen lockere Gymnastikformen oder Spazierfahrten mit dem Mountainbike u.ä. Im Ausdauerbereich sind nach Rundfahrten über 1000 km 2 TE mit 120–160 km ruhigem GA1-Training gebräuchlich, wobei die Herzfrequenzen im Schnitt unter 125 P/min liegen sollten und die Tretfrequenzen um 100 U/min. Falls möglich, sind in diesen Trainingseinheiten Fahrten hinter Motoren (Auto) von 30 Min. einzulagern, um mit geringstem Kraftaufwand die motorischen Prozesse anzuregen. Um eine sinnvolle physische und psychische Regeneration zu erreichen, sind in den Tagen der aktiven Erholung auch die privaten Belange zu planen (Freizeit für Familie, Milieuwechsel).

In der Organisation von Gipfelbelastungen hat sich die Durchführung in Hypoxie- und Klimalagern bestens bewährt, da die günstigen äußeren Bedingungen und die damit verbundene Stimulation eine Bewältigung sehr hoher Umfangsbelastungen unterstützen. Bei Gipfelbelastungen wird auch zunehmend die Wettkampfmethode angewandt, auf die noch genauer eingegangen wird.

Die wachsende Rolle des Hypoxietrainings

Der Begriff »Hypoxie« stammt aus dem Griechischen und bezeichnet den Zustand eines Sauerstoffmangels gegenüber den normalen Verhältnissen, hervorgerufen durch eine Senkung des auf Meereshöhe vorliegenden Sauerstoffpartialdrucks von 212 hPa oder verursacht durch die Verringerung des Anteils von 20,9 Vol.% Sauerstoff in der Luft (Fuchs/Reiss: Höhentraining, Philippka Verlag, Münster, 1990, S. 13). In den letzten Jahren ist die Bedeutung des Hypoxietrainings derart gewachsen, daß von folgender These ausgegangen werden kann:

Im Radsport ist die Einbeziehung von Hypoxietraining im Jahresaufbau ein wichtiger Schlüsselfaktor, der bei Nichtbeachtung den Verlust der Weltspitze bedeutet.

- Hypoxiereize sind nur dann voll wirksam, wenn sie in ein gesamtes Hypoxieprogramm eingebettet sind. Dabei ist bei der heutigen Mehrfachperiodisierung ein dreimaliges Höhenprogramm eine gute Ausgangsbasis für Spitzenleistungen. Der dritte Höhenaufenthalt ist unbedingt als Bestandteil der UWV zu planen.
- Die Wirkung der UWV ist eindeutig von einem Höhentrainingslager abhängig, das minimal 14 Tage dauern sollte. Wird gegen diesen Grundsatz verstoßen, ist zumindest die erhoffte Leistungssteigerung zur WM/OS gefährdet.
- Im Bahnradsport setzt sich zunehmend ein vierter Höhenaufenthalt durch, der nach der Winterbahn Ende Januar/Anfang Februar liegt. Haupttrainingsmittel in diesem Zeitraum ist der Wintersport, mit Betonung des Skilanglaufs und des Maximalkrafttrainings. Optimal wäre für den Radsportler das Eisschnellaufen; jedoch scheitert dies zu oft an den fehlenden technischen Fertigkeiten. Generell bieten Eislauf und Eishockey im Winterhalbjahr auch im Flachland eine ideale Ergänzung zum Radtraining. Die vielen Beispiele von erfolgreichen Eisschnelläufern im Radsport zwingen einfach dazu, auch den umgekehrten Weg zumindest für das Training zu suchen.
- Noch nicht einheitlich und noch zu unbekannt in ihrer methodischen Wirkung ist die Teilnahme an Straßenwettkämpfen in der Höhe. Da diese Rundfahrten meist im Zeitraum

Im Radsport ist die Einbeziehung von Hypoxietraining im Jahresaufbau ein wichtiger Schlüsselfaktor

Januar/März liegen (Kolumbien, Venezuela, Mexiko), bedeutet die Beteiligung eine Vorwegnahme von komplexen Belastungen und damit zumindest ein derzeit noch nicht beherrschtes Risiko. Keinerlei Bedenken gibt es dagegen bei der Teilnahme an Straßenwettkämpfen in der Höhe ab dem Zeitraum April, wenn diese durch vorhergehendes Hypoxietraining entsprechend vorbereitet ist.

- Die US-Radsportler haben durch ihr Trainingscamp in Colorado die meisten Trainingserfahrungen im Hypoxiebereich. Nicht von ungefähr sind die Leistungssteigerungen sowohl im Amateur- als auch im Profibereich in den letzten Jahren. Lemond, Armstrong, Twigg, Paraskevin und selbst 1994 Nothstein in Sprint und Keirin verdeutlichen die unterstützende Wirkung des Höhentrainings.
- Der Stunden-Weltrekordler Rominger wählte zur Vorbereitung der Tour de France ein 20tägiges Hypoxietraining in Colorado, um sich auf den Zweikampf mit Indurain speziell vorzubereiten. Ein Daueraufenthalt bei 2000 m und darüber stellt eine wirksamere Anpassung dar als gelegentliche Trainingseinheiten durch die Alpen oder Pyrenäen.
- Nach der WM 1986 in Colorado Springs fand 1995 die Rad-WM in 2800 m Höhe in Bogota/Kolumbien statt. Diese extreme Höhe erfordert im Sinne der Anpassung auch die Realisierung von Intensitätstraining.
- In der Weiterentwicklung der Hypoxieprogramme sind derzeit Versuche bekannt, einen ständigen Aufenthaltswechsel zwischen mittleren Höhen bei 2000 m und niedrigeren Trainingsstätten um 1000 m zu vollziehen. Zielsetzung dieser Maßnahmen ist es, originalgetreue Bewegungsstrukturen in tieferen Bereichen zu trainieren, aber auch die Bedingungen des niedrigeren Sauerstoffpartialdruckes in der Höhe komplex zu nutzen. Nach wie vor gilt der methodische Grundsatz für das Hypoxietraining, daß zu Beginn des Höhentrainings schon ein gutes GA-Niveau aufgebaut sein muß, um den erhofften Zuwachs an größerer Sauerstofftransportkapazität zu erzielen. Besteht Nachholbedarf in den aeroben Fähigkeiten, ist Höhentraining ein gefährliches Unternehmen, zumal die Kraft-/Kraftausdauerfähigkeiten durch den geringeren Luftwiderstand ohnehin nicht parallel zu den GA-Fähigkeiten aufgebaut werden können. Es festigt sich die Auffassung, daß zu lange Aufenthalte, besonders für Europäer, auch eine Menge Risiken und Nachteile mit sich bringen (psychische Beanspruchung, Infektionsgefahr, Erfassen der Belastungswirkungen).

Im Radsport wurde von 1977 bis 1989 auch die künstliche Hypoxie in der Unterdruckkammer mit Erfolg zur Leistungssteigerung eingesetzt. Im Ergebnis jahrelanger Forschungsarbeit auf diesem Gebiet ergibt sich das Fazit: Training in künstlicher Hypoxie ist beim derzeitigen Stand eine Vorstufe und eine methodische Hilfe, kann aber Hypoxiewirkungen in natürlicher Höhe noch nicht ersetzen.

Gestaltung der unmittelbaren Wettkampfvorbereitung (UWV)

Die UWV stellt die zentrale Phase und den wichtigsten Trainingsabschnitt im Jahresverlauf dar. Sie ist der Makrozyklus, an dessen Ende die höchsten Steigerungsraten der komplexen Leistungsfähigkeit erwartet werden. Hierbei sind aber Differenzierungen zwischen trainingsjüngeren und trainingsälteren Rad-

Für das Hypoxietraining ist unbedingt ein gutes GA-Niveau erforderlich

sportlern angebracht. Jüngere Athleten müssen oft durch hohe Steigerungen vor der UWV sich für die WM empfehlen und die Nominierungskriterien erkämpfen. Meist ist dann das Ergebnis der UWV eine prozentual niedrigere Steigerungsrate bzw. die Leistungen des Nominierungszeitraumes werden nur wiederholt. Ältere Rennsportler haben schon mehrere UWVs durchlaufen, beherrschen die Nominierungszeiten und können sich komplex auf die WM vorbereiten. Ihre Steigerungsraten sind berechenbarer.

Das Besondere an der Leistungsentwicklung durch die UWV ist, daß einzelne junge Sportler solche Entwicklungsraten aufweisen können, die sie sofort in die Weltspitze katapultieren. In der Aufstellung der Mannschaften und in der Wahl der Einzelstarter sind diese Besonderheiten der UWV zu beachten. Das gleiche gilt beim langfristigen Aufbau junger Sportler. Nicht immer ist die verbreitete Auffassung »jung vor alt« zweckmäßig. Einen Platz in der WM-Mannschaft erkämpft man sich durch stabile Spitzenleistungen, und ehe man den Faktor Stabilität einschätzen kann, braucht man in der Regel mehr als ein Wettkampfjahr.

Über den Wirkungsgrad der UWV entscheidet letztendlich die Gesamtbelastung des jeweiligen Trainings- und Wettkampfjahres. Darauf aufbauend werden in der UWV die höchsten Belastungen gesetzt. Beeinträchtigungen durch Verletzungen und Erkrankungen in der UWV haben gravierendere Folgen als zu anderen Zeitpunkten im Jahr. Größere Ausfälle in anderen Makrozyklen können oft noch kompensiert werden, wenn dem Sportler in der Folgezeit bewußtes Training, gezielte Wettkampfnutzung und vollständige Unterordnung aller persönlicher Belange gegenüber einem möglichen WM-Start gelingen. Es gibt sehr viele Beispiele von Spitzenfahrern, die durch Ausfälle in der UWV ihre Medaillenchancen für das betreffende Jahr nicht wahrnehmen konnten.

Seit Beginn der 90er Jahre veränderte sich der Stellenwert der Wettkämpfe in der UWV. Im internationalen Maßstab sind in dieser Phase die unterschiedlichsten methodischen Gestaltungen festzustellen. Die Lage des WM-Ortes bestimmt dabei vorrangig das trainingsmethodische Konzept, das wie 1995 voll auf das Höhentraining ausgerichtet ist. Darin eingebettet haben die Wettkämpfe zwei Grundstrukturen:

- 1. Phase der UWV: Wettkämpfe zur Schaffung von Leistungsvoraussetzungen
- 2. Phase der UWV: Wettkämpfe zur Leistungsausprägung in den Spezialdisziplinen

Größere Experimente in der UWV bergen natürlich ein immenses Risiko; deshalb ist es angebracht, diese Neuerungen in einem anderen Makrozyklus zu erproben. Den jeweiligen Belastungsgrad der Wettkämpfe in der UWV, z. B. in der Höhe, sollten die Spitzenkader schon erlebt haben, um sich auch individuell entsprechend zu belasten.

Die zentrale Stellung der UWV erfordert auch den meist konzentrierten Einsatz von Objektivierungsmethoden und der komplexen Leistungsdiagnostik (KLD). Eine Ausgangs-KLD und eine Überprüfungs-KLD in der Phase der Leistungsausprägung haben sich als die rationellste Methode erwiesen. Neben den modernen Objektivierungsverfahren zur Ermittlung von Kraft-Zeit-Verläufen ist das ständige Verfolgen der Weg-Zeit-Verläufe wissenschaftliche Alltagsarbeit. Die Zuordnung von Herzfrequenzen, Laktat-, Harnstoff- bzw. CK-Werten sichert die Beurteilung der Belastungen. Diese Analysetätigkeit ist aber nur dann aussagekräftig, wenn sie über weite Strecken des Jahres und auch der Vorjahre als Steuerungsmethode bereits

Über den Wirkungsgrad der UWV entscheidet letztendlich die Gesamtbelastung des jeweiligen Trainings- und Wettkampfjahres

eingesetzt wurde. Kontinuität ist also nicht nur im Training gefragt, sondern auch in allen trainingsbegleitenden Maßnahmen.

Die wachsende Bedeutung der Wettkämpfe

Bedeutung und Rolle der Wettkämpfe haben in den letzten Jahren einen völlig neuen Stellenwert erlangt. Wettkämpfe werden immer mehr Trainingsmittel, vor allem zur Gestaltung von Spitzenbelastungen und zur Leistungsausprägung. Die richtige Einordnung der Wettkämpfe zum Leistungsaufbau, ihre Auswahl, der Einsatz nach Dauer, Härte, Folgen und Wirkung wird zunehmend zum Gradmesser der Beherrschung der Trainingsmethodik.

Zu diesem Stand haben nicht nur die Wettkämpfe im Radsport selbst, sondern auch die Erfahrungen aus den Sportarten Leichtathletik, Tennis, Fußball, Skilanglauf und die Bewältigung der Anforderungen aus den Worldcup- und Grand-Prix-Veranstaltungen beigetragen. Eine höhere Toleranz gegenüber den Belastungsanforderungen von zeitlich komprimierten Leichtathletik-Meetings im Lauf- und Sprintbereich, das Bewältigen von mehreren City-Marathons, von extremen Leichtathletik-, Ski-, Eislauf- und Triathlonwettbewerben veränderte die Theorie über das Wettkampfwesen. Im Straßenradsport absolvieren derzeit die besten Amateure ein Drittel und mehr ihres Jahresgesamtumfangs von 30 000 km in Wettkämpfen. Im Profibereich sind es zwei Drittel des Umfangs von 35 000–40 000 km. Diese Tendenz mußte sich auch in den Bahnradsportdisziplinen widerspiegeln. Das erfolgte sowohl im nationalen als auch im internationalen Maßstab. In Deutschland absolvieren die Bahnkader vier bis fünf Bundesliga-Vergleiche im Jahr. International sind 1995 sechs Worldcups ausgeschrieben, und von Ende Oktober bis Anfang Februar könnte in jeder Woche an einem Sechstagerennen gestartet werden. Dazu kommen noch zwei bis drei Grand-Prix-Veranstaltungen als Open des Nations, in denen die besten acht Nationen der Welt um Sieg und Geld kämpfen. Zu dieser Aufzählung gehören die seit Jahren traditionellen Veranstaltungen am Ende eines Makrozyklus, die Trainingskontrollen, die DM und die WM sowie die dezentralen Bahnrennen. Diese Erhöhung der Wettkampfmöglichkeiten im Bahnradsport schreitet progressiv voran. Die zu treffende Auswahl aus diesem Überangebot wird vorrangig von methodischen Überlegungen bestimmt. Grenzen werden dadurch gesetzt, daß die finanziellen, organisatorischen und zeitlichen Möglichkeiten berücksichtigt werden müssen.

In den vergangenen Jahren brachte die neue Funktion der Wettkämpfe im Jahresausbildungskonzept nicht nur positive Ergebnisse, sondern es wurden auch eine Vielzahl von Fehlern auf diesem Gebiet gemacht:

- Aus den vielfältigsten Gründen (finanzielle Aspekte, Vereinsdruck, Werbung bzw. Imagepflege) ergab sich eine übertriebene Anzahl von Starts. Dies bewirkte ein deutliches Nachlassen in der Leistungsfähigkeit und einen Verlust der Reserven.
- Die Wettkampfblöcke wurden in der Dauer überzogen und Rundfahrt an Rundfahrt gereiht. Ähnliches ist generell jedes Jahr im Bahnprofibereich in den Sechstagerennen festzustellen, wo eine Teilnahme der anderen folgt. Dadurch werden Prinzipien von Belastung und Erholung teilweise sträflichst vernachlässigt; es bildet sich eine stereotype Leistungsfähigkeit heraus, ein Leistungskorridor, der nicht nach oben, also im Sinne von

Die Erhöhung der Wettkampfmöglichkeiten im Bahnradsport schreitet progressiv voran

Spitzenleistungsfähigkeit, verlassen werden kann.

Diese Fehler bewirkten aber schließlich auch eine Vervollkommnung der Methodik. Der Umstieg von der Straße zur Bahn ist durch die Häufigkeit der Wiederholungen im Jahr bzw. über Jahre gerechnet deutlich verkürzt worden und beträgt derzeit ungefähr eine Woche und weniger. Trainer und Sportler lernten, die Belastung in den Wettkämpfen besser zu steuern. Sprinter können heute drei bis vier Grand-Prix-Rennen hintereinander in hoher Leistungsfähigkeit bestreiten. Ein 1000-m-Fahrer absolviert innerhalb von zehn Tagen ohne größere Probleme zwei 1000-m-Rennen und vier Läufe im olympischen Sprint, also insgesamt 6 × 1000 m in Wettkampfform. Dies galt vor Jahren noch als undurchführbar. Eine derartige Planung wäre als methodisches Unvermögen bezeichnet worden. In der ständigen Ausweitung der Wettkampfsysteme verbirgt sich aber auch die Problematik einer Ausuferung und damit einer Nivellierung der Wettkampfleistungen auf ein mittleres Niveau.

Zukünftig steht vor den führenden Bahnradsportländern und den Spitzeneinzelfahrern die Entscheidung, langfristig die WM und den vierjährigen Höhepunkt der Olympischen Spiele systematisch vorzubereiten oder Großteile des Wettkampfangebots zu nutzen und sich damit andere Ziele zu setzen. Insofern steht der Bahnradsport Mitte der 90er Jahre am Kreuzweg zwischen Kommerzialisierung und Professionalisierung einerseits und der weiteren Leistungsentwicklung der Zeitfahrleistungen in den entsprechenden Disziplinen andererseits. Möglich ist künftig auch eine Art Stufenplan, der eine Ausrichtung der Sportler nach dem Verlassen des Juniorenbereiches auf einen Olympiazyklus beinhaltet und danach dem Sportler die individuelle Entscheidung über die weitere Zukunft überläßt. Hat sich ein bisher erfolgreicher Bahnsportler für den weiteren Weg WM/OS entschieden, dann sind nachstehende trainingsmethodische Erfahrungen in der Wettkampfgestaltung für ihn und die jüngeren NM-Kollegen zu beachten:

- OS/WM-Wettkämpfe unterscheiden sich von vielen anderen dadurch, daß zum Erreichen des Finales auch Vorkämpfe mit härtester Gegnerschaft zu überstehen sind. Es geht nicht um einmalige oder mehrmalige Spitzenleistungen, sondern um ein höchstes spezifisches Leistungsvermögen über drei bis vier Tage. Ein Sprinter hat bei einer WM drei Wettkampftage im Sprint, einen Tag im Keirin und einen Tag im olympischen Sprint. An fast jedem Tag sind vormittags Qualifikationen und Zwischenläufe und abends Vorentscheidungen und Finale, also zehn Wettkampfeinheiten hintereinander. Auf diese Extreme muß man sich entsprechend vorbereiten. Eine derartige Belastung erfolgt eigentlich nur zu der nationalen Meisterschaft. Unter dieser Sicht und der mit den Meisterschaften verbundenen Nominierungen haben Meisterschaftsergebnisse im Bahnradsport eine wesentlich wichtigere Aussage als sonstige Ergebnisse.

- Im Jahresverlauf werden sowohl gezielt Wettkämpfe geplant, die »Schokoladenbedingungen« haben, als auch solche unter erschwerten Bedingungen. In den Wettbewerben, in denen die Vorbereitung, die Erwärmung u. a. optimal gestaltet werden, geht es darum, die Leistungsgrenzen abzufragen. In denjenigen unter erschwerten Bedingungen wird die Reaktion (Anfälligkeit oder Stabilität) auf Streß erkundet bzw. inwieweit sich dieser auf die Leistungsfähigkeit auswirkt. Wichtig ist immer wieder, jungen Sportlern in Wettkämpfen

Trainer und Sportler lernten, die Belastung in den Wettkämpfen besser zu steuern

Aufgaben zu übertragen, ohne daß sie dabei den Beistand älterer haben. Sie müssen lernen, mit Rückschlägen zu leben, genauso wie mit Erfolgen.

- Trotz aller Weiterentwicklungen bestätigt die heutige Wettkampfszenerie, daß bereits bestehende methodische Grundsätze weiterhin ihre volle Gültigkeit haben. Nach MATWEJEW tritt nach 24 Tagen hoher Leistungsfähigkeit unweigerlich ein deutlicher Leistungsabfall ein (MATWEJEW: Die Entwicklung der Eigenschaften Kraft, Schnelligkeit und Ausdauer. In Theorie und Praxis der Körperkultur 9, Nr. 5 (1960), S. 454–463).

Im deutschen Bahnradsport wurde wissentlich und aus zeitlichen Zwängen heraus mehrfach mit der Dauer dieser Hochleistungsfähigkeit experimentiert. Der Grand Prix im Sprint sowie die Worldcup-Rennen hatten sich dazu angeboten.

Die Folgerungen dieser Experimente und Wettkampfrealisierungen bekräftigen die Grundthesen von MATWEJEW. Die Beherrschung des Rhythmus Training–Leistung–Training und die Einschaltung wirksamer Entlastungsphasen stellen heute die Weichen in der Technologie des Hochleistungssports. Belastung und Entlastung, Akzentuierung und Spitzenbelastung, Leistungsaufbau und Leistungsausprägung, Trainingsblöcke und Wettkampfblöcke sind im Leistungssport inhaltsschwere Begriffe der modernen Trainingsmethodik. Die Meisterung dieser Inhalte ist ein ständiger Lern- und Anwendungsprozeß.

Manchmal scheint es, als ob Fehler, die schon vor 25 Jahren begangen wurden, auch heute wieder in ähnlicher Form gemacht werden. Aber entscheidend daran ist, daß diese Fehler auf einer wesentlich höheren Ebene erfolgen und bei entsprechender gemeinsamer Analyse auch wieder zu neuen Erkenntnissen führen.

Die Beherrschung des Rhythmus Training–Leistung–Training und die Einschaltung wirksamer Entlastungsphasen stellen heute die Weichen in der Technologie des Hochleistungssports

Technik
Material

In der Welt des Radsports, speziell bei Zeitfahrwettbewerben in der Halle, dominieren seit einem Jahrzehnt Rennmaschinen, die dem neuesten Stand der Technik entsprechen.

Das Streben nach höheren Geschwindigkeiten, nach neuen Rekorden und den Regenbogentrikots veranlaßte Sportler, Trainer und Techniker immer wieder dazu, das Bahnrennrad zu vervollkommnen. Da ca. 90% der zu überwindenden Widerstände durch den Luftwiderstand entstehen, steht auch heute noch die Senkung des Luftwiderstands der Maschine und des Fahrers im Vordergrund der technischen Forschung am Rad. Die Kleidung wird mit speziellen Lacken beschichtet, die Rennanzüge werden maßgeschneidert, wie eine Haut um den Körper gelegt, die Helme nach der Fahrposition geformt. Die gestiegenen Muskelkräfte erforderten Weiterentwicklungen von Teilen der Bahnmaschine.

Modernste Bahnrennräder bestehen heute aus Karbonfasern, hochfesten Metallegierungen und entsprechenden Klebstoffen. Auch die Position des Sportlers in den Zeitfahrdisziplinen wurde nach aerodynamischen Gesichtspunkten bestimmt. Dabei führte die Entwicklung aber auch zu Abnormitäten, wie etwa zur Obree-Haltung. Hier lag der Oberkörper auf dem Lenker, wodurch die Sicherheit beim Lenken und beim Bremsen (mit dem Straßenrad) beeinträchtigt wurde. Der Weltverband, die Union Cycliste Internationale (UCI), verhindert bzw. beschränkt solche Auswüchse, so daß auch in Zukunft ein Bahnrennrad wie ein Fahrrad aussehen wird.

Ausgangspunkt der rasanten Entwicklung war das Jahr 1984, als der Italiener

Aufsehen erregte der Schotte Graeme Obree, als er am 17. 7. 1993 mit seiner von ihm erfundenen Position den Stunden-Weltrekord und später einen Weltrekord erreichte. Im Vergleich dazu links außen die Position des deutschen Bahnspezialisten Andreas Bach. Die Obree-Position wurde jedoch 1994 von der UCI verboten.

Sitzposition und Fahrrad von Chris Boardman bei seinem erfolgreichen Stunden-Weltrekord am 23. 7. 1993.

F. Moser neue Maßstäbe für weitere Entwicklungen im Radsport setzte. Sein Fahrrad besaß die bis dahin im Radsport nicht verwendeten Scheibenräder, die Körperhaltung war extrem abgesenkt. Der Einsatz der Scheibenräder entsprach dem Reglement, da diese nicht als Verkleidung über den Speichen ausgebildet waren, sondern als selbsttragende Konstruktion.

Erster Höhepunkt der Entwicklung von Monocoque-Rahmen aus faserverstärktem Kunststoff war der erfolgreiche Einsatz der Rahmen aus dem Institut für Forschung und Entwicklung von Sportgeräten (FES) beim 100-km-Mannschaftszeitfahren der Olympischen Spiele in Seoul mit dem Gewinn der Goldmedaille. Diese beiden aufwendigen Entwicklungen, Scheibenräder und Monocoque-Rahmen aus faserverstärkten Kunststoffen, sind Basis aller heutigen Konstruktionen. Daneben gibt es ebenso einfache wie wirkungsvolle Entwicklungen. 1989 gelang es mit solch einem Eingriff Greg Lemond, den Tour-de-France-Gesamtsieg im letzten Moment zu erringen. Das abschließende Zeitfahren absolvierte er mit einem aus dem Triathlon übernommenen Lenkeraufsatz. Dieser ist aus den Zeitfahrwettbewerben nicht mehr wegzudenken.

Bei den letzten Olympischen Sommerspielen gelang dem Briten Chris Boardman der Sieg in der 4000-m-Einzelverfolgung. Das Besondere seines Monocoque-Rahmens der Sportwagenfirma Lotus war die plattenförmige Gestaltung mit einseitiger Radaufhängung (auch an der Gabel). Die Haltung war durch eine extreme Triathlonhaltung gekennzeichnet.

Das letzte nennenswerte Ereignis auf dem aktuellen Gebiet der Optimierung

des »Mann-Maschine-Systems« ist der WM-Titel des Schotten Graeme Obree. Ihm gelang es, durch die konsequente Weiterentwicklung der Triathlonposition deutliche aerodynamische Vorteile gegenüber der Konkurrenz zu erzielen. Diese Haltung wurde 1994 durch ein neues Reglement verboten.

Die oben skizzierte Entwicklung erfordert vom FES in Zusammenarbeit mit dem Bund Deutscher Radfahrer (BDR) im Hinblick auf die Olympischen Spiele 1996 in Atlanta die Entwicklung einer neuen Gerätegeneration.

Systematische Entwicklungen und spontane Ideen sind dabei gefragt. Die Analyse der auf dem Tätigkeitsgebiet der FES vorhandenen Reserven konzentriert sich im wesentlichen auf drei Gebiete.

- Sportgerät (Aerodynamik, Steifigkeit, Gewicht)
- Sportler (Bekleidung, Trainingsgeräte)
- Zusammenwirken von Sportler und Gerät (Fahrerhaltung)

Unterschiedlichste Entwicklungen (z.B. Reglement, neue Werkstoffe und Technologien) verlagern Schwerpunkte und Möglichkeiten auf verschiedene Gebiete.

Der Beitrag der Technik für die Erfolge im Sport ist allerdings trotzdem begrenzt. Primär ist ein Topathlet derjenige, der die Siege erringt, unterstützt von seinen Betreuern. Das Sportgerät kann dabei lediglich unterstützend wirken, aber nicht die persönliche Leistung ersetzen.

Wichtig sind auch die Haltungsuntersuchungen. Sie dienen dazu, für den Sportler die Fahrposition mit minimalem Luftwiderstand herauszufinden und den Athleten entsprechend auf dem Rennrad zu fixieren.

Sitzposition und Fahrrad von Miguel Indurain bei seinem Stunden-Weltrekord vom 2. 9. 1994. Diese Maschine verwendet Indurain auch bei den Zeitfahrten auf der Straße.

Moderne Bahnradtechnik

Das untenstehende Bild zeigt den völlig neu entwickelten Prototyp für die Olympischen Sommerspiele 1996. Der Kreuzrahmen wurde mittels Finite-Ele-

ment-Simulationen konstruiert, um größtmögliche Steifigkeit bei geringem Gewicht zu erreichen. Das Kreuz verbindet ohne Querverstrebungen die Hinterradlagerung, den Sattel, das Tretlager sowie die Vorderradaufhängung.

Durch gezielte Positionsveränderungen der Sportler mit Hilfe des verstellbaren Meßrades werden Auswirkungen und Effekte im System Leistung, Geschwindigkeit und Fahrwiderstand untersucht

Folgende zwei Leistungsparameter sind zu beachten:
- notwendige Leistung zur Überwindung aller Widerstandskräfte bei einer bestimmten Geschwindigkeit
- vorhandene Leistungsfähigkeit entsprechend dem Trainingszustand

Die bei einem Sportler vorhandene Leistungsfähigkeit kann bei Ergometertests mit dem SRM-System ermittelt werden. Um die Bedeutung von Haltungsuntersuchungen für Erfolge im Radsport zu erfassen, muß man sich stets bewußt sein, daß die Möglichkeit, die Leistungsfähigkeit eines Topathleten bedeutend zu erhöhen, nur begrenzt besteht. Das Interesse gilt der Verringerung der notwendigen Leistung, resultierend aus der Summe der Widerstandskräfte bei gleichbleibender Geschwindigkeit. Der aerodynamische Widerstand steht im Mittelpunkt des Interesses. Der Luftwiderstand des Systems Sportler/Gerät beträgt ca. 90% der Gesamtwiderstandskräfte. Der Luftwiderstand gliedert sich in ca. 25% durch das Sportgerät und ca. 75% durch den Sportler. Gelingt es, durch eine verbesserte Haltung die notwendige Leistung zu verringern, können die so gewonnenen Leistungsreserven für die Erhöhung der Geschwindigkeit (Fahrzeitverringerung) genutzt werden.

Vergleichende Untersuchungen zwischen einer extremen Triathlonhaltung und der sogenannten Obree-Haltung zeigen Leistungsdifferenzen von über 10% zugunsten der Obree-Haltung. Im Ergebnis der Auswertung der Entwicklungstendenzen war die Frage zu klären, welchen Einfluß die veränderten Fahrerhaltungen in der 4000-m-Einerverfolgung auf Aerodynamik und Kraftübertragung haben und welche Effekte für andere Disziplinen zu erwarten sind.

Bisher waren solche Untersuchungen nur in aufwendigen Windkanaltests und den oben erwähnten leistungsdiagnostischen Laboruntersuchungen unter idealisierten Bedingungen möglich. Es entstand die Idee, mit Hilfe eines universell verstellbaren Meßrades Positionsuntersuchungen an ausgewählten Sportlern unter definierten Bedingungen im freien Feld durchzuführen. Durch gezielte Positionsveränderungen der Sportler mit Hilfe des verstellbaren Meßrades werden Auswirkungen und Effekte im System Leistung, Geschwindigkeit und Fahrwiderstand untersucht. Der wissenschaftliche Ansatz, daß sich durch Widerstandsreduzierungen Geschwindigkeitszunahmen bei gleichem Leistungseinsatz erreichen lassen, hat sich bestätigt. Nach diesen Vorgaben ist es Aufgabe der Fachleute, unter den Positionen nach den oben beschriebenen Kriterien zu entscheiden. Die im Verlauf der Untersuchungen gewonnenen Erkenntnisse fließen in neue Geräteentwicklungen ein. Es entstehen extrem an den Hochleistungssport angepaßte Sportgeräte. Beispiel für angepaßte Geräteentwicklungen ist der neue Kreuzrahmen (siehe S. 302/303), einer der Prototypen für Atlanta 1996.

Mountainbiking

Urs Gerig/Thomas Frischknecht

Inhaltsübersicht

Einführung · Prolog · Gesundheit oder Leistungssport? · Trainingsarten · Trainingsmethoden · Regenerative Maßnahmen · Downhill · Mountainbiking für Frauen · Jugendtraining · Material · Energiebedarf · Besondere Trainingsmöglichkeiten · Mountainbiking mit Köpfchen · 10 Gebote für Mountainbiker · Ausblick

306 · Es begann ganz harmlos. Aus dem nervenkitzelnden Downhill-Rennen mit alten Clunker-Bikes einer Insiderszene in Marin County wurde ein neuer Fahrradtyp geboren. Das Mountainbike, Symbol von Naturerlebnis, Spaß und technischem Fortschritt, trat einen weltweiten Siegeszug an.

Downhill-Rennen zählen auch heute zum festen und spektakulärsten Bestandteil der Bikeszene. Jon Tomac beim Kamikaze-Downhill in Mammoth.

Der Start, die Entscheidung. Anders als bei Straßenrennen wird bei Cross-Country-Rennen oft schon beim Start eine Vorentscheidung getroffen.

Legendäre Biker der ersten Jahre. Worldcup-Sieger Jon Tomac und Thomas Frischknecht (oben), der erste Bike-Weltmeister Ned Overend (rechts unten) und der dreifache Bike-Weltmeister Henrik Djernis (rechts oben).

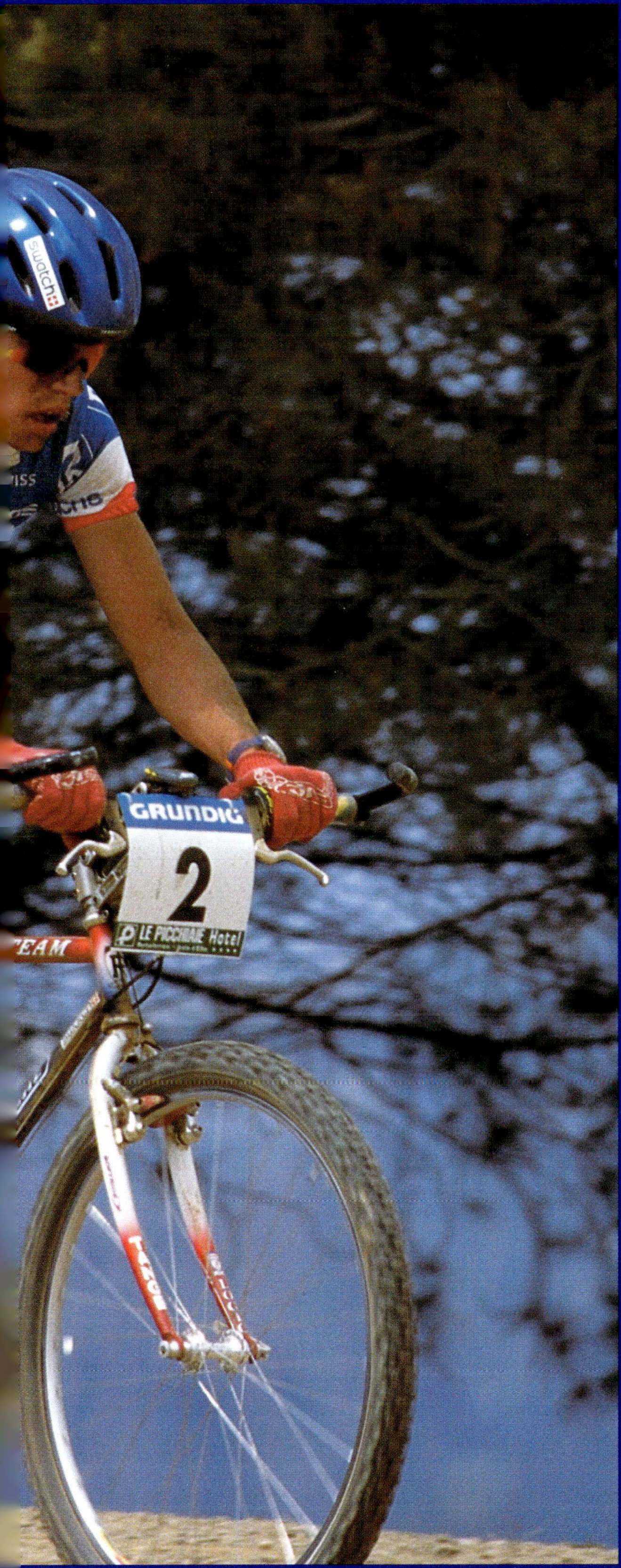
swatch
GRUNDIG
2
LE PICCHIAIE Hotel
TEAM

SOFT GEL
TEAM

QUEST
GRUNDIG
12
LE PICCHIAIE Hotel

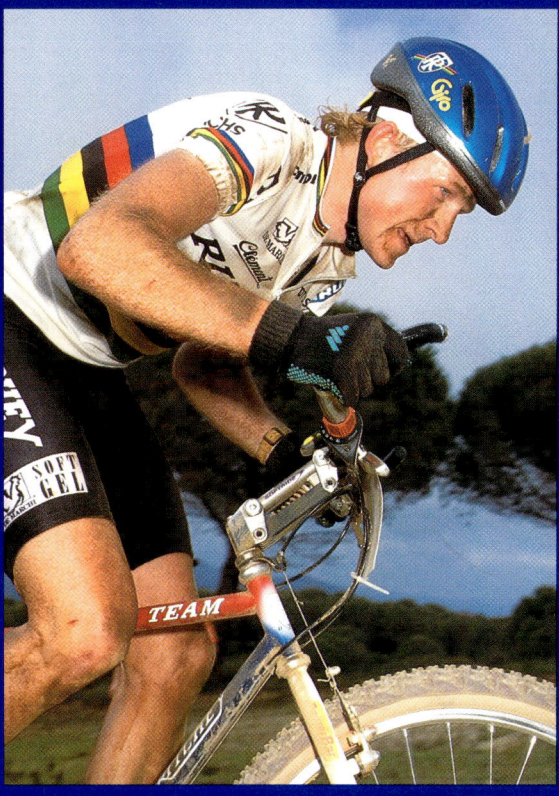

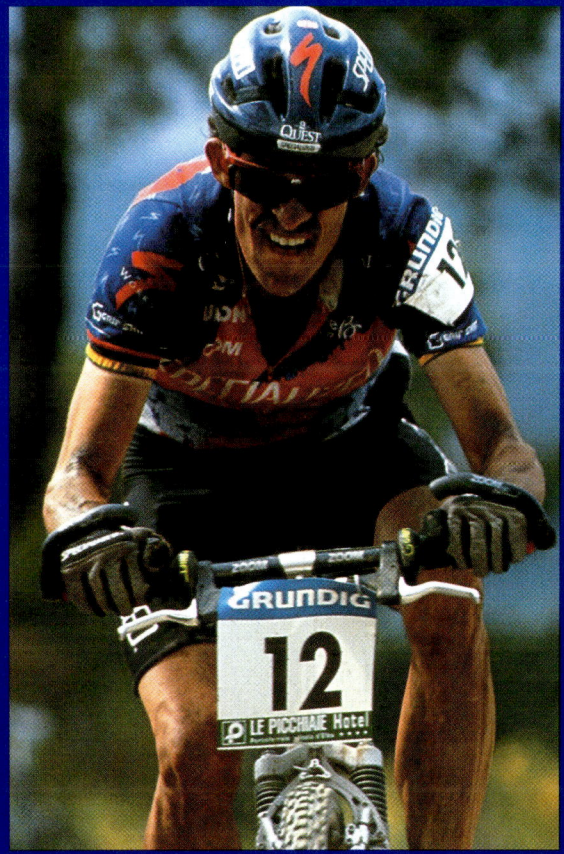

Trotz der ungeheuren Belastung ist der Bikesport auch bei Frauen ungemein beliebt. Meisterinnen ihres Faches sind u.a. Julie Furtado (oben), Alison Sydor (rechts oben) und Silvia Fürst (rechts unten).

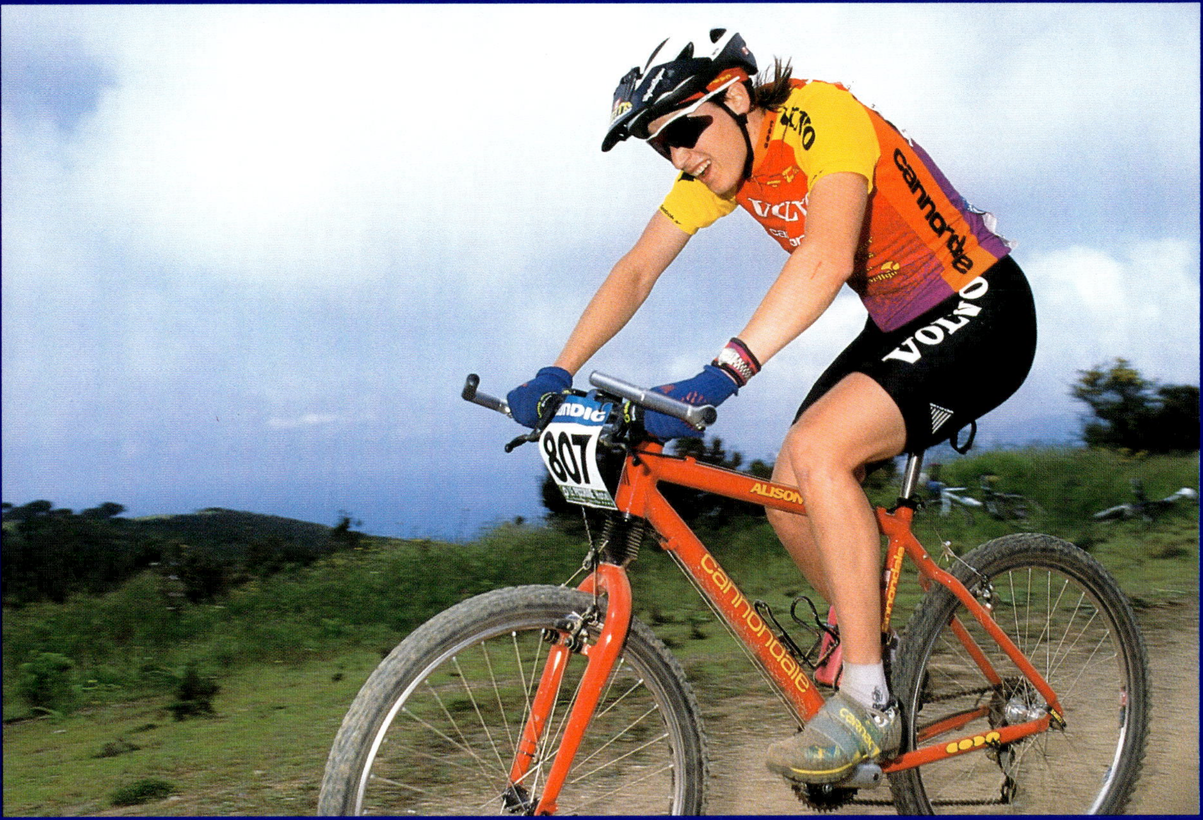
cannondale
VOLVO
807
ALISON
cannondale

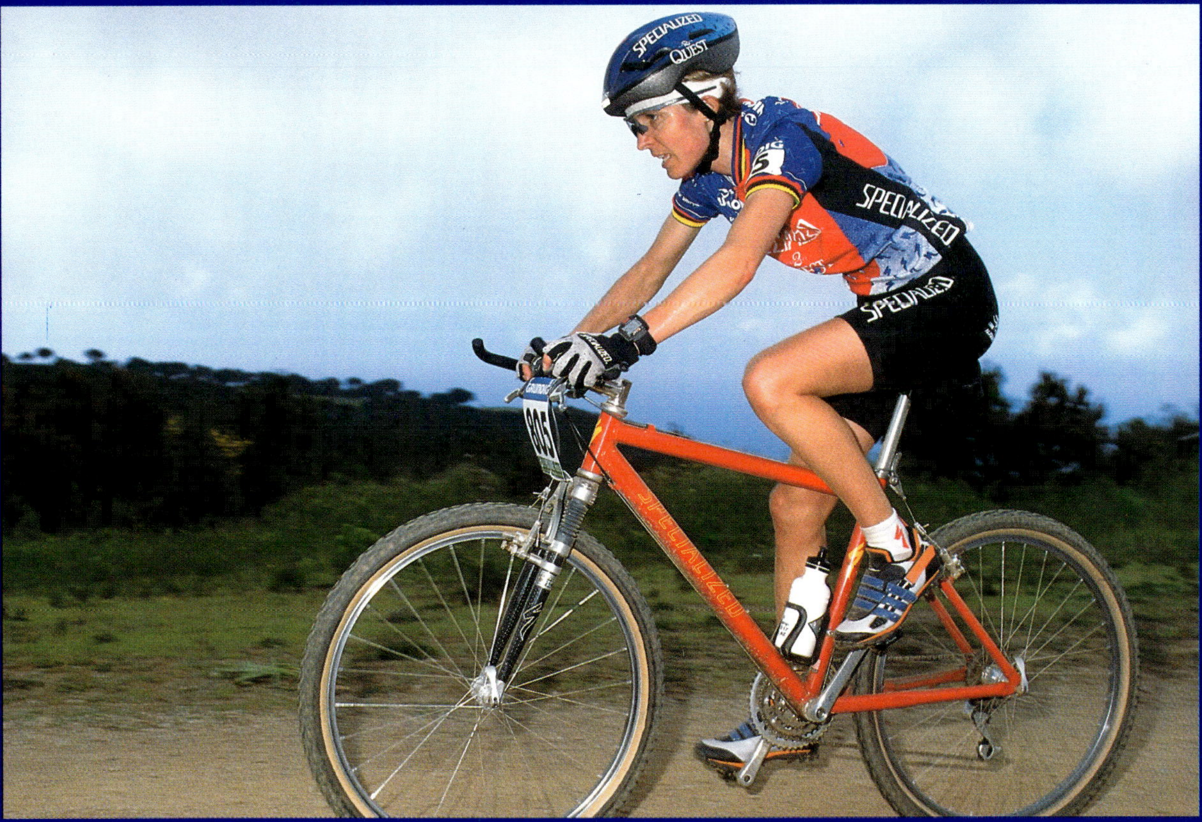
SPECIALIZED
QUEST
SPECIALIZED
SPECIALIZED
SPECIALIZED

Abfahrten mit hohen Geschwindigkeiten erfordern größte Konzentration. Rechts: Downhill-Weltmeisterin Missy »Missile« Giove.

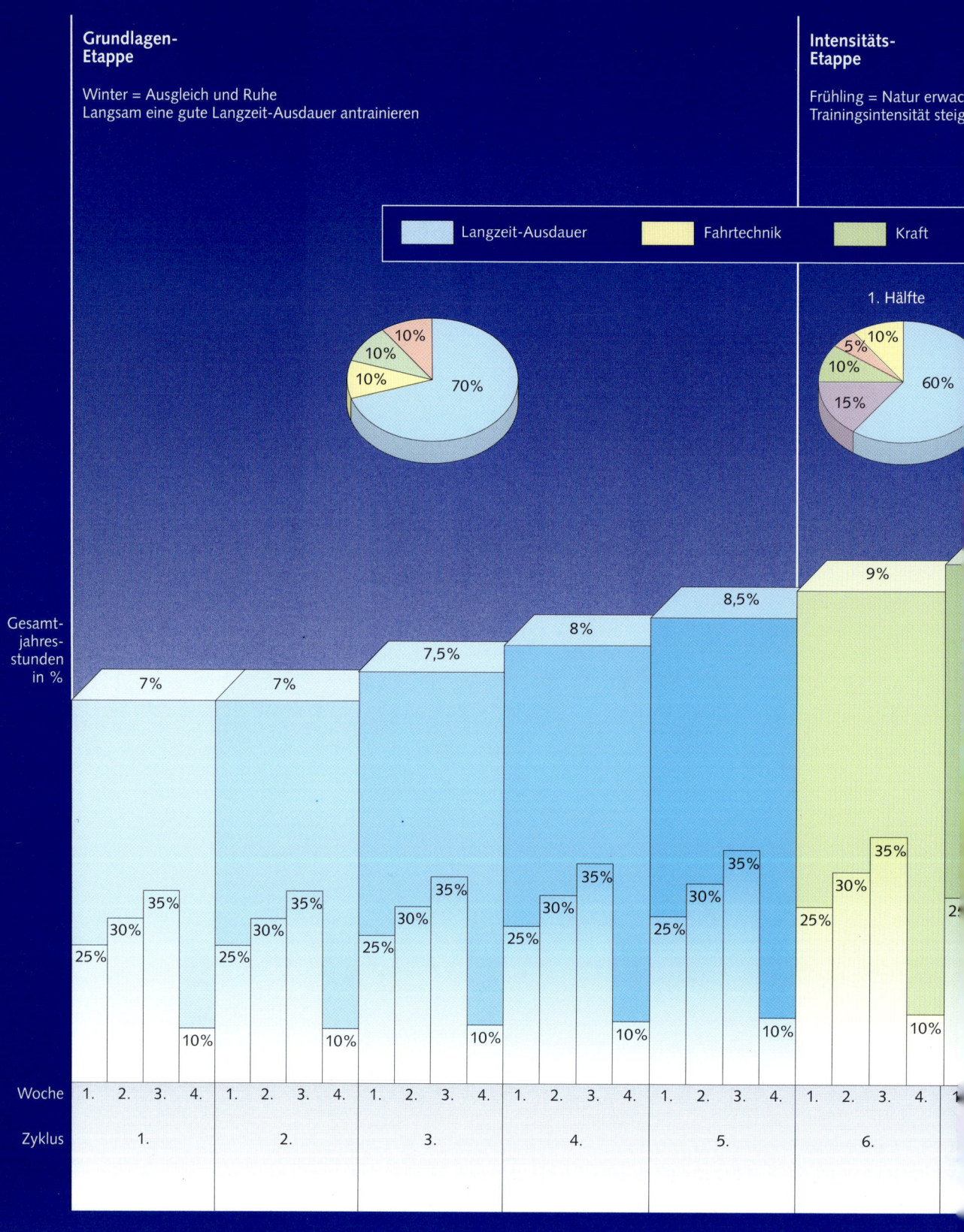

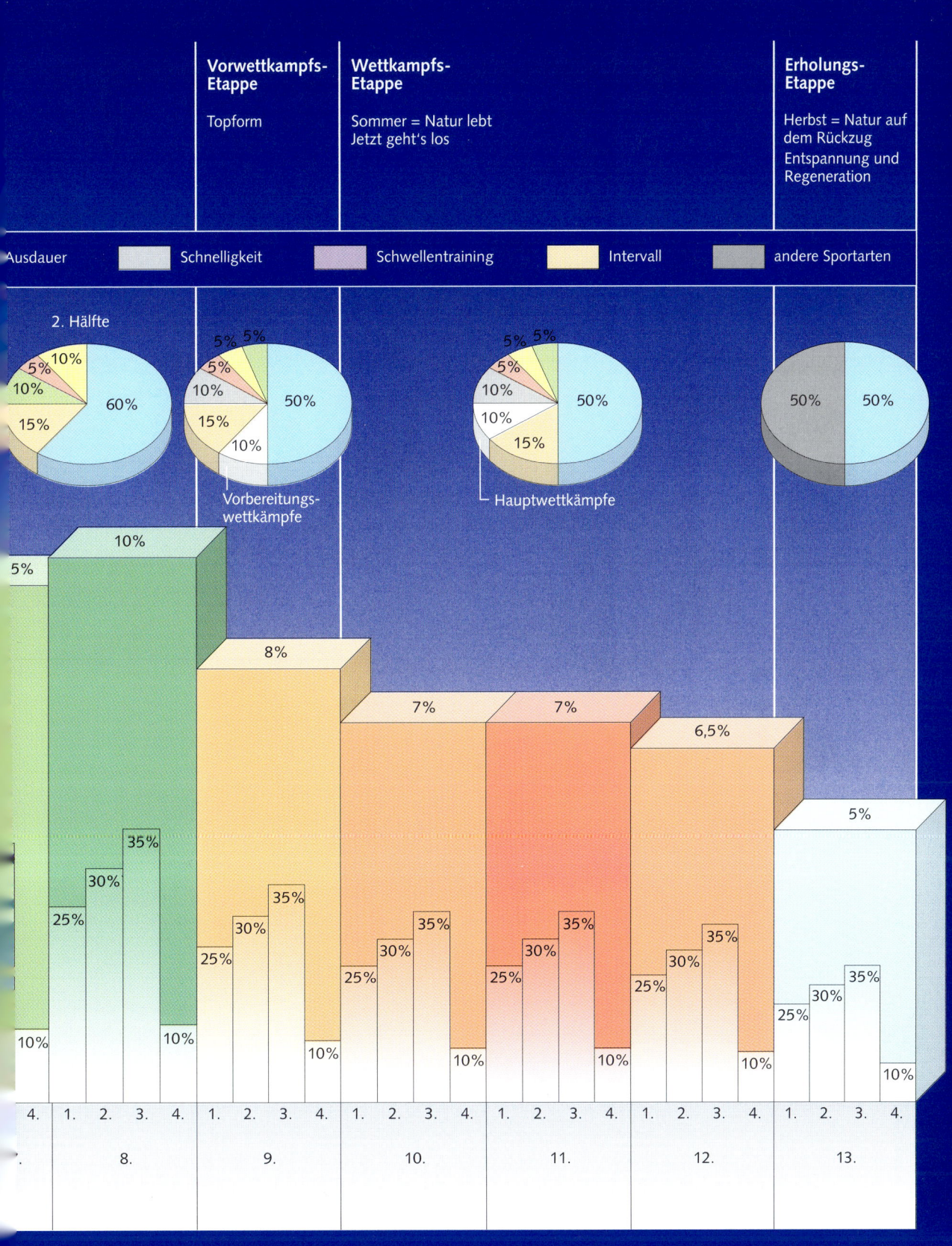

Viele erfolgreiche europäische Biker, wie Thomas Frischknecht, kommen aus der Querfeldeinszene.

Einführung

Der Sport ist vergleichbar mit einem Orchester, dessen Musik vom reibungslosen und exakt aufeinander abgestimmten Zusammenspiel der einzelnen Mitglieder abhängt. Fällt ein Musiker mit seinem Instrument plötzlich aus, so kann der restliche Teil des Orchesters diesen Ausfall zwar durch lauteres Spielen ausgleichen, doch die Harmonie ist kurz- oder langfristig gefährdet, was zum Zusammenbruch des Ganzen führt. Das Training mit dem gesundheitlichen und sportlichen Erfolg wird auch durch verschiedene »Mosaiksteinchen« bestimmt. Einzelne Parameter wie die Konditionsfaktoren Ausdauer, Kraft, Beweglichkeit, Schnelligkeit und andere Einflußfaktoren wie Koordination, aber auch Erholungsfähigkeit, Trainingsplanung, Material und Taktik müssen auf die individuellen Bedürfnisse angepaßt und richtig trainiert werden. Sie bestimmen die Wirksamkeit des sportlichen Trainings.

Dieses Kapitel enthält Informationen rund um das Mountainbike sowie Denkanstöße für die Trainingspraxis des einzelnen und gibt Anleitung zum zielorientierten Mountainbiketraining. **Der beste Trainer steckt in uns selbst!** Wir möchten Ihnen helfen, »Musik zu machen«, auf Ihre »Instrumente« bzw. Ihren Körper zu hören und ihn richtig einzusetzen. Dabei geht es hauptsächlich darum, das richtige Trainingsmittel zur richtigen Zeit und in der richtigen Dosierung anzuwenden. Ziel soll es sein, auch hier die Harmonie von Trainingsbelastung und -erholung zu finden. Die Einseitigkeit und die zu hohe Belastung in Training und Alltag können längerfristig zu Leistungsabbau und Problemen führen. Die Übergänge vom Spitzen- zum Breitensport sind in allen Sportarten fließend und nicht immer einfach erkennbar. Trotzdem bestehen große Unterschiede zwischen dem gesundheitsorientierten Sporttreiben und dem Hochleistungssport. Wo hört der Fitneßsport auf, und an welchem Punkt beginnt der Spitzensport? Der gesundheits- und fitneßorientierte Biker kann von den Erfahrungen und Ratschlägen des Spitzensportlers profitieren, um seine meist knapp bemessene Trainingszeit systematischer und zielgerichteter einzusetzen. Vor allem in den Bereichen Verletzungsvorbeugung und Ausgleichstraining kann aber auch der leistungsorientierte Mountainbiker vom Gesundheitssportler lernen. Letztendlich ist alles eine Frage der persönlichen Einstellung und Interpretation.

Spaß, Können und harter Leistungssport: Das Mountainbike ist für alle da.

Mit schweren Clunkers einiger kalifornischer Freaks begann die unglaubliche Geschichte des Mountainbikes.

»Wieviel Sport **benötigt** mein Körper?« fragt sich der Gesundheitssportler. »Wieviel Sport **verträgt** er?«, das versucht der Spitzensportler herauszufinden. Mit diesen grundsätzlichen Fragen sollten sich alle Sportler irgendwann einmal auseinandersetzen. Hört der Fitneßsport dort auf, wo die Belastungen anfangen, ungesund zu werden? Wir glauben, daß jeder Leistungssportler intuitiv weiß, daß weniger vielfach mehr wäre. Um immer neue persönliche Bestleistungen zu erbringen, ist in jedem Fall ein zielgerichtetes und leistungsorientiertes Training notwendig.

Die Grenzen der Belastbarkeit von Körper und Geist müssen dabei aber immer rechtzeitig erkannt werden, denn gesund und leistungsfähig zu bleiben ist schwieriger, als es zu werden!

Prolog
Die unglaubliche Geschichte des Mountainbikes

Schon seit dem Bestehen des Zweirades beschränkte sich dessen Einsatzbereich nicht nur auf guten Straßenbelag. Auch früher bewegte man sich gern im Gelände. Zu Beginn des 20. Jahrhunderts wurden bereits Cross-Rennen ausgetragen. Mit der Herstellung großvolumiger Reifen Anfang der dreißiger Jahre wurde es noch leichter, sich abseits von großen Straßen zu bewegen. Die Entwicklung des heutigen Mountainbikes nahm aber erst in den frühen siebziger Jahren, im Land der unbegrenzten Möglichkeiten, ihren Anfang.

Cruisers, Ballooners und Clunkers

In Marin County, California, unmittelbar nördlich der Golden Gate Bridge von San Francisco, ragt der Mount Tamalpais (Mt. Tam) aus dem Ozean. Er war Trainingsgelände einer Gruppe eingefleischter Bike-Freaks, die mit ihren sogenannten Cruisers, Ballooners oder Clunkers die endlosen Forstwege unsicher machten. Die »Bikes« (Schwinn-Modelle der dreißiger bis fünfziger Jahre) waren mit nur einem Gang, Rücktritt, breitem Lenker und Stahlfelgen mit großvolumigen Reifen ausgerüstet. Die Bike-Pioniere Gary Fisher, Charly Kelly, Joe Breeze und Tom Ritchey sorgten dafür, daß sich dieser Spaß zu einer richtigen Massensportart weiterentwickelte. Gary Fisher beschäftigte sich als erster mit der Montage eines Kettenwechslers, um mehrere Gänge für das Bergauffahren zur Verfügung zu haben. Die verbesserten Übersetzungen waren aber nur ein Mittel zum Zweck. Das Wichtigste war immer noch die Mt.-Tam-Abfahrt. Im September 1976 organisierte Charly Kelly zum ersten Mal das legendäre »Repack Downhill«. Nach jedem Abfahrtslauf mußte der Rücktritt zerlegt und neu geschmiert werden, weil das Schmierfett vom vielen Bremsen ausbrannte. Daher kam der Name »Repack«. Kelly war weniger ein Tüftler, aber mit seinen Publikationen im »Outside Magazine« 1979 und der Herausgabe des ersten Mountainbike-Szeneblattes »Fat Tire Flyer« maßgeblich daran beteiligt, dem neuen Sporttrend aus Kalifornien Bekanntheit zu verschaffen. Joe Breeze war der Dritte im Bunde. Er entwickelte im September 1977, als die alten Schwinn-Rahmen den steigenden Anforderungen nicht mehr standhielten, einen neuen Rahmen. Dieser Stahlrahmen hatte in Konstruktion und Geometrie große Ähnlichkeit mit den heute erhältlichen Mountainbikes und wurde deshalb zum Prototyp. Joes Bike-Kumpels waren davon so begeistert, daß er für sie bis Mitte 1978 neun weitere Modelle herstellte.

The Ritchey Mountain Bike

Zu dieser Zeit hatte der 21jährige Tom Ritchey einen guten Namen im Rennrahmenbau. Er hatte große Erfahrung in diesem Bereich, denn schon als 14jähriger hatte er seine ersten Rahmen gefertigt. Von Joe Breeze inspiriert, baute er Ende 1978 seine ersten Mountainbikes. Dies bewegte Fisher und Breeze 1979 dazu, eine Firma unter dem Namen »Ritchey Mountain Bikes« zu gründen. Das war die Erfindung des Wortes Mountainbike! Da noch nichts Gleichartiges erhältlich war, mußten einzelne Komponenten wie Lenker, Vorbau, Sattelstütze und Tretlagergarnitur selbst hergestellt werden. Andere Teile, wie zum Beispiel die 18-Gang-Suntour-Schaltung, wurden aus dem Touring-Bereich übernommen. Das Ritchey Bike wog 17 Kilogramm. Bis Ende 1979 wur-

Mountainbiking – Geburt einer neuen Disziplin

1983 wurde erstmals unter der Bezeichnung Norba (National Offroad Bicycle Association) eine US-Meisterschaft ausgetragen

den davon 400 verkauft. Die Verbreitung des Mountainbikings beschränkte sich aber immer noch auf das nördliche Kalifornien. Im Januar 1980 wurde das »Ritchey Mountain Bike« an der internationalen Bike Show in Annaheim vorgestellt. Es eroberte die Titelseite des »Bicycling Magazine«, einer renommierten amerikanischen Fachzeitschrift, und löste im ganzen Land große Begeisterung aus. Mike Sinyard, Gründer und Inhaber der Firma »Specialized«, erkannte die Chance, kaufte vier von Ritcheys Bikes und schickte drei davon nach Japan in die Massenproduktion. Das Resultat war der »Stumpjumper« (siehe Kap. »Geschichte«), der 1981 auf den Markt kam. Fisher und Kelly trennten sich 1983 von Ritchey, um wie viele andere ihr eigenes Geschäft zu starten. Der Anfang einer Entwicklung mit Schneeballeffekt war gemacht. Heute ist der Mountainbikesektor einer der wirtschaftlich wichtigsten Bereiche der Fahrradbranche.

Vom Fun- zum Olympiasport

Parallel zur Geschichte des Mountainbikes hat auch der Rennsport seinen Anfang in den Vereinigten Staaten genommen. Bald nach dem Verkauf der ersten Mountainbikes in Kalifornien folgten die ersten Wettkämpfe. Im Gegensatz zum legendären »Repack Downhill« war Anfang der achtziger Jahre eine große Strecke von bis zu 50 Kilometern zu bewältigen, genannt Cross-Country. 1983 wurde erstmals unter der Bezeichnung Norba (National Offroad Bicycle Association) eine US-Meisterschaft ausgetragen. Eine Frau machte damals Furore, weil sie mit den Männern durchaus mithalten konnte und so die ersten drei Jahre mit Leichtigkeit zum Damentitel kam. Gemeint ist Jacquie Phelan, die mit ihrer journalistischen Tätigkeit und der Gründung der Frauen-MTB-Gruppe Wombats (Women's Mountain-Bike and Tea Society) hauptverantwortlich für die Etablierung des Frauenradsports in den USA ist und war. Daher rührt auch ihr Spitzname »The Lady of Mountain-Biking«.

Parallel zum boomenden Markt bildeten sich langsam die besten Profi-Teams, allen voran dasjenige von »Specialized« mit Ned Overend, der in diesem Sport Geschichte schrieb. Er dominierte nicht nur die Norba Nationals von 1986 bis 1992, sondern war auch Weltmeister der Union Cycliste Internationale (UCI) 1990 sowie Bronzemedaillengewinner 1991, und mit seinem 2. Rang im Weltcup von 1994 zählt dieser Biker der ersten Stunde noch immer zur absoluten Weltspitze. Zudem entschied er 1987 das erste große Rennen auf europäischem Boden, die inoffizielle Weltmeisterschaft im französischen Villard de Lans, für sich. 1988 kam dann der Stein auch in Europa richtig ins Rollen. Der deutsche Elektronikhersteller Grundig organisierte unter der Bezeichnung Grundig Challenge Cup eine Serie von Rennen in ganz Europa, die 1991 ihre Fortsetzung im Grundig Worldcup fand. Dem Engagement von Grundig ist es zu verdanken, daß Mountainbiking so rasch »salonfähig« wurde.

Durch professionelle Organisation und Belieferung der Fernsehstationen mit spektakulären Bildern aus eigener Produktion nahm die Medienpräsenz laufend zu. In Europa gab es neben der Weltmeisterschaft auch erstmals eine Europameisterschaft. Beide Wettbewerbe wurden in der Schweiz ausgetragen. In den USA dehnten sich die Norba Nationals zur Serie aus, und neue Disziplinen wie Trial (Hindernisparcours), Hillclimb (Bergrennen), Dualslalom (Parallelslalom) und Downhill (Abfahrt) wurden eingeführt. Letzteres entwickelte sich zur spektakulären Spezialdisziplin, was später gar die Mountainbikeszene

Erster Cross-Country-Mountainbike-Weltmeister der Geschichte: Oldie Ned Overend siegte 1990 in Durango/USA.

in zwei Lager zu spalten vermochte. Im Gegensatz zu heute gingen die Fahrer damals in allen Disziplinen an den Start, da es auch eine Wertung für den Gesamtsieger eines Wochenendes gab. So ging auch der Stern des ehemaligen BMX-Fahrers John Tomac auf, der sich in allen Sparten zu Hause fühlte. Bereits als 18jähriger verkörperte er den vollkommenen Mountainbiker, was ihm haufenweise Werbeverträge einbrachte. Als einer der wenigen, die heute noch Downhill und Cross-Country praktizieren, ist »Mr. Mountain-Bike« nach wie vor das Idol Nummer eins der Jugend.

Bei den Damen machten zu dieser Zeit Silvia Fürst und Susi Buchwieser den Sieg jeweils unter sich aus, während in Amerika Sara Ballantyne dominierte. Zum letzten Mal gab es 1989 inoffizielle Weltmeisterschaften, dafür gleich zwei: eine in Spa, Belgien, und eine in Mammoth Lakes, Kalifornien. 1990 nahm die UCI Mountainbikerennen neben Straßen- sowie Bahn- und Querfeldeinradrennen in ihr Programm auf. Im September trafen sich 24 Nationalteams in Durango, Colorado, zur ersten offiziellen Weltmeisterschaft. Medaillen gab es für die ersten drei im Cross-

Country (CC) und im Downhill. Die Sieger in Trial, Bergrennen und Parallelslalom blieben ohne Titel.

Markant für dieses Jahr war auch der Fortschritt auf dem Materialsektor. Rock Shox beglückte die Rennszene mit einer Teleskop-Federgabel, Shimano führte seine beidseitig bedienbaren Klickpedale ein, und Barends (Lenkerhörnchen) wurden auf die Rennbikes montiert. Mit je fünf Rennen in Europa und in Amerika kam 1991 der Grundig Worldcup zur Uraufführung. Mit dem Gewinn sowohl des Weltcups als auch der Weltmeisterschaft in Italien erlebte John Tomac trotz eines Abstechers in den Straßenrennsport den absoluten Höhepunkt seiner bisherigen Karriere.

Mountainbike/Cross-Country wird olympisch

Das Jahr 1992 wurde das Jahr der Europäer. Silvia Fürst holte den Cross-Country-Weltmeistertitel in die Schweiz. Henk Djernis aus Dänemark wurde zum ersten Mal Weltmeister – er wiederholte diese Leistung noch zweimal, was einer bisher und vielleicht für immer unerreichten Serie gleichkommt. Und schließlich entschied Thomas Frischknecht nach drei Vizeweltmeistertiteln (1990–92) den Weltcup für sich. Somit brauchten die Europäer den Kräftevergleich mit den Amerikanern nicht mehr zu fürchten. Einzig das Damen-Cross-Country blieb auch in jüngster Zeit die Domäne einer Amerikanerin, Juliana Furtado. Die Doppelweltmeisterin (Cross-Country 1990, Downhill 1992) gewann 1993 und 1994 90 Prozent aller Weltcuprennen. In der Abfahrt wurde 1993 der Grundig Downhill Worldcup eingeführt. Beide Titel gingen durch Regina Stiefl und Jürgen Beneke nach Deutschland.

Zum Abschluß der Saison geriet der Mountainbikesport bei der Weltmeisterschaft in Métabief (Frankreich) leider arg ins Zwielicht. Zwar fand das Abfahrtsrennen vor einer noch nie dagewesenen Kulisse von 80 000 Zuschauern statt, die eine Supershow der Downhiller geboten bekamen, doch das Cross-Country endete in einer Schlammschlacht auf einem durch Regenfälle aufgeweichten Sumpfkurs. Gerade weil die Medien in Europa riesiges Interesse an dieser Weltmeisterschaft zeigten, wurde das Cross-Country in ein falsches Licht gerückt und konnte sich nicht im wahren Kleid präsentieren. Trotzdem wurde noch während der Weltmeisterschaft bekanntgegeben, daß Mountainbiking (CC) vom IOC für Atlanta 1996 ins offizielle Olympiaprogramm aufgenommen werden sollte. Das bedeutete den definitiven Durchbruch in der Sportwelt. Kritische Stimmen, Mountainbiking sei nur ein Boom, verstummten plötzlich, und die zu Anfang noch belächelten Fun-Sportler wurden von nun an als Spitzensportler anerkannt. Nicht nur bei den Medien wuchs in der Folge das Interesse am Mountainbiking nochmals stark an. Auch Sponsoren, die nicht aus der Fahrradbranche kamen, meldeten sich. Dies zog auch eine Expansion der Wettkämpfe nach sich. Etappenrennen wie die Tour de Suisse MTB, die Hawaii Tour und die Vuelta in Spanien kamen hinzu, und 1994 wurde Australien in den Weltcup aufgenommen. Cross-Country und Downhill spezialisierten sich. Die vollgefederten Bikes sind heute aus dem Downhill-Bussineß kaum mehr wegzudenken. Die dadurch aggressiver gewordene Fahrtechnik erfordert ein besonderes Training und spezielles Material, was es Cross-Country-Fahrern erschwert, Downhill-Rennen zu bestreiten. Hingegen verschreiben sich die Downhiller gern mal dem immer mehr aufkommenden Parallelslalom.

Es bleibt zu hoffen, daß die verschiedenen Disziplinen die Rennszene nicht zu arg auseinanderreißen. Doch mit Olympia als Schaufenster sind erst recht keine Grenzen mehr gesetzt.

Das positive Image des Mountainbikings wurde auch von den Medien erkannt und gefördert.

MTB-Racing in Zahlen

1983	Norba CC (USA)	Steve Tilford (USA)	Jacquie Phelan (USA)
1984	Norba CC (USA)	Joe Murray (USA)	Jacquie Phelan (USA)
1985	Norba CC (USA)	Joe Murray (USA)	Jacquie Phelan (USA)
1986	Norba CC (USA)	Ned Overend (USA)	Cindy Whitehead (USA)
1987	Norba CC (USA)	Ned Overend (USA)	Lisa Muhich (USA)

1987 Weltmeisterschaft in Villard de Lans, Frankreich
 Ned Overend (USA) Mary Lee Atkins (USA)

1988 Weltmeisterschaft in Avinona, Schweiz
 Mike Kloser (USA) Sara Ballantyne (USA)
 Europameisterschaft in Davos, Schweiz
 Denis Noel (F) Silvia Fürst (CH)
 Grundig Challenge Cup
 Raymond Desonnay (B) Susi Buchwieser (D)

1989 Euro-Weltmeisterschaft in Spa, Belgien
 John Tomac (USA) Sara Ballantyne (USA)
 Weltmeisterschaft in Big Beak Lake, Kalifornien (USA)
 CC Don Myrah (USA) Sara Ballantyne (USA)
 DH Greg Herbold (USA) Chris Culver (USA)

Europameisterschaft in Anzère, Schweiz
    Roger Honegger (CH) Silvia Fürst (CH)
Grundig Challenge Cup
    Volker Krukenbaum (D) Susi Buchwieser (D)

1990 UCI-Weltmeisterschaft in Durango, USA
 CC   Ned Overend (USA) Juliana Furtado (USA)
 DH   Greg Herbold (USA) Cindy Devine (CAN)
 Europameisterschaft (4 Läufe) in Châteaux d'Eux/Villars (CH), Graz (A), Asagio (I), Ramatuel (F)
    Albert Iten (CH) Silvia Fürst (CH)
 Grundig Challenge Cup
    Mike Kluge (D) Sara Ballantyne (USA)

1991 Weltmeisterschaft in Il Ciocco, Italien
 CC   John Tomac (USA) Ruthie Matthes (USA)
 DH   Albert Iten (CH) Giovanna Bonazzi (I)
 Europameisterschaft in La Bourboule, Frankreich
    Erich Übelhart (CH) Chantal Daucourt (CH)
 Grundig Worldcup
    John Tomac (USA) Sara Ballantyne (USA)

1992 Weltmeisterschaft in Bromont, Kanada
 CC   Henk Djernis (DK) Silvia Fürst (CH)
 DH   Dave Cullinan (USA) Juliana Furtado (USA)
 Europameisterschaft in Mollbrücke, Österreich
 CC   Erich Übelhart (CH) Silvia Fürst (CH)
 DH   Jürgen Sprich (D) Susi Buchwieser (D)
 Grundig Worldcup
    Thomas Frischknecht (CH) Ruthie Matthes (USA)

1993 Weltmeisterschaft in Métabief, Frankreich
 CC   Henk Djernis (DK) Paola Pezzo (I)
 DH   Mike King (USA) Giovanna Bonazzi (I)
 Europameisterschaft in Klosters, Schweiz
 CC   Thomas Frischknecht (CH) Chantal Daucourt (CH)
 DH   Jürgen Sprich (D) Giovanna Bonazzi (I)
 Grundig Worldcup
 CC   Thomas Frischknecht (CH) Juliana Furtado (USA)
 DH   Jürgen Beneke (D) Regina Stiefl (D)

1994 Weltmeisterschaft in Vail, USA
 CC   Henk Djernis (DK) Alison Sydor (CAN)
 DH   François Gachet (F) Missy Giove (USA)
 Europameisterschaft in Métabief, Frankreich
 CC   Albert Iten (CH) Paola Pezzo (I)
 DH   Nicolas Vouilloz (F) Caroline Chausson (F)
 Grundig Worldcup
 CC   Bart Brentjens (NL) Juliana Furtado (USA)
 DH   François Gachet (F) Kim Sonier (USA)

Gesundheits- oder Leistungssport?

Voraussetzung für eine optimale Trainingsgestaltung im MTB ist die Anpassung und Umsetzung der allgemeingültigen Trainingsgrundsätze auf die eigenen individuellen Bedürfnisse. Dabei spielen die individuellen körperlichen Voraussetzungen sowie die persönlichen Motivationen und Erwartungen an diese Sportart eine entscheidende Rolle.

Die folgende Fragestellung hilft dem Biker, seine Bedürfnisse besser kennenzulernen:

Warum ausgerechnet Mountainbike?
- Naturerlebnis, in der Gruppe oder alleine
- Reiz des »High-Tech-Sportgeräts« Mountainbike
- Freude an den eigenen technischen und spielerischen Fertigkeiten
- Neue Möglichkeit des körperlichen Trainings

Beim leistungsorientierten Sportler geht es grundsätzlich darum, die Schwächen zu beseitigen und die Stärken aufzubauen. Alle leistungsbestimmenden Faktoren müssen möglichst gleichmäßig in die Trainingsplanung mit einbezogen, weiterentwickelt und optimiert werden. Doch im heutigen Leistungssport gibt es keine Allgemeinrezepte. Das Training, die Betreuung und das Material müssen bestmöglich auf den einzelnen Athleten abgestimmt werden.

Beim Freizeitsportler steht hingegen die Freude und Lust am Mountainbikesport im Vordergrund. Dieser Fahrergruppe geht es in erster Linie darum, persönliche Erfolgserlebnisse zu erzielen. Sehr wichtig hierbei ist die Kunst des gesundheitsfördernden und ganzheitlichen Trainings.

Die verschiedenen Leistungsbereiche teilen sich auf in:

- Leistungsorientierter Rennfahrer
- Polysportiver, leistungsorientierter Rennfahrer
- Gesundheitsorientierter Fitneßsportler
- Gesundheitsorientierter Radtourist
- Downhiller/BMX-Fahrer
- Jugendlicher Mountainbiker

Leistungsorientierter Rennfahrer

Der leistungsorientierte Rennfahrer ist ein Wettkampftyp mit überdurchschnittlich guten körperlichen Voraussetzungen und guter Trainingserfah-

Überdurchschnittliche körperliche Voraussetzungen und lange Trainingserfahrung halfen der Amerikanerin Juliana Furtado, eine der besten Bikerinnen der Welt zu werden.

Ob allein oder in der Gruppe, Biken in der Natur fordert, aber bringt auch Fitneß.

rung, vielfach auch in anderen Ausdauersportarten. Er trainiert sehr umfangreich im Ausdauer- und Kraftbereich und verfügt über ein gutes Körpergefühl und andere hochentwickelte Leistungsfaktoren.

Polysportiver, leistungsorientierter Rennfahrer

Er trainiert ebenfalls nach Trainingsplänen, und auch für ihn steht die Verbesserung der persönlichen Bestleistung im Vordergrund. Bei diesem emotionalen Typ ist die Abwechslung im Training sehr wichtig für Motivation und Leistung. Er trainiert vielseitig. In der Aufbauphase, wo nicht nur sportartspezifisch trainiert werden muß, versucht er, die verschiedenen Konditionsfaktoren mit anderen, ergänzenden Trainingsmitteln abzudecken. In diese Kategorie gehören auch körperlich nicht stark belastbare Athleten, denen zur Verletzungsvorbeugung eine möglichst vielseitige Trainingsbelastung empfohlen wird.

Gesundheitsorientierter Fitneßsportler

Fitneß, Mountainbiking in der Gruppe oder allein, Bewegung und Spaß in freier Natur, Ausgleich zum Alltag, Wohlbefinden, keine oder nur selten Wettkämpfe, das sind die Bedingungen, die man erfüllen muß, um sich zu dieser Kategorie zählen zu können.

Gesundheitsorientierter Radtourist

»Sport ist nicht nur etwas für Sieger« gilt für die Fahrer dieser Gruppe. Der gesundheitliche Wert eines regelmäßigen sportlichen Trainings steht im Mittelpunkt. Mountainbiking kann auch ohne Leistungsplanung und in Kombination mit anderen Aktivitäten großen Spaß und ein gutes Lebensgefühl vermitteln.

Downhiller/BMX-Fahrer

Der Abfahrer oder Trickfahrer ist der Techniker unter den Mountainbikern.

Material und Fahrtechnik werden bei ihm großgeschrieben. Der Downhiller ist ein eher gefühlsbetonter und emotionaler Athlet. Sein Training ist spielerisch und lustbetont aufgebaut. Er ist nicht unbedingt ein Liebhaber einer konsequenten Trainingsplanung. Vor allem der leistungsorientierte Abfahrer kennt die positiven Auswirkungen eines regelmäßigen Ausdauer- und Krafttrainings auf die Fahrtechnik und das persönliche Wohlbefinden. Trotzdem kopiert er nicht die Trainingspläne eines Cross-Country-Fahrers, sondern trainiert individuell und zielorientiert.

Jugendlicher Mountainbiker

Wegen der großen Begeisterungsfähigkeit Jugendlicher ist auf die Vermeidung von Überlastungen zu achten (siehe »Jugendtraining«, S. 352).

Motivation und persönliche Zielsetzungen können sich im Laufe der Zeit ändern. Die Trainingsbelastungen sollten deshalb laufend angepaßt werden.

Viele ausgezeichnete Mountainbiker kommen aus dem BMX-Lager, wo man hervorragend lernt, das Bike zu beherrschen.

Beim Downhill – hier Alison Sydor – spielen Kondition, Fahrtechnik und Material eine große Rolle.

Trainingsarten

Spezifisches Training führt zu spezifischen Veränderungen im Körper, d.h. zu ganz verschiedenen Anpassungen, die mit dem durchgeführten speziellen Training in engem Zusammenhang stehen (siehe Kap. »Trainingslehre«).

Ausdauer

Mountainbiking ist eine spezielle Mischform von sehr intensiven (Aufstiege) und eher gemäßigten (Abfahrten) Belastungen. Diese typischen Wechselverhältnisse stellen spezielle Anforderungen an die Muskulatur, das Herz-Kreislauf-System und die verschiedenen Stoffwechselsysteme.

Der Ausdauer kommt deshalb auch im Mountainbiketraining eine sehr hohe Bedeutung zu. Eine gute Ausdauer kann folgende Aufgaben erfüllen:

- längstmögliche Aufrechterhaltung einer hohen Belastungsintensität in Training und Wettkampf
- Verbesserung der *physischen* und *psychischen* Belastungsverträglichkeit bei umfangreichen Trainings- und Wettkampfbelastungen
- Stabilisierung von Fahrtechnik und Konzentrationsfähigkeit, auch über einen längeren Zeitraum
- gute Erholungsfähigkeit

Vor allem der leistungsorientierte Fahrer ist bei den harten Trainingseinheiten überfordert. Eine ausgeprägte Grundlagenausdauer bildet die Basis für diese intensiven Belastungsreize. Die positiven körperlichen Anpassungen regelmäßigen Sporttrainings sind beim richtig dosierten Ausdauertraining am größten. Auch der Fitneß- und Gesundheitssportler trainiert deshalb möglichst viel im Ausdauerbereich, um seine Fitneß und seine Leistungsfähigkeit zu verbessern und zu stabilisieren. Der Spitzensportler dagegen investiert einen großen Teil seiner Trainingszeit in diesen Bereich, um die (hoch)intensiven Trainings- und Wettkampfbelastungen besser wegstecken zu können. Die Ausdauer ist damit für Fahrerinnen und Fahrer aller Leistungskategorien der wichtigste Konditionsfaktor. An ihm sollte am zeitaufwendigsten gearbeitet werden. Investieren auch Sie genügend Zeit für Ihr Ausdauertraining, es lohnt sich!

AUSDAUERTRAINING MIT DEM MOUNTAINBIKE

Langsame bis schnelle Ausfahrten mit den »breiten Stollen« sind die natürlichsten und »mountainbikespezifischsten« Bewegungsformen und Belastungsreize. Die Kombination der vier Konditionsfaktoren Ausdauer, Kraft, Beweglichkeit und Koordination mit der Bewegung in der freien Natur macht das Mountainbiking zu einem speziellen Erlebnis. Ob allein oder in der Gruppe, mit dem richtigen Material und einer guten Fahrtechnik ist das Mountainbiking sehr vielseitig und macht Spaß. Eine gewisse Erfahrung, ein ausgeprägtes Körpergefühl, eine gute Steuer- und Pedaliertechnik sind für die optimale Dosierung des Ausdauertrainings und für die Einteilung der Trainingsbelastungen notwendig.

AUSDAUERTRAINING MIT DEM STRASSENRENNRAD

Fahrer mit sehr guter Fahrtechnik, die zielorientiert und sehr umfangreich trainieren, absolvieren einen großen Teil ihres Trainings auf dem Straßenrad. Weltklassefahrer wie Djernis, Kluge und Frischknecht, die sich mit jahrelangem Querfeldeinradtraining eine hervorragende Fahrtechnik angeeignet haben, sind sehr viel auf dem Straßenrennrad anzutreffen. Vor allem die überlangen

Ob allein oder in der Gruppe, mit dem richtigen Material und einer guten Fahrtechnik ist das Mountainbiking sehr vielseitig und macht Spaß

und langsamen oder die erholungsfördernden Ausfahrten werden häufig auf der Straße durchgeführt. Dort sind die Trainingsbelastungen gleichmäßig und einfach zu dosieren. Die Schwächen und Stärken sind aber bei jedem Fahrer anders verteilt, darum sollte man sich nicht mit anderen Athleten vergleichen und deren Trainingspraktiken verallgemeinern. Es gibt viele gute Mountainbiker, die z.B. aus Motivationsgründen oder anderen Überzeugungen nur auf dem Mountainbike trainieren und auch erfolgreich sind. Spaß und Freude am Mountainbiking sollten wegen Trainingsempfehlungen nicht auf der Strecke bzw. auf der Straße bleiben!

Kraft

KRAFTTRAINING

Neben einer guten Ausdauerfähigkeit kommt der Kraft beim Mountainbiking ein hoher Stellenwert zu. Richtiges Krafttraining bewirkt einige interessante muskuläre Veränderungen. Nur mit einem guten Kraftausdauerniveau können kurze oder lange Bergauffahrten möglichst kraftsparend bewältigt werden. Eine gute Kraftausdauerfähigkeit der »radspezifischen Muskelschlinge« (Gesäß- und Hüftmuskulatur, Ober- und Unterschenkelmuskulatur) ist besonders wichtig. Ausdauertraining führt zu einem Absinken der arbeitenden Proteine in den Muskelfasern, während regelmäßiges Krafttraining zu einem Abschwächen der Ausdauerfähigkeit führt. Man unterscheidet zwischen spezifischem und unspezifischem Krafttraining (siehe Kap. »Trainingslehre«). Beim spezifischen Krafttraining sind die Bewegungen ähnlich oder gleich der Wettkampfdisziplin. Beim unspezifischen Krafttraining unterscheiden sich die Bewegungsabläufe von denjenigen im Wettkampf. Allgemein gilt es als sinnvoll, sowohl spezifisches als auch unspezifisches Krafttraining in den Trainingsplan aufzunehmen. Je näher die Wettkampfsaison rückt, desto größer sollte der Anteil des spezifischen Krafttrainings sein.

Die Muskulatur spielt beim Radfahrer, vor allem unter Höchstbelastung, auch eine wichtige Rolle in der Verletzungsvorbeugung. Ein stabiles und gut funktionierendes Muskelkorsett schützt vor allem den Lendenwirbelsäulenbereich vor Überlastungen und hilft, Haltungsschäden vorzubeugen. Um die Beinmuskulatur optimal einsetzen zu können, muß auch der Rumpf ausreichend stabilisiert werden. Sehr viele Rennfahrer klagen während der Rennsaison über Rückenbeschwerden.

Cross-Country-Rennen fordern ein hohes Maß an Ausdauer, Kraft, Beweglichkeit und Koordination.

SPEZIFISCHES KRAFTTRAINING

Kraftausdauertraining auf dem Bike (hier Tinker Juarez) fördert die anaerob-laktazide Komponente der Energiebereitstellung.

Krafttraining auf dem Rad

Das Bergauffahren im Sattel, mit größtmöglicher Übersetzung und extrem niedrigen Umdrehungszahlen (mind. 50, max. 70 U/min), dient der Verbesserung der *Kraftausdauer* und der *Bewegungsschulung*. Beim Training mit erhöhten Widerständen kommt es zu einer Rekrutierung von vorhandenen Muskelfasern. Diese sind unter normalen Trainingsbedingungen »arbeitslos«, da sie bei niedrigeren Widerständen nicht benötigt werden. Zudem kann das bewußte Einsetzen der einzelnen Teile der Muskelschlinge (siehe Kap. »Straßenradsport«) gut geübt werden (evtl. sogar einbeinig). Die Verschiedenheiten der beiden Körperhälften und die deshalb meist einseitigen Kraftübertragungen werden oft erst bei solchen Übungen bemerkt.

Dieses Krafttraining kann als eigenständige Trainingseinheit mit umfangreichem Einfahren gestaltet oder in Ausdauertrainingseinheiten in hügeligem Gelände einbezogen werden. Es ist darauf zu achten, daß der Oberkörper locker bleibt, denn die Kraftleistung erfolgt aus der Hüfte, welche fortwährend stabilisiert werden muß.

Die Zugphase im Tretzyklus (siehe Kap. »Straßenradsport«) ist zu betonen, und ruckartige Bewegungen sind zu vermeiden. Eine hohe Konzentration ist dabei Grundvoraussetzung. Beim geringsten Anzeichen von Überlastung (z. B. Knieschmerzen) ist das Training sofort abzubrechen. Diese Krafttrainingsvariante ist nur für fortgeschrittene Fahrer geeignet und bei Bandscheibenproblemen nicht zu empfehlen.

UNSPEZIFISCHES KRAFTTRAINING

Krafttraining an Geräten

Der Kraftraum und das Fitneßcenter sind moderne und soziale Begegnungsstätten für Sporttreibende. Sie bieten ein gutes Umfeld und eine perfekte, »zeitfreundliche« Infrastruktur. Alles ist unter einem Dach und führt, zusammen mit dem finanziell geleisteten Einsatz, zu einer gewissen Regelmäßigkeit, die beim Krafttraining zu Hause meistens fehlt. Die einzelnen Geräte entsprechen häufig dem neuesten sportwissenschaftlichen Stand und sind nach einer guten

---

Trainingsbeispiele

- 1 × 20 Min. langsames und kontrolliertes Pedalieren auf gleichmäßig ansteigendem und gut befahrbarem Untergrund
  Intensität: niedrig
  Intensitätsstufe: 2 bis 3
- 2 × 10 Min. größtmögliche Übersetzung bei ca. 60 U/min, Pause mindestens 10 Min.
  Intensität: niedrig
  Intensitätsstufe: 2 bis 3
- Paßfahrten, abwechselnd im Sattel und stehend
  Intensität: abhängig von Trainingszustand und -etappe

Einführung durch fachkundiges Personal sicher und einfach zu bedienen.
Die ausgewählten Übungen sollten den Körper insgesamt kräftigen und sportartspezifische Belastungen beinhalten. Vor allem zur Verletzungsvorbeugung eignet sich diese Methode besonders. Aus Platzgründen beschränken wir uns auf bekannte Übungen, die für den Radsportler hilfreich sein können. Dabei darf nicht vergessen werden, daß das richtige Krafttraining als Ganzes betrachtet werden muß und die einzelnen Übungen und Muskulaturen sich gegenseitig ergänzen.

Krafttraining mit einfachen Hilfsmitteln zu Hause

Zu Hause lassen sich vor allem wirksame Übungen mit dem eigenen Körpergewicht und mit nur wenig Platz- und Zeitbedarf absolvieren. Die »Home-Variante« erfordert manchmal eine große Portion Überwindung und Konsequenz. Die Regelmäßigkeit ist dabei sehr wichtig. Am besten wird dieses kurze Krafttraining (ca. 15 Min.) vor oder nach dem eigentlichen Training fest eingeplant.

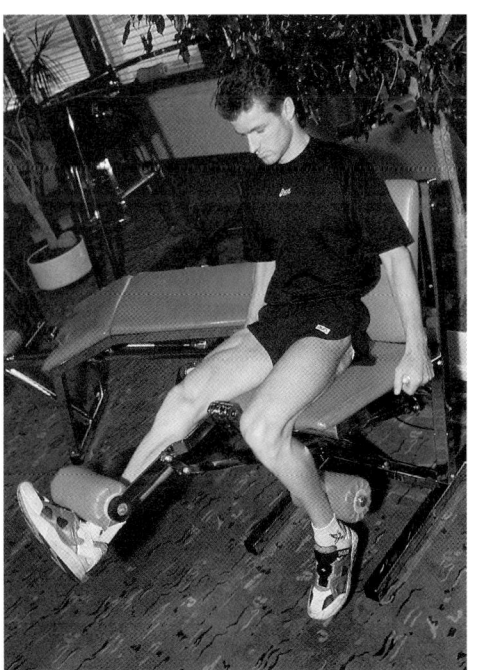

Krafttraining mittels anderer Sportarten

Motivation und Regelmäßigkeit spielen auch im Krafttraining eine wichtige Rolle. Deshalb sollte man das Training seinem Naturell anpassen. Für den polysportiven Typ ist der Kraftraum oft ein Greuel! Mit alternativen und ergänzenden Trainingsmöglichkeiten wie Inline-Skating, Berglaufen, Tiefwasserlaufen usw. kann auch er ein spezielles Krafttraining absolvieren (siehe »Besondere Trainingsmöglichkeiten«, S. 360).

Fahrtechnik und koordinative Fähigkeiten

Eine gute Fahrtechnik ist vor allem für den fortgeschrittenen Fahrer bei technisch anspruchsvollen Trainings- und Wettkampfstrecken ein absolutes Muß. Der beste »Motor« und die kräftigsten Beine nützen wenig, wenn – vor allem in der zweiten Streckenhälfte – zeitraubende Fahrfehler auftreten und nicht wiedergutzumachende Rückstände entstehen.

Die gute Fahrtechnik ist deshalb ein wichtiger, aber meist viel zu wenig ernst genommener Leistungsfaktor. In der Planung des Mountainbiketrainings sollte der Entwicklung einer guten und sicheren Fahrtechnik viel Platz eingeräumt werden. Sie sollte besonders in den Wintermonaten und während der Aufbauphase verbessert werden. Neu- und Quereinsteiger aus anderen Sportarten erkennen die Vorteile von gut entwickelten technischen Fertigkeiten häufig erst, wenn es zu spät ist. In der Hauptsaison werden die Trainingsschwerpunkte auf die wettkampfvorbereitenden Maßnahmen gelegt. Daher bleibt in dieser Periode nur noch wenig Zeit für andere Trainingsinhalte. Fahrer und Fahrerinnen, die auf technisch schwierig zu befahrenden Mountain-

Gezieltes Krafttraining im Fitneßcenter ist die Ergänzung zum spezifischen Krafttraining auf dem Bike und zu Hause.

bike-Parcours fahren oder an technisch anspruchsvollen Wettkämpfen teilnehmen möchten, sollten in diesem Bereich schon möglichst früh mit dem Training beginnen. Der Zeitaufwand für das fahrtechnische Training schlägt sich später in beachtlichen Zeitgewinnen beim übrigen Training nieder. Eine gute Fahrtechnik kann dem konditionell schwächeren Fahrer sogar helfen, seine Nachteile gegenüber dem organisch besser vorbereiteten Fahrer ein wenig auszugleichen. Wie jede andere Trainingsart muß auch das Techniktraining auf das Können des einzelnen abgestimmt und im Schwierigkeitsgrad langsam gesteigert werden. Ein mountainbikespezifisches Techniktraining kann von einfachen Übungen wie Vorderradbremsen, Überfahren kleiner Hindernisse, Hinunterfahren einzelner Treppenstufen, Stillstandversuchen bis zum Fahren auf dem Hinterrad alles beinhalten. Jeder ambitionierte Mountainbiker sollte einen kleinen »Trick« beherrschen.

Die intensive Auseinandersetzung mit den Fahreigenschaften des Bikes und den persönlichen Fertigkeiten ist selbst bei einer einfachen Technikübung Grundvoraussetzung für ihr Gelingen. Bei technisch schwächeren Fahrern können die einfachsten Übungen bereits erhebliche Auswirkungen auf den Fahrstil haben. Stürze verlaufen zwar meist harmlos, aber auch das muß gelernt sein. Selbst der Spitzenfahrer ist gegen Stürze nicht gefeit, denn um seine Fahrtechnik ständig zu verbessern, fährt er im Gelände oft am Limit.

VORDERRADKONTROLLE

Einer der häufigsten Fehler bei Ungeübten und beim Fahren auf anspruchsvollem Untergrund ist die ungenügende Vorderradkontrolle. Anstatt in kritischen Fahrsituationen locker zu bleiben, kontrollierten Körperdruck auf das Vorderrad zu geben und das Bike laufen zu lassen, gerät man in Panik, verspannt sich im Oberkörperbereich und zieht den Lenker nach hinten, und schon ist der Sturz passiert!

VORDERRAD-BREMSTECHNIK

Eine optimale Dosierung der Vorderradbremse hat den Vorteil, daß man in den Abfahrten schneller ist. Die Wirkung der vorderen Bremse ist wesentlich größer als die der hinteren. Das Bremsmanöver vor einer Kurve kann deshalb später eingeleitet und die Höchstgeschwindigkeit länger aufrechterhalten werden. Eine gute Übung, um den optimalen Einsatz der Vorderradbremse zu lernen, ist das Abfahren ohne Betätigen der Hinterradbremse.

Wichtig bei Downhill-Fahrten: Körperschwerpunkt nach hinten verlagern.

MTB-Technik in Bildern und Stichworten

Single Track
- locker bleiben
- Bike »laufen« lassen
- Übersetzung dem Gelände anpassen (relativ hohe Trittfrequenz)
- vorausschauen

Hindernisse und kurze Anstiege
- vorausschauen
- Übersetzung anpassen

Uphill
- bestmögliche Hinterradhaftung
- Vorderradkontrolle: Ellenbogen nach unten drücken
- Kräfte gut einteilen
- konzentrierte Atmung

In Kurven das äußere Pedal nach unten, das innere Pedal nach oben nehmen.

Beim Uphill-Biken sollte man darauf achten, daß das Hinterrad gut am Boden haftet, die Ellenbogen nach unten gedrückt und die Kräfte gut eingeteilt werden.

Uphill, stehend
Die Technik beim stehenden Bergfahren besteht nicht nur aus der Gewichtsverlagerung, wie es häufig praktiziert wird, sondern ist eine Kombination von Beinstreckung (vorderer Oberschenkelmuskel), Gewichtsverlagerung und Armzug am Lenker.

Downhill
- Arme und Beine als Federelemente benützen und locker bleiben
- Körperschwerpunkt je nach Steilheitsgrad nach hinten verlagern
- vorausschauend fahren
- Geschwindigkeit den Verhältnissen und dem eigenen Fahrkönnen anpassen

Kurvenfahren
- Vorderradkontrolle: Gewicht nach vorn verlagern
- äußeres Pedal nach unten drücken
- inneres Pedal hochziehen
- vorausschauend fahren

Hier ein paar konkrete Fahrtechnikübungen für Einsteiger und Geübte. Wichtig: Fahrtechniktraining sollte *regelmäßig* in den Trainingsablauf eingeplant werden. Der Schwierigkeitsgrad kann dann langsam angepaßt und gesteigert werden.

Hüpfen auf der Stelle
Locker auf der Stelle hüpfen ist eine gute und wirksame Gleichgewichts- und Technikübung für Einsteiger. Die Bremsen werden dabei blockiert und beide Räder verlassen und berühren gleichzeitig den Boden.
Schwieriger: Kreishüpfen mit angezogener Vorderradbremse, ohne das Vorderrad anzuheben (ohne Bild).

Hinterradhüpfen
Hinterradhüpfen mit erhöhtem Vorderrad (Bordsteinkante, Stein, ohne Hindernis). Je höher das Hindernis ist, desto mehr wird das Gewicht nach vorn verlagert.

Stillstandversuch
Stillstandversuche auf markiertem Feld eignen sich gut zum Aufwärmen oder als Spiel.

HINDERNISSE ÜBERWINDEN

Überfahren
Das Überfahren von mittleren bis hohen Hindernissen (z. B. Baumstämmen) ist hauptsächlich eine Frage des »Timings«

und der Gewichtsverlagerung. Kurz vor dem Hindernis wird das Vorderrad angehoben, das Gewicht schnell nach vorn verschoben und das Hinterrad nachgezogen (ohne Bild).

Überspringen
Kleinere Hindernisse können mit geringem Kraftaufwand und ungebremst übersprungen werden. »Hüpfen auf der Stelle« ist dafür eine ideale Vorbereitung.

Während eines Rennens (hier Thomas Frischknecht) ist der Mountainbiker ständig Maximalbelastungen ausgesetzt.

Abb. 1
Pulsdiagramm von Thomas Frischknecht beim Mountainbike-Worldcup in Budapest am 7. 5. 1995

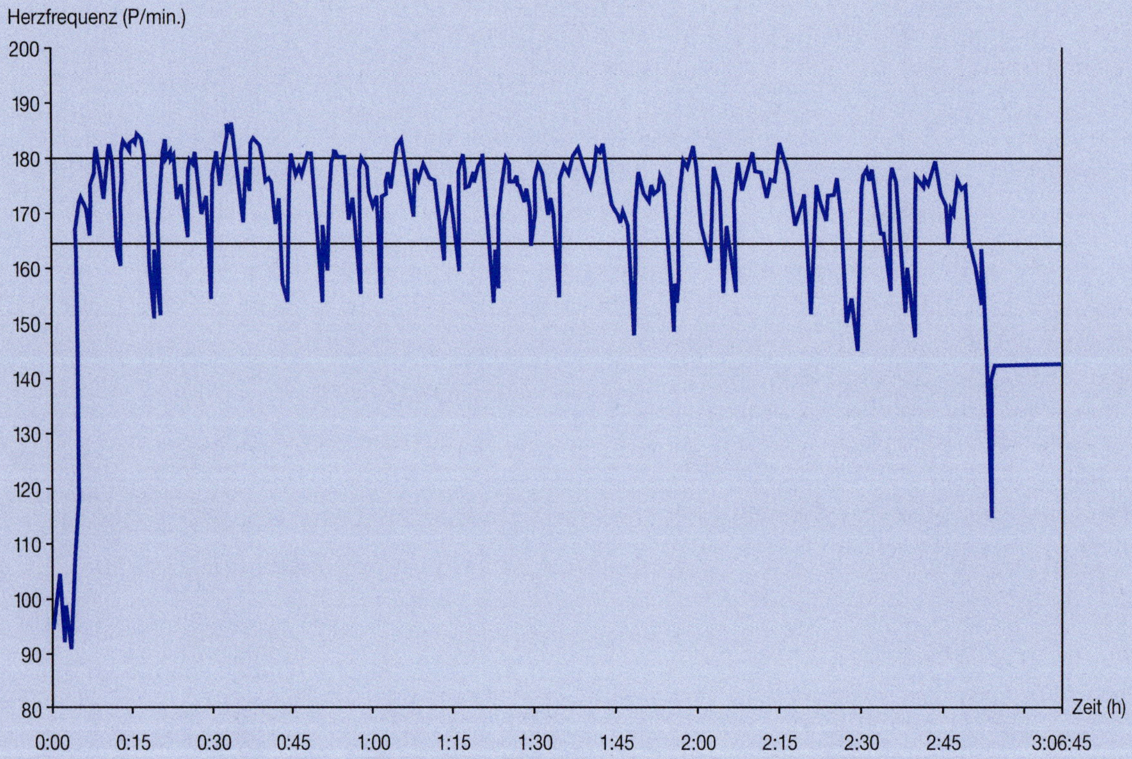

Schnelligkeit

Mountainbiking im Wettkampf hat den Charakter eines fahrtechnisch schwierigen Zeitfahrens, bei dem der Organismus über längere Zeit und möglichst gleichmäßig Maximalbelastungen aufrechterhalten muß. Der Schnelligkeit kommt daher eine eher untergeordnete Bedeutung zu. Vor allem für den nicht leistungsorientierten Radfahrer ist die Schnelligkeit kein leistungsbestimmender Faktor.

Für den Wettkämpfer ist aber eine hohe Geschwindigkeit in den mountainbiketypischen Beschleunigungsphasen, wie z. B. im schnellen Antritt beim Start oder bei der Beschleunigung vor kurzen Anstiegen, von Vorteil.

Trainingsmethoden

Dauermethode

Langzeitausdauer- und Ausdauertraining werden auch im Mountainbikesport mit der Dauermethode trainiert (siehe Kap. »Trainingslehre«). Das Langzeitausdauertraining ist eine spezielle Variante des Ausdauertrainings. Vor allem in der Periode der Stärkung der Grundlagenausdauer wird dieses Trainingsmittel häufig und regelmäßig eingesetzt. Charakteristisch für das Langzeitausdauertraining ist eine geringe Intensität und eine hohe Trainingsdauer. Das Langzeitausdauertraining ist zeitaufwendig und wird deshalb oft an Wochenenden eingeplant. Für Mountainbiker werden in dieser Trainingssystematik langsame Ausfahrten zwischen 2 und 6 Stunden Dauer als Langzeitausdauer-Trainingseinheiten bezeichnet. Sie können auch mit anderen Trainingsmitteln (z. B. Skilanglauf) abgedeckt werden. Lockeres Radtraining von bis zu 2 Stunden Dauer mit ein wenig höherer Intensität wird als Ausdauertraining bezeichnet.

Intervalltraining

Intervalle sind wiederholte Belastungen von 1 bis 10 Minuten Dauer und von hoher Intensität. Intervalltraining fördert die Fähigkeit des Körpers, Sauerstoff während kurzer Abschnitte ziemlich intensiver Belastung zu den Muskelzellen zu transportieren, bevor sich zuviel Milchsäure bildet. Ein regelmäßig durchgeführtes Intervalltraining in flachem sowie hügeligem Gelände ermöglicht, ein subjektives Gefühl für die »Schwelle« auszubilden und diese anzuheben. Der Fahrer lernt, in einem hohen Intensitätsbereich zu trainieren, ohne jedoch die Kontrolle über die Körperfunktionen zu verlieren und den aeroben Zielbereich zu verlassen. Solche harten Trainingseinheiten führen zu einem deutlichen Anstieg der anaeroben Schwelle, wenn die Belastungsintensität von 75% des Maximaleinsatzes nicht regelmäßig überschritten wird. Will man die persönliche Bestleistung verbessern, ist es sinnvoll, ein auf den Gesamtumfang abgestimmtes Intervalltraining in den wöchentlichen Trainingsplan aufzunehmen.

Schwellentraining

Das Schwellentraining oder sogenannte Lactate-threshold-Training dient hauptsächlich dafür, die »Warnzone« des Körpers, die sogenannte anaerobe Schwelle, heraufzusetzen. Eine hohe anaerobe Schwelle ermöglicht dem Athleten das Fahren bei nahezu maximaler Intensität, bevor die aufgrund des Milchsäureanstiegs einsetzende Ermüdung die Leistungsfähigkeit begrenzt bzw. herabsetzt. Die Geschwindigkeit bei diesem Training liegt immer leicht unter der Wettkampfgeschwindigkeit. Die zweite Hälfte der Trainingsstrecke sollte also möglichst mit einer konstanten Geschwindigkeit zurückgelegt werden können. Die Intensität dieser Trainingseinheiten entspricht ungefähr 81 bis 90% der maximalen Herzfrequenz.

Tempotraining

Das Tempotraining ist eine intensive Trainingseinheit von 10 bis 45 Minuten Dauer im Schwellenbereich. Es wird mit Pausen bis zur vollständigen Erholung durchgeführt.

> **Trainingsbeispiel**
> - 2 × 15–20 Min. Intensitätsstufe 4
> - 1 × 45 Min. Intensitätsstufe 4

> Charakteristisch für das Langzeitausdauertraining ist eine geringe Intensität und eine hohe Trainingsdauer

Schwellenintervalltraining

Schwellenintervalle haben eine Belastungszeit von 5 bis 10 Minuten mit 4 bis 10 Wiederholungen. Wegen der kurzen Pausen (1 Min. und weniger) und den verhältnismäßig langen Belastungsphasen sind Geschwindigkeit und Intensität der Schwellenintervalle ein wenig geringer als bei normalen Intervallen.

> **Trainingsbeispiel**
> - 4 × 10 Min. Intensitätsstufe 4
>   1 Min. Pause
> - 8 × 5 Min. Intensitätsstufe 4
>   0,5 Min. Pause

Wettkampftraining

Wettkämpfe eignen sich hervorragend als Trainingseinheiten und sollten als solche bewußt eingesetzt werden.

Das Wettkampftraining ist zur Überprüfung des aktuellen Trainingsstandes sehr gut geeignet. Während der Grundlagenetappe, der Intensitätsetappe, der Etappe der Topform und unmittelbar vor der Wettkampfperiode sollten einige Wettkampfeinheiten eingeplant werden. Dazu eignen sich das Tempotraining, das Schwellentraining und organisierte Wettkämpfe. Sie tragen zur Aufrechterhaltung der Motivation bei und ermöglichen u.a. Verbesserungen bei Technik, Ausrüstung und Taktik. Hierbei sollte der Unterschied zwischen der maximalen und der momentan möglichen Belastung erkannt werden. Der aktuelle Leistungsstand bedingt einen systematischen Aufbau für die anstehenden Höchstbelastungen. Der maximale physische und psychische Einsatz kann immer noch gesteigert werden und wird erst zur Wettkampfperiode verlangt. Diese Art von Kontrollbelastung eignet sich außerdem zur Überprüfung von materialtechnischen Faktoren wie Reifenprofilen, Luftdruck und körpergerechten Abstimmungen am Bike. Zudem erfolgen Tests bezüglich Wettkampfverpflegung, Konzentrations- und Belastungsfähigkeit sowie Fahrtechnik unter erschwerten Bedingungen.

Vorbereitung eines Downhill-Spezialisten: Nach dem Aufwärmen der Muskulatur auf der Rolle konzentriert sich Greg Herbold auf die Wettkampfstrecke.

Rollentraining

Das Rollentraining wird von Querfeldein-, Bahn- und Straßenradfahrern als intensives Trainingsmittel eingesetzt. Dabei können hohe Anforderungen an Schnelligkeit, Schnellkraft und Stehvermögen gestellt werden. Es eignet sich gut als »Schlechtwettertraining«. Vor Langeweile schützt man sich am besten mit Intervalltraining.

Trainingsbeispiel »Stehvermögen«
- 15 Min. Warmfahren, Steigerungsbelastung
- 5 Min. im fünftgrößten Gang
- 4 Min. im viertgrößten Gang
- 3 Min. im drittgrößten Gang
- 2 Min. im zweitgrößten Gang
- 1 Min. im größten Gang
- 5 Min. leichtes Pedalieren zur aktiven Erholung
- evtl. Steigerungsbelastung wiederholen oder 10 Min. Ausfahren

Trainingsbeispiel »Souplesse«
- 15–30 Min. Einfahren
- 3–8 Belastungen von ca. 30 Sek. Dauer mit individueller maximaler Tretfrequenz (mindestens 100 U/min), Pausenlänge nach Gefühl

Die Belastungen sollten ohne großen Krafteinsatz (mit geringem Rollenwiderstand) locker und mit voller Konzentration gefahren werden. Ähnliche »Souplesse-Übungen« können auch innerhalb eines Ausdauertrainings auf nicht zu steil abfallenden Streckenabschnitten gemacht werden.

Konzentrationstraining

Zur Verbesserung der Konzentrationsfähigkeit eignen sich unter anderem spezielle Übungen, wie man sie aus verschiedenen Meditationstechniken (Autogenes Training, Tai-ji, Yoga usw.) kennt. Eine leicht anwendbare und wirksame Konzentrationsübung ist jedoch auch das Training auf dem Mountainbike! Nehmen Sie sich doch einfach einmal vor, die geplante Trainingseinheit mit absoluter Konzentration zu absolvieren. Das heißt, den Kopf hundertprozentig bei der Sache zu haben. No Daydreaming! Sie werden schnell merken, wie anspruchsvoll dies für das Konzentrationsvermögen sein kann. Für solche Konzentrationsübungen eignen sich besonders jedes Training der Intensitätsstufe 4, das Krafttraining auf dem Rad und fahrtechnische Übungen.

Regenerative Maßnahmen

Erholung kann auch Training sein!

In unserem Körper funktioniert ein raffiniertes und zuverlässiges Selbstschutzsystem, um Schäden an Muskulatur und Organismus vorzubeugen. Verspannungen und Verhärtungen sind körpereigene Schutzvorkehrungen, um die überanstrengte Muskulatur und einzelne Körperregionen (z. B. Schultern von Schwimmern, Oberschenkel und Rücken von Radfahrern, Waden von Läufern) zu schonen und zu regenerieren. Werden diese Zeichen nicht genügend beachtet, kann dies zu Funktionsschädigungen und Verletzungen führen. Sie zeigen sich in Form von Entzündungen, chronischen Schmerzen oder in anderen Überlastungssymptomen wie Abgespanntheit, Krankheit, Schlaflosigkeit, Nervosität usw.

Um solche Überlastungserscheinungen zu vermeiden und das Verletzungsrisiko zu verringern, ist ein gewisses Körpergefühl notwendig.

Eine weitere wichtige Voraussetzung zur Vermeidung von überlastungsbedingten Trainingsausfällen ist die systematische Planung eines möglichst vielseitigen Trainings, das laufend angepaßt werden muß. Eine gute Technik und ein optimales Verhältnis von Belastungs- und Erholungsphasen sind außerdem von Bedeutung. Nur mit einer dosierten und angepaßten Erholung ist eine gezielte und mittel- bis langfristig erfolgreiche Leistungsentwicklung überhaupt möglich. Vor allem im belastungsintensiven Mountainbikesport kommt den *regenerativen Maßnahmen* ein wichtiger Stellenwert zu, da diese Möglichkeiten meist nur wenig ausgeschöpft werden. Die im folgenden vorgestellten erholungsfördernden Maßnahmen lassen sich fast überall und ohne Zweitperson durchführen.

Basistraining

Das Fundament für eine gute Erholungsfähigkeit wird eigentlich schon in einem soliden Aufbautraining gelegt. Die dort antrainierte Ausdauerfähigkeit ermöglicht eine rasche Regeneration in den einzelnen Erholungsphasen.

Schlaf

Die einfachste und wirksamste erholungsfördernde Maßnahme ist regelmäßiger und ausreichender Schlaf. Der Tagesablauf unterliegt auch dem Rhythmus von Belastung und Erholung. In der Nacht hat der Organismus Gelegenheit, sein Gleichgewicht wiederzufinden. Der beim Sportler überdurchschnittlich stark strapazierte Hormonstoffwechsel (Recycling von verbrauchten Hormonen, Ausschüttung von Wachstumshormonen) spielt in diesen Ruhephasen eine wichtige Rolle. Acht Stunden Schlaf sind für die nicht sporttreibende Bevölkerung empfehlenswert und stellen für den Sportler das absolute Minimum dar. Der Wert eines regelmäßigen kurzen Mittagsschlafes kann nur immer wieder betont werden.

Warm-up, Cool-down und Stretching – ein Super-Trio

Das *aktive Aufwärmen* dient der Verletzungsvorbeugung und hat eine leistungssteigernde Funktion durch die optimale Vorbereitung auf die bevorstehende Leistung. Durch ein richtiges Aufwärmen werden Energie-, Sauerstoffversorgung, Koordination (Reaktionsfähigkeit und Technik) und Beweglichkeit verbessert. Die Körpertemperatur wird erhöht. Der Sportler kann sich dabei besser auf Training und Wettkampf einstellen und »lernt leichter«. Je besser der Trainingszustand des Sportlers ist, desto mehr Zeit wird das Aufwärmen in Anspruch nehmen. Je älter der Sportler ist, desto langsamer und behutsamer hat das Aufwärmen zu erfolgen. *Passives Aufwärmen* wie Einreibungen und Massagen dürfen nur als ergänzende Maßnahmen betrachtet werden.

Beim *Abwärmen* muß der erregte Organismus gezielt beruhigt und ihm ein schnellstmöglicher Übergang in die wichtige Wiederherstellungsphase ermöglicht werden.

Besonders für den Freizeitsportler gilt der Grundsatz: Nicht erst dann aufhören, wenn man gar keine Energie mehr hat und keinerlei Lust verspürt weiterzumachen! Das Biketraining sollte so beendet werden, daß die Motivation für das nächste Training steigt. Dafür sollte auflockerndes Abwärmen den Abschluß bilden. Beim Radfahrer verkürzt sich die Muskulatur hauptsächlich, weil es zu einer mittleren bis sehr starken Ermüdung der eingesetzten Muskeln kommt. Der Kraftzuwachs der einzelnen Muskelgruppen ist beim Radfahrer einseitig verteilt (z.B. Oberschenkelvorderseite: starke Kräftigung, Oberschenkelrückseite: schwache Kräftigung). Deshalb können Kraftunterschiede der einzelnen Muskelgruppen, sogenannte muskuläre Dysbalancen, die Ursache für Muskelverkürzungen sein. Muskuläre Verkürzungen können sich

Arbeitsmuskulatur des Bikers: Die vordere Oberschenkelmuskulatur sollte häufig gedehnt werden.

*Links:
Die hintere Oberschenkelmuskulatur verkürzt sich häufig – deshalb dehnen.*

*Rechts:
Verspannungen in der Nackenmuskulatur durch Biken. Auch hier hilft dehnen!*

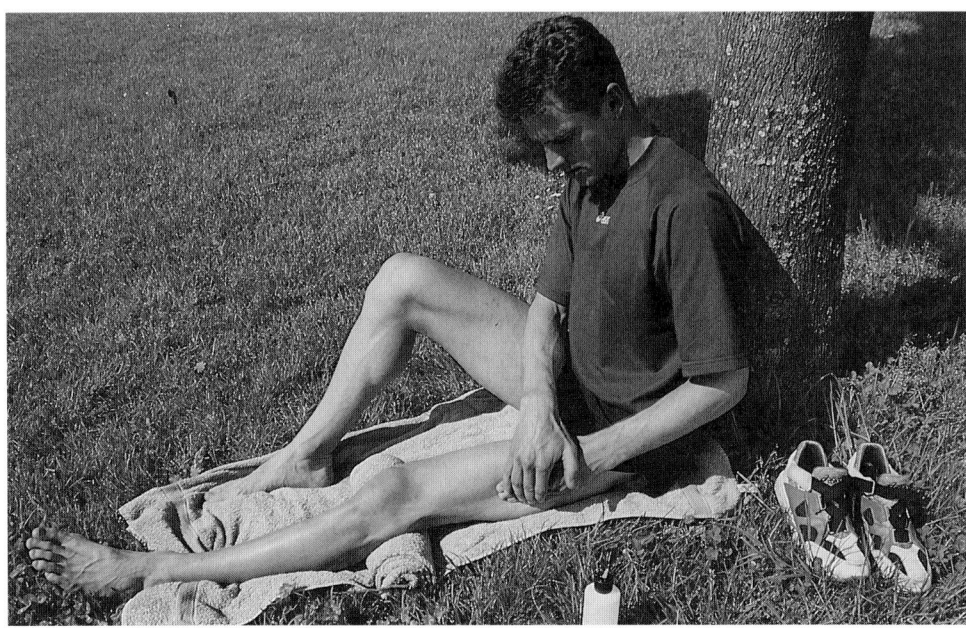

Als regenerative Maßnahme hat sich die Massage bzw. Selbstmassage sehr gut bewährt. Man benötigt wenig dazu: ein Handtuch als Unterlage, ein zusammengerolltes Handtuch in der Kniekehle und ein Fläschchen Massageöl.

beim Radfahrer, vor allem langfristig, als leistungsmindernder Faktor bemerkbar machen. Jede Bewegung aktiviert immer mindestens zwei Muskeln. Beispielsweise werden für das Pedalieren der Strecker (Quadrizeps) und der Beuger (Ischiokruralgruppe) im Oberschenkel benötigt. Spannt sich der vordere Oberschenkelmuskel, um das Bein zu strecken, so muß sich der hintere Oberschenkelmuskel gleichzeitig entspannen und dehnen, um eine Bewegung überhaupt zu ermöglichen. Sind Verkürzungen der hinteren Beugemuskulatur vorhanden, was häufig der Fall ist, kommt es zu einer reduzierten Kraftentfaltung. Die vordere Muskulatur arbeitet sozusagen gegen den Widerstand der hinteren. Ein regelmäßiges radspezifisches Dehn- und Krafttraining kann eine wirksame und vorbeugende Maßnahme gegen muskuläre Ungleichgewichte und Verkürzungen sein.

Ernährung

Eine kohlenhydratreiche Ernährung unmittelbar nach dem Training oder Wettkampf hilft, die entleerten Energiespeicher schnellstmöglich wieder aufzufüllen. Sie ist ein wichtiger Baustein im Wiederherstellungsprozeß. Die Energiespeicher (Kohlenhydrate und Fette) brauchen ungefähr 48 Stunden zur Regeneration. Der Flüssigkeitshaushalt sollte bereits während des Trainings mit Wasser stabilisiert oder spätestens nach dem Training ausgeglichen werden. Nur ein intakter Flüssigkeitshaushalt ermöglicht optimale Körperfunktionen. Weitere wichtige Grundlagen sind im Kapitel »Medizin« zu finden.

Selbstmassage

Eine Massage behandelt im weitesten Sinne nur die Symptome einer Krankheit. Verspannungen oder Verletzungen usw. sind eigentlich nur körperliche Anzeichen von Überlastung. Als regenerative Maßnahme in der Sporttherapie besitzt die Massage einen hohen Stellenwert. Vor allem unmittelbar nach harten Wettkampf- und Trainingseinheiten, bei denen es um die Aufrechterhaltung einer optimalen Durchblutung der belasteten Muskulatur geht, kann die Selbstmassage angewendet werden.

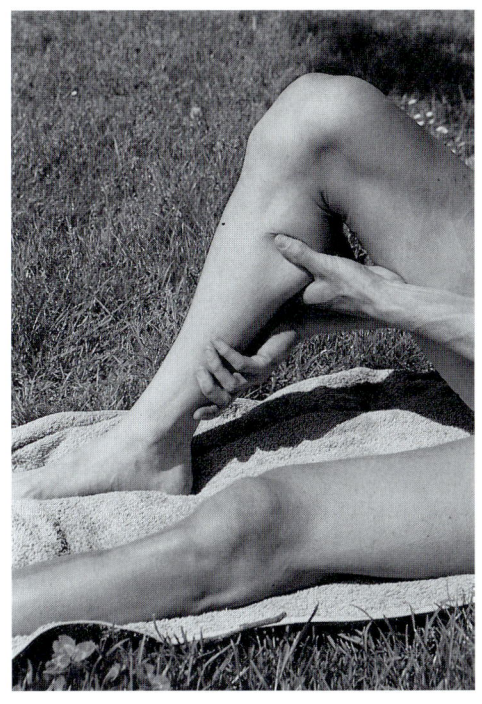
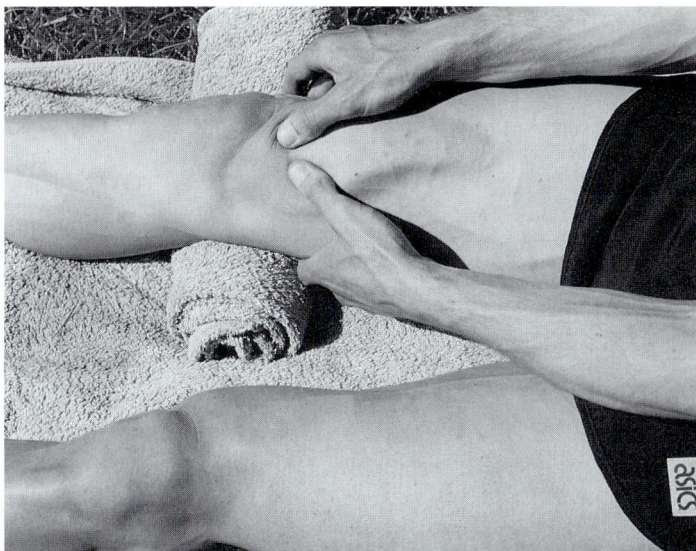

Streichen (links) und Kneten (rechts) sind wichtige Bestandteile der (Selbst-)Massage.

Damit wird die Entschlackung des Körpers beschleunigt, und die neu benötigten Mineralstoffe und Spurenelemente finden über das Bluttransportsystem ihren Weg zum Bestimmungsort. Die Eigenmassage ist orts- und zeitunabhängig. Durch sie können muskuläre Streßsymptome (Verhärtungen, Entzündungen) frühzeitig erkannt werden. Sie bietet fast alle Vorteile der allgemeinen Sportmassage (Durchblutungserhöhung, Resorptionsförderung, Regulierung des Muskeltonus, Wirkung auf das vegetative Nervensystem). Man sollte sich daher Zeit für seinen Körper nehmen.

Kaltwasser-Beinbäder

Die bekannten therapeutischen Wirkungen von Warm- oder Heißwasserbädern werden an dieser Stelle nicht näher erläutert. Eine Therapie mit kaltem Wasser soll hier empfohlen werden. Hat man damit gute Erfahrungen gemacht, kann das Ganze durch Hinzufügen von Eisstückchen noch optimiert werden. Das hört sich viel schlimmer an, als es wirklich ist! Die ersten paar Minuten sind zwar nicht besonders angenehm; hat sich der Körper aber erst an die niedrige Wassertemperatur gewöhnt und sind die nahe der Hautoberfläche liegenden »Gefühlsantennen« ein wenig betäubt, ist das Bad gut auszuhalten. Wichtig dabei ist, daß sich Beine und Füße ganz im Wasser befinden. Das Eintauchen ist am schlimmsten – tief durchatmen und locker bleiben. Empfehlenswert ist eine leichte Lektüre zur Ablenkung. Durch den ca. 3- bis 10minütigen Kältereiz werden die Blutgefäße der Beine stark verengt, was die Durchblutung reduziert. Je stärker sich die Gefäße verengen, desto weiter werden sie anschließend geöffnet, was zu einer extremen Mehrdurchblutung führt. Kaltwasserbäder sind sicher nicht jedermanns Sache, doch zur schnellen Erholung sehr wirksam. Auch hier geht Probieren über Studieren!

Weiter sind folgende erholungsfördernde Maßnahmen zu empfehlen:
- leichte Ausfahrten mit dem Rad
- Sauna
- Alternativsportarten, vor allem Wassersportarten
- trainingsfreie Tage zur Abwechslung und zur Ablenkung

Downhill

Mountainbike-Abfahrer sind keine gescheiterten Cross-Country-Fahrer und auch keine rücksichtslosen Kamikaze-Piloten. In bezug auf Fahrtechnik und Material sind die Downhiller absolute Spezialisten! Die Entwicklung zu einer eigenständigen Mountainbike-Disziplin begann wahrscheinlich 1989 mit der Aufhebung der Kombinationswertung. Durch die Weiterentwicklung des Materials konnte den speziellen Anforderungen immer mehr Rechnung getragen werden. Das Leistungsniveau im Ausrüstungs- und im sportlichen Bereich hat sich seit damals rasant und ungebremst gesteigert. Die heutigen erfolgreichen Downhiller sind fast alle vom Moto-Cross- oder vom BMX-Sport beeinflußt. Ein großer Teil der Downhiller sind Wettkampfsportler, denn für viele Freizeitfahrer ist der Zeit- und Materialaufwand zu hoch.

Für die Hersteller ist der Downhill-Bereich ein willkommenes und ideales Entwicklungs- und Testgebiet. Die Absatzquoten für spezielle Downhill-Produkte sind zwar begrenzt, doch lassen sich die daraus gewonnenen neuen Erkenntnisse mit entsprechenden Anpassungen auch auf das konventionelle Mountainbike umsetzen. Von Spezialisten kann man immer etwas lernen! Für den »normalen« Mountainbiker kann der Downhiller bezüglich Fahrsicherheit und sorgfältiger Materialauswahl ein guter Lehrmeister sein.

Der Materialfrage kommt beim Downhill schon wegen des hohen Verschleißes eine große Bedeutung zu. Das gilt auch für die Schutzbekleidung des Fahrers.

Materialauswahl

Der Materialverschleiß bei den Abfahrten ist sehr hoch. Nur eine perfekte Anpassung des Materials an die verschiedenen Streckenverhältnisse ermöglicht optimale Resultate. Downhiller sind deshalb oft Tüftler und Meister in Materialauslese und -pflege.

Das Downhill-Bike

Der Unterschied zwischen einem Downhill-Bike und einem konventionellen Mountainbike ist beim Aufsitzen oder Probefahren sofort erkennbar. Zu allererst fallen die aufrechte Körperhaltung und die niedrige, nach hinten versetzte Sitzposition auf. Vollfederung gehört heutzutage zum Standard. Dank der zusätzlichen Hinterradfederung kann man auch beim Befahren von technisch schwierigen Streckenabschnitten im Sattel verbleiben und sogar noch beschleunigen. Besondere Rahmengeometrien (kurzes Oberrohr) ermöglichen bei der Fahrtechnik viel mehr Körpereinsatz. Geschwungene Cross-Lenker erhöhen das Sicherheitsgefühl und verhindern ein zu starkes Absinken des Oberkörpers bei starkem Eintauchen der Federgabel.

Die richtige Materialauswahl und damit die individuelle mechanische Betreuung nimmt bei den Downhill-Rennfahrern einen immer wichtigeren Stellenwert ein. Die Entwicklungstendenzen zeigen in Richtung Moto-Cross-Technik, unter Berücksichtigung der Anforderungen im Downhill.

Federung

Federgabel, gefederter Vorbau und Sattelstütze erhöhen den Fahrkomfort und die Sicherheit. Ein optimal gefedertes Rad (Federgabel und Hinterradfederung) erlaubt größere Fahrsicherheit, bessere Kontrolle und höhere Geschwindigkeiten. Viele Vollfederungssy-

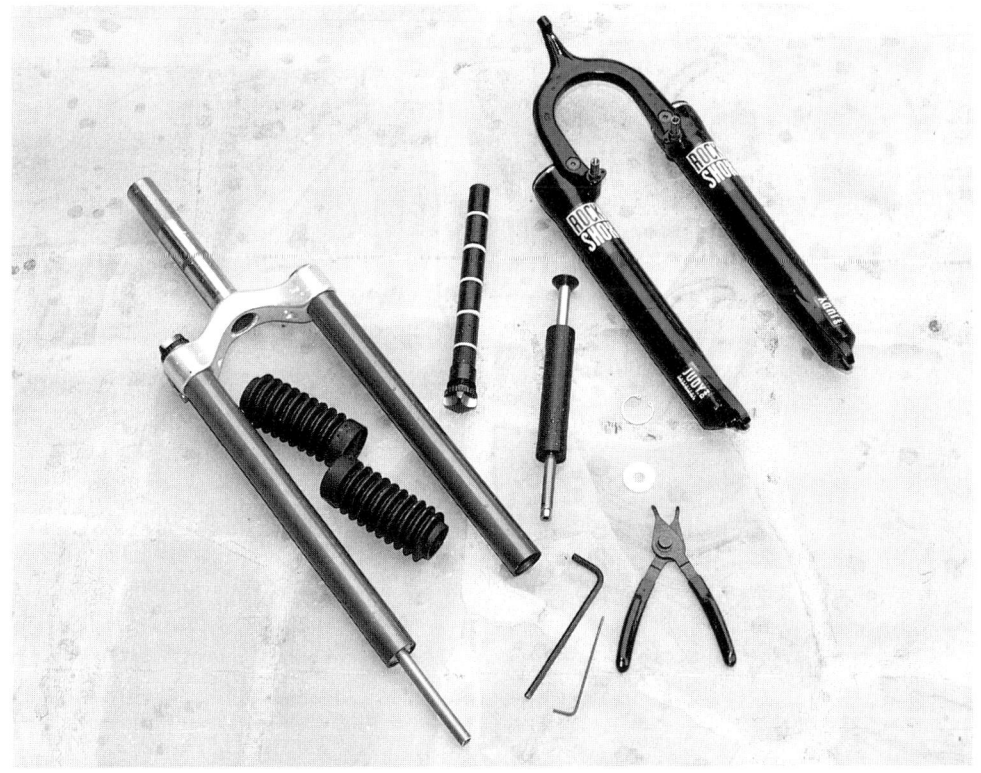

Vollgefederte Bikes sind beim Downhill je nach Strecke von großem Vorteil; unabkömmlich ist auf jeden Fall eine Federgabel. Unter diesen hat sich vor allem eine Kombination aus Elastomeren und Ölkartusche bewährt. Wartung und Abstimmung des Bikes auf die Rennstrecke sollte jeder Downhiller im Griff haben.

steme stecken allerdings noch in der Entwicklungsphase und haben sich im Cross-Country-Bereich noch nicht durchsetzen können.

Bremsen

Bei geübten Abfahrern übernimmt die Vorderradbremse ca. 80% der Bremsarbeit. Die Bremsleistung ist dabei abhängig von Bremsenmodell, Gummimischung der Bremsklötze und Felgenbeschaffenheit. Bremsklötze und Felge bilden eine wichtige Einheit und sollten sorgfältig aufeinander abgestimmt werden. Vor allem im Downhill-Bereich werden vermehrt Hydraulik- und Scheibenbremsen eingesetzt.

Bereifung

Die richtige Wahl der Reifen ist eine Wissenschaft für sich, denn an Vorder- und Hinterrad werden unterschiedliche Anforderungen gestellt. Man unterscheidet zwischen Führungs-(Längs-) und Brems-(Quer-)stollen. Einen hochwertigen Vorderradreifen zeichnen gute Führ- und Bremseigenschaften aus, während von der hinteren Bereifung hauptsächlich ein starker Antrieb erwartet wird. Längsstollen verbessern die Laufeigenschaften, verschlechtern aber die Bremseigenschaften. Querstollen haben einen größeren Rollwiderstand, dafür bessere Bremsleistungen. Sie werden wegen ihres »Selbstreinigungseffekts« oft bei nassem und schwerem Terrain eingesetzt.

Für Mountainbiker, die das Bike als Freizeitgerät und Transportmittel einsetzen, sind profilierte und schmälere Reifen (z. B. 1,9 Zoll) empfehlenswert und ausreichend. Der richtige Reifen-Luftdruck kann von 2,5 bis 4,5 Bar variieren und ist von Gelände, Gewicht des Fahrers und Fahrtechnik abhängig. Im Downhill werden gegen Durchschläge verstärkte Innenschläuche und dicke Reifenwände eingesetzt. Für Cross-Country-Wettkämpfe ist diese Variation aus Gewichtsgründen nicht zu empfehlen. Erfahrung und Materialkenntnisse spielen bei der richtigen Reifenwahl eine große Rolle. Testläufe mit unterschiedlicher Bereifung auf der Trainings- oder Wettkampfstrecke helfen, diese Unterschiede herauszufinden.

Ausrüstung

Wie auch im Cross-Country müssen es im Downhill nicht immer die teuersten Komponenten sein! Wichtig sind stabile Räder. Sie müssen enorme Belastungen ertragen und sind einem hohen Verschleiß ausgesetzt. Ganzkörper-Schutzausrüstung, inklusive Integralhelm und Handschuhen, ist grundsätzlich empfehlenswert. Man sollte beim Kauf eines Mountainbikes keinen Zeitaufwand scheuen und sich in einem spezialisierten Bike-Shop beraten lassen.

Ausdauertraining für Downhill-Spezialisten

Im Downhill-Rennsport herrscht eine enorme Leistungsdichte, welche den Spezialisten zu einem ganzjährigen und zielorientierten Training zwingt. Eine solide Grundlagenausdauer als Baustein für alle anderen Konditionsfaktoren scheint deshalb auch für den Downhiller immer wichtiger zu werden.

Ein unter Wettkampfbedingungen belasteter Organismus kann seine gesamten Körperfunktionen (Konzentrationsfähigkeit, Kraft und Schnelligkeit) nur dann optimal erfüllen, wenn ihm dafür genügend Sauerstoff zur Verfügung gestellt wird. Ausdauertraining mit niedriger Intensität, egal ob auf dem Mountainbike oder auf dem Straßenrad, verbessert das Sauerstofftransportsystem am wirksamsten.

> Man sollte beim Kauf eines Mountainbikes keinen Zeitaufwand scheuen und sich in einem spezialisierten Bike-Shop beraten lassen

Mountainbiking für Frauen

»1985 waren wir nur ein Dutzend Frauen, die gespannt den Startschuß zur nationalen Mountainbike-Meisterschaft in Santa Barbara erwarteten. Danach verdoppelten sich die Teilnehmerzahlen in der Frauenkategorie von Jahr zu Jahr. Es nahmen aber auch immer mehr Männer teil, und so waren wir immer in der Minderheit. Das Verhältnis betrug immer etwa 10:1. 1986 flog ich nach England, um am 5. Man Horse Race in Wales teilzunehmen. Ich wollte alle schlagen, nicht nur die Teilnehmer der Frauenkategorie! Die britischen Mountainbiker hatten zu dieser Zeit eine nicht besonders seriöse Art, sich auf wichtige Rennen vorzubereiten. Körperlich war ich gut vorbereitet, hatte sehr gutes Material zur Verfügung und schockte einen großen Teil der männlichen Teilnehmer. O. K., die Engländer hinkten der MTB-Entwicklung ca. 5 Jahre hinterher. Die Zukunft des Frauensports ist wie das Klima hier in Kalifornien, dunstig und sonnig. Bis zum Jahre 1989 war es noch üblich, daß der Sieger der Männerkategorie mit einem Pick-up-Car belohnt wurde und die Gewinnerin der Damenkategorie nur einen warmen Händedruck erhielt, oder war es ein Mofa? In Zukunft werden auch Wettkämpferinnen die soziale und finanzielle Anerkennung erhalten, die sie verdienen, denn genauso wie die Männer sind auch sie professionelle Entertainer. Für die nicht leistungsorientierten Mountainbiker mit ihren elementaren Bedürfnissen nach körperlicher Aktivität, Naturverbundenheit und Freude wird es hoffentlich immer zahlreichere Veranstaltungen wie zum Beispiel Bikefestivals und -touren geben.« (Jacquie Phelan)

Die Idee, eine Gemeinschaft zu gründen, deren Hauptziel es ist, sich für die Interessen von Frauen im Mountainbikesport einzusetzen, stammt aus dem Jahr 1985. Seit der Gründung durch Jacquie Phelan ist Wombats (Women's Mountain-Bike and Tea Society) zu einer bedeutenden und mitgliederschweren Interessengemeinschaft angewachsen, die sich erfolgreich für Gleichberechtigung, Freiheit und Fun im Mountainbikesport einsetzt.

Jacquie Phelan, erfolgreiche Bikerin der ersten Stunde, setzt sich verstärkt für die Frauen am Bike ein.

Mountainbike-Rennsport der Frauen in Europa

Was die Gleichberechtigung im Mountainbike-Rennsport betrifft, ist die Entwicklung in Amerika im Vergleich zu Europa weit fortgeschritten. Die Akzeptanz bei Publikum, Rennleitern und Sponsoren hat sich verbessert, was z. B. auch eine Angleichung der Preisgelder zur Folge hatte. Seit 1993 (Worldcup) erhalten die drei Erstplazierten in beiden

Kategorien dasselbe Preisgeld. Interessenvertretungen wie Wombats steuerten natürlich einen großen Beitrag zu dieser Entwicklung bei, und es bleibt zu hoffen, daß auch in Europa ähnliche Tendenzen auftreten.

Mountainbike-Freizeitsport der Frauen

Fast die Hälfte der in Amerika verkauften Bikes entfallen auf Konsumentinnen, und nur ein kleiner Teil von ihnen nimmt an Rennen teil. Liegt es im Naturell der Frauen, daß das Interesse an Wettkämpfen so gering ist? Oder ist das Bedürfnis danach zwar vorhanden, aber nicht mit der vorherrschenden sozialen Rollenverteilung in Einklang zu bringen? Macht es für Frauen wenig Sinn, sich mit Konkurrentinnen zu messen, die ja sowieso alle ganz unterschiedliche körperliche und geistige Voraussetzungen haben, oder ist es vielleicht sogar ein Mangel an Selbstbewußtsein? Die von Frauen am häufigsten aufgeführten Beweggründe, Sport zu treiben, sind Ablenkung, Fitneß und vor allem soziale Aspekte wie das Gruppen- oder Familienerlebnis.

Das Mountainbike für die Frau

Liegt es letztendlich sogar an der Materialauswahl, daß sich so wenige Frauen für MTB-Rennen begeistern können? Den speziellen körperlichen Gegebenheiten der Frauen (lange Beine, kurzer Oberkörper, geringes Gewicht) wird von den Herstellern wenig Beachtung geschenkt. Für Mountainbikerinnen ist deshalb eine kompetente Beratung im Fachgeschäft besonders wichtig. Der Rahmen, die Vorbauten, die Lenkergriffe, der Sattel und die Bremsen müssen genau auf die Bedürfnisse der einzelnen Frau abgestimmt werden.

Den speziellen körperlichen Gegebenheiten der Frauen (lange Beine, kurzer Oberkörper, geringes Gewicht) wird von den Herstellern wenig Beachtung geschenkt

Jugendtraining

Kein Zweifel, ob im Einsatz als Fahrrad, als Transportmittel, Freizeit- oder Sportgerät: Mountainbiking steht bei den Jugendlichen hoch im Kurs. Mountainbiking ist »cool« und vielseitig. Auf dem Mountainbike entwickeln sich Kraft, Bewegungsgefühl und Ausdauer auf spielerische Art und Weise. Ob BMX, Downhill, Cross-Country, ob Leistungs- oder Gesundheitssport – Mountainbiking ist eine gute Einstiegsmöglichkeit, aber ...

Jugendliche sind keine Erwachsenen im Kleinformat

Es sollte immer beachtet werden, daß bei Jugendlichen – insbesondere bis zum Alter von 15 Jahren – die Unterschiede im *biologischen Alter* bis zu sieben Jahre(!) betragen können. Die Resultate in dieser Phase lassen somit nur sehr bedingt Rückschlüsse auf die sportlichen Aussichten im Aktivalter zu. Die Strukturen des *passiven Bewegungsapparates* (Knochen, Knorpel, Sehnen und Bänder) weisen beim Jugendlichen noch nicht die Belastungsresistenz des erwachsenen Sportlers auf. Die *Muskulatur* des Kindes ist vom Aufbau her aber bereits nahezu identisch mit der des Erwachsenen. Unterschiede ergeben sich in der Zusammensetzung, und zwar in quantitativer Hinsicht. Die muskuläre Kontraktion als Grundvoraussetzung jeder Bewegung wird vom *Zentralnervensystem* ausgelöst bzw. gesteuert. Die Entwicklung des Gehirns geht sehr schnell vor sich und ist mit 6 Jahren beinahe abgeschlossen. Dies unterstreicht die Wichtigkeit einer polysportiven Bewegungsschulung in den ersten Lebensjahren. Bei der Entwicklung der zentralen Nervenstrukturen kommt es zu einer zunehmenden Vernetzung der einzelnen Faserverbindungen mit ihren Nervenzellen. Diese »Entwicklung« scheint nach 3 bis 4 Jahren bereits abgeschlossen zu sein und ist im wesentlichen für die spätere Funktionstüchtigkeit des Gehirns verantwortlich. Man geht heute davon aus, daß eine vielseitige Beanspruchung in dieser Entwicklungsphase die Vernetzung positiv beeinflussen kann. Unterbleiben solche Reize oder werden sie nicht in ausreichendem Maße geboten, kann sich die »Zentralanlage« nicht optimal entwickeln.

Der *Stoffwechsel* bildet die Grundlage für alle Lebensvorgänge. Beim heranwachsenden Kind wird vor allem der Baustoffwechsel aufs intensivste beansprucht. Die gehäuften Um-, Ein- und Aufbauvorgänge während des Wachstums führen zu einem erhöhten Bedarf an Vitaminen, Mineral- und Nährstoffen, der dem eines Leistungssportlers entspricht. Besonders stark steigt auch der Eiweißbedarf. Kommt es während des »Bauprozesses« zu einem zusätzlichen Verbrauch infolge allzu forcierten körperlichen Trainings, kann der Baustoffwechsel zu einer Einschränkung zugunsten des Betriebsstoffwechsels gezwungen werden. Mit anderen Worten: Das Wachstum wird beeinträchtigt und kommt unter Umständen sogar zum Stillstand. Auch im Mountainbiketraining besteht die Gefahr, daß den einzelnen Erholungsphasen nicht genügend Aufmerksamkeit geschenkt wird.

Die geheimnisvolle *Psyche* des Kindes ist für viele Eltern und Trainer oft ein Buch mit sieben Siegeln. Der Jugendliche gibt sich sogar selbst oft schwere Rätsel auf. Dem Erwachsenen fällt es leichter, sich definitiv für eine Sache zu entscheiden. Der Jugendliche hingegen ist zwar begeisterungsfähiger, aber es fällt ihm schwerer, sich einem längerfristigen Ziel zu verschreiben. Dazu fehlen ihm häufig die langsam gereifte Erfahrung und die Konsequenz zur Durchsetzung getroffener Entscheidungen. Dem

Mountainbiken fördert die koordinativen Fähigkeiten im Jugendalter.

Heranwachsenden muß die Zeit gegeben werden, die er zur Festigung seiner Entschlußkraft braucht. Er darf in seiner Entscheidungsfreiheit nicht eingeengt werden. Interessen können nur unterstützt, aber nicht beeinflußt werden. Durch Sport in der Gruppe oder allein werden menschliche Reifeprozesse wie Durchsetzungsvermögen, Selbstkontrolle, Geduld und Disziplin gefördert. Aber auch nicht leistungsorientierte Eigenschaften wie Körperbewußtsein, Bewegungsfreude, Kameradschaft, Selbständigkeit und Fairneß sind eng mit dem Sport verbunden. Im Leben kann man nicht immer nur gewinnen. Der Sport ist auch eine gute Möglichkeit zu lernen, den Stärkeren zu akzeptieren und seine eigenen Grenzen und Möglichkeiten besser einzuschätzen. Mountainbiking ist eine natürliche Körpertherapie, »Druckventil« im Schulalltag und Sportmöglichkeit zugleich.

Material

Gutes und zuverlässig funktionierendes Material ist Grundvoraussetzung für Spaß und Sicherheit auf zwei Rädern. Jede Maschine funktioniert nur gut, wenn sie auch gut gepflegt wird. Das Auto wird regelmäßig gewartet, damit Unfälle und Unannehmlichkeiten vermieden werden können. Wir wollen in wenigen und einfachen Schritten aufzeigen, wie in ca. zehn Minuten das Bike in Topform gebracht wird.

Ein leichtes »Tuning«, unmittelbar nach dem Training durchgeführt, hält das Bike fit und verlängert seine Lebensdauer

Totalservice

Der »Totalservice« wird meist nach längeren Zeitspannen durchgeführt (z. B. zum Saison- oder Jahresende) und erfolgt meist durch einen erfahrenen Bike-Mechaniker, in selteneren Fällen durch den Fahrer selbst. Er beinhaltet:

- Verschleißteile wie Kette, Freilauf, Zahnkränze, Tretlager, Steuersatz, Kabel, Kabelhüllen und Reifen auswechseln
- Räder zentrieren
- evtl. Tuning der Federsysteme
- Wartung der Bremsen, Nachstellen der Kabelzüge und Wechseln der Bremsklötze

Expreßservice

Der »Expreßservice« ist kurz und einfach auszuführen. Er sollte vor allem nach Schlechtwetterfahrten oder nach einigen Trainingseinheiten auf dem Rad gemacht werden. Man benötigt dazu eine vorzugsweise langstielige Bürste (z. B. Abwaschbürste), einen Schwamm, Wasser, einen Schlauch, evtl. Shampoo sowie einen Lappen und Kettenöl. Ein leichtes »Tuning«, unmittelbar nach dem Training durchgeführt, hält das Bike fit und verlängert seine Lebensdauer. Der auftretende Materialverschleiß wird dabei frühzeitig erkannt. Feuchter Schmutz sollte gar nicht erst eintrocknen. Das Bike sollte unmittelbar nach der Fahrt mit Wasser abgespritzt werden. Hochdruckreiniger sind dafür ungeeignet, denn sie drücken Schmutzpartikel in Ritzen und Lager und entfernen Öl und Fett von wichtigen Stellen.

- Rad mit leichtem Wasserstrahl vom gröbsten Schmutz befreien; Felgen und Speichen mit Bürste von Bremsgummirückständen säubern; Sattel, Rahmen und Lenker mit Schwamm reinigen
- Bike grob abtrocknen; mit Kurbel den Leerlauf betätigen, um Restwasser zu lösen
- Kette gut abtrocknen, sofort ölen, kurz einwirken lassen und überflüssiges Öl wieder abziehen; das Öl muß hauptsächlich an die beweglichen Teile gelangen und dient auf den Außenseiten lediglich als Korrosionsschutz
- kurze Kontrolle der Räder, des Steuersatzes, der Bremsen und des Tretlagers

Antrieb

Der Antrieb besteht aus Kette, Freilauf und Kettenblättern. Er wird beeinflußt von Fahr- und Schalttechnik sowie von den Gelände- und Wetterbedingungen. Dabei ist er sehr großem Verschleiß ausgesetzt. Die Kette ist davon am meisten und zuallererst betroffen. Eine »ausgefahrene« Kette zieht auch alle anderen Teile des Antriebs in Mitleidenschaft. Wenn nach häufigem Gebrauch die einzelnen Kettenglieder zuviel Spiel bekommen, entsteht eine erhöhte mechanische Reibung. Die hinteren und vorderen Kettenblätter werden langsam abgeschliffen. Eine neue Kette aufzuziehen nützt dann häufig wenig, denn sie wird auf den ausgefransten Zähnen nicht mehr greifen.

Eine nicht gerade feine, aber häufig praktizierte Methode ist das »Totfahren« des Antriebs. Fahrer, die nicht mit den Händen eines Bike-Mechanikers geboren sind, oder Biker, für die ein Besuch im Radgeschäft mit großem Zeitaufwand verbunden ist, fahren so lange mit dem alten Antrieb durchs Gelände, bis nichts mehr geht. Sie ersetzen daraufhin alle Antriebskomponenten gleichzeitig. Richtige Gangwahl, regelmäßige Kontrolle der Kettenhaftung und regelmäßige Reinigung und Schmierung der Kette reduzieren den Materialverschleiß beim Antrieb.

Defekte

Regelmäßige Materialkontrolle und eine gute Fahrtechnik können einen großen Teil von Defekten verhindern. Trotzdem schlägt die »Defekthexe« immer wieder zu. Ca. 80% aller Defekte während des MTB-Trainings oder -Wettkampfs werden durch Durchschläge des Schlauches verursacht.

Ist der Luftdruck gering und schlägt das Rad mit großer Wucht auf ein Hindernis auf, schlägt der Schlauch auf die Felge und die Schlauchwand kann verletzt werden. Dabei entstehen zwei kleine Löcher, die auch »Schlangenbisse« genannt werden. Utensilien wie Reserveschlauch, Flickzeug, Reifenheber, Speichenschlüssel, Pumpe, Telefongeld und Notwerkzeug sollten bei jeder Mountainbiketour dabeisein. Praktische und handliche Multiwerkzeuge beinhalten 5- und 6-Millimeter-Inbusschlüssel, Kettennieter, Schraubenzieher und Speichenschlüssel in einem. Mit etwas Übung und Geschick kann ein »Plattfuß« in weniger als 5, im Rennen sogar in 1,5 Minuten behoben werden.

Schlauchwechsel schnell und einfach
- Restluft vollständig entfernen, eine Mantelwand mit Reifenheber oder von Hand über das Felgenbett ziehen und den defekten Schlauch von der Felge ziehen
- Innenwand des Mantels auf spitze Gegenstände absuchen
- Reserveschlauch leicht aufpumpen, das Ventil einfahren und gleichmäßig in den Mantel einlegen, Mantelwand von der Ventilöffnung ausgehend beidhändig über die Felgenwand stülpen
- Pump it up. Kontrolle. Voilà!

Funktionelle Bekleidung bei Wind und Wetter

Vor allem im Winter und unter schlechten Wetterbedingungen ist es wichtig, zu wissen, wie man sich optimal gegen Wind, Kälte und Nässe schützen kann.

WIND

Gegen den kalten Fahrtwind muß man sich besonders gut schützen. In der chinesischen Medizin wird der Wind als gefährlich beschrieben, weil er so unberechenbar ist. Er kennt keine Mauern und vermag die Poren des Körpers zu öffnen. Der Wind kommt nie allein und bringt meistens, zu einem späteren Zeitpunkt, Krankheit mit sich. Chronische Gelenkbeschwerden, Rückenschmerzen oder Probleme mit dem Bronchialsystem und der Atmung sind typische Zeichen von Windeinwirkung. Vielfach sind dies Spätfolgen eines ungenügenden Schutzes gegen den gefährlichen Fahrtwind. Der erfahrene Athlet kennt die Tücken des Fahrtwindes und hat gelernt, mit ihm umzugehen. Nur Unerfahrene trainieren bei kalter Witterung in kurzen Radhosen. Im Gegensatz zur

Mit etwas Übung und Geschick kann ein »Plattfuß« in weniger als 5, im Rennen sogar in 1,5 Minuten behoben werden

Stürze sind beim Biken zwar nicht an der Tagesordnung, früher oder später jedoch unvermeidlich. Helm und Handschuhe sind der Sicherheitsgurt des Mountainbikers.

früher getragenen Wollbekleidung, die dem Wind leichten Einlaß gewährte, gibt es heute radsportgerechte Textilien, die guten Schutz bieten. Bei Bergabfahrten lohnt es sich, den mitgeführten »Windbreaker« anzuziehen, auch wenn dies bei anfänglich noch erhitztem Körper nicht unbedingt notwendig erscheint.

REGEN UND NÄSSE

Auch gegen Nässe gibt es den richtigen Wetterschutz. Schließlich gibt es kein schlechtes Wetter, das einen vom Training abhält, sondern nur ungeeignete Trainingsbekleidung! Bei der Schlechtwetter-Sportbekleidung unterscheidet man zwischen hautnahen und äußeren Bekleidungsschichten. Beide sind aus hochentwickelten synthetischen Textilfasern. Im Gegensatz zur dafür ungeeigneten Baumwolle lassen diese Fasern auch im nassen und vollgeschwitzten Zustand kein Kältegefühl aufkommen. Doppelflächige Unterwäsche besteht aus zwei fest miteinander verbundenen Funktionsschichten. Die eine saugt den Schweiß auf und leitet ihn durch einen Löschblatteffekt zur Verdunstung in die äußere Speicherschicht. So bleibt die Körpertemperatur lange konstant. Eine atmungsaktive Sportunterwäsche gehört deshalb zur Standardausrüstung jedes Mountainbikers. Man sollte sich nach dem »Zwiebelschalensystem« anziehen, bei dem jedes Kleidungsstück das andere ergänzt.

Bei den äußeren Textilien gibt es »wasserfeste« und »wasserdichte« Kleidungsstücke. Die wasserfesten Jacken oder Hosen schützen gut gegen Wind und Kälte und sind relativ atmungsaktiv. Wasserdichte Bekleidung ist zudem wasserundurchlässig, aber häufig nicht mehr so atmungsaktiv und kann deshalb die Bewegungsfreiheit einschränken.

Deshalb gilt: Beim Bergauffahren nicht zuviel und beim Bergabfahren nicht zuwenig anziehen!

HELM UND SCHUTZBEKLEIDUNG

Kein Mountainbiking ohne Helm und Handschuhe, denn Stürze gehören zum Mountainbiking! Die meisten Stürze sind harmlos und verlaufen glimpflich. Doch auch bei kleinsten Stürzen kann man sich Kopfverletzungen oder Schürfungen zuziehen. Kopf und Hände sollten daher immer wirksam geschützt sein. Ein guter Helm ist so bequem und leicht, daß man beinahe vergißt, ihn abzulegen!

WINTERHANDSCHUHE, STIRNBAND UND MÜTZE

Wer schon einmal eine Sauna besucht hat und im Kaltwasserbecken untergetaucht ist, weiß, wieviel Körperwärme über Kopf und Hände verlorengeht. »Open water«-Schwimmer schützen sich deshalb mit Neoprenmützen wirksam gegen den leistungsmindernden Wärmeverlust. Die Körpertemperatur läßt sich auf dem Rad mit Handschuhen, Stirnband und Mütze regulieren. Dies gilt hauptsächlich für die zweite Trainingshälfte, wenn der Körper schon geschwächt und abgekühlt ist. Eine dünne und leichte Windjacke, die man für solche Fälle vorsorglich in die Trikottasche packt, kann dann ein willkommener Wärmespender sein.

KNÖCHELHOHE RADSCHUHE ODER ÜBERZÜGE

Mit warmen Füßen ist jedes Wetter erträglich. Solange die Füße warm sind, ist auch das Erkältungsrisiko gering. Hohe, wasserfeste Winter-Mountainbikeschuhe sollten unbedingt zu groß gekauft werden, denn das wärmste Innenfutter nutzt nichts, wenn der Fuß zuwenig Spielraum hat und die Blutzirkulation reduziert ist. Für Fahrer, die keinen Zweitschuh kaufen möchten oder eine sehr breite Fußform haben, eignen sich auch unzählige Variationen von Schuhüberzügen aus diversen Materialien wie z. B. Neopren.

BRILLE

Eine gute Sportbrille ist nicht billig. Dafür bietet sie zuverlässigen Schutz gegen Fahrtwind, Schmutz und Sonneneinstrahlung.

Energiebedarf

Bevor wir die verschiedenen Trainingsmöglichkeiten, -mittel und die individuelle systematische Trainingsplanung vorstellen, sind ein paar Anmerkungen zu den beiden wichtigsten Energiegewinnungssystemen unseres Körpers notwendig (siehe Kap. »Medizin«). Während der sportlichen Leistung haben wir zwei Möglichkeiten der Energiegewinnung zur Verfügung. Beide sind trainierbar.

Kohlenhydrat- oder Glykogenstoffwechsel

Kohlenhydrate sind sehr schnell verfügbare Energien, die in Form von Glykogen in Muskulatur und Leber eingespeichert werden. Leber und Glykogen sind also vergleichbar mit einem Benzintank und Treibstoff. Das Fassungsvermögen dieses Tanks ist beschränkt und beträgt bei trainierten Sportlern etwa 700 bis 800 g Kohlenhydrate. Dies ist ausreichend für eine intensive Dauerleistung zwischen 60 und 90 Minuten. Werden die Speicher während der Fahrt nicht mit neuen Kohlenhydraten aufgestockt, sinkt der Blutzuckerspiegel. Dies ist die beste Voraussetzung für einen Leistungseinbruch. Sind die Kohlenhydrate nämlich komplett aufgebraucht, werden Fett und Eiweiß zu den wichtigsten Energielieferanten. Ist diese Umschaltung nicht trainiert worden, kommt es unvermeidlich zu einem Leistungsabfall. Um Körperfett effektiv mit abzubauen, eignet sich die Kombination von angepaßter Ernährung und einem regelmäßigen lang andauernden Ausdauertraining mit geringer Intensität (siehe Kap. »Medizin«).

60% DER MAXIMALEN HERZFREQUENZ (HF) UND DARÜBER ≙ KOHLENHYDRATSTOFFWECHSEL

Mit warmen Füßen ist jedes Wetter erträglich. Solange die Füße warm sind, ist auch das Erkältungsrisiko gering

Fettstoffwechsel

Die zweite Möglichkeit der Energiegewinnung ist der Fettabbau. Die Energievorräte der Fettspeicher in der Muskulatur übersteigen die der Glykogenspeicher um ein Vielfaches.

Nur funktioniert dieses System, vergleichbar mit dem Diesel beim Auto, schwerfälliger und langsamer. Es muß trainiert und optimiert werden. Mountainbiker, die ihr Gewicht kontrollieren wollen, sollten deshalb mit geringer Intensität trainieren, um die Fettverbrennung maximal zu fördern. Dies führt, kombiniert mit einer angepaßten Ernährung, zu einer Gewichtsabnahme. Der in diesem Bereich gut trainierte Biker verbrennt länger Fette und spart somit wertvolle Kohlenhydrate.

50–60% DER MAXIMALEN HERZFREQUENZ ≙ FETTSTOFFWECHSEL

Eiweißstoffwechsel

Bis vor einigen Jahren war man der Auffassung, daß Eiweiße als Energiequelle bei Ausdauersportarten überhaupt keine Rolle spielen. Neueste Untersuchungen zeigen jedoch, daß bei Ausdauersportarten 5–15% der Energie aus Eiweiß stammen. Bei mehreren intensiven Trainingseinheiten hintereinander kann dieser Prozentsatz stark zunehmen. Die dabei verwendeten Eiweiße stammen unter anderem aus der Muskulatur, was nichts anderes bedeutet als einen Abbau der Muskelzellen und eine negative Beeinflussung des Organismus. Deshalb ist bei der Planung harter Trainingseinheiten Vorsicht geboten!

Energieversorgungssysteme in Form von zwei Maschinen. Das kleine spritzige Auto mit dem relativ kleinen Benzintank erreicht schnell hohe Leistungen. Das schwerfällige Auto hat einen größeren Treibstoffvorrat, startet langsamer und fährt weitere Strecken mit einer gleichmäßigen Geschwindigkeit.

Ernährung

Die Ernährung ist ein sehr wichtiges, aber nicht zu überschätzendes Mosaiksteinchen der Leistungsfähigkeit eines jeden Sportlers. Die Stabilisierung des Blutzuckerspiegels, des Flüssigkeits- und des Mineralienhaushalts spielt dabei die wichtigste Rolle. Dieses Thema ist zu komplex, um es in diesem Kapitel umfassend zu behandeln (siehe Kap. »Medizin«).

Richtige und ausreichende Flüssigkeitszufuhr spielt beim Biken eine große Rolle; hier David Wiens bei einem Rennen.

Schwächen und Stärken der beiden Energieversorgungssysteme. Das »Fettstoffwechsel-Auto« fährt zwar lange, aber mit einer eher tiefen Durchschnittsgeschwindigkeit. Das »Kohlenhydratstoffwechsel-Auto« ist zwar schnell unterwegs, aber bis zum Ziel reicht es nicht ganz.

Besondere Trainingsmöglichkeiten

Auch für Mountainbiker gibt es genug Gründe, Alternativsportarten zu betreiben. Doch Zeitmangel ist oft der Hauptgrund, es trotzdem nicht zu tun. Wenn leidenschaftliche Mountainbiker endlich einmal Zeit haben, ihrem Lieblingshobby zu frönen, dann biken sie. Eine verständliche Einstellung!

Trotzdem sind ein möglichst vielseitiges Training und das Betreiben von Ausgleichssportarten aus folgenden Gründen auch für Mountainbiker zu empfehlen:

Wie Mountainbiking macht auch Schwimmen mit einer guten Technik doppelt Spaß

- zur Verbesserung des Körpergefühls und der Bewegungserfahrung
- zur Verletzungsvorbeugung und zur aktiven Erholung
- für ein ganzkörperliches und vielseitiges Training
- zur Aufrechterhaltung der körperlichen Fitneß bei Verletzungen

Jogging

Laufen oder Jogging ist in allen Ausdauersportarten ein weitverbreitetes Trainingsmittel. Vor allem im Herbst wird es vom Radsportler zur Abwechslung und für die Regeneration oder als Vorbereitung auf die Querfeldeinradsaison eingesetzt.

Jogging ist aber nicht Laufen! Unter Jogging im ursprünglichen Sinn versteht man ein Traben mit langsamer Geschwindigkeit und relativ kurzer Schrittlänge. Die dabei auftretenden gelenk- und muskelbelastenden Kraftspitzen sind geringer als beim Laufen. Diese Trainingsform eignet sich gut, um sich relativ lange in einem geringen Intensitätsbereich zu bewegen.

- Ausdauertraining: 45–120 Min.
- Regenerationstraining: 20–45 Min.
- Herzfrequenz-Zielzone: 50–60% der HFmax

Wassertraining

Wassersportarten sind wegen ihrer gelenkschonenden und erholungsfördernden Wirkung ideale Ausgleichssportarten.

SCHWIMMEN

Der berühmte »Radfahrerbuckel« muß nicht sein! Um die beim Mountainbiking nur wenig benötigte Brustmuskulatur zu kräftigen und ganzkörperlich zu trainieren, eignet sich regelmäßiges Schwimmtraining. Schwimmer verfügen über ein kräftiges Muskelkorsett, das auch für den Mountainbiker von Vorteil sein kann.

Das Verhältnis von kräftiger Rückenmuskulatur zu eher schwacher Brustmuskulatur kann auf diese Weise einigermaßen stabilisiert werden. Die beiden Schwimmstile Brust- und Rükkenkraul eignen sich dafür besonders. Der weitverbreitete Brustschwimmstil ist zwar einfacher und kräftigt vor allem die Brustmuskulatur, ist aber bei Knie-, Hüft- und Nackenproblemen nicht besonders zu empfehlen. Ungeübte Schwimmer müssen vor allem lernen, langsam und nie mit der »Brechstange« zu schwimmen. Immer schön locker bleiben, sonst kann ein regenerierendes Wassertraining schnell in ein kräftezehrendes Stehvermögentraining ausarten. Wie Mountainbiking macht auch Schwimmen mit einer perfekten Technik doppelt Spaß.

Es ist empfehlenswert, sich von einem Schwimmlehrer oder einem schwimmgeübten Bekannten in die elementaren Grundlagen einer guten Schwimmtechnik einweihen zu lassen.

TIEFWASSERLAUFEN

Das »Deep water running« oder »Aqua-Jogging« mittels eines speziellen Auftriebskörpers (Gurt oder Weste) wird von Radfahrern und Läufern immer häufiger als regelmäßiges gelenkschonende Ausgleichs- und Ergänzungstraining eingesetzt. Vor allem »Schwimmmuffel«, die auf die Vorteile des Wassertrainings nicht verzichten wollen, haben das Wasserlaufen entdeckt. Um möglichst wirksam zu trainieren, hat auch hier eine gute Technik allerhöchste Priorität. Alle Bein- und Gesäßmuskeln, die bei der Durchführung einer möglichst runden Tretbewegung mithelfen, sollten mit einer langsamen bis hohen Trittfrequenz eingesetzt werden. Nur so ist es möglich, einen optimalen Trainingseffekt und, wenn nötig, maximale Herzfrequenz- und Laktatwerte zu erzielen. Die Schrittfrequenz variiert dabei je nach Trainingsinhalt und -schwerpunkt. Um auch die Stützfunktionen der Bauch- und Rückenmuskulatur zu verbessern, ist es wichtig, daß man auch bei hohem Kraftaufwand und schnellen Bewegungen auf die richtige Wasserlage achtet und den Körperschwerpunkt fortlaufend stabilisiert. Der Körper sollte sich immer in leichter Vorlage befinden, und die Brust sollte dabei möglichst weit aus dem Wasser ragen.

Trainingsbeispiel
- 10 Min. Einlaufen oder Einschwimmen
- 5 × 5 Min. Intervall
- 1 Min. Pause
- 10 Min. Wasser- und Rückengymnastik

Tiefwasserlaufen hat sich als Ausgleichs- und Ergänzungstraining hervorragend bewährt.

FLOSSENSCHWIMMEN

Das Flossenschwimmen ist Kraft- und Ausdauertraining im Wasser. Durch die künstliche Erhöhung des Wasserwiderstands durch die Flossen wird der Aufwand der arbeitenden Muskulatur und damit der Sauerstoffverbrauch und die Trainingswirkung erhöht. Das Training mit Schwimmflossen führt zu einer erhöhten Kraftentwicklung der Hüft- und Beinstreckmuskulatur und trainiert das Herz-Kreislauf-System auf eine gelenkschonende und wirksame Art und Weise. Die richtige Beinschlagtechnik ist dabei sehr wichtig. Der Beinschlag wird mit der großen Gesäßmuskulatur aus dem Hüftgelenk gestartet, geht weiter über die Ober- und Unterschenkelmuskulatur und wird aus den Fußgelenken beendet. Oberkörper, Arme und Beine sind dabei möglichst ausgestreckt. Der ganze Körper ist locker und entspannt.

Flossenschwimmen stellt mit seinen weichen und gleitenden Bewegungen hohe Ansprüche an die Beweglichkeit und an das Körper- und Wassergefühl. Die Elastizität der Fußgelenke wird erhöht. Für Schwimmanfänger eignen sich Flossen besonders für das Technik- und Beinschlagtraining. Eine bessere Wasserlage und der verstärkte Antrieb können das Erlernen von technisch schwierigen Schwimmstilen, wie z. B. Delphinschwimmen, erleichtern.

Durch Flossen können auch technisch schlechte Schwimmer in den Genuß des sehr wichtigen Gleitens im Wasser kommen. Für den regelmäßigen Flossenschwimmer gibt es spezielle, sehr komfortable Flossen, die sich in Länge und Härtegrad von herkömmlichen Schwimmflossen unterscheiden. Die Belastung der Fußgelenke wird dadurch reduziert, und die Beinschlagfrequenz kann gut dosiert werden.

Trainingsbeispiel
- 10 Min. Einschwimmen
- Rücken- und Brustkraul
- 5 × 200 m Intervallbeinschlag
- 30 bis 60 Sek. Pause
- Variationen: einbeinig und seitwärts
- Delphin- und Rückenkraulbeinschlag

Schwimmen mit Flossen führt zu einer erhöhten Kraftentwicklung der Hüft- und Beinstreckmuskulatur.

Snowboarding

Mountainbiking ist eine Ganzjahressportart. Trotzdem bieten sich im Winterhalbjahr Sportarten wie Snowboarding an, um die physiologischen Trainingsreize aufrechtzuerhalten und die Trainingsbelastung abwechslungsreich und vielseitig zu gestalten. Snowboarding eignet sich gut, um die Stützeigenschaften der Gesäß- und der vorderen Oberschenkelmuskulatur zu trainieren und zu verbessern, und stellt zugleich hohe Anforderungen an die Grob- und Feinmotorik sowie an das Geschwindigkeitsgefühl.

Inline-Skating

Das Inline-Skating oder Rollerblading ähnelt dem Eisschnellauf. Man ist dabei allerdings ortsunabhängiger und nicht auf eine Eisfläche angewiesen. Die leichten Hartschalenschuhe lassen sich optimal anpassen und bieten hohen Tragekomfort und eine optimale Kraftübertragung. Beim Inline-Skating wird vor allem die Haltemuskulatur (Gesäß-, Oberschenkel- und Wadenmuskulatur) gestärkt. Durch die leicht nach vorn gebeugte Haltung beim Fahren wird zudem die untere Rückenmuskulatur wirksam gekräftigt. (Achtung: Am Anfang nicht übertreiben!)

In flachem Gelände und mit etwas Übung ist der Sauerstoffverbrauch des ganzen Körpers nicht besonders hoch und läßt ein Ausdauertraining in einem niedrigen Herzfrequenzbereich zu. Erst bei Bergauffahrten, bei denen der Kraftaufwand – vor allem bei einer schlechten Abstoß- und Gleittechnik – um ein Vielfaches zunimmt, wird der Kreislauf so richtig beansprucht.

Snowboarden eignet sich sehr gut, um die Motorik und das Gefühl für Geschwindigkeit zu trainieren.

Mountainbiketraining mit Köpfchen: Die optimale Gestaltung der Trainingszeit

Hauptmerkmale des systematischen Mountainbiketrainings

- Einfachheit und Wirksamkeit
- Erstellung eines *individuellen* Athletenprofils
- Berücksichtigung persönlicher Erfahrungen und Ideen
- effektiv zur Verfügung stehende *wöchentliche* Trainingszeit
- Trainingsintensität, die mit festgelegten Intensitätsstufen beurteilt wird
- Planung, die nach dem Rhythmus der Natur aufgebaut ist

Auf den folgenden Seiten wollen wir den Bikern nicht nur die »Zutaten« bzw. verschiedene Trainingsarten und neue Trainingsmöglichkeiten vorstellen; wir wollen einen Schritt weitergehen und zeigen, wie und wie lange man den »Kuchen backen« soll.

Sportler sind »energiegeladene« Individuen. Manchmal haben sie zuviel Energie, manchmal auch zuwenig. Sie können aber mit Hilfe einer Trainingsplanung lernen, mit diesen Kräften gezielter umzugehen. Die zielgerichtete Trainingsplanung kann mit einer Treppe verglichen werden, die zum individuellen Trainingserfolg führt. Um auf die nächsthöhere Treppenstufe zu gelangen, geht man über die darunterliegende. Diese muß jedoch zuerst erarbeitet werden. Dazu wird ein »roter Faden« benötigt, der den Sportler durch den Trainingsalltag führt. Die einzelnen Trainingsphasen können dabei sehr lang sein. Der Alltag beinhaltet genügend äußere Zwänge, um uns vom Weg abzubringen.

Die Farbe des Fadens kann, je nach Zielsetzungen und Konsequenz des Sportlers, von hell- bis dunkelrot variieren. Er läßt also ausreichend Spielraum, die eigenen Trainings- und Körpererfahrungen mit einzubeziehen. Dies ist sehr wichtig, denn jede gute Trainingssystematik funktioniert nur in Kombination mit einem guten Körperbewußtsein!

Die Abbildung auf Seite 318/319 zeigt den »roten Faden« dieser Trainingssteuerung auf einen Blick auf.

Eine intensive Analyse der eigenen Stärken und Schwächen ist unbedingt erforderlich

Athletenprofil

Mit der Planung fängt alles an. Doch bevor man sich überlegt, wie man am besten ans Ziel gelangt, sollte man wissen, wohin man überhaupt will. Sonst muß man sich nicht wundern, wenn man an einem ganz anderen Ort ankommt! Man sollte sich deshalb genügend Zeit nehmen, um mit Hilfe des Athletenprofils die individuellen Saisonhöhepunkte und Leistungsziele aufzuzeichnen. Eine intensive Analyse der eigenen Stärken und Schwächen ist unbedingt erforderlich. Ein gewissenhaft erstellter »Athletensteckbrief« (siehe Tabelle 1) ist ein gutes Hilfsmittel für die persönlich durchgeführte Planung und liefert auch einem Trainer wichtige Informationen. Dies ist keine Einteilung in »schlechte« und »gute« Fahrer, sondern soll vor allem aufzeigen, wie wichtig die *Ausgeglichenheit* der verschiedenen Leistungsfaktoren ist! Das Erstellen eines Athletenprofils sollte immer am Anfang einer Trainingsplanung stehen. Leistungsverbesserungen müssen dabei unbedingt berücksichtigt werden.

Tabelle 1 *Athletenprofil*

Name:	Saison:		Wochentrainingsstunden:	
Sportart:	Ungefähre letztjährige Jahresstunden:		Maximalpuls:	
Leistungsziele, Saisonhöhepunkte:	A:		B:	
Geplante Trainingsferien bzw. Trainingsunterbrechungen:				
Stärken und Schwächen Punktwertung: 1 bis 5 1 = schlecht, 5 = sehr gut				
Kondition	Pkt.	**MTB**	Pkt.	**Mentale Voraussetzungen**	Pkt.	**Andere Faktoren**	Pkt.
Ausdauer Kraft Beweglichkeit Erholungsförderung		Downhill Mut/Überwindung Wendigkeit Hindernisfahren		Konzentration Selbstvertrauen Nervosität Durchhaltevermögen		Umfeld Material Trainingsplanung Ernährung	
Total							
Leistungsquotient = Punkte total : 4				.... : 4 =	
Regelmäßige andere Sportarten:					
Akute und/oder alte Beschwerden:					

Erläuterungen zum Athletenprofil:

Letztjährige Jahrestrainingsstunden (ungefähr)

Saisonhöhepunkte   z. B. verschiedene Wettkämpfe oder Radtouren (Unterteilung nach Wichtigkeit, A- und B-Rennen), Verbesserung der letztjährigen Trainingsleistungen usw.

Leistungsziele   sind die »kleinen Schritte«, die zu »großen Zielen« führen, z. B. Trainingskonsequenz, Ernährungskontrolle, Verbesserung der Fahrtechnik usw.

Punkteskala   Der Maßstab ist Ihre persönliche und gefühlsmäßige Einschätzung.
1 Punkt = schlecht
5 Punkte = sehr gut

Physiologische Tests   z. B. Körperfettmessung, Ernährungsanalyse, Leistungstests (z. B. Conconi) usw., aber auch einfache Testmethoden wie Morgenpuls, Gewichtskontrolle, Maximalpulstest, Kontrolltraining auf festgelegter Trainingsstrecke

Die Verbesserung Ihres Erfolgsquotienten ist das Ziel der systematischen Planung des Mountainbiketrainings.

Persönliche Trainings-
planung in 5 Schritten

1. SCHRITT

Vom richtigen Ermitteln der verfügbaren Trainingszeit hängen zum großen Teil der Erfolg und die Realisierbarkeit der Trainingsplanung ab.

Um die Jahrestrainingsstunden zu errechnen, muß man zuerst herausfinden, wie viele Stunden *pro Woche,* neben Beruf und anderen Verpflichtungen, in das systematische Mountainbiketraining investiert werden können.

Zu beachten ist dabei, daß der Trainingsumfang langsam und systematisch gesteigert wird. Sollte man bereits in der Anfangsphase Zeitschwierigkeiten haben, ergeben sich in den wichtigen und zeitintensiven Trainingsperioden noch größere zeitliche Probleme. Die Folgen sind Nichteinhaltung des Trainingsplans und Streß.

Die optimale Steigerung des Trainingsumfangs liegt bei ca. 10% pro Jahr und sollte 20% möglichst nicht übersteigen. Ist man jedoch davon überzeugt, daß der Organismus und das Umfeld eine solche Umfangserhöhung problemlos verkraften können, so sollte den erholungsfördernden Maßnahmen besondere Beachtung zukommen.

Jahrestrainingsstunden: Multiplizieren Sie die Ihnen wöchentlich zur Verfügung stehende Trainingszeit mit 52!

> Sollte eine Ganzjahresplanung nicht realisierbar sein, besteht die Möglichkeit der Trainingsplanung über eine kürzere Zeitspanne oder für eine zweite Wettkampfsaison. Hierbei werden die Gesamtstunden der verfügbaren Vorbereitungs- und Wettkampfzeit berechnet, und man wendet dieselbe Periodisierung an.

Das Jahr bzw. die verfügbare Zeit wird in 4-Wochen-Blöcke und in 5 verschiedene Etappen eingeteilt

2. SCHRITT

Im Radsport hat sich die Planung in 4-Wochen-Zyklen gut bewährt. Die Trainingsbelastungen werden dabei auf 3 Wochen verteilt, und der Umfang wird von Woche zu Woche kontinuierlich und dosiert gesteigert.

Die 4. Woche dient der aktiven Erholung. Der Organismus muß Zeit und Möglichkeit haben, sich an die gesetzten Trainingsreize zu gewöhnen und anzupassen. Davor wird festgelegt, zu welchem Zeitpunkt das Training beginnen soll und wann die Saisonhöhepunkte (Wettkämpfe, Radtouren, Trainingsferien usw.) stattfinden.

Das Jahr bzw. die verfügbare Zeit wird in 4-Wochen-Blöcke und in 5 verschiedene Etappen eingeteilt (siehe auch S. 318/319).

3. SCHRITT

Ausgehend vom persönlichen Jahresgesamtumfang (= 100%) werden die Zeitumfänge für die einzelnen 4-Wochen-Zyklen bestimmt.

4. SCHRITT

Die Trainingsstunden pro Zyklus werden nun auf die einzelnen Wochen aufgeteilt. Dabei dienen die im folgenden aufgeführten prozentualen Belastungsumfänge von Woche zu Woche als Orientierung, um die größtmöglichen Anpassungen zu erzielen:

1. Woche	25%
2. Woche	30%
3. Woche	35%
4. Woche	10%

Tabelle 2 Einteilung des persönlichen Jahresgesamtumfanges

Zyklus	Zeitraum	Etappe	Schwerpunkt	% Jahresstd.	Periodisierung % Wochen			
					1	2	3	4
1		Grundlagenetappe	aerober Aufbau; Kraft; Fahrtechnik	7	25	30	35	10
2		Grundlagenetappe	aerober Aufbau; Kraft; Fahrtechnik	7	25	30	35	10
3		Grundlagenetappe	aerober Aufbau; Kraft; Fahrtechnik	7,5	25	30	35	10
4		Grundlagenetappe	aerober Aufbau; Schwellentraining, Kraft	8	25	30	35	10
5		Grundlagenetappe	aerober Aufbau; Intervalle, Kraft	8,5	25	30	35	10
6		Intensitätsetappe	Intervalltraining; Tempotraining	9	25	30	35	10
7		Intensitätsetappe	sportartspezifisches Training in 85% der Trainingseinheiten	9,5	25	30	35	10
8		Intensitätsetappe	hoher Trainingsumfang: ausgiebige Erholung zwischen den Trainingseinheiten	10	25	30	35	10
9		Vorwettkampfsetappe	Sprints, Testrennen	8	25	30	35	10
10		Wettkampfsetappe	Wettkampfvorbereitung, Erholung	7	25	30	35	10
11		Wettkampfsetappe	Wettkampfvorbereitung, Erholung	7	25	30	35	10
12		Wettkampfsetappe	Saisonausklangsrennen	6,5	25	30	35	10
13		Erholungsetappe	alternative Sportarten	5	25	30	35	10

Tabelle 3 Prozentuale Anteile der Trainingsbereiche im Jahresgesamtumfang

Zyklus	Etappe	Stundenprozentsatz	Prozentsatz pro 4-Wochen-Zyklus						
			Schnelligkeit	Ausdauer	Wettkampf/Tempo	Intervall	Langzeitausdauer andere Sportarten	Fahrtechnik	Kraft
1	Grundlage	7	0	10	0	0	70	10	10
2	Grundlage	7	0	10	0	0	70	10	10
3	Grundlage	7,5	0	10	0	0	70	10	10
4	Grundlage	8	0	5	0	5	70	10	10
5	Grundlage	8,5	0	5	0	5	70	10	10
6	Intensität	9	5	5	5	5	60	0	10
7	Intensität	9,5	5	5	5	5	60	0	10
8	Intensität	10	10	5	5	10	55	0	10
9	Vorwettkampf	8	15	5	10	10	50	0	5
10	Wettkampf	7	10	5	15	10	50	0	5
11	Wettkampf	7	10	5	15	10	50	0	5
12	Wettkampf	6,5	10	5	15	10	50	0	5
13	Erholung	5	0	25	0	0	75	0	0

5. SCHRITT

Zum Schluß werden die zeitlichen Anteile der verschiedenen Trainingsarten am eigenen wöchentlichen Trainingspensum aus Tabelle 2 bestimmt und auf die einzelnen Trainingseinheiten der bevorstehenden Woche verteilt. Die Häufigkeit des Trainings hat einen entscheidenden Einfluß auf dessen Gestaltung. Dies bedeutet: Wer zweimal wöchentlich trainiert, sollte sich zuerst darum bemühen, eine dritte Einheit zu realisieren, bevor er die Intensität der Einheiten erhöht.

Die fünf Jahrestrainingsetappen

Jede der fünf Etappen (siehe Abb. auf S. 318/319) stellt unterschiedliche Anforderungen an den Organismus und löst verschiedene Anpassungen aus, die für die planmäßige Entwicklung der individuellen Leistungsfähigkeit notwendig sind.

1. GRUNDLAGENETAPPE

Auch die Natur macht im Aufbau (Winter) noch keine großen Sprünge! In dieser ersten Aufbauphase sollte deshalb mit den Kräften noch vorsichtig, ja schon fast sparsam umgegangen werden. Hier geht es hauptsächlich um die Verbesserung der Energiebereitstellung und des Sauerstofftransports durch einen hohen Prozentsatz an Langzeit- und Ausdauertraining auf den Intensitätsstufen 1 und 2. Die einzelnen Trainingseinheiten dauern zwar länger, aber die Geschwindigkeit ist gering. Zu diesem Zeitpunkt ist noch kein Platz für »schwere Beine«. Wenn diese Einheiten auf dem Mountainbike und im Gelände absolviert werden, ist auf eine möglichst gleichmäßige Herzfrequenz zu achten. Es ist immer eine Herausforderung, einen sehr steilen Anstieg fahrend zu bewältigen; wird der Organismus aber gezwungen, im »roten Bereich« zu arbeiten, sollte das Bike ausnahmsweise einmal geschoben werden. Ein regel-

Tabelle 4   *Physiologische Anpassungen bei verschiedenen Trainingsintensitäten*

Stufe	% der max. Herzfrequenz	Physiologische Anpassungen (↑ = Verbesserungen oder Steigerungen)	Der Intensitätsstufe entsprechende Trainingskomponente
1	60–70	↑ aerobe Energiequellen ↑ Bahnen der aeroben Energiebereitstellung ↑ Kapillardichte ↑ Mitochondrienvermehrung ↑ Mobilisierung der freien Fettsäuren	Langzeitausdauer Kraft Fahrtechnik andere Sportarten
2	71–75	↑ aerobe Energiequellen ↑ Bahnen der aeroben Energiebereitstellung	Ausdauer, Kraft, Fahrtechnik andere Sportarten
3	76–80	↑ Bahnen der aeroben Energiebereitstellung ↑ Rekrutierung von FOG-Fasern ↑ aerobe Glykolyse ↑ Sauerstofftransportsystem	Ausdauer, Kraft
4	81–90	↑ Bahnen der aeroben Energiebereitstellung ↑ Bahnen der anaeroben Energiebereitstellung ↑ Rekrutierung von FOG-Fasern ↑ anaerobe Schwelle (AT) ↑ Sauerstofftransportsystem ↑ Milchsäurebeseitigung	Schwellen- und Intervalltraining, Vorbereitungswettkämpfe
5	91–100	↑ anaerobe Energiequellen ↑ Rekrutierung von FT-Fasern ↑ Schnelligkeit und neuromuskuläre Koordination	Wettkampf, Spitzengeschwindigkeiten

mäßiges Fahrtechnik- und Krafttraining wird ebenfalls eingeplant. Während der ersten 75% dieser Trainingsetappe spielen intensive Trainingsformen keine oder nur eine untergeordnete Rolle. Erst gegen Ende nimmt die Trainingsintensität allmählich zu.

Wintertraining

Mountainbiking ist eine Ganzjahressportart. Wird die Mountainbikesaison ganzjährig geplant, fällt ein großer Teil des Vorbereitungstrainings auf das Winterhalbjahr.

Wir möchten für ein Wintertraining begeistern und dazu motivieren. Mountainbiking ist im Winter besonders erlebnisreich. Es eignet sich hervorragend zur Verbesserung der Fahrtechnik und ist wichtig für einen guten Trainingsaufbau. Das Training im Winter sollte ungezwungen und ohne Leistungsdruck sein. Das Fahren auf schwierigem Untergrund, auf Matsch, Eis, Schnee und in hartgefrorenen Spuren beinhaltet anspruchsvollste fahrtechnische Übungen und stellt hohe Anforderungen an Kraft, Ausdauer und Koordination. Das Wintertraining auf dem Rad birgt keine gesundheitlichen Risiken, wenn die Ratschläge aus den Abschnitten »Trainingsplanung« (S. 366), »Erholung« (S. 344), »Ernährung« (S. 359) und »Bekleidung« (S. 355) berücksichtigt werden. In wind- und witterungsgeschütztem Gelände läßt sich auch bei Minustemperaturen bestens trainieren.

2. INTENSITÄTSETAPPE

Es ist Frühling, und die Natur erwacht. Es wird Zeit, mehr Druck auf die Pedale zu bringen.

In dieser Etappe werden die Trainingsbelastungen sowohl im Hinblick auf den Umfang (in Stunden) als auch hinsichtlich der Intensität in Form von spezifischem Schnelligkeitstraining, Intervalltraining und Training im Renntempo erhöht. Die Fähigkeit des Körpers, hochintensive Belastungen über längere Zeiträume zu tolerieren, wird dabei gesteigert. In der ersten Hälfte dieser Etappe hilft das sogenannte Schwellentraining, den Übergang vom »orangen« in den »roten« Bereich nach oben zu verschieben. Anschließend wird der Anteil der hochintensiven Trainingsmethoden (Intervalle, Vorbereitungsrennen) erhöht. Um die in Etappe 1 erarbeitete aerobe Grundlage zu erhalten, sollte immer noch zu einem hohen Prozentsatz (50 bis 60%) im Langzeitausdauerbereich trainiert werden.

Ein Sportler, der maximale Leistung bringen will, ist oft geneigt, zu schwierige Trainingseinheiten zu absolvieren. Er ist oftmals erst zufrieden, wenn auch im Training das gleiche Müdigkeitsgefühl wie im Wettkampf erreicht wird. Zu häufiges intensives Training hat einen *negativen* Einfluß auf das sportliche Leistungsvermögen.

3. VORWETTKAMPFSETAPPE

Die Topform- oder Peaking-Etappe ist durch eine Abnahme des Trainingsumfangs gekennzeichnet. Die Intensität ist bei bestimmten Trainingskomponenten wie z.B. Schnelligkeits-, Intervall- und Tempotraining sehr hoch, um die Bewegungstechnik und die Energiebereitstellung bei hohen Geschwindigkeiten zu verfeinern. Der Schwerpunkt dieser Etappe liegt auf einer ausreichenden Erholung. Der Organismus muß vollständig erholt sein, damit die Energiespeicher vor den harten Wettkämpfen wieder komplett aufgefüllt sind. Die ersten Mountainbikerennen stehen bereits an! Zur Beibehaltung der guten Grundlagenausdauer bestehen immer noch ca. 50% des Gesamttrainingsumfangs aus Belastungen mit niedriger Intensität.

> **Das Training im Winter sollte ungezwungen und ohne Leistungsdruck sein**

Tabelle 5 *Die verschiedenen Etappen, Zyklen und Trainingsschwerpunkte am Beispiel von 12 Monaten*

Mountainbike-Trainingsplan für Jimmy Bike

Anzahl Stunden pro Woche	5
Anzahl Monate	12
Jahrestrainingsstunden	260

Maximalpuls:	186			
Trainingsstufe	Leistungsstufe		Puls von	bis
1	60– 70		112	130
2	71– 75		132	140
3	76– 80		141	149
4	81– 90		151	167
5	91–100		169	186

Zyklus	Zeitraum	Etappe	Trainingsschwerpunkte*	Jahresstunden in %	Anzahl Std.	Periodisierung in %				
						25	30	35	10	
						1	2	3	4	
1		Grundlagenetappe	Ausdauer = aerober Aufbau; Kraft, Fahrtechnik, Ausdauer, Alternativsportarten	7	18,2	4,6	5,5	6,4	1,8	
2		Grundlagenetappe	Ausdauer = aerober Aufbau; Kraft, Fahrtechnik, Ausdauer, Alternativsportarten	7	18,2	4,6	5,5	6,4	1,8	
3		Grundlagenetappe	Ausdauer = aerober Aufbau; Kraft, Fahrtechnik, Ausdauer, Alternativsportarten	7,5	19,5	4,9	5,9	6,8	2,0	
4		Grundlagenetappe	Ausdauer = aerober Aufbau; Kraft, Fahrtechnik, Ausdauer, Alternativsportarten	8	20,8	5,2	6,2	7,3	2,1	
5		Grundlagenetappe	Ausdauer = aerober Aufbau; Kraft, Fahrtechnik, Ausdauer	8,5	22,1	5,5	6,6	7,7	2,2	
6		Intensitätsetappe	»Schwellentraining«, Ausdauer, Erholung, Kraft, Fahrtechnik	9	23,4	5,9	7,0	8,2	2,3	
7		Intensitätsetappe	»Schwellentraining«/Intervall, Ausdauer, Erholung, Kraft, Fahrtechnik	9,5	24,7	6,2	7,4	8,6	2,5	
8		Intensitätsetappe	Intervall, Ausdauer, Erholung, Kraft, Fahrtechnik	10	26	6,5	7,8	9,1	2,6	
9		Vorwettkampfsetappe	Vorbereitungswettkämpfe, Intervall, Schnelligkeit, Ausdauer, Erholung, Kraft, Fahrtechnik	8	20,8	5,2	6,2	7,3	2,1	
10		Wettkampfsetappe	Hauptwettkämpfe, Schnelligkeit, Intervall, Ausdauer, Erholung, Kraft, Fahrtechnik	7	18,2	4,6	5,5	6,4	1,8	
11		Wettkampfsetappe	Hauptwettkämpfe, Schnelligkeit, Intervall, Ausdauer, Erholung, Kraft, Fahrtechnik	7	18,2	4,6	5,5	6,4	1,8	
12		Wettkampfsetappe	Hauptwettkämpfe, Schnelligkeit, Intervall, Ausdauer, Erholung, Kraft, Fahrtechnik	6,5	16,9	4,2	5,1	5,9	1,7	
13		Erholungsetappe	Alternativsportarten, aktive Erholung	5	13	3,3	3,9	4,6	1,3	

* Die Trainingsschwerpunkte sind nach Prioritäten geordnet.
Urs Gerig, CH-8610 Uster

4. WETTKAMPFSETAPPE

Endlich ist es Sommer. Den Kräften wird jetzt freier Lauf gelassen. Man freut sich auf die Wettkämpfe. Wenn richtig geplant, mit der nötigen Konsequenz und einer guten Portion Körpergefühl trainiert wurde, ist man jetzt in der optimalen Wettkampfform. Ca. 50% der Gesamttrainingszeit werden nach wie vor im Intensitätsbereich 1 bis 2 absolviert. Intervall- und Schnelligkeitstraining machen weitere 10 bis 15% aus, die restliche Zeit ist den Wettkämpfen gewidmet. Mountainbikerennen sind körperlich sehr anspruchsvoll. Den aktiven erholungsfördernden Maßnahmen sollte deshalb in dieser Phase besondere Beachtung geschenkt werden.

5. ERHOLUNGSETAPPE

Im Herbst müssen die Speicher wieder aufgefüllt werden. Nach einer anstrengenden Wettkampfperiode sollten zwischen vier und acht Wochen der aktiven Erholung gewidmet werden; also den Trainingsumfang reduzieren und hauptsächlich Alternativsportarten auf einer niedrigen Intensitätsstufe ausüben. Das Training ist zu dieser Zeit wenig strukturiert und variantenreich.

Tabelle 5 zeigt ein Beispiel für die Gestaltung der verschiedenen Etappen, Zyklen und Trainingsschwerpunkte. Letztere sind nach Prioritäten geordnet. Die Wichtigkeit des aeroben Aufbaus in den ersten Zyklen verlagert sich in den Wettkampfsetappen hin zur Schnelligkeit.

Die Wettkampfphase stellt höhere Anforderungen an den Mountainbiker. Nur durch einen langsamen und kontinuierlichen Aufbau ist der Organismus dieser Herausforderung gewachsen.

Die fünf Intensitätsstufen

Um die Trainingsbelastungen richtig zu dosieren, muß man sie messen können. Die Zeit eignet sich sehr gut, um die Belastung für den Organismus im Training abzuschätzen. Doch ist es vor allem die richtige Intensität, die über Erfolg und Mißerfolg entscheidet.

Tausende von Freizeitsportlern trainieren jahraus, jahrein mit dem gleichen Belastungsgrad. Vor allem der trainierte Organismus verlangt aber nach immer differenzierteren und gesteigerten Trainingsreizen, um sich weiterzuentwickeln. Bei gleichbleibenden Belastungen stumpft der Körper ab. Die Leistungsentwicklung stagniert, und die Erfolgserlebnisse bleiben aus. Eine gute Maßeinheit, um auch den Belastungsgrad eines Trainings zu messen und zu beurteilen, sind die 5 Intensitätsstufen nach ROB SLEAMAKER. Sie basieren auf der maximalen Herzfrequenz.

Mit einer regelmäßigen Kontrolle der verschiedenen Herzfrequenzstufen wird es nicht lange dauern, bis sich ein genaues Gefühl für die unterschiedlichen Ermüdungsstufen entwickelt hat. Zu empfehlen ist ein präzises und finanziell erschwinglich gewordenes Herzfrequenzmeßgerät. Gesunder Ehrgeiz, Talent und Trainingskonsequenz sind zwar wichtige Voraussetzungen, um Topleistungen zu erbringen, an einem gut entwickelten Körperbewußtsein führt jedoch kein Weg vorbei! Trainiert man »herzfrequenzkontrolliert«, sollte man lernen, auch ohne »elektronischen Helfer« die Verantwortung für seinen Körper zu tragen und sich mit dessen Reaktionen auseinanderzusetzen. Die Herzfrequenz als »Zeiger« des körperlichen Befindens kann nämlich von Tag zu Tag variieren. Stimmungsschwankungen, Hormonstoffwechsel, Flüssigkeitshaushalt und nicht zuletzt die Trainingsplanung können sie beeinflussen.

> Die jeweilige Trainingsintensität sollte auf die persönlichen Bedürfnisse abgestimmt und nicht an die des Trainingspartners angepaßt werden

INTENSITÄTSSTUFE 1

Auf dieser Stufe wird hauptsächlich das Langzeitausdauertraining absolviert. Da diese Belastungen nahezu geringfügig anmuten, nennen wir diese Trainingsgeschwindigkeit auch das »Schlechte-Gewissen-Tempo«. Um so wichtiger ist es, diese Einheiten konsequent langsam zu beginnen und auch so zu beenden. Letztlich wird sich dieses Training aufgrund der Länge, der Energie- und der Flüssigkeitsverluste als genügend erschöpfend herausstellen. Das Training in der Gruppe birgt einige Gefahren. Die jeweilige Trainingsintensität sollte auf die persönlichen Bedürfnisse abgestimmt und nicht an die des Trainingspartners angepaßt werden.

INTENSITÄTSSTUFE 2

Ausdauertraining und Trainingseinheiten mit mäßigem Tempo (z. B. Ein- und Ausfahren) von bis zu 2 Stunden Dauer werden in diesem Intensitätsbereich absolviert. Für das subjektive Gefühl ist dieses Training etwas härter als das Langzeitausdauertraining.

INTENSITÄTSSTUFE 3

Diese Stufe ist wahrscheinlich der Bereich, in dem die meisten Sportler trainieren. Vor allem für Untrainierte und Anfänger hat dieses Training anfänglich sicher einen positiven Effekt. Mehr und längere Trainingseinheiten auf Stufe 1 in Kombination mit einem Training auf den restlichen Intensitätsstufen würden jedoch vielen Sportlern erheblich mehr bringen.

Da die Energiegewinnung in diesem Bereich hauptsächlich über die Kohlenhydratspeicher abläuft, werden die Speicher jedesmal entleert und müssen wieder aufgefüllt werden. Zuviel Training in diesem Bereich kann sich daher ungün-

Tabelle 6 *Trainingskomponenten im 4-Wochen-Zyklus (Beispiel)*

Mountainbike-Trainingsplan für Jimmy Bike

	Etappe	in %
Grundlagenetappe	1–5	70
Intensitätsetappe	6–7½	60
Intensitätsetappe	7½–8	60
Vorwettkampfsetappe	9	50
Wettkampfsetappe	10–12	50
Erholungsetappe	13	50

	Langzeitausdauer	Fahrtechnik	Kraft	Ausdauer	Schwellentraining	Intervalltraining	Schnelligkeit	Vorb.-wettkämpfe	Hauptwettkämpfe	Alternativsportarten
Grundlagenetappe	70	10	10	10						
Intensitätsetappe	60	10	10	10						
Intensitätsetappe	60	10	10	5		15				
Vorwettkampfsetappe	50	5	5	5		15	10	10		
Wettkampfsetappe	50	5	5	5		15	10	10	10	
Erholungsetappe	50									50

Periodisierung ⇒ Intensitätsstufe / Totalstunden pro Woche

	Jahresstunden in %		1	2	3	4	Langzeitausdauer min. 2 Std. 1–2				Fahrtechnik				Kraft				Ausdauer max. 2 Std. 1–3				Schwellentraining 3–4				Intervall 3–4				Schnelligkeit 2–3				Vorbereitungswettkämpfe 4–5				Hauptwettkämpfe 4–5			
							1.W	2.W	3.W	4.W	1.W	2.W	3.W	4.W	1.W	2.W	3.W	4.W	1.W	2.W	3.W	4.W	1.W	2.W	3.W	4.W	1.W	2.W	3.W	4.W	1.W	2.W	3.W	4.W	1.W	2.W	3.W	4.W	1.W	2.W	3.W	4.W
1 Grundlagenetappe	7		4,6	5,5	6,4	1,8	3,2	3,9	4,5	1,3	0,5	0,6	0,6	0,2	0,5	0,6	0,6	0,2	0,5	0,6	0,6	0,2																				
2 Grundlagenetappe	7		4,6	5,5	6,4	1,8	3,2	3,9	4,5	1,3	0,5	0,6	0,6	0,2	0,5	0,6	0,6	0,2	0,5	0,6	0,6	0,2																				
3 Grundlagenetappe	8		4,9	5,9	6,8	2,0	3,4	4,1	4,8	1,4	0,5	0,6	0,7	0,2	0,5	0,6	0,7	0,2	0,5	0,6	0,7	0,2																				
4 Grundlagenetappe	8		5,2	6,2	7,3	2,1	3,6	4,3	5,1	1,5	0,5	0,6	0,7	0,2	0,5	0,6	0,7	0,2	0,5	0,6	0,7	0,2																				
5 Grundlagenetappe	9		5,5	6,6	7,7	2,2	3,9	4,6	5,4	1,5	0,6	0,7	0,8	0,2	0,6	0,7	0,8	0,2	0,6	0,7	0,8	0,2																				
6 Intensitätsetappe	9		5,9	7,0	8,2	2,3	3,5	4,2	4,9	1,4	0,6	0,7	0,8	0,2	0,6	0,7	0,8	0,2	0,3	0,4	0,4	0,1	0,9	1,1	1,2	0,3																
7 Intensitätsetappe	10		6,2	7,4	8,6	2,5	3,7	4,4	5,2	1,5	0,6	0,7	0,9	0,3	0,6	0,7	0,9	0,3	0,3	0,4	0,4	0,1	0,9	1,1																		
8 Intensitätsetappe	10		6,5	7,8	9,1	2,6	3,9	4,7	5,5	1,6	0,7	0,8	0,9	0,3	0,7	0,8	0,9	0,3	0,3	0,4	0,5	0,1			1,3	0,4	1,0	1,2	1,4	0,4													
9 Vorwettkampfsetappe	8		5,2	6,2	7,3	2,1	2,6	3,1	3,7	1,1	0,3	0,3	0,4	0,1	0,3	0,3	0,4	0,1	0,3	0,3	0,4	0,1					0,8	0,9	1,1	0,3	0,5	0,6	0,7	0,2	0,5	0,6	0,7	0,2				
10 Wettkampfsetappe	7		4,6	5,5	6,4	1,8	2,3	2,8	3,2	0,9	0,2	0,3	0,3	0,1	0,2	0,3	0,3	0,1	0,2	0,3	0,3	0,1					0,7	0,8	1,0	0,3	0,5	0,6	0,6	0,2					0,5	0,6	0,6	0,2
11 Wettkampfsetappe	7		4,6	5,5	6,4	1,8	2,3	2,8	3,2	0,9	0,2	0,3	0,3	0,1	0,2	0,3	0,3	0,1	0,2	0,3	0,3	0,1					0,7	0,8	1,0	0,3	0,5	0,6	0,6	0,2					0,5	0,6	0,6	0,2
12 Wettkampfsetappe	7		4,2	5,1	5,9	1,7	2,1	2,6	3,0	0,9	0,2	0,3	0,3	0,1	0,2	0,3	0,3	0,1	0,2	0,3	0,3	0,1					0,6	0,8	0,9	0,3	0,4	0,5	0,6	0,2					0,4	0,5	0,6	0,2
13 Erholungsetappe	5		3,3	3,9	4,6	1,3	1,7	2,0	2,3	0,7																																

Umrechnung von dezimalen Teilstunden in Trainingsminuten

0,1 Std. = 6 Min.	0,4 Std. = 24 Min.	0,7 Std. = 42 Min.
0,2 Std. = 12 Min.	0,5 Std. = 30 Min.	0,8 Std. = 48 Min.
0,3 Std. = 18 Min.	0,6 Std. = 36 Min.	0,9 Std. = 54 Min.

Urs Gerig, CH-8610 Uster

stig auf die sportliche Entwicklung auswirken. Trotzdem sollte ein gewisser Anteil des Trainings in diesem Intensitätsbereich stattfinden.

INTENSITÄTSSTUFE 4

»Killer-Training« wie Intervall-, Wettkampf- bzw. Tempotrainingseinheiten sind vorbereitende Trainingsmaßnahmen für die eigentlichen Wettkampfbelastungen. Sie erfordern eine Intensität im selben Bereich. Das Training in dieser »orangen Zone« ist hart und intensiv, aber dafür auch sehr gewinnbringend. Es verbessert die aerobe und die anaerobe Energiebereitstellung sowie die Fähigkeit des Sportlers, das sich beim Wettkampftempo anhäufende Laktat zu »puffern« oder zu neutralisieren. Diese z. T. hochintensiven Belastungen sollten bis zum Schluß möglichst kontrolliert, mit harmonischen, kräftigen Bewegungen und ohne »Gummibeine« absolviert werden können. Die Gefahr, während eines Trainings von der »orangen« in die »rote« Zone (Intensitätsstufe 5) zu kippen, ist vor allem bei unerfahrenen Sportlern relativ groß. Solche Sportler sollten diese Intensitätsstufe noch meiden, um die Leistungsfähigkeit auch weiterhin steigern zu können.

INTENSITÄTSSTUFE 5

Im Bereich der Intensitätsstufe 5 wird nur während der Topform- und der Wettkampfetappe trainiert. Diese Trainingseinheiten beinhalten maximale Geschwindigkeiten von kurzer Dauer (z. B. Sprints von 15–20 Sekunden). Nach Trainingseinheiten auf Stufe 5 sollte der Körper bei den ersten anstehenden Mountainbikerennen in Topform sein.
Tabelle 6 zeigt ein Beispiel der Trainingskomponenten im 4-Wochen-Zyklus.

»Mountainbiketraining mit Köpfchen« ist auch als Computerprogramm erhältlich. Weitere Auskünfte geben die Autoren

Trainingstagebuch

Mit dem Führen und dem Auswerten eines Trainingstagebuches wird bereits ein Großteil des eingangs erwähnten »roten Fadens« erreicht. Das Tagebuch ist nicht nur für das Protokollieren und das Auswerten der einzelnen Trainingseinheiten wichtig, sondern eignet sich auch für die *Wochen- und Tagesplanung*.

Wird am Wochenanfang auf der Rückseite eines A-4-Blattes die voraussichtliche Trainingseinteilung gemacht, so kennt man das »Trainingssoll« bzw. das Wochenpensum im voraus. Dadurch wird es leichter, das geplante Wochentrainingsziel zu erreichen.

Die wichtigsten Eintragungen betreffen:

Befinden:	Zu viele Eintragungen unter »schlecht« können ein Anzeichen für Krankheit, Übertraining, schlechte Belastungsdosierung usw. sein.
Gewicht:	Während des Wintertrainings kann ein leicht erhöhtes Körpergewicht sogar nützlich sein (Resistenz), ansonsten ist auf möglichst konstantes Gewicht zu achten.
Intensität:	Die 5 Intensitätsstufen sind die wichtigsten Meßhilfen zur Beurteilung der eigenen Trainingsbelastung.
Gesamttrainingsstunden:	Sie sind eine wichtige Meßhilfe zur Bestimmung der Gesamtbelastung pro Woche.

10 Gebote für Mountainbiker

1. Trage Sorge für unsere Umwelt und fahre nicht durch Naturschutzzonen.
2. Benutze befestigte, breite Fahrwege und wenn möglich markierte Mountainbikerouten.
3. Respektiere den Wanderer und gewähre ihm Vortritt.
4. Schone die Wanderwege und vermeide unnötige Bremsspuren.
5. Plane deine Ausfahrt und befahre wenig begangene Routen.
6. Passe den Fahrstil und die Geschwindigkeit deinem Können an.
7. Sorge mit deinem rücksichtsvollen Verhalten dafür, daß wir Mountainbiker als Naturfreunde akzeptiert werden und unseren Sport weiterhin unbeschränkt ausüben können.
8. Hinterlasse keine Rückstände und Abfälle.
9. Nimm besondere Rücksicht auf die Wildtiere.
10. Have fun!

»Der kürzeste Weg zwischen zwei Menschen ist ein Lächeln.« (Henry Sakal)

Tabelle 7   Trainingsprotokoll

[Trainingsprotokoll-Tabelle mit Spalten: Trainingstag (Mo, Di, Mi, Do, Fr, Sa, So), Wetter, Befinden (schlecht/gut/sehr gut), Puls + Gewicht, Intensität (1 2 3 4 5), Langzeitausdauer (min. 2 Std.), Ausdauer (max. 2 Std.), Fahrtechnik, Kraft, Schwellentraining, Intervall, Schnelligkeit, Vorbereitungswettkämpfe, Hauptwettkämpfe. Zeilen für Zyklus, Woche, Monat, Name. Unten: Bemerkungen, gesamt, Wochenumfang gesamt. Urs Gerig, CH-8610 Uster]

Ausblick: Wie geht es weiter?

Mountainbiking ist viel mehr als nur Training, Mountainbiking ist ein Lebensstil! Erinnern wir uns an die Kameradschaft und die Erlebnisse, wenn für unseren Sport ein neues Zeitalter anbricht. 1996, genau 20 Jahre nach dem ersten MTB-Rennen, stellt Olympia das Mountainbiking ins Rampenlicht der Welt.

Der Sport lebt aber nicht nur von Supermännern und -frauen, sondern ist auf die Begeisterung und die Freude jedes einzelnen angewiesen. Der Entwicklung des Mountainbikesports sind in jeder Beziehung noch keine Grenzen gesetzt. Wie viele andere erfolgreiche Sportarten wird sich auch das Mountainbiking zu einer Ganzjahressportart wandeln, und das Wettkampfangebot wird noch vielseitiger werden. Snowbikerennen, Dualslalom, Trial-Shows, Indoor-Veranstaltungen und Etappenrennen verzeichnen schon heute beachtliche Erfolge und großes Zuschauerinteresse. Die Spezialisierung in den einzelnen Disziplinen wie auch im Materialbereich wird sich weiter verstärken.

Im Breitensport verläuft die Entwicklung erfahrungsgemäß immer etwas langsamer als im Leistungssport. Es ist zu hoffen, daß die Schönheiten und die gesundheitsfördernden Aspekte des Mountainbikings in Form von Touren-, Erlebnis- und Aktivferien auch dem Freizeit- und Gesundheitssportler nähergebracht werden können.

Dem Mountainbiking sind keine Grenzen gesetzt – das beweisen die immer populärer werdenden Indoor-Veranstaltungen.

Querfeldein

Klaus Peter Thaler

Inhaltsübersicht

Disziplin und ihre Entwicklung · Material und
Ausrüstung · Einteilung der Altersstufen ·
Belastungsprofil ·
Training · Techniktraining · Taktik · Ausblick

*Schlamm und Morast.
Während Klaus Peter Thaler noch fährt,
tragen andere bereits das Quer-Rad.*

Querfeldeinspezialisten wie Mike Kluge sind häufig auch erfolgreiche Bike-Piloten.

Laufen mit geschultertem Rad. Querfeldeinradrennen fordern ein ungemein hohes athletisches Leistungsvermögen.

Disziplin und ihre Entwicklung

Das Querfeldeinradfahren ist neben den Disziplinen Bahnrad-, Straßenrad- und Mountainbikesport eine eigenständige Disziplin im internationalen Radsportverband und den angeschlossenen nationalen Einzelverbänden. Diese Disziplin wird jedoch nicht in allen Ländern, in denen Radsport betrieben wird, ausgeübt. Sie wird hauptsächlich in Europa betrieben. Erfolgreiche Nationen sind in ganz Europa zu finden. Zu den großen Querfeldeinradsport-Nationen gehören unter anderem Belgien, Holland, Frankreich, Deutschland, Schweiz, Tschechien, Slowakien, Italien, Luxemburg, Spanien und Polen.

Der Querfeldeinradsport ist in Frankreich entstanden. Anfang des 20. Jahrhunderts kam man auf die Idee, als Überbrückung für die wettkampflose Radsportzeit im Winter Querfeldeinradrennen zu veranstalten. Da man weg von den vereisten Straßen wollte, wurden die Rennen ins Gelände verlegt. Frankreich organisierte 1902 die ersten nationalen Meisterschaften. 1911 schloß sich die Schweiz mit der Austragung einer nationalen Meisterschaft an. Mit der Aufnahme des Querfeldeinradsports durch die Union Cycliste Internationale (UCI) als Weltmeisterschaftsdisziplin etablierte sich diese Disziplin nach dem Zweiten Weltkrieg auch in Deutschland.

Bis in die siebziger Jahre hinein wurde das Querfeldeinradfahren von Straßenradfahrern als Winterkonditionstraining genutzt. Ab diesem Zeitpunkt setzte eine zunehmende Spezialisierung der Fahrer auf diese Disziplin und damit auch ein eigener Saisonablauf ein. Die Saison begann bereits Mitte September oder Anfang Oktober mit ersten Rennen in Belgien und Holland. Sie endete meistens mit der Weltmeisterschaft im Februar. In der Übergangs- und Vorbereitungsphase hielten sich die Querfeldeinradprofis mit Rundstreckenrennen in Form. Der Querfeldeinradsport entwickelte sich für den Straßenradprofi zum reinen Trainingsmittel. Es gab nur wenige Fahrer, die weiterhin beide Disziplinen erfolgreich betrieben. Erfolgreiche Fahrer in beiden Disziplinen waren unter anderem Rolf Wolfshohl, Eric und Roger De Vlaemink; in den achtziger Jahren Adrie van der Poel. Es gab Fahrer, die eine volle Straßenradsaison als Profi, die Spanien-Rundfahrt, die Tour de France und die Tour de Suisse fuhren und sich dann im Herbst auf die Querfeldeinradsaison umstellten. Diese Umstellung kann in einem Aktivurlaub mit kürzeren Distanzen auf dem Rad, mit Gymnastik, Lauftraining und den beginnenden Querfeldeinradrennen erfolgen. Ab Mitte Oktober schließt sich eine Vorbereitungsphase auf die Weltmeisterschaft an. Diese findet meistens Ende Januar statt. Sie stellt nur bei Fahrern, die Straßen- und Querfeldeinradsport betreiben, den zweiten Höhepunkt der gesamten Jahresplanung dar.

Durch die Spezialisierung entwickelte sich ein neues Sponsorenverhältnis. Querfeldeinradprofis fahren nicht wie die Straßenradprofis in einer Mannschaft, sondern schließen Elnzelverträge ab. Dennoch ist es auch für Straßenrad-Profimannschaften interessant, einen Spezialisten vom Querfeldeinradsport in ihren Reihen zu haben. Auf diese Weise können sich die Sponsoren auch in der Winterzeit den Medien präsentieren. Seit einigen Jahren erhält der Querfeldeinradsport eine starke Konkurrenz durch die Mountainbikerennen, die auf ähnlichen Strecken, abseits der Straßen, meist auf Rundstrecken im Gelände stattfinden.

Über das Mountainbike und die damit verbundenen Freizeitaktivitäten sind

Der Querfeldeinradsport ist in Frankreich entstanden

Material und Ausrüstung

Viele gute Mountainbiker kommen aus dem Querfeldeinradsport. Der dreifache Bike-Weltmeister Henk Djernis war sogar Querfeldein-Weltmeister bei den Amateuren.

viele, vor allem junge Menschen wieder zum Fahrrad gekommen. Durch das Mountainbike erhielt das Fahrrad ganz allgemein einen großen Bedeutungszuwachs. Im Wettkampfsport hat sich eine ähnliche Entwicklung vollzogen. Viele junge Leute haben über den Mountainbike-Rennsport den Zugang zum Radsport gefunden.

Im Gegensatz zu Querfeldeinradrennen werden Mountainbikerennen überwiegend im Sommer durchgeführt. Die Querfeldein-Weltmeisterschaft Anfang Februar erhält damit keine Konkurrenz durch Mountainbike-Wettbewerbe.

Zunehmend spezialisieren sich Querfeldeinradprofis im Sommer auf Ausscheidungen im Mountainbikefahren. Typische Fahrer hierbei sind Thomas Frischknecht oder Henk Djernis. Als ehemaliger Querfeldein-Weltmeister startet Frischknecht in den Sommermonaten im Mountainbike-Weltcup. Die Fahrer sind häufig für die beiden Disziplinen in zwei unterschiedlichen Rennställen unter Vertrag. Für den bisherigen Querfeldeinradspezialisten ergibt sich mit dem Mountainbikesport ein zweiter Saisonhöhepunkt im Sommer.

Obwohl beide Disziplinen, sowohl das Mountainbiking als auch das Querfeldeinradfahren, in ähnlichem Gelände stattfinden, gibt es erhebliche Unterschiede im Bereich des Materials. Im Gegensatz zur neuen Eigenentwicklung des Mountainbikes war das Querfeldeinfahrrad früher häufig ein ausgedientes Straßenrad, das oftmals umgebaut wurde. Der weiche und verbrauchte Rahmen des Straßenrades kam den Bedürfnissen des Querfeldeinradsports entgegen, denn auf unebenem Gelände wirkt ein weicher Rahmen angenehm dämpfend.

Für das reine Querfeldeinrad wird eine spezielle Geometrie verwendet. Die Gabel erhält einen größeren Vorlauf und federt damit besser. Insgesamt wird der Radstand vergrößert, wodurch eine bessere Absorption von Unebenheiten erreicht wird. Die Lenkerschalthebel vom damaligen Marktführer Campagnolo waren in den fünfziger Jahren stark verbreitet. Diese wurden auch in Querfeldeinräder eingebaut. Der Vorteil dieser Lenkerschaltgriffe, die am Ende des Lenkers angebracht waren, bestand darin, den Lenker während des Schaltvorgangs nicht mehr loslassen zu müssen. Heute ist der Bremsschalthebel vom Straßenrad auch am Querfeldeinrad stark verbreitet. Eine feine Mechanik im Bremshebel ermöglicht sowohl das Schalten als auch das Bremsen in der gleichen Komponente. Anfangs dachte man, daß diese ziemlich empfindliche Technik im Querfeldeinradsport sich nicht durchsetzen würde, da man in dieser Disziplin öfter stürzt und auf den Lenker fällt. Neuerdings werden auch Bremsschaltgriffe in Kombination mit am Oberlenker montierten Mountainbike-Bremsgriffen gefahren.

Ein verschmutzter Reifen benötigt mehr Freiheit im Gabelkopfbereich. Folglich muß der Gabelkopf beim Querfeldeinrad höher gebaut sein. Der voluminösere und grobstolligere Reifen des Querfeldeinfahrrades bedingt ebenfalls diese Geometrie. Im Gegensatz zum Mountainbikereifen mit einer Größe von 26 Zoll hat der Reifen beim Querfeldeinfahrrad eine Rennradreifengröße von 27 Zoll. Das Reifenprofil spielt im Querfeldeinradsport eine wichtige Rolle. Je nach Gelände werden Reifen mit grobem Profil für schlammige Passagen und nassen Schnee bis hin zu fein diamentierten Reifenprofilen für trockene Strecken aufgezogen. Der Aufbau des Reifens entspricht dem des herkömmlichen Straßenrennrades. Der Drahtreifen hat sich hingegen im Querfeldeinradsport noch nicht durchgesetzt. Der Nachteil dieser Reifen liegt immer noch im höheren Gewicht und der geringeren Anpassungsfähigkeit an den Untergrund.

Im Vergleich zum Straßenrennrad werden beim Querfeldeinrad andere Bremsen verwendet. Es hat Mittelzug- oder Hydraulikbremsen, die an Sockeln an der Gabel bzw. am Hinterbau angebracht sind. Sie sind wesentlich leichter als die Bremsen am Straßenrad und bieten dem schmutzigen Reifen mehr Spielraum. Schleifende Räder bedeuten einen größeren Kraftaufwand und mehr Gewicht beim Tragen.

Die Sitzposition auf dem Querfeldeinrad ähnelt der auf dem Straßenrennrad. Der Lenker wird beim Querfeldeinrad lediglich etwas höher montiert. Oftmals wird der Sattel gegenüber der Sitzposition auf dem Straßenrennrad um ein bis zwei Zentimeter nach unten gesetzt. Dadurch kann der Fahrer auf unebenem Untergrund im Sattel sitzend weiterfahren. Bei unebenem Gelände hebt sich der Körper beim Treten häufig aus dem Sattel, was bei einer hohen Sattelstellung zu einer nachteiligen Pedaliertechnik führt. In der Vergangenheit wurden beim Querfeldeinfahrrad Pedale mit Pedalhaken und Lederriemen verwendet. Heute werden Automatikpedale verwendet, ähnlich denen des Straßenradsports. Die Pedale wurden im Mountainbikesport entwickelt.

Schuhe und Kleidung sind ebenfalls dem Querfeldeinradsport angepaßt. Eine profilierte Sohle der Schuhe ist un-

Die Querfeldeinmaschine ist ein Hybride aus einem Rennrad und einem Mountainbike. Einige Fahrer verwenden Bike-Bremsgriffe. Mittelzugbremsen sind noch immer die besten Verzögerer; die Reifen sind grobstollig, der Gabelkopf ist höher gebaut.

Hydraulische Bremsen werden auch beim Querfeldeinfahren verwendet.

Clips und Riemen werden nach und nach von den Bike-Click-Pedalen verdrängt; das doppelte Führungsblatt erschwert ein Abspringen der Kette.

bedingt erforderlich. In Verbindung mit dem Automatikpedal ist ein spezieller Radschuh notwendig. Dieser hat einen Adapter an der Sohle, der in die Pedale einrastet. Durch dieses neue Pedalsystem können auch Stollen oder Spikes im Vorderfußbereich angebracht werden. Die Schuhe werden teilweise höher geschnitten, um einen besseren Schutz vor Schmutz und Schlamm zu bieten.

Die Übersetzung für das Querfeldeinrad unterscheidet sich deutlich vom Straßenrennrad. Während beim Straßenrennrad vorne Kettenblätter von meist 39 oder 42/53 Zähnen als Standardprogramm gefahren werden, fährt man beim Querfeldeinrad meist ein 42er und 49er Kettenblatt (siehe Übersetzungstabelle, S. 219). Bei den hinteren Kränzen, die beim Straßenrad mit dem 12er oder 13er Kranz anfangen, wird beim Querfeldeinrad oftmals erst mit einem 14er Kranz begonnen. Für bergige Strecken und schlammige Passagen werden jedoch wesentlich größere Abstufungen nach oben benötigt. Auf diesen Streckenabschnitten wird meistens langsam und mit sehr viel Krafteinsatz gefahren. Dabei werden hinten 28er Kränze und teilweise darüber benützt. Die Übersetzungsverteilung im Querfeldeinradfahren zeigt deutlich die geringere Bedeutung der hohen Geschwindigkeiten. An die Geländebeschaffenheit optimal angepaßte Übersetzungen und Trittfrequenzen sind in dieser Disziplin ausschlaggebend.

Einteilung der Altersstufen

Querfeldeinradrennen werden bereits für den Jugendbereich veranstaltet. Die Rennen bei der Jugend (14 bis 16 Jahre) gehen über 30 Minuten plus eine Runde. Vor ca. zehn Jahren ging man dazu über, die Distanzen der Radquerfeldeinradrennen nicht mehr nach Kilometern zu messen, sondern nach Zeit plus eine Runde. Durch diese Reglementierung sollte eine Verfälschung der Rennen durch Witterungsbedingungen verhindert werden.

Nach der ersten oder zweiten Runde wird eine Hochrechnung vorgenommen, durch die die gefahrenen Runden in der vorgegebenen Zeit ermittelt werden. Zusätzlich zu dieser Rundenzahl wird eine Runde hinzuaddiert. Nach etwa drei Runden wird den Fahrern die eigentliche Rundenzahl bekanntgegeben. Damit kann auch die letzte Runde eingeläutet werden.

Die Junioren (Altersklasse 16 bis 18 Jahre) fahren 40 Minuten plus eine Runde. Die Amateure (ab 18 Jahre) bzw. Profis fahren 50 Minuten bzw. 60 Minuten plus eine Runde.

Durch diese Reglementierung ist sowohl der Sprung vom Jugend- ins Juniorenals auch vom Junioren- ins Amateur- und Profilager nicht mehr so groß.

Bei den Weltmeisterschaften 1994 starteten Amateure und Profis erstmals gemeinsam. Dies bedeutet, daß nur noch zwei statt drei Weltmeistertitel vergeben werden, einer bei den Junioren und einer bei den Amateuren und Profis gemeinsam.

Die einzelnen Altersklassen brauchen jeweils nur 10 Minuten länger zu fahren als die nächstjüngere. Diese 10 Minuten bedeuten für viele Fahrer jedoch eine große Leistungssteigerung, die erst durch längeres Training umzusetzen ist.

Im Juniorenalter sind Querfeldeinradrennen sehr zu empfehlen, da sie die Koordination fördern. Das so erlernte Beherrschen des Fahrrades läßt sich dann sowohl im Straßen- als auch im Bahnbereich positiv umsetzen.

Da im Jugend- und Juniorenbereich noch keine Spezialisierung auf die einzelnen Disziplinen stattfindet, dient das Querfeldeinradfahren einer allgemeinen Ausbildung im Radsport.

Belastungsprofil

Ähnlich wie bei einigen Disziplinen auf der Bahn oder Straße (Zeitfahren) ist der Start beim Querfeldeinradfahren mit entscheidend. In der Startphase wird bereits um gute Positionen gekämpft. Der Start erfolgt unter voller körperlicher Belastung im anaeroben Bereich. Mit einer guten Startaufstellung versucht der Fahrer sich bereits einen Vorteil zu verschaffen, um dann auch möglichst als erster ins Gelände zu kommen. Die Startanfahrtsstrecken sind meist auf breiten Wiesen oder auf einer Straße angelegt, die dann in eine engere Passage bzw. ins Gelände münden. Das Ziel des Fahrers sollte sein, als erster ins Gelände zu gehen, da oftmals in der Passagenverengung im ersten Drittel des Pulks Stürze unvermeidbar sind. Liegt man auf einer Position hinter einem Sturz, hat man später kaum eine Chance, nach vorne zu kommen.

Der Start war früher oft problematisch. Mit den heutigen Startreglementierungen sind diese Probleme jedoch weitgehend ausgeschaltet. Die Startaufstellung wird ausgelost. Die Topfahrer werden als gesetzte Fahrer in die erste Reihe gestellt. So werden sie nicht durch schwächere Fahrer beim Start behindert. Heute kann sich ein Fahrer vor dem Rennen in Ruhe auf den Start vorbereiten. Das Einfahren ist bei einem Start im anaeroben Bereich sehr wichtig.

Der Start erfolgt unter voller körperlicher Belastung im anaeroben Bereich

Dem Start kommt beim Querfeldeinfahren eine große Bedeutung zu; hier entscheidet sich bereits, ob man eine günstige Ausgangsposition findet oder nicht.

Die Strecke verändert sich durch Training und Vorrennen im Jugend- und Juniorenbereich bereits erheblich. Der Fahrer muß die Strecke kennenlernen und sich dementsprechend warmfahren, was oft auch auf der Strecke selbst stattfindet. Es wird direkt vom Warmfahren an den Start gegangen. Erst dort legt man seine Trainingsbekleidung ab, um möglichst im voll aufgewärmten Zustand anzutreten.

Der Start gehört zu den wichtigsten Belastungsteilen eines Querfeldeinradrennens. Nach der Startphase muß der Fahrer schnell aus einer anaeroben Phase in eine aerobe Phase gelangen. Eine Sauerstoffschuld sollte folglich während des ganzen Rennens vermieden werden. Ein Fahrer mit einem schlechteren Trainingszustand geht jedoch eine erhöhte Sauerstoffschuld im Rennen ein und übersäuert seinen Körper im Rennverlauf bis hin zum Leistungseinbruch. Ziel eines jeden Spitzenfahrers sollte sein, den individuellen und optimalen Rhythmus schnell zu finden. Bei einem Tempowechsel hat er dann noch Leistungsreserven zur Verfügung, um eventuelle Angriffe abzuwehren oder selbst zu attackieren. Für das Finale in den letzten zehn Minuten sollte der Fahrer unbedingt noch Reserven einbehalten.

Beim Querfeldeinradsport kommt es meistens zu Einzelankünften. Sprintankünfte sind eher eine Seltenheit. Durch das selektive Gelände wird der Pulk auseinandergezogen und das Feld in Einzelfahrer zersplittert. Ein gewisser Abstand zum Vordermann ist bereits durch das Gelände bedingt. Das Windschattenfahren ist im Gelände nicht möglich, mit Ausnahme einer Streckenführung über längere Asphaltstücke. Während des Rennverlaufs bilden sich aufgrund leistungsbedingter Unterschiede einzelne Gruppen, die sich erst bei Tempoverschärfung oder Leistungsabbau aufsplitten.

Das Belastungsprofil im Querfeldeinradsport ist sowohl von taktischen Tempowechseln als auch von der Topographie des Geländes abhängig. Außerdem wird es nicht unerheblich vom Geländeuntergrund beeinflußt. Folglich kann bei einer flachen Streckenführung mit weichem

Untergrund, wie sie in Holland und Belgien häufig der Fall ist, ein nahezu gleiches Belastungsprofil wie in einer bergigen Streckenführung erreicht werden. Schlamm, Sand und Wiesenpassagen sind hierbei die ausschlaggebenden Faktoren.

Sowohl bei Strecken mit starkem Höhenprofil als auch bei Rennen mit schwierigem Untergrund müssen einzelne Passagen im Laufen bewältigt werden. Mit dem Laufen als festem Bestandteil des Querfeldeinradsports weist das Querfeldeinradtraining entscheidende Unterschiede gegenüber den übrigen Radsportdisziplinen auf. Der ständige Wechsel von Fahren und Laufen bewirkt eine Ausweitung der Belastung auf die gesamte Muskulatur. Die Schulter-, Arm- und Rückenmuskulatur wird bei Tragepassagen zusätzlich verstärkt belastet. Neben die konzentrische Muskelarbeit beim Tretzyklus tritt nun noch die gemischt konzentrisch/exzentrische Muskelarbeit des Laufens.

Training

Die folgende Trainingsplanung im Querfeldeinradfahren geht von einem Querfeldeinradspezialisten aus, der im Sommer als Vorbereitung Rundstrecken- oder Mountainbikerennen fährt. Die Periodisierung richtet sich nach dem Saisonhöhepunkt der Weltmeisterschaft, die meistens Ende Januar stattfindet.

Die Querfeldeinradsaison beginnt Mitte/Ende September mit ersten Rennen in Belgien. In ihrem Verlauf erfolgt ein stetiger und kontinuierlicher Trainingsaufbau über die nationalen Meisterschaften bis hin zur Weltmeisterschaft. Häufig gibt es jedoch Fahrer, die gerade am Anfang der Saison ihre Höchstform erreichen und ab Mitte/Ende Dezember mit der Leistung abbauen. Denen stehen Fahrer gegenüber, die bei Saisonanfang einen schlechten Leistungszustand haben und sich bis zur Weltmeisterschaft in Hochform befinden. Dies kann zur Folge haben, daß sich ein amtierender Weltmeister in der darauffolgenden Querfeldeinradsaison zu Beginn in einem schlechten Trainingszustand befindet. Die Erwartungen der Zuschauer und der Veranstalter, die diesen Fahrer mit einem hohen Startgeld verpflichtet haben, werden dann oftmals nicht erfüllt. Der Stellenwert der nationalen Titelkämpfe und Weltmeisterschafts-Titelkämpfe hat im Hinblick auf die Saisonplanung hierbei größeres Gewicht.

Das Training im Querfeldeinradfahren besteht aus umfangreichen Programmen, die sich nicht nur auf das reine Radfahren beziehen. Andere Disziplinen wie Gymnastik und Lauftraining spielen eine große Rolle. Im Querfeldeinradfahren wird eine gewisse Akrobatik auf dem Rad vorausgesetzt. Diese stellt hohe koordinative Anforderungen an den Fahrer. Reaktionsschnelligkeit und Ge-

Das Laufen mit geschultertem Rad ist ein entscheidender Unterschied zu anderen Radsportdisziplinen.

Bei steilen Bergabpassagen wird der Schwerpunkt des Körpers nach hinten verlegt.

lenkigkeit auf dem Rad werden dem Fahrer ebenso abverlangt wie das Fahren auf schwierigem Untergrund. Für das Erreichen einer optimalen Form zur Weltmeisterschaft wird in folgenden Bereichen individuell trainiert:

Der *Ausdauerbereich* wird sowohl auf dem Fahrrad als auch durch Läufe verbessert. Koordinative Fähigkeiten und Bewegungsfertigkeiten werden ebenfalls auf dem Fahrrad trainiert. Der Ablauf einer Trainingswoche ist bestimmt durch die Rennen am Wochenende. Querfeldeinradrennen finden nur samstags, sonntags oder feiertags statt. Dies ist ein wesentlicher Unterschied zu Straßenradrennen, die z. B. in Belgien als Rundstreckenrennen im Sommer jeden Tag veranstaltet werden. Die großen Rundfahrten finden ebenfalls während der ganzen Woche statt und dauern zwei bis drei Wochen.

Im Querfeldeinradbereich gibt es diese Dauerbelastung nicht. Wegen der Rennen am Wochenende dient die übrige Woche als Trainingszeit. Ausgehend von einem mit zwei Rennen belegten Wochenende wird am Montag ein Regenerationstraining durchgeführt. Dieses Training umfaßt etwa 1 bis 1,5 Stunden Straßentraining mit kleinen Gängen oder Fahren im Gelände auf Waldwegen, jeweils mit niedrigen Intensitäten. Eine Massage direkt nach dem Rennen und nach dem Training am Montag ist ebenfalls erforderlich. An den Tagen Dienstag, Mittwoch und Donnerstag findet ein individuell angepaßtes intensiveres Training statt. In der extremsten Belastungsphase werden bis zu drei Trainingseinheiten durchgeführt. Das Straßentraining umfaßt hierbei etwa 2 Stunden, teilweise auch bis zu 5 Stunden (siehe Kap. »Straßenradsport«), und wird mit kleinen Übersetzungen und hoher Trittfrequenz als Grundlagenausdauertraining abgehalten.

Ein *Schnellkraft-* und *Krafttraining* wird ebenfalls auf dem Rad durchgeführt. Die Schnellkraft wird durch Sprints im flachen Gelände verbessert, die Kraftausdauer wird an Bergen und längeren Steigungen trainiert. Die zweite Trainingseinheit findet im Gelände statt. Hierzu dient ein Rundkurs oder ein großes Waldgelände, soweit dies zur Verfügung steht. Der Parcours sollte alle Passagen beinhalten, die man in einem Rennen zu fahren hat. Er sollte technisch schwierige Streckenabschnitte, schweren Untergrund, einen schnellen Abschnitt, Laufpassagen und Hindernisse beinhalten. Die Hindernisse müssen teilweise auf dem Rad sitzend, teilweise laufend übersprungen werden. Die dritte Trainingseinheit bildet ein spezifisches Lauftraining mit eingebauter Gymnastik. Das Lauftraining umfaßt 40 bis 50 Minuten. Die darauffolgende 20minütige Gymnastik sollte in einem Raum absolviert werden, um auch Dehn- und Kräftigungsübungen auf dem Boden durchführen zu können.

Das Schultern des Rads, das Auf- und Absteigen und das starke Ziehen am Oberlenker in schwierigen Fahrpassagen erfordert eine starke Oberkörpermuskulatur des Querfeldeinradfahrers. Aus diesem Grunde ist auch das Training der Oberkörpermuskulatur an einer Kraftmaschine empfehlenswert. Trainiert werden hauptsächlich die Arm-, Schulter- und Rückenmuskulatur, die vor allem durch das Auf- und Absteigen und durch das Laufen mit geschultertem Rad stark beansprucht werden. Ergometertraining wird im Querfeldeinradfahren als Aufwärmphase vor einem Rennen oder bei schlechter Witterung eingesetzt (siehe Kap. »Mountainbike«). Es dient zur Lockerung der Muskulatur und zur Erhöhung der Trittfrequenz. Das Grundlagentraining in der Vorbereitungsphase vor den ersten Rennen im September und Oktober besteht damit aus den Bereichen Straßentraining (siehe Kap. »Straßenradsport«), Training im Gelände, Lauftraining und Gymnastik. Der Leistungsstand wird vor allem bei den ersten Rennen im September deutlich. Eventuelle Schwächen können erkannt und im weiteren Trainingsverlauf beseitigt werden. Weiterhin kann bei den ersten Rennen der eigene Leistungsstand mit dem der übrigen Konkurrenten verglichen werden.

Die wichtigen Rennen beginnen etwa Anfang bis Mitte Oktober. Eine bestimmte Zahl von Rennen zählt zu der neu eingeführten Weltcupserie, für deren Gesamtsieger am Ende der Saison relativ hohe Preisgelder vorhanden sind. Die Fahrer bestreiten diese Rennen über die ganze Saison und vernachlässigen dadurch oftmals den erforderlichen Leistungsaufbau für die Meisterschaft. Häufig gibt es Fahrer, die im Laufe der Saison bei Weltcuprennen vorne mit dabei sind, aber dann bei Weltmeisterschaften nicht mehr die nötige Leistungsstärke haben.

Im Laufe der Saison erkennt der Fahrer seine Schwachpunkte, wie z.B. Kraftdefizite oder Defizite im Laufbereich. Dementsprechend gezielt werden diese Bereiche im Training verbessert.

Schwerpunktmäßig sollte das Training an Dienstagen und Donnerstagen aus den bereits oben genannten drei Trainingsbereichen bestehen. Das Training sollte am Mittwoch, je nach Verfassung, gleich wie am Dienstag oder in etwas reduzierter Form gestaltet werden. Am Freitag findet ein individuelles Ab-

Optimales Timing wird dem Fahrer beim Überspringen von Hindernissen abverlangt.

schlußtraining statt, das zur Vorbereitung auf das Wettkampfwochenende dient. Je nach Fahrertyp wird ein freier Trainingstag zur Materialvorbereitung mit einer abschließenden Massage eingelegt oder nochmals ein zweistündiges Training auf dem Rad absolviert.

Der genannte Wochenplan ist für einen Querfeldeinradfahrer bestimmt, der keine volle Straßenrad- oder Mountainbikesaison hinter sich hat und sich am Anfang der Saison mit den ersten Rennen auf den weiteren Saisonverlauf vorbereitet. Für einen Straßenrad- oder Mountainbikefahrer, der eine ganze Saison gefahren ist, würde ein solcher Trainingsverlauf erst im Dezember in Kraft treten. Dieser Fahrer benötigt in den Monaten Oktober/November eine Erholungsphase, um sich auf die oftmals sehr harte Wintersaison vorzubereiten. Für die Umstellung von der rein konzentrischen Muskelbelastung des Radfahrens auf die gemischt konzentrisch/exzentrische Muskelbelastung des Laufens beginnt der Fahrer mit einem langsam gesteigerten Lauftraining.

Bei schlechter Witterung erfolgt die Trainingsgestaltung flexibel. Man absolviert dazu nur eine Trainingseinheit und verlängert diese zeitlich, um eine gewisse Abhärtung gegen Wettereinflüsse zu erreichen. Bei zwei Trainingseinheiten hingegen wäre die Erkältungsgefahr zu groß. Nur eine sinnvolle und flexible Gestaltung des Querfeldeinradtrainings härtet den Körper ab und schützt diesen vor Erkrankungen. Dennoch ist die Gefahr einer Erkältung bei dieser Disziplin sehr hoch, da oftmals direkt nach dem Rennen oder nach dem Training weder ein trockener Raum noch eine Dusche oder trockene Kleidung zur Verfügung stehen. Das Auftreten von Erkältungen innerhalb einer ganzen Wintersaison ist im Querfeldeinradsport bei den Athleten durchaus üblich und mit in den Trainingsverlauf einzubeziehen.

Das seitliche Aufspringen auf das Querfeldeinrad nach einer Laufpassage sollte trainiert werden.

Techniktraining

Die Anforderungen an einen Querfeldeinradfahrer sind sehr vielfältig. Die Kombination von Radfahren und Laufen im Wechsel auf Wegen oder Straßen, auf verschiedenen Untergründen, Gefälle- und Steigungsstrecken verlangen dem Querfeldeinradfahrer ein erhebliches Maß an koordinativen Fähigkeiten ab. Das Querfeldeinradfahren stellt somit eine ausgezeichnete Trainingsmethode zur Verbesserung der koordinativen Fähigkeiten jedes Radfahrers dar. Das Auf- und Absteigen während der Fortbewegung erfordert viel Geschicklichkeit und Timing. Hierbei ist es wichtig, den Bewegungsschwung nicht zu verlieren. Dies bedeutet für den Fahrer, den optimalen Zeitpunkt für das Auf- und Absteigen vom Rad zu finden. Ein Abstieg vom Rad darf nicht erst am Hindernis oder in einer Steigung erfolgen, sondern muß bereits etwas vorher statt finden. Dies erfordert ein vorausschau-

endes Fahren, um in der Lage zu sein, rechtzeitig zu reagieren. Ein Rennparcours muß daher vorher besichtigt werden, um sich Schlüsselpassagen einzuprägen und um Laufpassagen rechtzeitig erkennen zu können. Nur so wird ein optimaler Bewegungsübergang und -schwung vom Fahren zum Laufen und vom Laufen zum Fahren gewährleistet.

Das Pedalaufnehmen wird am Anfang der Saison bewußt trainiert, automatisiert sich jedoch im Laufe der Trainingszeit. Der technisch einwandfreie Ablauf des Pedalaufnehmens ist bei einem Spitzenfahrer klar erkennbar.

Ein weiterer wichtiger technisch-koordinativer Faktor ist das Schalten. Das richtige Schalten im Gelände ist für den Querfeldeinradfahrer noch wichtiger als für den Straßenfahrer. Das Gangwechseln wird oftmals durch den Untergrund und die Topographie zusätzlich erschwert.

Das rechtzeitige Einlegen des Gangs steht hierbei an erster Stelle. Es darf nicht erst bei Tempoverlangsamung erfolgen, sondern der Fahrer muß frühzeitig schalten, um einen ökonomischen und gleichmäßigen Tretrhythmus beizubehalten. Das Schalten wird damit zu einem bestimmenden Leistungsfaktor.

Abgesehen von individuellen technischen Fähigkeiten haben sich im Querfeldeinradsport einige Standardtechniken entwickelt, die von jedem Fahrer beachtet werden sollten. Hierzu gehören:

- rechtzeitiges Absteigen vor einem Hindernis
- Umsteigen auf das linke Pedal
- Durchschieben des rechten Beines zwischen dem linken Bein und dem Rahmen
- Aufsetzen auf den rechten Fuß bei parallelem Lösen des linken Fußes vom Pedal mit gleichzeitigem Weiterlaufen und Schultern oder Schieben des Rades

Überwinden eines Hindernisses. Erste Phase: rechtzeitiges Absteigen.

Zweite Phase: Anheben (und Schultern) des Rades.

Dritte Phase: Überspringen des Hindernisses.

Die Ergebnisse eines gezielten und effektiven Techniktrainings werden im Wettkampf sichtbar.

Das Überspringen eines Hindernisses mit geschultertem Rad gehört ebenso dazu wie das nachfolgende Aufspringen auf das Rad mit einem Sprung direkt auf den Sattel und sofortigem Aufnehmen der Pedale. All diese Fähigkeiten werden bei Saisonbeginn gezielt trainiert, automatisieren sich jedoch im weiteren Trainingsverlauf.

Das Techniktraining verlangt ebenfalls ein schwerpunktmäßiges Trainieren der Leistungsdefizite. Weiß ein Fahrer beispielsweise, daß er ein schlechter Abfahrer ist, muß er das Abfahren häufig in das Trainingsprogramm integrieren. Ein gezieltes und effektives Techniktraining ist jedoch nur in erholtem Zustand möglich.

Taktik

Im Querfeldeinradsport ist eine optimale körperliche Verfassung und die positive Selbsteinschätzung des Athleten die Grundvoraussetzung für eine effektive Taktik. Die persönliche Beeinflussung des Renngeschehens hängt weitgehend von diesen Parametern ab. Wie bereits erwähnt, kommt dem Start eine große Bedeutung zu. Eine gute Ausgangsposition ist Grundvoraussetzung für einen optimalen Startverlauf. Der Fahrer muß beim Start die Fähigkeit besitzen, längere Zeit im anaeroben Bereich zu fahren. Eine Belastung im aeroben Bereich tritt erst ein, wenn sich das Fahrerfeld nach dem Start in geordneter Fahrt befindet. Die Ausprägung dieser Fähigkeit ermöglicht eine gute Position im weiteren Rennverlauf.

Die Taktik des Fahrers muß auf seine individuellen Möglichkeiten abgestimmt werden. Hat ein Fahrer im Gelände technische Vorteile, muß er diese an der Spitze des Feldes nutzen. Das Rennen sollte vom Fahrer in jedem Falle von der Spitze aus gestaltet werden. Damit kann er bei technischen Defiziten im Gelände das Fahrerfeld verlangsamen und bei individuellen Stärken das Tempo von vorne her verschärfen. Die technischen Fähigkeiten werden bei Hindernissen, bei problematischer Bodenbeschaffenheit, bei schwierigen Steigungen und bei engen Passagen zum taktischen Moment.

Im Querfeldeinradsport verändert sich die Rennsituation im Gelände sehr schnell. Folglich benötigt der Fahrer eine erhöhte taktische Flexibilität. Beispielsweise wird die Möglichkeit, das Rennen zu verzögern, an einer breiten Passage deutlich erschwert. An engen Passagen und Hindernissen kann das Tempo dagegen sehr gut herausgenommen werden und das Fahrerfeld von der Spitze aus verlangsamt werden. Die klassischen Ausreißversuche, wie man sie vom Straßenradsport kennt, sind im Querfeldeinradsport eher eine Seltenheit. Die hohe körperliche Belastung während des Rennens verhindert dies häufig. Wird dennoch ein Ausreißversuch von ein bis zwei Fahrern gestartet, so erfolgt dies meistens in der zweiten Rennhälfte. Es ist äußerst schwierig, das Rennen von Anfang an von vorne zu fahren. Bei homogenem Leistungsniveau im Fahrerfeld sind die technischen Fähigkeiten der Fahrer entscheidend.

Häufiger als im Straßen- und Bahnradsport entscheiden im Querfeldeinradsport äußere Einflüsse über Sieg und Niederlage. Defekte und Reifenschäden können schnell behoben werden, da bei Querfeldeinradrennen mehrere Depots an der Rennstrecke eingerichtet sind, um das Fahrrad zu wechseln. Dies führt jedoch zu Zeitverlusten, die häufig nicht mehr aufgeholt werden können.

Eine optimale Organisation entlang der Rennstrecke ist für einen schnellen Materialwechsel unbedingt erforderlich. An

Die Wechselzone: ein wichtiger Bereich im Querfeldeinradsport. Während der Fahrer (hier Weltmeister Dieter Runkel) das Fahrrad wechselt, wird er mit taktischen Informationen versorgt.

Bei Schlammrennen werden die verschmutzten Querfeldeinmaschinen bis zum nächsten Wechsel schnell gereinigt.

den Depots werden Fahrräder repariert und, vor allem bei den mit sehr viel Schmutz verbundenen Schlammrennen, gereinigt. Der Fahrer bekommt beim Wechsel in der nächsten Runde ein funktionstüchtiges Fahrrad überreicht. Bei wichtigen Rennen ist es durchaus üblich, während einer Runde das Rad ein- bis zweimal zu wechseln.

Der Querfeldeinradsport ist mittlerweile zu einer Materialschlacht geworden. Fahrer im Spitzenbereich besitzen drei bis vier Räder. Bei trockenen Rennen versucht der Fahrer, möglichst mit einem Rad das Rennen durchzufahren. Besitzt ein Fahrer mehrere Räder, müssen diese alle auf seine anthropometrischen Merkmale abgestimmt sein.

Dies betrifft nicht nur die Rahmengröße, Sattelhöhe, Vorbaulänge und Kurbellänge, sondern auch Details wie zum Beispiel den Spielraum beim Durchziehen des Bremsgriffes bis zum effektiven Bremsen. Nach Möglichkeit muß er bei allen zum Einsatz kommenden Rädern gleich sein. Jedes Rad entspricht folglich den individuellen Bedürfnissen des Fahrers.

Eine weitere wichtige taktische Maßnahme im Querfeldeinradsport ist die situative Wahl der Fortbewegung. Das Fahren und Laufen mit dem geschulterten Rad ist jeweils abhängig von der Situation.

Eine Strecke kann sich im Laufe des Rennens verändern, so daß eine Fahrpassage zu einer Laufpassage wird oder umgekehrt. Eine Lauf-Sandpassage kann sich z. B. durch mehrmaliges Fahren von einzelnen Fahrern so verändern, daß andere Fahrer diese Strecke auch auf dem Rad sitzend bewältigen können. Eine Fahrpassage, die sehr schwer zu bewältigen ist (z. B. weicher Boden), wird durch schwächere Fahrer, die absteigen und laufen, auch für stärkere

Fahrer unbefahrbar gemacht. Eine weitere Befahrung dieser Passage würde auch den stärkeren Fahrern zuviel Kraft kosten. An dieser Stelle sei nochmals auf die Wichtigkeit des Lauftrainings hingewiesen. Jeder Fahrer sollte seine eigenen Stärken kennen und sie im Rennen situationsgemäß zur Anwendung bringen.

Das taktische Verhalten des Querfeldeinradfahrers ist nicht nur abhängig vom Verhalten der anderen Fahrer, sondern auch von der Geländebeschaffenheit und der individuellen Selbsteinschätzung. Er ist weitgehend von mannschaftstaktischen Verhaltensmaßnahmen befreit und auf sich allein gestellt.

Ausblick

Für viele Querfeldeinradfahrer ist der Mountainbikesport eine willkommene Bereicherung der Jahresplanung. Das große Interesse der Sponsoren und die wesentlich höheren Preisgelder ziehen immer mehr Fahrer ganz in das Lager des Mountainbikesports. Im Gegensatz zur Mountainbike-Industrie werden Querfeldeinrennräder nur in geringen Stückzahlen gebaut. Sie sind für die Fahrradindustrie kein wirtschaftlich interessanter Bereich. Das Mountainbike hingegen ist momentan die Stütze der Fahrradindustrie. Dies hat zur Folge, daß Fahrradhersteller auf dem Mountainbikesektor ein großes Interesse an

Viele Straßenfahrer (im Bild Pascal Richard) nutzen den Querfeldeinsport, um im Winter in Form zu bleiben.

Wohin entwickelt sich der Querfeldeinradsport?

guten Fahrern haben. Dementsprechend hoch sind die Verpflichtungen von Fahrern in einem Rennstall. Damit wird der Mountainbike-Wettkampfsport zu einer interessanten Erwerbsquelle für einen Fahrer. Im Querfeldeinradsport bekommen die Spitzenfahrer ab einer gewissen Leistungsstärke bei den Rennen Startgelder und ein oftmals geringes Preisgeld. Bei großen Mountainbikerennen dagegen gibt es keine Startgelder, aber ein sehr hohes Preisgeld, das den Sport für die Aktiven noch interessanter macht. Daraus resultiert die Fluktuation im Querfeldeinradsport. Immer häufiger verzichten Spitzenfahrer auf eine Querfeldeinradsaison zugunsten der Mountainbikesaison.

Wie lange sich der Querfeldeinradsport noch hält, ist eine große Frage. Seine Gestaltung muß in Zukunft von der UCI und den Nationalen Verbänden stark überdacht werden. Vor allem gegen die Querfeldein-Weltmeisterschaft wurde in der Vergangenheit häufig protestiert. Diese Veranstaltung wurde oft zum »Fahrradweittragen«. In der Vorbereitungsphase dieser Wettkämpfe wurde die Streckenauswahl meist von Laien durchgeführt. Sie wählten Strecken aus, die sich durch Witterungseinflüsse extrem verändern konnten. Dem Zuschauer wurde dann eine Sportart präsentiert, die sich nicht mehr verkaufen ließ: Das Resultat waren nämlich schlammverschmierte Sportler, eine wesentlich geringere Bewegungsdynamik in den Bildern und ein »Fahrradweittragen« mit geschultertem Rad.

Die Mountainbikerennen hingegen sind meist sehr dynamisch und schnell. Eine wesentliche Rolle spielt hierbei die Austragung der Wettbewerbe in den Sommermonaten. Doch auch im Winter können für den Querfeldeinradsport Rennstrecken ausgewählt werden, die gut befahrbar sind und die klassischen Momente eines Querfeldeinrennens aufweisen. Der Ausschluß von Rennstrecken, die extrem schwer befahrbar sind, wäre ein notwendiger Schritt der UCI und der Nationalen Verbände.

Mit Sicherheit behält der Querfeldeinradsport in den großen Radsportnationen seinen Stellenwert noch bei. Das Problem liegt, wie in vielen anderen Sportarten auch, in der Finanzierung der Veranstaltungen. Die Verbände verlangen höhere Preisgelder, und vielen Veranstaltern ist es daher nicht mehr möglich, über örtliche Sponsoren Rennen zu finanzieren. Nun liegt es an den Verbänden, diese Sportart wieder interessanter zu gestalten.

Triathlon

Dr. Martin Engelhardt/Dr. Arndt Pfützner/
Steffen Große

Inhaltsübersicht

Allgemeine Entwicklungstendenzen (Leistung
und Prognose) · Training · Radtrainingsprogramme ·
Radfahren im Triathlon

Schwimmen, Radfahren und Laufen. Triathleten müssen extremste Belastungswechsel bewältigen.

Die von Triathleten erfundene aerodynamische Lenkerposition wurde auch im Straßenradsport zum Nonplusultra.

Allgemeine Entwicklungstendenzen (Leistung und Prognose)

Triathlon wurde durch den spektakulären Ironman-Wettkampf auf Hawaii, der über die Distanz 3,8 km Schwimmen, 180 km Radfahren und 42 km Laufen ausgetragen wird, international bekannt. Es ist aber nicht der Triathlon der Langdistanz, sondern die Kurzdistanz mit 1500 m Schwimmen, 40 km Radfahren und 10 km Laufen, die im Jahr 2000 auf dem olympischen Programm steht.

Voraussetzungen für die Olympiaaufnahme waren, daß über 75 Nationen diese Sportart betreiben und sie ein festes Reglement mit entsprechenden Welt- und Europameisterschaften hat.

Die Merkmale, die zu der großen Popularität des Triathlon geführt haben, sind folgende:

- starke dynamische Entwicklung in den letzten 15 Jahren
- Kombination der beliebtesten Ausdauersportarten
- zukunftsorientierte Philosophie, die auf Vielseitigkeit und Gesundheit, aber auch auf ein Miteinander und auf die Zuschauerfreundlichkeit gerichtet ist
- naturverbundene, problemlose Trainingsmöglichkeiten
- enger Kontakt zur Natur und damit Sinn für den Schutz der Umwelt
- relativ geringer Aufwand und nicht allzu hohe Kosten für den Athleten
- geringe Kosten für die benötigten Sportstätten
- prognostisch-innovative Voraussetzungen

Die bewertbare internationale Leistungsentwicklung im Triathlon der olympischen Distanz begann mit der Weltmeisterschaft und Europameisterschaft 1989.

Es zeigt sich, daß in den letzten Jahren die europäische Leistungsfähigkeit im Triathlon dem Weltniveau entspricht. Es werden Leistungen gebracht, die etwa 10–13 % von den Weltspitzenleistungen

75 Nationen betreiben die Sportart Triathlon

Tabelle 1 *Ergebnisse der Weltmeisterschaften Triathlon/olympische Distanz (Männer und Frauen)*

Jahr	Sieger	Land	Gesamt	Zeit S	Zeit R	Zeit L
Männer						
1989	Mark Allen	USA	1:58:46	28:22	57:17	33:07
1990	Greg Welch	AUS	1:51:37	20:21	56:19	32:40
1991	Miles Stewart	AUS	1:48:20	19:21	55:25	33:34
1992	Simon Lessing	GBR	1:49:04	17:31	59:40	31:53
1993	Spencer Smith	GBR	1:51:20	18:04	1:02:26	30:50
1994	Spencer Smith	GBR	1:51:04	17:45	1:00:00	32:57
Frauen						
1989	Erin Baker	NZL	2:10:01	29:31	1:02:06	37:24
1990	Karen Smyers	USA	2:03:33	22:03	1:02:27	36:37
1991	Joanne Ritchie	CAN	2:02:04	21:58	1:02:09	37:56
1992	Michellie Jones	AUS	2:02:08	20:02	1:05:27	36:39
1993	Michellie Jones	AUS	2:07:41	19:43	1:12:20	35:38
1994	Emma Carney	AUS	2:03:19	20:28	1:07:05	35:44

S = Schwimmen / R = Rad / L = Lauf

Tabelle 2 Ergebnisse der Europameisterschaften Triathlon/olympische Distanz (Männer und Frauen)

Jahr	Sieger	Land	Gesamt	Zeit		
				S	R	L
Männer						
1989	Yves Cordier	FRA	2:02:08	20:51	1:04:47	36:30
1990	Fons Halmblock	BEL	1:50:29	17:23	1:00:55	32:11
1991	Simon Lessing	GBR	1:53:25	19:46	59:09	32:51
1992	Spencer Smith	GBR	1:48:37	19:07	56:53	32:37
1993	Simon Lessing	GBR	1:54:04	19:20	59:34	33:15
1994	Simon Lessing	GBR	1:50:38	19:19	58:17	33:02
Frauen						
1989	Simone Mortier	RFA	2:16:59	23:20	1:14:44	38:55
1990	Thea Sijbesma	NED	2:04:01	19:04	1:07:47	37:10
1991	Isabelle Mouton	FRA	2:07:53	23:07	1:04:58	38:05
1992	Sonja Krolik	RFA	2:02:47	24:10	1:01:54	36:43
1993	Sabine Westhoff	RFA	2:08:59	20:37	1:06:49	39:16
1994	Sonja Krolik	RFA	2:02:51	23:46	1:03:18	35:47

S = Schwimmen / R = Rad / L = Lauf

Belastungswechsel: Nach der Schwimmstrecke laufen die Triathleten zur Wechselzone – die vierte Disziplin beim Triathlon.

in den Spezialsportarten entfernt liegen. Aus den bisher im Triathlon erreichten Leistungen, dem Leistungsniveau in den Spezialdisziplinen, Expertenmeinungen sowie ersten Trendrechnungen wurde eine Leistungsprognose berechnet. Es zeigt sich, daß im Jahr 2000 bei den Männern mit einer möglichen Gesamtleistung von 103 Minuten zu rechnen ist. Hinzu kommen noch 2 bis 3 Minuten für die Wechsel der Disziplinen.

Entwicklungstrends der Spezialsportarten weisen eine Leistungszunahme von 0,5–3 % pro Jahr auf.

Ein wichtiger Aspekt, der im langfristigen Leistungsaufbau sowie beim Anvisieren von Spitzenleistungen beachtet werden muß, ist das Hochleistungsalter, das die Langfristigkeit der leistungssportlichen Karriere im Triathlon bestimmt.

Ausgehend von der individuellen aktuellen Leistungsfähigkeit, ist es im langfristigen Leistungsaufbau erforderlich, eine altersorientierte Zielgeschwindigkeit für die einzelnen Disziplinen zu ermitteln.

Für die entsprechend zu planenden Belastungszuwachsraten ist das Trainingsalter von entscheidender Bedeutung.

In den Ausdauersportarten werden die meisten Spitzenleistungen am Ende der zweiten Lebensdekade erbracht.

Zwischen dem 28. und 32. Lebensjahr werden bei Männern und Frauen am häufigsten Siegleistungen nachweisbar. Im Triathlon, wo die Leistungsdichte noch nicht so groß ist, sind Spitzenleistungen ab dem 20. Lebensjahr möglich.

Zukünftig wird auch im Triathlon nur der Sportler eine Chance besitzen, der sich sehr frühzeitig über den langfristigen Aufbau und ein spezifisches Wettkampfsystem, das über den Sprint-Triathlon bis hin zur olympischen Distanz reicht, vorbereitet.

Leistungsstruktur im Triathlon

Präzise Kenntnisse über die Strukturen der sportlichen Leistung und deren gesetzmäßige Zusammenhänge können dazu beitragen, Vorteile gegenüber der sportlichen Konkurrenz zu erreichen. Auch können Fehlentwicklungen beim Aufbau sportlicher Leistungen auf jedem Leistungsniveau vermieden werden.

Internationale Spitzenpositionen im Triathlon einzunehmen und sie auch über längere Zeit zu halten verlangt eine wissenschaftlich gestützte und begründete sportartspezifische Trainingsmethodik, die im Trainingsprozeß professionell umgesetzt werden sollte.

Ausgangspunkt für eine Leistungsplanung ist die angestrebte Wettkampfleistung. Das Leistungsziel orientiert sich an den Leistungen der Weltspitze oder der jeweils führenden Sportler in der jeweiligen Altersklasse.

Leistungssteigerungen sind immer das Ergebnis wirkungsvollerer Trainingsanforderungen sowie entsprechender Regenerationsmaßnahmen. Das entwicklungsbestimmende Element ist die erreichbare Belastungssteigerung. In der Erhöhung der Belastungsanforderungen und Belastbarkeit sind bisher noch keine Grenzen absehbar. Triathlon hat auch in anderen Ausdauersportarten zu völlig neuen Belastungsdimensionen geführt.

Triathleten befinden sich im Wettkampf in definierter zeitlicher Folge in variablen Bewegungsbedingungen. In jeder der drei Disziplinen Schwimmen, Radfahren und Laufen überwinden sie charakteristische äußere Widerstände, die disziplinspezifische Fähigkeiten und Fertigkeiten erfordern, welche sich deutlich voneinander unterscheiden. Die dazugehörigen Leistungsfaktoren sind aus Tabelle 3 ersichtlich. Eine Verbesserung des Gesamtresultats kann durch Opti-

Zwischen dem 28. und 32. Lebensjahr werden bei Männern und Frauen am häufigsten Siegleistungen nachweisbar

Schwimmen, Radfahren, Laufen – Triathleten müssen Widerstände überwinden, die disziplinspezifische Fähigkeiten und Fertigkeiten erfordern.

Tabelle 3 *Leistungsfaktoren sowie Fähigkeiten und Fertigkeiten als Voraussetzungen für eine Höchstleistung im Triathlon*

Leistungs-faktoren	Gesamtleistung	Einzeldisziplinen			Wechsel
		Schwimmen	Radfahren	Laufen	
konditionelle	Grundlagenausdauer-fähigkeit, Kraftausdauer, wettkampfspezifische Ausdauer (= Mehr-kampfausdauer)	Kraftausdauer der Arm- und Schulter-gürtelmuskulatur	Kraftausdauer der Bein-muskulatur (Oberschen-kelvorderseite)	Kraftausdauer der Bein-muskulatur	Optimierung des Wechsels Radfahren – Laufen
taktische	Konzentration auf indivi-duelle Stärken und Opti-mierung des Rennverlaufs	100 m Anfangs-sprint, Sogschwimmen	abhängig von Stärke auf Rad: Anschluß halten od. Vorsprung herausfahren	Geschwindig-keitsvariation Endspurt	Renngestaltung Radfah-ren/Laufen auf Wechsel abstimmen
technisch-koordinative	Bewegungsökonomie	Orientierungs-fähigkeit, variable Verfügbar-keit der Freistil-technik	ökonomisch günstige Trettechnik, Kurven- und Abfahrts-technik	Langstrecken-lauftechnik	Konzentrationsfähigkeit, Geschicklichkeit, Umstel-lungsfähigkeit, Gleich-gewichtsfähigkeit, Routine, automatisierter Handlungs-ablauf
persönlich-keitsbe-stimmende, psychische	hohe psycho-physische Belastbarkeit, Willensstärke, Leistungswille, Mobilisationskraft, Ehrgeiz und Trainingsfleiß				
konstitutio-nelle	Tendenz zum athletischen Typus Körpergewicht: Mittelwert aus Schwimmern, Radfahrern und Läufern (= optimales Kraft-Last-Verhältnis) Körperfettanteil: 5–10% Muskelfaserzusammen-setzung: 75–90% Slowtwitch-Fasern				

Radfahren und Laufen – zwei unterschiedliche Bewegungsformen für die Beinmuskulatur.

mierung der jeweils erforderlichen Fähigkeiten und Fertigkeiten sowohl im Schwimmen als auch im Radfahren und Laufen erzielt werden. Durch die Erhebungen von PFÜTZNER und BREMER wissen wir jedoch, daß die Radleistung den stärksten Einfluß auf das Gesamtresultat im Triathlon ausübt. Unter Berücksichtigung des Trainings der Leistungsgrundlagen für Schwimmen und Laufen gilt es, diejenigen Fähigkeiten und Fertigkeiten zu entwickeln, die das Leistungsniveau Rad bestimmen.

Leistungsziele und Belastungsmaß

Im Triathlon können drei Kategorien von Trainierenden unterschieden werden, die unterschiedliche Leistungsziele aufweisen:

Hochleistungssportler
Diese betreiben Triathlon professionell und trainieren mehr als 1000 Trainingsstunden im Jahr. Damit schaffen sie Voraussetzungen für internationale Spitzenleistungen.

Leistungssportler
Sie sind leistungsorientierte Sportler, die neben ihrer Berufstätigkeit zwischen 300 und 1000 Stunden im Jahr trainieren. Das Anstreben nationaler und internationaler Erfolge in ihrer Altersklasse ist ihr Ziel.

Freizeitsportler
Sie betreiben ihre Sportart aus Freude und zur Erhaltung der Gesundheit. Ihr Trainingsaufwand liegt unter 300 Stunden im Jahr.

Aus Trainingsanalysen geht hervor, daß für die meisten Triathleten ein wöchentlicher Trainingsumfang von 15–20 Stunden hoch ist (Kaderathleten erreichen bis zu 35 Stunden pro Woche). Die gegenwärtig von den meisten Sportlern erreichten Belastungsmaße im Triathlon genügen noch nicht, um im Hochleistungsbereich stabile internationale Spitzenleistungen zu erreichen. Das tatsächliche Trainingsmaß ist jedoch höher, als die sportartspezifischen Trainingsstunden ausweisen, da noch etwa 200 Stunden zur Entwicklung allgemei-

Abb. 1 *Trainingsumfang im Triathlon/olympische Distanz: durchschnittliche Belastung von Hochleistungs-, Leistungs- und Freizeitsportlern*

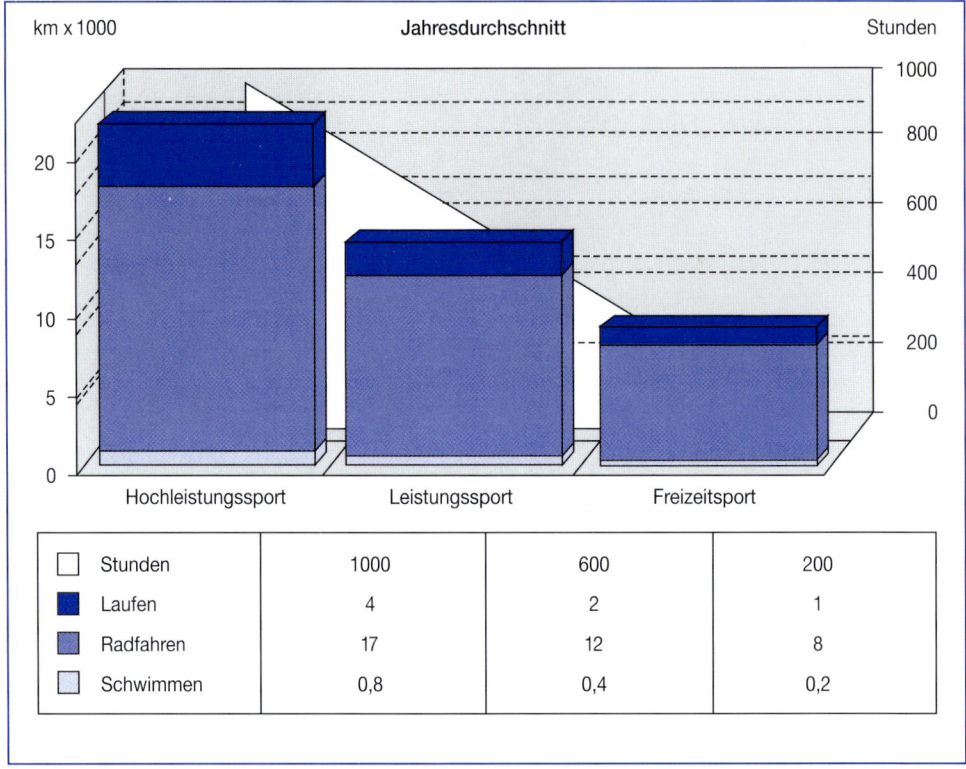

	Hochleistungssport	Leistungssport	Freizeitsport
Stunden	1000	600	200
Laufen	4	2	1
Radfahren	17	12	8
Schwimmen	0,8	0,4	0,2

ner Leistungsgrundlagen hinzugerechnet werden müssen. Topathleten erreichen im Jahr eine Trainingszeit von bis zu 1500 Stunden.

Das Gesamtbelastungsmaß eines Trainierenden im Jahr entscheidet maßgeblich über das Erreichen seiner Leistungsziele. Voraussetzung dafür ist das Einhalten sportmethodischer Belastungsprinzipien.

Neben den Belastungskomponenten spielen Ernährung, sportmedizinische Betreuung, physiotherapeutische Maßnahmen sowie das gesamte Trainingsumfeld eine wichtige Rolle. Dem Bedingungsgefüge für die Umsetzung des Trainingskonzepts kommt immer größere Bedeutung zu. Klimalehrgänge und Höhentrainingsaufenthalte spielen eine leistungsfördernde Rolle. Weitere Möglichkeiten ergeben sich durch die Nutzung von Trainingsmitteln anderer Ausdauersportarten. Sie fördern die Belastbarkeit in der Spezialsportart.

Der jährlichen Trainingsplanung sollte eine individuelle Analyse des langfristigen Trainingsaufbaus, insbesondere aber der vergangenen Saison vorausgehen. Im Mittelpunkt stehen dabei die erreichte Leistung, persönliche Stärken und Schwächen sowie der realisierte Gesamttrainingsumfang in Stunden und Kilometern.

Der Ironman auf Hawaii ist der traditionelle Saisonhöhepunkt der Triathleten.

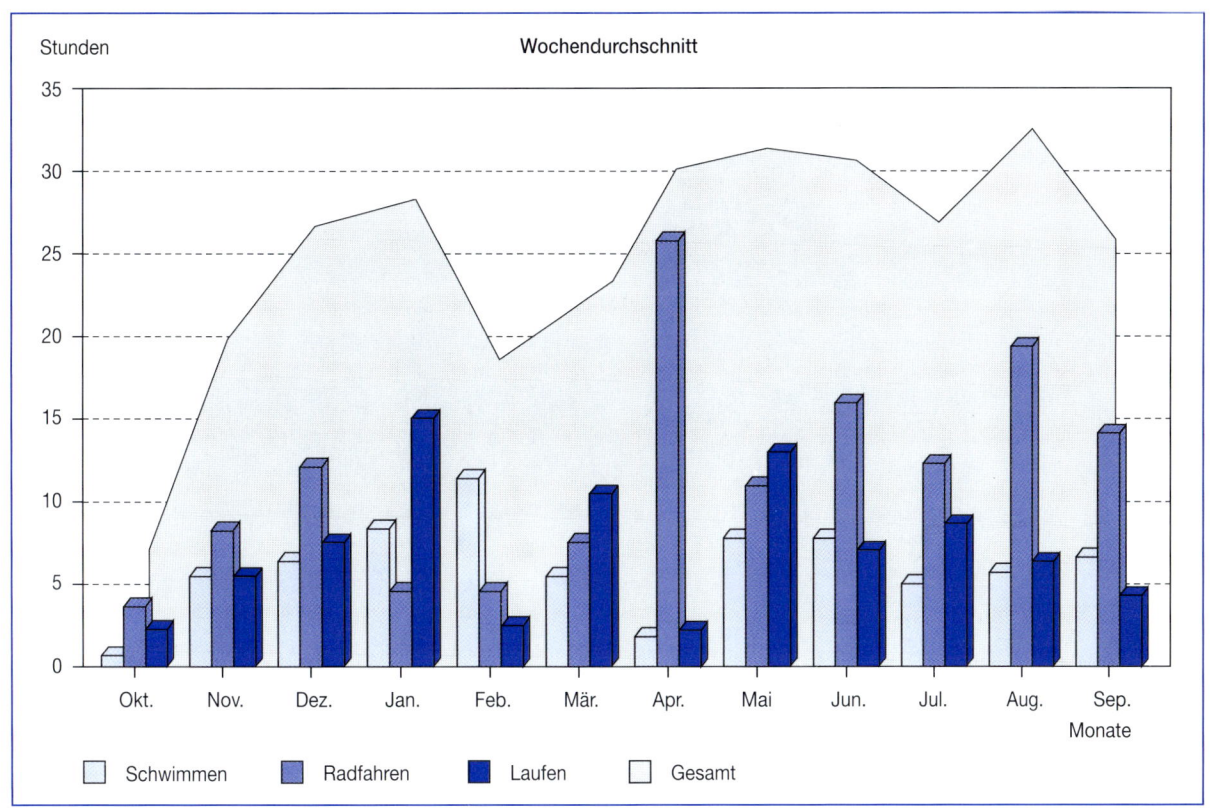

Abb. 2 *Trainingsumfänge der einzelnen Disziplinen im Triathlon/olympische Distanz*

Training

Ob Hochleistungs- oder Freizeitsportler, für alle gelten die gleichen Gesetzmäßigkeiten beim Aufbau der sportlichen Leistung. Leistungsentwicklungen im Bereich der Weltspitze, aber auch in den übrigen Leistungsklassen hängen grundsätzlich davon ab, wie es gelingt, die Geschwindigkeit unter aeroben, aerob-anaeroben und unter Wettkampfbedingungen auf ein höheres Niveau zu steigern.

Der Hauptweg dazu führt über:
- eine größere Vortriebsleistung pro Bewegungszyklus bei gleicher bzw. steigender Bewegungsfrequenz,
- höhere Stabilität und Variabilität der Bewegungsleistung über die gesamte Strecke/Distanz,
- die Entwicklung einer prognostisch orientierten Regulationsbreite der Bewegungsfrequenz entsprechend den Hauptphasen des Wettkampfes sowie
- den Einsatz optimierter vortriebsfördernder Wettkampfgeräte und Wettkampfbekleidung.

Die gekennzeichneten Leistungsgrundlagen haben ihrerseits wieder ihre Voraussetzung im Entwicklungsniveau der muskulären Antriebe.

Periodisierung und zyklische Gestaltung

Das Training ist darauf ausgerichtet, zum Wettkampfhöhepunkt die höchste individuelle Leistung zu erreichen. Um den systematischen Aufbau der sportlichen Leistung zu gewährleisten, ist das Trainingsjahr in unterschiedlich lange Perioden, Etappen und Zyklen zu gliedern. Der Aufbau des Trainingsjahres wird von unterschiedlichen Zielen und

Trainingsinhalten bestimmt. Der Leistungsaufbau bis zum Wettkampfhöhepunkt sollte überschaubar gestaltet werden.

Sportler, die sich geringere Ziele setzen, sollten sich trotzdem auf einen Saisonhöhepunkt hin orientieren. Auch für sie gilt das Grundprinzip der zyklischen Gestaltung, um mit ihrem geringeren Trainingsaufwand bei systematischem Aufbau ein Optimum an Leistung zu erreichen.

Der jährliche Belastungsaufbau im Triathlon kann aus drei Vorbereitungsperioden (von November bis Mai), der Wettkampfperiode (Juni bis September) mit möglicherweise zwei Höhepunkten sowie einer Übergangsperiode bestehen. Jede Periode ist wiederum in mehrere Etappen gegliedert, in denen bei gleichzeitiger Entwicklung der leistungsbestimmenden Faktoren jeweils die grundlegenden Leistungsvoraussetzungen, die Grundlagenausdauer sowie die wettkampfspezifische Ausdauer betont werden.

Entscheidende Merkmale des Trainings im Jahresaufbau sind die dynamische Steigerung der Belastungsanforderungen von Trainingsetappe zu Trainingsetappe. Neben der Zunahme der Disziplinspezifik im Jahresaufbau (vom Skilanglauf in der ersten Vorbereitungsperiode bis zum Dreier-Koppeltraining in der dritten Vorbereitungsperiode und Wettkampfsaison) sind es die Akzentsetzungen in den Etappen (u. a. im Februar Schwimmen, im April Radfahren und im Mai Laufen), die auf der Grundlage einer standardisierten zyklischen Gestaltung und einer systematischen Reihenfolge der Trainingsschwerpunkte erfolgen sollten.

Eine systematische Steigerung der Belastungswirkung im Jahresverlauf durch quantitative und qualitative Verände-

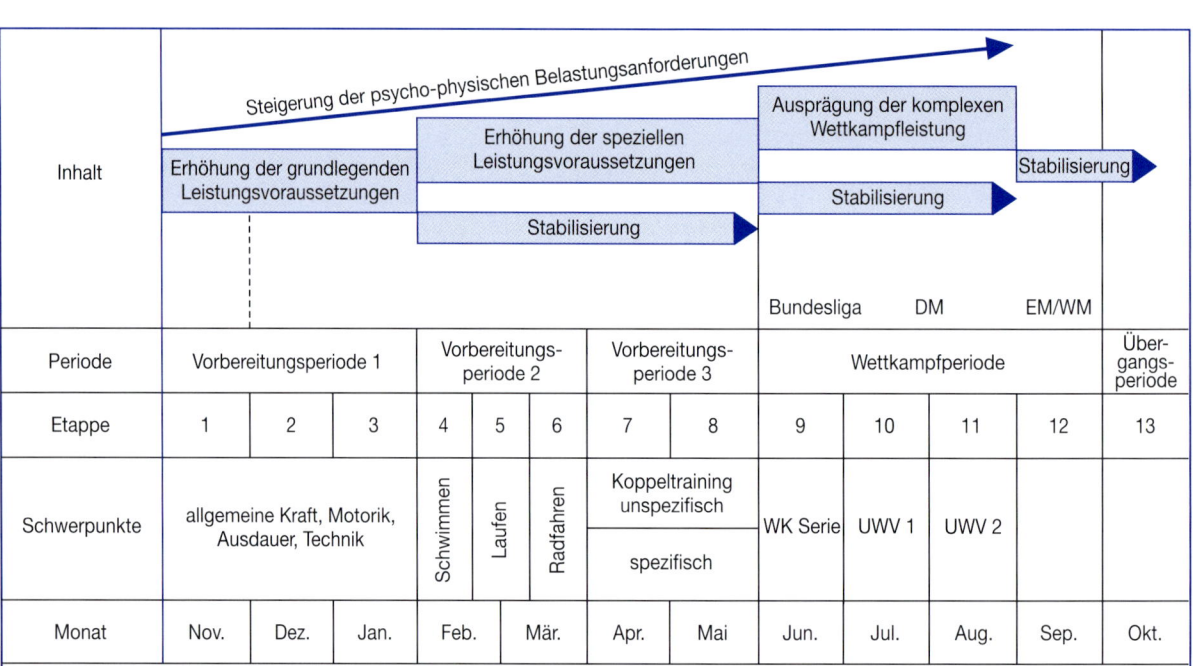

Abb. 3 *Darstellung des Prinzips der Belastungsgestaltung im Jahresaufbau des Triathlontrainings*

rungen in der Trainingseinheit (Widerstand, Streckenmittel, Höhentraining) gehört ebenso zu einem optimierten Jahresaufbau wie die dynamische Erhöhung des Trainingsanteils im aerob-anaeroben Übergangsbereich.

Auch die Gestaltung von Belastung und Erholung ist eine zu planende Größe, da ihr Verhältnis über Anpassung, Fehlanpassung oder Übertraining maßgeblich entscheidet.

Das Verhältnis von Belastungsphasen zu Transformationszeiträumen sollte 3:1 sein. Dieses Verhältnis ist auch auf den Zeitraum von Tagen (3 Tage Belastung – 1 Tag Erholung) sowie auf Wochenzeiträume (3 Wochen Belastung – 1 Woche reduzierte Belastung) anwendbar.

Vorbereitungsperiode 1

In diesem Trainingsabschnitt sollen grundlegende allgemeine Leistungsvoraussetzungen geschaffen werden. Die Verbesserung der *Grundlagen- und Kraftausdauer* steht im Vordergrund. Dazu werden unspezifische Trainingsmittel (u.a. Skilanglauf, Mountainbiking, stationäres Krafttraining) angewendet.

Vorbereitungsperiode 2

Die Entwicklung der Grundlagen- und Kraftausdauer steht weiterhin im Vordergrund, allerdings wird in einem höheren Geschwindigkeitsbereich trainiert. Der Anteil des Trainings im aerob-anaeroben Übergangsbereich wird angehoben, damit ein neues Niveau in den Geschwindigkeiten des Grundlagenausdauertrainings erreicht werden kann. Dieses Training sollte auf der Basis einer hohen aeroben Leistungsfähigkeit mit zunehmend sportartspezifischen Trainingsmitteln durchgeführt werden. Klima- und Höhentraining können zur Unterstützung der Trainingsziele eingesetzt werden.

Vorbereitungsperiode 3

In diesem Trainingsabschnitt wird der höchste Trainingsumfang des Jahres erreicht. Die Anforderungen, die der Wettkampf stellt, sind in dieser Periode verstärkt zu trainieren.

Wettkampfperiode 1

Der Trainingsschwerpunkt liegt auf der Entwicklung der wettkampfspezifischen Ausdauer, so daß zielgerichtete Wettkämpfe und Wettkampfserien in das Training eingefügt werden.

Für den Erhalt der aeroben Leistungsfähigkeit ist unbedingt ein entsprechender Anteil Grundlagenausdauertraining fortzuführen.

Wettkampfperiode 2

Dieser Zeitraum wird inhaltlich und organisatorisch vom Wettkampfhöhepunkt bestimmt und in Fachkreisen als unmittelbare Wettkampfvorbereitung oder Tapering bezeichnet. Das Einhalten von Entlastungszeiten ist eine entscheidende Grundlage bei der Optimierung der Wettkampfleistung.

Spezielle Trainingsformen

Kraftausdauertraining Rad

Das Krafttraining ist immer an eine bestimmte sportliche Technik gebunden, es sollte nicht isoliert ausgeführt werden. Das trainingsmethodische Ziel besteht darin, die prognostizierten Geschwindigkeitssteigerungen vor allem über einen größeren Vortrieb pro Einzelzyklus, über Zykluswegverlängerungen und mit verbesserter Stabilität des erhöhten Vortriebs über die gesamte Wettkampfdistanz zu erreichen.

Die Hauptwirkung des Kraftausdauertrainings muß darauf gerichtet sein:
- neuro-muskuläre Voraussetzungen für höhere Geschwindigkeiten zu entwickeln,

> **Das Verhältnis von Belastungsphasen zu Transformationszeiträumen sollte 3:1 sein**

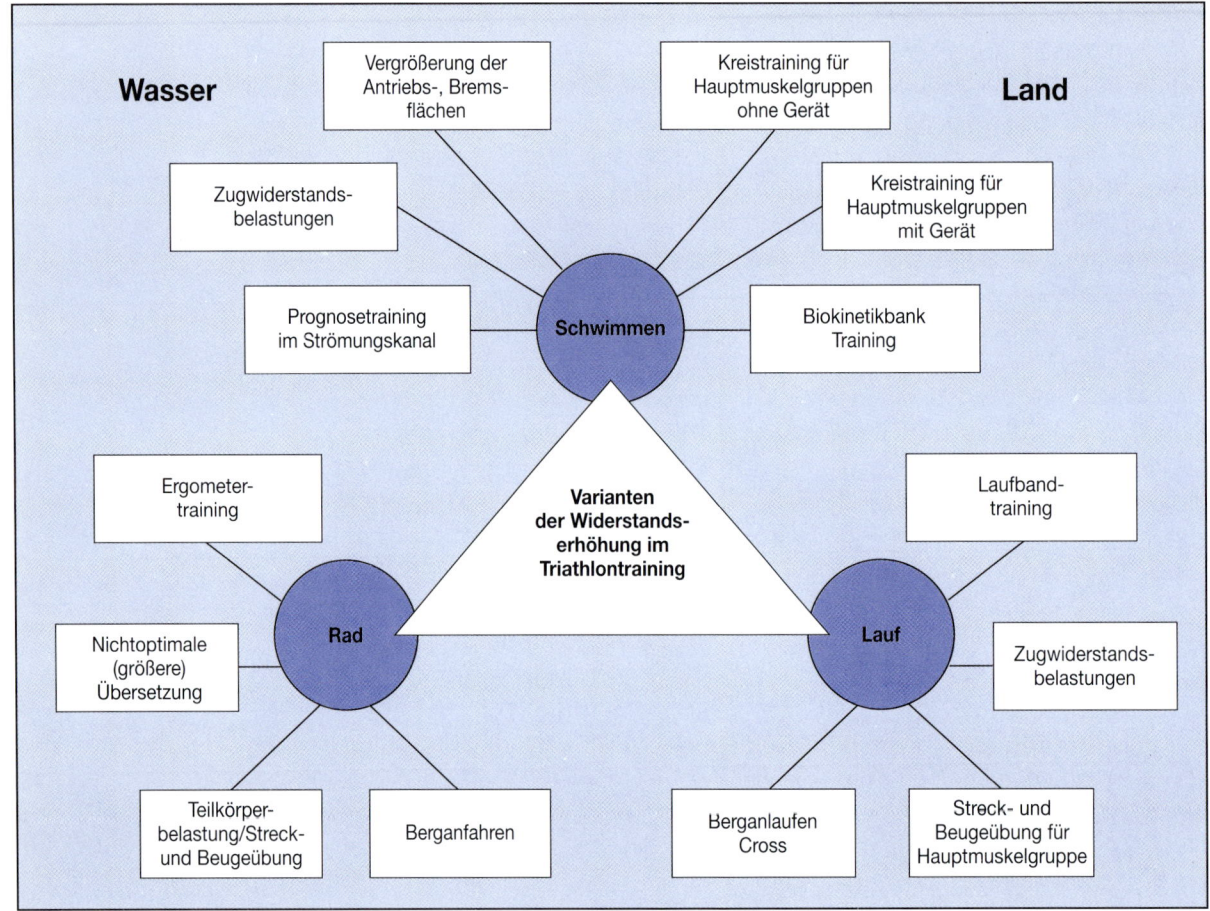

Abb. 4 *Darstellung der Varianten der Widerstandserhöhung im Triathlontraining*

- die lokale Kraftausdauer der am Vortrieb im Wettkampf beteiligten Muskelgruppen zu steigern,
- Voraussetzungen für die Optimierung der Technik und ihrer vortriebswirksamen Beherrschung auch unter Ermüdung zu schaffen und
- die psycho-physische Mobilisationsfähigkeit gezielt auszuprägen.

Ausgehend von den leistungsstrukturellen Anforderungen im Triathlon, kommt der Radleistung eine besonders hohe Bedeutung für das Gesamtergebnis zu. Wir stellen daher beispielhaft das Trainingskonzept aus der Vorbereitungsperiode 3 mit einer akzentuierten Entwicklung der radspezifischen Fähigkeiten dar.

Aus den dargestellten Abbildungen und Tabellen können Möglichkeiten einer Widerstandsorientierung, die Trainingsgestaltung und der bevorzugte Trainingsinhalt entnommen werden.

Es wird versucht, mittels eines 3:1-Belastungs-Erholungs-Rhythmus den Kriterien für ein optimales Kraftausdauertraining gerecht zu werden:

- Gestaltung als Ausdauertraining gegen erhöhte Widerstände (Training auf profilierten Strecken, Bergtraining, nicht optimale Übersetzung, Anwendung von Dauer- und Intervallmethode)
- Unterscheidung zwischen Kraftausdauertraining in aerober und aerob/anaerober Stoffwechsellage (GA1/KA und GA2/KA)
- Einwirkung auf Muskelgruppen, die den Vortrieb bewirken (Agonisten und Antagonisten)

- Annäherung der Trainingsform an Wettkampfanforderungen (Unterscheidung zwischen allgemeinen, speziell vorbereitenden und speziellen Trainingsmitteln)

Bei Anwendung des vortriebsorientierten, frequenzreduzierten Trainings (Kraftausdauer) nimmt das Grundlagenausdauer-2-Training eine Schlüsselposition in der Entwicklung der Antriebsleistung ein, da die zu erreichenden Geschwindigkeiten bereits Annäherungen zur angestrebten Wettkampfgeschwindigkeit aufweisen.

In diesem Training ist es besonders wichtig, die Bewegungsparameter Geschwindigkeit, Frequenz und Vortrieb sowie die biologischen Parameter Herzfrequenz, Laktat und Harnstoff in ihrer Komplexität zu kontrollieren.

Da die Belastungsdauer in der Mehrzahl der Trainingseinheiten bei 3–4 Stunden liegt, wird auch die aerobe bzw. aerob-anaerobe Stoffwechsellage als leistungsphysiologische Bedingung für ein widerstandsorientiertes Ausdauertraining eingehalten.

Nach jeder Trainingseinheit sollten Übungen zur Entwicklung der Dehn- und Entspannungsfähigkeit durchgeführt werden.

Die Wirkung der Gesamtbelastung in dieser Trainingsphase wird mit den Parametern
- Ruheherzfrequenz,
- Belastungsherzfrequenz,
- Laktat und
- Harnstoff

kontrolliert.

Zur Beurteilung der summativen Auswirkung der Belastung wird die Meßgröße Serumharnstoff gewählt. Diese Meßgröße erhöht sich, wenn Eiweißumsatz und Eiweißabbau deutlich über das gewohnte Maß ansteigen.

Ein hoher Anstieg des Serum-Harnstoffes weist auf eine notwendige Entlastung im Training hin.

Koppeltraining

Der besondere Reiz des Triathlons besteht u.a. in der Kombination von unterschiedlichen Bewegungstechniken. Neben den Anforderungen an das Herz-Kreislauf-System, die Atmung und den Stoffwechsel wird eine besondere koordinative Leistung verlangt. Der Bewegungsrhythmus in den Triathlondisziplinen ist recht unterschiedlich (beim Radfahren durchschnittlich 100 Kurbelumdrehungen/Min. und beim Laufen eine Trittfrequenz von bis zu 180 Schritten/Min).

Beim Wechsel von einer auf die andere Disziplin wird die Bewegungsmonotonie abrupt unterbrochen.

Insbesondere der Übergang vom Radfahren zum Laufen stellt an das Zusammenspiel von Muskel und Nerv hohe Anforderungen. Erst nach durchschnittlich 1200 m wird eine stabile Schrittfrequenz erreicht.

Das Koppeltraining dient nicht nur dem Training der »4. Disziplin«, des Wechsels, sondern soll den schnelleren Übergang zum natürlichen Bewegungsablauf beim Radfahren und Laufen ermöglichen. Durch veränderte Übersetzungen beim Heranfahren an den Laufabschnitt kann man günstigere Arbeitsverhältnisse für die Muskulatur beim abschließenden Laufen schaffen. Die Trittfrequenz beim Radfahren sollte vor dem Laufabschnitt der Schrittfrequenz angenähert werden. Damit kann eine Verkürzung der Umstellungsphase erzielt werden. Die Durchführung des Koppeltrainings wird im Grundlagenausdauerbereich empfohlen.

Im folgenden werden ausschließlich Trainingsprogramme für die Disziplin Radfahren und das Koppeltraining, aufgegliedert nach Grundlagenausdauertraining 1, Grundlagenausdauertraining 2, wettkampfspezifisches Ausdauertraining, Schnellkraft- und Kraftausdauertraining, dargestellt.

Nach jeder Trainingseinheit sollten Übungen zur Entwicklung der Dehn- und Entspannungsfähigkeit durchgeführt werden

Trainingsprogramme

Radfahren/Koppeltraining

Abkürzungsverzeichnis

aaA = allgemeine athletische Ausbildung
EB = Entwicklungsbereich
GA1 = Grundlagenausdauerbereich 1
GA2 = Grundlagenausdauerbereich 2
HF = Herzfrequenz
KA = Kraftausdauer
KB = Kompensationsbereich
KaM = Kraft, allgemeine Mittel
KLD = komplexe Leistungsdiagnostik
KmR = Kraft mit Rad
K1 = spezielles Schnellkrafttraining
K2 = spezielles Kraftausdauertraining
K3 = spezielles Kraftausdauertraining
MK = Maximalkraft
SB = Schnelligkeitsbereich
TE = Trainingseinheit
TF = Tretfrequenz
ÜS = Übersetzung
VP = Vorbereitungsperiode

Grundlagenausdauer (GA1)

TRAININGSPROGRAMM

1. DAUERMETHODE

Programm 1
80–250 km

STEUERPARAMETER

- Belastungsdauer: 2–8 Std.
- Intensität: 75–85 %
- Herzfrequenz: 100–130 P/min (individuell nach aktueller KLD festlegen)
- Laktat: bis 3 mmol/l
- Tretfrequenz: 85–110 U/min (Einzeltraining: 85–95 U/min, Gruppentraining: 90–110 U/min)
- Übersetzung: Anhaltspunkt sollten die TF-Vorgaben sein. Durchschnittliche Übersetzung
  VP 1   58–64″
  VP 2   64–68″
  VP 3   64–70″
  (hierbei sind stets äußere Bedingungen zu berücksichtigen)
- Führungslängen im Gruppentraining: 1 Min.
- Streckenlängen: lang = 120–160 km überlang = 160–200 km
- Geschwindigkeit: regelt sich durch die Einhaltung der Steuerparameter HF, TF, Übersetzung

Grundlagenausdauer 2 (GA2)

TRAININGSPROGRAMM

1. INTERVALLMETHODE

Programm 2
Kraftausdauerorientiertes EB-Training
TF: 60–80
niedrige TF
hohe Pedalkräfte

Programm 3
Motorikorientiertes EB-Training
TF: 100–120
hohe TF
niedrigere Pedalkräfte

STANDARDABLAUF

30 km (Einfahren)	GA1
5–10 km	EB
10 km	GA1
5–10 km	EB
10 km	GA1
5–10 km	EB
10 km	GA1
5–10 km	EB
30 km (Ausfahren)	GA1

STEUERPARAMETER

- Belastungsdauer: 7–60 Min.
- Intensität: 85–95 %

- Herzfrequenz: 150–185 P/min (individuell nach aktueller KLD festlegen)
- Laktat: 3–6 mmol/l
- Streckenlängen: 5, 10, 20 km
- Wiederholungen: 8–4

Wettkampfspezifische Ausdauer (WSA)

TRAININGSPROGRAMM

Wiederholungsmethode

Programm 4
Streckenlänge 500 m fliegend Bahn oder Straße
Wiederholungen 6/Pause 15 Min.

Programm 5
Streckenlänge 500 m stehend Bahn oder Straße
Wiederholungen 6/Pause 15 Min.

Programm 6
Streckenlänge 1000 m fliegend Bahn oder Straße
Wiederholungen 4–6/Pause 25 Min.

Programm 7
Streckenlänge 1000 m stehend Bahn oder Straße
Wiederholungen 4–5/Pause 20 Min.

Programm 8
Streckenlänge 2000 m fliegend Bahn oder Straße
Wiederholungen 2–4/Pause 20 Min.

STEUERPARAMETER

- Belastungsdauer: 30 Sek.–5 Min.
- Intensität: 97–110 %
- Herzfrequenz: 180 – max.

Kraftausdauer (KA)

Programm 9
Kraftausdauertraining aerob KA

DAUERMETHODE/KONTINUIERLICH
K3 – Spezielles Kraftausdauertraining
STANDARDABLAUF
1. Warmfahren: 30–40 km GA1
2. Programm: 4–2 × 10–30 km
3. Ausfahren: 30–40 km GA1

STEUERPARAMETER

- Belastungsdauer: 45–60 Min.
- Laktat: 2–4 mmol/l
- Herzfrequenz: 150–160 P/min unterer bis mittlerer GA2-HF-Bereich (individuell nach aktueller KLD)
- Tretfrequenz: 45–60 U/min
- Übersetzung: richtet sich nach TF und HF
- Streckenlängen: 10–30 km
- Wiederholungen: 4–2
- Pausengestaltung: entsprechend den natürlichen Gegebenheiten (aktiv)

Programm 10
Kraftausdauertraining aerob/anaerob

INTERVALLMETHODE
K3 – spezielles Kraftausdauertraining

STANDARDABLAUF
1. Warmfahren: 30–40 km GA1
2. Programm: 20–6 × 1–5 km
3. Ausfahren: 30–40 km GA1

STEUERPARAMETER

- Belastungsdauer: 5–20 Min.
- Laktat: 3–5 mmol/l
- Herzfrequenz: 160–170 P/min mittlerer GA2-HF-Bereich (individuell nach aktueller KLD)
- Tretfrequenz: 45–60 U/min
- Übersetzung: richtet sich nach TF und HF

- Streckenlängen: 1–5 km
- Wiederholungen: 20–6
- Pausengestaltung: entsprechend den natürlichen Gegebenheiten (aktiv)

Grundregeln

DAUER DER BELASTUNG

- Bewährt haben sich im GA1 Kombinationen von TE lang/überlang an zwei bis drei aufeinanderfolgenden Tagen mit anschließender Entlastungsphase.
- Der Einsatz von EB- und K3-Training kann im Block an zwei aufeinanderfolgenden Tagen mit einer Gesamtbelastung von 80–100 km je TE erfolgen.

INHALT DER TRAININGSEINHEITEN

Der Einsatz des GA1-Trainings erfolgt ganzjährig

- Unbedingt sollte eine Dynamik von Tretfrequenz und Krafteinsatz innerhalb einer TE erfolgen, um die motorische Variabilität (Durchbrechen des sogenannten »monotonen Trittes«) zu erhalten. Einlagern von Antrittsübungen mit maximalem Krafteinsatz (das heißt Wahl der größtmöglichen ÜS, Anfahrtsübungen fast aus dem Stand) über 6–10 Sek. Die Wiederholungsanzahl sollte bei 15–20 liegen, wobei aktive Pausen (trainieren im normalen GA1-Bereich) von mindestens 7–10 Min. dazwischenliegen sollten.
- Das kraftorientierte EB-Training soll als Einzeltraining absolviert werden (hoher Krafteinsatz, niedrige TF).
- Das WSA-Training muß eindeutig geschwindigkeitsorientiert sein. Im Unterdistanzbereich müssen Geschwindigkeitsüberhöhungen, die mindestens das mittlere Renntempo übertreffen, realisiert werden.
- Die Geschwindigkeit im wettkampfspezifischen Ausdauertraining hat Priorität.

Schnellkraft (SK)

TRAININGSPROGRAMM

Wiederholungsmethode

Programm 11
K1 – spezielles Schnellkrafttraining

STANDARDABLAUF
1. Warmfahren: 20–30 Min. bei 85–95 U/min mit einer HF von 120–145 P/min
2. Schnellkraftprogramm: 10–15 × 6–8 Sek.
   Am Beginn der TE wird eine Teilstrecke, welche dem ungefähren Zeitraum entspricht, festgelegt, wodurch man über das Geschwindigkeitsverhalten Aussagen treffen kann.
3. Ausfahren: 20–30 Min. bei 115–125 U/min und einer HF von 120–145 P/min

STEUERPARAMETER

- Belastungsdauer: 6–8 Sek., anfahren nahezu aus dem Stand
- Intensität: max.; durch eine Steigung am Berg (3–8%) kann die Wirksamkeit erhöht werden
- Herzfrequenz: 150 P/min – max.
- Tretfrequenz: max.
- Übersetzung: 96–90˝
- Wiederholungen: 10–15 pro TE
- Pausenlänge: ca. 5–8 Min. aktive Pausengestaltung (weiterfahren im GA1-Bereich)

ZYKLISIERUNG IM JAHRESVERLAUF

- Der Einsatz des GA1-Trainings erfolgt ganzjährig. Es wird unterschieden in:
  - ausdauerentwickelndes GA1-Training, vor allem in Vorbereitungsphasen,

- ökonomisches/stabilisierendes GA1-Training, vor allem in intensiven Wettkampfphasen.
- Das GA1-Training (20–40 km) wird zur Vor- und Nachbereitung intensiver TE (Lauf, KmR, EB, SB) sowie vor Wettkämpfen eingesetzt. Die Geschwindigkeitsgestaltung sollte streckenlängenbezogen sein, d. h., kürzere GA1-Strecken liegen somit an der oberen Grenze der GA1-HF, lange GA1-Strecken liegen im unteren bis mittleren GA1-HF-Bereich.
- Das EB-Training ist als eigenständige TE durchzuführen und jeweils in das GA1-Training zu integrieren. Der Einsatz sollte ganzjährig erfolgen, wobei der Schwerpunkt auf die unmittelbaren WK-Vorbereitungsphasen gesetzt wird.
- In der methodischen Reihenfolge sollte zuerst kraftorientiert und danach erst frequenzorientiert trainiert werden.
- Im Jahresverlauf muß die Belastung gesteigert werden:
  – durch Erhöhung der Wiederholung in einer TE,
  – durch Erhöhung der Teilstreckenlänge in einer TE.
- Das WSA-Training sollte ganzjährig akzentuiert eingesetzt werden, wobei der Schwerpunkt im letzten Teil des Mesozyklus liegen sollte (insbesondere VP3).

Koppeltraining

Training im Grundlagenausdauerbereich 1 und 2

ZIELSTELLUNG
Neben der Grundvoraussetzung der Entwicklung leistungsbestimmender Fähigkeiten in den Einzeldisziplinen ist die Integration der einzelnen Belastungen zu einem Komplex als sportartspezifisches Merkmal des Triathlons ein wesentlicher Ausbildungsschwerpunkt. Es wird davon ausgegangen, daß die Kombinationen Schwimmen/Radfahren bzw. Schwimmen/Laufen außer der Gewöhnung an eine zügige Wechselzeit bzw. das Aufwärmen nach längeren Schwimmtrainingseinheiten durch den leichtathletischen Lauf keine weiteren leistungsstrukturellen Fähigkeiten entwickeln. Hauptziel des Koppeltrainings soll daher sein, die unmittelbare Verbindung des Radtrainings mit dem Lauftraining entsprechend den gewünschten Zielstellungen im Triathlon abzusichern.

Dabei wird von drei grundsätzlichen Zielsetzungen ausgegangen:

1. Koppelung
- GA1-Training/Radfahren – GA2-Training/Laufen

2. Koppelung
- GA2-Training/Radfahren – GA2-Training/Laufen

3. Koppelung
- GA2-Training/Laufen – GA2-Training/Radfahren – GA2-Training/Laufen

GA1-Training/Radfahren – GA2-Training/Laufen

ZIELSTELLUNG
Die aerobe Absolvierung des Radtrainings unter der Zielfunktion der Ökonomisierung wichtiger Organprozesse bei gleichzeitiger Beanspruchung des Fettstoffwechsels und die unmittelbare Laufbelastung unter der Zielfunktion der Entwicklung der disziplinspezifischen GA bei fast wettkampfspezifischer Intensität.
Form der Energiegewinnung: aerob-anaerob

> **Hauptziel des Koppeltrainings soll sein, die unmittelbare Verbindung des Radtrainings mit dem Lauftraining entsprechend den gewünschten Zielstellungen im Triathlon abzusichern**

TRAININGSMETHODE:
DAUERMETHODE/KONTINUIERLICH

STEUERPARAMETER:

- HF: Radfahren 100–130 P/min
  Laufen 160–180 P/min
- Laktat: Radfahren bis 3 mmol/l
  Laufen 3–6 mmol/l
- TF: Radfahren 85–110 U/min
- Intensität: Radfahren 70–80%
  Laufen 90–95%
  entsprechend der Zielgeschwindigkeit
- Streckenlänge: Radfahren 80–120 km
  Laufen 8–15 km

Standardprogramm
1. Radtraining GA1-Bereich
   unmittelbarer Wechsel zu
2. Lauftraining GA2-Bereich

METHODISCHE HINWEISE:
GRUNDPRINZIPIEN

- Das Radtraining sollte vor allem im letzten Teilabschnitt frequent gestaltet werden, wobei TF von 100–110 U/min anzustreben sind.
- Das Lauftraining sollte auf Standardstrecken (im freien Gelände mit Streckenmarkierungen im Stadion) absolviert werden, um exakte Belastungssteuerungen und Leistungsüberprüfungen durchführen zu können.
- Das Hauptaugenmerk sollte auf eine ordentliche Lauftechnik gelegt werden:
  - Achten auf eine höhere Schrittfrequenz nach dem unmittelbaren Wechsel
  - Achten auf einen optimalen Kniehub
  - Vermeiden des Abknickens im Hüftbereich (versuchen, die Hüfte nach vorne zu schieben)
  - Achten auf ein bewußtes Mitführen der Arme (Arme nicht »hängen lassen«)

> **GA2-Trainingsbereich als wirkungsvolle Belastungsform im Koppeltraining**

- nach der Belastung Lockerungs- und Dehnungsgymnastik

GA2-Training/Radfahren – GA2-Training/Laufen

ZIELSTELLUNG

Das GA2-Training/Radfahren soll unmittelbar eine Erhöhung des Geschwindigkeitsniveaus im aerob-anaeroben Übergangsbereich sicherstellen und außerdem in der direkten Einbeziehung der anschließenden Laufbelastung – ebenfalls im GA2-Trainingsbereich – eine sehr wirkungsvolle Belastungsform im triathlonspezifischen Koppeltraining bilden.

Form der Energiegewinnung: vorwiegend aerob-anaerober Übergangsbereich

TRAININGSMETHODE:
DAUERMETHODE/KONTINUIERLICH

STEUERPARAMETER:

- HF: Radfahren 165/185 P/min
  Laufen 170–190 P/min
- Laktat: Radfahren 3–6 mmol/l
  Laufen 3–6 mmol/l
- TF: Radfahren 80–100 U/min
- Intensität: Radfahren 85–92%
  Laufen 90–95%
  entsprechend der Zielgeschwindigkeit
- Streckenlänge: Radfahren 10 oder 20 km
  Laufen 8–15 km

Standardprogramm:
1. Erwärmung: 30 km GA1-Radfahren (einfahren)
   - TF: 90–110 U/min
   - HF: 100–130 P/min
2. Hauptteil: 10 oder 20 km GA2-Radfahren
   danach erfolgt ein unmittelbarer Wechsel zu 8–15 km GA2-Laufen

3. Abschluß: 10 km GA1-Radfahren oder 20 Min. auslaufen Dehnungs- und Lockerungsgymnastik

METHODISCHE HINWEISE: GRUNDPRINZIPIEN
- siehe Koppeltraining GA1-Radfahren – GA2-Laufen
- Das GA2-Radtraining sollte immer auf einer Standardstrecke absolviert werden.

GA2-Training/Laufen – GA2-Training/Radfahren – GA2-Training/Laufen

ZIELSTELLUNG
Diese Trainingsform stellt eine Erweiterung des bereits behandelten Koppeltrainings GA2-Radfahren – GA2-Laufen dar, wonach
- die Radbelastung unter Ermüdungserscheinungen hinsichtlich der unteren Extremitäten aufgrund der vorangegangenen Laufbelastungen stattfindet und
- der Triathlet ein spezifisches Trainingsprogramm des immer mehr seinen Aufbau des Trainings- und Wettkampfjahres bestimmenden Duathlonsports benutzt.

Entscheidende muskuläre Umstellungsprozesse sollen unter aerob-anaeroben Stoffwechselbedingungen trainiert werden.
Form der Energiegewinnung: aerob-anaerob

TRAININGSMETHODE: EXTENSIVE INTERVALLMETHODE

STEUERPARAMETER:
- HF: Radfahren 165–185 P/min
  Laufen 170–190 P/min
- Laktat: Radfahren 3–6 mmol/l
  Laufen 3–6 mmol/l
- TF: Radfahren 80–100 U/min
- Intensität: Radfahren 90–95 %
  Laufen 90–97 %
- Streckenlänge: Radfahren 5 oder 10 km
  Laufen 2–5 km
- Wiederholungen: 2–4

Standardprogramm
1. Erwärmung: 10 km GA1-Radfahren (einfahren)
   – TF: 100–120 U/min
   – HF: 100–130 P/min
   oder
   20 Min. Einlaufen, Dehnungs- und Lockerungsgymnastik, 10 Min. Lauf-ABC, 3–5 × 80–100 m Steigerungsläufe
2. Hauptteil: 2–5 km DL3-Laufen
   5–10 km EB-Radfahren
   2–5 km DL3-Laufen
   5–10 km EB-Radfahren
   2–5 km DL3-Laufen
3. Abschluß: 10 km GA1-Radfahren
   – TF: 100–120 U/min
   – HF: 100–130 P/min
   oder
   20 Min. Auslaufen
   – HF: 130–140 P/min
   Dehnungs- und Lockerungsgymnastik

Der Wechsel vom Radfahren zum Laufen – eine Belastungsveränderung wird zur vierten Disziplin.

Tabelle 4 *Übersetzungstabelle für 26-Zoll-Laufräder (Entfaltung in Meter)*

Zahnzahl des Kettenblattes

Zahnzahl des Ritzels	24	26	28	30	32	34	36	38	39	40	41	42	43	44	45	46	47	48	49	50	51	52	53
13	3,80	4,10	4,50	4,80	5,10	5,40	5,70	6,10	6,20	6,40	6,50	6,70	6,90	7,00	7,20	7,30	7,50	7,70	7,80	8,00	8,10	8,30	8,50
14	3,60	3,90	4,10	4,40	4,70	5,00	5,30	5,60	5,80	5,90	6,10	6,20	6,40	6,50	6,70	6,80	7,00	7,10	7,30	7,40	7,60	7,70	7,90
15	3,30	3,60	3,90	4,10	4,40	4,70	5,00	5,30	5,40	5,50	5,70	5,80	5,90	6,10	6,20	6,40	6,50	6,60	6,80	6,90	7,10	7,20	7,30
16	3,10	3,40	3,60	3,90	4,10	4,40	4,70	4,90	5,10	5,20	5,30	5,40	5,60	5,70	5,80	6,00	6,10	6,20	6,40	6,50	6,60	6,70	6,90
17	2,90	3,20	3,40	3,70	3,90	4,10	4,40	4,60	4,80	4,90	5,00	5,10	5,20	5,40	5,50	5,60	5,70	5,90	6,00	6,10	6,20	6,30	6,50
18	2,80	3,0	3,20	3,50	3,70	3,90	4,10	4,40	4,50	4,60	4,70	4,80	5,00	5,10	5,20	5,30	5,40	5,50	5,60	5,80	5,90	6,00	6,10
19	2,60	2,80	3,10	3,30	3,50	3,70	3,90	4,10	4,30	4,40	4,50	4,60	4,70	4,80	4,90	5,00	5,10	5,20	5,40	5,50	5,60	5,70	5,80
20	2,50	2,70	2,90	3,10	3,30	3,50	3,70	3,90	4,00	4,10	4,30	4,40	4,50	4,70	4,80	4,90	4,90	5,00	5,10	5,20	5,30	5,40	5,50
21	2,40	2,60	2,80	3,00	3,20	3,40	3,60	3,80	3,90	4,00	4,10	4,20	4,20	4,30	4,40	4,50	4,60	4,70	4,80	4,90	5,00	5,10	5,15
22	2,30	2,50	2,60	2,80	3,00	3,20	3,40	3,60	3,70	3,80	3,90	4,00	4,10	4,15	4,20	4,30	4,40	4,50	4,60	4,70	4,80	4,90	4,95
23	2,20	2,30	2,50	2,70	2,90	3,10	3,20	3,40	3,50	3,60	3,70	3,80	3,90	4,00	4,10	4,15	4,20	4,30	4,40	4,50	4,60	4,70	4,80
24	2,10	2,20	2,40	2,60	2,80	2,90	3,10	3,30	3,40	3,50	3,50	3,60	3,70	3,80	3,90	4,00	4,10	4,15	4,20	4,30	4,40	4,50	4,60
25	2,00	2,20	2,30	2,50	2,70	2,80	3,00	3,20	3,25	3,30	3,40	3,50	3,60	3,70	3,70	3,80	3,90	4,00	4,10	4,15	4,20	4,30	4,40
26	1,90	2,10	2,20	2,40	2,60	2,70	2,90	3,00	3,10	3,20	3,30	3,40	3,40	3,50	3,60	3,70	3,80	3,85	3,90	4,00	4,10	4,15	4,20
27	1,85	2,00	2,20	2,30	2,50	2,60	2,80	2,90	3,00	3,10	3,20	3,25	3,30	3,40	3,50	3,55	3,60	3,70	3,80	3,80	3,90	4,00	4,10
28	1,80	1,90	2,10	2,20	2,40	2,50	2,70	2,80	2,90	3,00	3,05	3,10	3,20	3,30	3,35	3,40	3,50	3,60	3,65	3,70	3,80	3,90	3,90
30	1,70	1,80	1,90	2,10	2,20	2,40	2,50	2,60	2,70	2,80	2,90	2,95	3,00	3,05	3,10	3,20	3,30	3,35	3,40	3,50	3,55	3,60	3,70
32	1,60	1,70	1,80	1,90	2,10	2,20	2,30	2,50	2,55	2,60	2,70	2,75	2,80	2,90	2,95	3,00	3,05	3,10	3,20	3,25	3,30	3,40	3,45
34	1,50	1,60	1,70	1,80	2,00	2,10	2,20	2,30	2,40	2,45	2,50	2,60	2,60	2,70	2,75	2,80	2,90	2,95	3,00	3,10	3,15	3,20	3,25
38	1,40	1,50	1,60	1,70	1,80	2,00	2,10	2,20	2,25	2,30	2,40	2,45	2,50	2,55	2,60	2,70	2,75	2,80	2,85	2,90	2,95	3,00	3,10

Radfahren im Triathlon

Die Anforderungen der Teildisziplin Radfahren im Triathlon unterscheiden sich maßgeblich von den Bedingungen beim normalen Straßenradfahren.

Bei den Regeln im Triathlon stehen immer die Einhaltung der sportlichen Fairneß und das Verbot, fremde Hilfe in Anspruch zu nehmen, im Vordergrund. So ist das »Windschattenfahren« verboten, 10 m Abstand zum Vordermann und 2 m Seitenabstand beim Überholen müssen eingehalten werden. Ein Reifen- bzw. Materialdefekt am Rad muß ohne äußere Hilfe eigenständig durch den Athleten behoben werden. Ferner muß auf der gesamten Strecke ein Helm getragen werden.

Die Freizügigkeit der Regeln hinsichtlich der Materialverwendung und das Verbot des Windschattenfahrens förderten die Experimentierfreudigkeit mit der Zielsetzung, die Aerodynamik bei gleichermaßen entspannter wie komfortabler Oberkörperhaltung zu verbessern sowie das Gewicht des Rades zu vermindern. So ist von Triathleten in den vergangenen Jahren manche kreative Idee gekommen und manche technische Erfindung gemacht worden, die inzwischen auch Einzug in den traditionellen Radsport finden konnte. Der Triathlonlenker zur Verbesserung der aerodynamischen Sitzposition auf dem Rad und aerodynamisch günstigere Laufräder (z.B. Tri-Spokes/Dreispeichenräder) haben sich mittlerweile auch im Radsport bei der Olympiade und bei der Tour de France im Einzelzeitfahren durchgesetzt. Neue Rahmengeometrien mit steilem Sitzrohrwinkel, langem Oberrohr und 26-Zoll-Laufrädern sowie neue Werkstoffe (z.B. Aluminium und Kohlefaserverbundstoffe, Karbonschalenrahmen) haben die Aerodynamik verbessert und eine höhere Steifigkeit bei geringerem Gewicht ermöglicht.

Aber auch neue Pedalsysteme, Radschuhe mit Klettverschlüssen, Radcomputer, aerodynamische Radhelme und Schutzbrillen gehen auf das Konto kreativer Triathleten. Das Urteil des Radmaterialspezialisten im Triathlon Jürgen Falke lautet daher nicht zu Unrecht: »Die Triathleten sind durch ihr unbefangenes und vorurteilsloses Experimentieren mit zuvor oftmals skurril anmutenden neuen Entwicklungen die Triebfeder für entscheidende Verbesserungen auf dem Sektor des Einzelzeitfahrens.«

Viele technische Entwicklungen aus der Triathlonszene sind durch den Einfluß des Amerikaners Greg Lemond auch im Straßenrennsport zu finden.

Rahmen

Von den Rahmen im Triathlon wird ein möglichst geringes Gewicht bei ausreichender Torsions- und Seitensteifigkeit,

Triathleten haben die Fahrradtechnik den spezifischen Leistungsanforderungen beim Radfahren im Triathlon angepaßt.

komfortable Federungs- und Dämpfungseigenschaften sowie möglichst optimale Aerodynamik verlangt. Neben den im Spitzenbereich heute hauptsächlich verwendeten Aluminiumlegierungen und Kohlefaserverbundstoffen (Vorteil: geringeres Gewicht, bessere Dämpfungseigenschaften, aerodynamische Formbarkeit) kommt jedoch auch weiterhin Stahlrohr als klassischer Werkstoff zum Einsatz. Das Gewicht der leichtesten Kohlefaserrahmen liegt bei etwa 1000 g. Triathleten haben eine gegenüber den Radfahrern veränderte Sitzposition (American position) sowie speziell gefertigte Rahmen mit einem steileren Sitzrohrwinkel, einem längeren Oberrohr und 26-Zoll-Laufrädern.

Lenker

Der Triathlonlenker bewirkt neben der verbesserten Aerodynamik (verminderter Luftwiderstand) eine Entspannung der Oberkörpermuskulatur, was sich energiesparend für den abschließenden Lauf auswirkt. Die anfangs konstruierten einteiligen, breit ausladenden Aerolenker wurden mittlerweile von den Aeroaufsätzen abgelöst. Die modernen Lenkeraufsätze sind verwindungssteifer als die alten Aerolenker und ermöglichen eine Vielzahl von Griffpositionen.

Schaltung

Heute werden im Triathlon fast ausschließlich gerasterte Systeme verwendet, die ein verschleißarmes, zuverlässiges und schnelles Schalten ermöglichen. Aufgrund der neuen Lenker müssen die Schaltsysteme vorne als Lenkerschaltung montiert werden, damit die aerodynamisch günstige Position für den Schaltvorgang nicht verlassen werden muß.

Die Lenkerschaltungen sichern eine gleichmäßig hohe Trittfrequenz. Für den Triathlon werden kombinierte Schalt- und Bremshebel (z. B. STI von Shimano), Grip-Shift-Drehgriffschaltungen, Rahmenschalthebel als Aero-Shift-Brücken und sogar ein Schaltwerk mit Mikroprozessoreinheit (z. B. von der Firma Mavic) angeboten.

Laufräder

Die aerodynamischen Anforderungen des Einzelzeitfahrens haben im Triathlon zu einer Veränderung der Laufräder geführt.

Optisch ansprechend, aerodynamisch vorteilhaft und zudem extrem leicht erwiesen sich Vorderrad-Karbon-Mehrspeichenräder (z. B. Mavic Tri-Spoke), welche von Tour-de-France-Sieger Miguel Indurain sowie von Bahnrad-Olympiasieger Christopher Boardman gefahren wurden. Derzeit werden jedoch extrem tiefe, stark profilierte Aerofelgen aus Karbon mit 12 bis 18 Speichen gefahren. Zu empfehlende Laufräder in Schlauch- wie auch in Drahtreifenausführung sind HED Jet Ironman, Campa Shamal und Zipp 400.

Bei den Hinterrädern dominieren weiterhin die Scheibenräder. Sie erzeugen die geringsten Verwirbelungen und können mit den heutigen Materialien extrem leicht gebaut werden.

Medizin

Dr. Wolfgang Stockhausen

Inhaltsübersicht

Einführung · Muskulatur · Versorgungssystem:
Herz, Atmung, Blut · Stoffwechsel · Ernährung ·
Leistungsdiagnostik

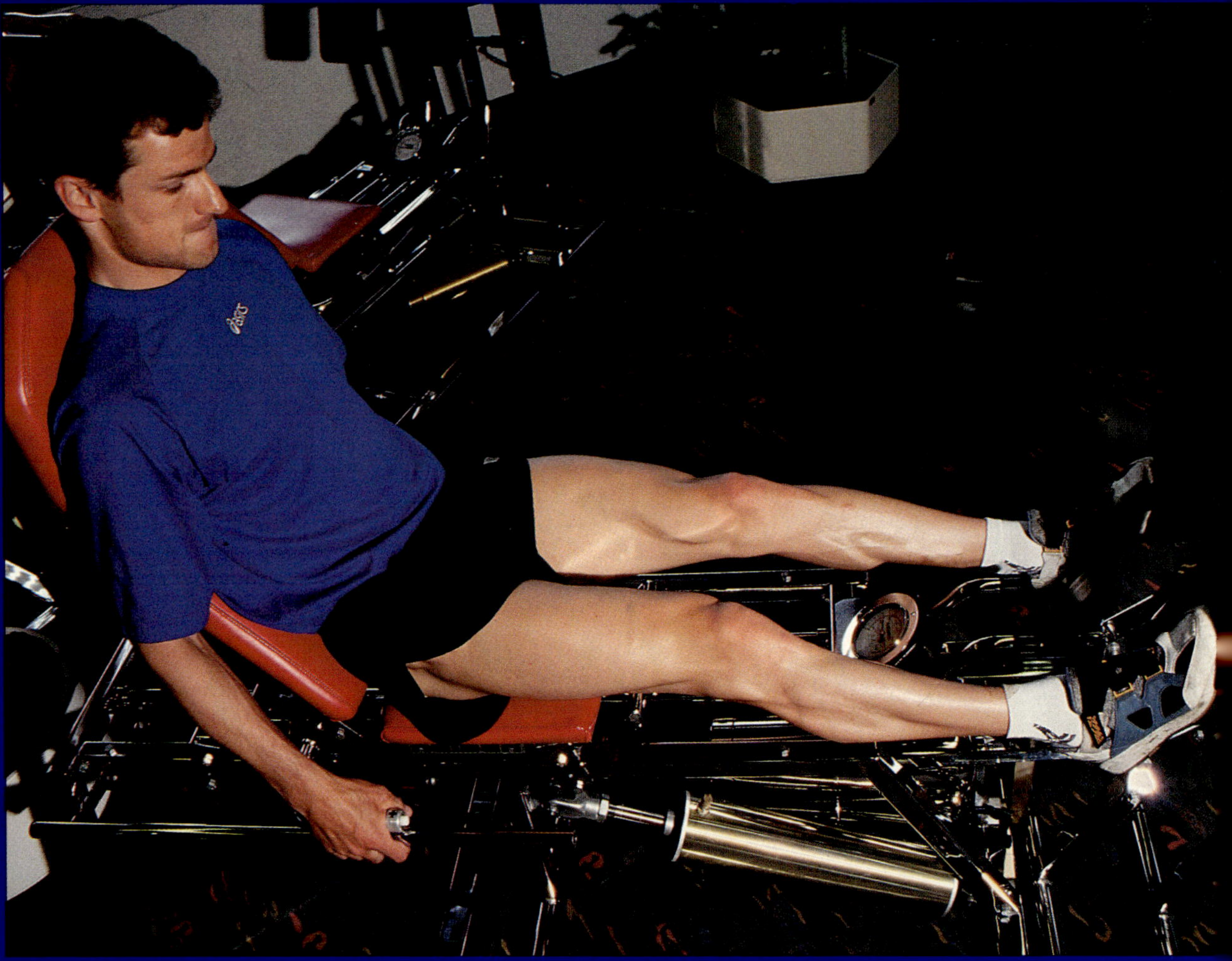

Das Krafttraining an Geräten hat im Radsport einen wichtigen Stellenwert erlangt. Der Radsportler sollte jedoch hierbei stets das bilaterale Kraftdefizit mitberücksichtigen.

Der SRM-Fahrradcomputer – kontinuierliche Leistungsdiagnostik in Training und Wettkampf.

Spezifischer Ergometertest für den 1000-m-Fahrer.

Probenentnahme für die Laktatdiagnostik.

*Maximaleinsatz – keine Fortbewegung.
Der statische Maximalkrafttest.*

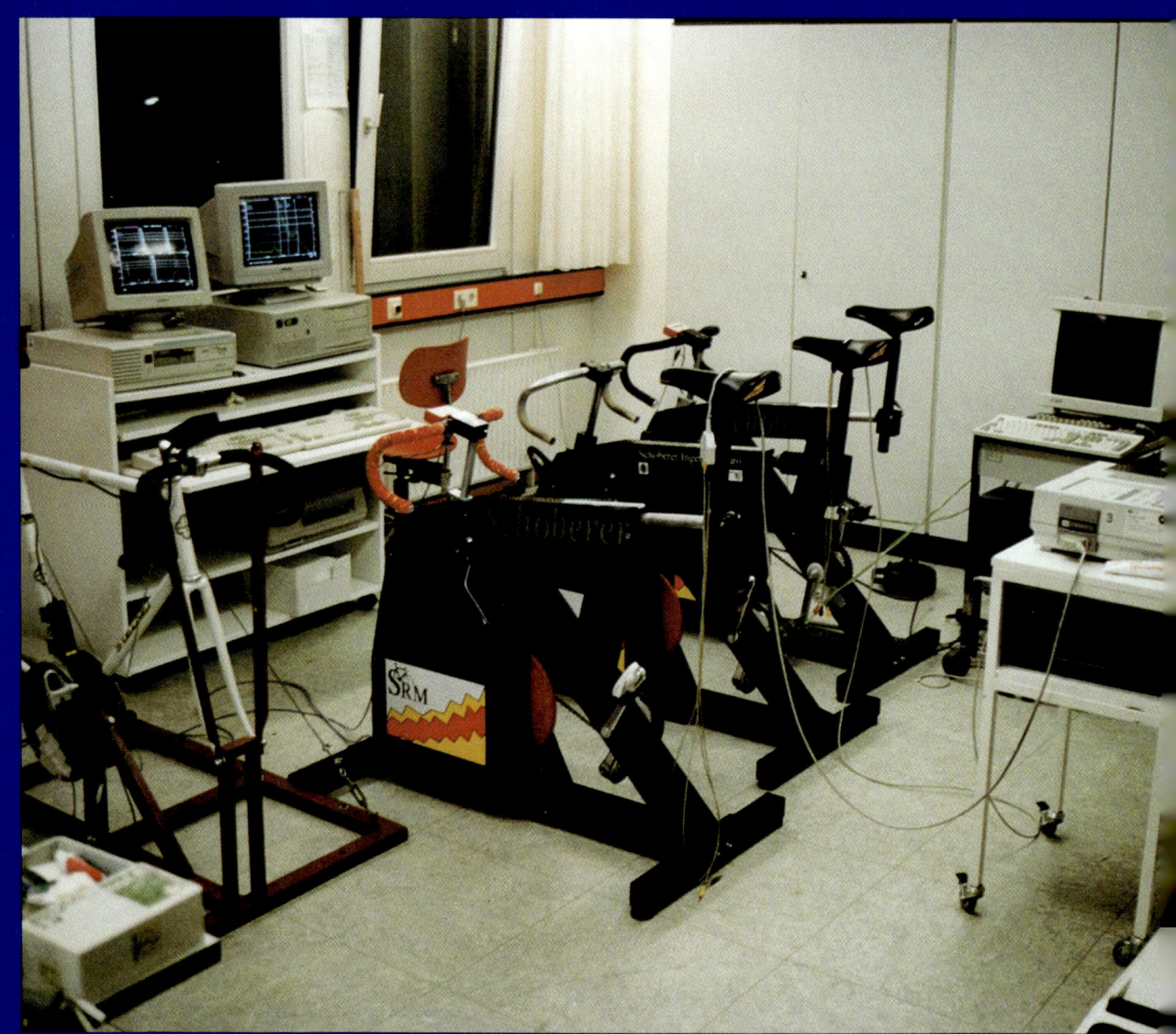

Ergometer-»Flotte«

Energie-, Flüssigkeitsaufnahme und ...

... Energie-, Flüssigkeitsverbrauch. Bis zu 8000 kcal und 12 Liter Flüssigkeit werden in einer schweren Rennetappe verbraucht!

Einführung

Die Wurzeln des Sports

Menschen und Tiere haben die Fähigkeit zur aktiven Fortbewegung. Dazu werden sie durch den Besitz kontraktiler Strukturen befähigt. Diese sind der wesentliche Bestandteil der Muskulatur. Muskeln sind in der Lage, chemische Energie direkt in mechanische Energie und Wärme zu verwandeln.

Pflanzen können ihre lebensnotwendige Energie ortsständig aus der Sonneneinstrahlung durch Photosynthese gewinnen. Ihre Ausbreitung erfolgt durch Pollen oder Samenflug, eine Bewegung geschieht allenfalls durch Wachstum. Tiere und der Mensch sind dagegen vollständig auf die Aufnahme energiereicher Substanzen angewiesen, was die meisten Spezies zur aktiven Fortbewegung zwingt.

Die Verhaltensmuster Nahrungssuche, Jagd, Flucht und Fortpflanzung sind überwiegend vom Instinkt gesteuert. Mit der Höherentwicklung verschiedener Tierspezies sind auch die Bewegungsmuster entsprechend ihrer ökologischen Nische komplexer geworden. Die ökologische Nische beschreibt den Lebensraum und den Nahrungserwerb einer Tierart, vergleichbar dem Beruf des Menschen. Viele lebensentscheidende Situationen der Jäger und Gejagten, aber auch ein komplexeres Sozialverhalten sind durch eine Instinktsteuerung allein nicht zu bewältigen.

Diese Verhaltensmuster müssen erlernt und zunächst gefahrlos ausprobiert werden. Man kann bei heranwachsenden Jungtieren höher entwickelter Arten Bewegungsformen beobachten, die vordergründig keinem lebensnotwendigen Zweck dienen, sondern ein gefahrloses Ausprobieren und Lernen darstellen. Wir nennen dies Spielen.

Der Mensch lebt in hochkomplexen sozialen Gefügen und hat sich eine komplizierte technische Umwelt geschaffen, in der er sich allein durch instinktive Verhaltensmuster nicht zurechtfinden kann. Der ständige und rasche Zuwachs an intellektuellen Leistungen hat die menschliche Evolution schon lange überholt. Der Mensch ist daher wie kein anderes Lebewesen auf Lernen angewiesen. Dies muß er ein Leben lang tun.

Oft ist das erste Drittel des Lebens ausschließlich dem Lernen gewidmet. Es wundert daher nicht, daß der Mensch eine besondere Neigung zum Spielen entwickelt hat. Kleinkinder lernen ihre Umwelt überwiegend spielend kennen. Der Spieltrieb geht im weiteren Leben nicht verloren und bleibt bis ins hohe Alter mehr oder weniger erhalten. Das Spiel hat vor allem in den hochindustrialisierten Gesellschaftsformen einen hohen sozialen Stellenwert. Mit Zunahme der Technisierung haben viele Berufe keinen direkten Bezug mehr zum Nahrungserwerb und verloren damit ihren grundlegend existentiellen Charakter. Der Grad der körperlichen Belastung im Beruf hat wesentlich abgenommen zugunsten ruhender, aber intellektuell anspruchsvollerer Beschäftigungen.

Mit dieser Entwicklung entstand zunehmend die Neigung zu körperlichen Aktivitäten außerhalb des Berufs, die über das reine, zweckfreie Spiel hinausgehen. Man begann, die Leistung im direkten Vergleich oder aber durch physikalische Meßgrößen zu bewerten. Die ursprünglich zweckfreien Spiele aus reiner Lust an körperlicher Bewegung wandelten sich in Sportspiele, bei denen Siege, Niederlagen oder Ergebnisse gezählt wurden.

Sportliche Wettkämpfe genießen inzwischen ein weltweites Interesse. Der hohe Unterhaltungs-, in manchen Ländern auch Repräsentationswert des Sports

Viele Verhaltensmuster müssen erlernt und zunächst gefahrlos ausprobiert werden

hat zu einer Kommerzialisierung geführt, die den Berufssportler hervorgebracht hat.

Somit hat sich der Mensch einen Beruf neu geschaffen, bei dem die körperliche Leistungsfähigkeit ganz im Vordergrund steht. Radprofis gelten im Kollegium der Berufssportler als Schwerstarbeiter.

Trainierbarkeit

Durch Spiel und Training kann der Mensch wie kaum ein anderes Lebewesen die Leistung seiner Organe, besonders die der Muskulatur, über das lebensnotwendige Maß hinaus steigern. Dabei macht er sich die Fähigkeit von Geweben und Organen zunutze, sich an gesteigerte Anforderungen anzupassen. Je nach Beanspruchungsform können die Anpassungen sehr differenziert erfolgen. Im Kraftsport werden häufig hohe Muskelspannungen provoziert, die zu einer Vermehrung der Muskelmasse und zu einem Zuwachs an physikalisch meßbarer Kraft führen.

Mäßige, aber lang anhaltende Beanspruchungen des Ausdauersportlers haben eine Veränderung des Muskelstoffwechsels, der Atmungs- und Herz-Kreislauf-Organe zur Folge. Diese befähigt dazu, Langzeitbelastungen ohne wesentliche Ermüdung durchhalten zu können. Durch Turnen oder Gymnastik wird mit dem häufigen Üben von komplexen Bewegungsabläufen eine optimale Abstimmung der Kontraktionsabläufe der einzelnen Muskelgruppen untereinander erzielt. Diese koordinativ hohen Beanspruchungsformen werden hauptsächlich durch die Bahnung fein aufeinander abgestimmter Reizmuster durch das motorische Nervensystem gewährleistet.

Die körperliche bzw. sportliche Leistungsfähigkeit und Beanspruchbarkeit kann durch fünf Grundfähigkeiten beschrieben werden:

Die Ausdauerleistungsfähigkeit bleibt dem Menschen im Gegensatz zu Kraft und Schnelligkeit bis in ein höheres Lebensalter erhalten

- Kraft
- Schnelligkeit
- Ausdauer
- Koordination
- Flexibilität

Es wird jedoch nie eine einzige Beanspruchungsform isoliert benötigt. Jede Sportart fordert die fünf Grundfähigkeiten in unterschiedlicher Weise. Darüber hinaus ist die Veranlagung des einzelnen Menschen jeweils eine andere; sie läßt eine besondere Befähigung zu einer der Beanspruchungsformen erkennen. Man spricht vom »Talent« eines Sportlers. Besonders beim Heranwachsenden muß die Unterscheidung der verschiedenen Grundfähigkeiten erhöhte Aufmerksamkeit finden, da deren Entwicklung und Trainierbarkeit an entscheidende Entwicklungsabschnitte gebunden ist. Gerade das Erlernen der sportartspezifischen Koordination ist an lernsensible Phasen gebunden, die nicht versäumt oder durch ein übertriebenes Konditionstraining kompensiert werden dürfen.

Der Mensch unterscheidet sich von den Tieren durch seine ungleich höher ausgeprägte Fähigkeit im Erlernen koordinativ anspruchsvoller Bewegungsformen. Im Gegensatz zu vielen Tieren wurde ihm von der Evolution aber auch die Fähigkeit zu hohen Ausdauerleistungen mitgegeben. Dies hat ihm in der Vorzeit bei seiner Nahrungssuche als Jäger und Sammler gegen überlegene Tiere entscheidend geholfen. Die Ausdauerleistungsfähigkeit bleibt dem Menschen im Gegensatz zu Kraft und Schnelligkeit bis in ein höheres Lebensalter erhalten. Durch ein entsprechendes Training ist der Mensch zu erstaunlichen Ausdauerleistungen fähig, wie sie zum reinen Selbstzweck in der instinktgesteuerten Tierwelt nie und zum Lebenserhalt nur mit besonderer arttypischer Befähigung beobachtet werden können.

Radsport und Medizin

Nicht zuletzt, da auch ältere Menschen noch spürbare und motivierende Trainingserfolge verzeichnen, und wegen des hohen gesundheitlichen Nutzens erfreuen sich Ausdauersportarten im Breitensport großer Beliebtheit. Radfahren unterscheidet sich von allen anderen Ausdauersportarten dadurch, daß das Sportgerät Fahrrad das Körpergewicht des Fahrers aufnehmen kann. Die Beine werden von der Haltearbeit entlastet und können die verfügbare Energie in Vortrieb umsetzen. Eine weitere Besonderheit des Fahrrades ist die beliebige Übersetzung des zyklischen Bewegungsmusters der unteren Extremitäten, womit höhere Geschwindigkeiten und eine Anpassung der Kraftentfaltung an das Geländeprofil erreicht werden können. Mit der höheren Fortbewegungsgeschwindigkeit ist ein günstiger Kühlungseffekt durch den Fahrtwind verbunden, was sich positiv auf den Wirkungsgrad und die Dauerleistungsfähigkeit auswirkt. Durch die Effekte von Gewichtsentlastung und Übersetzung steht dem Radfahrer im Gegensatz zu Läufern im unteren und mittleren Leistungsbereich ein sehr breites und fein dosierbares Spektrum der Fortbewegungsgeschwindigkeit zur Verfügung. Es können Belastungszeiten und Entternungen bewältigt werden wie in keiner anderen Sportart mit muskelgetriebener Fortbewegung.

Durch die zahlreichen Wettkampfdisziplinen des Radsports gibt es kein einheitliches Beanspruchungsprofil. Zwischen den 200 m des Bahnsprints und den fast 4000 km der Tour de France liegt eine faszinierende Vielfalt der Ausprägung menschlicher Leistungsfähigkeit. Schon immer stellte der Radsport für Leistungsphysiologen und Sportmediziner eine besondere Herausforderung dar. Es konnten umfangreiche Erkenntnisse über den menschlichen Energiehaushalt gewonnen werden, aus denen sich wertvolle Hinweise für die Trainingsgestaltung ableiten ließen. Der Hochleistungssport versucht, Extremleistungen aus dem menschlichen Organismus zu locken. Dabei werden die Grenzen der Leistungsfähigkeit ausgelotet. Damit der enge Pfad zwischen wirkungsvollem Trainingsreiz und Überforderung nicht verlassen wird, muß ein funktionstüchtiger Regelkreis aus Trainingssteuerung und Trainingsüberwachung bzw. Leistungsdiagnostik aufgebaut werden.

Um sinnvolle und angepaßte Trainingshinweise geben zu können, sind Beobachtungen und Beurteilungen der Reaktionsweise des Sportlers auf die Belastungsreize notwendig. Dazu tragen auch physiologische Parameter bei, die die Einbindung von medizinischen Untersuchungsmethoden in das Betreuungssystem des Hochleistungssports notwendig gemacht haben. Moderne Methoden machen sogar die Wettkampfsteuerung mit Hilfe medizinischer Parameter möglich.

Besonders die klassischen Zeitfahrdisziplinen auf der Bahn sind für eine exakte Trainingssteuerung und -periodisierung prädestiniert, da Zeitpunkt und Ausmaß der Belastung bekannt und vorhersehbar sind. Beim Zeitfahren erfolgt der Start versetzt; die Nutzung des gegnerischen Windschattens ist verboten. Daher spielen unkalkulierbare taktische Abläufe eine wesentlich geringere Rolle für das Wettkampfresultat als beispielsweise im Straßenrennen oder beim Punktefahren auf der Bahn. Beim Kampf gegen die Uhr ist der Fahrer auf sich allein gestellt. Die physiologische Leistungsfähigkeit und der Energiestoffwechsel können weniger vom taktischen Geschehen überspielt werden.

Die Trainingsmethodik der Zeitfahrdisziplinen kann sich daher besonders eng

Radfahren unterscheidet sich von allen anderen Ausdauersportarten dadurch, daß das Sportgerät Fahrrad das Körpergewicht des Fahrers aufnehmen kann

an die Leistungsphysiologie anlehnen und gewinnbringend angewandt werden. Bei vielen herausragenden Zeitfahrleistungen, besonders den jüngsten Stunden-Weltrekorden, konnte beobachtet werden, daß sich Athleten und Trainer bei der Trainings- und Wettkampfsteuerung sportmedizinischer Hilfe bedient haben. In allen im Radsport führenden Nationen steht dem Trainer ein Stab von Sportwissenschaftlern und Sportmedizinern zur Seite. In einigen Fällen ist die Zusammenarbeit sogar durch feste Einrichtungen institutionalisiert. Neben den Ländern des ehemaligen Ostblocks sind vor allem Australien und die USA aktuelle Beispiele für den Erfolg wissenschaftlich gestützter Trainingsstrategien.

Leistungsdiagnostik und Trainingssteuerung müssen eng aufeinander abgestimmt werden. Ein sportmedizinischer Test sollte möglichst exakt die Fragestellung des Trainers beantworten, sonst ist sein praktischer Nutzen nur gering. Andererseits sollten sich Trainingshinweise möglichst nach physiologischen Gegebenheiten richten, um nicht gegen biologisch determinierte Reaktionen des Organismus zu handeln. Wer sich mit der Trainingslehre und -methodik beschäftigt, muß jedoch immer berücksichtigen, daß es sich bei der sogenannten Trainingswissenschaft nicht um eine wissenschaftliche Disziplin im eigentlichen Sinn handelt. Zwar bedient man sich wissenschaftlicher Methoden und versucht, Handlungen und Wirkungen zu dokumentieren und auszuwerten, jedoch ist ein streng wissenschaftliches Vorgehen im Hochleistungssport nur selten möglich. Die Handlungsmuster im Hochleistungssport sind so komplex, daß sie nicht auf wissenschaftlich verwertbare Abläufe reduziert werden können. Bestimmte Trainingsformen (z. B. das sog. EB-Training) können nur in einer individuellen Kombination mit anderen Trainingsformen gewinnbringend angewandt werden. Diese Bedingungen sind meist wissenschaftlich schwer reproduzier- und nachvollziehbar. Zudem wird ein Trainer seine Schützlinge immer mit der Methode trainieren, die er für die aktuell erfolgversprechendste hält. Verständlicherweise wird er nicht bereit sein, einen Teil seiner Athleten nach einer Methode zu trainieren, die die vermeintlich schlechtere ist. Somit können viele Befunde nicht an Kontrollgruppen verglichen werden. Sollte dies in seltenen Fällen möglich sein, wird in der Regel nur mit der »2. Reihe« experimentiert. Damit ist eine Vorauswahl der Versuchspersonen getroffen worden, die schon ausreichen kann, um Unterschiede von Trainingsmethoden erklären zu können. Die Trainingslehre ist als Erfahrungswissenschaft anzusehen, die von wissenschaftlichen Methoden begleitet wird, um exakte Rückmeldungen über Trainingseffekte zu liefern. Damit behält der Hochleistungssport seinen Reiz.

Bei der Auseinandersetzung mit den wissenschaftlichen Aspekten darf das eigentliche Wesen des Radsports nicht in den Hintergrund treten. Der Leistungssportler ist kein Zuchtobjekt. Er soll sich in und durch seinen Sport frei entfalten und ausleben können. Die Sportmedizin sollte ihn möglichst unmerklich beglei-

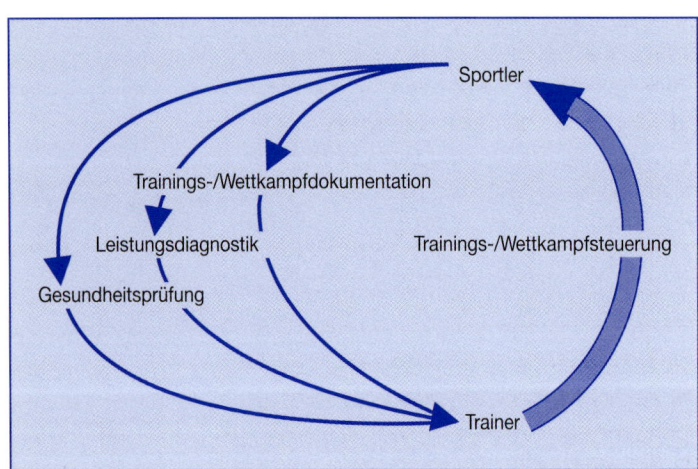

Abb. 1 *Der Regelkreis des Trainings*

ten und die Reihenfolge ihrer Aufträge einhalten:

- Gesunderhaltung
- Vermeiden von Fehlentwicklungen
- Leistungssteigerung

Nachstehend sollen biologische Grundlagen der Anatomie und Leistungsphysiologie unter besonderer Berücksichtigung des Radsports beschrieben werden. Darauf aufbauend wird das System der Leistungsdiagnostik mit den Möglichkeiten der Trainingssteuerung beschrieben. Im Mittelpunkt steht das konkrete Beispiel des sportmedizinischen und leistungsdiagnostischen Betreuungssystems für den Bund Deutscher Radfahrer (BDR). Dieses wurde gezielt an der aktuellen Trainingslehre und -methodik ausgerichtet. Es soll hiermit ein schlüssiger Regelkreis der Trainingssteuerung geschlossen werden, der sich nach den Bedürfnissen der Praxis richtet. Natürlich gibt es darüber hinaus eine Reihe weiterer sinnvoller Untersuchungsmethoden, die jedoch in diesem Zusammenhang nicht alle aufgeführt werden sollen.

Die sportmedizinische Leistungsdiagnostik sollte über längere Zeiträume möglichst immer die gleichen Methoden unter vergleichbaren Bedingungen anwenden, um Längsschnittuntersuchungen vornehmen zu können. Auf der anderen Seite müssen jedoch Neuerungen aus der Praxis des Radsports aufgegriffen und überprüfbar gemacht werden. Die Kontinuität muß dann unterbrochen werden, um den Praxisbezug zu wahren.

In diesem Kapitel wird der derzeitige Stand der intensiven Entwicklung der letzten Jahre im deutschen Radsport geschildert. Besonders im Bahnradsport wurden an der Universitätsklinik in Freiburg Ende der 80er Jahre umfangreiche Untersuchungen zur Leistungsphysiologie und -diagnostik durchgeführt. Gleichzeitig erfolgte zu Beginn des olympischen Zyklus von 1989 bis 1992 eine Neuorientierung der Trainingsmethodik im BDR. Mit der Öffnung der innerdeutschen Grenze und der Zusammenführung beider deutscher Radfahrverbände kam das umfangreiche Erfahrungsgut aus der ehemaligen DDR hinzu. Die aktuelle Terminologie basiert nicht zuletzt auf der bewährten Systematik ostdeutscher Trainingslehre. Es sei noch einmal erwähnt, daß es sich hier nur um *ein* Beispiel einer trainingsmittelorientierten sportmedizinischen Betreuung handelt. Auch eine Reihe abweichender Konzepte mit eigenen Methoden, wie sie von anderen »Radsport-Nationen« verfolgt werden, können ebenfalls zum Erfolg führen: »Viele Wege führen nach Rom.«

Den einzelnen sportmedizinischen Aspekten, auf die im folgenden eingegangen wird, werden sowohl die anatomischen als auch die physiologischen Grundlagen vorangestellt. Dem Leser soll ein Schlüssel in die Hand gegeben werden, mit dem er seine eigene Trainingspraxis analysieren kann, auch wenn hier nicht alle Aspekte behandelt werden können.

Das primäre Ziel einer Trainingsaktivität ist die Verbesserung der Kontraktilität, der Energieversorgung und der Koordination der Muskulatur. Selbstverständlich passen sich auch alle anderen Organsysteme, insbesondere Herz-Kreislauf-System und Atmung, an die vorgegebene Belastung an. Beim Gesunden sind diese jedoch nie leistungslimitierend. Man trainiert nicht sein Herz oder seine Lunge. Nicht das große »Sportlerherz« bedingt die sportliche Leistungsfähigkeit, sondern die Struktur, der Stoffwechsel und die Steuerung der Muskulatur. Nach dieser Kausalität richtet sich die Gliederung des folgenden Themenbereichs.

Im Mittelpunkt steht das konkrete Beispiel des sportmedizinischen und leistungsdiagnostischen Betreuungssystems für den Bund Deutscher Radfahrer (BDR)

Muskulatur

Muskeln sind Organe, die chemisch gebundene Energie umwandeln und dabei mechanische Energie und Wärme produzieren können. Sie können dynamische und statische Kontraktionen durchführen und sind damit in der Lage, Körperbewegungen oder Haltearbeit durchzuführen. Die Arbeitsweise der Muskeln kann prinzipiell in zwei Formen unterschieden werden. Führt eine Kontraktion bei gleichbleibender Anspannung zu einer Annäherung der Sehnenansätze, an denen ein Muskel fixiert ist, wird sie **isotonisch** genannt. Im Gegensatz dazu liefert eine **isometrische** Kontraktion zwar eine äußerlich meßbare Kraft, jedoch keine Arbeit, da die Sehnenansätze in ihrer Position verharren. Man spricht auch von »Haltearbeit«. Häufig werden Mischformen dieser Arbeitsweise angewendet.

Molekularer Mechanismus der Kontraktion

Die kleinste funktionelle Einheit von Geweben und Organen ist die Zelle. Jede enthält einen kompletten Bauplan ihrer Struktur (das Erbgut im Zellkern), verfügt über einen eigenen Energiestoffwechsel und, je nach Geweberband, dem sie angehört, über einen spezialisierten Arbeitsstoffwechsel, der meist an verschiedene Organellen gebunden ist. Die Funktion eines Organs ist die Summe einzelner Zellfunktionen, die sich im Verband zu erstaunlichen Leistungen addieren.

Die Zellen des Muskelgewebes sind mehrkernig und werden zur begrifflichen Unterscheidung und unter Berücksichtigung ihrer langgestreckten Form **Muskelfasern** genannt. Sie enthalten Strukturen, die sich aktiv zusammenziehen können. Ungefähr 10% der Muskelmasse besteht aus kontraktilen Eiweißmolekülen, den **Filamenten Aktin** und **Myosin.** Sie sind innerhalb einer Muskelzelle in mehreren langgestreckten **Fibrillen** gebündelt, in denen sie achsenparallel angeordnet und durch querverlaufende Z-Linien **(Z-Scheiben)** ausgerichtet sind. Die Z-Scheiben unterteilen eine Muskelfibrille in mehrere **Sarkomere.** Wie die Borsten einer Bürste sind ca. 1000 Aktinfilamente auf jeder Seite in der Z-Scheibe verankert. Ebenfalls befinden sich annähernd 1000 Myosinfilamente in der Mitte zwischen den Z-Linien (siehe Abb. 2). Aktin und Myosin überlappen sich teilweise, so daß im Mikroskop der Eindruck einer Querstreifung entsteht, die der Skelettmuskulatur den Namen **Quergestreifte Muskulatur** gab.

Die Bündel der Myosinfilamente bilden die **A-Bande.** Beidseits im Anschluß daran reicht die **I-Bande** aus nicht überlagerten Aktinfilamenten bis an die Z-Streifen. Innerhalb der A-Bande ist eine weitere Streifung durch das Überlagerungsphänomen von Aktin und Myosin zu erkennen. Die überlagerungsfreie **H-Bande** läßt sich zur Mitte hin abgrenzen. Im erschlafften Zustand überlappen sich die Filamente nur wenig, so daß A- und H-Bande breit erscheinen.

Nach der **Gleitfilament-Theorie** von HUXLEY und HANSON kommt es zu einer Kontraktion, indem die Filamente aneinander vorbeigleiten, ohne daß sie sich selbst verkürzen. Die Z-Linien nähern sich, und die Bereiche der sich nicht überlagernden Filamente (I- und H-Bande) werden schmäler.

Aus den Myosinfilamenten gehen Ausläufer hervor, die aus einem Hals und einem Köpfchen bestehen. Diese können sich als **Querbrücken** an die Aktinfilamente anlegen. Jedes Aktinfilament besteht aus zwei Ketten aneinandergereihter **Aktinmonomere,** die wie zwei Per-

---

Die Arbeitsweise der Muskeln kann prinzipiell in zwei Formen unterschieden werden

Abb. 3 (rechts unten) *Aufbau einer Myofibrille. Oben: schematischer Querschnitt und elektronenmikroskopischer Längsschnitt. Unten: molekulare Struktur. Aus: JUNGERMANN, K., MÖHLER, H. (Hrsg.): Biochemie. Springer-Verlag, Berlin, Heidelberg, New York, 1980*

lenketten umeinandergewunden sind. Jedes Aktinmonomer besitzt eine spezielle Bindungsstelle für Myosinköpfchen. Nach Ausbildung einer Querbrücke können die Filamente durch synchrone Kippbewegungen der Myosinköpfchen aneinander vorbeigezogen werden. Eine einmalige Bewegung führt zu einer Verkürzung um ca. 1% der Gesamtlänge eines Sarkomers. Bei einer isotonischen Kontraktion kann es zu einer Verkürzung um 50% kommen. Dazu sind ca. 50 aufeinanderfolgende Ruderbewegungen der Filamentköpfchen notwendig. Dieser Wechsel von Anziehen, Loslassen und Nachfassen ist mit dem Prinzip des Tauziehens zu vergleichen. Lösen sich Myosinköpfchen und Aktinfilamente, kommt es zu einer Erschlaffung der Muskulatur, da die beiden Filamente sehr leicht gegeneinander gleiten.

Durch Querbrückenbildung kann auch Muskelkraft aufgebaut werden, ohne daß es zu einer Verkürzung der Sarko-

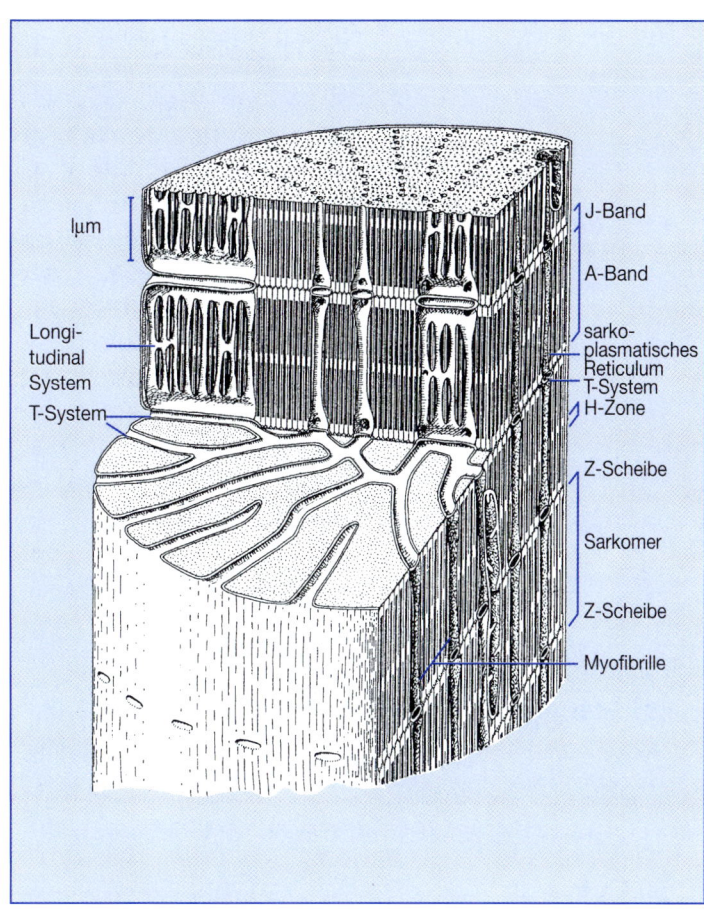

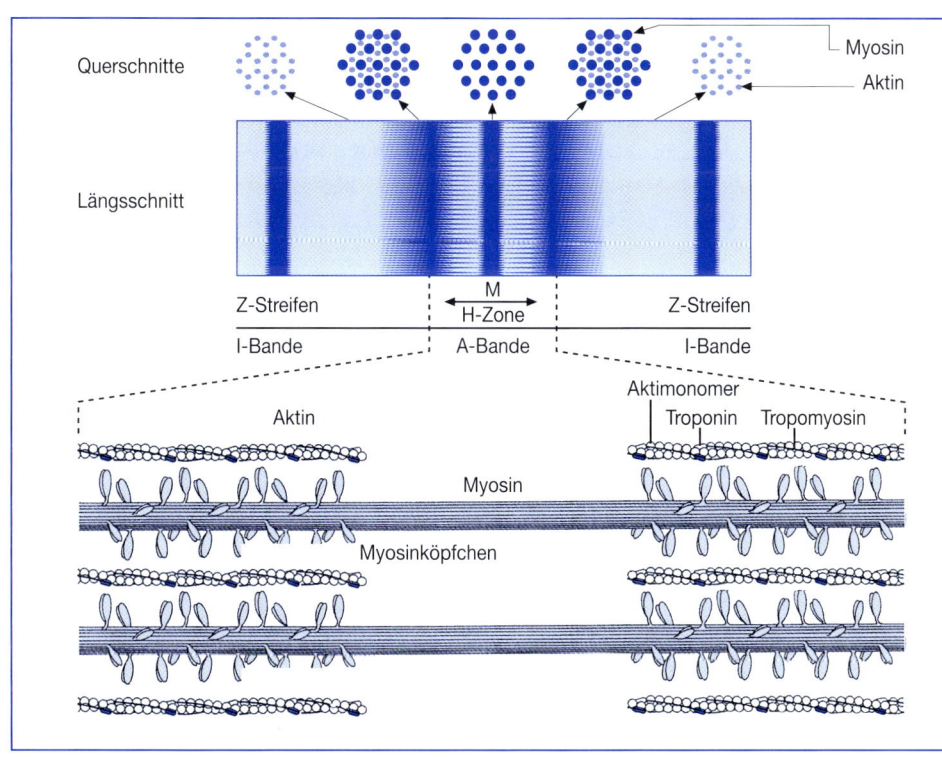

Abb. 2 (oben) *Der Aufbau eines quergestreiften Muskels: herausgenommenes Bündel von Muskelfasern ohne Bindegewebshüllen. Aus: CZIHAK, G., LANGER, H., ZIEGLER, H. (Hrsg.): Biologie. Springer-Verlag, Berlin, Heidelberg, New York, 1976*

mere und einem Ineinandergleiten der Filamente kommt. Die Kippbewegung der Myosinköpfchen baut elastische Kräfte auf, die sich im gesamten Muskel addieren. Die isometrische Muskelkraft ist direkt proportional zur Anzahl der Querbrücken, die Kontakt gefunden haben. Ungefähr eine Milliarde Querbrücken können durch Addition eine isometrische Muskelkraft von 1 mN aufbringen. Die isometrische Maximalkraft eines Muskels oder einer Muskelgruppe kann daher als Maß für die Ausstattung mit kontraktilen Elementen dienen. Die Beinmuskulatur von Elite-Radrennfahrern kann an den Pedalen eines Fahrrads eine Gesamtkraft von 2000 bis 3500 N aufbringen.

Transformation von chemischer in mechanische Energie

ST- (rote) Muskelfasern sind in tonischen Muskeln, die für längere Haltearbeit eingesetzt werden, häufiger zu finden

Die Energie für die aktive Kontraktion steht chemisch gebunden in Form des Moleküls Adenosintriphosphat **(ATP)** zur Verfügung. Durch Abspaltung eines Phosphatrestes wird Energie frei, die für die Kontraktion genutzt werden kann.

ATP ⟷ ADP + P + Energie

Der Muskel kann ausschließlich aus dem Spaltungsprozeß dieses Moleküls Energie direkt gewinnen. Alle anderen energieliefernden Prozesse, wie die Spaltung von Creatinphosphat **(CP)** und die aerobe und anaerobe Glykolyse, können ihre Energie nicht direkt liefern, sondern dienen der Regeneration von ADP in ATP. Sie werden dem Energiestoffwechsel zugeordnet.

Wenn die Myosinköpfchen mit den Aktinfilamenten Kontakt haben, können sie unter Anwesenheit von Magnesiumionen die Spaltung von ATP katalysieren. Dabei wirkt Myosin selbst wie ein Enzym (Katalysator). Nach einem aktiven Ruderschlag erfolgt die Bindung von ATP an die noch bestehende Querbrücke. Nun erst können sich die Reaktionspartner Aktin und Myosin voneinander trennen. Mit Spaltung von ATP wird dem System neue Energie zugeführt, die durch den erneuten Brückenschlag und die Ruderbewegung freigesetzt wird. Während einer Muskelkontraktion läuft dieser Zyklus vielfach ab (siehe Abb. 4):

- Anlagerung von ATP
- Lösung der Brücken
- Spaltung von ATP/Energietransfer
- Brückenschlag
- Kippbewegung

Es gibt Muskelfasern, in denen dieser Prozeß sehr schnell ablaufen kann, was diese zu besonders raschen Kontraktionen befähigt. Der Energieverbrauch dieser Fast Twitch Fibers **(FTF)** ist pro Zeiteinheit höher als der der langsam kontrahierenden Slow Twitch Fibers **(STF)**. Diese werden aufgrund ihres hohen Anteils an Myoglobin (Sauerstoffträger im Muskel) und der dichteren Blutgefäßversorgung als **rote Muskelfasern** bezeichnet. Der Anteil an FT- bzw. **weißen Muskelfasern** ist in den phasischen Muskeln, mit denen kraftvolle, schnelle Kontraktionen durchgeführt werden, besonders hoch. ST- (rote) Muskelfasern sind in tonischen Muskeln, die für längere Haltearbeit eingesetzt werden, häufiger zu finden. Die Verteilung von roten und weißen Fasertypen ist in einem gewissen Umfang genetisch festgelegt und bestimmt das Talent des Sportlers zu schnellkräftigen (z. B. Sprint) oder ausdauernden (z. B. Marathon) Bewegungsformen.

Wichtig ist, daß die Energie aus der ATP-Reaktion bereits vor der aktiven Kontraktionsbewegung dem System zugeführt wird. Damit wird die Reaktionsbereitschaft der Muskulatur erhöht. Sie kann bei Bedarf sofort kontrahieren und muß nicht erst die chemische Bereitstellung abwarten. Dieses System ist mit einem Revolver zu vergleichen, bei dem durch Spannen des Hahns vor dem Schuß Energie in das System eingebracht wird, die mit Betätigung des Abzugs blitzschnell und situationsgerecht freigesetzt wird.

Liegt im Muskel nicht genügend ATP vor, können sich Aktin und Myosin nicht mehr trennen, mit der Folge, daß der Muskel starr und kontrahiert bleibt. Gelingt es dem Energiestoffwechsel nicht mehr, ADP in ATP zu regenerieren, sinkt die ATP-Konzentration, und die Querbrücken bleiben haften.

So wird verständlich, warum es bei Sportlern bei zunehmender Erschöpfung zu Krämpfen und nicht zu einem Erschlaffen der Muskulatur kommt.
Magnesiumionen (Mg) müssen bei der ATP-Spaltung anwesend sein. Ein echter, intrazellulärer Magnesiummangel kann daher ebenfalls zu Krämpfen führen.
Der Mg-Spiegel im Blut gibt darüber nur bedingt Auskunft, da die Konzentration hier bedeutend geringer ist als in den Zellen. Er ist u. a. auch vom Funktionszustand der Muskelzelle und ihrer Membranen abhängig, die den Konzentrationsunterschied aktiv aufrechterhalten müssen.
In den unteren Normbereich erniedrigte Mg-Werte müssen nicht zwangsläufig medikamentös behandelt (substituiert) werden, sie können auch Zeichen stabiler Muskelmembranen sein, die ein hohes Maß an Ionentrennung gewährleisten können. Bei Muskelkrämpfen unter Belastung sollte zunächst an ein energetisches Defizit gedacht werden und nicht gleich an den zugegebenermaßen medikamentös leicht behandelbaren Mg-Mangel.

Dosierung der Muskelkraft

Die Muskeln werden von Nerven der motorischen Systeme innerviert und erhalten aktivierende oder hemmende Signale. Diese Nervenfasern werden **Motoneurone** genannt. Durch Aufzweigung in der Peripherie erreicht ein Motoneuron zahlreiche Muskelfasern, die über einen gewissen Querschnitt des Muskels verteilt sind. Der Komplex aus einem Motoneuron und den von ihm erreichten Muskelfasern wird als **motorische Einheit** zusammengefaßt. Auf den nervalen Reiz reagieren alle angeschlossenen Muskelfasern gleichförmig. Eine Anpassung der Gesamtmuskelkraft wird dadurch erreicht, daß eine unterschiedliche Zahl von motorischen Einheiten aktiviert wird. Während einer Kontraktion sind somit nie alle motorischen Einheiten beteiligt. Auch bei willkürlich maximaler Anspannung bleibt zum jeweiligen Zeitpunkt immer ein gewisser Teil an motorischen Einheiten passiv.
Das Krafttraining regt nicht nur die Proteinsynthese im Muskel an und führt zu einer Vermehrung der kontraktilen Elemente, sondern es werden insbesondere auch mit dem Maximalkrafttraining koordinative Effekte erzielt. Das motorische System lernt, auf Abruf möglichst viele motorische Einheiten zugleich zu innervieren und das Kraftpotential der vorhandenen Fibrillen soweit wie möglich auszuschöpfen.
Motoneurone zählen zu den Nerven mit den größten Faserdurchmessern. Dies ermöglicht ihnen sehr hohe Reizleitungsgeschwindigkeiten. Sie können untereinander ebenfalls an ihrer Größe unterschieden werden. Motoneurone mit großen Faserquerschnitten und hoher Leitungsgeschwindigkeit versorgen sehr viele Muskelfasern (bis ca. 1000) und bilden somit große motorische Einheiten. Die Muskelfasern gehören über-

Eine Anpassung der Gesamtmuskelkraft wird dadurch erreicht, daß eine unterschiedliche Zahl von motorischen Einheiten aktiviert wird

wiegend dem weißen, schnell kontrahierenden Typ der FT-Fasern an. Sie können in kürzester Zeit hohe Spannungen entwickeln, jedoch auch schnell ermüden. Auf eine Stimulation reagieren sie zunächst mit einer hohen Aktivität, die sich dann jedoch schnell adaptiert. Sie werden daher auch **phasische Motoneurone** genannt.

Die dünneren, etwas langsameren Motoneurone versorgen kleine motorische Einheiten, die überwiegend aus roten, langsam kontrahierenden ST-Fasern bestehen. Bei Stimulation kommt es zu anhaltenden Aktivitäten, die sich nur wenig adaptieren, man spricht von **tonischen Motoneuronen.** Neben phasischen und tonischen Neuronen gibt es auch Zwischenformen.

Im Skelettmuskel werden die verschiedenen Motoneurone bzw. Muskeln in Abhängigkeit von Funktion und Aufgabe innerviert. Die Verteilung der tonischen und phasischen Formen ist mit der Geburt vorgegeben und entscheidet über das »Talent« eines Menschen zu Schnellkraft- oder Ausdauerleistungen. Es ist aber auch mit Hilfe von Muskelbiopsien beobachtet worden, daß lang anhaltendes, einseitiges Training zu einer Beeinflussung dieses Verhältnisses führen kann.

Mit zunehmender Arbeitsleistung eines Muskels werden immer zuerst die kleinen motorischen Einheiten mit ihren langsam kontrahierenden Fasern, die eine zwar geringe, jedoch gut abstufbare Kraft entwickeln können, innerviert. Bewegungen mit geringer Intensität können feiner abgestimmt werden als intensive. Erst bei hohen bis maximalen Anforderungen treten die großen, schnellen FT-Fasern in den Vordergrund. Dadurch kommen ST-Fasern häufiger zum Einsatz, was zu einem günstigeren Energieverbrauch der Muskulatur führt, da ihre Ausstattung für die effektivere aerobe Glyko- und Lipolyse wesentlich besser ist. Darin ist auch die Fähigkeit zu anhaltenden und gleichförmigen Belastungen begründet.

Die Motoneurone senden Informationen vom ZNS zu den Muskeln in die Peripherie. Diese Informationsrichtung wird efferent genannt. Die Axone werden als Aα-Motoneurone bezeichnet. Um zielgerichtet und situationsadaptiert efferente Signale über Aα-Motoneurone aussenden zu können, müssen Rückmeldungen über Spannungsverhältnis und Dehnzustand der Muskulatur erfaßt und an die Schaltstellen gemeldet werden. Dadurch wird die Stellung einer Gliedmaße und die zu bewältigende Last erkannt. Dieser Informationsfluß ist afferent. Afferenzen und Efferenzen bilden einen Regelkreis.

Da der Muskel kein starres Gebilde, sondern längenvariabel ist, müssen sich die Meßfühler den aktuellen Längenverhältnissen anpassen. Diese werden von **Muskelspindeln** erkannt, die über einen Muskel verteilt sind. Sie bestehen aus Bündeln mehrerer Muskelfasern und werden spiralförmig von sensiblen Nervenfasern umwickelt. Der Kontraktionszustand wird über Ia- und II-Fasern afferent weitergeleitet. Da die Spindeln zu den normalen Fasern parallelgeschaltet sind, werden sie gleichzeitig durch kleine Aγ-Motoneurone efferent innerviert, um die Aktionen des gesamten Faserverbandes mitzumachen.

Mit der Arbeitsmuskulatur sind die **Sehnenorgane (Golgi-Organe)** in Serie geschaltet. Sie bestehen aus einer Gruppe kollagener Fasern, die durch eine dünne Bindegewebshülle zusammengehalten werden. Ein sensibler Nerv verzweigt sich über den Fasern. Die Information über den Spannungszustand wird als Afferenz über Ib-Fasern weitergeleitet. Wie bei der Aufteilung der elastischen Kräfte in parallele und serielle werden die Spannungen im Muskel parallel zu den Fasern durch die Muskelspindeln

Der Kontraktionszustand wird über Ia- und II-Fasern afferent weitergeleitet

und in Serie durch die Sehnenorgane erfaßt. Die Nervenleitungen aller motorischen Systeme werden auf der Endstrecke gemeinsam in Form der Motoneurone zum Muskel geleitet. Die Nerven, die die Arbeitsmuskulatur versorgen, sind vom Typ Aα. Die efferente Innervation der Muskelspindeln geschieht über kleinere Aγ-Fasern. Die Afferenzen aus den Muskelspindeln und den Sehnenapparaten laufen in Ia-, Ib- und II-Fasern.

Mechanik der Muskelarbeit

Die Summe der Einzelkräfte der kontraktilen Elemente entspricht der Gesamtkraft einer Muskelfaser bzw. eines Muskels. Je größer der physiologische Querschnitt ist, desto höher ist auch die Muskelkraft. Der physiologische Querschnitt setzt sich nur aus den kontraktilen Strukturen zusammen, ohne die anderen Elemente, wie Bindegewebe und Fett, zu berücksichtigen.

Man kann nicht direkt aus der äußerlichen Dicke eines Muskels auf seine Kraft schließen, da diese Bestandteile der Muskulatur interindividuell verschieden sein können. Betrachtet man einen einzelnen Sportler für sich, so ist ein strenger Zusammenhang zwischen Muskelzuwachs und Kraft gegeben, wenn ein entsprechendes Training durchgeführt wird. Die Muskelkraft hängt aber auch von den äußeren mechanischen Bedingungen ab, unter denen der Muskel arbeiten muß. Die Skelettmuskeln übertragen ihre Kraft über Sehnen auf Knochen. Die Sehnen sind elastisch und besitzen eine geringe Dehnfähigkeit.

Auch die Bindegewebsstrukturen, über die die Kraft der kontraktilen Elemente auf die Sehnen übertragen wird, sogar die Myosinköpfchen selbst, besitzen eine gewisse Elastizität. Die genannten elastischen Elemente sind mit den kontraktilen Elementen in Serie geschaltet **(serieelastische Elemente).** Ein geringer Teil der aktiven Kontraktion (ca. 1%) muß zunächst aufgebracht werden, um die serieelastischen Elemente zu spannen, bevor eine äußerlich meßbare Kraft erzielt werden kann.

Die kontraktilen Elemente sind auch von elastischen Strukturen umgeben. Dazu gehören die verschiedenen Muskelhüllen, das Longitudinalsystem und bindegewebige Strukturen zwischen den einzelnen Muskelfasern, die gemeinsam die **parallelelastischen Elemente** darstellen.

Im schlaffen Zustand lassen sich die Myofibrillen nahezu widerstandslos auseinanderziehen. Erst wenn bei weiterem Zug die parallelelastischen Elemente gedehnt werden, baut der Muskel eine wachsende Spannung auf.

Unter isometrischen Bedingungen kann durch eine Einzelkontraktion noch nicht die volle Kraft aufgebaut werden; erst durch überlagernde (superponierte) Zuckungen erreicht der Muskel sein Kraftmaximum. Sind die Einzelkontraktionen nicht mehr auseinanderzuhalten, spricht man von einem Tetanus.

Die isometrische Kraft eines Muskels ist abhängig von seiner Vordehnung. Im stark vorgedehnten Zustand kann der Muskel eine deutlich geringere Kraft aktiv erzielen als bei Ruhelänge. Dies wird mit dem Grad der Überlappung von Aktin- und Myosinfilamenten erklärt. Sind die Proteinfäden weit auseinandergezogen, finden weniger Myosinköpfchen Kontakt mit den Aktin-Bindungsstellen. So führt eine Vordehnung des Muskels auf 130% seiner Ruhelänge zu einem Verlust von 50% der Maximalkraft. Bei einer weiteren Vordehnung auf 175% kann der Muskel nahezu keine aktive Kraft mehr entwickeln. Muskeln können sich bis auf 50–70% ihrer Ruhelänge

Die Skelettmuskeln übertragen ihre Kraft über Sehnen auf Knochen

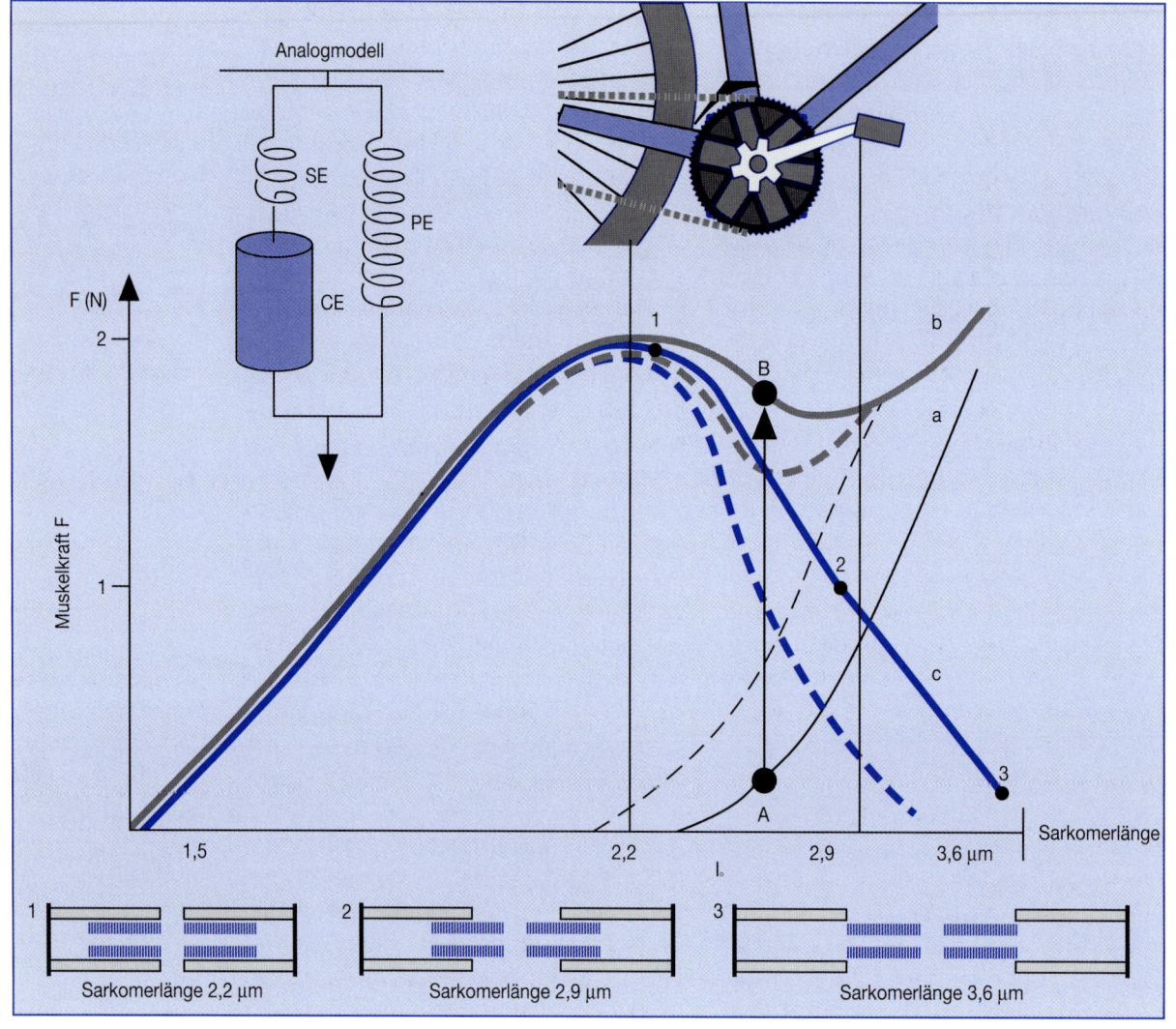

verkürzen. Auch dabei kommt es zu einer Reduktion der Maximalkraft, da sich die Filamente in diesem Bereich gegenseitig behindern und die elektromechanische Kopplung stören.

Trägt man die aktiven und passiven Kräfte eines Muskels gegen seine Länge graphisch auf, so ist zu erkennen, daß die isometrische Maximalkraft im Bereich seiner Ruhelänge am größten ist. Sie nimmt mit zunehmender Kontraktion und Dehnung deutlich ab. Im gedehnten Zustand addieren sich jedoch die parallelelastischen Kräfte zunehmend zur aktiven Kraft, so daß die Gesamtspannung nicht wesentlich abfällt. Bei maximaler Vordehnung wird sie fast nur noch von den parallelelastischen Kräften aufgebracht.

Bei isotonischen Kontraktionen hängt die maximale Kontraktionsgeschwindigkeit von der Höhe der Belastung ab. Je kleiner die Last ist, desto schneller kann ein Muskel kontrahieren. Hohe Lasten können dagegen nur sehr langsam bewegt werden. Das Fahrrad kommt diesem Umstand entgegen, da es gestattet, das Verhältnis von Kraft und Last zu übersetzen. Durch die Schaltung ist es möglich, situationsgerecht ein günstiges Verhältnis zu wählen.

Trainingsbedingte Veränderungen der Muskelstrukturen

Der Muskel ist bei höheren Beanspruchungen auf eine größere Anzahl von Querbrücken zwischen Aktin und Myosin angewiesen, da die physischen Kräfte im Verhältnis zur Normalbelastung erhöht sind. Der Zuwachs kommt durch eine **Querschnittsvergrößerung** infolge einer Erhöhung der Anzahl kontraktiler Proteine, also der Parallelschaltung zusätzlicher Sarkome, zustande.

Die **Muskelfaserlänge** und die Zahl der Sarkomere in Serie hängt offensichtlich von der funktionellen Länge des Muskels ab, wobei wahrscheinlich die akute Sarkomerlänge unter Belastung einen steuernden Faktor darstellen dürfte. Mit der Vermehrung der Sarkomere wird verhindert, daß Myosinfilamente zu weit auseinandergezogen werden und weniger Myosinköpfchen Kontakt zu Aktin finden. Durch die adaptative Längenzunahme können wieder mehr Querbrücken gebildet werden, was zu einem Kraftzuwachs führt. Die überwiegende Arbeitsposition der Muskulatur ist somit maßgeblich für ihre Länge und einer der Faktoren, der ihre Dehnfähigkeit bestimmt. Innerhalb des Bewegungsradius, der durch das knöcherne Skelett festgelegt ist, besitzt der längere Muskel eine größere Dehnfähigkeit und bei gleichem Querschnitt in den meisten Positionen während einer dynamischen Kontraktion die größere Kraft.

Richtig durchgeführt, muß ein Krafttraining nicht grundsätzlich zu einer Verkürzung der Muskulatur führen. Kommen jedoch die beiden Faktoren, Arbeiten bei überwiegend kurzer Muskellänge und fehlendes Dehntraining, zusammen, kann das Krafttraining erhebliche Verkürzungen mit sich bringen.

Der maximal mögliche Bewegungsradius eines Gelenks ist durch die knöcherne Architektur limitiert. Er kann jedoch muskulär noch weiter eingeengt sein. Extreme Gelenkpositionen von Beugung und Streckung können oft nur gegen einen erheblichen elastischen Widerstand der Muskeln eingenommen werden. Der aktive Muskel hat also nicht nur die Masse der zu bewegenden Last und der Gliedmaßen zu bewältigen, sondern muß zusätzlich seinen Gegenspieler (Antagonisten) dehnen.

Muskelverkürzungen haben direkt und indirekt einen negativen Einfluß auf die Muskelkraft. Die direkte Wirkung betrifft den Agonisten einer Kontraktion. Die Spannungskurve fällt mit zunehmender Muskellänge stärker ab, da das Auseinandergleiten der Filamente weniger Querbrücken zuläßt. Indirekt bremst der Antagonist die Bewegung, da seine parallelelastischen Elemente überwunden werden müssen. Dies kann insgesamt zu einem erheblichen Verlust des mechanischen Wirkungsgrades führen.

Je größer die maximal mögliche Bewegungsamplitude ist, desto größer ist auch der jeweils optimale Bereich der Muskelspannungskurve. Kommt es zu einer Muskelverkürzung, wird auch der Bereich des aktiven Kontraktionsoptimums eingeengt. Im Radsport wirken sich Muskelverkürzungen zusätzlich dadurch aus, daß die Bewegungsamplitude der Beine sich nicht anpassen kann, sondern durch die Fixierung in den Pedalen vorgegeben ist.

Aus den typischen Reaktionsweisen der Muskulatur auf ein körperliches Training muß für die Heranwachsenden abgeleitet werden, daß ein zu frühes kraftorientiertes Training zu einer Beeinträchtigung der Skelettentwicklung und der koordinativen Fähigkeiten führen kann. Nicht zuletzt deswegen wurden für Schüler und Jugendradrennen Beschränkungen der Übersetzung eingeführt. Auf jeden Fall sollte das Training

Abb. 4 Mechanik der Muskelkontraktion. Links: Analogmodell des Muskels; CE = kontraktiles Element, SE = serieelastisches Element, PE = parallelelastisches Element. Mitte: Kraft-Längen-Diagramm; a = Ruhedehnungskurve, b = Kurve der isometrischen Maxima = Gesamtkraft bei einer gegebenen Vordehnung, c = aktive Kontraktionskraft (b = a + c), gestrichelte Linien = Zustand bei Muskelverkürzung, die senkrechten Linien beschreiben den angenommenen Bewegungsradius innerhalb einer Kurbelumdrehung, der schraffierte Bereich kennzeichnet den Kraftverlust durch Muskelverkürzung. Unten: Überlappung der Myosinfilamente. Modifiziert aus: SCHMIDT R.F., THEWS, G. (Hrsg.): Physiologie des Menschen. Springer-Verlag, Berlin, Heidelberg, New York, 1980

Heranwachsender durch ein regelmäßiges und umfangreiches Ausgleichsprogramm ergänzt werden, welches sich eng an das Profil des radspezifischen Trainings anlehnt.

Ein sehr wesentlicher Gesichtspunkt ist daneben auch die Prophylaxe von Verletzungen. Ein verkürzter Muskel zieht sehr viel kräftiger an seinen Aufhängungen, den Sehnen und den Übergängen in die Knochenhaut. Diese Stellen gehören zum bradytrophen Gewebe, wo Blutversorgung und Stoffwechsel deutlich geringer ausgebildet sind. Überlastungen sind daher oft zuerst an diesen langsam regenerierenden Geweben zu spüren, Verletzungen heilen hier meist langsamer ab.

Minimale Änderungen des Bewegungsablaufs des Kurbelns durch das Material werden bei verkürzter Muskulatur wesentlich deutlicher verspürt und führen sehr viel leichter zu Überlastungsreaktionen. Ein neuer Rahmen, der vorübergehende Wechsel auf ein Zeitfahrrad oder gar neue Schuhe, neue Bindungsplatten, ein neuer Sattel können auslösend sein. Führt der Radsportler ein Krafttraining mit Gewichten oder dem eigenen Körpergewicht durch, so ist dabei darauf zu achten, daß die Gelenkwinkel, z. B. der Kniewinkel, mindestens die maximale Beugung während einer Pedalumdrehung einnehmen sollte. Noch besser ist es, wenn einige Serien mit kleineren Winkeln und reduzierter Last durchgeführt werden.

Es hat sich immer wieder gezeigt, daß ein Training mit großen Kniewinkeln zwar sehr gute Resultate bezogen auf die bewältigten Gewichte erzielen kann, die Umsetzung in die zyklische Kurbelbewegung jedoch enttäuschend war. Beim Training in kleineren Kniewinkeln werden weit weniger spektakuläre Gewichte bewegt. Für das Kurbeln der Pedale ist der Profit dann jedoch höher.

Muskelverkürzungen beim Radrennfahrer sind nicht selten bereits äußerlich an der Kurbelarbeit zu erkennen. Eine Verkürzung der ischiokruralen Muskulatur und/oder der Wadenmuskulatur wird unbewußt dadurch ausgeglichen, daß der Winkel im Knie unbewußt durch ein Heben der Ferse verkleinert wird. In der Umgangssprache der Radrennfahrer heißt das, man fährt »spitz«.

Die ischiokrurale Muskelgruppe setzt im knienahen Bereich der Tibia an, die verstärkte Kniebeugung nähert somit Ursprung und Ansatz der Muskeln. Die oberflächliche Muskelschicht der Wadenmuskulatur (Musculus triceps surae) ist ebenfalls zweigelenkig. Sie entspringt gelenknah am Humerus, so daß die Kniebeugung und Fersenhebung gemeinsam den gleichen Zweck verfolgen.

Bei einem allgemeinen Erschöpfungszustand wird die gesamte Muskulatur rigider und »fester«. Dadurch wird die Harmonie des Tretzyklus gestört, was äußerlich durch eine Unruhe und Auf- und Abwippen im Sattel sichtbar wird. Besonders auf der Bahn, wo hohe Tretfrequenzen abverlangt werden, erkennt der erfahrene Trainer daran, welcher seiner Schützlinge momentan außer Form ist.

Muskelkraft und Koordination bei 70 km/h.

Versorgungssystem

Alle Zellen im Organismus sind auf einen regelmäßigen Austausch von Substanzen angewiesen. Sie sind daher mit einem Kanalsystem – dem Blutgefäßsystem – verbunden, in dem eine Transportflüssigkeit – das Blut – immerfort zirkuliert. Zwischen dem Blut und den Zellen findet ein permanenter Austausch statt. Wird dieser durch einen Herz-Kreislauf-Stillstand unterbrochen, kommt es schon nach kurzer Zeit zu irreversiblen Gewebeschäden mit Untergang von Zellen. Verschiedene Organe sind ganz darauf spezialisiert, für den Nachschub der benötigten Substanzen zu sorgen. Die Lunge ist für die ausreichende Sauerstoffversorgung verantwortlich, der Magen-Darm-Trakt und die Leber stehen im Dienst der Nahrungsaufnahme und -weitergabe. Stoffwechselendprodukte und Gifte müssen eliminiert werden. Für wasserlösliche Stoffe erfolgt dies in den Nieren. Gase, insbesondere das Kohlendioxid, werden über die Lunge abgeatmet.

Funktion des Herzens

Das Herz ist eine Saug-Druck-Pumpe, die durch rhythmische Kontraktionen das Blut in den Kreislauf preßt. Die Phase der Kammerkontraktion wird als **Systole,** die Phase von Erschlaffung und Füllung als **Diastole** bezeichnet. Die Systole nimmt etwa ein Drittel des gesamten Herzzyklus in Anspruch. Bei einer Ruheherzfrequenz von 60 P/min kontrahiert das Herz einmal pro Sekunde; die Systole dauert ca. 0,3 Sekunden.
Die Herztätigkeit unterliegt einer Selbstregulation, die durch Einflüsse aus dem Organismus modifiziert wird. Alle Zellen mit elektrischer Leitfähigkeit haben die Fähigkeit zur rhythmischen Spontandepolarisation. Die Nerven- und Muskelfasern des Herzens können sich selbst erregen und den Impuls an die Umgebung weitergeben. Würden sie dieses ohne Zusammenhang tun, könnte das gesamte Gefüge keine Pumpleistung erbringen. Ein Grundprinzip der Biologie bringt Ordnung in das System: **die Steuerung durch den schnellsten Prozeß.** Die Nervenfasern des Reizleitungssystems haben in absteigender Reihenfolge vom Sinusknoten bis zu den Herzmuskelfasern eine langsamere Eigenfrequenz. Durch schnellere Impulse werden sie jeweils vor der Eigendepolarisation erregt und somit überspielt. Warum aber hat jede Zelle einen Eigenrhythmus, wenn sie diesen unterordnen muß? Hierin liegt eine Schutzfunktion. Sollten Teile des Reizleitungssystems durch eine Erkrankung des Herzens ausfallen, kann ein nachgeschaltetes Zentrum einspringen und einen Ersatzrhythmus initiieren.

Bei hoch ausdauertrainierten Sportlern, besonders auch bei Radsportlern, kann man dieses Phänomen in einigen Fällen auch funktionell beobachten. Durch die Anpassungserscheinungen des Herzens und seiner Regulation kann die Herzfrequenz, die vom Sinusknoten gepulst wird, in Ruhephasen so weit abfallen, daß sie die Eigenfrequenz des zweitschnellsten Zentrums, des AV-Knotens, unterschreitet. Dieser führt dann den elektrischen Rhythmus des Herzens an und erzeugt den AV-Knoten-Ersatzrhythmus.

Der normale Kontraktionsablauf am gesunden Herzen wird vom Sinusknoten »gezündet«. Von hier breitet sich die Welle der Depolarisation von oben über die Vorhöfe in Richtung Ventilebene aus. Diese kontrahieren und füllen die Ventrikel. Vorhöfe und Ventrikel sind voneinander elektrisch isoliert, daher kann die Depolarisationswelle mit Errei-

> **Die Phase der Kammerkontraktion wird als Systole, die Phase von Erschlaffung und Füllung als Diastole bezeichnet**

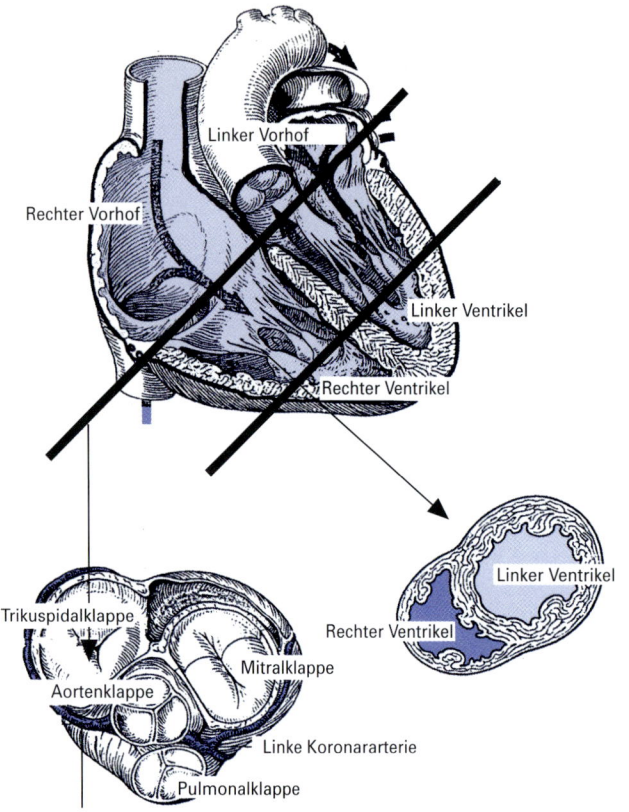

Abb. 5 Das Herz in Längsschnitten und Querschnitten in Höhe der Ventilebene (Herzbasis) und der Ventrikel; dicke Linien = Schnittebenen der Querschnitte. Modifiziert aus: LEONHARDT, H.: Taschenatlas der Anatomie, Bd. 2, Innere Organe. Thieme Verlag, Stuttgart, 1979

chen der Herzbasis nicht diffus auf die Ventrikel überspringen. Lediglich der AV-Knoten reagiert und kann das Signal mit einer gewissen Verzögerung über die Leitungsschenkel und die Purkinje-Fasern in die Herzspitze weiterleiten. Erst hier werden die Herzmuskelzellen der Ventrikel stimuliert, und die Depolarisationswelle pflanzt sich prinzipiell von der Herzspitze zur Basis fort.

Die Bahnung der Erregung ist notwendig, um Füllung und Kontraktionen von Vorhöfen und Hauptkammern zu koordinieren und um den Kontraktionsvorgang jeder einzelnen Kammer sinnvoll von der Spitze hin zur Ausflußbahn abzustimmen. Dadurch ist gewährleistet, daß möglichst wenig Restblut in der Kammer bleibt. Zum Vergleich: Will man eine Zahnpastatube vollständig leeren, beginnt man ebenfalls an der Spitze, andernfalls käme nur ein Teil der Paste aus der Öffnung, der Rest würde in das blinde Ende gepreßt.

Die Ventrikelkontraktion baut im Inneren einen hohen Druck auf. Sobald dieser den Druck in den großen Arterien übersteigt, öffnen sich die Taschenklappen (Aorten- und Pulmonalklappe), und das Blut wird ausgetrieben. Durch die Erschlaffung fällt der Ventrikeldruck wieder ab, und der Systemdruck der Arterien führt zum Klappenschluß. Ein Rückfluß wird so verhindert. In jeder Systole werden ca. 80 ml Blut ausgetrieben; multipliziert mit der Herzfrequenz, errechnet sich das Herzzeitvolumen, welches in Ruhe 5 bis 7 l/min und bei Ausbelastung nahezu 30 l/min beträgt. Das Herz ist so fixiert, daß es seine Lage während eines Kontraktionszyklus nur wenig verändert. Nicht die Spitze wird zur Basis gezogen, sondern die Ventilebene wandert auf und ab. In der Systole wird sie zur Spitze gezogen und dehnt dabei gleichzeitig die Vorhöfe. Die Energie für die Kammerkontraktion kann gleichzeitig für die Vorhoffüllung benutzt werden. In der Diastole erschlaffen die Kammern, und die Ventilebene kehrt zurück, was die passive Kammerfüllung mit dem Blut aus den Vorhöfen einleitet. Die Ventilebene wird mit den Ringen der offenen Segelklappen (Mitral- und Trikuspidalklappe) über das Vorhofblut gezogen, womit das Trägheitsmoment der kurzfristig in den Vorhöfen stehenden Blutmenge genutzt wird. Nach dieser passiven Phase der Kammerfüllung mit kurzfristigem Schluß der Segelklappen folgt die aktive Phase der Füllung durch Kontraktion der Vorhöfe. Dies führt zur zweiten Öffnungsbewegung der Einlaßklappen innerhalb der Diastole. Die Segelklappen fassen zyklisch immer wieder neues Blut nach, welches durch die Taschenklappen ausgepumpt wird.

Durch Druckrezeptoren in den Vorhöfen kann das Herz unterschiedliche Füllungszustände wahrnehmen und seine Arbeitsleistung der ankommenden Blutmenge anpassen. Ein Beispiel hierfür ist die atemabhängige Schwankung der

Herzfrequenz (respiratorische Arrhythmie). Jeder kann bei sich feststellen, daß besonders in Ruhe die Herzfrequenz bei starkem Ein- und Ausatmen stark schwankt. Einatmen erzeugt einen Unterdruck im Brustraum, der einen verstärkten Zustrom des Blutes zum Herzen begünstigt. Das erhöhte Rückflußvolumen wird durch einen Frequenzanstieg bewältigt. Der erhöhte intrathorakale Druck beim Ausatmen hält den venösen Fluß etwas ab, mindert die Herzarbeit und senkt somit die Herzfrequenz.

Das Herz kann auf verschiedene lokale und systemische Veränderungen reagieren, ohne daß wir direkt etwas davon merken. Auch bei körperlicher Belastung paßt sich die Herzarbeit automatisch den gestiegenen Bedürfnissen in der Peripherie an. Die Frequenz der Sinusknoten-Depolarisation ist unter anderem beeinflußbar durch Streßhormone, die mit zunehmender Anstrengung ausgeschüttet werden, und durch das vegetative Nervensystem. Die Auswurfleistung wird zunächst über eine Steigerung der Kontraktilität und des Schlagvolumens erhöht. Erst nach Ausnutzen dieses Regulationsmechanismus wird das Herzzeitvolumen überwiegend durch den Herzfrequenzanstieg erhöht. Diese Arbeitsweise ist ökonomischer und spart Energie für die Herztätigkeit.

Anpassung des Herzens an sportliche Belastungen

Die Art der körperlichen Belastung hat Rückwirkungen auf die Herztätigkeit. Hohe, anhaltende und insbesondere statische Krafteinsätze der Skelettmuskulatur erfordern einen erhöhten Perfusionsdruck, der vom Herzen überwunden werden muß. Kraftsportarten führen daher zu einer Druckbelastung des Herzens. Bei lang andauernden, zyklischen Bewegungsmustern mit geringem bis mittelgradigem Krafteinsatz hat die Muskulatur einen erhöhten Sauerstoffbedarf. Dieser muß durch eine Steigerung der Blutzirkulation gedeckt werden. Für das Herz bedeutet dies eine erhöhte Volumenbelastung.

Häufige und intensive sportliche Aktivitäten führen zu chronischen Anpassungserscheinungen des Herzens und des Kreislaufsystems an das jeweilige Belastungsprofil. Aus gesundheitlicher Sicht wirken sich Ausdauersportarten günstiger aus als Kraftsportarten. Die chronische Volumenbelastung wird vornehmlich durch eine Erhöhung des Schlagvolumens erzielt. Dies geschieht morphologisch durch eine Vergrößerung der Ventrikel und funktionell durch eine verbesserte Kontraktilität. Dabei nimmt das Innenvolumen zu, während die Wandstärken kaum verändert werden. In Ruhe und bei gleicher Belastungsintensität kann das Herz mit einer geringeren Frequenz schlagen und arbeitet somit ökonomischer. Die Erniedrigung der Ruheherzfrequenz geschieht überwiegend über eine Verlängerung der Diastole, da die Kontraktilität der Systole verbessert ist.

Chronische Druckbelastungen führen zu einer Vermehrung der Muskelmasse, die mit einer Zunahme der Wanddicke verbunden sein kann, während das Innenvolumen nur gering wächst. In einigen Fällen kann bei Kraftsportlern eine dauerhafte Erhöhung des Blutdrucks beobachtet werden.

Das ganze Spektrum der kardialen Anpassungsformen ist in den vielfältigen Disziplinen des Radsports vom Bahnsprint bis zum Langzeit-Ausdauerbereich auf der Straße anzutreffen. Mit der Ultraschalluntersuchung (Echokardiographie) kann das Volumen des Herzens bestimmt werden. Bei Kaderradrennfahrern wird dies mindestens einmal im Jahr vorgenommen. Da die absolute Größe des Herzens von der Masse des Körpers

Auch bei körperlicher Belastung paßt sich die Herzarbeit automatisch den gestiegenen Bedürfnissen in der Peripherie an

abhängig ist, werden Angaben zum Herzvolumen auf das Körpergewicht bezogen angegeben. Aus insgesamt 390 Einzeluntersuchungen von verschiedenen Kaderathlet(inn)en am Institut für Sportmedizin in Freiburg wurden die Mittelwerte der relativen Herzvolumina für die einzelnen Disziplinen ermittelt (siehe Tabelle 1).

Tabelle 1 *Mittelwerte und Standardabweichungen der Trainingsschwellen (Leistung, Herzfrequenz und Laktat) in verschiedenen Disziplinen des Bahnradsports aus insgesamt 390 Untersuchungen*

Disziplin/Geschlecht	Rel. Herzvolumen Mittelwert ± Standardabweichung (ml/kg KG)
Straßenfahrer	14,9 ± 1,4
Straßenfahrerinnen	13,5 ± 0,9
Bahnverfolger	14,2 ± 1,1
Bahnverfolgerinnen	13,5 ± 0,8
Bahnsprinter	12,9 ± 1,2
Bahnsprinterinnen	12,9 ± 0,5
MTB/Männer	14,3 ± 1,4
MTB/Frauen	13,3 ± 1,0
Normalpersonen/Männer	10,5 ± 1,5
Normalpersonen/Frauen	9,7 ± 1,3

Abb. 6 *Die Atmung: Übersicht der Atmungsorgane. Aus: PLATZER, W.: Taschenatlas der Anatomie, Bd. 1, Bewegungsapparat. Thieme Verlag, Stuttgart, 1979*

Das Herz paßt sich automatisch an die geänderten Anforderungen der Peripherie an. Bei akuten Belastungen ist das Herz-Kreislauf-System des gesunden Menschen grundsätzlich in der Lage, den erhöhten Bedarf zu decken. Beim Sportler sind daher immer die Muskulatur und ihre energieliefernden Prozesse limitierend für die Leistungsfähigkeit. Die Herz-Kreislauf-Regulation erlaubt anhand verschiedener Parameter nur indirekte Rückschlüsse auf Art und Ausmaß einer individuellen Trainingsbelastung; ihre Beeinflussung ist jedoch nie ein direktes Trainingsziel.

Dagegen ist der Herzkranke ab einer bestimmten Belastung, der Schwerkranke schon in Ruhe durch die kardiale Funktionseinschränkung limitiert. Nicht nur sportliche Belastungen, sondern auch Erkrankungen des Herz-Kreislauf-Systems erhöhen die Arbeitsleistung des Herzens. Auch dies führt zu Anpassungserscheinungen, um ein Defizit zu kompensieren. Beispielsweise muß der linke Ventrikel bei einer Verengung der Aortenklappe wesentlich höhere Druckwerte aufbauen, um das Blut durch die verkleinerte Öffnung pressen zu können. Im Gegensatz zu sportlichen Belastungen, die nur in einem beschränkten Zeitraum durchgeführt werden, bestehen Herzfehler permanent, so daß dem Herzmuskel keine Ruhe gegönnt wird. Die Anpassungserscheinungen sind daher ausgeprägter und können die Krankheit nur für eine gewisse Zeit kompensieren. Der Patient wird dann zunehmend bei leichteren Belastungen symptomatisch, wenn die Herzleistung nicht mehr ausreichend ist.

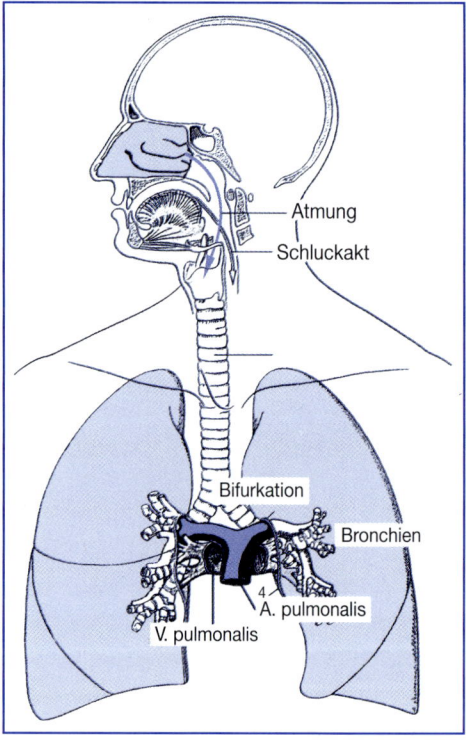

Atmung

Die Körperzellen gewinnen ihre Energie überwiegend durch den oxidativen Abbau der Nährstoffe. Sie sind daher auf eine ständige Sauerstoffzufuhr angewiesen. Da sie keinen Kontakt mit der Außenluft haben, sind sie auf die Transportfunktionen des Herz-Kreislauf-Systems angewiesen. Der Gaswechsel zwischen Zellen und Umgebungsluft wird als **Atmung** bezeichnet.

Der grundlegende Vorgang bei Gasaustausch ist die **Diffusion.** Es handelt sich dabei um einen Transportvorgang, bei dem Moleküle von einem Ort mit höherer Teilchenkonzentration zu einem Ort mit niedrigerer Konzentration bewegt werden. Die Energie dafür wird aus der sogenannten Bewegungsenergie, die den Molekülen innewohnt, gewonnen. Es muß daher von außen keine zusätzliche Energie zugeführt werden. Allerdings ist dadurch der Austausch beschränkt; er kann nicht aktiv beschleunigt werden. Außerdem kann er nur über sehr kurze Strecken von weniger als 1 mm stattfinden und ist durch Gewebeschädigungen leicht zu stören.

Die **äußere Atmung** beschreibt den Gasaustausch zwischen der Außenluft und dem Blut. Die **innere Atmung** beschreibt den Austausch zwischen Blut und den Körperzellen. Begrifflich kann auch zwischen der Lungenatmung und der Gewebeatmung unterschieden werden. Die Lunge bildet eine große innere Oberfläche, an der die Diffusion von Sauerstoff (O_2) ins Blut und Kohlendioxid (CO_2) in die Atemluft stattfindet.

FUNKTION DER LUNGENATMUNG

Der Luftaustausch in den Lungen erfolgt nicht kontinuierlich, sondern nach dem Blasebalgprinzip. Durch Veränderung des Lungenvolumens wird die Luft ausgepreßt und eingesogen. An der Mechanik beteiligt sind das Zwerchfell, die Zwischenrippen- und Bauchmuskulatur sowie die Atemhilfsmuskulatur des Schultergürtels und des Halses.

In Ruhe überwiegt die Zwerchfellatmung. Durch Kontraktion wird die Kuppe des Zwerchfells gespannt, wodurch sich das Volumen des Brustkorbs vergrößert. Als Gegenspieler muß die Zwischenrippenmuskulatur dafür sorgen, daß der Brustkorb nicht nachgibt.

Diese Atemmechanik erfordert den geringsten Energieaufwand und hat den Vorteil, daß die rhythmischen Atemexkursionen auf die inneren Organe übertragen werden. Ihre Durchblutung, insbesondere der venöse Rückstrom, werden gefördert. Äußerlich sind überwiegend Atemexkursionen des Bauches zu erkennen (»Bauchatmung«).

Die Zwischenrippenmuskulatur führt durch das Heben der Rippen zu einer seitlichen und vorderen Umfangserweiterung. Die »Brustatmung« sollte erst bei größerer Anstrengung hinzugenommen werden.

Bei stärkster Belastung und bei Ermüdung der regulären Atemmuskulatur kann zusätzlich die Atemhilfsmuskulatur bemüht werden. Die Muskeln des Schultergürtels und des Halses, die direkt oder indirekt am Brustkorb ansetzen, können diesen heben. Ihre Gegenspieler sind die Bauchmuskeln.

Der Einsatz der Atemhilfsmuskulatur bedarf einer Fixierung des Schultergürtels. Dies wird durch das Abstützen der Arme erleichtert. Dazu stemmt der Läufer im Ziel seine Hände auf die Oberschenkel. Der Radrennfahrer hat jederzeit die Möglichkeit, sich am Lenker abzustützen, und kann auch während der Belastung seine Atemhilfsmuskulatur in größerem Umfang einsetzen. Der Lenker wird dann fester gegriffen, die Ellbogen werden fixiert und die Schultern etwas hochgezogen.

> **Der grundlegende Vorgang bei Gasaustausch ist die Diffusion**

Auch die Atemmuskulatur erreicht ihr Limit.

In Ruhe und bei mäßiger Belastung ist der Energiebedarf der Ventilation nur gering, da die elastischen Eigenschaften des Brustkorbs genutzt werden. Mit steigender Belastung muß das Atemzeitvolumen zunehmen. Der höhere Luftaustausch muß durch tiefere und häufigere Atemzüge bewältigt werden. Die Brustkorbbewegungen weichen weiter von der Ruhelage ab, womit der Energiebedarf der Atemmuskulatur überproportional steigt. Bei Ausbelastung beansprucht diese 15 bis 20% der maximalen Sauerstoffaufnahme.

Nach neuesten Untersuchungen von BOUTELLIER kann die Ermüdung der Atemmuskulatur die Ausdauerleistungsfähigkeit erheblich einschränken. Ein entsprechendes Atemtraining hat sich daher als erfolgreich erwiesen. Die Kapazität des Gasaustauschs in der Lunge ist dagegen beim Gesunden nicht leistungslimitierend.

KONTROLLE DER ATMUNG

Der Atemrhythmus wird zentral durch entwicklungsgeschichtlich alte Hirnzentren gesteuert und kann durch periphere Einflüsse modifiziert werden. Eine Reflexbahn nimmt von Dehnungsrezeptoren des Lungengewebes Informationen auf und leitet sie über Bahnen im Nervus vagus an das ZNS. Von dort laufen efferente Nervenbahnen über die motorischen Nerven zur Atemmuskulatur.

Die physiologische Bedeutung dieses Reflexkreises besteht darin, daß die Amplitude der Atmungsexkursion so zu begrenzen und die Atemtiefe den jeweiligen Bedingungen so anzupassen ist, daß die Atemarbeit möglichst ökonomisch gestaltet wird. Außerdem ist hiermit ein Schutz vor Überdehnung gegeben.

Periphere Bedingungen beeinflussen über verschiedene chemische Eigenschaften des Blutes die Atmung. Von der Atemfunktion werden ganz wesentlich die Druckanteile (Partialdrücke) im arteriellen Blut von Kohlendioxid (CO_2) und Sauerstoff (O_2) sowie die Wasserstoff-Ionenkonzentrationen (H^+) beeinflußt. Damit stellen sie eine wichtige Stellgröße im Regelkreis dar und werden von Chemorezeptoren (z. B. in der Carotisgabel und im Aortenbogen) gemessen.

Darüber hinaus kann die CO_2-Konzentration im ZNS direkt wahrgenommen werden.

Eine Erhöhung des CO_2-Partialdruckes im Blut führt zu einer Erhöhung des Atemzeitvolumens, damit der Überschuß abgeatmet werden kann. Die gleiche Wirkung hat ein Abfall des O_2-Partialdruckes oder ein Anstieg der Wasserstoff-Ionenkonzentration (Abfall des arteriellen pH-Wertes unter 7,4). Umgekehrt führt ein Abfall des arteriellen CO_2-Partialdruckes zu einer Minderung der Atmung.

Die Regulation der Atmung kann in einem kleinen Selbstversuch beobachtet werden. Durch eine längere, intensive Atemsteigerung (Hyperventilation) ohne adäquate Belastung wird im verstärkten Ausmaß CO_2 abgeatmet. Durch eine Minderung des CO_2-Atemreizes kann anschließend eine vorübergehende Minderatmung (Hypoventilation) festgestellt werden.

Der pH-Wert kann durch die Ausschüttung einer organischen Säure ins Blut gesenkt werden. Eine hohe Ausschüttung von Milchsäure (Laktat) wird durch eine intensive und erschöpfende Arbeit großer Muskelmassen in kürzester Zeit erreicht.

Die Wirkung einer stoffwechselbedingten (metabolischen) Azidose kann in einem Selbstversuch erprobt werden. Tiefe Kniebeugen in ununterbrochener Abfolge bis zur muskulären Erschöpfung führen zu einer hohen Laktatausschüttung. Bleibt man direkt nach Abbruch ruhig stehen, ohne die Beine zu bewegen, beruhigt sich die Atmung rasch. Ist nahezu eine Normalisierung erreicht, führen ein Ausschütteln der Beine oder einige Schritte zu einem erneuten Atemantrieb. Die Bewegung und die Ankurbelung der Blutzirkulation mobilisieren in der Muskulatur verbliebenes Laktat, was so dem Kreislauf zugeführt wird und dort zu einer erneuten Azidose führt.

Beim Gesunden dominiert die CO_2-Wirkung gegenüber den anderen Parametern auf die Atmung, dies nicht zuletzt als Schutzmechanismus vor der narkotisierenden Wirkung des CO_2. In der sportmedizinischen Leistungsdiagnostik können an der feinsinnigen CO_2-Regulation verschiedene Stoffwechsel- und Belastungsbereiche unterschieden werden.

Blut

Das Blut ist ein wichtiges Organ in flüssiger Form. Es übernimmt nahezu alle Transportvorgänge und sorgt für den Austausch von Gasen, Nährstoffen, Bauelementen, Informationsträgern (z. B. Hormonen), Elektrolyten, Giften und nicht zuletzt auch von Medikamenten.

Das gesamte Blutvolumen eines Erwachsenen beträgt 4 bis 6 l, es macht etwa 6 bis 8 % des Körpergewichts aus. Auf ein Kilogramm Körpergewicht entfallen ca. 70 ml Blut. Bei Blutentnahmen zu diagnostischen Zwecken wird manchmal eine negative Auswirkung dieses Verlustes befürchtet. In der Regel werden dabei 10–15 ml entnommen. Dies entspricht nicht einmal einem Viertel der Blutmenge eines einzigen Kilogramms Körpergewicht und hat daher keine negativen Wirkungen.

Das Blut ist eine Suspension aus dem schwach gelblichen **Plasma,** welches nach Entzug des Fibrins (Grundbaustein der Blutgerinnsel) **Serum** genannt wird, und den Blutzellen. Durch die Zirkulation des Blutes in den Gefäßen und im Herzen kommt es zu einer ständigen Aufmischung. Im ruhenden und ungerinnbar gemachten Blut sedimentieren die Blutzellen nach unten. Die Geschwindigkeit des Absedimentierens wird durch die **Blutkörperchen-Senkungsgeschwindigkeit (BSG)** gekennzeichnet. Sie gibt die Höhe (in cm) des überstehenden Serums ohne Blutkörperchen nach 1 und 2 Stunden an. Beim Gesunden sind dies wenige Zentimeter pro Stunde. Eine Erhöhung der BSG zeigt eine Erkrankung an; meist kann jedoch nicht auf die Art der Krankheit geschlossen werden.

Läßt man das Blut lange genug stehen oder beschleunigt man die Sedimentierung durch eine Zentrifuge, kann eine vollständige Trennung erzielt werden. Der **Hämatokrit** beschreibt den Anteil

Eine hohe Ausschüttung von Milchsäure (Laktat) wird durch eine intensive und erschöpfende Arbeit großer Muskelmassen in kürzester Zeit erreicht

an festen Bestandteilen im Blut (normalerweise 40 bis 45%).

Die Blutzellen setzen sich aus roten Blutkörperchen (Erythrozyten), weißen Blutkörperchen (Leukozyten) und den Blutplättchen (Thrombozyten) zusammen.

Den größten Anteil mit ca. 44 Vol.-% der zellulären Blutbestandteile nehmen die **Erythrozyten** ein (4,5 bis 5 Mio/µl). Sie bestehen zu einem Drittel ihres Feuchtgewichtes und zu 90% ihres Trockengewichtes aus dem Hämoglobin. Dieses Eiweißmolekül ist das Transportprotein des O_2.

Die **Leukozyten** sind der Überbegriff für eine Reihe von Zellen, die überwiegend der Abwehr dienen (4000 bis 9000/µl). Den größten Anteil nehmen die Granulozyten (ca. zwei Drittel) und die Lymphozyten (ca. ein Drittel) ein. Eine Erhöhung der Granulozytenzahl kann auf bakterielle Infektionen, der Lymphozyten auf Infekte durch Viren hinweisen.

Thrombozyten (150 000 bis 300 000/µl) sind ein wichtiges Element der Gerinnung. Sie können mit ihrer Oberfläche Gefäßverletzungen erkennen. Sie reagieren dann durch eine schnelle Aneinanderlagerung, womit ein erster Verschluß zur Vermeidung von größeren Blutverlusten erreicht wird.

Das Blutplasma besteht zu 90% aus Wasser, zu 7 bis 8% aus Eiweiß, darunter auch die plasmabeständigen Bestandteile der Blutgerinnung, und zu 2% aus kleinmolekularen Substanzen.

ATEMGASTRANSPORT IM BLUT

Eine der wichtigsten Aufgaben des Blutes besteht darin, den in der Lunge aufgenommenen Sauerstoff zu den Geweben zu transportieren und im Gegenzug das hier gebildete CO_2 an die Lungen abzugeben. Das Blut ist ein wichtiger Bestandteil der Transportkette des O_2 von der Außenluft hin zu den Enzymen der Atemkette in den Erfolgsorganen.

Diese Aufgabe wird im wesentlichen von den Erythrozyten erfüllt. Sie enthalten den »roten Blutfarbstoff«, das **Hämoglobin.** Dieses besitzt die Fähigkeit, in den Lungenkapillaren Sauerstoff anzulagern und in den Gewebekapillaren wieder abzugeben. Darüber hinaus kann das Hämoglobin das CO_2 aus dem Zellstoffwechsel binden und in der Lunge freisetzen.

Der O_2-Transport erfolgt entlang einer Kaskade von Sauerstoffträgern, die die Verbindung von Außenluft und den Zellenzymen herstellen. Der Transportmechanismus ist durch die Diffusion gekennzeichnet. Die O_2-Moleküle diffundieren von einem Ort hoher Dichte zu einem Ort niedriger Dichte. Nach den Gasgesetzen entspricht der Teildruck eines Gases innerhalb eines Gasgemisches seinem Volumenanteil. Der durchschnittliche Luftdruck beträgt ca. 760 mm Hg. Bei einem Volumenanteil von 20,9% O_2 in der Außenluft beträgt der O_2-Partialdruck ca. 150 mm Hg. Die Mitochondrien sind die Organellen der Körperzellen, in denen die oxidativen Stoffwechselvorgänge ablaufen. Um die in ihnen enthaltenen Atemenzyme vollständig zu oxygenieren, ist ein Mindest-O_2-Partialdruck von ca. 1 mm Hg erforderlich; dieser wird der kritische Sauerstoffpartialdruck der Mitochondrien genannt. Um in die Mitochondrien zu gelangen, wird der Sauerstoff auf der Kaskade abfallender Partialdrücke weitergeleitet. Er folgt also einem Druckgefälle. Im arterialisierten Blut, welches überwiegend oxygeniertes Hämoglobin enthält, beträgt der O_2-Partialdruck noch ca. 95 mm Hg. Bei Durchströmung des Kapillarbettes fällt der Druck durch das Abdiffundieren stark ab. Dies ist abhängig vom jeweils versorgten Organ. In der Niere fällt der Druck nur auf ca. 60 mm Hg ab, im Skelett auf ca. 40 mm Hg und im Herzmuskel auf ca. 22 mm Hg. In den Muskelzellen wird O_2 wiederum

> **Die Mitochondrien sind die Organellen der Körperzellen, in denen die oxidativen Stoffwechselvorgänge ablaufen**

von einem Protein, dem **Myoglobin,** aufgenommen, von wo es weiter an die Atemkette abgegeben wird. Das venöse Blut aus den einzelnen Organen mischt sich wieder in den Hohlvenen. Mit einem O_2-Partialdruck von ca. 40 mm Hg erreicht es das rechte Herz und wird in die Lungen gepumpt.

Das Ausmaß der O_2-Sättigung der Bindungsstellen auf dem Hämoglobin hängt ab vom O_2-Partialdruck. Die Kinetik folgt auffälligerweise einem S-förmigen Verlauf (siehe Abb. 7). Wahrscheinlich wird dieser durch eine gegenseitige Beeinflussung der 4 Bindungsstellen an einem Hämoglobinmolekül bewirkt. Dem Verlauf der O_2-Bindungskurve kommt eine wichtige biologische Bedeutung zu. Im Alter oder bei Krankheiten kann es zu einer Beeinträchtigung der Diffusionsstrecke in den Lungenkapillaren kommen, oder beim Sportler können akute oder chronische O_2-Mangelbedingungen in der Außenluft (z.B. Höhentraining) auftreten. Bis hinab zu einem O_2-Partialdruck von ca. 75 mm Hg ist gewährleistet, daß eine nahezu vollständige Sättigung des Hämoglobins mit O_2 erreicht wird. Im mittleren Kurvenabschnitt ist zu erkennen, daß bereits geringe Änderungen des Partialdrucks zu einer deutlichen Abnahme der Sättigung führen. Diese Verhältnisse sind im Bereich des Gewebekapillarbettes anzutreffen, wodurch hier der Sauerstoff leicht abgegeben werden kann. Über die gesamte Spanne des O_2-Partialdrucks von 90 bis ca. 30 mm Hg besteht eine Druckdifferenz von 20 bis 30 mm Hg bei jeweils gleichem Sättigungsgrad zur O_2-Bindungskurve des Myoglobins. Damit ist auf der gesamten Kapillarstrecke ein O_2-Austausch gewährleistet.

Verschiedene chemische und physikalische Einflüsse können die Sauerstoffbindungskurve verschieben. Eine Verschiebung nach rechts wird durch eine Temperaturerhöhung, einen Abfall des Blut-pH oder einen Anstieg des O_2-Partialdrucks bewirkt. Dies hat zur Folge, daß die Sättigung in der Lunge gegenüber einem Abfall des O_2-Partialdrucks anfälliger wird; die Druckdifferenz zur Bindungskurve des Myoglobins nimmt jedoch zu, so daß dies die O_2-Übertragung begünstigt. Ein Temperaturabfall bzw. ein pH-Anstieg oder ein Abfall des CO_2-Partialdrucks führt zu einer Linksverschiebung, was die O_2-Sättigung in der Lunge erleichtert, die Abgabe im Gewebe jedoch erschwert.

CO_2 ist ein Endprodukt des oxidativen Stoffwechsels in den Körperzellen und gelangt über den Blutweg in die Lunge, von wo es in die Umgebung abgegeben wird. Ähnlich wie der Sauerstoff kann CO_2 in physikalisch gelöster und chemisch gebundener Form im Blut transportiert werden. Allerdings ist der Vorgang etwas komplexer. Arterielles Blut besitzt einen CO_2-Partialdruck (pCO_2) von 40 mm Hg, im venösen Blut werden 46 mm Hg gemessen.

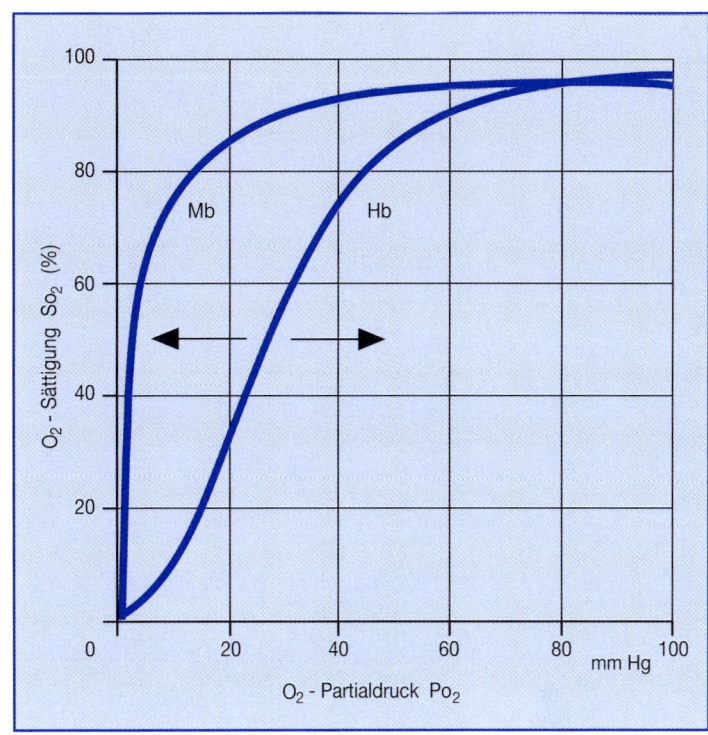

Abb. 7 *Die Sauerstoffbindungskurve von Hämoglobin (Hb) und Myoglobin (Mb) bei 37 °C und pH 7,4. Die Pfeile symbolisieren eine Linksverschiebung bei Temperaturabfall, pH-Anstieg und pCO_2-Abfall und eine Rechtsverschiebung bei Temperaturanstieg, pH-Abfall und pCO_2-Anstieg. Aus: SCHMIDT R.F., THEWS, G. (Hrsg.): Physiologie des Menschen. Springer-Verlag, Berlin, Heidelberg, New York, 1980*

SÄURE-BASEN-STATUS DES BLUTES

Säuren sind Stoffe, die in Lösung Wasserstoffionen (H^+) abgeben, Basen können H binden. Die saure oder basische (alkalische) Reaktion einer Lösung hängt von der Konzentration der freien H^+-Ionen ab. Diese wird durch den pH-Wert angegeben. Er ist der negative dekadische Logarithmus der molaren H^+-Ionenkonzentration. Im Blut liegt unter Ruhebedingungen ein pH von 7,4 vor; steigt die Konzentration der H^+-Ionen, sinkt der pH-Wert, das Blut reagiert »sauer«. Sinkt die H^+-Ionenkonzentration, kommt dies in einem steigenden pH-Wert zum Ausdruck, das Blut reagiert alkalisch. Die meisten Stoffwechselvorgänge sind auf einen ausgeglichenen pH-Wert angewiesen. Daher stehen verschiedene Mechanismen zur Verfügung, um Störungen auszugleichen. Diese Vorgänge werden **Pufferung** genannt. Es können grundsätzlich zwei Mechanismen unterschieden werden, die eine Störung des pH-Werts hervorrufen können: die Atmung (respiratorisch) und der Stoffwechsel (metabolisch). Diese beiden Möglichkeiten dienen aber auch der Pufferung. Die Konzentration des CO_2 im Blut wird durch die Atmung beeinflußt. Eine Störung der Atmung kann zu einem Anstieg des pCO_2 und einem Abfall des pH führen (respiratorische Azidose). Wird der pCO_2 durch Hyperventilation gesenkt, löst dies eine respiratorische Alkalose aus. Die Einschleusung von organischen Säuren ins Blut bewirkt eine metabolische Azidose; beim Überschuß von organischen Basen liegt eine metabolische Alkalose vor.

Die wichtigste Störung des Blutmilieus beim Sportler ist die metabolische Azidose. Die bei der anaeroben Glykolyse anfallende Milchsäure (Laktat = Salz der Milchsäure) ist eine organische Säure, die bei hoher Belastung zu einem starken Abfall des Blut-pH auf weniger als 6,9 führen kann. Der wichtigste metabolische Puffer ist das Bikarbonat. Die metabolische Pufferkapazität kann jedoch bei hohen Belastungen überschritten werden, so daß eine respiratorische Kompensation über das vermehrte Abatmen von CO_2 erfolgen muß.

DURST

Der Körper des erwachsenen Menschen besteht zu 70–75 % seines Gewichts aus Wasser. Man unterscheidet in der Gesamtheit zwei Räume, in denen das Wasser vorkommt: Der Intrazellulärraum faßt den Inhalt aller Körperzellen zusammen, der Extrazellulärraum umfaßt alle Räume in und zwischen den Organen und Zellen, insbesondere den Inhalt des Blutgefäßsystems. Zwischen Intra- und Extrazellulärraum besteht ein stetiger intensiver Austausch von Wasser. Der Wasserhaushalt muß mit großer Genauigkeit konstant gehalten werden. Er darf höchstens um 0,2 % des Körpergewichtes, also nur ± 150 ml, schwanken. Bei einem Verlust von mehr als 0,5 % des Körpergewichts (300 ml) entsteht Durst.

Der Körper ist einem dauernden physiologischen Wasserverlust über den Harn, den Schweiß und der Atemluft ausgesetzt. Über verschiedene Rezeptoren

Wenn der erste Durst kommt, fehlt dem Körper bereits der Inhalt einer Fahrradflasche.

wird der Flüssigkeitsgehalt registriert. Rezeptoren der Mundschleimhaut melden eine verminderte Speichelsekretion mit Mundtrockenheit. In den großen Venen können Dehnungsrezeptoren den Füllungsgrad feststellen und Auskunft über einen extrazellulären Wassermangel geben. Ein Verlust von Wasser führt zu einer erhöhten Konzentration der im Blut gelösten Teilchen. Im Zwischenhirn liegen Rezeptoren **(Osmorezeptoren)**, die den osmotischen Zustand des Blutes wahrnehmen. Fehldeutung einzelner Rezeptoren können zum sog. »falschen Durst« führen. Trockene Kost verursacht Mundtrockenheit, welche ein Durstgefühl auslöst, obwohl ein ausreichender Wassergehalt vorliegt. Bei Trinken von Meerwasser wird dem Körper zwar Wasser zugeführt, die Osmorezeptoren melden jedoch einen Anstieg der Osmolarität, womit das Durstgefühl weiter steigt.

Um eine Überwässerung durch Trinken zu vermeiden, muß die Durststillung sehr präzise arbeiten. Man unterscheidet zwei Phasen der Durststillung. Die präresorptive (vor Resorption des Wassers ins Blut und in die Zellen) geht der resorptiven Durststillung voraus.

Die präresorptive Darstellung erfaßt offensichtlich über den Dehnungszustand des Magens die zugeführte Trinkmenge. Nach Resorption der Flüssigkeit ist es durchaus möglich, daß das Durstgefühl wiederkehrt.

Zunehmender Wasserverlust führt zu einer Einschränkung der körperlichen Leistungsfähigkeit. Dies spürt insbesondere der Sportler bei lang anhaltender und hoher Belastung. Der Flüssigkeitsverlust wird erst bei ca. 350 ml oder mehr durch Durst angezeigt. Dies entspricht fast der Menge einer Fahrradtrinkflasche. Jeder weitere Verlust ohne Ausgleich geht mit einer Leistungsminderung einher. Insbesondere der Radsportler neigt dazu, seinen Flüssigkeitsverlust zu unterschätzen, da die Verluste über den Schweiß durch den Fahrtwind nicht wahrgenommen werden. Es wird daher empfohlen, besonders bei Wettkämpfen Wasserverluste bereits vor Entstehung des Durstgefühls in kleinen, regelmäßigen Portionen auszugleichen.

Aus früheren Zeiten stammt der Begriff des Trockentrainings. Dabei wurden selbst überlange Trainingsetappen bei hohen Temperaturen ohne Trinkflasche angegangen. Dieses Vorgehen führte sicherlich zu einer erheblichen Beeinträchtigung der Stoffwechselvorgänge, die ein Ausmaß erreichen kann, daß nicht nur der akute Belastungszustand ungleich höher ist; es ist auch damit zu rechnen, daß die Trainigseffekte langfristig geringer oder negativ sind, da durch den starken Wasserverlust katabole Stoffwechselvorgänge überwiegen können. Aus heutiger Sicht wird ein solches extremes Vorgehen natürlich abgelehnt. Man muß die Thematik jedoch differenziert betrachten. Training bedeutet für den Organismus die Provokation eines Mangelzustands, der den Körper abhärtet und veranlaßt, seine Leistungsfähigkeit zu verbessern. So ist nicht auszuschließen, daß auch ein wohldosierter Wassermangel im Training einen Effekt haben kann, wobei der Körper lernt, auch unter Mangelbedingungen seine Leistung zu bringen. Manch ein Radrennfahrer bemerkt im Lauf einer Saison neben der Verbesserung seines Trainingszustands auch eine Zunahme der Distanz, die er ohne Durstgefühl und Leistungseinbuße mangels Flüssigkeitszufuhr zurücklegen kann. Das Durstgefühl ist eine sehr sichere Rückmeldung des Organismus über seinen Wasserhaushalt. Es adaptiert nie und kann daher im Training als zuverlässiges Signal für den Flüssigkeitsersatz abgewartet werden. Im Wettkampf dagegen sollte Mangelzuständen rechtzeitig vorgebeugt werden.

> **Um eine Überwässerung durch Trinken zu vermeiden, muß die Durststillung sehr präzise arbeiten**

Stoffwechsel

Jede Zelle, jedes Gewebe, jedes Organ hat im Gesamtorganismus spezifische Aufgaben zu erfüllen. Sie leisten Arbeit. Es kann sich dabei um chemische Arbeit, wie z.B. bei Biosynthesen von Strukturmolekülen, um osmotische Arbeit, wie z.B. beim aktiven Transport von Stoffen durch die Zellmembranen, oder um mechanische Arbeit, wie bei der Muskelkontraktion, handeln. Für alle Leistungen wird Energie benötigt, die den Zellen von außen in chemischer oder physikalischer Form zur Verfügung gestellt werden muß. Innerhalb der Zelle muß sie in biologisch verwertbare Energie transformiert werden, um diese dann in Arbeitsleistung umsetzen zu können. Der molekulare Träger der biologischen Energie ist das **Adenosintriphosphat (ATP)**. Wie bereits beschrieben, ist ATP die einzige Substanz, die biologische Energie direkt an die kontraktierenden Elemente der Muskulatur führen kann, wo sie in mechanische Arbeit umgesetzt wird.

Alle Stoffwechselprozesse, die zur Lieferung von biologischer Energie führen, werden unter funktionellen Gesichtspunkten im **Energiestoffwechsel** zusammengefaßt; alle Energie verbrauchenden Vorgänge werden in den **Leistungs-** bzw. **Arbeitsstoffwechsel** eingeordnet. Formal kann also die gesamte Stoffwechselleistung einer Zelle in den Energie- und den Leistungsstoffwechsel unterteilt werden.

Die Arbeitsleistung kann in äußerlich wahrnehmbare und ersichtliche Leistungen, wie körperliche Bewegung oder Kommunikation, und nach innen gerichtete Arbeitsleistung, wie Verdauung oder Herzschlag, unterschieden werden. Zu den allgemeinen, nach innen gerichteten Arbeitsleistungen zählen auch die Bildung und Erhaltung der Zell- und Organstruktur. Je nach Beanspruchung sind alle Zellen einem stetigen Auf- und Abbau unterworfen.

Dieser ständige Strukturstoffwechsel wird durch den Grad der Beanspruchung beeinflußt. Bei hohen Anforderungen erfolgt der Aufbau überschießend, um einer Überanstrengung vorzubeugen. Bei geringer Beanspruchung spart der Organismus Energie und Substanz. Diese Anpassungsfähigkeit macht sich der Sportler durch sein Training zunutze.

Zu den inneren Arbeitsleistungen gehören ferner die Bildung und Erhaltung des extra- und intrazellulären Milieus. Manche Elektrolyte und Substrate sind deutlich inhomogen auf die verschiedenen Räume verteilt. Die dazu nötigen Transportmechanismen zur Bildung von Konzentrationsgradienten erfordern laufend Energie.

Die **allgemeinen Arbeitsleistungen** werden von jeder Zelle bestritten und gewährleisten ihren Funktionszustand. **Spezielle Arbeitsleistungen** werden nur in dafür spezialisierten Geweben vollbracht, stehen aber auch im Dienste des Gesamtorganismus und seiner inneren und äußeren Integration. Dazu gehören z.B. Synthese und Abbau von Molekülen mit Spezialfunktionen. Diese sind in erster Linie Verdauungsenzyme und Hormone. Hormone sind Botenträger, die ihre Nachricht über den Blutweg verbreiten. Die Kommunikation über Nervenbahnen kann in innere (Temperatur, Blutdruck, Muskeldehnungszustand) und äußere (Sehen, Hören, Riechen, Schmecken, Fühlen) Signalübertragung unterschieden werden.

Beim Menschen ist die Signalwandlung, Speicherung und Neukombination (Gedächtnis, Intelligenz und Lernen) eine besonders hoch entwickelte Spezialleistung.

> **Hormone sind Botenträger, die ihre Nachricht über den Blutweg verbreiten**

Eine lebenswichtige Funktion kommt der biologischen Abwehr zu, die Krankheiten vermeiden oder überwinden soll. Der Energiebedarf des Abwehrsystems kann im Krankheitsfall beträchtlich gesteigert werden und beispielsweise die Arbeitsleistung der Muskulatur erheblich einschränken. Abgeschlagenheit und Schwäche sind die Folge.

Die Wechselwirkungen, die aus der Konkurrenzsituation zwischen Abwehr und Muskelarbeit entstehen kann, ist besonders für den Sportler beachtenswert. Die Steigerung der Arbeitsleistung der Muskulatur ist willentlich steuerbar, während das Immunsystem vom Willen nicht zu beeinflussen ist. Durch zu frühes oder intensives Training im Krankheitsfall kann dem Immunsystem Energie entzogen werden, womit der Krankheitsverlauf verschlimmert oder verlängert werden kann. Selbstverständlich ist ein solches Training auch nicht gewinnbringend für die Leistungsentwicklung, da im Krankheitsfall nicht genug Energie für adäquate Belastungsreize zur Verfügung steht. Ab und zu kann ein Sportler plötzlich und unerwartet einsetzende Schwächeperioden bei sich beobachten. Nicht selten verbirgt sich dahinter die unbemerkte Arbeit des Immunsystems, welches eine beginnende Erkrankung abwehrt, wofür es einen nicht unerheblichen Energieanteil benötigt.

Aus diesen vereinfachten energetischen Überlegungen läßt sich ein allgemeingültiges Verhaltensmuster im Fall von Krankheiten ableiten. Ein erkrankter Sportler ist als Patient zu betrachten und hat sich als Patient zu verhalten. Das wichtigste therapeutische Prinzip ist die körperliche Ruhe. Ein verfrühtes Training kann den zwangsläufigen Leistungsverlust nicht oder nur kurzfristig aufhalten. Es wird allenfalls der Ehrgeiz beruhigt.

Die Arbeitsleistung für Muskelkontraktion und Bewegung ist willentlich auf ein vielfaches der Ruheleistung steigerbar. Sie ist extrem meß- und bewertbar. Bei Arbeit und Sport geschieht dies auf vielfältige Art. Gleichzeitig muß auch der übrige Arbeitsstoffwechsel des Organismus gesteigert werden. Die Energiebereitstellung dafür wird durch biochemische Prozesse geliefert, die der Energiestoffwechsel zusammenfaßt.

Die Stoffwechselenergie wird aus organischen Verbindungen gespeist. Die Grundstruktur organischer Moleküle besteht aus Kohlenstoff (C), Wasserstoff (H) und Sauerstoff (O). Durch die Spaltung der Moleküle wird Energie frei, die in biologische Energie transformiert wird. Die energieliefernden Substanzen werden als Nährstoffe vom Organismus aufgenommen. Man teilt sie in Kohlenhydrate, Fette und Eiweiße ein. Der Grundvorgang des Energiestoffwechsels ist ein Elektronentransfer (Redoxprozeß). Die Grundmoleküle (Monomere) der Nährstoffe sind Elektronenspender (-donatoren). Elektronenempfänger (-akzeptor) ist der Sauerstoff (O_2). Er wird der Außenluft entnommen und den Zellen zugeführt. Das chemische Endprodukt aus dem Nährstoffabbau ist Kohlendioxid (CO_2), welches im Austausch mit O_2 den Organismus wieder verläßt, und Wasser (H_2O).

Das Nahrungsangebot kann nie konstant sein, daher muß jede Zelle Energiespeicher anlegen. Dies geschieht durch Aneinanderreihung (Polymerisation) der monomeren Energiesubstrate. Glukose wird zu Glykogen oder Neutralfetten (Triglyceriden), Fettsäuren werden zu Triglyceriden und Aminosäuren zu Proteinen polymerisiert. Von dieser großmolekularen »Lagerform« wird weniger Wasser gebunden, was sich platzsparend auswirkt. Bei Bedarf erfolgt die Abspaltung von Monomeren und die Anlagerung von Wasser (Hydrolyse).

Ein erkrankter Sportler ist als Patient zu betrachten und hat sich als Patient zu verhalten

Keine Energietransformation kann mit 100%iger Ausbeute ablaufen. Ein Teil der Energie geht immer in Form von Wärme verloren.

Der Stoffwechsel der Energieversorgung kann im Laufe eines 24-Stunden-Tages aufgrund des dauernd wechselnden Nahrungsangebotes und der unterschiedlichen Leistungsanforderungen nicht konstant sein. Er muß laufend zwischen den Stoffwechselphasen Resorption und Postresorption bzw. Ruhe und Arbeit wechseln.

Energiereiche Phosphate

ATP ist der molekulare Träger der biologischen Energie. Es ist das Bindeglied zwischen Arbeits- und Energiestoffwechsel. Alle Arbeitsleistungen der Zellen werden aus dieser energiereichen Verbindung gespeist und dabei zu Adenosindiphosphat (ADP) und anorganischem Phosphat (P) oder Adenosinmonophosphat (AMP) und Pyrophosphat (P_2) unter Energieabgabe gespalten. Im Energiestoffwechsel wird ATP aus ADP und P wieder resynthetisiert. AMP wird mit ATP zu zwei ADP umgesetzt und findet somit wieder Anschluß an den Energiestoffwechsel.

ATP → ADP + P + Energie

Bei intensiver Muskelarbeit wird ein Teil des anfallenden AMP nicht in den Energiestoffwechsel zurückgeführt, sondern über mehrere Stufen zu Harnsäure abgebaut. Diese wird über die Niere ausgeschieden. Bei Kraftsportlern, so auch bei Bahnsprintern, können häufiger erhöhte Harnsäurespiegel im Blut gemessen werden. Der enzymatische Abbau von Harnsäure setzt Ammoniak (NH_3) frei. Durch die kurze Halbwertszeit besteht eine gute Korrelation zwischen dem Ausmaß der Belastung und der Höhe des NH_3-Spiegels im Blut, so daß dieser als leistungsphysiologischer Parameter herangezogen werden kann. Allerdings ist der AMP-Abbau bei akuter Belastung nicht die einzige Quelle für das Serum-NH_3.

In Ruhe liegt das Stoffwechselgleichgewicht des ATP-ADP+P-Kreislaufs ganz überwiegend auf der Seite des ATP. Damit steht die energiereiche Form zum sofortigen Abruf bereit.

Das gleiche Prinzip wurde bereits für die kontraktilen Filamente der Muskulatur beschrieben. Die in der Muskelzelle gespeicherte ATP-Menge hat nicht nur die Aufgabe der Energietransformation für die Kontraktion, sondern stellt zusätzlich noch ein sofort verfügbares Energiereservoir für die ersten Kontraktionen dar.

Bei maximaler Belastung sinkt der ATP-Spiegel allerdings rasch und wäre nach wenigen Sekunden erschöpft, wenn er nicht durch einen zweiten intrazellulären Energiespeicher aufgefrischt würde. **Creatinphosphat (CP)** vermag wie das ATP durch Phosphatanlagerungen Energie zu transferieren. Es liegt in der vier- bis fünffachen Konzentration von ATP in der Skelettmuskelzelle vor. Aus diesem Vorrat kann ATP rasch rephosphorelisiert werden. Bei erschöpfender Belastung reicht er für ca. 20 Sekunden. Bei längerer Belastung wird die Energie für die Regeneration von Creatin und ATP aus der anaeroben Glykolyse, im weiteren Verlauf auch zunehmend aus der aeroben Glykolyse und Lipolyse gewonnen.

Aufbau und Funktion des Energiestoffwechsels sind sehr komplex. Das Verständnis seiner Grundlagen ist notwendig, um die Phänomene der Trainingspraxis physiologisch einordnen und die Befunde der medizinischen Leistungsdiagnostik, die sich verschiedener Kennwerte des Energiestoffwechsels bedient, interpretieren zu können.

Creatinphosphat (CP) vermag wie das ATP durch Phosphatanlagerungen Energie zu transferieren

Energiestoffwechsel

Der chemische Energiestoffwechsel in den Zellen, die für die Zellatmung ausgestattet sind, basiert auf einem Elektronentransfer von den Nährstoffen auf Sauerstoff. Die Nährstoffe werden dabei zu CO_2 und H_2O abgebaut. Die freiwerdenden Elektronen werden zunächst auf den Zwischenträger NAD^+ unter Bildung von NADH übertragen und zu den Komplexen der Atemkette transportiert, wo sie mit dem Sauerstoff unter Gewinnung von ATP zusammengeführt werden.

Der Energiestoffwechsel kann aus jeder der drei Nährstoffklassen gespeist werden. Kohlenhydrate (KH) werden in Form der KH-Monomere (hauptsächlich Glukose, aber auch Fruktose und Galaktose), Neutralfette als freie Fettsäuren (FS) und Eiweiße als Aminosäuren direkt verwertet. Ihr gemeinsames Zwischenprodukt ist das aktive Acetyl-Coenzym A **(Acetyl-CoA)**, welches in den **Zitronensäurezyklus** eingeschleust wird.

Der **Abbau von Glukose (Glykolyse)** läuft am schnellsten an und hat für sportliche Belastungen die größte Bedeutung. Glukose wird über mehrere Stufen zu Pyruvat abgebaut. Dabei erfolgen bereits ein Elektronentransfer und die Phosphorilierung von ADP zu ATP. Dieser Reaktionsschritt, bei dem Energie ohne Zufuhr von Sauerstoff gewonnen werden kann, wird **anaerobe Glykolyse** genannt. Er findet in wäßriger Lösung im Zytoplasma aller Zellen statt.

Der weitere Abbau und Elektronentransfer auf O_2 geschieht in speziellen Organellen, den Mitochondrien, die ganz im Dienste der aeroben Energiegewinnung stehen. Pyruvat wird durch die Membran ins Innere der Mitochondrien

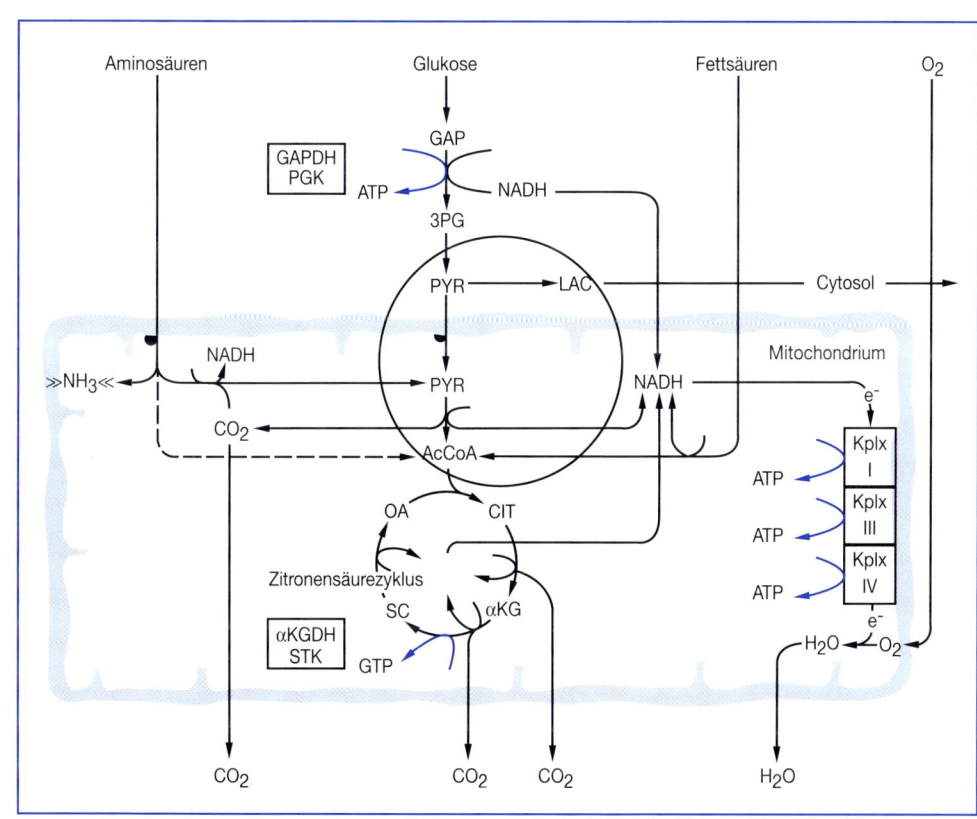

Abb. 8 Der Energiestoffwechsel; PYR = Pyruvat, LAC = Lactat, AcCoA = Acetyl-Coenzym A, Kplx I, III, IV = Komplexe der Atemkette. Modifiziert aus: JUNGERMANN, K., MÖHLER, H. (Hrsg.): Biochemie. Springer-Verlag, Berlin, Heidelberg, New York, 1980

transportiert. Es entsteht Acetyl-CoA, welches im Zitronensäurezyklus (Krebszyklus, siehe Abb. S. 457), einem endlosen Kreislauf mehrerer Stoffwechselzwischenprodukte, zu CO_2 abgebaut wird. Dabei werden Elektronen auf NAD übertragen. In diesem Abschnitt der Glykolyse kann die Energie nur durch Vermittlung der Atmungskette und Sauerstoffzufuhr gewonnen werden. Man spricht daher von **aerober Glykolyse.**

Die Atmungskette besteht aus Komplexen von Cytochromen, Proteinen, Lipiden und verschiedenen Elektrolyten. Wichtig für das Verständnis der Kinetik der Glykolyse ist, daß der aerobe und anaerobe Teil nicht voneinander getrennt ablaufen, sondern nachgeschaltete Prozesse sind. Der Organismus ist bestrebt, ein Fließgleichgewicht (Steady state) einzustellen, wodurch vermieden wird, daß sich Zwischenprodukte anhäufen. Die energetisch günstige aerobe Analyse ist auf die anaerobe Bereitstellung von Pyruvat angewiesen.

Alle chemischen Prozesse stehen in einem Gleichgewichtsverhältnis. Es wird nie die eine oder andere Stoffwechselrichtung ausschließlich eingehalten, ein Ausgangsprodukt kann also nie vollständig zu einem Endprodukt abgebaut werden. Enzyme sind biologische Katalysatoren, die die Aktivierungsenergie chemischer Reaktionen überbrücken. Sie können das Stoffwechselgleichgewicht zur einen oder anderen Seite verschieben. Ferner hat das Angebot (die Konzentration) der beiden Stoffwechselpartner einen Einfluß auf die Richtung der Reaktion.

Pyruvat kann nicht nur zu Acetyl-CoA, sondern auch vermittelt durch die Laktatdehydrogenase (LDH) zu Milchsäure (Laktat) umgewandelt werden. Diese Reaktion findet im Zytoplasma statt. Kommt es zu einer Anhäufung, wird Laktat durch die Zellmembranen ins Blut ausgeschleust. Laktat ist eine organische Säure, die einen Abfall des pH-Wertes im Zytoplasma und im Blut bewirkt. Die LDH besteht aus 4 Untereinheiten, von denen es 2 unterschiedliche Formen gibt. Je nach Zusammensetzung wird das Stoffwechselgleichgewicht mehr zum Pyruvat oder Laktat gesetzt. Das LDH-Isoenzym im Herzmuskel befähigt dazu, Laktat in Pyruvat zu verwandeln und in den Energiestoffwechsel einzuschleusen. In den mitochondrienlosen Erythrozyten entsteht Laktat als Stoffwechselendprodukt.

Die anaerobe Glykolyse unterscheidet sich von der aeroben durch ihre höhere Kapazität und Anlaufgeschwindigkeit bei akuter Belastung. So können zwei Situationen entstehen, in denen das Steady state zwischen beiden Abschnitten verlassen wird. Zum einen muß mit Beginn einer akuten Belastung der Zeitraum überbrückt werden, bis der aerobe Teil der Glykolyse bedarfsgerecht angelaufen ist. Der rasch startende anaerobe Abschnitt kann seinen Umsatz so weit steigern, daß die Phase der sogenannten Sauerstoffschuld überbrückt werden kann. Die zweite Möglichkeit besteht darin, daß über das maximal mögliche Steady state hinaus die Leistung des Systems durch die anaerobe Glykolyse gesteigert werden kann. Sie ist jedoch zeitlich begrenzt, da es zu einer Anhäufung von Stoffwechselzwischenprodukten kommt. Da Pyruvat nicht vollständig in die Mitochondrien aufgenommen werden kann, wird durch die Anhäufung dieses Stoffwechselpartners die LDH-Aktivität zur Bildung von Laktat gesteigert.

Auf den Pyruvat-Laktat-Stoffwechsel muß an dieser Stelle genauer eingegangen werden, da ihm im gesamten Ausdauerbereich von der Kurzzeit- bis zur Langzeitausdauer, für die Leistungsdiagnostik und für die Trainingssteuerung eine große Bedeutung zukommt. Die

Die anaerobe Glykolyse unterscheidet sich von der aeroben durch ihre höhere Kapazität und Anlaufgeschwindigkeit bei akuter Belastung

Bildung von Laktat aus Pyruvat benötigt zwei Wasserstoffionen und Energie. Diese stehen durch das NADH zur Verfügung, welches im Cytosol durch die anaerobe Glykolyse entstanden ist. Befindet sich das Gesamtsystem im Fließgleichgewicht und wird Pyruvat adäquat in die Mitochondrien aufgenommen, besteht keine Notwendigkeit zur Laktatproduktion; das im Zytoplasma anfallende NADH wird über einen Shuttle-Mechanismus an der Mitochondrienmembran der Atemkette zur aeroben Energiegewinnung zur Verfügung gestellt. Durch die Einschleusung von Pyruvat und NADH in das Mitochondrium wird eine Laktatbildung verhindert. Damit ist der Mechanismus erklärt, warum bei gut ausdauertrainierten Sportlern bei unteren und mittleren Belastungsintensitäten keine Laktaterhöhung gefunden wird.

Für die anaerobe Energiegewinnung aus dem Abbau von Glukose zu Laktat kann folgende Bilanzgleichung aufgestellt werden:

Glukose + 2 ADP + 2 P → 2 Laktat$^-$ + 2 H$^+$ + 2 ATP

Für die Glukosemoleküle, die rein anaerob zu Laktat abgebaut werden, ist zu beachten, daß zwei dabei gewonnene mol NADH für die Synthese von Laktat verbraucht werden.

Bei aerobem Abbau der Glukose dagegen wird kein Laktat gebildet, so daß die 2 mol NADH, die im Cytosol gebildet werden, in die Mitochondrien eingeschleust werden. Die Bilanzgleichung lautet hierbei:

Glukose + 6 H$_2$O + 38 ATP + 38 P + 6 O$_2$ → 6 CO$_2$ + 12 H$_2$O + 38 ATP

Die aerobe Glukoseverwertung ist also sehr viel ergiebiger als die anaerobe. Bei Berechnung der Energiebilanzen unter biologischen Standardbedingungen (1 mol/l bzw. 1 atm, pH 7) ergibt sich ein **thermodynamischer Wirkungsgrad** von 45,6% für den aeroben Abbau von Glukose und von 34,5% für den anaeroben Abbau. Bei Berechnung unter physiologischen Bedingungen (Glukose 5 mmol/l, Laktat 1 mmol/l, CO$_2$ 0,05 atm, O$_2$ 0,08 atm, pH 7,4) beträgt der thermodynamische Wirkungsgrad 66,8% für den aeroben und 45,5% für den anaeroben Abbau von Glukose.

Neutralfette (Triglyceride) bestehen aus der Verknüpfung von einem Molekül Glycerol und drei Fettsäuren (FS). Bei Bedarf werden diese Komponenten enzymatisch gespalten. Die FS werden als Energiespender in die Zellen eingeschleust. Unter Energieverbrauch (ATP) muß zunächst eine Zwischenstufe durch Anlagerung von AMP hergestellt werden. Als Fettsäure-Coenzyme-A folgt schließlich unter Vermittlung der Aminosäure Carnitin die Einschleusung in die Mitochondrien, wo sie in den Zitronensäurezyklus eingespeist werden. Der Vorgang wird **Lipolyse** genannt.

Um die Fettsäuren verwerten zu können, wird also im Zytoplasma zunächst Energie in Form von ATP benötigt, welches aus der anaeroben Glykolyse stammt. Für die Fettverbrennung ist also immer ein gewisser Anteil an Kohlehydratverbrennung notwendig; man sagt, »die Fette verbrennen im Feuer der Kohlenhydrate«.

Proteine unterscheiden sich durch den Gehalt an Stickstoff von den anderen Nährstoffen. Ihre Grundbausteine sind 20 verschiedene Aminosäuren. Diese werden zu langen Ketten miteinander verknüpft. Die Reihenfolge dieser Verknüpfung bestimmt die Struktur und Funktion der daraus entstehenden Proteine. Proteine sind wichtige Bestandteile der zellulären Strukturen, insbesondere in den Muskelzellen. Aminosäuren können in den Energiestoffwechsel eingeschleust werden, allerdings ist das Ausmaß der **Proteolyse** für die Energie-

> **Durch die Einschleusung von Pyruvat und NADH in das Mitochondrium wird eine Laktatbildung verhindert**

Glukose und Fette sind die beiden wichtigsten Energieträger bei gesteigertem Bedarf unter Belastung

gewinnung nur von ganz untergeordneter Bedeutung. Dennoch muß der Eiweißstoffwechsel gerade im Leistungssport besondere Beachtung finden.

Struktur und Funktionsproteine unterliegen einem ständigen Auf- und Abbau. Der Abbau wird **Katabolismus** genannt, der Aufbau **Anabolismus.** Das Verhältnis von Katabolismus und Anabolismus ist in der Regel ausgewogen, es kann aber situationsbedingt Schwankungen unterliegen. Körperliche Belastungen benötigen viel Energie, die teilweise den anabolen Vorgängen entzogen wird. Gleichzeitig führt die starke Beanspruchung der Struktur bis hin zu Mikroverletzungen zunächst zu einem verstärkten Abbau. In der folgenden Generationsphase werden diese Defizite wieder »repariert«, ggf. in einem überschießenden Ausmaß (Superkompensationseffekt). Verschiedene Substanzen können in das Gleichgewicht des Umsatzes eingreifen. Die männlichen Sexualhormone, vor allem das Testosteron, und die nicht natürlich vorkommenden Anabolika wirken aufbaufördernd (anabol). Die Kortikosteroide aus der Nebennierenrinde haben u. a. eine katabole Wirkung. Allerdings können sie durch eine Reihe anderer Wirkungen zu einer vorübergehenden Leistungssteigerung führen. Die Einnahme der genannten Substanzen ist mit z. T. gefährlichen Nebenwirkungen behaftet und durch die Anti-Doping-Regeln sanktioniert (siehe Kap. »Doping«).

Die aus den Aminosäurenspeichern sowie dem Strukturabbau anfallenden Aminosäuren werden über das Acetyl-CoA der Energiegewinnung zugeführt. Gleichzeitig kann die Muskelzelle Aminosäuren aus dem im Blut zirkulierenden Pool aufnehmen. Beim Abbau von Aminosäuren wird Stickstoff in Form von Ammoniak frei. Dieser wird dem Harnstoffzyklus in der Leber zugeführt und als Harnstoff ausgeschieden. Dies ist eine weitere Quelle für das im Blut meßbare NH_3.

Glukose und Fette sind die beiden wichtigsten Energieträger bei gesteigertem Bedarf unter Belastung. Die größte Bedeutung kommt dabei der Glykolyse zu. Sie springt bei einem akuten Belastungsbeginn am schnellsten an, der anaerobe Anteil vermag das initiale Sauerstoffdefizit zu decken und hat insgesamt die höchste Kapazität. Die intrazellulären Vorräte sind allerdings begrenzt; die Aufnahme von Glukose aus dem Blut kann den Bedarf nicht vollständig decken und führt zwangsläufig zu einer Leistungsminderung. Der Abbau von Fetten erfolgt ausschließlich auf dem aeroben Stoffwechselweg, die Kapazität ist geringer, allerdings kann der Energiefluß durch die Vorräte des Fettgewebes über lange Zeit aufrechterhalten werden. Bei länger anhaltenden mäßigen Belastungen ist es daher sinnvoll, einen größeren Teil des Energiebedarfs aus der Lipolyse zu decken, um die Glykogenvorräte zu schonen. Diese stehen gegebenenfalls kurzfristig für hohe Leistungseinsätze noch zur Verfügung.

Da der Fettsäureabbau im Zytoplasma auf Aktivierungsenergie angewiesen ist, die aus der Glykolyse gewonnen wird, ist der Körper immer auf ein Mindestmaß von Kohlenhydratvorräten und -umsatz angewiesen. Lang anhaltende Trainings- oder Wettkampfeinheiten können zu ausgeprägten Erschöpfungen der Hauptenergieträger führen, so daß es zu einer vermehrten Energiegewinnung aus Aminosäuren kommt. Diese werden nicht nur aus dem Aminosäurepool im Blut geschöpft, sondern auch aus dem Katabolismus der Struktureiweiße der Muskelzelle.

Ein Liquiditätsverlust in der freien Wirtschaft, der durch den Verkauf von Liegenschaften ausgeglichen wird, entspricht diesem Vorgang.

Inwieweit mit Erreichen eines solchen Zustandes ein Trainingsreiz erzielt werden kann, ist nach dem derzeitigen Kenntnisstand fraglich. Fest steht jedoch, daß eine häufige Wiederholung derartiger Erschöpfungszustände zu einem Leistungsrückgang führen muß. Reicht der geschwächte Energiestoffwechsel nicht mehr aus, um den Strukturstoffwechsel in der Regenerationsphase ausreichend zu versorgen, summieren sich die katabolen Vorgänge.

Wenn der Gruppenzwang eine individuelle Trainingssteuerung nicht zuläßt, sind häufig die schwächsten Mitglieder einer Trainingsgruppe davon betroffen.

Die Anteile der einzelnen Nährstoffe in der Energiegewinnung können durch den **Respiratorischen Quotienten (RQ)** abgeschätzt werden. Der Respiratorische Quotient beschreibt das Verhältnis von CO_2-Abgabe zu O_2-Aufnahme (RQ = mol CO_2 : mol O_2).
Bei der Verbrennung von Glukose müssen 6 mol O_2 für 1 mol Glukose zugeführt werden, um 6 mol CO_2 und 6 mol H_2O zu erhalten.

$$C_6H_{12}O_6 + 6\ O_2 \rightarrow 6\ CO_2 + 6\ H_2O$$
$$6\ \text{mol}\ CO_2 : 6\ \text{mol}\ O_2 = RQ = 1$$

Durch den geringen Anteil an Sauerstoffmolekülen in den freien Fettsäuren muß bei der Fettverbrennung vergleichsweise mehr Sauerstoff zugeführt werden. Dies wirkt sich am Beispiel der Palmitinsäure wie folgt aus:

$$C_{16}H_{32}O_2 + 23\ O_2 \rightarrow 16\ CO_2 + 16\ H_2O$$
$$16\ \text{mol}\ CO_2 : 23\ \text{mol}\ O_2 = RQ = 0{,}7$$

Bei der Proteolyse liegt der RQ bei ca. 0,85. Der Respiratorische Quotient wird prinzipiell durch das Verhältnis von Glykolyse und Lipolyse bestimmt, da die Aminosäureverbrennung anteilig gering ist. Mit der Dauer einer mäßigen Belastung wird der RQ durch die langsamer anlaufende Lipolyse absinken. Bei kontinuierlichem Anstieg der Belastungsintensität wird die Kapazität der Lipolyse überschritten, und der steigende Energiebedarf wird aus der Glykolyse gewonnen. Der RQ pegelt sich bei submaximaler und maximaler Belastung im Bereich von 1 ein.

Energiestoffwechsel unter körperlicher Belastung

Den steigenden Bedarf des Arbeitsstoffwechsels unter Belastung kann der Energiestoffwechsel nicht durch eine homogene Steigerung des gesamten Systems decken. Durch die begrenzten Kapazitäten einzelner Abschnitte werden verschiedene Konstellationen durchlaufen. In Ruhe befindet sich der Energiestoffwechsel in einem Fließgleichgewicht. Der Anteil der Nährstoffe richtet sich nach der momentanen Ernährungssituation und dem Angebot an Glukose. In der Postresorptionsphase überwiegt die Lipolyse, die Proteolyse richtet sich nach dem Ausmaß des Strukturstoffwechsels. Der Ruhelaktatwert von 1–2 mmol/l stammt aus den Erythrozyten und dem Nierenmark, jedoch nur zu einem geringen Teil aus der Glykolyse der Muskulatur. Entsprechend dem zirkadianen Rhythmus und der Nahrungsaufnahme treten geringe Schwankungen auf.

Große körperliche Anstrengungen führen zu einer starken Ausschöpfung der Energieträger ATP und CP, während milde, länger anhaltende Belastungen nur eine mäßige Ausschöpfung der energiereichen Phosphate zur Folge haben, so daß vor allem CP zur Überbrückung der Kluft zwischen ATP-Verbrauch und dem Anlaufen der energieliefernden Prozesse in der Glykolyse in seiner Bedeutung deutlich zurücktritt und der Energiefluß zum ATP direkt erfolgen kann.

Der Respiratorische Quotient wird prinzipiell durch das Verhältnis von Glykolyse und Lipolyse bestimmt

Die Muskelarbeit wird durch die Ausschöpfung von Energieträgern und energieliefernden Stoffwechselprozessen gespeist: ATP – CP – anaerobe Glykolyse – aerobe Glykolyse, Lipolyse. Bei akutem Belastungsbeginn setzt der Energiefluß kaskadenartig ein. An dieser Stelle muß auf ein biologisches Grundprinzip eingegangen werden, das bei hintereinandergekoppelten Prozessen Gültigkeit hat. Innerhalb einer Kette von Stoffwechsel- oder Transportvorgängen nimmt die Kapazität in jedem Glied ab. Das maximale Fließgleichgewicht innerhalb der gesamten Reaktionskette wird durch das letzte Glied limitiert (Prinzip der »letzten Wiese«). Es ist biologisch nicht sinnvoll, daß ein Stoffwechselprozeß eine höhere Kapazität als seine Vorstufen hat. Die vorangehenden Stufen der Energiebereitstellung für den Muskel besitzen jeweils deutliche Überkapazitäten und können ihre Energie schneller abgeben als die nachgeschalteten.

Der biologische Vorteil liegt darin, daß der Organismus bei akuten Reizen adäquat über das Maß des maximalen Fließgleichgewichtes hinaus und ohne auf die etwas trägen Energieprozesse warten zu müssen reagieren kann. Entwicklungsgeschichtlich ist so die Fähigkeit zu Fluchtreaktionen angelegt. Auch während lang anhaltender Belastungen, bei denen sich das energieliefernde System im Fließgleichgewicht befindet, sind durch die Reserven an energiereichen Phosphaten kurzfristige Spitzenbelastungen möglich, die beispielsweise dem Radsportler im Rennen Ausreißversuche oder den Zielsprint ermöglichen. Durch Training ist nicht nur die Kapazität der einzelnen Energielieferanten steigerbar, sondern auch die Geschwindigkeit, mit der die nachliefernden Prozesse bei akuter Belastung anlaufen.

Bei akuter maximaler Belastung verhält sich die Leistungsfähigkeit proportional zum Verlauf der Ausschöpfung der Energieträger. Sie fällt also rasch ab, um sich für eine gewisse Zeit bei einem konstanten Niveau zu fangen.

Zum besseren Verständnis, auch der später erläuterten Leistungsdiagnostik, soll die Beschreibung des Energiestoffwechsels unter Belastung in einem fiktiven Experiment geschehen. Wir lassen einen Radsportler immer wieder Dauerversuche bei konstanter Belastung, aber unterschiedlicher Intensität durchführen und beobachten dabei den Verlauf der physiologischen Parameter. Zum Vergleich dient ein Stufentest auf dem Fahrradergometer.

Bei einer geringen Dauerbelastung von beispielsweise 160 Watt (W) auf dem Fahrrad wird der Energieumsatz angehoben. Es wird dabei wieder ein Fließgleichgewicht eingestellt. Die Aufnahme von O_2 wird bedarfsgerecht erhöht, in gleichem Maß wird CO_2 vermehrt abgegeben. Gegenüber dem Ruhe-Laktatwert wird prinzipiell keine Erhöhung gemessen, weil das Pyruvat aus der Glykolyse in ausreichendem Maße von Mitochondrien aufgenommen wird; zum anderen wird der Energiebedarf aus der Lipolyse gedeckt, bei der das Zwischenprodukt Laktat nicht auftritt. Messen wir in gleichmäßigen Abständen, z.B. jede 3. Minute, die Blutlaktatspiegel, so finden wir eine sehr gering schwankende Konzentration, die sich nur unwesentlich vom Ruhewert unterscheidet. Bei weiteren Steigerungen um kleine Schritte wird das gleiche Phänomen immer wieder beobachtet. Es kommt zu einem Anstieg von O_2 und CO_2 im gleichen Verhältnis, gleichzeitig wird jedoch keine Erhöhung der Blutlaktatkonzentration gefunden. Die einzelnen Dauerversuche mit unterschiedlicher Belastungshöhe liefern also beieinanderliegende Laktatkurven. Im Stufentest finden wir in diesem Abschnitt der Belastungen keinen wesentlichen Anstieg der Laktat-Leistungs-Kurve.

> Das maximale Fließgleichgewicht innerhalb der gesamten Reaktionskette wird durch das letzte Glied limitiert

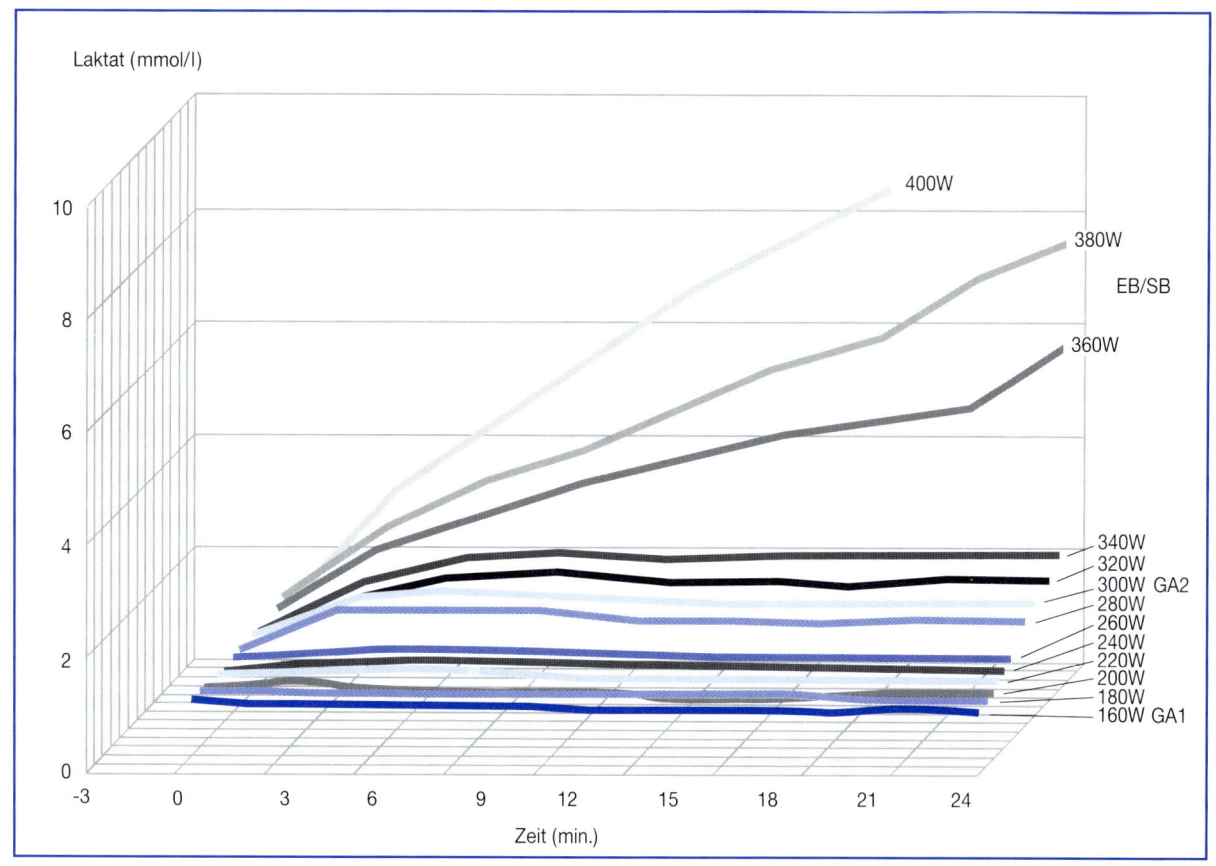

Abb. 9 Dauerbelastungsversuche über je 24 Min. bei konstanten Belastungen von 160 bis 400 W bei einem 24jährigen Bahnverfolger

Erhöhte Laktatwerte werden erstmals gemessen, wenn die mitochondriale Kapazität der aeroben Energiegewinnung überschritten wird. Der erhöhte Leistungsbedarf wird durch die anaerobe Glykolyse bestritten; das nicht adäquat in die Mitochondrien eingeschleuste Pyruvat wird über die LDH in Laktat umgewandelt. Im Dauerversuch stellt sich jedoch wiederum ein Steady state ein, diesmal jedoch auf einem höheren Niveau. Es kann dadurch aufrechterhalten werden, daß sich Laktateinschleusung aus der Muskelzelle und Laktatelimination (Herzmuskel, Leber) die Waage halten. Für diesen Bereich ist jede Leistungssteigerung mit einer Anhebung des Laktat-Steady-state verbunden.

Laktat ist eine organische Säure und führt zu einem Absinken des pH-Werts. Sie wird durch Bicarbonat gepuffert, welches dabei zu CO_2 und H_2O verbraucht wird. Das nun vermehrt anfallende CO_2 wird über die Lunge abgeatmet, um den Partialdruck im Blut konstant zu halten. Dadurch erhöht sich der Atemantrieb, und das Atemminutenvolumen wird überproportional zum Sauerstoffbedarf angehoben.

Wird die Kapazität der Laktatelimination überschritten, führen konstante Dauerleistungen mit höherer Intensität zu einem kontinuierlichen Anstieg der Blutlaktatkonzentration. Je höher die Leistung ist, desto höher ist die Kumulationsgeschwindigkeit. Dies führt zu einer zunehmenden Azidose. Die Leistungsfähigkeit ist begrenzt, die Belastung muß nach einer gewissen Zeit in Abhängigkeit von der Intensität reduziert oder abgebrochen werden. Im Stufentest ist ein deutlicher Anstieg der Laktat-Zeit-Kurve festzustellen. Reicht die metabolische Pufferung nicht mehr aus, muß der Ausgleich über eine vermehrte Abatmung von CO_2, somit respiratorisch, erfolgen. Die Folge ist, daß der CO_2-Partialdruck im Blut gesenkt wird. Dies kommt wiederum im Verhältnis vom Atemminutenvolumen zur CO_2-Konzentration zum Ausdruck.

Eine weitere Leistungssteigerung über diesen Bereich hinaus führt in kürzester Zeit zu einem Ausmaß der Azidose, das mit dem sinkenden pH-Wert die Enzyme der Atemkette lähmt. Damit liegt ein rein anaerober Stoffwechsel vor.

Es können somit vier Stoffwechselphasen voneinander unterschieden werden: In der ersten Phase liegt eine rein aerobe Stoffwechselsituation vor, in der die Fettverbrennung überwiegt und bei der kein Laktatanstieg im Blut gemessen werden kann. Innerhalb dieses Bereichs kann durch die Laktatmessung nicht auf die Höhe der Belastungsintensität geschlossen werden. Im zweiten Bereich werden zwar höhere Laktatwerte gemessen, bei gleichbleibender Belastung stellt sich jedoch ein Steady state im Blut ein. Der Kohlenhydratumsatz ist anteilig bereits erhöht. Gegenüber dem Anstieg der Sauerstoffaufnahme erfolgt die CO_2-Abgabe überproportional durch den Verbrauch von Bicarbonatpuffern. Der Übergang zur dritten Phase ist durch das maximale Laktat-Steady-state (maxLaSS) gekennzeichnet. Konstante Belastungen führen dann zu einer Laktatkumulation im Blut. Durch die respiratorische Pufferung kommt es zu einem CO_2-Abfall. Die beiden Phasen, in denen durch den Laktatanstieg eine Pufferung erforderlich ist, werden begrifflich voneinander unterschieden. Bei ausreichender metabolischer Pufferung wird der CO_2-Spiegel im Blut konstant gehalten und heißt daher **isokapnische Pufferung**. Bei einsetzender respiratorischer Pufferung sinkt der CO_2-Spiegel, so daß von der **hypokapnischen Pufferung** gesprochen wird. Gestatten die ex-

Es können vier Stoffwechselphasen voneinander unterschieden werden

perimentellen Bedingungen eine weitere Ausbelastung, so wird eine rein anaerobe Phase erreicht, die vor allem im Verhältnis von Ventilation und CO_2 zum Ausdruck kommt.

Die Grenzen bzw. Übergänge zwischen den einzelnen Phasen werden auch als Schwellen bezeichnet. Es besteht seit vielen Jahren eine intensive Diskussion über die Diagnostik und die Bedeutung von Schwellen in der Leistungsdiagnostik. Es sind sehr viele Methoden und verschiedene Begriffe entstanden. Die verschiedenen Bezeichnungen beziehen sich auf bestimmte experimentelle Bedingungen und Berechnungsmodelle. Zur Vermeidung von Mißverständnissen soll auf diese Begriffe verzichtet werden. In Anlehnung an den angelsächsischen Sprachgebrauch soll im folgenden zwischen Laktatschwellen (LT = Lactate threshold) und Ventilationsschwellen (VT = Ventilatory threshold) unterschieden werden. Die vier verschiedenen Bereiche werden von drei Schwellen getrennt, die mit LT1 bis LT3 und VT1 bis VT3 numeriert werden. Auf weitere Einzelheiten der Schwellendiagnostik wird innerhalb der Leistungsdiagnostik ab S. 479 eingegangen werden.

Einfluß der Tretfrequenz

Die Tretfrequenz ist eine wichtige Einflußgröße im Leistungs- und Energiestoffwechsel. Je höher die Kontraktionsgeschwindigkeit ist, desto größer wird der Anteil an FT-Fasern. Diese besitzen eine schlechtere Ausstattung für die aerobe Energiegewinnung als ST-Fasern. Das wird an höheren Blutlaktatspiegeln bei gleicher Leistung ersichtlich. Auch der Umsatz der energiereichen Phosphate ist höher, was zu höheren Blutammoniakspiegeln führt. Da die anaerobe Energiegewinnung einen geringeren Wirkungsgrad besitzt, sind hohe Tretfrequenzen energetisch ungünstiger.

Gemessen an den physiologischen Parametern Sauerstoffaufnahme, Herzfrequenz und Laktat, liegt das Optimum des physiologischen Wirkungsgrades bei sehr niedrigen Tretfrequenzen. Diese sind zusätzlich abhängig von der Höhe der Belastung. Bei 100 W liegt das physiologische Tretfrequenzoptimum bei ca. 35 U/min, bei 150 W bereits bei 55 U/min, bei hohen Belastungen von ca. 500 W sind es ca. 80 U/min und bei Höchstbelastungen über 1000 W liegt das physiologische Optimum bei ca. 120 U/min. In der Realität bevorzugt der Radfahrer jedoch zum Teil deutlich höhere Tretfrequenzen und geht damit unbewußt einen höheren physiologischen Aufwand ein. Dafür sind im wesentlichen zwei Gründe verantwortlich.

Der biomechanische Wirkungsgrad liegt unter Berücksichtigung des Trägheitsmomentes der Beine bei höheren Tretfrequenzen. Von Radrennfahrern werden häufig folgende Tretfrequenzen bevorzugt: bei 100 W ca. 80 U/min, bei 150 W ca. 90 U/min, bei 500 W ca. 120–130 U/min, bei über 1000 W ca. 140–160 U/min. Je nach Geländeanforderung sucht sich der Radfahrer unbewußt eine Tretfrequenz zwischen optimalem physiologischen und biomechanischen Wirkungsgrad. Ein weiterer Aspekt wird in den meisten Studien zur optimalen Tretfrequenz nicht berücksichtigt, da die Untersuchungen bei konstanten Belastungen auf dem Fahrradergometer durchgeführt wurden. In der Praxis kommt es durch das Geländeprofil, Witterungseinflüsse und die Rennsituation zu ständig wechselnden Leistungsanforderungen. Um die Geschwindigkeit konstant zu halten, muß das Drehmoment bei jeder Bodenunebenheit gesteigert werden; je nach Rennsituation muß häufig beschleunigt werden, um das Hinterrad des Vordermanns halten zu können.

Das Drehmoment sinkt mit steigender Tretfrequenz nahezu linear ab. Die Leistung ist eine zusammengesetzte physikalische Größe, bei Drehbewegungen ergibt sie sich als Produkt aus dem Drehmoment und der Winkelgeschwindigkeit. Beschleunigungen oder Leistungssteigerungen im unteren Drehzahlbereich müssen also mit deutlichen Änderungen des Drehmoments erkauft werden. Dies kann durchaus die Kraft der Muskeln übersteigen bzw. zu sehr hohen Ausschöpfungen führen. Bei höheren Tretfrequenzen kann die Schwungmasse der Beine genutzt werden, wodurch bei Widerstandszunahme ein Tretfrequenzabfall geringer ausfällt.

Die Tretfrequenz in einem Radrennen hängt auch davon ab, wie stark und häufig die Schwankungen der Leistungsanforderungen sind. Der Mountainbiker wird, bezogen auf seine Durchschnittsleistung, in welligem Gelände eine kleinere Übersetzung wählen als ein Straßenfahrer in der Ebene. Die Wettkampfleistung bei der Verfolgung auf der Bahn ist bei den kurzen Distanzen von 4 bzw. 3 km entscheidend von der Beschleunigung während der Startphase abhängig. Es werden kleinere Übersetzungen verwendet, mit denen beispielsweise der Bahnvierer bei Fahrgeschwindigkeiten von über 60 km/h Tretfrequenzen von über 140 U/min (bis über 160 U/min) erreicht. Der Straßenvierer dagegen hat eine Distanz von 100 km in einer Zeit von ca. 2 Stunden zurückzulegen, was einer Durchschnittsgeschwindigkeit von ca. 50 km/h entspricht. Die Fahrer sind daher darauf angewiesen, sich näher im Bereich ihres physiologisch günstigen Wirkungsgrades aufzuhalten. Sie wählen folglich Tretfrequenzen zwischen 100 und 110 U/min. Bei langen Zeitfahrwettbewerben auf der Bahn, z. B. beim Stundenrekord, geht die Anfahr-

Der biomechanische Wirkungsgrad liegt unter Berücksichtigung des Trägheitsmomentes der Beine bei höheren Tretfrequenzen

leistung wenig in die zurückgelegte Distanz ein. Beim Einzelfahren entfallen die Schwankungen zwischen Führungsarbeit und Windschattenfahren. Die einzigen Schwankungen, die bei dieser Fahrt auf der Bahn auftreten, sind der Wechsel zwischen Kurve und Gerade. Dementsprechend werden bei Stunden-Weltrekordversuchen große Übersetzungen gewählt, bei denen die Tretfrequenzen mit ca. 90–105 U/min nah am physiologischen Optimum liegen.

Trainingsphysiologie

Die gesamte Leistungsbandbreite radsportlicher Belastungen wird in verschiedene Intensitätsbereiche unterteilt. Sie erleichtern dem Trainer, die Vorgaben für seine Athleten zu formulieren. Gleichzeitig dienen sie als Spezifizierung für die Trainingsprotokollierung, mit denen der Trainer Rückmeldung über das tatsächlich absolvierte Training erhält. Die Bezeichnungen der einzelnen Trainingsbereiche orientiert sich an der Nomenklatur, die in der ehemaligen DDR entwickelt wurde. Die einzelnen Bereiche wurden hier anhand empirischer Angaben über physiologische Parameter wie Herzfrequenz und Laktat benannt. Über die Verknüpfung mit physiologischen Vorgaben liegt keine Primärliteratur vor. Es ist auch zu beachten, daß die ursprüngliche Nomenklatur eine Mischung aus Intensitätsangaben und methodischen Trainingsvorgaben war.

> Die gesamte Leistungsbandbreite radsportlicher Belastungen wird in verschiedene Intensitätsbereiche unterteilt

Trainingsbereiche

Die gegenwärtig gültige Nomenklatur wird anhand der physiologischen Bereiche des Energiestoffwechsels definiert. Der **Grundlagenausdauerbereich (GA)** bezeichnet die gesamte Leistungsspanne der Dauerbelastungen, die mit einem Steady state des Blutlaktats vollbracht werden können. Er wird weiter unterteilt. **GA1** entspricht dem ersten Abschnitt des Energiestoffwechsels, bei dem kein wesentlicher Laktatanstieg zu verzeichnen ist. **GA2** liegt im zweiten Abschnitt des Energiestoffwechsels, der sich in Abhängigkeit von der Belastungshöhe das Laktat-Steady-state bei höheren Konzentrationen einstellt. Der dritte Abschnitt der Energiegewinnung wird in der Trainingsnomenklatur **Entwicklungsbereich (EB)** genannt. Physiologisch liegt hier eine volle Ausschöpfung der aeroben Kapazitäten, ergänzt durch einen höheren Anteil an anaerober Energiebereitstellung, vor. Bei gleichbleibender Belastung wird ein kumulierender Laktatspiegel im Blut festgestellt. Der darüberliegende **Spitzenbereich (SB)** entspricht in der Leistungsdiagnostik dem vierten, rein anaeroben Abschnitt der Energiegewinnung. Es handelt sich entweder um kurze und hochintensive Belastungen, die den aeroben Stoffwechsel erst gar nicht anlaufen lassen, oder um Leistungsspitzen, die von einer submaximalen Belastung ausgehen. In der Trainingspraxis wird der Begriff Spitzenbereich jedoch vielseitiger verwendet. Hier beschreibt er alle Höchstbelastungen oder wettkampfähnlichen Belastungen. Handelt es sich dabei um längere Trainingsdistanzen, kann die Intensität durchaus unter dem leistungsdiagnostisch definierten Spitzenbereich liegen.

Bei Trainingsintensitäten unterhalb des GA-Bereichs werden keine bleibenden Trainingseffekte erwartet. Durch die milden Belastungen kommt es lediglich zu einer leichten Stoffwechsel- und Kreislaufaktivierung, die regenerierend und entschlackend auf die Muskelfasern wirkt. Das Training in diesem sogenannten **Kompensationsbereich (KB)** wird insbesondere nach harter Renn- und Trainingsbelastung eingesetzt.

Trainingsaufbau für Hochleistungsradrennfahrer – akzentuiertes Training

Bei den Auswirkungen, die durch ein körperliches Training hervorgerufen werden können, muß zwischen bleibenden und regulativen unterschieden werden. Unter bleibenden Trainingseffekten werden alle dauerhaften Anpassungen der Muskelzellen beschrieben. Sie sind bei regelmäßigem Training über längere Zeit stabil, da sie an zelluläre Strukturen gebunden sind. Dazu zählen insbesondere die Querschnittsvergrößerung der Muskulatur mit Zunahme der kontraktilen Filamente und die Vermehrung der Mitochondrien mit Erhöhung der Kapazität der Enzyme der aeroben Energiegewinnung.

Je nach dem aktuellen Belastungsprofil kann sich die Funktion des Zellstoffwechsels funktionell anpassen. Nicht benötigte Stoffwechselfunktionen können reduziert werden. Bei einem erneuten Bedarf müssen diese erst wieder gebahnt werden, ehe sie die gewohnt hohen Umsatzraten eingehen können. Bei einem Wechsel des Belastungsprofils dient meist die erste Trainingseinheit nur dazu, einen neuen Regulationszustand zu erreichen.

Aus diesem Umstand leitet sich eine wichtige Konsequenz für die Trainingspraxis ab. Das Training der Grundbeanspruchungsformen findet in akzentuierter Form statt, d.h., daß eine einzelne Beanspruchungsform schwerpunktmäßig in einem zusammenhängenden Zeitabschnitt trainiert wird. Somit wird den regulativen Vorgängen des Stoffwechsels Zeit gegeben. Erst wenn der Organismus alle Kapazitäten erschlossen hat, sind wirksame Trainigsreize zu erwarten. Ein permanenter Wechsel zwischen verschiedenen Beanspruchungsformen löst überwiegend gegenläufige Regulationsvorgänge aus. Andererseits muß auch ein lang anhaltend einseitiges Training vermieden werden, da die jeweils ruhenden Stoffwechselkapazitäten bei längerer Inaktivität zurückgebildet werden. Der ausgewogene Wechsel zwischen den einzelnen Trainingsformen ist letztlich Können und Kunst eines guten Trainers.

Werden beim Radtraining neue Trainingsreize gesetzt, fährt beispielsweise der Mountainbiker nach dem Straßentraining erstmals wieder mit dem Bike ins Gelände oder beginnt der Bahnfahrer nach einem Ausdauerblock eine Bahntrainingseinheit, müssen die nun

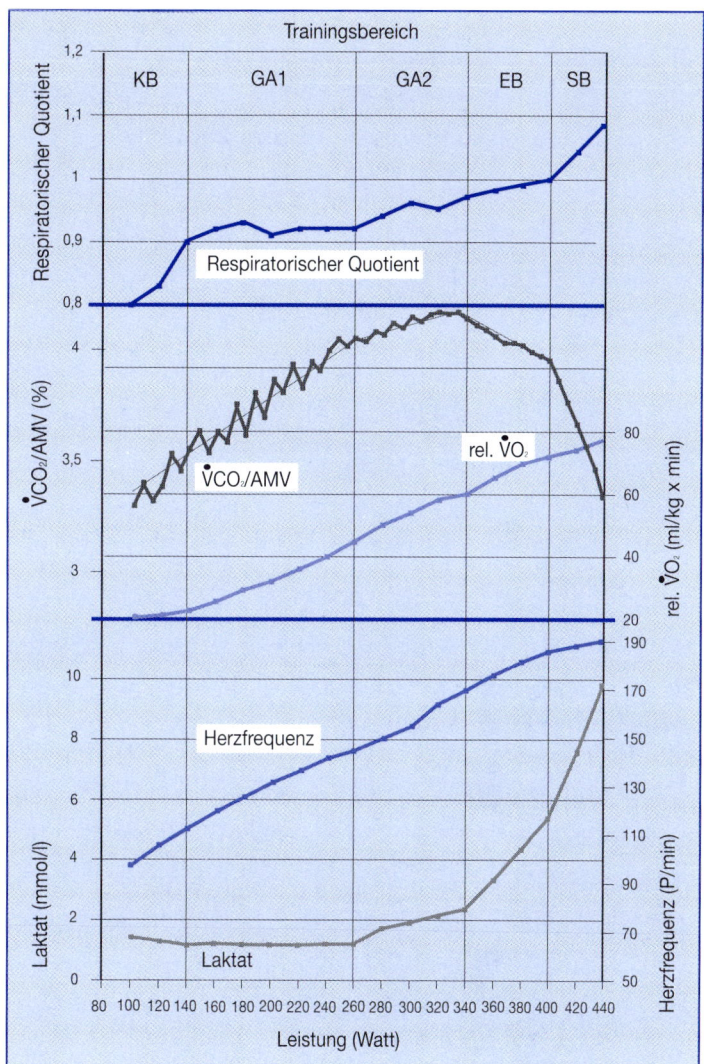

Abb. 10 Der Verlauf der physiologischen Parameter während einer stufenförmigen Fahrradergometerbelastung (100–20–3) und die Definition der Trainingsbereiche bei einem 24jährigen Bahnverfolger

geforderten Stoffwechselwege gebahnt werden. Die regulativen Vorgänge müssen abgeschlossen sein, ehe Trainingsreize in vollem Umfange wirksam werden. Bei täglichem Wechsel von Belastungsformen würde ein Teil in regulativen Vorgängen verpuffen.

Die Gestaltung des Trainings ist mit dem Betrieb eines Lackiergeräts für Fahrradrahmen zu vergleichen. Würden im Verhältnis der Bestellungen täglich alle Farben mit dieser Maschine aufgebracht, wäre der Zeitverlust durch das häufige Umrüsten auf andere Farben höchst unwirtschaftlich. Es werden daher größere Mengen einer Farbe über einen längeren Zeitraum verarbeitet, um die Umrüstzeit zu sparen.

Im Radsport, wie in anderen Sportarten, bei denen die konditionellen Komponenten sehr stark betont sind, hat sich daher zunehmend das **akzentuierte Training** durchgesetzt. Die einzelnen Beanspruchungsformen werden über einen gewissen Zeitraum (Mikrozyklen) aufbauend trainiert, ehe es zu einem Wechsel kommt.

Ein akzentuiertes Training führt natürlich dazu, daß die regulativen Veränderungen des Energiestoffwechsels sehr deutlich zum Ausdruck kommen. Die Unterschiede der physiologischen Parameter zwischen zwei Akzentphasen können z. T. erheblich sein. In einer Längsschnittbeobachtung der besten Bahnverfolger über zwei Jahre konnte gezeigt werden, daß die physiologischen Parameter an den einzelnen Schwellen drei- bis viermal mehr schwanken als die Leistung der Schwellen selbst. Dem Training im Entwicklungsbereich kommt diesbezüglich eine besondere Bedeutung zu. Es ist das Bindeglied zwischen dem Grundlagenausdauertraining und hochintensiven Belastungen. Der Name »Entwicklungs«-bereich sagt schon aus, daß nach einem umfangreichen »laktatschonenden« Dauertraining die intensivere Energiebereitstellung über die Glykolyse wieder entwickelt wird.

Grundlagentraining

Vom akzentuierten Training muß der Begriff **Grundlagentraining** unterschieden werden. Das akzentuierte Training beschreibt die zeitliche Abfolge und Gewichtung einzelner Trainingsreize unter besonderer Berücksichtigung von regulativen und bleibenden Trainingseffekten. Der Begriff Grundlagentraining bezieht sich auf Trainingsinhalte und beschreibt Belastungsformen, die in möglichst reiner bzw. unvermischter Form Reize auf die Strukturen der Kontraktion oder den Energiestoffwechsel ausüben. Begrifflich muß das Grundlagentraining vom komplexen bzw. Mischtraining unterschieden werden. Dies soll an einem Beispiel erläutert werden. Ein Verfolger auf der Bahn hat im Wettkampf eine Distanz von 4000 m zu bewältigen. Niemand käme auf die Idee, ihn täglich und über eine Saison hinweg 4000 m möglichst in Wettkampfgeschwindigkeit trainieren zu lassen. Nach einer anfänglichen Steigerung würde seine Leistung im Laufe von Wochen stagnieren und dann zurückgehen. Man wird jedoch die komplexen Belastungsstrukturen aufschlüsseln und die einzelnen Elemente im Training verbessern. Dazu gehören erhebliche Überdistanzen und hochintensive Unterdistanzen. In der Wettkampfvorbereitung werden die einzelnen Leistungskomponenten wieder durch ein wettkampfspezifisches Training zusammengeführt.

Auch der Mountainbiker trainiert nicht nur intensiv im Gelände, sondern absolviert Überdistanzen auf dem Straßenrad genauso wie höchste Krafteinsätze an kurzen Steilstücken. Wie bereits mehr-

Begrifflich muß das Grundlagentraining vom komplexen bzw. Mischtraining unterschieden werden

fach besprochen, werden die komplexen Leistungsanforderungen auf dem Fahrrad in die fünf verschiedenen Grundfähigkeiten strukturiert. Im Hochleistungssport nimmt das Grundlagentraining, also die Betonung insbesondere der konditionellen Grundfähigkeit im engeren Sinne, den größten Zeitraum ein. Diese Beobachtung kann in allen führenden Radsportnationen, aber auch in anderen Sportarten gemacht werden, bei denen die Möglichkeit besteht, auf wenige oder nur einen Saisonhöhepunkt hinzuarbeiten.

Das Belastungsprofil eines Radrennfahrers wird von verschiedenen Komponenten seines Leistungs- und Energiestoffwechsels bestimmt. Um komplexe Beanspruchungsprofile entschlüsseln und beurteilen zu können, wird eine Einteilung in 5 Grundbeanspruchungen vorgenommen: Kraft, Schnelligkeit, Ausdauer, Koordination, Flexibilität. Zwischen diesen Grundfähigkeiten bestehen Mischformen wie z. B. Kraftausdauer, Schnelligkeitsausdauer usw. Die einzelnen Grundfähigkeiten stehen untereinander in einer Wechselbeziehung und können sich teilweise gegenseitig kompensieren. So kann etwa durch eine geschickte Koordination die Belastung reduziert werden, was zur Einsparung von Kraft und Energie führt. Umgekehrt muß ein ungeschicktes Lenkverhalten durch einen energetischen Mehraufwand kompensiert werden. Eine gute Ausbildung der Kontraktilität der Muskulatur (Kraft) hat größere Reserven und bedarf eines späteren Anlaufens des Energiestoffwechsels, schont also die nachgeschaltete spezifische Ausdauerkomponente.

Die Gesamtleistung eines Radsportlers setzt sich in einer für ihn typischen Weise aus einem Muster der 5 Grundfähigkeiten zusammen. Zwei gleich gute Athleten können sich grundsätzlich im Muster ihrer Grundfähigkeiten unterscheiden.

Die **Ausdauer** kann unterschiedlich definiert werden.
- Ausdauer ist die Fähigkeit, eine vorgegebene Leistung über einen möglichst langen Zeitraum aufrechtzuerhalten.
- Ausdauer ist die Fähigkeit, eine vorgegebene Distanz in möglichst kurzer Zeit zurückzulegen.

In der ersten Definition ist das wesentliche Element der Grundlagenausdauer beschrieben. Das Trainingsziel ist eine ökonomische Energiegewinnung ohne Anhäufung von Stoffwechselmetaboliten und mit Vergrößerung der Energiereserven, um die Ermüdung möglichst weit hinauszuschieben. Ein wesentliches Kennzeichen dieses Grundlagenausdauertrainings sind daher mäßige Intensitäten und Überdistanzen, die den Sportler in angepaßter Form in Mangelzustände hineinführen sollen. Das Grundlagenausdauertraining erweist sich vor allen Dingen dann als effektiv, wenn die Dauerbelastungen in Blöcken von zwei, drei oder vier Tagen aneinandergereiht werden. Damit wird nicht nur den regulativen Vorgängen Rechnung getragen, es wird auch die »Schuld« des Vortages mit in die neue Trainingseinheit genommen, um eine Kumulation zu erreichen. Durch die eher mäßigen Intensitäten wird eine schnelle Ausschöpfung der Energiereserven vermieden und dem Stoffwechsel Gelegenheit gegeben, für einen gleichmäßigen Nachschub an energiereichen Substanzen zu sorgen (Einschleusung von Zucker und Fettsäuren in die Muskelzellen, Mobilisierung von freien Fettsäuren aus dem Fettgewebe, Glukoneogenese in der Leber etc.).

Die zweite Definition der Ausdauer beschreibt eher die wettkampfspezifische Form, die auch von anderen Komponenten wie Kraft und Schnelligkeit bestimmt wird. Allerdings kommt ein Aspekt zum Ausdruck, der mit reinem

> Das Belastungsprofil eines Radrennfahrers wird von verschiedenen Komponenten seines Leistungs- und Energiestoffwechsels bestimmt

GA1-Training nicht abgedeckt wird. Neben dem kontinuierlichen und ökonomischen Energiefluß muß auch eine Erhöhung der Kapazität der beteiligten Stoffwechselprozesse erfolgen. Innerhalb der Zelle ist es die Erhöhung der mitochondrialen Leistungsfähigkeit des aeroben Stoffwechsels. Ein wesentlicher Reiz auf die Erhöhung von Stoffwechselkapazitäten geht in der Regel von Überintensitäten aus, die den vorliegenden Funktionszustand »überfordern«. Das GA1-Training muß daher in regelmäßigen Abständen durch GA2- bzw. EB-Einheiten unterbrochen werden. Im Fahrerfeld von Straßenradrennen liegen die Intensitäten überwiegend im GA2-Bereich, bei aktiverer Teilnahme am Renngeschehen oder an schweren Bergen im EB-Bereich und darüber. Viele Radrennfahrer wählen daher diese wesentlich motivierendere Belastungsform statt des GA2- oder EB-Trainings. Für den aktiven Radrennfahrer entsteht daher selten die Notwendigkeit, ein GA2-Training durchzuführen.

Das Training im Entwicklungsbereich ist, für sich betrachtet, nicht als Grundlagentraining zu bezeichnen, da hier eine Mischbelastung von aerobem und anaerobem Stoffwechsel vorliegt. Dies hat im wesentlichen drei Funktionen:

- eine intermittierende Überbelastung beim Grundlagenausdauertraining mit Erinnerungsreizen für die glykolytische Energiebereitstellung zur Vermeidung von spezifischen Detrainingseffekten in der Grundlagenausdauerphase
- die Entwicklung der glykolytischen Stoffwechselprozesse und die Vorbereitung auf Trainingseinheiten oder Wettkämpfe mit hochintensiven Inhalten
- die Ausbildung der sog. »Laktattoleranz« (Laktatelimination aus dem Blut und Pufferung)

Auch der Begriff der **Schnelligkeit** im Grundlagenbereich muß zunächst definiert werden. Unter Schnelligkeit wird eine möglichst hohe Kontraktionsgeschwindigkeit der Muskulatur verstanden, äußerlich erkenntlich an hohen Winkelgeschwindigkeiten der bewegten Gelenke. Diese Fähigkeit kommt am deutlichsten zum Ausdruck, wenn Bewegungen ohne Last durchgeführt werden.

Davon abzugrenzen ist die vordergründige Definition von Schnelligkeit als ein möglichst schnelles Bewegen von Lasten oder eine hohe Fortbewegungsgeschwindigkeit. Durch die Beschleunigung von Lasten kommt jedoch eine Kraftkomponente hinzu, die mit den Begriffen **Explosivkraft** bzw. **Schnellkraft** bezeichnet wird.

Die Grundfähigkeit Schnelligkeit im Sinne von Kontraktionsgeschwindigkeit ist abhängig von dem Anteil an ST-Fasern in der Muskulatur, vor allem aber von der neuromuskulären Koordination. Die koordinativen Fähigkeiten werden überwiegend während der sensiblen Phasen im Jugendalter erlernt. Die Erfahrung zeigt, daß nach Einsetzen der Adoleszenz diese Fähigkeiten nicht wesentlich gesteigert werden können. Die jetzt gefundenen Schwankungen sind überwiegend auf regulative Vorgänge zurückzuführen. Bewegungsgeschwindigkeit und Feinkoordination reagieren am schnellsten auf Ermüdungszustände. Im Erwachsenenalter kann allenfalls der Anfänger seine Bewegungsgeschwindigkeit durch den Übungseffekt steigern.

Im Radsport muß die **Koordination** in eine innere und eine äußere unterschieden werden. Die **innere Koordination** beschreibt das Zusammenspiel der verschiedenen Muskeln und die neuromuskuläre Koordination. Diese Fähigkeiten sind sehr eng verknüpft und somit nahezu deckungsgleich mit der reinen Bewegungsgeschwindigkeit bei der Kurbelarbeit. Besonders bei hohen Belastungen ist eine feine Dosierung der vortriebswirksamen Kräfte schwierig, da überwiegend große motorische Einheiten der phasischen Muskulatur für die Regulation beansprucht werden. Hier ist die besondere Befähigung für die Mannschaftsverfolgung und das Mannschaftszeitfahren begründet, wenn der hohe Leistungseinsatz bei 50–60 km/h sensibel auf die Mannschaftskollegen und das Hinterrad des Vordermannes abgestimmt werden muß.

Die **externe Koordination** beschreibt ein effektives und angepaßtes Verhalten auf dem Sportgerät Fahrrad. Dazu gehören Steuerung, Gleichgewichtsgefühl, Kurvenfahren, Windschattenfahren etc. Die externe Koordination beschreibt darüber hinaus auch den situationsgerechten Einsatz der konditionellen Grundfähigkeiten Kraft, Schnelligkeit und Ausdauer. Durch den rechtzeitigen Antritt wird eine günstige Windschattenposition erreicht, die ein kräfteschonendes Fortkommen gewährleistet. Die Leistung muß über eine gewisse Zeitdistanz sinnvoll eingeteilt werden, ein Sprint oder ein Ausreißversuch muß zum richtigen Zeitpunkt des Rennens erfolgen. Für den Überholversuch in einem Mountainbikerennen sollte eine günstige Situation abgewartet werden.

Die **Kraft** ist durch die Struktur der Muskulatur vorgegeben. Die Anzahl der kontraktilen Filamente steht, vermittelt durch die Hebelverhältnisse der Beine, in einem direkten Zusammenhang mit der äußerlich meßbaren Kraft. Diese wird reguliert durch die Rekrutierung der motorischen Einheiten. Genaugenommen ist dies auch eine Form der internen Koordination. Die Kraft kann am effektivsten durch Training mit Gewichten gesteigert werden.

Das Gewichtstraining hat im Radsport einen wichtigen Stellenwert erlangt. Insbesondere bei den Sprintdisziplinen auf der Bahn ist die Maximalkraft ein leistungsbestimmender Faktor.

Der Radsportler muß jedoch beim Gewichtstraining das bilaterale Kraftdefizit berücksichtigen. Man versteht darunter die prozentuale Differenz zwischen dem bilateralen (beidbeinigen) Maximalkraftwert und der Summe der unilateral (rechts und links getrennt) erzielten Maximalkraftwerte. Bei Untrainierten wird ein bilaterales Defizit von –4% gemessen, während Radsportler Defizite von nahezu –10% aufweisen. Die Maximalkraft ist bei beidbeiniger Kontraktion um 10% geringer als die Summe der Einzelkontraktionen von rechtem und linkem Bein allein. Im Vergleich dazu haben Gewichtheber ein bilaterales Defizit von +7%. Die Unterschiede mögen dadurch zustande kommen, daß die Krafteinsätze auf dem Fahrrad alternierend erfolgen, während der Gewichtheber beide Beine gleichzeitig einsetzt. Führt der Radsportler ein synchrones Krafttraining über einen längeren Zeitraum durch, so verringert sich sein bilaterales Defizit. Es mußte jedoch festgestellt werden, daß der dabei erzielte Kraftzuwachs nur in geringem Maße in vortriebswirksame Leistung auf dem Fahrrad umgesetzt werden konnte. Für das praktische Training mit Gewichten leiten sich daraus zwei Konsequenzen ab:

- In jede Krafttrainingseinheit sollte mindestens eine Serie mit einbeiniger Kontraktion eingebaut werden.
- Die Pausen zwischen den Serien sollten mit aktiver Erholung durch Radfahren bei geringer Belastung auf der Rolle gestaltet werden, um das zyklische Kontraktionsmuster des Kurbelns nicht zu überlagern.

Ferner hat sich inzwischen die Meinung durchgesetzt, daß die Verluste beim Umsetzen des Kraftzuwachses durch Hanteltraining geringer sind, wenn sich am Folgetag ein Krafttraining auf dem Rad anschließt. Je nach Erschöpfungs-

Die Kraft ist durch die Struktur der Muskulatur vorgegeben

zustand durch das Vortraining ist dadurch kein sinnvoller Spannungsreiz für die kontraktiven Strukturen gegeben. Dagegen ist jedoch die koordinative Komponente, mit der der Krafteinsatz im Pedalzyklus gesteuert wird, beabsichtigt.

In ähnlich reiner Form, wie die Grundlagenausdauer mit dem Training im GA1-Bereich gefördert wird, kann die Grundlage Kraft auf dem Fahrrad nicht angesprochen werden. Durch die zyklische Bewegung mit hoher Wiederholungszahl spielen die zusammengesetzten Kraftkomponenten Kraftausdauer oder Schnellkraft mit. Aufgrund der koordinativen Besonderheiten ist ein Krafttraining auf dem Fahrrad selbst am sinnvollsten und effektivsten. Für die Trainingsform »**Kraft mit Rad**« (KmR) sind niedrige Tretfrequenzen und hohe Drehmomentwerte durch Bergfahrten kennzeichnend. Bei gleicher Leistung wird durch eine Halbierung der Tretfrequenz von beispielsweise 100 auf 50 U/min das Drehmoment verdoppelt. Die physikalische Leistung ist bei Rotationsbewegungen das Produkt aus Drehmoment und Winkelgeschwindigkeit. Wird die Winkelgeschwindigkeit halbiert, verdoppelt sich das Drehmoment. Mit Erhöhung des Drehmoments werden proportional die Spannungsreize auf die Muskulatur erhöht, womit der Krafttrainingseffekt erreicht wird. Der Begriff KmR subsumiert verschiedene Belastungsformen, die sich durch ihre Intensität und Dauer unterscheiden und mit K1, K2, K3 und K4 bezeichnet werden. Aus physiologischer Sicht kann nur bei K1 und K3 von einem Krafttraining im eigentlichen Sinne gesprochen werden. Soll KmR den Charakter des Grundlagentrainings haben, müssen die Limitierung der Spannungsreize durch den Energiestoffwechsel und Mischtrainingsformen ausgeschlossen werden. Die bei hohen Belastungen typische Laktatkumulation kann durch eine Beschränkung der Belastungszeit oder der -intensität vermieden werden.

Das **K1**-Training wird bei höchsten Intensitäten von durchschnittlich ca. 600–1000 W, in kurzen Belastungsspitzen ca. 900–1600 W (Steigungen), gefahren. Bei Belastungszeiten von 20 bis 45 Sek. tritt noch kein wesentlicher laktazider Effekt auf.

K3 ist eine sehr häufig durchgeführte Trainingsform. Die Intensität liegt innerhalb GA2. Durch den besseren Wirkungsgrad bei 35–50 U/min werden jedoch ca. 10% höhere Durchschnittsleistungen (ca. 300–380 W) erreicht. Die Belastung findet somit unterhalb des maxLaSS statt, so daß eine Limitierung durch Stoffwechselmetabolite nicht gegeben ist. Es können Distanzen zwischen 5 und 30 km absolviert werden.

K2 gibt Belastungen von wenigen Minuten bei einer Intensität von durchschnittlich 400–500 Watt vor. Diese Trainingsform ist wesentlich durch die glykolytische Kapazität bestimmt und wird eher durch diese Form der Energiegewinnung als durch den Leistungsstoffwechsel limitiert, so daß der Sinn dieser Trainingsform in bezug auf das Trainingsziel Kraftzuwachs kontrovers diskutiert wird.

K4 entspricht einem K3-Training mit intermittierenden Belastungsspitzen.

Um die Effekte des K3-Trainings im Zeitfahren optimal umsetzen zu können, muß sich der Sportler disziplinspezifische Bedingungen schaffen. Er sollte am Berg eine höhere Fahrgeschwindigkeit haben, wozu er flachere Steigungen auswählen muß. Die niedrige Tretfrequenz und die hohen Drehmomente werden durch Wahl eines großen Ganges (großes Kettenwerk) erreicht. Die Schwankungen der Fahrgeschwindigkeit werden damit auf ein kleines Maß reduziert, und der gleichmäßige, runde Bewegungsablauf kann eingehal-

> Der Begriff KmR subsumiert verschiedene Belastungsformen

ten werden. Die Koordination ist natürlich auch durch die Haltung des Fahrers bestimmt, so daß diese sich nicht wesentlich von der Position auf dem Zeitfahrrad unterscheiden sollte; andernfalls wird die gesamte Muskelschlinge auf ungewohnte Art gesteuert, mit der Folge, daß das Umsetzen des Krafttrainings auf das Zeitfahren mit höheren Verlusten behaftet ist.

Die **Flexibilität** ist eine muskuläre Eigenschaft. Sie ist eng verbunden mit dem Kontraktionsverhalten eines Muskels und maßgeblich für die aktive Spannungskraft des Muskels bei großer Längenausdehnung verantwortlich. Das Ausmaß der Flexibilität ist abhängig von der Anzahl der längsgeschalteten Sarkomere und der parallelelastischen Bindegewebskräfte.

Mit der Flexibilität wird die Dehnfähigkeit eines Muskels oder einer Muskelgruppe bzw. die muskuläre Einschränkung der Gelenkbeweglichkeit beschrieben. Synonym werden in der Literatur oft Begriffe wie Gelenkigkeit, Gelenkbeweglichkeit, Dehnfähigkeit, Flexibilität und Mobilität verwendet. Als Oberbegriff sollte die **Beweglichkeit** stehen, die die untergeordneten Ausdrücke Dehnfähigkeit und Flexibilität einschließt.

Die Gelenkigkeit bezieht sich auf den knöchernen Gelenkradius, die Dehnfähigkeit und die Flexibilität auf dehnbares biologisches Gewebe (Muskulatur, Bänder, Sehnen). Die Dehnfähigkeit beschreibt den Bewegungsradius unter Einbeziehung (aktiv oder passiv) der elastischen Kräfte und wird von der Flexibilität abgegrenzt. Diese ist das Bewegungsausmaß bis zur Einschränkung durch elastische Kräfte. Man differenziert zwischen aktiver und passiver Beweglichkeit. Die aktive Beweglichkeit hängt von der Kraft der Antagonisten und der Dehnfähigkeit der agonistischen Muskulatur ab. Die elastischen Kräfte werden vom Sportler selbst überwunden. Passive Beweglichkeit ist das Ergebnis einer von außen einwirkenden Kraft (Fremdgewicht, Partner), der Antagonist ist passiv.

Trainingsperiodisierung

Die wichtigsten Merkmale einer modernen Trainingsplanung sind Akzentuierung, Grundlagentraining und Periodisierung. Sie bedingen sich gegenseitig. Das Grundlagentraining bildet die Basis der gesamten Planung. Darauf kann eine Pyramide mit zunehmend komplexeren Belastungsformen bis hin zum Wettkampf in der Spezialdisziplin aufgebaut werden. Sowohl der Ablauf des Grundlagentrainings als auch der Wechsel mit komplexen Trainingsformen und Mischtraining muß gewissenhaft periodisiert werden.

Die einzelnen Grundfähigkeiten besitzen eine unterschiedliche Stabilität. Die Fähigkeiten, die von energetisch oder koordinativ anspruchsvollen Voraussetzungen ausgehen, besitzen die geringste Stabilität. Die Schnelligkeit und die interne Koordination sind daher nur für eine begrenzte Phase auf einem hohen Niveau zu halten, als langlebiger erweist sich die Kraft. Die Ausdauer ist schließlich die stabilste Komponente. Ein Trainingsplan wird grundsätzlich aufgebaut in der Reihenfolge der Stabilität der einzelnen Grundfähigkeiten.

Das Grundlagentraining beginnt mit koordinativ wenig beanspruchenden Belastungen. Belastungsreize, die die Koordination vorübergehend stören können, sollten daher an den Anfang gesetzt werden. Dazu gehören das Grundlagenausdauertraining, bei dem im wesentlichen nur ein uniformes, wenig variables Pedalieren erforderlich ist, und das Krafttraining mit Gewichten. Diese Trainingsformen können parallel in einer Trainingsperiode durchgeführt werden. Sie behindern sich gegenseitig kaum,

Die Flexibilität ist eine muskuläre Eigenschaft

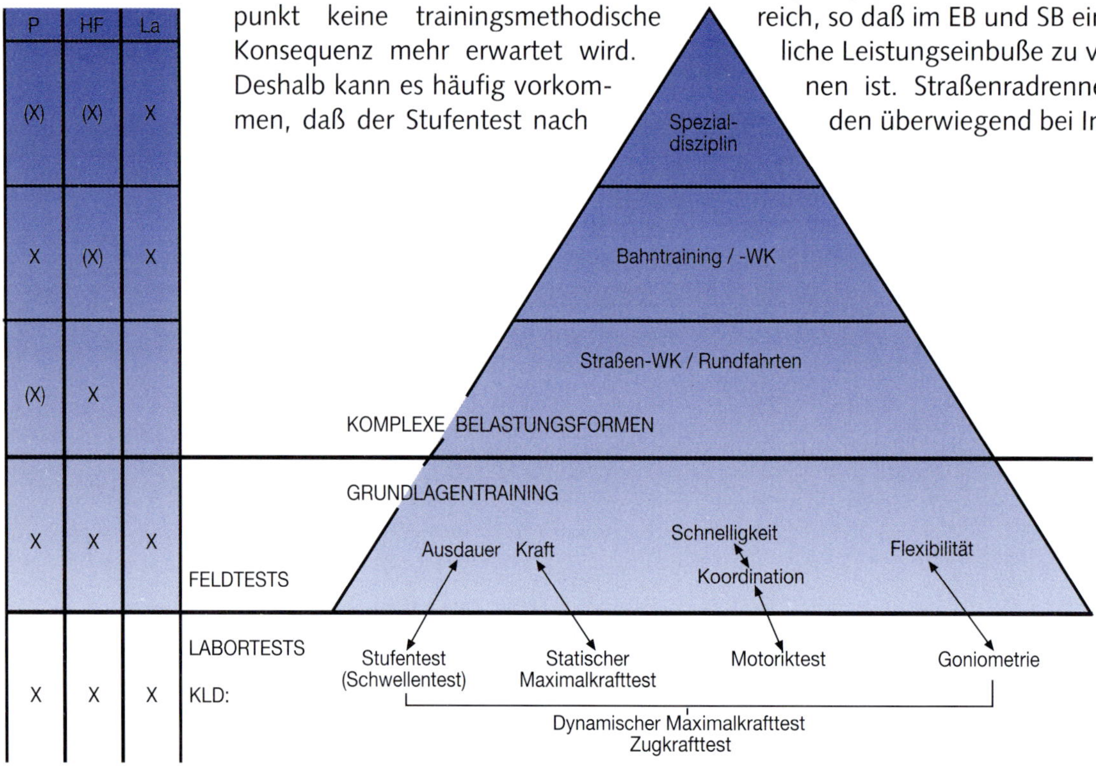

Abb. 11 *Die Trainingspyramide am Beispiel der Verfolgungsdisziplinen auf der Bahn. Auf den einzelnen Ebenen nehmen der Grad der Komplexität und der Anteil der anaeroben Glykolyse an der Energiebereitstellung zu.*

da sie Reize auf unterschiedliche muskuläre Strukturen ausüben. Die koordinative Beeinträchtigung wird in dieser Phase gut toleriert. Je ähnlicher sich verschiedene Beanspruchungsformen sind, desto mehr können sie sich gegenseitig behindern, da sie an gleichen biologischen Strukturen ansetzen und der gleichen Energiebereitstellung bedürfen.

Die unmittelbare Wettkampfvorbereitung kann dagegen keine bleibenden Trainingseffekte mehr erzielen, sondern muß die vorhandenen Grundfähigkeiten aufeinander abgestimmt stimulieren, so daß der Athlet am Start optimal vorbereitet ist.

Die Veränderungen der Laktat-Leistungs-Kurve im Lauf einer Saison spiegeln die Veränderungen des Energiestoffwechsels wider, die durch ein stark akzentuiertes Training hervorgerufen werden. In der Regel wird zu den Saisonhöhepunkten, insbesondere in der unmittelbaren Wettkampfvorbereitung zum Saisonhöhepunkt, keine Leistungsdiagnostik mehr durchgeführt, da zu diesem Zeitpunkt keine trainingsmethodische Konsequenz mehr erwartet wird. Deshalb kann es häufig vorkommen, daß der Stufentest nach der Winterpause das beste Ergebnis in der ganzen Saison erbringt. Das liegt daran, daß alle Energieressourcen ausgeruht und aufgefüllt sind und eine einmalig hohe Belastung ermöglichen. Die vermeintlich schlechteren Ergebnisse im Verlauf der Saison könnten selbstverständlich sehr viel häufiger ohne Leistungseinbuße reproduziert werden.

Nach der Trainingspause ist das Niveau des Blutlaktatspiegels in allen Trainingsbereichen hoch. Die Ergometrie nach dem ersten Ausdauerblock bringt meistens eine deutlich geringere Abbruchleistung bei deutlich niedrigeren Laktatwerten. Durch den geringeren Kohlenhydratumsatz sind die Laktatschwellen u. U. nach links verschoben.

Die niedrigen Blutlaktatspiegel können sowohl durch den verbesserten aeroben Stoffwechsel als auch durch eine Glykogenverarmung nach den hohen Trainingsumfängen erklärt werden. Die Glykogenverarmung muß durch eine verstärkte Lipolyse kompensiert werden. Dies gelingt jedoch nur im Ausdauerbereich, so daß im EB und SB eine deutliche Leistungseinbuße zu verzeichnen ist. Straßenradrennen werden überwiegend bei Intensitä-

P	HF	La
(X)	(X)	X
X	(X)	X
(X)	X	
X	X	X
X	X	X

Spezialdisziplin

Bahntraining / -WK

Straßen-WK / Rundfahrten

KOMPLEXE BELASTUNGSFORMEN

GRUNDLAGENTRAINING

FELDTESTS — Ausdauer, Kraft, Schnelligkeit, Koordination, Flexibilität

LABORTESTS KLD: Stufentest (Schwellentest), Statischer Maximalkrafttest, Motoriktest, Goniometrie

Dynamischer Maximalkrafttest
Zugkrafttest

ten von GA2 und höher absolviert. Hiermit ist ein hoher glykolytischer Umsatz verbunden.

Wird ein Stufentest unmittelbar nach einer Mehretappenrundfahrt durchgeführt, findet sich ein hohes Niveau des Basislaktats. Die Untersuchung wird meist wegen Erschöpfung relativ früh abgebrochen, bevor die Laktat-Leistungs-Kurve den steilen Schenkel erreicht. Ähnliche Laktatkurven werden bei Krankheit gefunden.

Nach einer lohnenden Kompensationsphase mit überwiegend KB- und GA1-Training senkt sich das Niveau des Basislaktats, und die gesamte Kurve stellt sich nach rechts verschoben dar, was überwiegend über eine nach rechts verschobene LT1 (siehe Abb. 13, S. 490) zustande kommt. Das Kennzeichen dieser Kurve ist noch eine eingeschränkte Laktatmobilisationsfähigkeit. Die einzelnen Leistungsbereiche setzen sich jetzt sehr gut durch Flexionspunkte voneinander ab. Diese Form der Laktat-Leistungs-Kurve ist eine gute Grundlage für intensive Belastungen.

Wird im Laufe einer Bahntrainingseinheit, insbesondere nach Absolvierung mehrerer EB-Einheiten, ergometriert, findet sich eine deutliche Leistungssteigerung durch die gesteigerte Glykolyse und Laktatmobilisation im EB und SB. Gleichzeitig verschiebt sich LT2 deutlich nach rechts. Die Höhe von LT2 scheint stark von regulativen Vorgängen, insbesondere von der Mobilisation der Glykolyse, abzuhängen. Sie kann innerhalb weniger Tage durch ein gezieltes EB-Training um 20, in Einzelfällen um bis zu 40 Watt angehoben werden. LT1 dagegen beruht auf der Kapazität der aeroben Stoffwechselvorgänge und unterliegt regulativen Schwankungen weniger. Aus der Erfahrung der letzten Jahre scheint die Höhe von LT1 die wichtigere leistungsbestimmende Voraussetzung im Vergleich zu LT2 zu sein.

Ernährung

Die Ernährung ist ein wichtiger Faktor für den Nachschub an energiereichen Substanzen. Die Zusammensetzung der Ernährung kann den Energiestoffwechsel beeinflussen. Ein relatives Überangebot eines Nährstoffes kann die anderen verdrängen. Eine deutlich kohlenhydratbetonte Ernährung gestattet in der Regel eine gesteigerte Glykolyse-Rate, was durch höhere Laktatwerte zum Ausdruck kommt. Eine kohlenhydratarme und fettreiche Ernährung führt zu einer verstärkten Lipolyse und zu einem Leistungsverlust im intensiven Bereich. Eine verstärkte Zufuhr von Eiweiß kann ebenfalls einen Verdrängungseffekt gegenüber Kohlenhydraten und Fetten haben. Hinweise darauf sind erhöhte Ammoniak- und Harnstoffspiegel.

Kohlenhydrate sind aus leistungsphysiologischer Sicht die wichtigste Energiequelle, insbesondere bei hohen Intensitäten. Es muß daher für eine ausreichende Zufuhr über die Ernährung gesorgt werden. In zahlreichen Studien konnte auch gezeigt werden, daß eine Kohlenhydratverarmung zu einer Leistungseinbuße und reiche Kohlenhydratspeicher zu einer Leistungssteigerung führen. Durch einen gezielten Ablauf von Training und Ernährung vor einem Wettkampf können die Glykogenspeicher der Muskulatur überschießend gefüllt werden. Dies kann bereits durch einen vermehrten Kohlenhydratanteil der Ernährung erreicht werden. Verstärkt wird dieser Effekt noch im Rahmen der sog. Superkompensation (siehe Kap. »Trainingslehre«). Für ein, zwei oder drei Tage, z. B. am 5., 4. oder 3. Tag vor dem Wettkampf, werden noch einmal intensive und erschöpfende Belastungen durchgeführt, die über eine erhöhte Glykolyse-Rate den Abbau der Glykogenvorräte bewirken. Der Effekt wird zusätzlich dadurch verstärkt, daß die Ernährung kohlenhydratarm, jedoch fett- und eiweißreich ist. Die letzten beiden Tage vor dem Wettkampf werden nur mit regenerativem Training und einer Kohlenhydratmast verbracht, womit es zu einer überschießenden Glykogeneinlagerung in die Muskulatur kommt. In wissenschaftlichen Untersuchungen konnte nachgewiesen werden, daß dieses Vorgehen über die erhöhte Kohlenhydratspeicherung zu einer Leistungssteigerung führt. Allerdings muß bedacht werden, daß die Versuchspersonen oft nur durchschnittlich trainiert waren und die experimentelle Belastung vergleichsweise kurz und nur einmalig durchgeführt wurde.

Im Hochleistungssport muß dieses Vorgehen differenzierter betrachtet werden. Die Kohlenhydratmast führt zu einer Verdrängung der anderen Energieträger und zu höheren Laktatwerten bereits bei mittlerer Belastung. Unter den Wettkampfbedingungen der 4000-m-Einerverfolgung der Männer bei den Weltmeisterschaften in Maebashi/Japan wurden nach einer überschießenden Kohlenhydratanreicherung unmittelbar nach der Qualifikation über 50% höhere Laktatwerte gefunden, die mit einer deutlichen Leistungseinbuße einhergingen.

Mit dem erhöhten Kohlenhydratangebot stehen zwar mehr schnell verfügbare Energieträger zur Verfügung, ihr Abbauprodukt kann jedoch über eine negative Beeinflussung des Zellmilieus zu einer enzymatischen Hemmung führen. Die Ernährung vor dem Wettkampf muß in hohem Maße die Art des verfolgten Trainingsprinzips und die Distanz des Wettkampfs berücksichtigen. Eine Kohlenhydratmast kann eigentlich nur bei Kurzzeitbelastungen bis zu einer Minute, z.B. für den 1000-m-Fahrer, befürwortet werden. Sie ist nur dann sinnvoll, wenn im Training häufig die sogenannte Laktattoleranz trainiert wurde. Ein Beispiel hierfür sind größere Serien von EB-Einheiten, bei denen zwischen den Einzelbelastungen kurze, nicht lohnende Pausen liegen, so daß es von Durchgang zu Durchgang zu einer Laktatanhäufung kommt. In allen Disziplinen, bei denen die Ausdauer eine leistungslimitierende Komponente ist, sollte in Abhängigkeit vom Training eine überschießende Kohlenhydratspeicherung nur beschränkt angewendet werden. Insbesondere wenn durch ein umfangreiches Grundlagenausdauertraining die Stoffwechselbasis dafür geschaffen wird, daß die Bildung von Laktat vermieden bzw. die Elimination forciert wird, können kurz vor dem Wettkampf gegebene Kohlenhydratmengen das bis dahin mühsam antrainierte Stoffwechselgleichgewicht durcheinanderbringen. Ein Hochleistungsradrennfahrer trainiert ca. 15 000 km/Jahr im GA1-Bereich mit dem Ziel – vereinfacht ausgedrückt –, die Laktatbildung zu vermeiden. Die langen, in GA1-Blöcken aufgebauten Belastungen zwingen den Körper frühzeitig und sogar bei intermittierender Belastungssteigerung, den Fettstoffwechsel »hochzufahren«. Der Bahnverfolger ist selbst in der unmittelbaren Wettkampfvorbereitung auf GA1-Erinnerungsreize angewiesen, um diese Fähigkeit zu erhalten. Eine Kohlenhydratmast kann durch Verdrängungseffekte diese Eigenschaften überspielen.

Anders sind die Verhältnisse natürlich, wenn in der Saison sehr viel weniger Umfänge trainiert werden, dafür jedoch häufige Belastungsreize im intensiven Bereich zur Stimulation der anaeroben Glykolyse und der Laktattoleranz erfolgen. Selbstverständlich ist jede überkompensierende Glykogenspeicherung leistungssteigernd. Allerdings hat sich diese Methode für die Disziplinen als nachteiliger erwiesen, die einen Wettbewerb mit Turniercharakter bestreiten.

> **Ein Hochleistungsradrennfahrer trainiert ca. 15000 km/Jahr im GA1-Bereich mit dem Ziel – vereinfacht ausgedrückt –, die Laktatbildung zu vermeiden**

Es kann immer wieder beobachtet werden, daß vor und nach schweren Radrennen, insbesondere zwischen den einzelnen Etappen einer Rundfahrt, Glukose-Infusionen verabreicht werden. Dies wird mit dem erhöhten Energiebedarf begründet, der über die orale Ernährung nicht gedeckt werden kann. Über periphere Venen kann jedoch höchstens eine 5 %ige Lösung verabreicht werden; höhere Konzentrationen führen zu Reizungen der Venenwände. Mit einem Liter Infusionslösung werden also nur 50 g Glukose aufgenommen. Die zugeführte Energiemenge entspricht einer kleinen Zwischenmahlzeit wie z. B. einem halben Teller Spaghetti und kann innerhalb weniger Minuten aufgenommen werden. Außer einem psychologischen Effekt bringen Infusionen somit keinen Vorteil. Derartig invasive Eingriffe sollten nur einer strengen medizinischen Indikation vorbehalten bleiben, wenn beispielsweise wegen Erschöpfung, Hitzschlag oder Verletzung eine Flüssigkeits- und Nahrungsaufnahme nicht möglich ist.

Die Ernährung im Training sollte sich nach den Trainingsinhalten richten. Im Grundlagenausdauertraining gewinnt der Fettabbau gegenüber den Kohlenhydraten an Bedeutung. Da der Fettstoffwechsel eines der Trainingsziele ist, sollte die Ernährung den erhöhten Fettumsatz beachten. Eine ausgewogene, durchaus sogar »gutbürgerliche« Küche ist bei diesem Trainingsschwerpunkt empfehlenswert. Es ist auch zu berücksichtigen, daß bei der hohen Ausschöpfung der Energiereserven an Kohlenhydraten und Fetten der Eiweißstoffwechsel stärker in die Energiegewinnung mit einbezogen wird. Vor allem bei überlangen Trainingseinheiten kann eine Indikation gegeben sein, um Eiweiß in erhöhtem Maße als Zusatzernährung zuzugeben. Bei intensiverem Training, z. B. Bahntraining oder Geländetraining mit dem Mountainbike, steigt der Energieumsatz pro Zeiteinheit. Insbesondere der Kohlenhydratumsatz wird gesteigert. Dem muß die Ernährung Rechnung tragen.

Oft ist es nicht nötig, ausgeklügelte Ernährungspläne zu entwerfen, da das Hungergefühl des Athleten die Speisekarte bestimmen kann. Ist die Auswahl an Nahrungsmitteln auf dem Tisch reichhaltig und wird der Rennfahrer nicht durch Ernährungshinweise eingeschränkt, wählt er oft Speisen aus, mit denen er unbewußt seine Nährstoffdefizite ausgleicht. Nach 200 km GA1-Training sind dies eher ein Steak und Kartoffeln, nach 2 oder 3 EB-Trainingseinheiten bevorzugt er Berge von Spaghetti.

Die Ernährung während des Trainings spielt nur bei langen Trainingseinheiten, die überwiegend im Rahmen des Ausdauertrainings durchgeführt werden, eine Rolle. Das GA1-Training soll den Energiefluß in der Muskelzelle über längere Zeit in ein höheres Gleichgewicht versetzen. Dementsprechend sollten auch die Nährstoffe in gleichmäßiger Form zur Verfügung stehen. Vor allen Dingen bei der Kohlenhydratzufuhr und während des Trainings ist es wichtig, daß komplexe Kohlenhydrate angeboten werden, die zu einem gleichmäßigen Einströmen von Glukose in die Blutbahn führen. Die Ernährung mit kurzkettigen Zuckern, wie sie in sog. Energiedrinks und süßen Energieriegeln enthalten sind, führt zu einem starken und schnellen Anstieg des Blutzuckerspiegels, was ausgeprägte Stoffwechselreaktionen zur Folge hat. Um den Blutzuckerspiegel zu senken, kommt es zu einem starken Anstieg der Insulinfreisetzung, was in der Regel einen sogenannten Rebound-Effekt zur Folge hat. Der Blutzuckerspiegel sinkt wiederum stark ab; dies äußert sich in einem Heißhungergefühl, das wiederum nach schnell

Die Ernährung im Training sollte sich nach den Trainingsinhalten richten

»Essen auf Rädern.«

einströmenden kurzkettigen Kohlenhydraten verlangt. Wurde erst einmal diese Form der Energiesubstitution während des Trainings begonnen, muß sie in regelmäßigen Abständen weitergeführt werden.

Die vielfach auf dem Markt angebotenen »Elektrolyt-« oder »Energiegetränke« sind in ihrer Zusammensetzung letztlich meist nichts anderes als Zuckerlösungen. Im Training sollte man sie daher höchstens in einer Verdünnung verwenden, in der sie eine Geschmacksverbesserung für das mitgeführte Getränk bewirken. Die Energiezufuhr sollte über komplexe Kohlenhydrate (z. B. Müsliriegel), denen durchaus auch Fett- und Eiweißanteile zugesetzt werden dürfen, erfolgen.

Anders sieht die Ernährungssituation natürlich im Straßenradrennen aus. Komplexe oder gar vollwertige Nahrung ist für den Magen-Darm-Trakt belastend und wird meistens unter Rennbedingungen nicht toleriert. Die hohe Energieausschöpfung im Rennen muß schnell wieder ausgeglichen werden, so daß hier in der Regel kurzkettige Kohlenhydrate angeboten werden. Vor allen Dingen in den letzten Rennabschnitten werden sogar Glukosekonzentrate eingenommen, die noch einmal zu einer deutlichen Leistungssteigerung führen können. Es ist immer darauf zu achten, daß mit der Glukose auch eine ausreichende Menge an Flüssigkeit aufgenommen wird. Freie Glukose bindet Wasser an sich. Wird dieses nicht über den Darm zugeführt, kann es dem Blut entzogen werden. Dies löst im Darm Durchfall und im Blut einen Flüssigkeitsmangel mit Leistungsverlust aus.

Kraftsportler ergänzen ihre Nahrung häufig durch zusätzliche Eiweißpräparate. Dies geschieht in der Vorstellung, daß ein Überangebot an Eiweiß den Strukturstoffwechsel der Muskelzelle verstärkt und zu einer vermehrten Bildung von kontraktilen Elementen führt. Einflüsse der Ernährung auf den Energiestoffwechsel und die Zusammensetzung der Energievorräte sind physiologisch nachvollziehbar und wissenschaftlich-experimentell nachgewiesen worden. Für einen positiven Einfluß eines Eiweiß-Überangebotes auf den Strukturstoffwechsel der Muskulatur fehlt jedoch bislang jeglicher wissenschaftliche Nachweis. Die häufig festgestellte Gewichtszunahme beruht in der Regel auf einer vermehrten Wassereinlagerung. Nach Absetzen der Eiweißpräparate verliert manch ein Sportler innerhalb weniger Tage sein scheinbar antrainiertes Mehrgewicht über die Toilette. Von einem stark überhöhten Eiweißangebot gehen eher negative Folgen aus. Werden die Kohlenhydrate von der eiweißanteiligen Energiebereitstellung verdrängt, so hat dies bei einem Krafttraining, das durch kurze, hochintensive Belastungen gekennzeichnet ist, eine leistungseinschränkende Wirkung. Erhöhte Anteile der Eiweiße am Energiestoffwechsel führen zu einer Konzentrationszunahme der Endprodukte Ammoniak, Harnstoff und Harnsäure. Hohe Konzentrationen von Harnsäure wirken schädigend auf die Niere und können sich in den Gelenken ablagern.

Verschiedene Aminosäuren sind nicht nur Bausteine der Eiweiße, sondern haben auch Botenfunktionen. Einige von ihnen, z. B. Arginin, führen über eine erhöhte Konzentration zu einer unspezifischen Stoffwechselanregung. In der Vorstellung, daß daraus eine anabole Wirkung zu erzielen ist, werden Aminosäurepräparate angeboten. Bisher steht jedoch der wissenschaftliche Nachweis durch meßbare Erfolge aus.

Das wichtigste Kriterium der sportlergerechten Ernährung ist die ausgewogene Zusammensetzung, die Vielseitigkeit und die Anteile an frischen pflanzlichen Nahrungsmitteln in Form von Obst und Gemüse. Damit wird für eine ausreichende, ausbalancierte Nährstoff-, Vitamin- und Elektrolytzufuhr gesorgt. Durch eine qualitativ hochwertige Ernährung kann der vermehrte Energiebedarf des Sportlers gedeckt werden. Leistungsdefizite werden gerne mit einem Elektrolyt- oder Vitaminmangel in Verbindung gebracht. Die wichtige Bedeutung einzelner Elektrolyte oder Vitamine ist unbestritten, Mangelzustände sind jedoch vergleichsweise selten. Eine medikamentöse Substitution mit Vitaminen und Mineralstoffen ist eigentlich nur dann angebracht, wenn über einen längeren Zeitraum eine ausgewogene und gute Ernährung nicht möglich ist.

Leistungsdiagnostik

Mit leistungsphysiologischen Tests werden Kapazität und Regulation des Arbeitsstoffwechsels, des Energiestoffwechsels, des Herz-Kreislauf-Systems und der Atmung überprüft. Sie dienen in erster Linie der Gesundheitsbeurteilung und der Früherkennung von Erkrankungen des Herz-Kreislauf-Systems sowie der Atmung. Diese manifestieren sich zuerst unter Belastung und können in Ruhe lange asymptomatisch bleiben. In der Regel wird ein Ergometertest mit stufenförmig ansteigender Belastung bis zum Auftreten von Symptomen bzw. bis zur muskulären Erschöpfung durchgeführt.

Die wiederholte Durchführung von Leistungstests dient Sportlern und Trainern zur Kontrolle von Trainingseffekten. Aus der Analyse sollen Hinweise für die weitere Trainingssteuerung gewonnen werden. Leistungstests sind somit ein Element im Regelkreis von Trainingssteuerung und Trainingserfassung.

Warum werden diese beim Radrennfahrer nicht immer beliebten Tests gefahren? Reichen wiederholte Leistungsüberprüfungen im Wettkampf nicht aus? Im leistungsmedizinischen Test helfen physiologische Parameter, die Anteile der einzelnen Leistungskomponenten aufzuschlüsseln. Um vergleichende Aussagen machen zu können, muß die Reproduzierbarkeit der Testbedingungen bei allen Wiederholungen gegeben sein. Im Feldtest oder gar in Wettkampfsituationen gelingt dies in der Regel nicht.

Kaum eine andere Sportart kann im Labor so gut simuliert werden wie das Radfahren. Stationäre Ergometer haben den Vorteil, immer wieder reproduzierbare gleiche Bedingungen zu schaffen. Durch den stationären Betrieb ist es möglich, während einer Belastung kontinuierlich oder intermittierend physiolo-

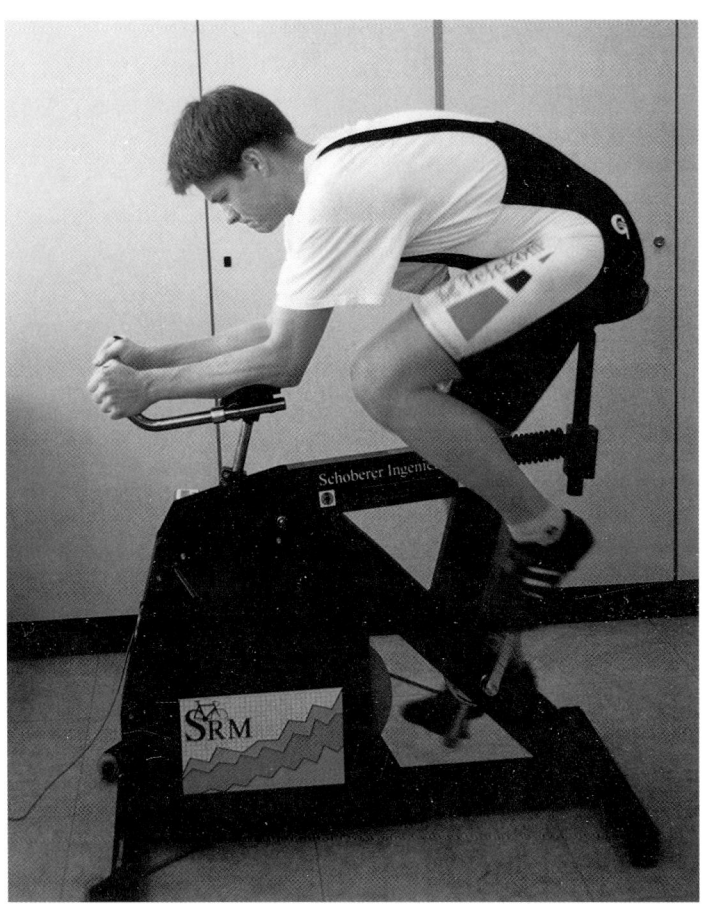

Jeder Test wird in der individuellen Haltung des Rennfahrers in seiner Spezialdisziplin gefahren.

gische Meßgrößen zu erheben. Dennoch kann eine Fahrradergometeruntersuchung eine Freifahrt auf dem Rennrad nicht vollständig simulieren. Im Labor fehlt der kühlende und schweißverdunstende Fahrtwind. Durch die kontinuierliche Bremsung wird eine gleichmäßige Leistungsabgabe gefordert; dies trägt in hohem Maße zur Standardisierung der Belastung bei. Sie wird aber vom Probanden eher als unangenehm empfunden, weil die kurzen geländebedingten Pausen, die in der Freifahrt möglich sind, entfallen. Vor allem fehlt natürlich beim stationären Betrieb die motivierende Rückmeldung für den Leistungseinsatz, da keine Fortbewegung wahrgenommen werden kann. Diese Punkte erklären sicherlich auch die verbreitete Abneigung von Hochleistungsradrennfahrern gegenüber Ergometertests.

Ergometer sind stationäre Fahrräder, bei denen die Fahrwiderstände (Luftwiderstand und Reibungswiderstand) durch eine Bremse simuliert werden. Normalerweise werden für die heute üblichen Ergometer Wirbelstrombremsen verwendet. Diese gestatten in der Regel zwei Betriebsarten. Bei der drehzahlabhängigen Bremsung besteht ein festgelegtes Verhältnis zwischen der Umdrehungszahl und der Bremsleistung. Eine Erhöhung der Pedalumdrehung ist mit einem höheren Bremswiderstand verbunden und umgekehrt.

Da bei den meisten Testverfahren der Aufwand des Leistungsstoffwechsels und somit die Bremsleistung des Ergometers vorgegeben wird, erweist sich die sogenannte drehzahlunabhängige Betriebsart als praktikabler. Der Proband ist nicht gezwungen, eine Tretfrequenzvorgabe exakt einzuhalten, sondern kann sich seine individuelle Tretfrequenz selbst suchen. Die vorgegebene Leistung wird somit in jedem Fall eingehalten und erfüllt. Sie ist nicht abhängig vom Geschwindigkeitsgefühl und koordinativen Fähigkeiten des Probanden.

Da jedoch auch bei gleicher Leistung die Höhe der Tretfrequenz einen hohen Einfluß auf den Wirkungsgrad hat, sollte ein Test von Anfang bis Ende mit möglichst der gleichen Tretfrequenz gefahren werden, die auch in Folgeuntersuchungen für die Vergleichbarkeit im Längsschnitt eingehalten werden sollte. Für Hochleistungsradrennfahrer, die mehrfach im Jahr untersucht werden, wurde die Tretfrequenz einheitlich festgelegt.

Die übliche Leistungsdiagnostik beinhaltet im wesentlichen einen standardisierten Ergometertest. Bei einer Ausgangsbelastung von 100 W wird die Leistung alle 3 Min. um je 50 W erhöht (100-50-3).

Mit Weiterentwicklung der Trainingsmethodik sind von Trainern und Athleten differenzierte Fragestellungen an die Leistungsdiagnostik gestellt worden, die in diesem vergleichsweise einfachen Testmodell nicht beantwortet werden konnten. Mit Einzug des Krafttrainings in den Radsport kamen zusätzlich biomechanische Fragestellungen hinzu, so daß die Leistungsdiagnostik nicht mehr allein Sache der Sportmediziner war. Darüber hinaus wurde zunehmend der Wunsch geäußert, die Ergebnisse des Labortests mit Feldtests oder Wettkampfleistungen vergleichen zu können.

Somit stellte sich die Frage nach einem insgesamt durchgängigen System von Labortests, Feldtests und Wettkampfüberwachungen, welches sich an die Struktur der Trainingsmethodik anzupassen hatte. Besonders im Bereich der Labortests und der Wettkampfanalyse wurden Neuentwicklungen nötig. Dazu wurden in Freiburg in Zusammenarbeit der Universitätsklinik mit dem Olympiastützpunkt, dem Institut für Sport und Sportwissenschaften und der Firma SRM die notwendigen Labortests und Meßstationen entwickelt.

In Anlehnung an die Trainingspyramide werden auf den einzelnen Ebenen spezifische Testverfahren durchgeführt. Im Labor werden unter standardisierten Bedingungen die einzelnen Grundfähigkeiten in möglichst isolierter Form, d.h. ohne Beeinflussung durch andere Eigenschaften, getestet. Zahlreiche Parameter können invasiv und nichtinvasiv während der laufenden Belastung erhoben werden. Dies ist ein Vorteil des stationären Betriebs auf dem Ergometer. Gesonderte Messungen der verschiedenen Grundfähigkeiten erfordern mehrere Tests, die in einer Zusammenschau interpretiert werden müssen.

Diese neue Form der Leistungsdiagnostik wird von der herkömmlichen Form auch begrifflich unterschieden und als **Komplexe Leistungsdiagnostik (KLD)** bezeichnet.

In Feldtests können lediglich die nichtinvasiv erfaßbaren Parameter wie Herzfrequenz, Tretfrequenz und Geschwindigkeit kontinuierlich aufgezeichnet werden, während die invasiven Parameter, z. B. Laktatproben, nur stichprobenartig am Ende der Belastung gewonnen werden können.

In der Freifahrt auf dem Fahrrad ist das Verhältnis der Leistung zu den individuellen Fahrwiderständen eines Fahrers sehr unterschiedlich. Jeder Fahrer muß also eine unterschiedliche Leistung erbringen, um eine bestimmte Geschwindigkeit erreichen zu können. Die einzelnen Fahrwiderstände können auf dem Ergometer natürlich nicht quantitativ berücksichtigt werden.

Daraus ergibt sich nun eine wichtige Konsequenz in der allgemeinen Beurteilung von Ergometertests: Unterschiedliche Probanden können untereinander primär nicht verglichen werden, da die absolute Höhe einer Leistung erst noch auf die tatsächlichen Fahrwiderstände im Freifahrversuch korreliert werden muß.

Erst mit Einführung des SRM-Systems (siehe Kap. »Bahnradsport«) ist dies möglich geworden. Besonders für Freifahrten unter standardisierten Bedingungen (auf der Bahn) lassen sich jetzt Einschätzungen der Leistungsfähigkeit bzw. der Eignung für bestimmte Leistungsvorgaben anhand von Labortests vornehmen. Allerdings ist nach wie vor der Vergleich von Labor- und Feldtests mit Vorsicht vorzunehmen, da Änderungen der Umweltbedingungen wie der Temperatur, der Luftfeuchtigkeit, des Bodenbelags, aber auch der Tretfrequenz zu berücksichtigen sind.

Im folgenden sollen zunächst grundlegende Probleme bei der Erfassung der verschiedenen Grundfähigkeiten diskutiert werden; im Anschluß daran wird eine Übersicht der aktuellen Testverfahren gegeben.

> Gesonderte Messungen der verschiedenen Grundfähigkeiten erfordern mehrere Tests, die in einer Zusammenschau interpretiert werden müssen

Messung der Kraft

Zwischen der dynamischen und statischen Kraft besteht ein hoher korrelativer Zusammenhang. Anschaulich stellt die statische Maximalkraft eine Momentaufnahme in einem bestimmten Dehnungszustand des Muskels bzw. in einer bestimmten Winkelstellung der Gliedmaßen dar. Die dynamische Kraft wird durch die Last beschrieben, die durch maximale dynamische Kontraktion bewegt werden kann. Sie ist limitiert durch die Kraft, die in den ungünstigsten Winkelstellungen aufgebracht werden kann. Daher ist die isometrische Maximalkraft in der Regel größer als die dynamische Messung der statischen Maximalkraft. Unter genauer Berücksichtigung der Gelenkwinkel ist sie die am besten reproduzierbare Methode zur Erfassung der Kraft.

Die Beinkraft wird üblicherweise an einer statischen Beinpresse gemessen. Beim Pedalieren kommt es jedoch nicht auf die Beinstreckung, sondern auf die aktive Beugung an. Ferner werden die Kontraktionen von rechtem und linkem Bein alternierend durchgeführt. Für Radsportler wird daher die Meßvorrichtung dem Sportgerät Fahrrad angeglichen. An einem statischen Meßfahrrad werden die Kurbeln in einer bestimmten Winkelstellung fixiert. Die Kraft in den Kurbeln wird über Kraftaufnehmer (Dehnmeßstreifen, -schleifen oder Kraftmeßdosen) erfaßt und nach Druck und Zug aufgeschlüsselt.

Für Routineuntersuchungen wurde für den **Statischen Maximalkrafttest** eine Standardisierung festgelegt. Es wird in horizontaler (90°) und diagonaler (50°) Kurbelstellung gemessen. Die übliche Kurbelstellung beim Anfahren (stehender Start) liegt zwischen diesen Winkelpositionen. Aus der Differenz der Kraftwerte kann ein Hinweis auf das Kraft-Dehnungs-Verhältnis der Muskulatur gewonnen werden. Auf Kommando übt der Sportler Kräfte auf das starr fixierte Pedalsystem aus, wie er es bei stehendem Start gewohnt ist. Jede Kurbelstellung und jede Seite wird je zweimal getestet, der jeweils bessere Versuch wird gewertet. Insgesamt sind somit 8 Versuche zu leisten. Die physikalische Einheit der Kraft ist Newton (N; 1 kp = 9,81 N).

Beurteilung der Ausdauerleistungsfähigkeit – Messung der aeroben Kapazität

Die Ausdauerleistungsfähigkeit ist in großem Maße abhängig vom Energiestoffwechsel, für dessen Beurteilung physiologische Parameter herangezogen werden müssen. Untersuchungen des Energiestoffwechsels gehören damit zum festen Repertoire der Sportmediziner, zumal mit den erhobenen Parametern auch eine Beurteilung der Gesundheit vorgenommen werden kann. Der nach außen gerichtete Anteil des Arbeitsstoffwechsels wird physikalisch gemessen. Nicht zuletzt durch die Verknüpfung mit der Gesundheitsbeurteilung werden Ausdauertests häufiger durchgeführt. Für deutsche Kaderathleten sind sie mindestens einmal im Jahr Pflicht. Eine KLD mit weiteren Tests ist dagegen sehr aufwendig und bleibt daher nur Kaderathleten des BDR vorbehalten.

Ausdauertests werden meist mit einer stufenförmig ansteigenden Belastungsvorgabe gefahren. Beim Gesunden werden die Stufentests bis zur Erschöpfung durchgeführt. Somit ist die Ergometerbremsleistung bei Abbruch eine direkte Kenngröße des Leistungsstoffwechsels. Die Herzfrequenz ist die am häufigsten verwendete leistungsdiagnostische und trainingssteuernde Kenngröße. Sie ist ein indirekter Parameter, der verschiedenen Einflußgrößen unterliegt. Sie kann in einem intermittierend aufgezeichneten EKG exakt abgelesen werden. Da die Herzfrequenz vor allem in den unteren Belastungsstufen z. T. deutlichen Schwankungen unterliegt, wird häufig zusätzlich eine kontinuierliche Aufzeichnung durchgeführt. Dazu bieten sich die handelsüblichen Pulstestsysteme an. Neuere Modelle können inzwischen die Herzschlagvarianz von Schlag zu Schlag unterscheiden. Das genaueste System zur kontinuierlichen Herzfrequenzregistrierung ist der Geburtshilfe entnommen. Mit einem Kardiotokographen wird jeder Herzschlag registriert und graphisch dargestellt. Die Einzelpunkte ergänzen sich zu einer Herzfrequenzkurve mit höchstmöglicher Genauigkeit.

Vom Energiestoffwechsel werden die direkten Metaboliten O_2, CO_2 und Laktat bestimmt. Ventilationsgrößen wie z.B. das Atemzugvolumen (AZV) oder das Atemminutenvolumen (AMV) sind dem nach innen gerichteten Leistungsstoffwechsel zuzuordnen. Der Gaswechsel und die Ventilationsgrößen werden mit der Spirometrie gemessen. Die Atemluft wird über eine Maske zu- und abgeführt, wodurch Volumina und Bestandteile gemessen werden. Grundsätzlich muß in der Spirometrie zwischen zwei Verfahren unterschieden werden. Im »geschlossenen Verfahren« wird die Atemluft von der Maske über einen Schlauch in einen geschlossenen Behälter geleitet, wo die Messungen präzise erfolgen können. Bei den »offenen Verfahren« erfolgt die Messung der vorbeiströmenden Luft direkt in der Maske. Offene Systeme haben den Vorteil, daß das Luftreservoir und der zuführende Atemschlauch entfallen, womit der künstliche Atemwegswiderstand und das zusätzliche Todraumvolumen (= Pendelvolumen) deutlich geringer sind. Aus der Differenz der Konzentrationen von O_2 und CO_2 in der Ein- und Ausatemluft und dem AMV werden die Aufnahme- und Abgabemengen je Zeiteinheit errechnet. Da die Volumina des Gaswechsels von der Körpermasse abhängig sind, werden die Angaben auf das Körpergewicht als relative O_2-Aufnahme (VO_2/kg [ml/kg x min] (und CO_2-Abgabe (VCO_2/kg [ml/kg x min]) bezogen. Aus den Größen des Gaswechsels können RQ und Ventilationsschwellen (VT1–VT3) berechnet werden.

Die Bestimmung der Blutlaktatkonzentration bedarf einer Blutprobe. Sie ist somit eine invasive Methode. Das Blut wird aus dem Kapillarbett, wo eine Druckminderung stattgefunden hat, entnommen. Dazu bieten sich die Fingerbeeren oder die Ohrläppchen an, die mit einer hyperämisierenden Salbe vorbehandelt werden. Je nach Methode werden zwischen 10 und 50 µl benötigt.

Durch intermittierende Blutentnahmen, ähnlich den Laktatproben, können eine Reihe weiterer biochemischer Größen, die sich unter akuter Belastung verändern, bestimmt werden. Dazu gehören u.a. Ammoniak (NH_3), Glukose, Pyruvat, Kalium, Streßhormone usw. In der letzten Zeit ist dem Ammoniak größeres Interesse geschenkt worden.

Die Ausdauerleistungsfähigkeit wird anhand verschiedener Kennwerte beurteilt. Zum einen sind es natürlich die Abbruchwerte bei Ausbelastung. Der wichtigste Parameter ist hier jedoch die maximale Sauerstoffaufnahmefähigkeit. Vom durchschnittlich Trainierten werden dabei Werte von 45–50 ml/kg x min erreicht. Gut trainierte Bahnsprinter erreichen 55–65 ml/kg x min. In den Disziplinen, die hohe Anforderungen an die Ausdauerleistungsfähigkeit stellen (Straßenradrennfahren, Bahnverfolgung und Mountainbike/Cross-Country), werden 55–75 ml/kg x min gefunden, in Einzelfällen bei Straßen-Zeitfahrspezialisten und Bahnverfolgern bis 80 ml/kg x min. Die Daten der Spirometrie können allerdings aus methodischen Gründen

Der Gaswechsel und die Ventilationsgrößen werden mit der Spirometrie gemessen

nur für die Leistungsdiagnostik verwendet werden.

Die Parameter Herzfrequenz und Laktatkonzentration dagegen können auch auf die Trainingssteuerung übertragen werden, falls die äußeren Bedingungen dies gestatten. Dazu kommt der Bestimmung von Leistungs- oder Stoffwechselschwellen eine große Bedeutung zu. An dieser Stelle sei betont, daß die Beschreibung und Interpretation der beschriebenen Schwellenkonzepte in enger Anlehnung an die vorgegebene Trainingsmethodik erfolgt. Die historische Entwicklung von Schwellenrezepten ist sehr vielfältig. Die Laktatdiagnostik mit der Bestimmung von Laktatschwellen ist trotz oder wegen der vielfältigen Ansätze und der fortwährenden Diskussion am weitesten verbreitet und gehört nach wie vor zum Standard von Leistungstests. Die meisten gebräuchlichen Schwellenmethoden basieren auf dem Prinzip des maximalen Laktat-Steady-state (maxLaSS). Dieses ist nicht durch einen bestimmten Laktatwert, sondern durch den Verlauf der Blutlaktatkonzentration während einer gleich behandelten Belastung gekennzeichnet. Es beschreibt die höchste Belastung, bei der sich noch ein Gleichgewicht zwischen Laktateinschleusung und -elimination im Blut einstellt. Um dieses zu finden, müssen mehrere konstante **Dauerbelastungsversuche** mit unterschiedlicher Belastungshöhe durchgeführt werden. Da diese Dauerbelastungsmethoden sehr aufwendig sind und die einzelnen Durchgänge zur Vermeidung von Ermüdungseffekten an verschiedenen Tagen durchgeführt werden müssen, wurde die Referenzmethode zur Bestimmung des maxLaSS vereinfacht und in einem einseitigen Verfahren als **Schwellentest** zusammengefaßt. Dabei werden in dem Bereich, wo das maxLaSS vermutet wird, aufeinanderfolgende Belastungen über 9 Min. und bei je 20 Watt Steigerung gefahren. In der Regel reichen 3 Stufen, um den Wechsel von einem Laktat-Steady-state zur -kumulation aufzufinden. Der Grenzwert für die Unterscheidung von Steady state und Kumulation liegt bei einer Laktatsteigerung von 0,1 mmol/l × min und kann durch lineare Interpolation bei einer Grenzsteigerung von 0,02 mmol/l × min auf 10 Watt genau angegeben werden. Mit dem Schwellentest steht somit eine Referenzmethode zur Bestimmung des maxLaSS zur Verfügung, die von Hochleistungsathleten am gleichen Tag wie ein Stufentest durchgeführt werden kann. In dieser breiten Anwendungsmöglichkeit war es möglich, auch unterschiedliche Stufentestverfahren miteinander zu vergleichen. So konnten z.B. 1990/91 in der ersten Saison nach der Wiedervereinigung der beiden deutschen Radfahrverbände die Athleten ihre jeweils üblichen Tests fortsetzen, um die Vergleichbarkeit mit den Voruntersuchungen nicht zu unterbrechen.

Der Ergometertest mit stufenförmig ansteigender Belastung ist die Standardmethode der Leistungsdiagnostik. Da die einzelnen Stufen jedoch vergleichsweise kurz sind, kann das maxLaSS nicht direkt durch Beobachtungen mehrerer Laktatwerte bestimmt werden. Durch indirekte Methoden muß aus dem Verlauf der Laktat-Zeit-Kurve darauf geschlossen werden. Man kann in fixe (z.B. 4 mmol/l von MADER oder 3 mmol/l vom IAT Leipzig), individuelle (z.B. Flexionspunkte der Laktatkurve von WASSERMANN, SKINNER, RIBEIRO) oder kombinierte Methoden (z.B. individuelle anaerobe Schwelle von DICKHUTH/BERG) unterteilen.

In der Betrachtung heterogener Kollektive mit großen Leistungsunterschieden zwischen den einzelnen Probanden kann eine ausreichende Diskriminierung zwischen guten und schlechten Athleten durch die Verwendung fixer oder

> Die meisten gebräuchlichen Schwellenmethoden basieren auf dem Prinzip des maximalen Laktat-Steady-state (maxLaSS)

partiell fixer Schwellenbestimmungsmethoden erzielt werden. In der leistungsmedizinischen Betreuung homogener Kollektive im Hochleistungssport wurden jedoch immer wieder Fehleinschätzungen vermutet, so daß diese Methoden für die individuelle Leistungsdiagnostik und Trainingssteuerung nicht immer geeignet waren. Besonders fixe Schwellenbestimmungsmethoden sind anfällig gegenüber regulativen Trainingseffekten und äußeren Einflüssen.

Tabelle 2 *Durchschnittliche Trainingsschwellen einschließlich ihrer Standardabweichung*

Verfolger weiblich						
	Leistung	Std.-Abw.	HF	Std.-Abw.	La	Std.-Abw.
KB/GA	79,67	11,47	121,53	8,26	1,06	0,22
GA1/GA2	147,00	21,43	150,13	7,38	1,22	0,23
GA/EB	203,33	26,94	174,07	7,93	2,27	0,45
EB/SB	245,67	22,94	188,13	7,89	5,14	1,47
Max.	264,87	21,56	195,07	9,38	8,19	2,82

Verfolger männlich						
	Leistung	Std.-Abw.	HF	Std.-Abw.	La	Std.-Abw.
KB/GA	137,14	23,60	120,23	12,11	1,15	0,28
GA1/GA2	234,98	34,26	152,58	14,72	1,49	0,36
GA/EB	297,41	36,71	172,58	15,05	2,58	0,64
EB/SB	342,15	53,57	184,71	23,33	5,36	3,33
Max.	372,10	33,41	193,56	9,47	8,55	5,46

Sprint weiblich						
	Leistung	Std.-Abw.	HF	Std.-Abw.	La	Std.-Abw.
KB/GA	79,25	8,55	138,30	8,63	1,53	0,38
GA1/GA2	146,00	14,71	167,95	8,78	1,70	0,56
GA/EB	203,00	21,76	186,10	6,95	3,02	0,72
EB/SB	252,00	19,33	195,05	5,18	6,52	1,40
Max.	288,10	15,02	201,05	5,68	11,79	2,57

Sprint männlich						
	Leistung	Std.-Abw.	HF	Std.-Abw.	La	Std.-Abw.
KB/GA	113,29	11,40	126,46	10,48	1,35	0,29
GA1/GA2	212,71	29,94	157,14	12,47	1,76	0,40
GA/EB	278,14	26,73	175,34	11,16	3,15	0,86
EB/SB	337,14	26,41	188,31	8,34	7,58	7,50
Max.	383,91	30,47	195,71	8,58	10,69	2,36

Einflüsse auf den Laktatstoffwechsel und die Laktat-Zeit-Kurve sind:

- Langfristige Trainingseffekte
  - Erhöhung der Kapazität der aeroben Glykolyse und Lipolyse
  - Vermehrung der kontraktilen Elemente (Kraftzuwachs)
- Regulative Effekte und äußere Einflüsse
  - Art und Intensität des unmittelbaren Vortrainings (regulative Trainingseffekte)
  - Glykogengehalt der Muskulatur
  - Krankheit
  - Ernährung und zeitlicher Abstand zur letzten Mahlzeit
  - Tageszeit (zirkadiane Rhythmik des Stoffwechsels)
  - Temperatur
  - vegetative Stabilität (Streß, Ausgeglichenheit)

Die Fahrzeit bis zum Erreichen des maxLaSS bestimmt wesentlich die Gesamtfahrzeit in einem Stufentest

In verschiedenen Untersuchungen, bei denen Schwellenbestimmungsmethoden im Stufentest mit der Referenzmethode der Dauerbelastungsserie verglichen wurden, konnten z.T. erhebliche Abweichungen festgestellt werden. Oft wird die indirekte Bestimmung anhand mathematischer Modelle den individuellen Anpassungserscheinungen der Sportler nicht gerecht. Darüber hinaus hat auch der Modus des stufenförmigen Belastungsanstiegs einen wesentlichen Einfluß. Je kürzer eine Belastung und je steiler der Belastungsanstieg ist, desto höhere Abbruchwerte werden erzielt. Die Fahrzeit bis zum Erreichen des maxLaSS bestimmt wesentlich die Gesamtfahrzeit in einem Stufentest, da bei höheren Intensitäten eine zeitliche Limitierung durch die Laktatkumulation gegeben ist.

Wichtig für die Interpretation eines Stufentests ist, ob die einzelnen Stufen lang genug sind, um den physiologischen Parametern Zeit zu geben, sich nach dem Belastungssprung auf das neue Steady state einzustellen. Am schnellsten reagiert nach einem Belastungssprung die Sauerstoffaufnahme (sie benötigt in der Regel ca. 1 Min.), gefolgt von der CO_2-Elimination. Am längsten braucht der Blutlaktatspiegel; die benötigte Zeit ist von der Höhe des Belastungssprungs abhängig.

Um für die Hochleistungsathleten im Bund Deutscher Radfahrer einen aussagekräftigen Stufentestmodus zu finden, wurde eine eigene Untersuchungsreihe an hochtrainierten Radsportlern durchgeführt. Bei ihnen wurde in Dauerversuchen nach Stufensprüngen von 10, 20, 30, 40 und 50 W die Zeit bis zum Erreichen des Quasi-Laktat-Steady-state ermittelt. Es wurde jeweils die Stufe vor Erreichen des maxLaSS beobachtet, da hier der Laktatsprung am höchsten ist. Als Empfehlung zu Mindeststufenlängen kann bei Stufen von 10 W 2 Min., bei 20 W 3 Min., bei 30 W 4 Min., bei 40 W 4:45 Min. und bei 50 W 5:15 Min. gegeben werden.

In einer Versuchsreihe an insgesamt 73 Hochleistungsradrennfahrern und 42 unterschiedlich trainierten Kontrollpersonen wurde die Validität verschiedener Kombinationen von Belastungsschemata und Schwellenverfahren geprüft.

Belastungsprotokolle:
(Ausgangsleistung [W] – Stufenhöhe [W] – Stufenlängen [Min.])
- 100-50-3 (alte Bundesländer)
- 120-40-4 (neue Bundesländer, Niederlande)
- 120-20-2 (abgeleitet aus 120-40-4)
- 90-30-4 (IAT Leipzig)
- 100-20-3 (Freiburger Stufentest)

Schwellenmethoden:
- fixe Schwellen bei 3 und 4 mmol/l (MADER)
- IAS (DICKHUTH/BERG)

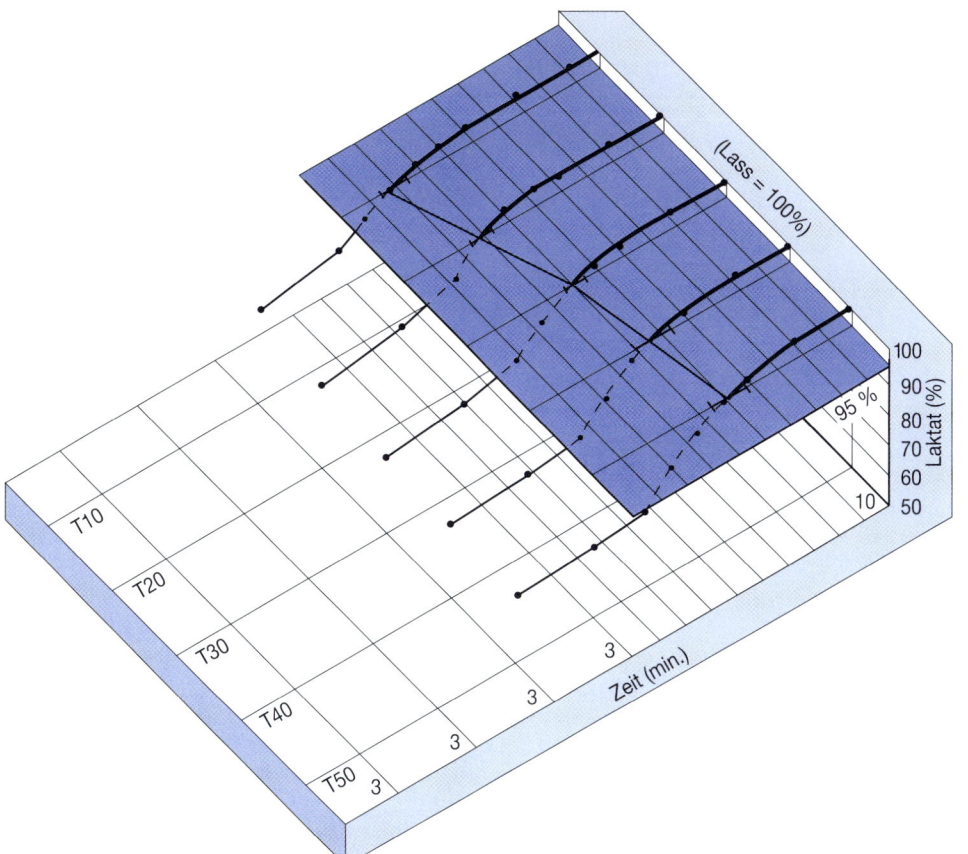

Abb. 12 Die Stufenlänge in Abhängigkeit von Belastungssprüngen über 10, 20, 30, 40 und 50 W. Die schraffierte Fläche markiert das Quasi-Steady-state (95% des Steady-state-Wertes); die Zeiten bis zu dessen Erreichen ($t_{95\%}$) in den Tests T10 bis T50 sind durch eine Linie verbunden.

- Flexionspunktbestimmung (Wasserman, Skinner, Ribeiro)
- Methode der Kurvensteigerung (Deus)

Als Referenzmethode wurde von jedem Probanden am selben Tag wie der Stufentest in einem Mindestabstand von 1–2 Stunden ein Schwellentest durchgeführt, mit dem das maxLaSS bestimmt wurde. In der Gesamtschau aller Befunde war der Stufentest 100-20-3 in Kombination mit der Schwellenbestimmung über Flexionspunkte das beste Verfahren. Er zeigte nicht nur die geringste Verschätzung und Streuung bei der Bestimmung des maxLaSS. Durch die feine Abstufung von 20 W und die Stufendauer von 3 Min., die ein Erreichen des Laktat-Steady-state gewährleistet, erwies er sich auch bei der Bestimmung von anderen Schwellen (LT1, LT3, VT1 und VT3) am differenziertesten.

Um über diese Untersuchung hinaus zu sichern, daß die Flexionspunkte innerhalb einer Laktat-Zeit-Kurve nicht zufallsbedingt sind, wurde bei insgesamt 10 Athleten der Stufentest 100-20-3 am jeweils 2. Tag nach der Erstuntersuchung zur gleichen Tageszeit wiederholt. Es wurden die Laktatschwellen LT1, LT2 und LT3 anhand der Flexionspunkte anonym und in zufälliger Reihenfolge bestimmt. Für alle Schwellen konnte eine hohe Korrelation gefunden werden.

Mit Einführung des Stufentests 100-20-3 in die KLD der ausdauerorientierten Disziplin fiel (auf mehrere 100 Untersuchungen zurückblickend) auf, daß mit der feinen Abstufung für jeden Athleten ein für ihn typischer Kurvenverlauf aufgezeigt werden kann, der sich sowohl bei kurzfristiger Wiederholung als auch nach längeren Zeitintervallen immer wieder findet. In einem Fall wurde innerhalb von 10 Tagen der Test viermal durchgeführt; der typische Kurvenverlauf wurde jedesmal erreicht.

Neben Schwellenbestimmungsmethoden, die auf das maxLaSS schließen sollen, existieren eine Reihe von Verfahren, die sich auf den ersten erkennbaren belastungsabhängigen Anstieg der Blutlaktatkonzentration beziehen. Dieses Merkmal wird im Stufentest meistens visuell aus dem ersten Flexionspunkt der Laktat-Leistungs-Kurve bestimmt (LT1). Es läßt sich bei gut trainierten Sportlern auch in der Dauerbelastungsserie anhand der ersten erhöhten Laktat-Zeit-Kurve darstellen. Da sich bei einer Reihe von Befunden bei Untrainierten und bei Verwendung eines Stufentests mit einer hohen Abstufung dieses Phänomen nicht sicher darstellen läßt, wurden von verschiedenen Autoren indirekte Merkmale, wie z. B. die Blutlaktatkonzentration von 2 mmol/l, angewendet. Zur Unterscheidung von den maxLaSS-Schwellen (**anaeroben Schwellen**) ist die Bezeichnung **aerobe Schwelle** gebräuchlich.

Bei der Bestimmung von Leistungsschwellen anhand von Parametern der äußeren Atmung werden Effekte im Verlauf des CO_2-Austausches und des Nennminutenvolumens zugrunde gelegt. Durch den im Vergleich zum linearen Verlauf der O_2-Aufnahme überproportionalen Anstieg des CO_2-Austauschs zur metabolischen und respiratorischen Pufferung und der damit verbundenen Steigerung des Nennzeitvolumens lassen sich verschiedene Phasen des Energiestoffwechsels abgrenzen. Da sich der Gasaustausch rasch einpendelt, sind in der Regel 30–60 Sek. je Belastungsstufe ausreichend. Für diese Tests konnte von verschiedenen Autoren der Nachweis einer Übereinstimmung der Ventilations- und der Laktatschwellen (VT1/LT1 und VT2/LT2) erbracht werden.

In eigenen Untersuchungen konnte dies auch für die längere Stufendauer von 3 Min. nachgewiesen und in Dauerversuchen validiert werden. Das auffälligste Merkmal im Stufentest 100–20–3 war jedoch das Auftreten eines dritten Deflexionspunktes (VT3), der mit einem dritten Flexionspunkt der Laktat-Leistungs-Kurve (LT3) hoch korrelierte. Diese Ventilationsschwelle kommt wahrscheinlich erst dadurch zum Ausdruck, daß auf den längeren Stufen die Laktatkumulation und die damit verbundenen Kompensationsmechanismen der Azidose deutlicher kumulieren können. Trainer und Trainingsmethodiker haben somit zu Recht aus ihrer Erfahrung eine Unterteilung des Intensitätsbereichs in EB und SB vorgenommen.

Bei gleichmäßig ansteigender Belastung zeigt die Herzfrequenz ebenso wie die O_2-Aufnahme einen linearen Verlauf. Erst kurz vor Ausbelastung bildet sich eine kurze Plateauphase aus. Unter besonderen Bedingungen der Belastungssteigerung lassen sich auch bei der Herzfrequenzkurve Deflexionsphänomene erzeugen.

Dieses Verfahren wird nach dem Erstautor, dem italienischen Biochemiker CONCONI, benannt. Er führte einen Feldtest auf der Lauf- und Radrennbahn ein, mit dem eine Schwellendiagnostik allein anhand der Herzfrequenz möglich ist. Gegenüber üblichen Belastungstests weist der Conconi-Test zwei Besonderheiten auf. Die Fahrgeschwindigkeit nimmt mit jeder Runde zu. Durch die gleichbleibende Distanz nimmt also die Belastungszeit ab. Gleichzeitig nehmen aber die Belastungssprünge durch den exponentiell wachsenden Luftwiderstand zu.

Die resultierende Herzfrequenzkurve zeigt im submaximalen Bereich einen Deflexionspunkt, den Conconi der anaeroben Schwelle (LT2) gleichsetzte. Die Herzfrequenz folgt sehr eng der Regulation der Atemgase und dem Säure-Basen-Status im Blut. Die O_2-Aufnahme ist über den gesamten Belastungsanstieg nahezu linear. Die Netto-O_2-Aufnahme durch die arbeitende Muskulatur folgt allerdings nur bis zur Limitierung der aeroben Kapazität. Im anaeroben Bereich nimmt ihr Zuwachs ab, während der O_2-Verbrauch durch zusätzliche Muskelgruppen, die vermehrte Rekrutierung von FT-Fasern und den überproportionalen Verbrauch durch die Atemmuskulatur (respiratorische Pufferung, vermehrte Thoraxexkursionen und Atemhilfsmuskulatur) zunimmt. Bei maximaler Auslastung benötigt die Atemmuskulatur ca. 15–20% der Brutto-O_2-Aufnahme. Im Conconi-Test wird offensichtlich durch das zunehmende Mißverhältnis von Belastungszeit und -anstieg den Kumulations- und damit auch den Kompensationsmechanismen der Azidose weniger Zeit gegeben, so daß die Herzfrequenzkurve mehr der Netto-O_2-Aufnahme folgt. Bei Durchführung überlanger Stufen von 6 Min. oder mehr läßt die Herzfrequenzkurve den gegenteiligen Effekt einer Flexion nach oben erkennen.

Werden Herzfrequenzkurven in einem engen Zeitraster, möglichst Schlag zu Schlag, aufgelöst, bieten sie eine weitere Möglichkeit der Schwellendiagnostik. Die Herzfrequenz ist in Ruhe und bei geringer Anstrengung nicht konstant, sondern unterliegt einem stetigen Wechsel. Hier kann die Eigenregulation des Herz-Kreislauf-Systems sehr sensibel auf innere Schwankungen reagieren. Ein Beispiel hierfür ist die respiratorische Arrhythmie, die den unterschiedlichen Blutdruckfluß beim Ein- und Ausatmen kompensiert. Mit zunehmender Belastung und vermehrtem Anteil der anaeroben Energiegewinnung wird die Herzfrequenzregulation von übergeordneten Modulatoren überspielt. Die Streßhormone steigen bei Belastung ähnlich wie das Laktat. Die wellenförmigen Herzfrequenzschwankungen werden eingedämmt und weichen mit Beginn der Laktatkumulation einem geraden Verlauf. Gleichzeitig nimmt jedoch die Variation von Schlag zu Schlag zu, so daß die Frequenzkurve insgesamt breiter wirkt. Der Übergang ist meist sehr schnell zu erkennen und kann als zusätzliches Kriterium für die Schwellendiagnostik herangezogen werden. In der Geburtshilfe lassen sich aus den Streßreaktionen der Herzfrequenzregulation des Fötus wichtige Rückschlüsse über seinen Zustand ziehen. Die hierfür entwickelten Kardiotokographen lassen sich sehr gut in der Leistungsdiagnostik des Radsports einsetzen.

Für wenig Trainierte und Radrennfahrer, die sich lediglich ein- bis zweimal im Jahr zu einer Leistungsdiagnostik vorstellen, ist es ausreichend, einen methodisch einfachen und kurzen Belastungstest nach dem Schema 100–50–3 durchzuführen. Die verschiedenen Belastungsbereiche können durch rechnergestützte Verfahren ausreichend genau angegeben werden. Bei Hochleistungs-Radrennfahrern, die sich mehrfach im Jahr einer Leistungsdiagnostik unterziehen, sind die Anforderungen der Trainingspraxis sehr viel komplexer. Es werden homogene Kollektive untersucht, die einer individuellen Trainingssteuerung unterliegen. Das Training wird in Feldtests kontrolliert. Vor allem, wenn die Laktatdiagnostik auch in den unteren Intensitätsbereichen (GA2, K3, Straßen-EB) eine wichtige Steuergröße ist, muß ein Stufentest das Einstellverhalten des Laktats mit der entsprechenden Stufenlänge berücksichtigen. Eine feine Abstufung ermöglicht die Anwendung eines Schwellenbestimmungsverfahrens, das auf individuellen Merkmalen beruht. Für diese Fragestellung hat sich der Belastungsmodus 100–20–3 in Kombination mit der Bestimmung von Flexionspunkten für die Laktat- und Ventilationsschwellen als validestes Verfahren erwiesen und wurde für alle Aus-

Die Herzfrequenz ist in Ruhe und bei geringer Anstrengung nicht konstant, sondern unterliegt einem stetigen Wechsel

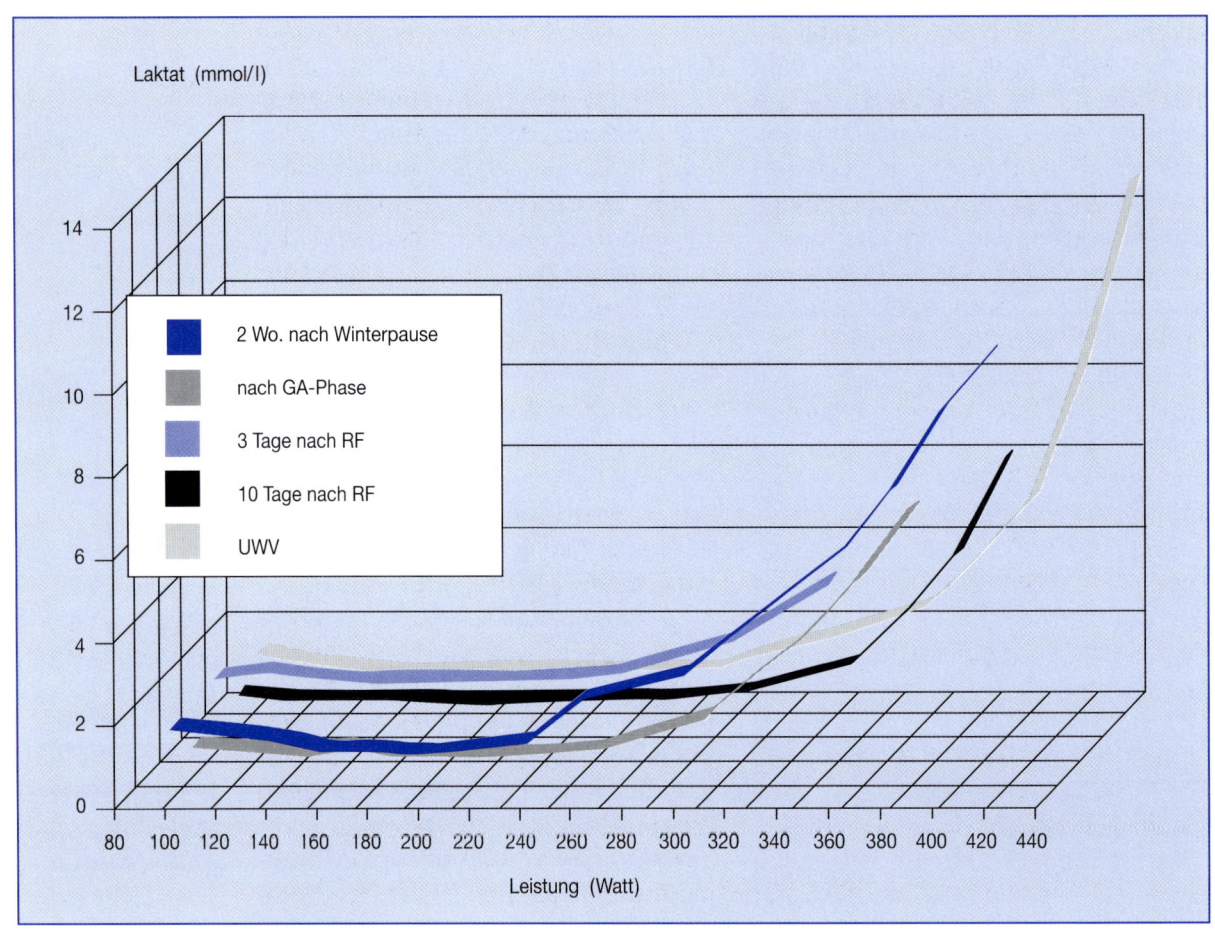

Abb. 13 *Die Laktat-Leistungs-Kurve im Verlauf einer Saison bei einem 26jährigen Bahnverfolger; RF = Rundfahrt, UWV = unmittelbare Wettkampfvorbereitung vor den Weltmeisterschaften*

dauerdisziplinen im BDR als Standardverfahren eingeführt.

Die Milderung des Belastungsanstiegs im Stufentest führt zu einer weiteren Betonung der Ausdauerkomponente und vermindert den Einfluß der Grundfähigkeit Kraft zum Testergebnis. Damit wird die Aussagekraft zur Ausdauerleistungsfähigkeit verbessert.

Bei den Sprintdisziplinen des Bahnradsports spielt die Trainingssteuerung im Bereich der niedrigen Intensitäten eine untergeordnete Rolle und wird in der Regel nicht durch die Laktatdiagnostik unterstützt. Es können daher Abweichungen bei der Laktatdiagnostik in Kauf genommen werden. Für die Bahnsprinter und 1000-m-Fahrer werden die Belastungsstufen daher von 3 auf 1 Min. verkürzt. Dies kommt dem Beanspruchungsprofil dieser Disziplinen entgegen. In langen Tests macht sich die begrenzte Ausdauerleistungsfähigkeit der Sprinter nicht selten durch einen verfrühten Testabbruch kurz nach Überschreiten der LT2/VT2 bemerkbar.

Messung der anaeroben Ausdauerleistungsfähigkeit

Die Kapazität der anaeroben Energiebereitstellung ist ein wichtiger leistungsbestimmender Faktor in allen Wettkampfdisziplinen des Radsports, insbesondere in den Zeitfahrdisziplinen. Bei stufenförmig ansteigender Belastung gewinnt der anaerobe Energiestoffwechsel erst im letzten Abschnitt nach Überschreiten des maxLaSS (LT2) an Bedeutung. Allerdings wird unter diesen Testbedingungen die kurzfristig mögliche maximale Leistung nicht erreicht, da sich die vorangegangene Kumulation von Ermüdungseffekten limitierend auswirkt. In der Freifahrt können mit dem SRM-System unter Wettkampfbedingungen nicht selten deutlich höhere Leistungen als die Maxima im Stufentest gefunden werden:

- Antritt beim Bahnsprint:
  ca. 1000–2000 W
- Extremsteigungen mit MTB:
  ca. 800–1800 W
- Anfahren im stehenden Start:
  ca. 900–1200 W
- Führung im Bahnvierer:
  ca. 700–850 W
- Einzelverfolgung durchschn.:
  ca. 420–560 W

Zum Vergleich:
- Position 2–4 im Bahnvierer:
  ca. 300–400 W
- Stufentest 100–20–3:
  380–145 W

Um die anaerobe Leistungsfähigkeit messen zu können, muß nach dem gegenteiligen Prinzip des Stufentests verfahren werden. Statt mit dosiert ansteigender Belastung muß von Beginn an mit Maximallast gefahren werden. In Abhängigkeit von den akut verfügbaren Energieressourcen nimmt die Leistung mit der Belastungszeit ab.

Die Leistung ist die wichtigste Testvariable. Dementsprechend müssen die Testgrößen Tretfrequenz und Belastungszeit fest vorgegeben werden. Die gleichzeitig erhobenen physiologischen Parameter müssen daran korreliert werden.

Diese Testform ist durch die Entwicklung der drehzahlkonstanten Ergometerregelung möglich geworden. Der Leistungsabfall ist im Test mit drehzahlabhängiger Regelung mit einem linearen Abfall der Tretfrequenz verbunden. In der Freifahrt dagegen herrscht durch den überwiegenden Einfluß des Luftwiderstandes ein exponentieller Zusammenhang zwischen Leistung und Geschwindigkeit bzw. Tretfrequenz (bei unveränderter Übersetzung). Eine Leistungsreduzierung ist schon durch einen geringen Tretfrequenzabfall zu erzielen. Der drehzahlkonstante Betrieb kommt daher den Freifahrtverhältnissen deutlich näher. Gleichzeitig werden Einflüsse auf den Wirkungsgrad ausgeschlossen.

Die Testdauer wird unter Berücksichtigung der disziplinspezifischen Anforderungen in 15-Sek.-Intervallen gestaffelt und liegt zwischen 45 Sek. (Sprint), 60 Sek. (1000 m) und 75 Sek. (alle Ausdauerdisziplinen). Trotz unterschiedlicher Belastungsdauer sind die Tests untereinander zu einem betrachteten Zeitpunkt vergleichbar, da die Probanden grundsätzlich in jedem Testabschnitt mit maximaler Anstrengung fahren müssen. Im Verlauf eines anaeroben Tests werden die anaerob-alaktaziden Energiespeicher (ATP und CP) geleert und die anaerob-laktazide Glykolyse durchlaufen. Entsprechend der Kapazität der einzelnen Energieressourcen nimmt die Leistung kontinuierlich ab. Bei Athleten mit einer ausreichenden Ausdauerleistungsfähigkeit pendelt sich diese dann für eine gewisse Zeit auf ein konstantes Niveau ein. Untrainierte und überwiegend kraft- und schnelligkeitstrainierte Sprinter weisen dieses Merkmal häufig nicht auf. Die Ausdauerleistungsfähigkeit ist nicht nur durch die Kapazität der aeroben Energiegewinnung, sondern auch durch die Geschwindigkeit ihres Anlaufens gekennzeichnet.

Die Anteile von anaerober und aerober Energiegewinnung können durch die Messung der O_2-Aufnahme abgeschätzt werden. Diese pendelt sich auf ein Niveau ein, das nahezu das VO_2max des Stufentests erreicht.

Aus der Messung des VO_2 bei 260 W (220 W bei Frauen) und des VO_2max im Stufentest wird die Steigungsfunk-

Die Leistung ist die wichtigste Testvariable

tion der O_2-Kinetik berechnet. Damit kann auf das theoretische VO_2 korrespondierend zu den Leistungswerten im anaeroben Test extrapoliert werden. Aus der Differenz des theoretischen und des gemessenen VO_2 berechnet sich die Sauerstoffschuld als Maß für den Anteil der anaeroben Energiegewinnung.

Nach Ende des Tests wird durch mehrere Proben der Gipfel des Laktatanstiegs erfaßt. Da der Blutlaktatspiegel nicht nur von der Einschleusung, sondern auch von der Elimination abhängt, kann er kein direktes Maß für die anaerobe Kapazität sein. Die wichtigsten Testgrößen sind die absolute Leistungsspitze (Peak power = p_p), die durchschnittliche Leistung (Average power = p_{av}), die Plateauleistung (Critical power = p_c), der Beginn der Plateauphase (Critical time = t_c), die O_2-Schuld im Durchschnitt und in der Plateauphase.

Mit dem SRM-System kann ein Feldtest für jeden Fahrer das individuelle Verhältnis von Geschwindigkeit zur Leistung als Ausdruck des Gesamtfahrwiderstandes ermittelt werden. Damit sind die Resultate des anaeroben Tests direkt auf Freifahrtbedingungen übertragbar. Insbesondere die Leistungsstruktur im Zeitfahren läßt sich praxisrelevant analysieren.

Messung der optimalen Tretfrequenz bei Maximalleistung

Die maximale Leistungsfähigkeit ist abhängig von der vorgegebenen Tretfrequenz. Durch Grundlagen- und disziplinspezifisches Training wird die Leistung eines Athleten verbessert. Wichtig ist hierbei, zu wissen, ob die optimierte Leistung auch bei den disziplintypischen Tretfrequenzen erbracht werden, da andernfalls die Trainingseffekte unwirksam bleiben.

Die maximale Leistungsfähigkeit ist abhängig von der vorgegebenen Tretfrequenz

Um diese Fragestellung in einem Labortest beantworten zu können, müssen mehrere Durchgänge mit unterschiedlichen Tretfrequenzen durchgeführt werden. Zur Vermeidung von Erschöpfungen, die einen Einfluß auf das Testergebnis haben können, wird jeder Durchgang auf 6 Sek. limitiert, womit eine Beschränkung auf den alaktaziden anaeroben Abschnitt der Energiebereitstellung erreicht wird. Die Untersuchung ist vergleichbar mit der Erstellung von Leistungs- und Drehmomentkurven eines Verbrennungsmotors. Da der Radrennfahrer im Gegensatz zum Auto ermüdet, beschränkt sich der Untersuchungsgang auf 5 Tretfrequenzen, die sich jeweils um 20 U/min unterscheiden, und sieht definierte Pausen von 4 bzw. 6 Min. vor.

Durch die Entwicklung des SRM-Ergometers ist dieser Test mit einem hohen Standardisierungsgrad durchführbar. In der Regel werden dabei 5 Durchgänge abgefragt, wobei die niedrigste Tretfrequenz praxisentsprechend im Wiegetritt gefahren wird. Die Leistungen bei den höheren Tretfrequenzen, die in sitzender Haltung gemessen werden, gehen in die Berechnung des Kurvenfits zur Ermittlung der optimalen Tretfrequenz und des Leistungsoptimums ein.

Um das Problem der Tretfrequenzoptimierung zu lösen, wurden derartige Versuche in den neuen Bundesländern auf stationären Laufbändern durchgeführt. Die Testfahrräder wurden über ein Drahtseil mit einer Kraftmeßdose verbunden. Durch die Laufbandgeschwindigkeit bei entsprechender Übersetzung wurde die jeweilige Umdrehungszahl vorgegeben. Der Proband hatte unter der Vorstellung, einen konstant fahrenden Güterzug beschleunigen zu müssen, mit maximalem Leistungseinsatz das Seil zu spannen, woraus sich die Umgangsbezeichnung »Zugkrafttest« für diese Testform ableitete.

Messung der Schnelligkeit und internen Koordination

Im Radsport ist das rotierende, zyklische Bewegungsmuster durch die Fixierung der Füße an den Pedalen vorgegeben und von außen betrachtet nicht variabel. Die Bewegungsgeschwindigkeit und die interne Koordination sind daher eng miteinander verbunden und durch die intra- und intermuskuläre Koordination bestimmt.

Die einfachste Form, eine Auskunft über die Leistungsfähigkeit zu erhalten, ist die Feststellung der maximal möglichen Tretfrequenz bei ungebremster Kurbelarbeit. Die rotierenden Teile sollten jedoch ein gewisses Trägheitsmoment haben, um den naturgemäß unrunden Krafteinsatz der Beine auszugleichen. Das Trägheitsmoment sollte so hoch sein, daß bei Höchstdrehzahl eine Änderung der Winkelgeschwindigkeit innerhalb eines Drehzyklus nicht möglich ist, womit zu hohe Tretfrequenzwerte ausgeschlossen werden.

Bei der methodischen Durchführung ist zudem wichtig, den gesamten Test und vor allem die Beschleunigungsphase bis zum Erreichen der Maximalgeschwindigkeit zeitlich nicht zu limitieren, um eine Überlagerung durch die Kraft als wichtigste Komponente des Beschleunigungsvermögens auszuschließen.

Die interne Koordination kann durch zwei Methoden genauer dargestellt werden. Mit einem mehrdimensionalen Kraftmeßpedal können die in den Beinen aufgewendeten Kräfte in ihre verschiedenen Dimensionen aufgeteilt und über den Pedalkreis von 360° dargestellt werden. Die Gesamtkraft wird aufgeschlüsselt in die vortriebswirksame Tangentialkraft, die im Kurbelarm verpuffende »Radialkraft« sowie die Querkraft. Aus dem Verhältnis von vortriebswirksamen und wirksamen Komponenten kann der mechanische Wirkungsgrad einer Kurbelumdrehung errechnet werden.

Der Einsatz der einzelnen Muskeln innerhalb des Pedalkreises kann durch das Ableiten elektrischer Signale dargestellt werden. Mit dem Elektromyogramm (EMG) werden die Potentiale der elektrischen Muskelerregung registriert, die die Aktivität der Muskeln anzeigen.

Messung der Flexibilität

Die Muskelflexibilität ist definiert durch die muskulär limitierte Gelenkbeweglichkeit. Geprüft wird sie als Ausmaß einer passiven Gelenkbewegung bis zum Einsetzen der parallelelastischen Kräfte des Muskels. Dieses Ausmaß wird durch die Angabe des Gelenkwinkels mittels Goniometrie (Winkelmessung) quantifiziert. Das Untersuchungsprinzip ist die passive Bewegung eines Gelenkgliedes durch den Untersucher. Dieser kann feststellen, ab welchem Grad der Beugung die elastischen Elemente der Muskulatur beginnen, Zugkräfte aufzubauen, was dadurch erkenntlich wird, daß das passive Glied des untersuchten Gelenkes der Bewegung gleichsinnig folgt.

Tabelle 3 Die Tests der komplexen Leistungsdiagnostik (KLD)

Stufentest (St)

Belastungsmodus (Ausgangsbelastung [W] – Stufensprung [W] – Stufendauer [min]):

Ausdauerdisziplinen (Straße, MTB/Cross-Country, Cross, Bahnverfolgung und Punktefahren)

– Junioren, Amateure, Profis: 100 – 20 – 3
– Frauen, Jugend männl. u. weibl.:   60 – 20 – 3

Kurzzeitdisziplinen (Bahnsprint und 1000 m)
– alle: 0 – 20 – 1

1. Laktatprobe bei: *für Männer* <75 kg: 140 W, 75–85 kg: 160 W, >85 kg: 180 W
                     für Frauen <60 kg: 100 W, >60 kg: 120 W

Tretfrequenz: 100 U/min
Gerät: Fahrradergometer, hyperbolischer Betrieb

Schwellentest (Scht)

Belastungsmodus: 3 (4) × 9 min, *Stufenhöhe:* 20 W
Tretfrequenz: 100 U/min
Gerät: Fahrradergometer, hyperbolischer Betrieb

Anaerober Test (AT)

Belastungsmodus: Maximale Leistung über einen definierten Zeitraum

	Testdrehzahl		Testdauer
	Männer	*Frauen*	
Ausdauer *(Straße, MTB):*	110 U/min	100 U/min	75 s
Ausdauer *(Bahn):*	140 U/min	130 U/min	75 s
1000 m:	140 U/min	–	60 s
Sprint Männer:	160 U/min	150 U/min	45 s

Gerät: Fahrradergometer im drehzahlkonstanten Betrieb (SRM-Ergometer)

Motoriktest (Mt)

Belastungsmodus: Maximale Tretfrequenz ohne Zeitlimit
Gerät: Fahrradergometer, hyperbolischer Betrieb

Statischer Maximalkrafttest (Mk)

Belastungsmodus: Maximaler Druck und Zug bei Kurbelstellungen von 90° und 50°
Gerät: Statisches Meßrad

Zugkrafttest (Zk)

Belastungsmodus: Maximale Belastung über 6 s bei unterschiedlichen Tretfrequenzen

	Test-Drehzahlen	Pausendauer
Ausdauer *(Straße, MTB):*	50 – 90 – 110 – 130 U/min	4 min
Ausdauer *(Bahn Männer):*	70 – 90 – 110 – 130 – 150 U/min	4 min
Ausdauer *(Bahn Frauen):*	60 – 80 – 100 – 120 – 140 U/min	4 min
Sprint *(Männer)*, 1000 m:	80 – 100 – 120 – 140 – 160 U/min	6 min
Sprint *(Frauen):*	70 – 90 – 110 – 130 – 150 U/min	6 min

Gerät: Fahrradergometer im drehzahlkonstanten Betrieb (SRM-Ergometer)

Muskelflexibilitätstest (Fi)

Untersuchung: Goniometrie der passiven Gelenkbeweglichkeit für die wichtigsten vortriebswirksamen Muskeln

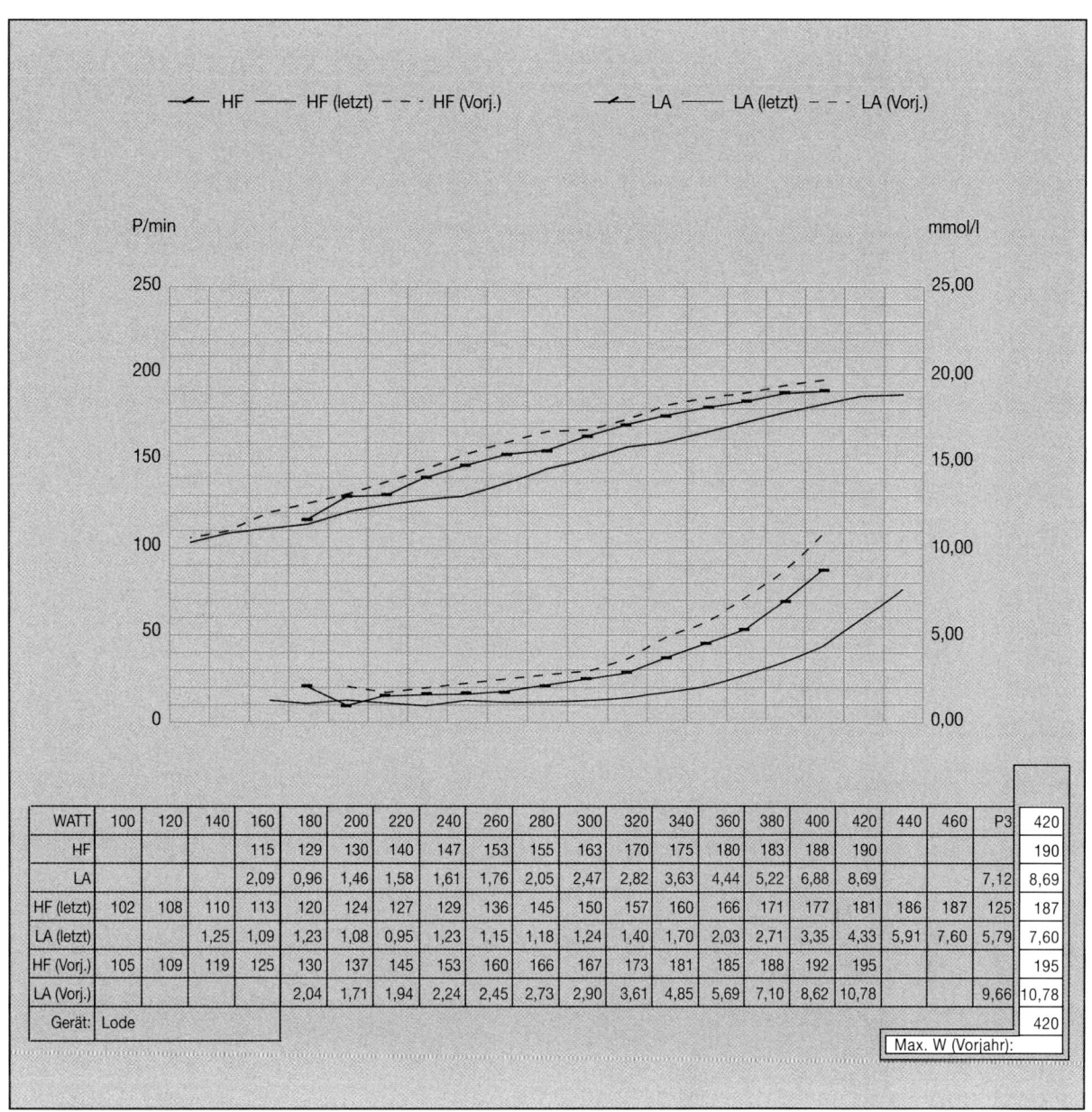

Abb. 14 *Stufentest*

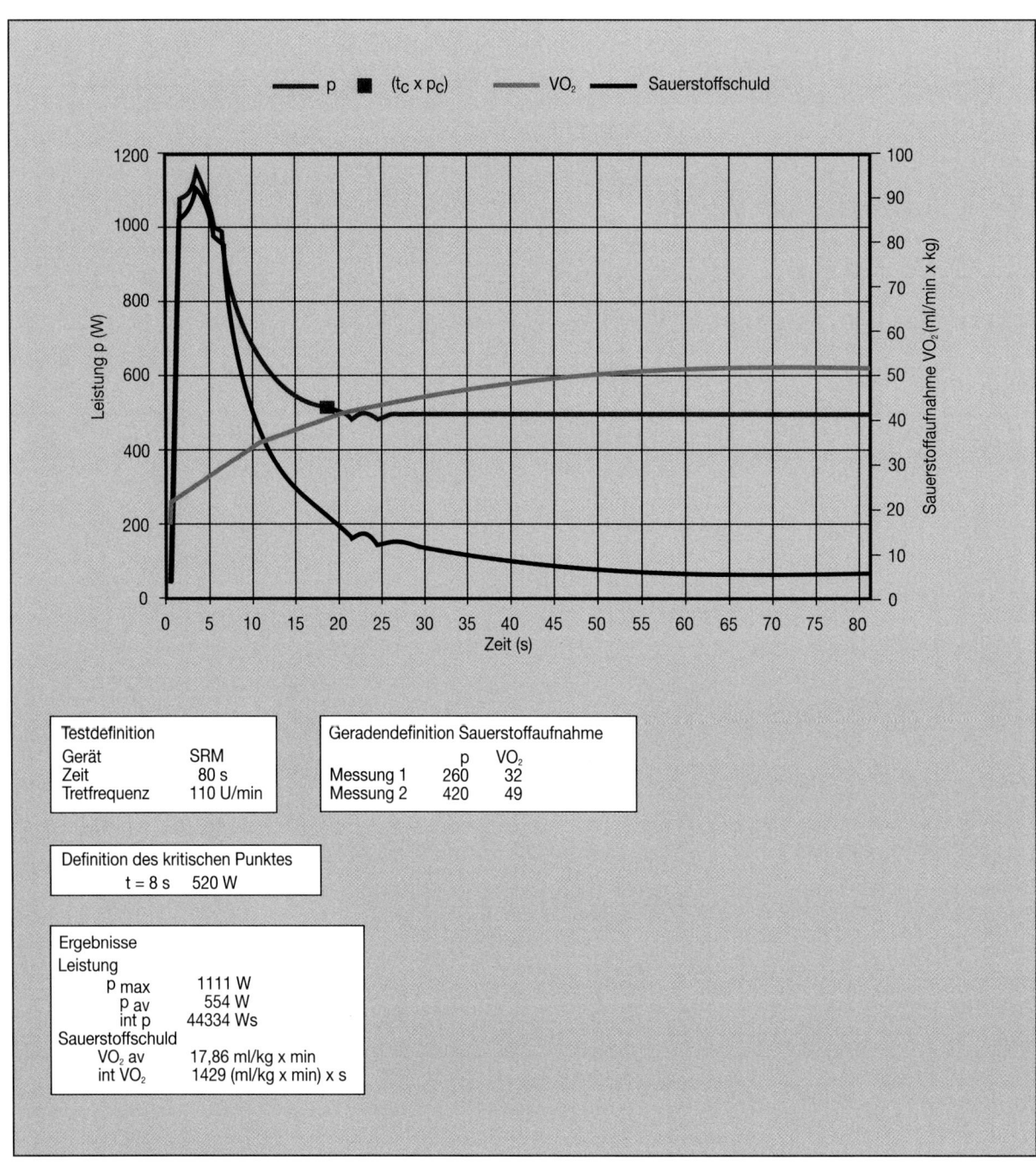

Abb. 15 *Anaerober Test*

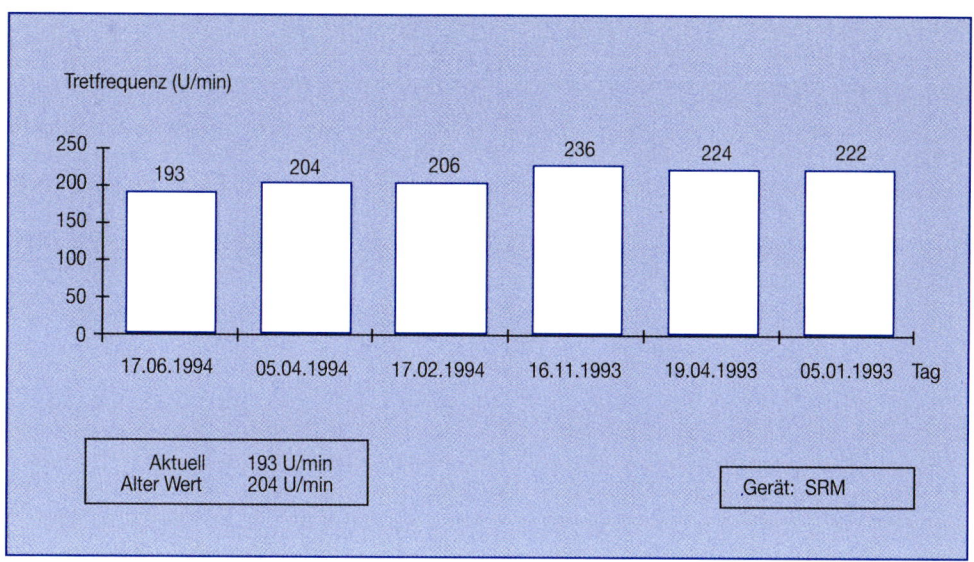

Abb.16 *Motoriktest*

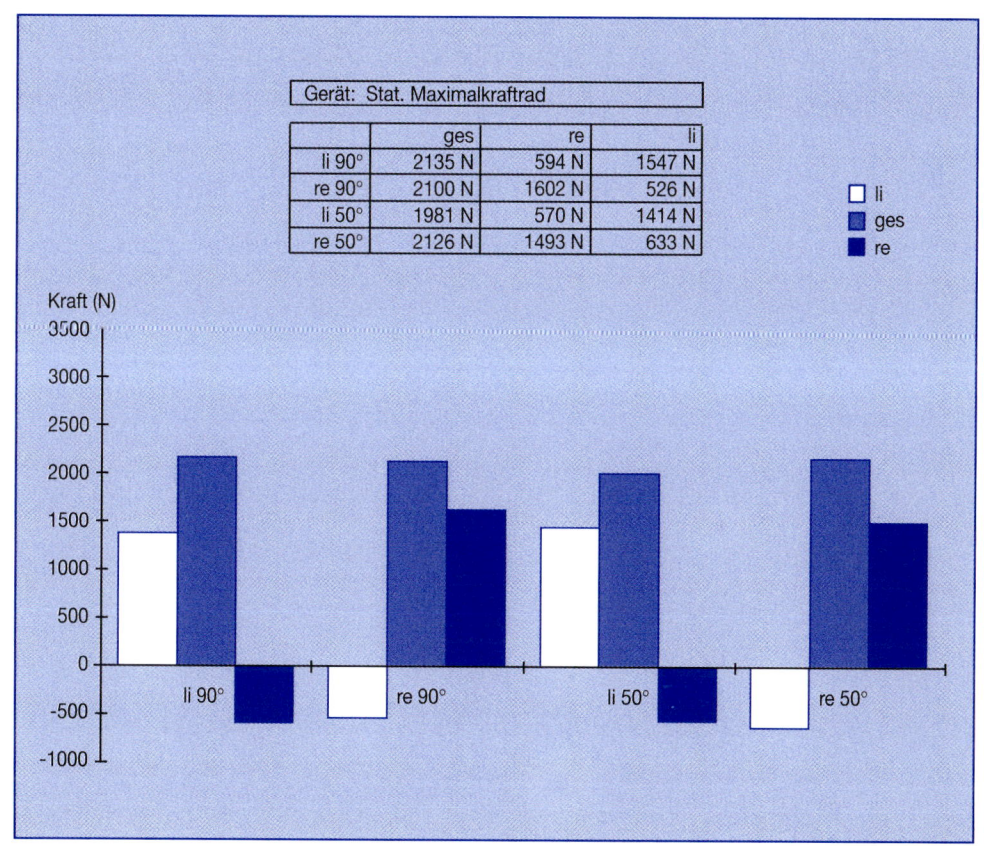

Abb. 17 *Statischer Maximalkrafttest*

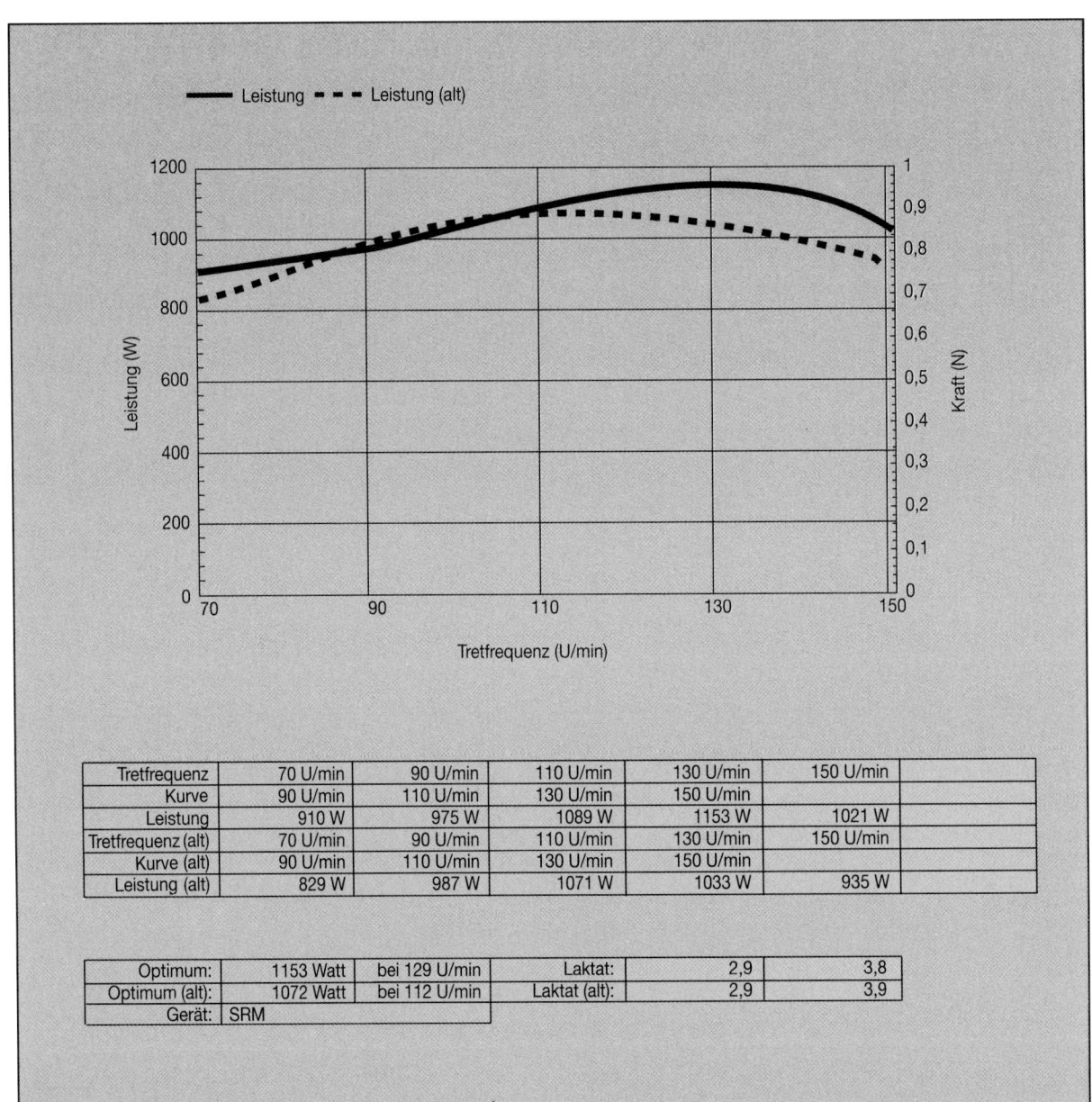

Abb. 18 *Zugkrafttest*

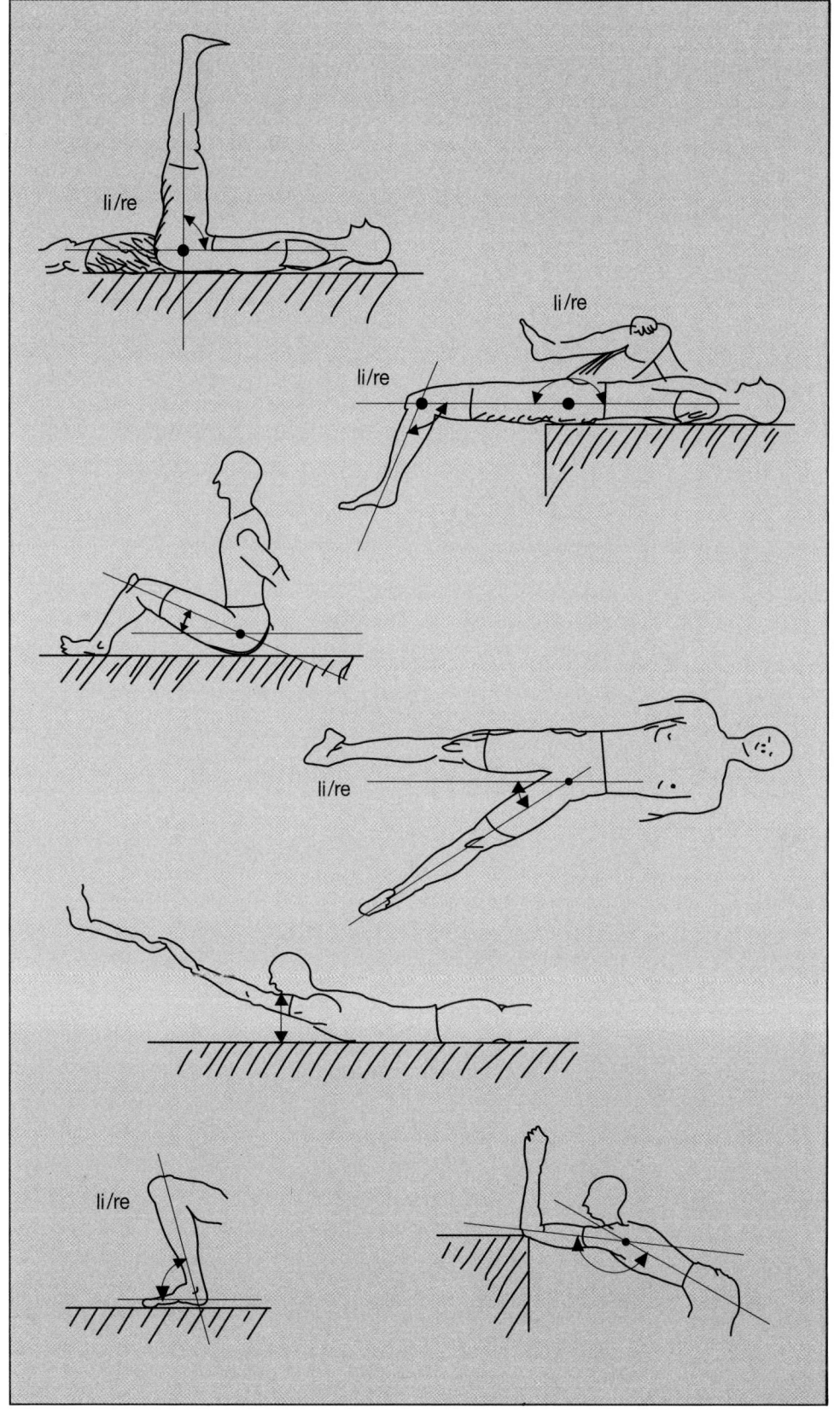

Abb. 19 Muskelflexibilitätstest

Tabelle 4 *Beispiel eines durchgeführten Tests in der KLD*

Stufentest							
Watt	KB/GA	150	130	140	150	160	160
	GA1/GA2	260	250	250	240	240	240
	GA/EB	320	310	325	300	300	300
	EB/SB	380	360	370	350	360	350
	Max.	400	380	400	367	380	370
HF	KB/GA	119	116	110	120	116	120
	GA1/GA2	152	140	147	148	145	153
	GA/EB	172	160	170	172	166	178
	EB/SB	189	174	184	188	187	191
	Max.	194	179	194	193	191	197
Laktat	KB/GA	1,20	1,40	0,90	1,10	1,20	0,90
	GA1/GA2	1,40	1,70	1,20	1,50	1,40	1,60
	GA/EB	1,90	2,00	2,60	2,60	2,90	3,00
	EB/SB	5,90	3,00	5,50	5,00	6,60	7,00
	Max.	8,63	3,93	8,97	9,36	9,20	10,79

Motoriktest	U_{max}	193	204	206	236	224	222

Statischer Maximalkrafttest							
	MK 90°	2,83	2,81	2,84	2,77	3,08	2,66
	MK 50°	2,72	2,54	2,68	2,42	2,33	2,62
	$F_{ges.}$ 90° li (N)	2135	1971	2180	2131	2391	1972
	$F_{ges.}$ 90° re (N)	2100	2035	1982	2003	2079	1916
	$F_{ges.}$ 50° li (N)	1981	1886	2168	1961	1733	2382
	$F_{ges.}$ 50° re (N)	2126	1852	1764	1626	1589	1586

Zugkrafttest	U/min (opt.)	129 U/min	112 U/min	106 U/min	–	132 U/min	117 U/min
	Watt (opt.)	1153 Watt	1072 Watt	1081 Watt	–	1225 Watt	1130 Watt

Training Aufgelaufene Trainingskilometer seit Woche 40/93 16027,3 km

Gewicht		77,00 kg	75,00 kg	75,00 kg	76,00 kg	74,00 kg	75,00 kg

Bemerkung							

Doping

Prof. Dr. Dirk Clasing/Prof. Dr. Manfred Donike

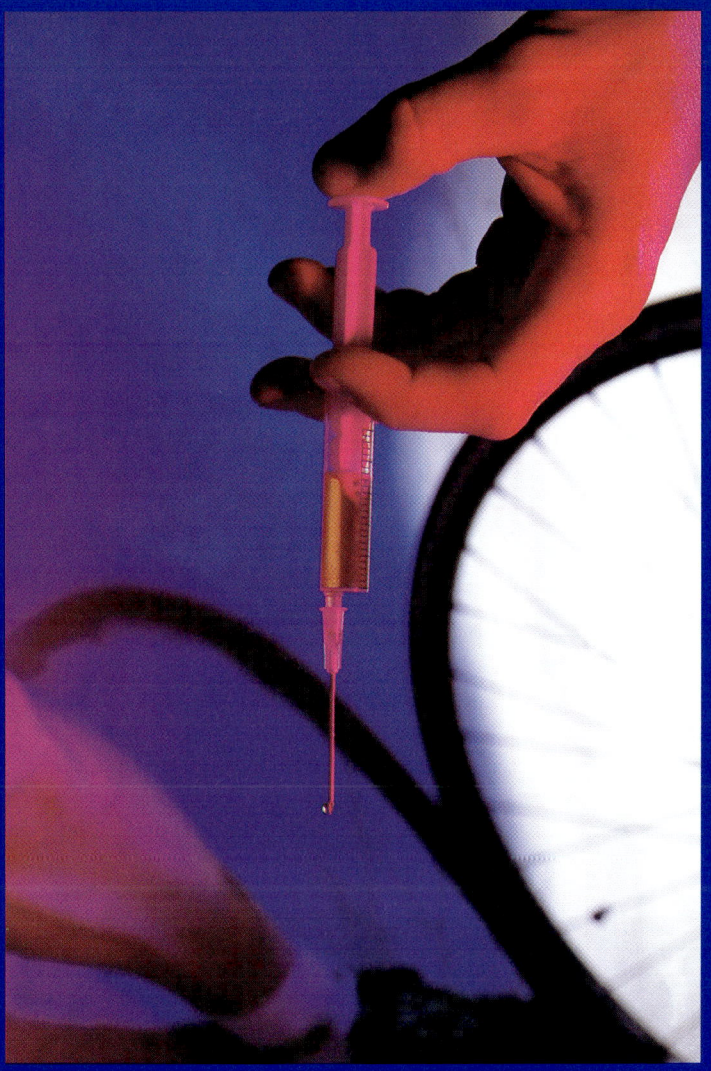

Inhaltsübersicht

Einführung ·
Listen verbotener Substanzen ·
Hinweise zur Dopingkontrolle

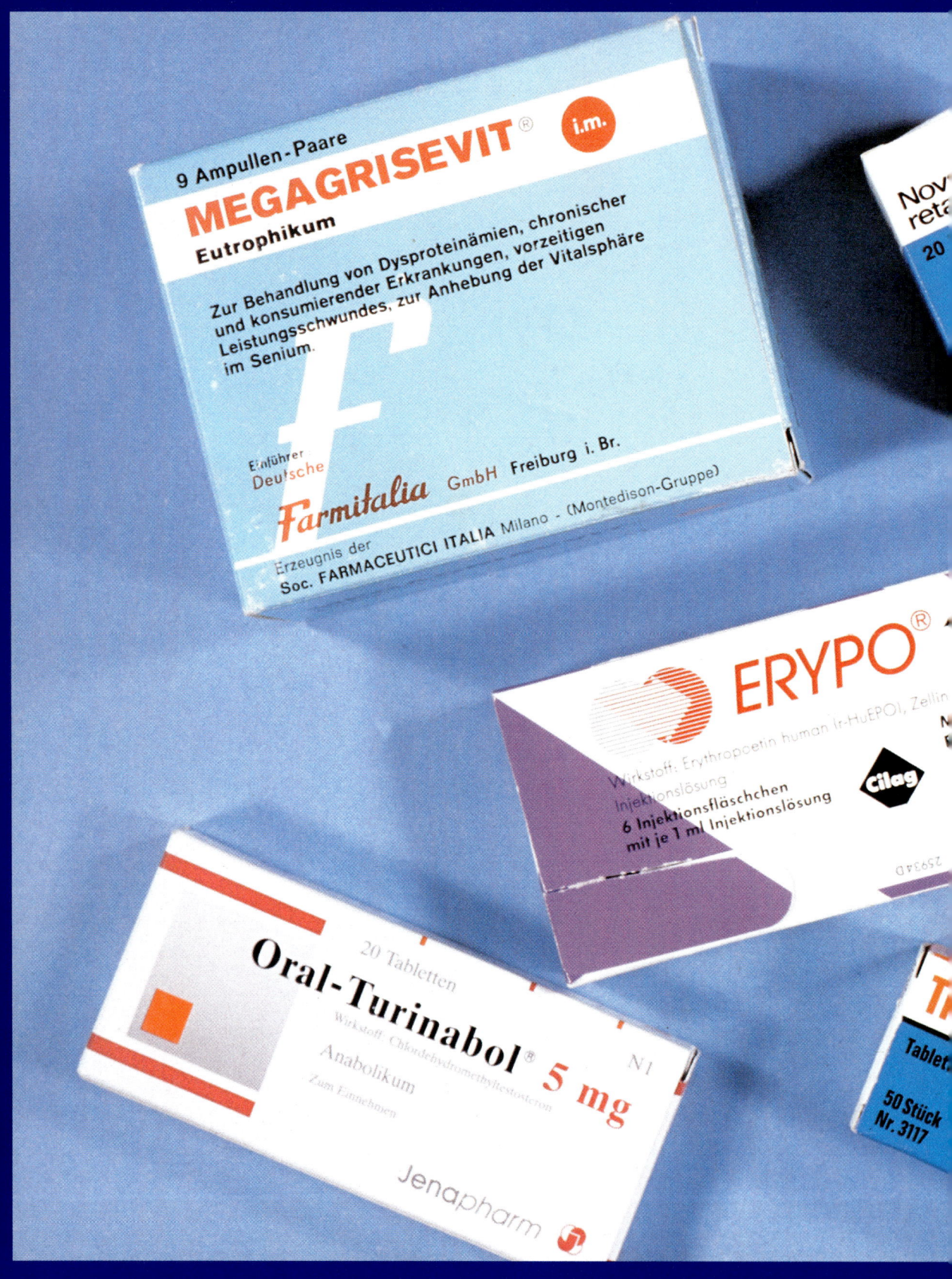

Verschiedenste Medikamente werden nicht nur im Radsport zur illegalen Leistungssteigerung herangezogen.

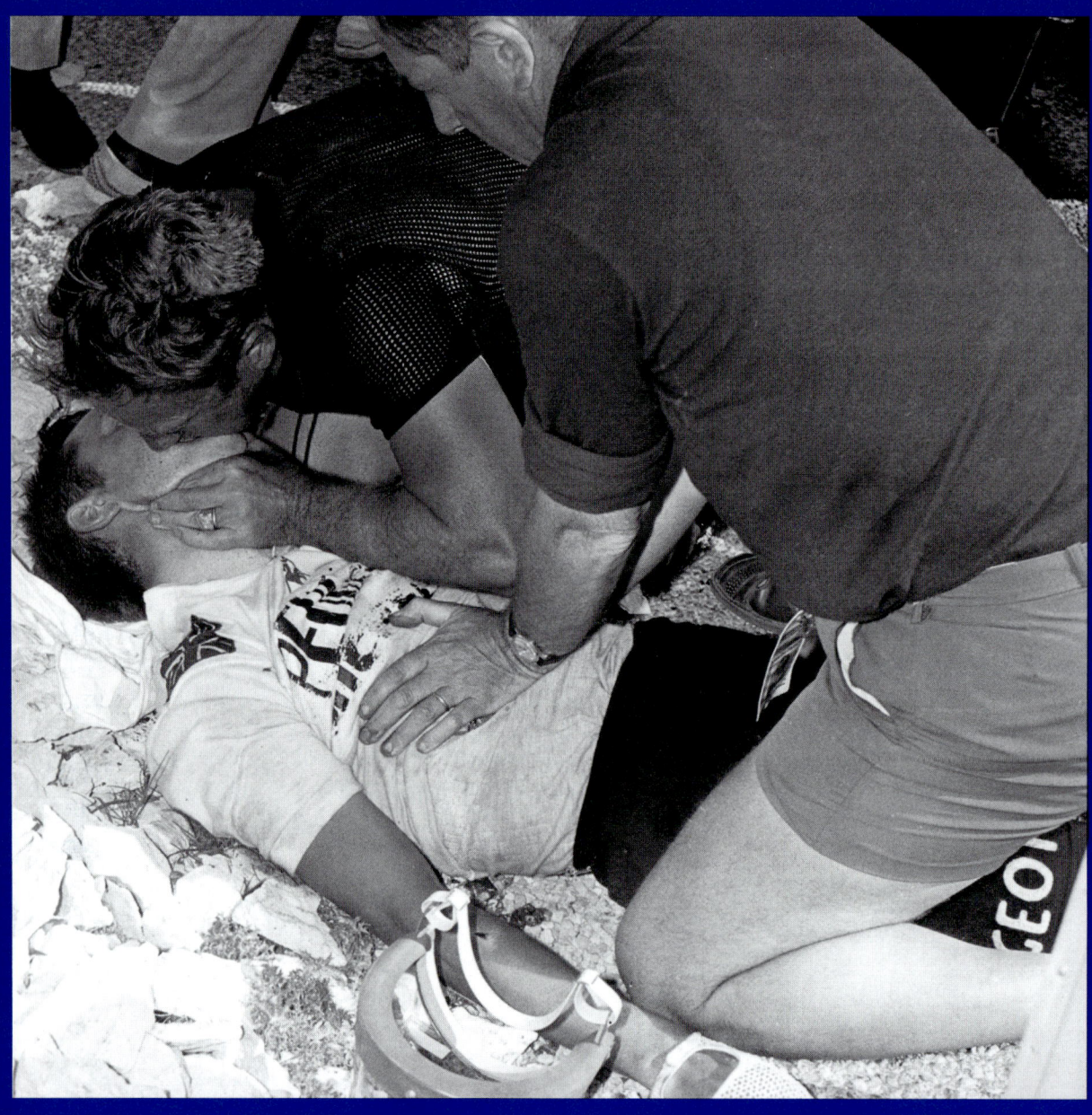
Durch leistungssteigernde Medikamente werden körperliche Grenzen und Warnsignale außer Kraft gesetzt. Tragisches Dopingopfer war der Engländer Tom Simpson. Er starb beim Anstieg zum Mont Ventoux bei der Tour de France 1967.

Einführung

Die Bemühungen des Menschen, durch Drogen und Arzneizubereitungen seine Leistungsfähigkeit zu steigern, sind keine Entdeckung unseres auf Leistungsstreben und Profit ausgerichteten Zeitalters, sondern schon Jahrtausende alt. Hier ist nicht die Wiederherstellung der Leistungsfähigkeit nach Erkrankungen und Verletzungen gemeint, sondern der gezielte Versuch, die Leistungsfähigkeit im Wettkampf zu erhöhen bzw. zu erhalten. Diese Medikamenteneinnahme wird im Sport als *Doping* bezeichnet. Ende der 50er und Anfang der 60er Jahre standen die Amphetamine und ähnliche Wirkstoffe (heute als sog. klassische Dopingmittel bezeichnet) in der Diskussion.

Zahlreiche Zwischenfälle im Radsport hatten zu verschärften Gegenmaßnahmen Anlaß gegeben. Heute dreht sich das Geschehen um die hormonelle Unterstützung. Anabolika, Testosteron, Wachstumshormone, Erythropoietin u.ä. sind heute die Schlagworte.

Als 1879 die ersten Sechstagerennen durchgeführt wurden, hatten die Starter verschiedener Nationen schon alle möglichen Wundermittel zur Auswahl. Französische Fahrer bevorzugten Mischungen auf Koffeinbasis, die Belgier zogen in Äther getränkte Zuckerstücke vor, andere verwendeten alkoholhaltige Getränke, während die Sprinter sich auf die Verwendung von Nitroglycerin spezialisiert hatten. Schon damals versuchten sich Trainer mit Wundermitteln aus Heroin und Kokain als regelrechte Giftmischer (PROKOP 1970).

Anläßlich des Radrennens Bordeaux–Paris über 600 km starb der englische Rennfahrer Linton. Er soll massiv gedopt worden sein (PROKOP 1970). In den 50er und 60er Jahren häuften sich die Hinweise auf Medikamentenmißbrauch bei den Rennen. Im April 1955 hatte der italienische Sportärzteverband während eines Halts die Urine von 25 Fahrern nehmen lassen. 5 waren positiv auf Amphetamin bzw. -abkömmlinge. Kontrollen bei den Italienischen Meisterschaften 1962 ergaben bei den Amateuren von 30 kontrollierten 14 (= 46,6 %) positive Befunde. Bei den Anfängern und den Schülern waren jeweils 4 von 28 (= 14,2 %) positiv (VENERANDO 1963).

Nach dem 100-km-Mannschaftszeitfahren der Olympischen Spiele in Rom 1960 starb der Däne Knut Jensen. Neben Hitze und Dehydrierung hatten wohl Medikamente wie Amphetamin und Ronicol den Zusammenbruch bewirkt, den ebenfalls zwei seiner Mannschaftskameraden erlitten; jedoch nicht mit letalen Folgen.

SCHÖNHOLZER berichtet 1962, daß in der Schweiz die Bedeutung des medikamentösen Dopings (»Laden«) speziell im Radrennsport am größten sei. »Besonders übel wirkt sich im Radsport die Tatsache aus, daß die sogenannten Pfleger mit allerlei Medikamenten und Geheimmischungen einen schwunghaften Handel treiben. Dies hat mit dazu beigetragen, bei den Schweizer Radfahrern beinahe eine Psychose zu erzeugen, mit der Vorstellung, Radrennen können kaum mehr ohne Doping gefahren werden, besonders gegen scharfe oder internationale Konkurrenz.« Bei einer überraschenden Kontrolle an der Radrennbahn Oerlikon am 21. 07. 1961 wurden in zahlreichen Fahrerkabinen Medikamente (Weckamine, Analeptika, Neuropharmaka, Lokalanästhetika, Sedativa, Tonika) sowie Injektionsspritzen und Nadeln gefunden.

1963 kam es während der Österreich-Radrundfahrt zu einem großen Skandal, als vor der Großglockner-Etappe bei einer Kontrolle der Trikots der österreichischen Fahrer große Mengen von Amphetaminen und anderen Stimulanzien

Anabolika, Testosteron, Wachstumshormone, Erythropoietin u.ä. sind heute die Schlagworte

gefunden wurden. 1964 und 1965 wurden verschiedene Fahrer wegen der im Urin nachgewiesenen Stimulanzien disqualifiziert (PROKOP 1966).

Bei den Olympischen Spielen in Tokio 1964 hatte die Union Cycliste Internationale (UCI) gegen den Willen der Mannschaftsführungen den Ärzten des Internationalen Olympischen Komitees (IOC) die Möglichkeit gegeben, vor dem 100-km-Rennen 100 Fahrer zu untersuchen. 13 von ihnen zeigten intravenöse bzw. intramuskuläre Injektionsstellen. Nach dem Rennen wurden Urinproben genommen und analysiert. Die Ergebnisse wurden aber nie bekannt (DIRIX 1989).

Ab 1965 wurden in Belgien und Italien systematische Kontrollen durchgeführt. Die Ergebnisse waren in den ersten Jahren erschreckend (siehe Tabelle 1).

Während der Weltmeisterschaft auf dem Nürburgring 1966 sollten erstmals Kontrollen stattfinden. Sie waren nicht gut vorbereitet und wurden von den ausgewählten 8 Amateuren und 6 Profis boykottiert. Sie kamen nicht oder zu spät zur Kontrolle bzw. konnten keinen Urin abgeben (DIRIX 1989).

Bei der Tour de France 1967 starb der englische Radprofi Tom Simpson beim Anstieg zum 1700 m hohen Mont Ventoux

Bei der Tour de France 1967 starb der englische Radprofi Tom Simpson beim Anstieg zum 1700 m hohen Mont Ventoux. Amphetamine, große Hitze und Dehydrierung führten zum Zusammenbruch (PROKOP 1970).

Erstmals wurden bei den Weltmeisterschaften in Amsterdam 1967 Dopingkontrollen durchgeführt. Das Ergebnis war: 6 positive Befunde auf Ephedrin, 5 auf Amphetamin und 2 auf Ibogain (DIRIX 1989). Die Zahl der durchgeführten Kontrollen war leider nicht zu erfahren.

Karl Ziegler, einer der besten Kenner der damaligen Radsportszene, berichtet 1969 über seine Erfahrungen aus der Praxis des Radsports in der Zeitschrift »Sportarzt«: »Die Fahrer sprechen bei diesen in Nordfrankreich noch vorhandenen Straßen von der Hölle des Nordens. Dazu kommt besonders in den Frühjahrsprüfungen orkanartiger und eiskalter Wind. Da hatte die schmerzhemmende euphorische Substanz der Weckmittel leichtes Spiel, um in den Trikottaschen der Fahrer ihren Platz zu finden.«

Die Einnahme von stimulierenden Mitteln, zum Teil in Verbindung mit stark wirkenden Narkotika, war im Berufsradsport so verbreitet, daß in den Jahren 1960 bis 1967 bei wichtigen Rennen kein Berufsfahrer völlig ungedopt an den Start ging.

Tabelle 1 Dopingkontrollen in Belgien und Italien in den Jahren 1965 bis 1968 (DIRIX 1989)

Jahr	Belgien			Italien		
	n [1]	positiv	%	n [1]	positiv	%
1965	254	65	25,5	510	168	32,9
1966	126	25	19,8	516	24	4,6
1967	130	11	8,5	690	43	6,2
1968	196	16	8,2	1000	27	2,7

[1] Stichprobengröße, Anzahl

Listen verbotener Substanzen

Die ersten internationalen Fachverbände haben 1967 Listen verbotener Substanzen aufgestellt und die ersten Dopingkontrollen in ihren Bereichen durchgeführt. Die UCI veröffentlichte ihre erste Liste zum 1. 1. 1967. Sie lautete:
- Narkotika (Morphin, Herion u.ä.)
- Substanzen aus der Gruppe der Amphetamine

Am 13. 10. 1967 wurde die Liste erweitert. Sie lautete:
- Narkotika
- Stimulanzien: Amphetamin u.ä., Ephedrin
- Antidepressiva
- Stimulanzien wie Strychnin und Ibogain
- Diäthyläther und Alkohol (Dirix 1986)

Das Medizinische Reglement der UCI wurde 1994 (Stand 01. 11. 94) überarbeitet. Die UCI hat vor mehr als 20 Jahren ein umfassendes Dopingkontrollsystem geschaffen. Dieses besteht u. a. aus dem Réglement Côntrole Médical, den Entscheidungen des Direktionskomitees der UCI, der Liste der verbotenen Substanzen, der Liste der internationalen Rennen, die einer Kontrolle unterworfen werden sollen, der Liste der zugelassenen Labors sowie der Antidoping-Informations- und Aufklärungsaktion.

Die Dopingdefinition der UCI beruht – wie auch die Definition der Medizinischen Kommission des IOC – auf dem Verbot aller Substanzklassen, welche zu den im Reglement genannten Arzneimittelklassen gehören: Aufputschmittel, Narkotika, anabole Wirkstoffe und Kortikosteroide. Diese Definition gestattet es, jede neue Substanz, die zu einer dieser Kategorien gehört, von vornherein zu verbieten.

Die Liste der verbotenen Substanzen wird von der Antidoping-Kommission der UCI am Ende eines Jahres für das folgende aufgestellt und dem Direktionskomitee zur Zustimmung vorgelegt. Die angenommene Liste wird anschließend im Informationsbulletin, in »Monde Cycliste« wie auch im »Radsport« veröffentlicht.

Für 1995 lautet die Liste der verbotenen Wirkstoffgruppen und Methoden:

I. Verbotene Wirkstoffgruppen
   A. Stimulanzien
   B. Narkotika
   C. Anabole Wirkstoffe
      1. Androgene anabole Steroide
      2. Nicht steroidale anabole Wirkstoffe
   D. Peptidhormone und Analoge

II. Verbotene Methoden
   A. Blutdoping
   B. Pharmakologische, chemische oder physikalische Manipulation (des Urins)

III. Wirkstoffgruppen, zugelassen nur mit gewissen Einschränkungen
   A. Alkohol
   B. Marihuana
   C. Lokalanästhetika
   D. Kortikosteroide

IV. Wirkstoffe, entsprechend Artikel 90 (2)[1]
   A. Koffein
   B. Narkotika
   C. Ephedrine

In Tabelle 2 sind die einzelnen verbotenen Substanzen mit internationalem Freinamen aufgeführt. Soweit sie in der Bundesrepublik im Handel sind, sind sie mit entsprechenden Medikamentenna-

> Die UCI hat vor mehr als 20 Jahren ein umfassendes Dopingkontrollsystem geschaffen

---
[1] Artikel 90 (2): vermindertes Strafmaß

men versehen. Die Aufstellung ist nur beispielhaft, sie ist **nicht** vollständig, da die Firmen oftmals Medikamente vom Markt nehmen oder neue einführen. Der gleiche Wirkstoff kann noch in zahlreichen weiteren Medikamenten vorhanden sein. Verboten sind ferner die den genannten Substanzen **chemisch, pharmakologisch oder von der angestrebten Wirkung her verwandten Verbindungen.**

Tabelle 2 Liste der Dopingmittel der UCI für 1995 und ausgewählte deutsche Handelsformen

intern. Freiname	Deutsche Handelsformen (Beispiele)
A. Stimulanzien	
Amfepramon	Regenon, Tenuate
Amineptin	
Amiphenazol	Daptazile
Amphetamin	
Amphetaminil	AN 1
Benzphetamin	
Cathin (Norpseudoephedrin)	Amorphan, Mirapront
Chlorphentermin	
Clobenzorex	
Clorprenalin	
Cropropamid	
Crotethamid	
Dimetamphetamin	
Ephedrin	z.B. Hustentropfen
Etaphedrin	Ditenate
Etamivan	Normotin
Etilamphetamin	
Fencamfamin	Reactivan
Fenetyllin	(Captagon)
Fenprororex	Fenprororex
Furfenorex	
Koffein	
Kokain	
Mefenorex	
Mesocarb	
Methamphetamine	(Pervitin)
Methoxyphenamin	
Methylephedrin	Ilvico
Methylphenidate	Ritalin
Morazon	
Nikethamid	
Pemoline	Tradon
Pentetrazol	Afpred
Phendimetrazin	
Phentermin	
Phenylpropanolamin	
Pipadrol	
Prolintan	Katovit

[1]) Darf als Hustenblocker eingesetzt werden.

intern. Freiname	Deutsche Handelsformen (Beispiele)
Propylhexedrin	
Pseudoephedrin	Actifed
Pyrovaleron	
Strychnin	Nux vomica
B. Narkotika	
Alphaprodin	
Anileridin	
Buprenorphine	Temgesic
Codein[1]	
Dextromoramid	
Dextropropoxyphen	Develin
Diamorphin (Heroin)	
Dihydrocodein[1]	
Dipipanon	
Ethoheptazin	
Ethylmorphin	
Levorphanol	
Methadon	Polamidon
Morphin	Morphin hydr.
Nalbuphin	Nubain
Pentazocin	Fortral
Pethidin	Dolantin
Phenazocin [1]	
Trimeperidin [1]	
C. 1 Androgene anabole Steroide	
Bolasteron	
Boldenon	
Clostebol	(Steranabol) Megagrisivit
Dehydromethyltestosteron	(Oral-Turinabol)
Fluoxymesteron	
Mesterolon	Proviron, Pluviron
Metandionon	
Methenolon	Primobolan
Methyltestosteron	Testosteron Berco
Nandrolon	Anadur, Deca-Durabolin
Norethandrolon	
Oxandrolon	
Oxymesteron	
Oxymestholon	
Stanozolol	(Stromba)
Testosteron	Andriol, Testoviron
C. 2 Nicht steroidale anabole Wirkstoffe	
Clenbuterol	Spiropent
Zeranol	
D. Peptidhormone	
Choriongonadotrophin (HCG)	Choragon
Cortocotrophin (ACTH)	Synacthen
Wachstumshormon (hGH)	Genotropin
Erythropoietin (EPO)	Recornom
Masking Drugs	
Diuretika	
Epitestosteron	
Probenecid	

Medikamente, die auf der Liste der verbotenen Substanzen stehen, dürfen auch zur Behandlung nicht genommen werden, sofern der Sportler noch im Wettkampf steht. Es ist zu beachten, daß manche Medikamente im Körper nur langsam verarbeitet und ausgeschieden werden.

Die verbotenen Substanzen bei **Trainingskontrollen** sind:
1) anabole Wirkstoffe
2) Peptidhormone
3) maskierende Substanzen (dazu gehören u.a. Probenecid, Diuretika)
4) folgende Stimulanzien:

Amineptin	Furfenorex
Amphetamin	Mesocarb
Amphetaminil	Methoxyphenamin
Benzphetamin	Methylamphetamin
Kokain	Methylphenidat
Dimethyl-amphetamin	Morazon
	Pemolin
Ethyl-amphetamin	Phendimetrazin
	Phenmetrazin
Fenetyllin	Pipradol
Fenproporex	Pyrovaleron

5) Präparate, die chemisch oder pharmakologisch mit den unter Punkt 1 bis 4 genannten verwandt sind
6) alle anderen Substanzen, deren Namen im Informationsbulletin veröffentlicht werden

Mit den unter Punkt 5 genannten Präparaten sind **nicht** Ephedrine und Koffein gemeint.

Stimulanzien

Unter den Stimulanzien sind die Phenyläthylaminabkömmlinge die *klassischen* Dopingmittel. Sie sind strukturgemäß den körpereigenen Katecholaminen (wie Adrenalin und Noradrenalin) verwandt. Marktführer sind Amphetamin und Methamphetamin (Pervitin®). Durch den Einsatz von Pervitin® bei den Kampffliegern und Sturmspitzen während des Zweiten Weltkrieges wurde dessen wachhaltende und aufputschende Wirkung weltweit bekannt. Amphetamin ist heute in der Bundesrepublik nur in maskierter Form im Handel. Captagon® (Fenetyllin) war wohl das bekannteste leicht zugängliche (obwohl damals rezeptpflichtige) Dopingmittel, das wegen seiner stark stimulierenden Wirkung auch in weiten Bevölkerungskreisen als Aufputschmittel verwendet wurde. Seit 1. 8. 1986 unterliegt es dem Betäubungsmittelgesetz. Im Körper metabolisiert Fenetyllin zu Amphetamin (DONIKE 1970). Diese Wirkstoffe wurden/werden während des Wettkampfes genommen, um die Ausdauerleistung zu verbessern.

Die Wirkungen der Amphetamine lassen sich wie folgt beschreiben: Im Vordergrund steht die zentralstimulierende Wirkung. Es kommt zu einem Gefühl psychischer Aufgewecktheit, erhöhten Selbstbewußtseins und Selbstvertrauens sowie größeren Konzentrationsvermögens. Aufmerksamkeit und Leistungsbereitschaft nehmen zu. Das Ermüdungsgefühl wird unterdrückt. Tiefer Schlaf kann durchbrochen werden. Die Koordination – besonders bei monotonen, vielfach reproduzierbaren Bewegungsabläufen – wird verbessert. Insgesamt gesehen verbessert sich die Arbeitsleistung für den Ausdauerbereich, insbesondere im ermüdeten Zustand.

Dazu können auch der erhöhte Blutspiegel der freien Fettsäuren unter Amphetaminen, die dadurch vermehrte Oxidation von freien Fettsäuren und die Einsparung von Glykogen beitragen. Unter Amphetamin werden höhere Laktatspiegel toleriert.

Die Einnahme von Amphetaminen – insbesondere unter sportlicher Belastung – ist nicht ohne Risiko. So steigen systolischer und diastolischer Blutdruck, Herzfrequenz und peripherer Widerstand an. Der Blutfluß zur Haut wird gedrosselt. Es

Unter den Stimulanzien sind die Phenyläthylaminabkömmlinge die klassischen Dopingmittel

kommt zur Hyperthermie (Hitzschlag) unter Belastung, besonders in feucht-heißem Klima. Hohe Konzentrationen bewirken neuromuskuläre Blockaden durch einen Kurare-ähnlichen Effekt.

Orientierungslosigkeit, Verwirrtheit, Halluzinationen und Ängstlichkeit wirken sich nachteilig auf die Leistungsfähigkeit aus. Es besteht die Gefahr lebensbedrohlicher Zustände, wenn zusätzliche Noxen wie Hitze, Höhe (mit vermindertem Sauerstoffdruck), Dehydrierung, Verletzungen u. ä. hinzukommen.

Die von den Sportlern mißbräuchlich eingenommenen Dosen von Amphetamin und Methamphetamin übersteigen die sog. therapeutischen Dosen um ein Vielfaches. Bei Radfahrern wurde über Gaben von mehr als 100 mg Amphetamin pro Tag berichtet. Chronischer Mißbrauch führt zur Toleranz und immer steigenden Dosen. Psychische Störungen bis hin zum Selbstmord infolge Depression, soziale Entgleisung, Sucht und Drogenhandel wurden beobachtet. Für diese Wirkstoffe gibt es heute praktisch keine therapeutische Indikation mehr. **Gezielte Dopingkontrollen und Aufklärungsarbeit haben bewirkt, daß die Amphetamine im Sport heute keine besondere Rolle mehr spielen.**

Ephedrin

Zu den Stimulanzien gehören auch die Ephedrine. Viele der gängigen, teilweise rezeptfreien Mittel, die in der täglichen Praxis zur Behandlung von fieberhaften Infektionen und Erkältungskrankheiten eingesetzt werden, enthalten Ephedrin, Pseudoephedrin, Norephedrin, Norpseudoephedrin und ähnliche Substanzen. Gegen den Einsatz dieser Medikamente in der Behandlung von Sportlern bestehen grundsätzlich keine Bedenken, nur in unmittelbarem Wettkampfzusammenhang sind sie verboten. Selbst mit ephedrinhaltigen Augentropfen oder -salben zur Bekämpfung einer Reizkonjunktivitis sollte man zurückhaltend sein. Es besteht die Möglichkeit, daß der ins Auge gebrachte Wirkstoff durch den Tränenkanal in den Nasenrachenraum, schließlich sogar in den Magen-Darm-Kanal gelangt und dort resorbiert wird.

Bei bestimmungsgemäßem Gebrauch und Absetzen der Wirkstoffe 36–48 Std. vor dem Wettkampf ist ein positiver Urinbefund nicht zu erwarten. Um mögliche *Behandlungsdopingfälle* auszuschließen, wurden maximale *erlaubte* Urinkonzentrationen festgelegt. Für Ephedrine (Ephedrin, Cathin bzw. Norpseudoephedrin, Methylephedrin) gilt eine Probe dann erst als positiv, wenn die Urinkonzentration von 5 µg/ml überschritten wird. Für Pseudoephedrin und Methylephedrin beträgt die Grenzkonzentration 10 µg/ml.

Beta-2-Agonisten

Zur Behandlung einer obstruktiven Lungenerkrankung, eines allergischen oder eines Anstrengungsasthmas dürfen Ephedrin wie auch Kortikosteroide (systemisch) nicht eingesetzt werden. Mittel der Wahl sind heute Beta-2-Agonisten. Diese unterliegen jedoch grundsätzlich dem Dopingverbot. Um den betroffenen Sportlern zu helfen, hat die UCI folgende Wirkstoffe als **Dosier-Aerosole** zugelassen:

Salbutamol = Broncho Spray, Sultanol® Dosier-Aerosol
Terbutalin = Bricanyl® Dosier-Aerosol

Die Einnahme in Tablettenform ist nicht gestattet. Gegen den Einsatz von Cromoglicinsäure bestehen jedoch keine Bedenken.

Jeder Fahrer, der Salbutamol als Spray zur Behandlung seiner Allergie benötigt, hat bei der Dopingkontrolle auf jeden Fall dem BDR das Attest eines Lungenfacharztes der UCI vorzulegen.

Koffein

Koffein kommt in einer Reihe von Pflanzen vor, die als Genußmittel gebraucht werden. Koffein findet sich in Getränken (Kaffee, Tee, Cola) und einigen Schmerzmitteln. Es wirkt vornehmlich auf die Hirnrinde. Der kortikale Effekt therapeutischer Koffeinmengen hängt von der Ausgangslage der Probanden ab: Die Ermüdung verschwindet, die geistige Aufnahmefähigkeit, das Merkvermögen und die Denkfähigkeit werden gesteigert. Höhere Dosen erzeugen u. a. Ideenflucht, Ruhelosigkeit, Tremor, Nervosität, Magenbeschwerden.

Über die Wirkung von Koffein auf die sportliche Leistung gibt es unterschiedliche und widersprüchliche Untersuchungsergebnisse. Offensichtlich verbessert Koffein nur die Ausdauerleistung im mittleren Belastungsbereich bei einer Belastungsdauer von über einer Stunde durch Anregung des Fettmetabolismus bei Schonung der Glykogenreserven.

Da Koffein in verschiedenen Getränken zur täglichen Ernährung gehört, wurde eine maximal erlaubte Urinkonzentration von 12 µg/ml festgelegt. Diese ist bei durchschnittlichem Kaffeegenuß (1–3 Tassen zu je 100 mg Koffein) nicht zu erreichen. Jacobson (1989) gibt an, daß die kritische Konzentration 500–600 mg Koffein oder fünf bis sechs Tassen Kaffee in ein bis zwei Stunden entspricht.

Blutdoping

Nach den Olympischen Spielen in Montreal 1976 kam erstmals die Diskussion auf, daß Langstreckenläufer mit Bluttransfusionen ihre Ausdauerleistungsfähigkeit verbessert hätten. Nach den Olympischen Spielen von Los Angeles 1984 bezichtigten sich 7 amerikanische Radrennfahrer, darunter 4 Medaillengewinner, daß sie mit Bluttransfusionen ihre Leistungsfähigkeit verbessert hätten. Dies wurde durch eine Untersuchung des amerikanischen Radsportverbandes bestätigt. Die UCI führt Blutdoping seit 1984 unter den verbotenen Methoden auf.

Blutdoping stellt eine Manipulation zur Erhöhung der Transportkapazität des Blutes für Sauerstoff dar. Der Anstieg der Hämoglobin(HB)-Konzentration oder des Gesamtvolumens der roten Blutkörperchen (Erythrozyten) muß mehr als 5% betragen, soll es zu einer Verbesserung der Sauerstofftransportkapazität und somit zu einer Steigerung der Ausdauerleistungsfähigkeit kommen.

Eigen- oder Fremdblut können transfundiert werden. Die Blutentnahme, Aufbewahrung und Retransfusion in direktem Wettkampfzusammenhang sind an eine aufwendige Infrastruktur mit kundigem Personal gebunden. Risiken bestehen in einer Eindickung des Blutes (Erhöhung der Viskosität) mit Veränderung der Fließeigenschaften in den Organen. Bei Fremdbluttransfusionen kann es zu Unverträglichkeit mit allergischer Reaktion bis zur Schocksymptomatik, hämolytischen Reaktionen (Selbstzerstörung der roten Blutkörperchen), Auftreten von Fieberschüben und Gelbsucht sowie zur Übertragung von Infektionskrankheiten (Hepatitis, HIV u. a.) kommen. Bei korrekter Handhabung ist bei der Eigenbluttransfusion kein zusätzlich erhöhtes Risiko zu erwarten. Bislang gibt es keine ausreichend sicheren Tests im Rahmen von Dopingkontrollen, um diese Manipulation aufzudecken.

Erythropoietin (EPO)

Während der Olympischen Spiele in Calgary 1988 kam der Verdacht auf, daß Erythropoietin zur Erhöhung der Hämoglobinkonzentration eingesetzt würde. EPO ist ein Glykoproteidhormon. Es wird vorwiegend in den Glomerula (Nierenkelchen) der Niere gebildet.

> **Blutdoping stellt eine Manipulation zur Erhöhung der Transportkapazität des Blutes für Sauerstoff dar.**

Es steuert die Neubildung der Erythrozyten. *Sauerstoffmangel des Gewebes* führt zur Ausschüttung von EPO. Seit einigen Jahren wird EPO gentechnologisch hergestellt und steht als lebenswichtiges Medikament für Patienten mit chronischem Nierenversagen (Dialysepatienten) zur Verfügung.

Das Risiko einer Manipulation mit EPO liegt bei einem gesunden Sportler vornehmlich in der Möglichkeit, daß er bei erhöhter Viskosität (Eindickung) des Blutes in Kombination mit der dauerleistungsbedingten Bradykardie (Herzschlagzahlverlangsamung) und Hypotonie einen Gefäßverschluß erleidet. Als kritische Grenze wird ein Hämatokrit von 55% angesehen. Ein Ausdauerleister kann seinen normalen Ausgangshämatokrit von 42–43% bei einer Belastung in großer Hitze und durch den entstandenen Flüssigkeitsverlust auf 55% steigern. Steht er unter EPO und beginnt sein Rennen bei einem Hämatokrit von 52–58%, kann der Wert im Ziel deutlich über 60% liegen. In den nächsten Tagen besteht die Tendenz zu weiterem Ansteigen. Diese Situation kann zu Herzversagen und Lungenödemen führen (COWART 1989).

> Der direkte Nachweis von EPO im Serum oder Urin geschieht mit einem spezifischen Radioimmunassay

Der direkte Nachweis von EPO im Serum oder Urin geschieht mit einem spezifischen Radioimmunassay. Die Injektion von EPO ist 24 bis 48 Stunden nachweisbar (WIDE 1994). Klinische Hinweise auf die Anwendung von EPO ergeben sich u. a. aus dem Anstieg von Hämoglobin, Hämatokrit, roten Blutkörperchen, Reticulozyten. Hypochrome Macrozyten (Macrohypo) mit einem Erythrozytenvolumen von > 120 fl und einem Hämoglobingehalt von < 28 pg deuten unzweifelhaft auf EPO-Mißbrauch hin (CASONI 1993).

Die Vermehrung von Erythrozyten und Hämoglobin kann auch beim **Höhentraining**, dem Training in Höhen über 2200 m, erzielt werden.

Anabole Wirkstoffe

Der Beginn der Anabolikaeinnahme im Sport liegt Anfang bis Mitte der 50er Jahre. 1954 erschienen die ersten Berichte, daß russische Sportler und Sportlerinnen anabole Wirkstoffe nahmen, um Kraft und Gewicht zu erhöhen (WADLER 1989). Mit den Olympischen Spielen in Rom 1960 kamen diese Wirkstoffe unter dem Namen Dianabol® nach Europa. Die ausreichend sichere Identifizierung war erst zu den Olympischen Spielen in Montreal 1976 möglich (DONIKE 1975). Die erforderlichen Kontrollen im Training wurden jedoch erst seit 1989 bedingt praktiziert.

Unsere Kenntnisse des Anabolikamißbrauchs durch Sportler beiderlei Geschlechts unterschiedlicher Leistungsstärke sind verständlicherweise auf Vermutungen angewiesen. Bedingt geben die Ergebnisse von Dopingkontrollen und Umfragen sowie die Erkenntnisse aus dem DDR-Sport Hinweise. Es muß davon ausgegangen werden, daß anabole Wirkstoffe nicht nur im Hochleistungsbereich vieler Sportarten und bei Bodybuildern, sondern auch von Sportlern aus unteren Leistungsklassen und Nichtsportlern eingesetzt werden.

Unter den männlichen Keimdrüsenhormonen besitzt das Testosteron die stärkste androgene und anabole Wirkung. Es wird beim Mann in einer Menge von 5–10 mg/Tag gebildet. Die Plasmakonzentration beträgt 0,6 ng/ml (bei einer Frau 0,1 ng/ml). Davon sind 98% an das sexualhormonbindende Globulin (SHBG) gebunden. Die Testosteronproduktion nimmt mit zunehmendem Alter ab. Selbst schwere Trainingsarbeit beeinflußt die Serumtestosteron-Konzentration bei Spitzensportlern nicht (HAUG 1994).

Ein besseres Maß zur Beurteilung der endokrinen Steroidproduktion als die Blutspiegel sind die Ausscheidungsra-

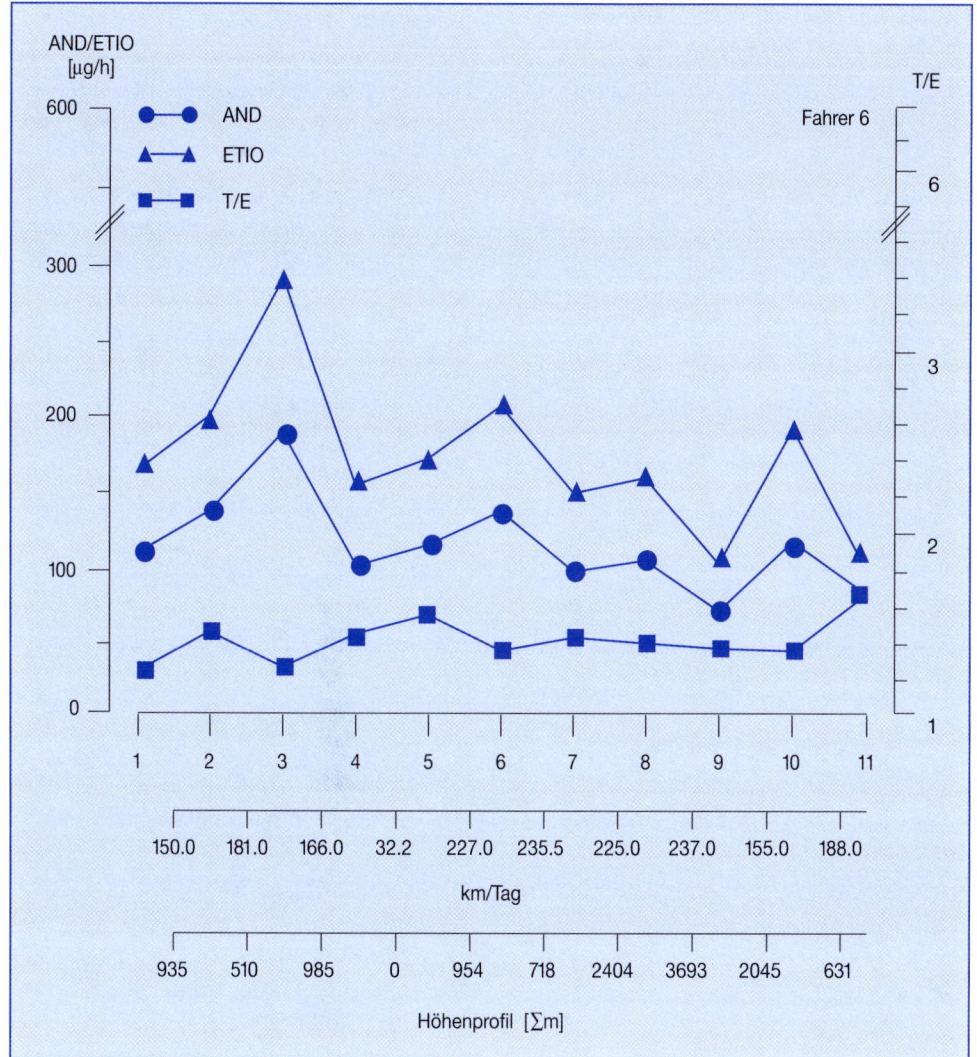

Abb. 1 Verlaufskurve von Andosteron (AND), Etiocholanolon (ETIO) und dem Testosteron/Epitestosteron-Quotienten eines Probanden während der Tour de Suisse (Morgenurin)

ten, die im Urin für die Metaboliten der Steroide gemessen werden können. Für die Beurteilung der Stoffwechsellage sind besonders wichtig Androsteron und Etiocholanolon, deren Ursprung sowohl in den Hoden als auch in den Nebennieren zu suchen ist. Testosteron wird als Nebenprodukt des Steroidstoffwechsels als Testosteronkonjugat ausgeschieden. Sein Verhältnis zum Epitestosteron gilt als Indikator für exogene Testosteronzufuhr (DONIKE 1983). Die Konstanz dieses Verhältnisses gibt eine sehr klare Auskunft über die Testosteronproduktionsrate, da bei einem starken Abfall der körpereigenen Testosteronproduktion auch ein Abfall des Testosteron/Epitestosteron-Quotienten zu erwarten ist. Langzeituntersuchungen bei professionellen Radfahrern während der Tour de Suisse ergaben (Abb. 1), daß das Testosteron/Epitestosteron-Verhältnis (Tabelle 3) bei der Rundfahrt in engen Grenzen konstant geblieben ist. Das gleiche gilt auch für die Ausscheidungsraten von Androsteron und Etiocholanolon (Tabelle 4), die bei näherer Analyse auch keine Abhängigkeit von der Belastungsintensität – Flachetappen bzw. Bergetappen – erkennen lassen.

Untersucht man Sportler im Höhentraining, finden sich ebenfalls keine Verän-

Tabelle 3 *Ausscheidungsraten von Testosteron und Epitestosteron von Fahrer 6 während der Tour de Suisse 1992*

Fahrer 6	EPIT [µg/h]	TEST [µg/h]	T/E
1	2.03	2.50	1.23
2	1.77	2.72	1.54
3	3.09	3.88	1.26
4	1.33	2.01	1.51
5	1.80	2.87	1.59
6	2.07	2.86	1.38
7	1.65	2.40	1.46
8	1.31	1.87	1.43
9	0.89	1.25	1.40
10	1.43	1.99	1.39
11	0.97	1.62	1.67
MW	1.67	2.36	1.44
±SD	0.61	0.72	0.13
c.V. [%]	36.53	30.51	9.03

Tabelle 4 *Ausscheidungsraten von Androsteron und Etiocholanolon von Fahrer 6 während der Tour de Suisse 1992*

Fahrer 6	AND [µg/h]	ETIO [µg/h]	A/E
1	114.46	164.58	0.70
2	133.95	198.00	0.68
3	190.69	293.43	0.65
4	104.79	156.13	0.67
5	116.31	170.95	0.68
6	132.63	208.61	0.64
7	104.58	150.84	0.69
8	109.69	161.50	0.68
9	70.49	102.39	0.69
10	124.31	191.80	0.65
11	79.48	106.76	0.74
MW	116.49	173.18	0.68
±SD	31.54	52.06	0.03
c.V. [%]	27.07	30.06	4.32

derung im Steroidprofil. Die Ausscheidungsraten der üblicherweise registrierten Steroide Androsteron, Etiocholanolon, Testosteron und Epitestosteron bleiben konstant.

Die mißbräuchliche Anwendung von Testosteron wird angenommen, wenn der Testosteron/Epitestosteron-Quotient den Wert von 6 übersteigt.

Die Wirkungen der androgenen anabolen Steroide lassen sich wie folgt beschreiben.

Androgene (geschlechtsspezifische) Wirkungen sind:
- Wachstum der männlichen Fortpflanzungsorgane (Samenleiter, Prostata, Vesikalardrüsen, Penis)
- Bartwuchs
- viriles (männliches) Behaarungsmuster
- Stimmlagenänderung, Wachstum des Kehlkopfes
- vermehrte Produktion der Talgdrüsen

Anabole (eiweißanbauende) Wirkungen sind:
- Zunahme des Muskelmasse
- Verringerung des Fettanteils am Gesamtkörpergewicht
- Verringerung des Eiweißabbaus, positive Stickstoffbilanz
- Vermehrung der Erythrozyten und der Hämoglobinkonzentration
- Wirkung auf die Knochenreifung

Anabolika (anabole Steroide) werden synthetisch hergestellt. Sie leiten sich vom Testosteron ab. Sie haben vornehmlich die vorgenannten eiweißanbauenden (anabolen), aber auch die geschlechtsspezifischen (androgenen) Wirkungen.

Ihre wichtigsten Eigenschaften sind Neubildung von Eiweiß und anregende Wirkung auf die Bildung der roten Blutkörperchen und des Hämoglobins sowie die Knochenreifung.

Der Einfluß androgener anaboler Steroide auf die Leistungsfähigkeit wird kontrovers diskutiert. Als Ursache für eine Leistungsverbesserung unter androgenen anabolen Wirkstoffen werden erhöhte Aggressivität und verbesserte Motivation beim Training, antikataboler Effekt und verbesserte Eiweißutilisation (Eiweißbereitstellung) diskutiert.

Die **Nebenwirkungen** einer Einnahme von androgenen anabolen Hormonen ist abhängig vom Wirkstoff sowie von der Dauer und der Höhe der Dosierung. Es werden beobachtet:
- Abfall des HDL-Cholesterins mit der erhöhten Gefahr der Gefäßverkalkung
- Reduktion der Spermatogenese bis zur Unfruchtbarkeit
- Gynäkomastie (Brustwachstum bei Männern)
- Rhabdomyolyse (Muskelauflösung)
- Veränderungen der Leberzellen
- psychische Störungen

Die aufgeführten Risiken der Einnahme androgener anaboler Steroide treffen in Teilen auch für Frauen zu. Zusätzlich können folgende Veränderungen im Sinne von **Virilisierung** (Vermännlichung) auftreten:
- dunkle, übermäßige Gesichts- und Körperbehaarung
- tiefere Stimme
- typisch männliche Glatzenbildung[1]
- vergrößerte Klitoris
- Akne[1]
- Menstruationsstörungen[1]

Werden Beta-2-Agonisten wie Clenbuterol oder Salbutamol systematisch gegeben, kann es zu anabolen Effekten kommen. Die mögliche Wirkung ist gegenüber anabolen androgenen Steroiden schwächer. Als Nebenwirkungen sind – abhängig von der Dosierung – Zittern, Kopfschmerzen, Schlafstörungen, Nervosität, Temperaturerhöhung u. ä. bekanntgeworden (siehe S. 510, Di Pasquale 1992, Martineau 1992).

---
[1] Diese Veränderungen bilden sich teilweise wieder zurück.

Hinweise zur Dopingkontrolle

Dopingkontrollen werden nach den Wettkämpfen, aber auch außerhalb der Wettkämpfe (out of competition) in sog. Trainingskontrollen durchgeführt.

Die Auswahl der Sportler richtet sich nach der Plazierung im Rennen und nach einer zusätzlichen Auslosung. Jeder Fahrer muß sich informieren, ob er zur Dopingkontrolle vorgesehen ist. Dazu hängt eine Tafel mit den Rückennummern der zu kontrollierenden Fahrer beim Zielgericht.

Der Ablauf der Dopingkontrolle:
- Der zur Dopingkontrolle bestimmte Fahrer hat sich innerhalb von 30 Minuten nach Ende des Rennens bzw. der Siegerehrung in der Dopingkontrollstation einzufinden.
- Die Dopingkontrollstation ist mit einem Inspekteur (Dopingkommissär), einem Kontrollarzt und evtl. einer weiblichen Hilfskraft (z. B. Krankenschwester) besetzt.
- Der Fahrer wird anhand seiner Lizenz identifiziert. Er darf einen Betreuer mitbringen.
- Name und Datum werden im Protokoll festgehalten.
- Der Fahrer wählt ein verpacktes Entnahmegefäß und läßt **unter Sicht des Kontrollarztes** (bzw. der Helferin bei Frauen) wenigstens 75 ml Urin.
- Der Fahrer wählt zwei Glasflaschen (von der UCI zugelassen) aus, in die der Urin verteilt wird. Die Flaschen werden verschlossen, versiegelt und codiert; beim Versapak-System verriegelt.
- Uhrzeit und Codenummern werden im Protokoll eingetragen und durch Unterschrift des Fahrers, seines Begleiters, des Dopinginspekteurs und des Kontrollarztes bestätigt. Gleich-

Der Einfluß androgener anaboler Steroide auf die Leistungsfähigkeit wird kontrovers diskutiert

zeitig wird damit der korrekte Ablauf des Verfahrens dokumentiert. Im Protokoll werden ferner – nach Angaben des Fahrers – die eingenommenen Medikamente aufgeführt. Der Fahrer erhält eine Kopie des Protokolls.
- Der Inspekteur verpackt und versiegelt die Probenflaschen und die Protokolle nach Vorschrift. Die Urinanalysen werden in einem von der UCI (entsprechend IOC) zugelassenen Labor analysiert.
- Der Laborleiter teilt dem nationalen Verband des Veranstalters des Rennens bzw. bei Weltmeisterschaften dem offiziellen Arzt der UCI das Ergebnis der Analysen mit.
- Bei positivem Befund wird der betroffene Fahrer über seinen nationalen Verband informiert. Ihm wird rechtliches Gehör gewährt. Gegen Hinterlegen einer Kaution kann eine Gegenanalyse beantragt werden. Bei erneut positivem Befund werden alle damit verbundenen Strafen sofort wirksam. Der Fahrer trägt die Kosten der Gegenanalyse.
- Erscheint ein Fahrer in der angegebenen Zeit nicht zur Kontrolle oder verweigert er die Urinabgabe, wird dieses im Protokoll vermerkt. Er wird dann wie bei einem positiven Befund behandelt.

Die Kontrollen außerhalb der Rennen, kurz **Trainingskontrollen** genannt, können erstens während der Etappenrennen oder Weltmeisterschaften an den Ruhetagen oder vor dem Start einer Etappe und zweitens während des Trainings, insbesondere außerhalb der Saison, durchgeführt werden.

In der Bundesrepublik werden diese Kontrollen nach einer Absprache der nationalen Fachverbände mit dem Deutschen Sportbund (DSB) von der Antidoping-Kommission DSB/NOK (kurz: ADK) durchgeführt. Von der ADK wird der Kreis der zu kontrollierenden

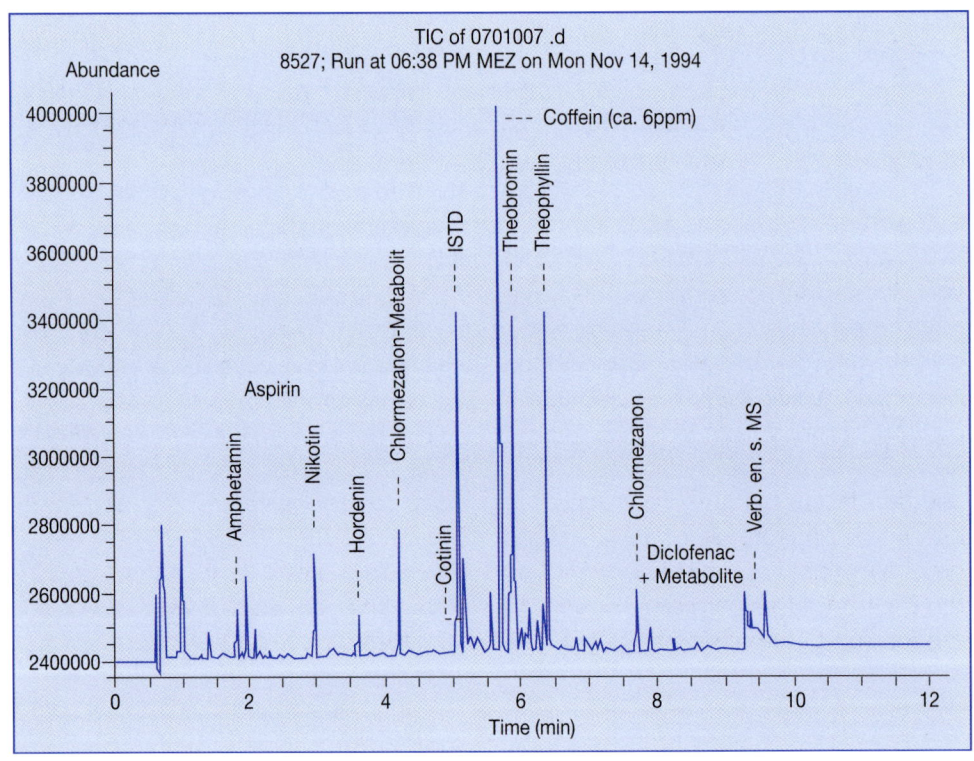

Abb. 2 *Gas-Chromatogramm einer Mischung von stickstoffhaltigen Verbindungen, getrennt auf einer hochauflösenden Kapillarsäule, in der Reihenfolge der Elution (Retentionszeit in Minuten). Der Befund ist Amphetamin-positiv mit zahlreichen Beimedikamenten. Bei diesem Trennungsgang können gleichzeitig basische und neutrale stickstoffhaltige Substanzen wie die typischen Stimulantien, einige Narkotika und Beruhigungsmittel nachgewiesen werden.*

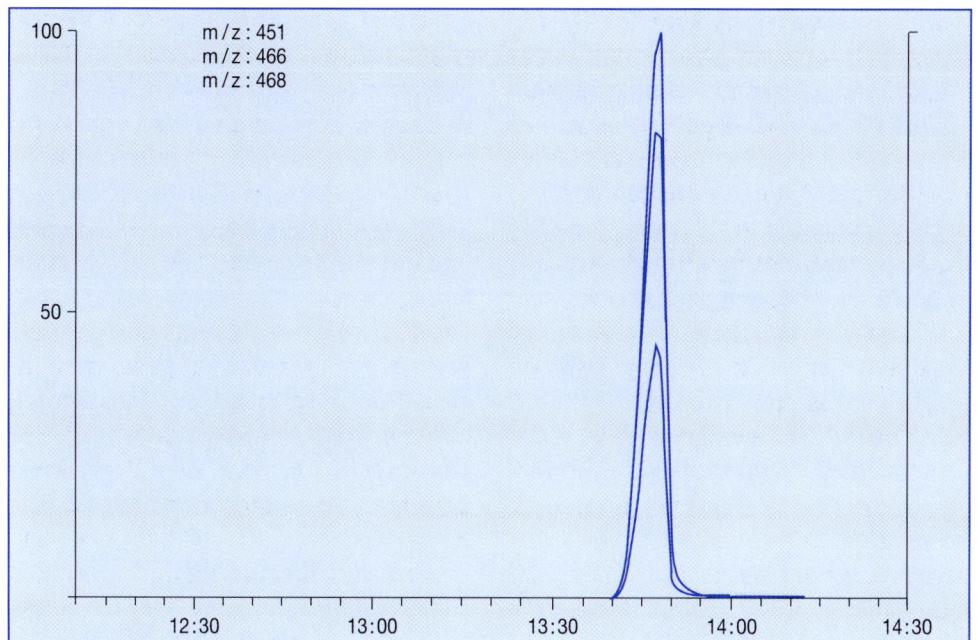

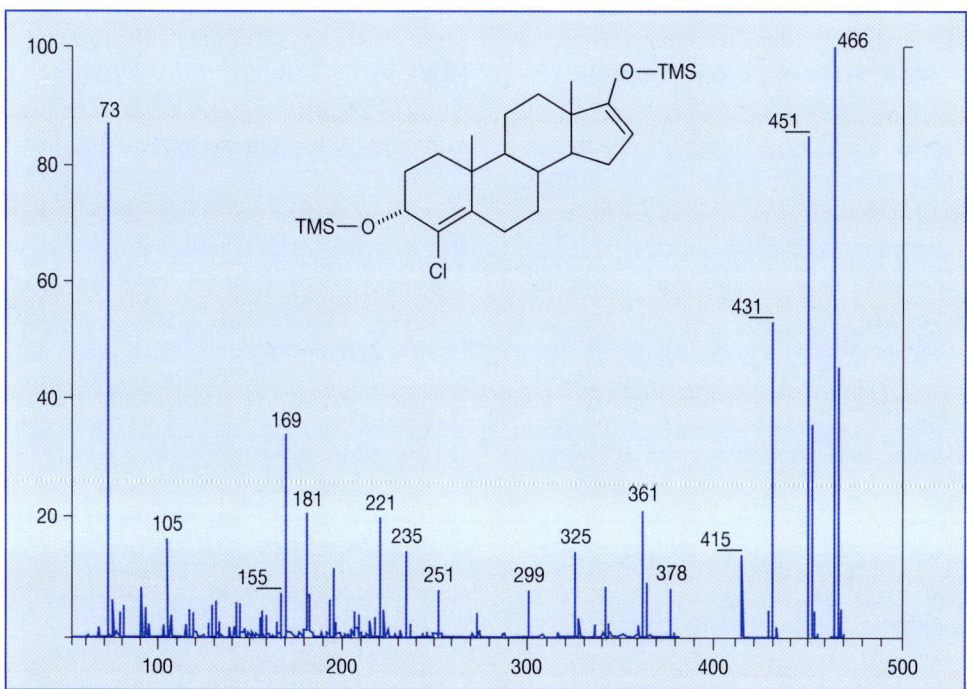

Abb. 3 *Massenspektrum des Chlortestosteron-Metaboliten Androst-4-en-4-chlor-17β-on-3-on nach per-Trimethylsilylierung; m/z 451, 466 und 468 sind charakteristische Fragmentionen*

Sportler festgelegt. In Frage kommen nur Kaderathleten. Seit 1994 werden die Urinproben im Auftrag der ADK von PWC GmbH, Medizinische Testverfahren im Sport, München, eingeholt. Die Kontrolleure kommen möglichst ohne Voranmeldung.
Der Ablauf dieser Kontrolle erfolgt nach dem gleichen System wie bei Wettkämpfen bzw. Rennen.

Dopinganalytik

Im Rahmen der Dopingkontrollen kommt der Analytik eine besondere Bedeutung zu. Das Vorhandensein eines Dopingmittels oder seiner Metaboliten in einer Urinprobe gilt als Verletzung der Dopingregeln. Der Nachweis von Dopingmitteln geschieht mit Hilfe von anerkannten wissenschaftlichen Analyseverfahren. Die UCI verlangt, daß die Urinproben in einem IOC-anerkannten Labor untersucht werden.

Der Ablauf der Dopinganalytik läßt sich in vier Teilbereiche gliedern:
- Eingangskontrolle
- Screening (Übersichtsanalyse)
- falls positiv: Bestätigungsanalyse
- Bericht

Die **Eingangskontrolle** umfaßt eine Überprüfung der Unversehrtheit der Packung und der Siegel sowie einen Vergleich der Codenummern auf den Flaschen und in den Protokollen.

Die verbotenen Substanzen können nach ihren chemischen und biochemischen Eigenschaften in fünf Gruppen unterteilt werden, für die es je eine **Screening-Prozedur** gibt:
- stickstoffhaltige Substanzen, die unverändert im Urin ausgeschieden werden
- stickstoffhaltige Substanzen, die an Sulfat- oder Glucuronsäure gebunden ausgeschieden werden
- Stimulanzien mit extrem polarer Struktur
- anabole Steroide
- saure Substanzen wie Diuretika

In allen Screening-Prozeduren werden in der Regel Gas-chromatographische Übersichtsanalysen (Abb. 2) erstellt. Spezifische Detektoren erleichtern den Nachweis. Diese Analyseverfahren sind spezifisch für den Nachweis der einzelnen Substanzklassen, bei Verwendung eines Massenspektrometers als Detektor sogar substanzspezifisch (Abb. 3). Erscheint in einer Screening-Prozedur ein chromatographisches Signal mit einer Retentionszeit, die mit einem bekannten Dopingmittel übereinstimmt, so wird eine Gas-chromatographisch/massenspektrometrische **Bestätigungsanalyse** vorgenommen. Die Übereinstimmung von Retentionszeit und Massenspektren ergibt eine eindeutige Identifizierung. Identifizierung im chemischen Sinne bedeutet, daß die Strukturformel des Dopingmittels oder seines Metaboliten aufgezeichnet werden kann.

Der **Bericht über das Analyseergebnis** wird umgehend dem zuständigen Verband zugestellt. Bei einem positiven Ergebnis ist dem Sportler rechtliches Gehör zu gewähren. Er hat das Recht auf eine **Gegenanalyse der B-Probe**. Die Vorgehensweise entspricht den bereits beschriebenen Verfahren der Dopinganalytik.

Ergebnisse

Die Ergebnisse der Dopingkontrollen des BDR der letzten 10 Jahre (Tabelle 5) und der weltweiten Kontrollen im Radsport (Tabelle 6) zeigen bei einer relativ hohen Probenzahl in den einzelnen Jahren zwischen 1,0 und 1,5% positive Befunde.

Die am häufigsten gefundenen Medikamente der weltweiten Kontrollen waren 1993: Nandrolon (19), Testosteron (12), Amphetamin (12), Pseudoephedrin (9), Koffein (7), Clostebol (7), Ephedrin (7).

Sanktionen

Der für positiv befundene Rennfahrer wird bestraft. Er verliert automatisch Preise, Plazierungen und Punkte. Er wird für eine festgelegte Zeit disqualifiziert. Das Strafmaß liegt zwischen 6 Monaten und endgültigem Lizenzentzug. Berufsfahrern wird zusätzlich eine Geldstrafe auferlegt.

Tabelle 5 Ergebnisse der A-Proben der Dopingkontrollen des BDR in den letzten 10 Jahren. Die Analysen erfolgten im Institut für Biochemie der Deutschen Sporthochschule Köln.

Jahr	n	positiv		verbotene Wirkstoffe
		n	%	
1985	563	6	1,12	Strychnin, Fencamfamin, Nandrolon (3), Oxmetolon
1986	467	7	1,50	Ephedrin (2), Nandrolon, Clostebol (4)
1987	416	6	1,44	Nandrolon (2), Norephedrin, Ephedrin/Codein, Clostebol, Testosteron
1988	420	2	0,48	Ephedrin, Heptaminol
1989	405	1	0,25	Nandrolon/Metenolon
1990	501	1	0,20	Amphetamin
1991	728	2	0,27	Methylpseudoephedrin, Testosteron
1992	800	2	0,25	Amphetamin, Testosteron
1993	811	5	0,65	Amineptin, Clostebol (3), Koffein, Mephentermin/Phentermin[1]
1994	707	12	1,70	Amphetamin (3), Ephedrin, Methylephedrin, Methyltestosteron, Phentermin (2), Prednisolon, Prolintan (2), Triamcinolonacetamid

[1] Metaboliten des Magenmittels Tepilta®

Tabelle 6 Ergebnisse der A-Proben der weltweiten Dopingkontrollen im Radsport der letzten Jahre in den IOC-Labors

Jahr	n alle	positiv		n nur Trainingskontrollen	positiv	
		n	%		n	%
1990	8037	85	1,06	379	7	1,85
1991	10468	113	1,08	440	3	0,68
1992	11606	87	0,75	826	4	0,48
1993	11474	110	0,96	558	5	0,90
1994	11335	171	1,51	1313	19	1,45

Allgemeine Hinweise

Die Diskussion, ob **Blutproben** im Rahmen der Dopingkontrollen grundsätzlich durchgeführt werden sollen, ist noch nicht entschieden. Fest steht jedoch, daß Blutproben die Urinproben nicht ersetzen können; sie können allenfalls als Ergänzung dienen.

Die Auswertung von 830 Urinproben von Radfahrern aus dem Zeitraum 01. 01. bis 31. 10. 94 ergab 631mal die Einnahme von 40 verschiedenen, nicht verbotenen Wirkstoffen. Dabei fanden sich in den einzelnen Proben häufig mehrere Wirkstoffe (siehe Beispiel in Abb. 2). Besonders oft wurden festgestellt: Koffein in erlaubter Dosis 171mal, Schmerzmittel (darunter Propyphenazon 87, Acetylsalicylsäure/Aspirin 78, Paracetamol 68, Lidocain 26), durchblutungsfördernde Mittel, trizyklische Antidepressiva u. v. m. Eine vollständige Auflistung der eingenommenen Medikamente in den Dopingprotokollen findet sich selten. Sie ist meist unvollständig und stimmt nicht mit den Analyseergebnissen überein.

Bei einigen Medikamenten kann es – bei annähernd gleich lautendem Namen –

zur Aufnahme verbotener Medikamente kommen, wenn nicht auf die Zusammensetzung geachtet wird (siehe Tabelle 7).

Der Wirkstoff des Magenmittels Teplita®, Oxetacain, metabolisiert zu den verbotenen Wirkstoffen Mephentermin und Phentermin.

Großflächig auf die Haut gebrachte Wirkstoffe in Salben oder Cremes können die Haut durchwandern und zu einem positiven Urinbefund führen. Als Beispiele seien hier Alpha-Tropho-Dermin-Creme 0,5% (aus Italien) mit Clostebol und Andractim® als Gel, Salbe oder Spray (aus Frankreich) mit 2,5 g/100,0 Androstanolon genannt.

Die Aufnahme von mit Clostebol aus verbotener Tiermast kontaminiertem Fleisch ist relativ unwahrscheinlich. Der Gehalt von Clostebol ist hierbei sehr gering. Theoretisch könnte ein positiver Befund gefunden werden, wenn Fleischteile, die Injektionsstellen aufweisen, verzehrt werden (z. B. auch als Hackfleisch).

Tabelle 7 *Einige Medikamente, die zu Verwechslungen führen können, und ihre verbotenen Wirkstoffe*

erlaubt	nicht erlaubt	wegen
Wick Formel 44 plus Hustenpastillen S	Wick MediNait® Erkältungssaft	Ephedrin
	Wick DayMed Erkältungsmedizin	Phenylephrin
Dihydergot® forte, retard	Dihydergot® plus	Etilefrin
Rhinopront® Spray	Rhinopront® Kapseln Saft	Phenylephrin Phenylpropanolamin
Mobilat Salbe, Gel	Dolo Mobilat Gel	Phenylephrin

Abkürzungen

Allgemein radsportspezifische Abkürzungen

aaA:	allgemeine athletische Ausbildung
AK:	Altersklasse
AL:	Armlänge
CC:	Cross-Country
DH:	Downhill
DM:	Dauermethode
EB:	Entwicklungsbereich
GA:	Grundlagenausdauerbereich
I:	Intervall
IM:	Intervallmethode
K1, K2:	Schnellkraftbereich
K3, K4:	Kraftausdauerbereich
KaM:	Kraft mit anderen Mitteln
KB:	Kompensationsbereich
KLD:	Komplexe Leistungsdiagnostik
KmR:	Kraft mit Rad
KZA:	Kurzzeitausdauer
KZI:	Kurzzeitintervalle
LZA:	Langzeitausdauer
LZI:	Langzeitintervalle
MAZ:	Makrozyklus
MIZ:	Mikrozyklus
MK:	Maximalkraft
MZA:	Mittelzeitausdauer
MZI:	Mittelzeitintervalle
NM:	Nationalmannschaft
OZ:	Olympiazyklus
RH:	Rahmenhöhe
SB:	Spitzenbereich
SL:	Schrittlänge
SK:	Schnellkraft
spA	Spezielle Ausdauer
TE:	Trainingseinheit
TF:	Tretfrequenz
U:	Umfang
UCI:	Union Cycliste Internationale
ÜS:	Übersetzung
UWV:	Unmittelbare Wettkampfvorbereitung
VP:	Vorbereitungsperiode
W1:	Wettkämpfe in der Spezialdisziplin
W2:	Alle Wettkampfformen auf der Bahn
W3:	Alle Wettkampfformen Straße, Cross, MTB
WK:	Wettkampfbereich
WM:	Wiederholungsmethode
WSA:	Wettkampfspezifische Ausdauer

Medizinische Abkürzungen

AANÜ:	aerob-anaerober Übergang
ADP:	Adenosindiphosphat
AMV:	Atemminutenvolumen
AND:	Andosteron
ANS:	anaerobe Schwelle
AS:	aerobe Schwelle
ATP:	Adenosintriphosphat
AZV:	Atemzugvolumen
BSG:	Blutkörperchen-Senkungsgeschwindigkeit
Ck:	Creatinkinase
CP/KrP:	Kreatinphosphat
EKG:	Elektrokardiogramm
EMG:	Elektromyogramm
EPO:	Erythropoietin
FS:	Fettsäuren
FTF:	Fast twitch fibers (schnelle, weiße Muskelfasern)
FTG:	Fast twitch glycolytic (anaerobe, weiße Muskelfasern; Typ IIb)
FTO:	Fast twitch oxidative (aerobe, weiße Muskelfasern; Typ IIa)
HF:	Herzfrequenz
HMV:	Herzminutenvolumen
Lac:	Laktatmenge
LDH:	Laktatdehydrogenase
LT:	Lactate threshold
maxLaSS:	maximales Laktat-Steady-state
NAD:	Nikotinamid-adenin-dinukleotid
p_{av}:	Average power
p_c:	Critical power
p_p:	Peak power
RQ:	Respiratorischer Quotient
STF:	Slow twitch fibers (langsame, rote Muskelfasern)
t_c:	Critical time
TE:	Testosteron
VO_2max:	maximale Sauerstoffaufnahme
VT:	Ventilatory threshold
ZNS:	Zentrales Nervensystem

Physikalische Größen

a:	Beschleunigung
F:	Kraft
m:	Masse
p:	Druck, Leistung
s:	Weg
t:	Zeit
v:	Geschwindigkeit

Physikalische und chemische Maßeinheiten, Definitionen

Maße

fl:	Femtoliter (Femto… = 10^{-15})
g:	Gramm
J:	Joule
kg:	Kilogramm (Kilo… = 10^3)
kJ:	Kilojoule
km:	Kilometer
km/h:	Kilometer pro Stunde
l:	Liter
m:	Meter
mg:	Milligramm (Milli… = 10^{-3})
min:	Minute
ml:	Milliliter
mm:	Millimeter
m/s:	Meter pro Sekunde (x 3,6 = km/h)
µl:	Mikroliter (Mikro… = 10^{-6})
µm:	Mikrometer
nm:	Nanometer (Nano… = 10^{-9})
s:	Sekunde
":	Zoll

Arbeit, Leistung, Energie

1 erg:	$1 \cdot 10^{-7}$ J
1 Kilojoule:	$2,3889 \cdot 10^{-4}$ kcal
1 Kilojoule:	$1 \cdot 10^7$ erg
1 Kilojoule:	0,10197 mkg
1 Kilokalorie (kcal):	4,186 kJ
1 Kilokalorie:	426,85 mkg
1 Kilokalorie:	1000 cal
1 Watt:	$1\ J \cdot s^{-1}$
1 Watt:	$6,12\ mkg \cdot min^{-1}$
1 Watt:	$1 \cdot 10^7\ r \cdot s^{-1}$
1 Watt:	0,001 KW

mol:	Mol (Stoffmenge in Gramm, die das Molekulargewicht angibt); Maßeinheit für die Stoffmenge

Untereinheiten dazu:

mmol:	Millimol (1 tausendstel Mol)
µmol:	Mikromol (1 millionstel Mol)
pmol:	Pikomol (1 billionstes Mol)
mmol/l:	Millimol pro Liter: Maß für die Stoffmengenkonzentration
val:	Grammäquivalent; Äquivalentgewicht, das sich bei Teilung von Mol durch die Wertigkeit des betreffenden Ions ergibt

Literatur

Trainingslehre
Die äußerst umfangreiche Literatur zu diesem Kapitel ist dem Band
F. ZINTL: Ausdauertraining: Grundlagen, Methoden, Trainingssteuerung, BLV Verlagsgesellschaft mbH, München, Wien, Zürich, 3. Auflage 1994, zu entnehmen.

Straßenradsport
AMBROSINI, G.: Ciclismo. Sperling & Kupfer Ed., Milano, 1979
AUTORENKOLLEKTIV: Rahmentrainingspläne Straßenradsport des DRSV. Berlin, unveröffentlichte Materialien, 1970–1990
AUTORENKOLLEKTIV: Forschungsberichte. FSK Leipzig, unveröffentlichte Materialien, 1979–1990
AUTORENKOLLEKTIV: Trainingsprogramme Grundlagentraining 1981–1985, 1985–1989, 1989–1990. WZ Leipzig, unveröffentlichte Materialien, 1981, 1985, 1989
AUTORENKOLLEKTIV: Trainingsmethodische Grundkonzeption des DRSV der DDR 1972–1992. WZ Leipzig, unveröffentlichte Materialien, 1972–1992
BALLANTINE, R./GRAUT R.: Ultimate Bicycle Book. Dorling Kindersley Inc., New York, 1. Auflage 1992
CLEMENT, C.: Cyclisme sur Route. Editions Amphara, Paris, 1. Auflage 1968
C. O. N./ECOLE CENTRALE DU SPORT: Le Cyclisme. Coni – Ecole Centrale du Sport – F. I. A C., 1. Auflage 1968
ERNST, M./HEBLER, H. /STIFEL, U. /ZOLLFRANK, B.: Radsport in Schule und Verein. Meyer & Meyer Verlag, Aachen, 1. Auflage 1992
HARRE, D.: Trainingslehre. Sportverlag, Berlin, 1979
JANSSEN, P.: Ausdauertraining. perimed Fachbuch-Verlagsgesellschaft mbH Erlangen, 1. Auflage 1989
JUNKER, D./WEISBROD, H./MICKEIN, D.: Radsport. Sportverlag, Berlin, 1978
JUNKER, D./SCHNABEL, G./REISS, M.: Trainingstermini der Ausdauersportarten. Sportverlag, Berlin, 1. Auflage 1990
KONOPKA, P.: Radsport. BLV Verlagsgesellschaft mbH, München, Wien, Zürich, 6. Auflage 1994
LEMOND, G.: Handbuch des Radsports. Ullstein GmbH, Frankfurt/Main, 1. Auflage 1987
PHINNEY, D./CARPENTIER, C.: Training for Cycling. Perigee Book/Putmann Publishing Group, New York, 1. Auflage 1992
TILKE, K.: Anatomische Fachausdrücke. DHfK Leipzig, 1. Auflage 1970

Bahnradsport
BDR: Sportordnung. Frankfurt/Main, 04/92
BDR: Wettkampfbestimmung. Frankfurt/Main, 07/94
BDR: Nachwuchsprogramm. Frankfurt/Main, 11/94
BUDZINSKI, F.: Der Radrennsport im deutschen Sport. Deutscher Sportverlag, Berlin, 1927
GESCHKE, J.: Zu einigen methodischen Prinzipien des Einsatzes von Schnellkraft- und Schnelligkeitstrainingsmitteln im Radsportsprint in den Jahren 1974–1976. Promotion, DHfK Leipzig, 1979
GUNDLACH, H.: Verbesserung der Laufschnelligkeit im Sprint. In: Theorie und Praxis des Leistungssports 8, Nr. 5 (1967), S 81–94
HOWALD, H.: Auswirkungen sportlicher Aktivität auf den Stoffwechsel. In: Schweiz. med. Wschr. 104 (1974), S. 1535–1538
LETZELTER, M.: Sprinteigenschaften, Wettkampfverhalten und Ausdauertraining von 200-m-Läuferinnen der Weltklasse. Dissertation, Ahrensburg, 1975
LYCHATZ, S.: Die Entwicklung der Sprintleistung 1973–1978. Dissertation, DHfK Leipzig, 1979
LYCHATZ, S.: Tendenzen der internationalen Leistungsentwicklung im Radsport. In: Theorie und Praxis des Leistungssports, Berlin, 1977, 1981, 1982, 1984, 1987
LYCHATZ, S.: Tendenzen der trainingsmethodischen Entwicklung in den Ausdauersportarten im Olympiazyklus 1985–1988, In: Leistungssport, 1989
LYCHATZ, S., MÜLLER, G.: Grundprinzipien der Ausprägung maximaler Geschwindigkeiten im Sprint und Folgerungen für KZA-Disziplinen. Forschungsbericht, Leipzig, 1986
MAHLO, F.: Rudern. Sportverlag, Berlin, 1987
MATWEJEW, L. P.: Periodisierung des sportlichen Trainings. Berlin, 1972
MÜLLER, G.: Analyse der trainingsmethodischen Entwicklung der Kurzzeitsportler L.

Heßlich/D. Uibel aus der Trainingsgruppe Sprint des SC Cottbus. Diplomarbeit, DHfK Leipzig, 1978

SCHMIDTBLEICHER, D.: Neuere Aspekte des Schnellkrafttrainings. Referat zur Bundestrainerweiterbildung, Köln, 28. 3. 95

SZÖGY, A./LINZBACH, B./HOFFMANN, G./ OEHME, W.: Zur Problematik der aeroben und anaeroben Leistungsprognose am Beispiel Radrennfahren. Ergebnisbericht, Frankfurt/Main, 1988

TIDOW: Leistungssteuerung durch Ausnutzung der Wirkungsweise ausgewählter Krafttrainingsmethoden. Referat zur Bundestrainerweiterbildung, Köln, 28. 3. 95

ZACZIORSKIJ, W.: Die Übertragung des kumulativen Trainingseffektes bei Kraftübungen. In: Teorija i praktika fiz. kul'tura, Moskau, 1974, S. 8–13

Mountainbiking

BROUNS, F.: Die Ernährungsbedürfnisse von Sportlern. Springer-Verlag, Berlin, Heidelberg, New York, 1993

EVJENTH, O.: Autostretching. Ein vollständiges Handbuch über das Dehnen der Muskeln. Alfta Rehab Verlag, Alfta/Schweden, 1990

GERIG, U.: Anleitung zur Selbstmassage. Broschüre, CH-8610 Uster, 1990

KUNZ, H.: Trainerbulletin Sporternährung. Schweiz. Leichtathletikverband, Bern, 1994

SLEAMAKER, R.: Systematisches Leistungstraining: Schritte zum Erfolg. Meyer und Meyer Verlag, Aachen, 1991

WEINECK, J.: Optimales Training: Leistungsphysiologische Trainingslehre unter besonderer Berücksichtigung des Kinder- und Jugendtrainings. Perimed-Spitta Verlag, Balingen, 1994

WIRZ, J.: Markus Ryffel. Der Weg in die Weltklasse. Aare Verlag, Aarau, 1988

Medizin

BERG, A., JAKOB, E., LEHMANN, M., DICKHUTH, H.H., KEUL, J.: Aktuelle Aspekte der modernen Ergometrie. In: Pneumologie 44 (1990), S. 2–13

BOUTELLIER, U., BÜCHEL, R., KUNDERT, A., SPENGLER, CH.: The respiratory system as an exercise limiting factor in normal trained subjects. In: Eur. J. Appl. Physiol. 65 (1992), S. 347–353

CRAIG, N.P., NORTON, K.I., BOURDON, P.C., WOOLFORD, S.M., STANEF, T., SQUIRES, B., OLDS, T.S., CONYERS, R.A.J., WALSH, C.B.V.: Aerobic and anaerobic indices contributing to track endurance cycling performance. In: Eur. J. Appl. Physiol. 67 (1993), S. 150–158

CZIHAK, G., LANGER, H., ZIEGLER, H. (Hrsg.): Biologie. Springer-Verlag, Berlin, Heidelberg, New York, 1976

DICKHUTH, H.H., HUONKER, M., MÜNZEL, T., DREXLER, H., BERG, A., KEUL, J.: Individual anaerobic threshold for evaluation of competitive athletes and patients with left ventricular dysfunctions. In: BACHL, N., GRAHAM, T.E., LÖLLGEN, H. (Hrsg.): Advances in Ergometry. Springer-Verlag, Berlin, Heidelberg, New York, 1991

HECK, H.: Laktat in der Leistungsdiagnostik. Hofmann, Schorndorf, 1990

HICKEY, M.S., COSTILL, L., MCCONNELL, G.K., WIDRICK, J.J., TANAKA, H.: Day to day variation in time trial cycling performance. In: Int. J. Sports Med. 13 (1992), S. 467–470

HUGHES, E.F., TURNER, S.C., BROOKS, G.A.: Effects of glycogen depletion and pedaling speed on anaerobic threshold. In: J. Appl. Physiol.: Respirat. Environm. Exercise Physiol. 52, Nr. 6 (1982): S. 1598–1607

JUNGERMANN, K., MÖHLER, H. (Hrsg.): Biochemie. Springer-Verlag, Berlin, Heidelberg, New York, 1980

LEONHARDT, H.: Innere Organe. In: KAHLE, W., LEONHARDT, H., PLATZER, W. (Hrsg.): Taschenatlas der Anatomie. Thieme Verlag, Stuttgart, 1979

MADER, A., HECK, H.: A theory of the metabolic origin of anaerobic threshold. In: Int. J. Sports Med. 7 (1986): S. 45–65 Suppl.

MEDBO, J.I., MOHN, A.CH., TABATA, I., BAHR, R., VAAGE, O., SEJERSTED, O.M.: Anaerobic capacity determined by maximal accumulated O_2 deficit. In: L. Appl. Physiol. 64, Nr. 1 (1988), S. 50–60

PLATZER, W.: Bewegungsapparat. In: KAHLE, W., LEONHARDT, H., PLATZER, W. (Hrsg.): Taschenatlas der Anatomie. Thieme Verlag, Stuttgart, 1979

RIBEIRO, J.P., FIELDING, R.A., HUGHES, V., BLACK, A., BOCHESE, M.A., KNUTTGEN, H.G.: Heart rate break point may coincide with the anaerobic and not the aerobic threshold. In: Int. J. Sports Med. 6 (1985), S. 220–224

SCHMIDT, R. F., THEWS, G. (Hrsg.): Physiologie des Menschen. Springer-Verlag, Berlin, Heidelberg, New York, 1980
SKINNER, J. S., MCLELLAN, T. H.: The transition from aerobic to anaerobic metabolism. In: Res Q Exercise Sport 51 (1980), S. 234–248
STOCKHAUSEN, W., MAIER, J. B., TINSEL, J., DEUS, U., LYCHATZ, S., KEUL, J.: Laktatdiagnostik und Leistungsdiagnostik im Radsport. In: CLASING, D., WEICKER, H., BÖNING, D.: Stellenwert der Laktatbestimmung in der Leistungsdiagnostik. Fischer Verlag, Stuttgart, Jena, New York, 1994
STOCKHAUSEN, W., HUBER, G., MAIER, J. B., TINSEL, J., KEUL, J.: Ein einzeitiges Verfahren zur Bestimmung des maximalen Laktatsteady-state auf dem Fahrradergometer. In: Dtsch. Z. Sportmed. 46, Nr. 6 (1995): S. 291–302
WASSERMAN, K., BEAVER, W. L., WHIPP, B. J.: Gas exchange theory and the lactatic acidosis (anaerobic) threshold. In: Circulation 81, Suppl. II (1990), S. II14–II30
WIDRICK, J. J., FREEDSON, P. S., HAMILL, J.: Effect of internal work on the calculation of optimal pedaling rates. In: Med. Sci. Sports Exerc. 24, Nr. 3 (1992), S. 376–382
WITHERS, R. T., VAN DER PLOEG, G., FINN, J. P.: Oxygen deficits incurred during 45, 60, 75 and 90 s maximal cycling on an airbraked ergometer. In: Eur. J. Appl. Physiol. 67 (1993), S. 185–191

Doping

BUNDESVERBAND DER PHARMAZEUTISCHEN INDUSTRIE: Rote Liste 1995. Editio Cantor, Aulendorf, 1995
CASONI, I., RICCI, G., BALLARIN, E., CONCONI, F. u. a.: Hematological indices of erythropoietin administration in athletes. In: Int. J. Sports Med. 14 (1993), S. 307
CLASING, D. (Hrsg.): Doping – verbotene Arzneimittel im Sport. Fischer Verlag, Stuttgart, Jena, New York, 1992
COWART, V. S.: Erythropoietin: A dangerous new form of blood doping? In: Physician Sportmed. 17 (1989), S. 115
DI PASQUALE, M. G.: Clenbuterol: A new anabolic drug. In: Drugs in Sport 1, Nr. 1 (1992), S. 8
DIRIX, A.: The Doping Problem at the Tokyo and Mexiko City Olympiads. In: J. Sports Med. a. Physical Fitness 6 (1986), S. 183
DIRIX, A.: Aspects médicaux et scientifiques dans le cyclisme de compétition. Historique du dopage et du contrôle médical dans le cyclisme. UCI Colloque Médical, Abano Terme, 19.–21. Juni 1989
DONIKE, M., BÄRWALD, K.-R., KLOSTERMANN, K., SCHÄNZER, W., ZIMMERMANN, J.: Nachweis von exogenem Testosteron. In: HECK, H., HOLLMANN, W., LIESEN, H., ROST, R.: Sport – Leistung und Gesundheit. Deutscher Ärzteverlag, Köln, 1983
DONIKE, M., RAUTH, S.: Dopingkontrollen. Sport und Buch Strauß, Köln, 1993
HAUG, E., BIRKELAND, K. I., HEMMERSBACH, P., SCHREINER, T.: Effects of doping agents on endocrine axes implications for doping control. In: HEMMERSBACH, P., BIRKELAND, K. I.: Blood samples in doping control. Allkopi, Norwegen, 1994
INTERNATIONAL CYCLING UNION (UCI): Antidoping Examination Regulations 1994. Lausanne, 1994
JACOBSON, B. H., KULLING, F. A.: Health and ergogenic effects of caffeine. In: Brit. J. Sports Med. 23 (1989), S. 34
MARTINEAU, L., HORAN, M. A., ROTHWELL, N. J., LITTLE, R. A.: Salbutamol, a β_2-adrenoreceptor agonist, increase skeletal muscle strength in young men. In: Clinical Science 83 (1992), S. 615
PROKOP, L.: Praktische Erfahrungen mit dem Doping in Österreich. In: Sportarzt Sportmedizin 17 (1966), S. 56
PROKOP, L.: Zur Geschichte des Dopings und seiner Bekämpfung. In: Sportarzt Sportmedizin 21 (1970), S. 125
SCHÖNHOLZER, G., SPENGLER, G. A., FREY, U.: Doping und dessen Nachweis. In: KÖRBS, W., MIES, H., WILDT, K. (Hrsg.): Carl Diem – Festschrift des 80. Lebensjahres. Limpert Verlag, Frankfurt/Main, Wien, 1962
VENERANDO, A.: Doping: Pathology and ways to control it. Medicina dello Sport 3 (1963), 945
WIDE, L., BENGTSSON, C., BERGLUND, B., EKBLOM, B.: Detection of administered recombinant erythropoietin in human blood and urine samples. In: HEMMERSBACH, P., BIRKELAND, K. I.: Blood samples in doping control. Allkopi, Norwegen, 1994
ZIEGLER, K.: Doping im Sport: Erfahrungen aus der Praxis. In: Sportarzt Sportmedizin 20 (1969), S. 45, 86, 126 und 166

Register

A

Abwärmen 345
Akzentuiertes Training 467 ff.
Alb-Extrem-Radmarathon 56
Allen, Mark 401
Altonaer Bicycle Club 233
Amphetamin 509 ff.
Anaerobe Ausdauerleistungsfähigkeit 490 ff.
Anabolika 516 ff.
Anquetil, Jacques 26, 234
Archambaud, Maurice 234
Armstrong, Lance 294
Arendt, Willy 233
Athletenprofil 364 f.
Atmung 447 ff.
Atmungskontrolle 448
Aufwärmen 344 f.
Ausdauertraining 93 ff.
Ausdauerleistungsfähigkeit 482 f.

B

Bahnradsport 221 ff.
  Allgemeine athletische Ausbildung 278 f.
  Ausdauerbereichstraining 266 f.
  Disziplinen 235 ff.
  Energiebereitstellung im Training 257 ff.
  Entwicklungsbereichstraining 263
  Grundlagenausdauertraining 1 261 f.
  Grundlagenausdauertraining 2 262
  Intervalltraining für Punkte- und Zweier-Mannschaftsfahrer 267 f.
  Kniebeuge 274 f.
  Kompensationsbereichstraining 261
  Kraftfähigkeitstraining mit anderen Mitteln 274 f.
  Kraftorientiertes Entwicklungsbereichstraining 263 f.
  Krafttraining mit dem Rad 270 ff.
  Kurzzeitbereichstraining 266
  Leistungsparameter 304
  Leistungsstrukturen 236 ff.
  Material 298 ff.
  Maximalkraftprogramm 277
  Prinzipien der Spitzenbelastungen 292 f.
  Profiliertes Grundlagenausdauertraining 1 262
  Schnelligkeitsbereichstraining 268
  Schnellkraftprogramm 277
  Spitzenbereichstraining 266
  Technik 298 ff.
  Training 257 ff.
  Trainingsbereiche 261 ff.
  Trainingsdatendokumentation 282 ff.
  Wettkämpfe 296 ff.
  Wettkämpfe als Trainingsmittel 296 ff.
  Wettkampfvorbereitung 294 ff.
  Zeitfahr-Entwicklungsbereichstraining 265 f.
Baker, Erin 401
Baldini, Ercole 234
Ballanger, Felicia 243
Ballantyne, Sara 325, 327 f.
Balloon Bombers 26
Bartali, Gino 26
Beinbehaarung 63
Bekleidung 36, 51
Beneke, Jürgen 326, 328
Bergfahren 188 f.
Bergzeitfahren 142 f.
Berthet, Marcel 234
Berufsradsport 194 f.
Beta-2-Agonisten 514
Beweglichkeit 114 ff.
Beweglichkeitstraining 114 ff.
Blanchard 18
Blut 449 ff.
  Atemgastransport 450 f.
  Saure-Basen-Status 452
Blutdoping 515
BMX-Rad 35, 38
BMX-Fahrer 330
Boardman, Chris 234, 248, 300
Bonazzi, Giovanna 328
Bobet, Louison 26
Bordeaux–Paris 21, 509
Bottecchia, Ottavio 26
Bracke, Ferdinand 234
Breeze, Joe 26, 323
Brentjens, Bart 328
Buchwieser, Susi 325, 327 f.
Buffalo-Radrennbahn 21
Bund Deutscher Radfahrer 233, 290, 301, 433
»Bicycling Magazine« 324

C

Carney, Emma 401
Carpenter, Connie 250
Castera 19
Célérifère 18
Chausson, Caroline 328
Christophe, Eugène 23
Citybike 35, 40, 68 ff.
Clément, Adolphe 22
Clignet, Marion 250
Clunkers 26, 29
Coppi, Fausto 26, 234
Cordier, Yves 402
Cougnet, Armando 25
Cross-Country 324 ff.
Cullinan, Dave 328

D

Daucourt, Chantal 328
Dawilowicz 248
De Vlaemink, Roger 381
Dehnungstraining, Methoden 115
Derny 241, 287
Desgrange, Henri 21 ff., 234
Desonnay, Raymond 327
Devine, Cindy 328
Djernis, Henk 326, 328, 382
Doping 505 ff.
  Analytik 522
  Entwicklungsgeschichte 509 f.
  Kontrollen 511 ff., 519 ff.
  Mittel 511 ff.
  Sanktionen 522 f.
Doppelreihe 217
Douet 19
Downhill 26, 337, 348 ff.
  Bike 349 f.
  Training 350
Drais von Sauerbronn, Karl Friedrich Christian Ludwig 19
Draisine 19
Dubois, Jules 234
Dunlop, John Boyd 20
Durst 452 f.

E

Egg, Oscar 234
Eintagesklassiker 21 ff.
Einzelzeitfahren 138 f.
Ekimov, Viatcheslav 248
Energiestoffwechsel 457 ff.
Ephedrin 510 ff., 514
Ermenault, Philippe 249
Ernährung 475 ff.
Erythropoietin 515
Etappenrennen 144, 192 f.
Eynde, Oscar van der 234

F

Fahrradergometer 49, 54, 154
Fahrradkauf 35 ff.
Fat Tire Flyer 26, 323
Federgabeln 49
Fignon, Laurent 20, 26
Fischer, Philipp Moritz 19
Fisher, Gary 26, 39, 323 f.
Flandern-Rundfahrt 21, 56
Flèche Wallone 56
Flexibilitätsmessung 493
Frauenradsport 186 f.
Freiburger Datenbank 290 f.
Freizeitradsport 29 ff.
Frischknecht, Thomas 326, 328, 382
Fürst, Silvia 325 ff.
Furtado, Juliana 326, 328 f.

G

Gabel 40 ff.
Gabelstoßdämpfer 50
Gachet, François 328
Garin, Maurice 22
»Gazzetta dello Sport« 25 f.
Gelbes Trikot 23 ff.
Geschichte des Radsports 9 ff.
Giffard, Pierre 22
Gimondi, Felice 26
Giove, Missy 328
Giro d'Italia 25 f.
Giro di Sicilia 25
Glücklich, Jens 244
Goddet, Jacques 23
Grundig Challenge Cup 327 f.
Grundig Worldcup 326 ff.
Grundlagenausdauer 104 f.
Grundlagentraining 468 ff.

H

Halmblock, Fons 402
Hamilton, Willie 234
Hawaii Tour 326
Helm 51 f.
Herbold, Greg 328, 343
Herz-Kreislauf-Funktion 443 ff.
Het Volk 56
Hinault, Bernard 26
Hinterradfahren 216 f.

Hobbyhorse 19
Hobbyradfahrer, Belastungsgestaltung 196 ff.
Hochräder 20
Hollandrad 35, 70
Honegger, Roger 327
Hout, Jan van 234
Huber, Julius 233
Hübner, Michael 275
Hüggi-Methode 212
Hypoxietraining 293 f.

I

Indurain, Miguel 26, 234, 294
Interne Koordination, Messung 493
Ironman 401
Iten, Albert 328

J

Jensen, Knut 509
Jones, Michellie 401
»Journal de Paris« 18
Juarez, Tinker 334
Jugendfahrrad 36 f.

K

Kaltwasser-Sitzbäder 347
Kasslin 243
Keirin 241 f.
Kelly, Charly 26, 323 f.
Kibartina 250
Kinderfahrrad 36 f.
King, Mike 328
Klapprad 33
Kloser, Mike 327
Kluge, Mike 328
Komponenten 47
Kelly, Shaune 246
Kiritschenko 244
Koffein 515
Kopylow, Sergei 244
Kraft 105 ff.
   Ausdauer 104 f.
   Ausdauertraining 110 f.
   Messung 482
   Training 105 ff.
   Training im Radsport 111
   Zirkel 158, 160
Kreuzrahmen 304
Kriterium 143 f.
Krolik, Sonia 402
Krukenbaum, Volker 328
Krupowez 248
Kurbellänge 46
Kurventechnik 215
Kurzsprint 239

L

»L'Auto-Vélo« 22 ff.
»L'Equipe« 23, 26
»La Bicyclette« 22
La Fausto Coppi 56
La Tappe du Tour 56
Langsprint 239
Laktatstoffwechsel 486 ff.
Laktat-Zeit-Kurve 486 ff.
Laufmaschine 18 f.
Laufräder 48
Lawson, H. J. 20
»Le Vélo« 22
»Le Vélocipède Illustre« 19
Lee Atkins, Mary 327
Lefèvre, Geo 22
Lehmann, Jens 248 f.
Leistungsdiagnostik 479 ff. 494
Leistungsfaktoren 133 f.
Lemond, Greg 20, 26, 294, 300
Lenker 47 f.
Lessing, Simon 401 f.
Linton 505
Lombardei-Rundfahrt 21
Longo, Jeannie 250
Lüttich–Bastogne–Lüttich 21, 56
Luftwiderstand 138
Lungenatmung 447 f.

M

Macmillan, Kirkpatrick 19
Madison 233
Macha 248
Mailand–San Remo 21, 56, 136
Mailand–Turin 21
Malchow, Maik 244
Mannschaftszeitfahren 140 ff.
Matthes, Ruthie 328
Maximalkraftbereich 146 ff.
McCarthy 248
Mede de Sivrac, Graf 18
Medizin 421 ff.
Megg 248
Merckx, Eddy 26, 234
Meyer 20
Michauline 19
Michaux, Pierre 19
Michelin, Edmond 20
Monocoque-Rahmen 300
Moore, James 19 f.
Moreno, Julio 244
Morgagni, Tullio 25
Moorsel, Leontien van 250
Mortier, Simone 402
Moser, Francesco 234, 298
Mouton, Isabelle 402
Mount Tamalpais 26, 323
Mountainbike 17, 26, 28, 44, 47 ff. 56, 60 f., 71
Mountainbiking 305 ff.
   Ausdauertraining 332 f.
   Ausrüstung 355 f.
   Bekleidung 355 f.
   Disziplinen 326
   Downhiller 330 f.
   Energiebedarf 357
   Ernährung 346
   Fahrtechnik 335 ff.
   Fitneßsportler/Hobbybiker 330
   Frauen 351
   Fünf Intensitätsstufen des Trainings 372 ff.
   Fünf Jahrestrainingsetappen 368 ff.
   Gesundheitsorientierter Radtourist 330
   Intervalltraining 341
   Jugendliche 331
   Jugendtraining 352 f.
   Konzentrationstraining 343
   Krafttraining 333 ff.
   Langzeitausdauertraining 341
   Leistungsorientierter Rennfahrer 329 f.
   Materialpflege 354 f.
   Meisterschaften 327 f.
   Persönliche Trainingsplanung 366 ff.
   Polysportiver, leistungsorientierter Rennfahrer 330
   Regeln 375
   Regenerative Maßnahmen 344 ff.
   Rollentraining 343
   Schnelligkeit 340
   Schnelligkeitstraining 341
   Schwellenintervalltraining 342
   Technik 337
   Tempotraining 341
   Trainingsmöglichkeiten, ergänzende 360 ff.
   Trainingsplanung 364 ff.
   Wettkampftraining 342
   Vorderrad-Bremstechnik 336
   Vorderradkontrolle 336
Münchner Velociped Club 233
Murray, Joe 327
Muskelarbeit 439 f.
Muskelkraftdosierung 437 ff.
Muskelstrukturen, trainingsbedingte Veränderungen 441 f.
Muskuläre Dysbalance 345 f.
Muskulatur 434 ff.
Myrah, Don 327

N

Nackenbeschwerden 67
Neuf Colli 56
Neumann, Annette 243
Niepce, Niecephore 18 f.
Noel, Denis 327
Norba 324, 327
Nordpfalz-Marathon 56
Nothstein, Martin 294

O

Obree, Graeme 234, 248, 300
Obree-Haltung 298, 304
Österreich-Radrundfahrt 509
Olmo, Giuseppe 234
»Outside Magazine« 323
Overend, Ned 26, 32, 327 f.

P

Paarzeitfahren 139 f.
Paraskevin, Connie 294
Paris–Brüssel 21
Paris–Brest–Paris 22
Paris–Roubaix 21 f., 136
Paris–Rouen 19 f.
Paris–Tours 21
Petit-Breton, Louison 26, 234
Pedale 47, 213 f.
Pezzo, Paola 328
Phelan, Jacquie 324, 327, 351
Poel, Adrie van der 381
Poulidor, Raymond 26
Punktefahren 254 f.

Qu

Quereinsteiger 167, 193 f.
Querfeldeinradsport 377 ff.
   Altersstufen 385
   Ausblick 395 f.
   Ausrüstung 382 ff.
   Belastungsprofil 385 ff.
   Entwicklung 381
   Fahrrad 382 f.
   Taktik 393 ff.
   Techniktraining 390 ff.
   Trainingsplan 387 ff.

R

Radbeherrschung 215
Radmarathon 56 ff.

»Radmarathons in Europa«, Handbuch 56
Radrennen 19 ff.
Radtouren 64 ff.
Radtourismus 201 f.
Rahmen 40 ff., 212
Regeneration 82, 144
Reifen 20
Rennrad 33, 35, 38 f., 45, 47 f.
Repack Downhill 323 ff.
Richard, Maurice 234
Richard, Pascal 395
Ritchey, Tom 17, 26, 39, 323 f.
Ritchie, Joanne 401
Ritter, Ole 234
Rivière, Roger 234
Rominger, Tony 234, 294
Rosa Trikot 26
Roßner, Petra 250
Rousseau, Florian 244, 246
Rückenbeschwerden 67
Rundstreckenrennen 143 f.

S

Sattel 47, 212
Sechstagerennen 21, 233, 296, 509
Selbstmassage 346 f.
Seniorenradsport 203 f.
Seniorenwettkampfsport 205
Sicherheit 36
Sicherung 71
Sijbesma, Thea 402
Simpson, Tom 510
Single Track 337
Sinyard, Mike 17 f., 26, 324
Sitz- und Vorbaulänge 213
Sitzbeschwerden 66 f.
Sitzposition 45, 211 f.
Slaats, Frans 234
Smith, Spencer 401 f.
Smyers, Karen 401
Societé du Tour de France 23
Sonier, Kim 328
Spitzenbereich 146 ff.
Sportärztliche Untersuchungen 64
Sportliche Leistungsfähigkeit 85 ff.
Sprich, Jürgen 328
Sprint, klassischer 240
Sprint, Männer und Frauen 237 ff.
Sprint, olympischer 240 f.
SRM-System 282 ff., 304
Sydor, Alison 328, 331

Sch

Scheibenräder 300
Scheurer 246
Schläuche 48 f.
Schmidtke, Freddie 244
Schnellkraftbereich 146 ff.
Schnelligkeitmessung 493
Schnelligkeitstraining 112 f.
Schnellkrafttraining 109 f.
Schoberer-Rad-Meßsystem 282 ff., 304
Schuhe 52, 213 f.
Schultze 243
Schwinn, Arnold 26
Schwinn-Fahrrad 26, 41, 323

St

Stadtrad 70 f.
Staffel 216 f.
Starley, James 20
Stewart, Miles 401
Stiefl, Regina 326, 328
Stimulanzien 513 ff.
Stoffwechsel 454 ff.
Stoffwechselprozesse 136 ff.
Straßeneinzelrennen 136 ff.
Straßenradsport 117 ff.
  Anschlußtraining 167, 179 ff.
  Aufbautraining 165, 167, 174 ff.
  Belastungsplan 208 f.
  Disziplinen 133
  Entwicklungsbereichstraining 148, 150
  Ganzjahrestraining 163 ff.
  Grundlagenausdauertraining 148 f.
  Grundlagentraining 167 ff.
  Hochleistungstraining 167, 184 ff.
  Höhentraining 210
  Individueller Trainingsplan 206
  Jahres-Rahmentrainingsplan 206 f.
  Kompensationsbereichstraining 147 f.
  Kraftausdauertraining 160 f., 163
  Krafttraining 158 ff.
  Krafttrainingsbereiche 148, 153
  Maximalkrafttraining 160 f., 163
  Operativer Trainingsplan 208
  Schnellkraftbereichstraining 152
  Spitzenbereichstraining 148, 151
  Training 146 ff.
  Training für Hobbyradfahrer und Senioren 167, 194 ff.
  Trainingsmethodische Grundkonzeption 206
  Trainingsperioden 208 f.
  Trainingsplanung 206 ff.
  Trainingsprotokoll 209
  Übertraining 165 f.
  Wettkämpfe 190 ff.
  Zeitfahrtraining 154
Streckenprofil 134 ff.
Stumpjumper 18, 324
Stunden-Weltrekord 21, 22, 163, 234

T

Tandemfahrrad 35, 40
Tauern-Total 56
Testosteron 516 ff.
Thoms, Lothar 244
Thurau, Dietrich 26
Tilford, Steve 327
Tomac, John 26, 325 ff.
Tour de France 20, 22 ff., 294, 381, 431, 510
Tour de Suisse 26, 326, 381, 517
Training aus physiologischer Sicht 466 ff.
Training für Freizeitfahrer 52 ff.
Trainingsbelastung 90 ff.
Trainingskontrollen 513, 520
Trainingslehre 73 ff. 85 ff.
Trainingsmethoden 155 ff.
Trainingsmethodik 89
Trainingsperiodisierung 87 ff., 473 ff.
Trainingsplanung 87 ff.
Trainingsprinzipien 78 ff.
Trainingsschwellen 485
Trainingstagebuch 374
Trainingszyklisierung 87 ff.
Trekkingbike 35, 40, 45, 47, 70
Tretfrequenz 134 ff.
Tretfrequenz bei Maximalleistung, optimale Messung 492
Tretfrequenz und Stoffwechsel 464 ff.
Trettechnik 218, 220
Triathlon 397 ff.
  Entwicklungstendenzen 401 ff.
  Lenkeraufsatz 215
  Leistungsstruktur 403 ff.
  Meisterschaften 401 f.
  Position 300 ff.
  Radfahren im 419
  Spezielle Trainingsformen 409 ff.
  Training 403 ff.
  Trainingsperiodisierung 407 ff.
  Trainingsprogramme Radfahren 412 ff.
Trondheim–Oslo 56
Twigg, Rebecca 250, 294

U

UCI 298, 381, 510
Übelhart, Erich 328
Übersetzung 220
Umaras, Guintautas 248
Umsatzzahlen 33
Uphill 337

V

Vélo 18
»Véloce Sport« 21
Vélocifère 18
Vélocipède 18
Velociped-Wettreiten 233
Ventile 48 f.
Verbotene Substanzen 511 ff.
Verkehrssicherheitstraining 210
Verkrampfung der Hände 67
Versicherung 36
Vinnicombe, Martin 244
Vouilloz, Nicolas 328
Vuelta d'Espagna 26, 326

W

Waiteheal 250
Wartung 36
Weber 243
Welch, Greg 401
Werkzeug 36
Westhoff, Sabine 402
Wiegetritt 190, 220
Wiens, David 359
Windkante 217 f.
Windschattenfahren 138 f.
Wolfe, Tom 26
Wolfshohl, Rolf 381
Wolke 243
Wombats 324, 351

Z

Zeitfahren 263
Zeitfahrposition 214
Ziegler, Karl 510
Zweier-Mannschaftsfahren 233, 255 ff.
Zubehör 49, 71

Rund um den Radsport

Peter Konopka
Radsport
Der Ratgeber für Ausrüstung, Technik, Training, Ernährung, Wettkampf und Medizin
Alle Aspekte des Radsports für Einsteiger und Fortgeschrittene – eine Fülle von wertvollen Informationen, hilfreichen Tips und praktischen Anleitungen.

Hans-Christian Smolik
Rund ums Rennrad
Rahmen und Komponenten, Pflege und Wartung
Umfassende Darstellung der Technik von Rennrädern: Rahmen, Positionen, Komponenten, Licht, Pflege und Wartung, Werkzeug; anschauliche, detaillierte Pflege- und Reparaturanleitungen.

Rudolf Geser
**Die großen
Rad-Klassiker Europas**
23 klassische Rennstrecken für ambitionierte Radsportler von Paris – Roubaix bis Trondheim – Oslo mit allen wichtigen Angaben: Strecke, Ablauf und Umfeld der Veranstaltung, exakte Streckenbeschreibung, viele Praxistips.

Wolfram Lindner
Erfolgreiches Radsporttraining
Leistungsdiagnostik, Technik, Taktik, Ernährung, Physiotherapie, Materialeinsatz in den verschiedenen Disziplinen, Wettkampf, trainingsmethodische Erkenntnisse auf neuestem Stand.

Peter Konopka
Richtig Rennradfahren
Für sportliche Tourenfahrer und passionierte Straßenfahrer: Ausrüstung, Radtypen, Zubehör, Fahrtechnik, Training, Verletzungen, Ernährung, sportgerechte Lebensweise.

Bernd Gässler
Die Radinspektion
Praktische Selbsthilfe für Wartung und Reparatur
Präzise Informationen ohne Fachjargon, instruktive Fotos und einzigartige Farbzeichnungen, die technische Zusammenhänge verständlich und die Reparatur selbst ganz leicht machen.

Robert van der Plas
Mountain-Bike Praxis
Auswahl, Technik, Einsatz
Aktuelle, umfassende und leicht verständliche Darstellung von Einsatzmöglichkeiten, Technik und Pflege des Mountain-Bikes mit vielen Fotos.

Herman Seidl
Mountain-Bike Technik
Rahmen und Komponenten, Funktion, Pflege und Wartung
Alles über die technischen Aspekte des Mountain-Bike, das Material und seine Funktionsleistung.

Robert van der Plas
Mountain-Bike Know-how
Praxisorientierter Ratgeber über Auswahl, Technik, Wartung, Pflege und Einsatz des Mountain-Bike – mit Reparaturanleitungen.

Im BLV Verlag finden Sie Bücher zu folgenden Themen: Garten und Zimmerpflanzen • Natur • Heimtiere • Jagd • Angeln • Pferde und Reiten • Sport und Fitneß • Tauchen • Reise • Wandern, Bergsteigen, Alpinismus • Essen und Trinken • Gesundheit, Wohlbefinden, Medizin

 *Wenn Sie ausführliche Informationen wünschen, schreiben Sie bitte an:*
**BLV Verlagsgesellschaft mbH • Postfach 40 03 20 • 80703 München
Telefon 089/12705-0 • Telefax 089/12705-543**